国家科学技术学术著作出版基金资助出版

高速铁路轨道-桥梁系统抗震与减隔震性能

蒋丽忠　周旺保　魏　标　向　平　著

科学出版社

北　京

内 容 简 介

本书以科学研究和工程实践为导向，系统开展了高速铁路轨道-桥梁系统抗震及减隔震的理论分析、数值模拟和试验研究，探索了高速铁路抗震设计、减隔震设计中系列关键科学技术问题。主要内容包括高速铁路CRTS Ⅱ型无砟轨道板地震损伤和破坏机理、圆端形中高墩抗震设计与参数分析、低矮圆端形实心墩和空心墩抗震试验与设计、弯曲破坏型圆端形桥墩的地震损伤指标、简支梁桥和连续梁桥体系的抗震性能和大比例振动台试验、双曲面球型减隔震支座剪力键水平承载力设计值、钢阻尼支座减隔震性能及组合减隔震体系合理参数取值等。

本书可供高等院校土木工程专业高年级本科生或研究生学习参考，也可供铁路桥梁抗震、减震及隔震相关专业人员研究参考。

图书在版编目（CIP）数据

高速铁路轨道-桥梁系统抗震与减隔震性能 / 蒋丽忠等著. —北京：科学出版社，2025.6

ISBN 978-7-03-078177-2

Ⅰ. ①高… Ⅱ. ①蒋… Ⅲ. ①高速铁路-桥梁结构-防震设计-研究 Ⅳ. ①U238

中国国家版本馆CIP数据核字（2024）第051128号

责任编辑：牛宇锋 乔丽维 / 责任校对：任苗苗
责任印制：肖 兴 / 封面设计：有道文化

科学出版社 出版
北京东黄城根北街16号
邮政编码：100717
http://www.sciencep.com
涿州市般润文化传播有限公司印刷
科学出版社发行 各地新华书店经销
*
2025年6月第 一 版 开本：720 × 1000 1/16
2025年6月第一次印刷 印张：34 3/4
字数：701 000

定价：328.00 元

（如有印装质量问题，我社负责调换）

前　言

截至 2024 年底，我国高速铁路营业里程已达 4.8 万公里，位居世界第一。为满足高速铁路桥梁行车平顺度的高标准要求及运营时的安全性需求，高速铁路中大量采用“以桥代路”模式，高速铁路桥梁一般长达几公里甚至几十公里。

大多数高速铁路桥梁位于地震区，面临严重的地震威胁，而我国高速铁路桥梁因发展时间较晚，尚未真正意义上遭遇强地震冲击，缺少地震考验，《铁路工程抗震设计规范》(GB 50111—2006) 主要沿用公路桥梁和普通铁路桥梁的抗震设计方法，开展高速铁路桥梁抗震性能试验研究，建立适用的抗震设计方法，对确保高速铁路桥梁的地震安全和地震破坏可控具有重要意义。

本书作者结合多年的系统研究和试验成果，围绕高速铁路桥梁抗震、减震及隔震设计理论与方法，对高速铁路无砟轨道板、低配筋率圆端形桥墩、不同高度圆端形桥墩以及采用减隔震装置的高速铁路简支梁和连续梁桥进行了数值模拟、拟静力试验、拟动力试验和振动台试验研究，提出了 CRTS Ⅱ型无砟轨道板层间恢复力模型、铁路桥梁不同高度桥墩和低配筋率桥墩的设计建议及计算方法、减隔震体系的合理参数取值和铁路桥墩的双参数损伤指标、准隔震支座铁路简支梁桥的三水准设防目标和三阶段设计方法，揭示了采用各类减隔震装置对铁路桥梁地震响应的影响规律以及地震作用下铁路桥梁的损伤特征等。

全书由蒋丽忠、周旺保、魏标、向平统稿，共 14 章。第 1 章由蒋丽忠、周旺保、魏标撰写，介绍目前铁路桥梁的震害形式、桥梁抗震试验方法、桥墩抗震性能和各类减隔震支座的研究现状；第 2 章由蒋丽忠、刘丽丽、左勇健、魏标、向平撰写，通过对 CRTS Ⅱ型无砟轨道的低周往复荷载试验，揭示低周往复荷载作用下剪切钢筋的耗能机制与变形机理，并提出 CRTS Ⅱ型无砟轨道板层间恢复力模型；第 3 章由蒋丽忠、邵光强、冯玉林、王辉、姜静静撰写，开展低配筋率实心墩和空心墩的低周往复荷载试验，研究该类桥墩的抗震性能，并结合数值模拟的方法，探讨适用于该类桥墩的混凝土与钢筋材料单轴本构模型的适用性；第 4 章由蒋丽忠、邵光强、魏标、左勇健撰写，通过参数分析方法，并结合前一章节的试验和理论研究结果，对圆端形高速铁路桥墩抗震设计中涉及的轴压比、等效塑性铰长度、钢筋设计等方面进行研究，最终给出相应的设计建议；第 5 章由蒋丽忠、冯玉林、邵光强撰写，对低矮圆端形桥墩和空心墩的分析方法与抗剪性能进行深入分析与研究；第 6 章由蒋丽忠、吴凌旭、曹珊珊、邵光强撰写，利用现有桥墩试验数据评估典型损伤模型的适用性，提出适用于这类桥墩的 Park-Ang 双参数损伤指标的组合参数和相应的损伤临界值；第 7 章由蒋丽忠、左勇健、曹珊珊撰写，通过拟动力试验研究桥梁的地震响应、固定支座损伤对地震响应的影响和不考虑固定支座损伤时极端地震作用下的桥墩破坏模式，并从多方面探讨高速铁路简支梁桥体系的抗震性能；第 8～10 章由周旺保、彭康、钟不凡、何纬坤撰写，通过大比例振动台试验模型研究双曲面球型减隔震支座在铁路桥梁中的减隔震效果及工作性能，并验证数值模拟方法的合理性，最后通过数值模拟方法给出双曲面球型减隔震支座水平承载力设计值的参考取值范围；第 11、12 章由周旺保、向平、彭康、李艺杰、钟不凡撰写，通过振动台试验并结合数值模拟深入研究不同参数对钢阻尼支座减隔震性能的影响，最终得出钢阻尼支座的最优设计参数；第 13、14 章由周旺保、袁彪、冯玉林、何帅、魏标撰写，通过振动台试验研究组合减隔震体系的铁路简支梁桥的动力响应，并结合数值模拟的方法，深入研究采用不同参数的减隔震装置对桥梁地震响应的影响，最终得出组合减隔震体系的合理参数取值；第 15 章由周旺保、魏标、彭康、康欣撰写，对高速铁路连续梁桥开展振动台试验，研究地震作用下的动力响应并结合数值模拟的方法研究高速铁路连续梁桥各主要构件的地震损伤程度及特征。

本书通过理论分析、数值模拟和试验研究，对当前高速铁路混凝土桥梁抗震、减震及隔震进行了系统研究。本书的出版发行，可丰富和完善我国铁路桥梁抗震、减震及隔震的研究成果，进一步提高工程技术人员的技术水平，对当前工程应用和设计方法研究具有积极意义。

在本书撰写过程中，作者要向关心、支持和资助相关科研工作及本书出版的各有关部门、单位致以诚挚的谢意，同时感谢团队成员及历届博士、硕士研究生贡献的知识和智慧，在此谨向他们表示衷心的感谢。

由于作者的学术水平与实践经验有限，书中难免存在不足之处，敬请各位读者批评指正，我们将在以后的修订工作中不断充实完善。

目　录

第1章　绪　　论

1.1　高速铁路桥梁的特点及震害

1.1.1　高速铁路桥梁的特点

随着我国铁路建设的跨越式发展，高速铁路和客运专线的建设如火如荼，截至2024年底，我国高速铁路营业里程已达4.8万公里，位居世界第一。为满足高速铁路桥梁行车平顺度的高标准要求及运营时的安全性需求，高速铁路中大量采用“以桥代路”模式，高速铁路桥梁一般长达几公里甚至几十公里，因此桥梁在线路中占比非常高，通常达到线路总长的70%以上[1]，京津城际铁路、京沪高速铁路桥梁累计长度占全线总长的比例均超过80%[2]。

我国高速铁路桥梁上部结构主要采用24m、32m预制的预应力混凝土简支箱梁。主跨径在32～120m时，一般采用三跨或者多跨的预应力混凝土连续箱梁桥，较为常见的跨径组合为(32 + 48 + 32)m、(40 + 56 + 40)m、(40 + 64 + 40)m、(48 + 80 + 48)m、(60 + 100 + 60)m、(64 + 116 + 64)m等形式。主跨径超过100m时，将采用多种大跨径桥梁的方式，包括连续梁拱组合桥、钢管混凝土系杆拱桥、中承式钢箱拱桥、预应力混凝土连续刚构桥、连续钢桁拱桥、斜拉桥等。简支箱梁桥预制与架设见图1-1。

(a) 简支箱梁桥预制　　(b) 简支箱梁桥架设安装

图1-1　简支箱梁桥预制与架设

1.1.2　我国高速铁路所处地震带环境

我国地震活动频繁、地震多发地区分布广泛，因此地震作为一种发生概率相对较小但危害性较大的灾害，严重影响着我国高速铁路的运行安全。1999 年台湾集集大地震，震级为里氏 7.6 级，全过程持续 102s，2000 多人遇难。西部地区也发生了多次大地震，2008 年汶川地震，震级达到 8 级，造成将近 7 万人遇难，1.8 万人失踪，数十万人受伤，是唐山大地震后伤亡最惨重也是破坏力最大的一次地震[3]。2010 年青海玉树地震，最高震级达到 7.1 级，直接造成 2000 多人遇难[4]。

我国的地震活动主要分布在五个地区[5]，分别为：太平洋地震带的台湾及附近海域地区；西南地区的青藏高原和四川、云南西部，也被称为青藏高原地震区；西北地区的青海、新疆、甘肃和宁夏地区；华北太行山沿线和京津唐地区；东南沿海地震带，包括福建、广东及江西、广西附近地区。

1.1.3 地震引起的桥梁震害

由于地震起因、场地条件、桥梁形式以及构造等因素，地震引发的桥梁损伤有多种形式[6]。由支座或者约束设置的问题可能导致上部结构落梁，墩柱、桥台、基础等损伤会引起桥梁功能破坏。由下部结构的损伤引起的桥梁倒塌，震后很难修复。下部结构震害主要分为以下几类：

(1) 桥梁墩柱损伤。桥梁结构中普遍采用的是钢筋混凝土墩柱，墩柱的弯曲破坏最为常见，伴随内部钢筋或者混凝土的破坏与损伤[7]：由于箍筋失效而引起的未约束或者约束混凝土受压破坏；由于纵筋局部失稳或者整体失稳而引起的混凝土受压破坏；受拉区的纵筋应变过大而引起的拉断；由于低周疲劳作用而引起的纵筋断裂；箍筋拉断；墩柱与梁节点破坏。墩柱的脆性剪切破坏也很常见且较为严重，会引起墩柱和上部结构的倒塌。

(2) 框架墩损伤。双柱式或者单圆柱式桥墩与盖梁之间形成框架和节点，盖梁剪切损伤、弯曲损伤，盖梁钢筋锚固长度不足而引起的损伤以及节点剪切损伤等[6]。

(3) 桩基损伤。地震作用尤其是竖向地震作用可能引起的桩基剪切或者弯曲等损伤。这种损伤很难观察，具有隐秘性，大多只能通过上部结构的损伤体现。

同时由于地震的作用，桥梁端部与桥台或者梁的相互碰撞都会引起梁的破坏。

1.2 高速铁路无砟轨道结构抗震性能

无砟轨道具有平顺性高、稳定性好、维修量少与经济效益显著等优点，被广泛应用在我国高速铁路线路中[8, 9]。其中，CRTS Ⅱ型无砟轨道结构是我国轨道典型的结构形式之一，已先后应用于京津、沪杭、京沪、沪昆等高速铁路线路，运营总里程约 5000km[10, 11]。在轨道结构的设计中，主体结构与层间构件的参数将决定设计是否安全、经济、合理。

当前，CRTS Ⅱ型无砟轨道主体结构的材料参数(如轨道各层的弹性模量、泊松比与膨胀系数）已有较多的试验研究。层间构件的材料参数研究包括混凝土与水泥沥青（CA）砂浆层界面的黏结性能，扣件的静动刚度、纵向阻力与阻尼参数，缓冲材料的弹性参数，滑动层摩擦系数，限位销钉的限位刚度等[12]，且大部分参数已被载入相应的标准与规范[13, 14]。德国博格公司开展了轨道板与 CA 砂浆层的推板试验，结果表明，当外力达到 410kN 时，轨道板与 CA 砂浆层黏结失效，失效时轨道板的偏移量为 0.5～0.9mm[15]。刘钰等[16]在京沪高速铁路宿州大殿梁厂选择 6 块 CRTS Ⅱ型轨道板进行界面纵向黏结承载力试验，测得底座板与 CA 砂浆层之间的黏结力。Fu 等[17]提出了一种可以考虑应变率的 CA 砂浆连续损伤统计本构模型。Zhu 等[18]通过试验与有限元仿真分析，揭示了双块式无砟轨道混凝土界面的损伤本构关系和疲劳性能。Dai 和 Su[19]在高速铁路施工现场开展了 6 块全尺寸 CRTS Ⅱ型无砟轨道结构在纵向和横向剪切荷载作用下的试验，并且采用非线性接触单元模型对试验进行了模拟与验证，研究了轨道结构的界面剪切能力与界面黏结滑移行为。Liu 等[20]基于扫描电子显微镜微观结构评价，研究了 CA 砂浆与两种修复材料的界面黏结机理。Cao 等[21]分析了无砟轨道在列车荷载与水耦合作用下的界面损伤机理，研究了在流体力学耦合作用下荷载特性、水的黏滞性和裂纹形状对板式轨道的影响。

扣件阻力是高速铁路无缝线路的关键参数，目前已有大量关于扣件阻力的试验研究，吴斌等[22]通过往复加载试验模拟温度效应下常用 32m 简支梁桥梁端扣件破坏过程，研究轨下垫板滑出过程的机理及其对扣件纵向阻力的影响。为研究竖向荷载与弹条扣压力对扣件纵向阻力的影响，涂勤明等[23]以 WJ-8 型扣件为研究对象，开展了不同竖向荷载与扭矩下扣件纵向阻力-位移试验，得到了不同工况下扣件纵向阻力-位移变化特征。Yun 等[24]在考虑荷载历史的情况下，对桥梁上轨道系统中扣件的性能进行了测试和分析。基于试验结果，将纵向和竖向加载进行组合以模拟实际工况和阻力特性。大量扣件试验表明，扣件纵向位移-阻力关系具有弹塑性特征，即当扣件纵向受力且受力逐渐增大时，纵向位移逐渐增加，增加到一定值，纵向力保持恒定值。因此，扣件的结构模型已被验证可以简化为理想弹塑性恢复力模型[25]。

关于层间其他构件力学性能的试验研究，王继军[26]进行了单个销钉静态、疲劳承载力以及足尺模型销钉承载能力的试验，结果表明，现有销钉布置方式应力幅值较小且受力均匀，可满足设计要求。桥上 CRTS Ⅱ型无砟轨道结构底座板与桥梁间设置“两布一膜”滑动层，为测试滑动层的摩擦系数及底座板的推移阻力，赵磊[27]采用液压千斤顶分级开展了滑动层摩擦系数测定试验，根据力-位移的关系推算出土工布的摩擦系数为 0.75～0.9；进一步，对限位销钉的限位能力进行顶推试验，发现钢筋屈服致使限位销钉施加至一定荷载时，限位刚度将出现显著松弛现象，刚度明显降低。Song 等[28]进行了两段“铁路连续钢筋混凝土轨道结构”的现场试验，研究了温度作用下轨道结构裂缝宽度的变化规律，并在对裂缝宽度进行综合试验研究的基础上提出了多种提高轨道结构性能的方法。

综上所述，关于层间界面和扣件的力学性能试验已有大量研究，但关于层间其他构件的力学试验尚不多见，且现有 CRTS Ⅱ型无砟轨道抗震分析时，剪切钢筋均采取简化处理，即基于已有的轨道结构顶推试验结果将剪切钢筋简化为理想弹塑性恢复力模型[29-32]，该简化处理是否可以真实反映剪切钢筋的力学行为及耗能机制目前尚不明确。因此，开展无砟轨道结构的抗震性能试验、探明其在低周往复荷载作用下的力学行为与耗能机制、提出合理的恢复力模型具有重要的理论意义和工程实用价值。

1.3　高速铁路桥梁墩柱抗震性能

1.3.1　圆端形实心墩

由于圆端形桥墩具有截面刚度大、纵筋率低等特点，一般使用在铁路桥梁中。我国学者对该类桥梁的抗震性能进行了相关的试验与理论研究。

鞠彦忠等[33, 34]对 10 个早期设计的铁路圆端形桥墩模型进行了拟静力试验，桥墩纵筋率在 0.1%～0.2%，研究了剪跨比和体积配箍率对桥墩抗震性能的影响。之后分别对纵筋率为 0.1%和 0.2%的两个圆端形桥墩模型进行了拟动力试验，发现两个桥墩模型的破坏形式均为纵筋的拉断破坏，破坏前没有出现明显的塑性铰。纵筋率为 0.1%时桥墩会出现脆性破坏，纵筋率为 0.2%时桥墩延性有所增长。

马坤全[35]对普通铁路重力式桥墩模型进行了振动台试验，利用数值模拟方法较好地模拟了桥墩时程响应，之后利用相同的模拟方法研究了铅芯橡胶支座的减隔震作用，结果表明，铅芯橡胶支座能够明显减小桥梁纵横向的地震响应。

丁明波和陈兴冲[36]以客运专线中代表性的圆端形重力式桥墩为原型，考虑了轴向荷载及桩土的作用，进行低周往复荷载试验，得到试验模型的破坏模式、滞回曲线、骨架曲线等抗震性能。

贾红梅[37]建立了考虑桩土效应的桥墩计算模型，比较了采用梁单元与实体单元建模对计算精度的影响，研究了地基比例系数、地震波类型、跨径对桥梁动力响应的影响。同时对客运专线墩身与基础的协调设计问题进行了研究，发现当桥墩先于基础屈服时，可按照传统的延性设计方法进行设计；当基础先于桥墩屈服时，为了避免桩基出现塑性铰，可以选择空心截面来降低桥墩的屈服强度。

美国、日本、新西兰与韩国等国的研究人员也都曾对圆端形桥墩进行了研究，主要研究互锁箍筋对圆端形墩柱混凝土延性、强度及耗能等抗震性能的影响。

Tanaka 和 Park[38]对配有互锁箍筋的圆端形桥墩进行了拟静力试验，结果表明，使用互锁箍筋代替矩形箍筋和横向拉筋可以合理地减少整体箍筋用量。基于模型试验中混凝土的裂缝分布与纵筋应变，提出了预测墩柱抗弯强度的梁拱模型，当墩柱内箍筋较少时，该模型能更为精确地预测抗弯强度。同时也提出了剪切变形模型来解释配有互锁箍筋墩柱的变形机制问题。

Kim 和 Park[39]研究了多个配有单螺旋筋和互锁箍筋的圆端形柱的受压性能。改变受压柱的混凝土强度、箍筋间距、箍筋屈服强度等参数，发现提高混凝土强度与箍筋间距能有效减小箍筋的应变，依据测试结果提出了在单螺旋筋和互锁箍筋约束下混凝土单轴受压本构公式。

Correal 和 Saiidi[40]对 6 个配有互锁箍筋的圆端形桥墩进行了振动台试验，桥墩的纵筋率为 2%～2.8%，箍筋率为 0.6%、0.9%和 1%三种。结果表明，各模型均有较好的延性，桥墩内部设置一定数量的拉筋能够有效减少剪切裂缝。利用 Pushover 方法与试验结果进行对比分析，改进了塑性剪切刚度模型。

1.3.2 空心墩

空心墩能够减小自重，在提高材料利用率的同时，强度与刚度也能够得以保持，因此广泛应用于高墩中，空心墩的抗震研究开始于 20 世纪 80 年代。

Mander 等[41]对 4 个高度为 3.2m 的方形空心混凝土柱的延性性能进行了低周往复荷载试验研究，截面宽度为 750mm，壁厚 120mm，得到了模型的位移与曲率延性、等效塑性铰长度、塑性铰的转角、混凝土边缘应变等，结果表明，按实体墩的箍筋布置方式设计的空心墩是合理的，模型均达到了新西兰规范所规定的延性大于 8 的要求，所测试的空心墩模型具有良好的能量耗散性能，所试验的 4 个模型的等效塑性铰长度可取墩柱截面宽度的 40%。

Zahn 等[42]对仅在外侧设置单层纵筋的空心圆形截面混凝土柱进行了单调水平加载试验，利用 Mander 混凝土模型进行模拟并与实测的弯矩-曲率曲线对比，发现适当降低空心柱的轴压比，纵筋率与壁厚设计合理时可以避免空心柱内壁发生脆性破坏。

Taylor 等[43]对多个矩形薄壁空心墩模型进行了单调水平加载试验，结果表明，宽厚比大于 15 时空心墩会因局部失稳而降低墩柱的抗弯强度，并给出了局部失稳引起的墩柱强度降低的折减系数。对壁厚较薄的空心墩或塔结构，为避免局部失稳，建议布置双层纵筋，并尽量避免使用带有接头的横向钢筋。

Yukawa 和 Ogata[44]对多个矩形空心高墩进行了低周往复荷载试验，研究箍筋率、纵筋率、截面形式、剪跨比、扭转对抗震性能的影响。结果表明，可以通过在内外层纵筋之间设置横向拉筋来提高结构的延性。

Ogata 和 Osada[45]为研究具有突变截面且变厚度的空心圆形截面混凝土桥墩的抗震性能以及碳纤维布对其性能的提高作用，进行了拟静力与拟动力模型试验，发现在设计地震荷载作用下，模型出现剪切破坏时，碳纤维布能显著提高其抗震性能。Ogata 对日本阪神地震后一高速公路圆形空心墩进行了抗震性能修复研究。该桥的桥墩高度为 45～65m，桥墩为变厚度截面，在截面变化处切断纵筋，对加固前后空心墩模型的抗震性能进行比较，发现应用碳纤维布进行加固可以有效提高其抗震性能，并将该方案应用于实桥抗震修复。

近 20 年来，我国学者开始对空心墩的抗震性能进行研究。阎贵平教授自 2000 年以来指导学生对空心墩进行了系统的抗震性能研究，得到了一些有意义的成果。闫志刚[46]利用有限元方法研究了圆端形空心高墩的抗震性能，发现高墩在强震作用下可能出现第二个塑性铰。刘林[47]对低配筋率的铁路空心墩进行了低周往复荷载试验，考虑了多种设计参数对空心墩延性的影响，根据试验结果提出考虑刚度退化的双折线恢复力模型，并推广到了双轴方向。许丽娜[48]利用有限元方法对公路中活性粉末混凝土双柱式空心墩的抗震性能进行研究，结果表明，结构的自振频率会因考虑桩土的作用而减小，活性粉末混凝土结构相比普通混凝土桥墩具有更好的抗震性能。郝文秀等[49]对活性粉末混凝土空心矩形桥墩进行了拟静力试验，得到了该类材料桥墩的抗震试验数据，并研究了纵筋率、体积配箍率对墩柱抗震性能的影响，同时也发现在内外侧纵筋之间配置拉筋能有效提高墩柱的抗震性能。

孙治国[50]利用国内外已有的空心墩柱的拟静力试验数据，研究了矩形空心墩塑性铰区箍筋用量的问题。

韩强等[51]对 5 个纵筋率为 1.4%和 2.1%的混凝土矩形空心墩进行双向拟静力试验，研究其抗震性能，得到的位移延性系数为 3.5～5.7，满足结构抗震设计要求，桥墩塑性铰高度约为桥墩高度的 1/6。李宁等[52]利用纤维截面法，考虑弯剪耦合的墩柱模型，较好地模拟了韩强等试验的一个桥墩的滞回曲线。

夏樟华等[53, 54]对钢筋混凝土箱型薄壁墩进行了双向拟静力试验，发现该类桥墩基本为弯曲破坏，桥墩弱轴方向首先进入塑性发展阶段。同时显示长细比越大、轴压比越小的桥墩抗震性能越好，之后对破坏后的箱型墩进行了黏钢加固后的双向拟静力试验。结果表明，加固墩柱塑性铰由未加固时的墩底上移至加固钢板位置的上边缘，黏钢加固损伤桥墩能够有效提高其抗震性能。

Zhao 等[55]对两个混凝土矩形空心高墩模型进行了水平双向拟静力试验，获得墩柱的设计因素对破坏机制、弯曲强度、延性、能量耗散等抗震性能的影响。结果表明，模型均为弯曲破坏，墩底出现塑性铰。随着轴压比的增加，弯曲承载力增加明显而延性略微降低。

尽管已经对高速铁路桥梁抗震性能进行了一些试验与理论方面的研究，得到了初步的成果，但是目前仍然存在很多问题。

(1) 我国目前高速铁路桥梁中大量使用纵筋率低于 1%的桥墩，而该类桥墩的抗震性能试验数据非常缺乏，抗震设计分析时大多参考公路桥墩或者建筑结构中纵筋率较高的墩柱的已有研究成果，采用已有的抗震理论和恢复力模型进行研究，适用性有待验证。

(2) 已有的圆端形桥墩的试验主要针对传统铁路桥墩，纵筋率多低于 0.2%，且集中于顺桥向，横桥向圆端形桥墩试验研究不多。剪跨比较小的横桥向桥墩剪切作用更为明显，且有可能发生剪切破坏，目前该类墩柱的抗剪理论及抗剪设计只能采用其他类似墩柱的研究结论。为准确地评估现役高速铁路桥梁的抗震性能，急需大量的试验数据与相应的理论体系。

(3) 目前已有的空心墩试验集中于纵筋率较高的矩形墩、方形墩或圆形墩。一些试验是针对设计较老的空心墩柱，以抗震加固为主要目的，研究用加固材料如何提高原有墩柱的抗震性能，缺乏低纵筋率为 0.2%～1.0%的圆端形空心墩试验数据。另外，我国《铁路工程抗震设计规范》(GB 50111—2006) 尚未对空心高墩的抗震问题进行详细的规定，圆端形空心高墩的抗震问题亟待解决。

1.4　高速铁路桥梁摩擦摆支座减隔震性能

目前，桥梁隔震设计中最常用的隔震支座有铅芯橡胶支座、高阻尼橡胶支座和摩擦摆支座[56, 57]，主要原理都是通过隔震支座调节结构的自振频率来提高结构的抗震性能，不同的是橡胶隔震支座(铅芯橡胶支座和高阻尼橡胶支座) 通过支座的弹塑性滞回变形来吸收地震能量[58]，而摩擦摆支座通过滑动摩擦力做功来耗散地震能量[59-62]，如图 1-2 所示。

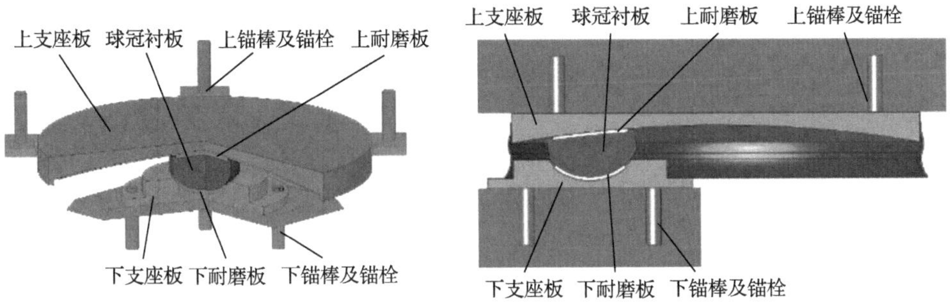

(a) 支座静止　　(b) 支座摆动

图 1-2　摩擦摆支座

1.4.1　单凹面摩擦摆支座

虽然许多学者认为在抗震设计和加固中应用橡胶隔震支座是提高桥梁结构抗震性能的有效手段[60-62]，但是这类隔震支座的工程应用仍然存在一些问题，如橡胶材料更容易发生疲劳损伤及老化效应、支座竖向承载力有限和铅芯对环境造成污染等[59]。相比传统橡胶隔震支座，摩擦摆支座作为一种耐久性优良、承载力较高和自复位能力好的隔震支座引起了专家学者的关注[63]。最早使用的摩擦摆支座是单凹面摩擦摆支座(图 1-3)，主要由上座板、下座板和铰接滑块构成。单凹面摩擦摆支座结合了活动支座和钟摆运动的特点，在保留传统活动支座通过滑动摩擦做功实现能量耗散功能的同时，将传统平面活动支座的滑动面由平面改为圆弧面，从而使得支座上部结构在重力作用下可以恢复到原来的位置，实现自复位功能。图 1-4 为单凹面摩擦摆支座运动示意图。

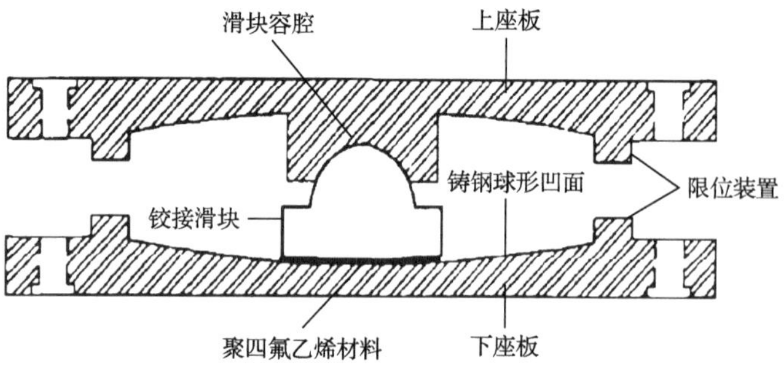

图 1-3　单凹面摩擦摆支座构造示意图

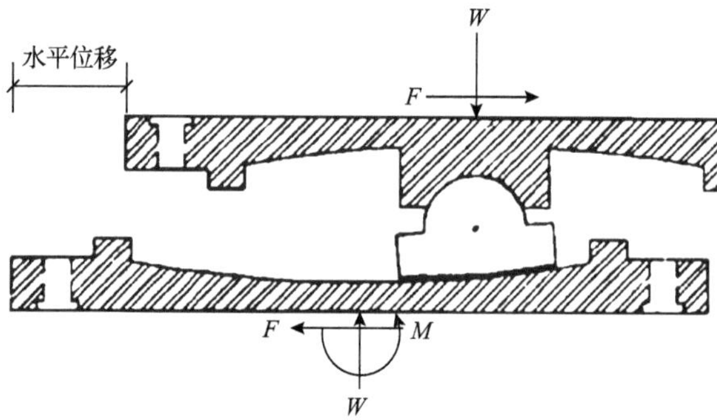

图 1-4　单凹面摩擦摆支座运动示意图

Wei 等[64]认为，当实际地震与设计地震不同时，采用传统橡胶隔震支座的隔震结构仍然有可能出现共振现象，采用摩擦摆支座则很好地解决了这一问题。Kunde 和 Jangid[65]提出摩擦摆支座在不同烈度地震作用下都能很好地工作，有效降低了上部结构的地震响应。这是由于摩擦摆支座固有振动周期只依赖于滑动界面的曲率，并不受上部结构重量的影响。因此，摩擦摆支座对地震激励频率范围表现出低敏感性，即倾向于在一个广泛的地震波频率范围内降低地震能量。Tyler[66]对不同表面压力、滑动速度和温度等条件下支座滑动界面处的摩擦特性进行了试验研究，并以聚四氟乙烯和不锈钢(大多数摩擦摆支座采用的摩擦材料)作为试验中滑动界面处的摩擦材料。试验结果显示，在 5 个加载周期之后，滑动界面处的摩擦系数基本稳定在 0.05～0.09，而使用润滑剂可以使摩擦系数降到 0.02 以下。焦驰宇等[67]对比分析了摩擦摆支座的几种本构模型：Bouc-Wen 非线性滞回模型、考虑双向耦合效应的库仑摩擦模型以及修正的库仑摩擦模型，结果发现，对于规则桥梁，采用 Bouc-Wen 非线性滞回模型进行简化计算，其误差在 15%以内。Eröz 和 DesRoches[68]通过理论推导论证了 OpenSees 软件中单凹面摩擦摆支座单元的优势，不仅可以反映地震期间摩擦摆支座的轴向力和摩擦系数的变化，还考虑了双向耦合和大变形效应等，同时建立相应的采用该支座单元的三跨桥梁有限元模型，有效地描述了摩擦摆支座的地震耗能机理和特点。Oh 和 Kim[69]对采用摩擦摆支座隔震的桥梁模型进行了缩尺模型振动台试验研究，结果表明，与非隔震桥梁相比，隔震桥梁的抗震能力有了很大的提高。同时，试验结果也与数值分析模型预测的桥梁地震响应非常吻合。Dicleli 和 Mansour[70]发现使用摩擦摆支座对伊利诺伊州或地震活动风险低至中等地区的典型桥梁进行改造，可以使结构构件中的地震力降低到原来的 1/4～1/3，且改造的成本仅为传统改造方法的 88%。

1.4.2　双凹面摩擦摆支座

虽然专家学者对摩擦摆支座进行了大量的理论和试验研究，使其在桥梁抗震设计中得到了更广泛的应用，但是早期采用的单凹面摩擦摆支座(图 1-5(a)和图 1-5(b)的单摆结构)在工程应用中仍存在局限性。单摆结构上下滑动面曲率相差较大，支座高度较低，安装不便，且仅限于满足较小地震位移的设计需求，而在近断层地震动和长卓越周期强地震动作用下的隔震能力尚显不足[71]。

为了提高支座的位移能力，Tsai 等[72]在单凹面摩擦摆支座的基础上增加了第二个滑动面，发明了双凹面摩擦摆支座，即图 1-5(c)所示的复摆结构，它由两个钢制凹面板组成，中间由一个带有双曲面的滑块隔开。因此，支座滑块在上、下

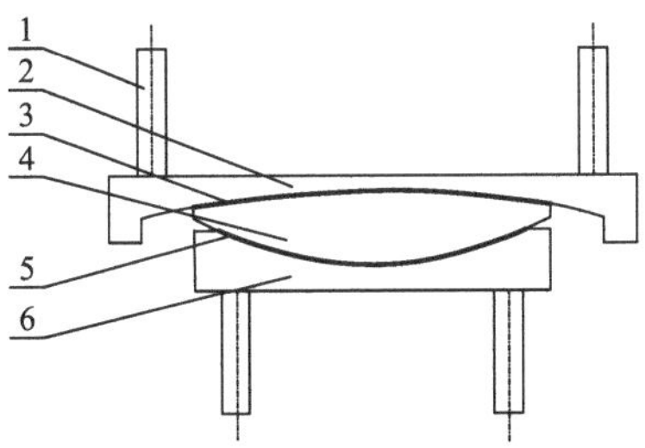

(a) 单摆(上部滑动式)
1-锚栓；2-上座板；3-滑动面；
4-滑块；5-转动面；6-下座板

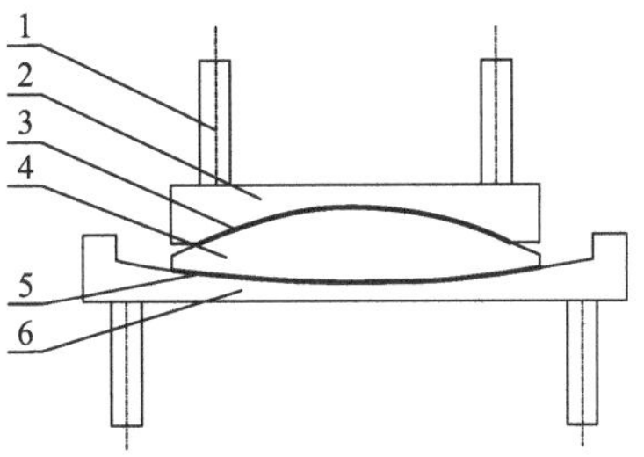

(b) 单摆(下部滑动式)
1-锚栓；2-上座板；3-转动面；
4-滑块；5-滑动面；6-下座板

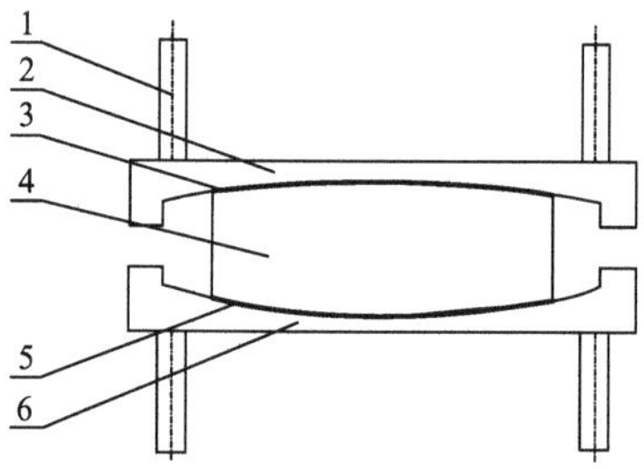

(c) 复摆

1-锚栓；2-上座板；3-上滑动面；4-滑块；5-下滑动面；6-下座板

图 1-5　不同摆动方式的摩擦摆支座

两个滑动面上均可以做钟摆运动，从而获得更大的位移能力[73]。此外，Fenz 和 Constantinou[74]提出双凹面摩擦摆支座的两个滑动面可以设计成不同的曲率半径和摩擦系数，从而获得不同的自振周期和能量耗散能力，为设计提供高灵活性。Khoshnoudian 和 Arash[75]通过推导双凹面摩擦摆支座的运动微分方程得出，当上、下两个滑动面摩擦系数相同时，无论曲率半径取值如何，两个滑动面可以同步摆动。Zhou 等[76]指出，双凹面摩擦摆支座的滞回特性会受到垂直载荷和上、下滑动面摩擦系数的影响。

双凹面摩擦摆支座作为摩擦摆支座的一种，在强震作用下表现出良好的隔震性能。Malekzadeh 和 Taghikhany[77]通过比较分别采用单凹面摩擦摆支座和双凹面摩擦摆支座的隔震结构的峰值加速度、层间位移和支座位移的超越概率曲线，提出双凹面摩擦摆支座在多遇地震和设计地震下更具优势。Mohammadi 和 Nouri[78]基于单自由度隔震结构的时程分析结果指出，与采用单凹面摩擦摆支座的隔震结构相比，采用双凹面摩擦摆支座的隔震结构在近断层地震动作用下的基底剪力更大，但位移更小。Yan 等[79]制作了相似比为 1/20 的隔震和非隔震曲线桥梁模型，并进行了振动台对比试验。试验结果表明，与非隔震桥梁相比，采用双凹面摩擦摆支座的隔震桥梁的墩顶加速度峰值和墩底应变峰值分别降低了 55.5%和 43.4%。Carlo 等[80]根据以往的试验研究结果，探讨了双凹面摩擦摆支座的自复位能力，并通过多次振动台试验验证了双凹面摩擦摆支座的双线性滞回本构模型的有效性和准确性。试验结果还表明，双凹面摩擦摆支座在强震作用下的初始位移趋于减小甚至消除，残余位移小于理论值。

1.4.3　双曲面球型减隔震支座

摩擦摆支座发展至今，已经出现各种新的几何构造类型，如三凹面摩擦摆支座[81]、沟槽式摩擦摆支座[82]等。虽然这些摩擦摆支座均表现出一定的隔震效果，但是大地震的发生毕竟是一个随机的、小概率事件[83]，在常用荷载(如车辆荷载等）或小震作用下，隔震支座也应该满足桥梁在服役期间的强度和刚度要求，即满足我国《铁路工程抗震设计规范》(GB 50111—2006) 中基于性能的多级设防目标 (即小震不坏，中震可修，大震不倒)[84]。为此，中国船舶重工集团公司第七二五研究所联合同济大学[85]发明了双曲面球型减隔震支座，它是基于双凹面摩擦摆支座的隔震原理，将普通球型钢支座的滑动面由平面改为球面得到的，如图 1-6 所示。在正常使用条件或小震作用下，该支座的限位板(剪力键)限制了上、下两个凹面板之间的水平相对运动，此时支座相当于固定支座；当水平地震力达到一定程度(中震或大震)时，剪力键发生剪切破坏，水平限位约束被解除，此时支座相当于双凹面摩擦摆支座，从而发挥隔震、耗能作用，避免或降低地震对桥梁主体结构带来的损害。

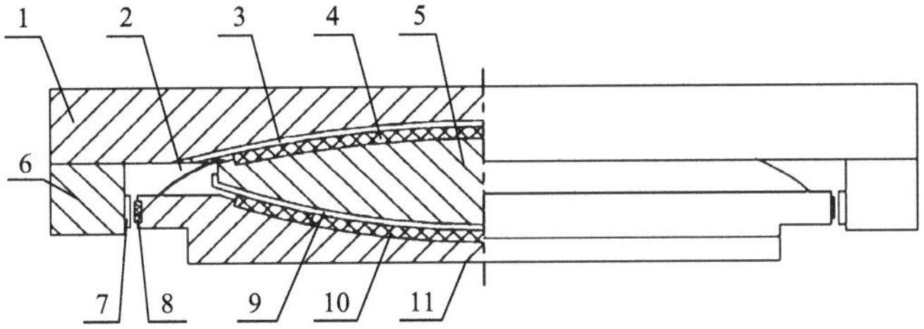

图 1-6 双曲面球型减隔震支座

1-上座板；2-密封防尘装置；3-不锈钢上滑板；4-非金属上滑板；5-中间座板；6-限位板(剪力键)；7-不锈钢导向滑板；8-非金属导向滑板；9-不锈钢下滑板；10-非金属下滑板；11-下座板

虽然该类支座目前已经被成功应用于成都至兰州客运专线的快速铁路桥梁中，但是相关规范并不完善。我国交通运输部颁布的《桥梁双曲面球型减隔震支座》(JT/T 927—2014) 只是针对双曲面球型减隔震支座力学性能测试的试验方法、检验规则做了简单要求，并没有提及剪力键的相关内容。此外，国内外仅有少数学者对双曲面球型减隔震支座，尤其是该支座的剪力键进行了研究。Constantinou 等[86]着重于桥梁常用荷载(非地震荷载)和地震荷载作用下隔震支座基本性能的综合分析，但是没有描述上述两种荷载条件之间的过渡状态。Peng 等[87]认为，虽然摩擦摆支座具有良好的自复位能力，但仅靠支座内部摩擦力无法抵抗较大的列车制动力。在桥梁正常通车时给支座增加剪力键以抵抗制动力，同时还避免了支座出现竖向位移，提高了一些特殊桥梁结构(如客运专线铁路桥和磁悬浮高架桥等)的行车平稳性。吴意诚和彭天波[88]分别采用线性和双线性本构模型来模拟剪力键剪断过程，并通过剪力键的剪切破坏试验进行验证，结果发现，与双线性本构模型相比，线性本构模型也能保证较高的精度，且更加简单实用。夏修身等[89]利用 ANSYS 软件建立了采用摩擦摆支座的单墩桥梁有限元模型，并对比了有、无剪力键情况下隔震桥梁地震响应的时程分析结果。其中，剪力键用线性弹簧单元模拟，剪力键剪断前后状态转化用生死单元模拟。结果表明，剪力键的水平承载力对桥墩弯矩有较大影响，在隔震设计中应予以考虑。然而，剪力键的不同数值模拟方法(采用线性单元或生死单元等)均会在一定程度上影响隔震桥梁地震反应的计算精度。为了确定合理的数值模拟方法和合适的剪力键水平承载力，还需要进行振动台试验验证。此外，墩顶加速度随墩高的增加而增大，同时，高墩具有更大的柔性和较大的自振周期，可以减少地震力对支座的传递[90]，从而使得剪力键承担的水平剪力必然随墩高的增加而变化。因此，墩高对剪力键水平承载力的影响也有待进一步研究。

1.5　桥梁抗震试验方法

结构抗震试验一般通过实验室的加载设备对结构施加往复荷载，使其产生一定的变形，通过荷载-位移曲线来判断地震作用时结构可能产生的响应。抗震试验通常需要将结构加载进入非线性阶段直至完全破坏，并测量结构的变形、水平反力、关键部位的应变和结构的裂缝分布与破坏形态。

结构抗震试验一般可分为拟静力试验和拟动力试验，两者本质上都属于静力试验，也可以通过地震模拟振动台试验和地震下结构的观测来进行[91]。

1. 拟静力试验

拟静力试验一般将结构模型固定在实验室的加固地基上，并利用伺服作动器与反力墙连接，根据结构的振型施加单向或者双向低周往复荷载或者逐步增加荷载水平直至结构破坏，得到结构或构件的荷载-位移、弯矩-曲率滞回曲线，从而获得骨架曲线、位移延性系数、刚度与强度的退化、耗能以及滞回阻尼等抗震参数。

拟静力试验中水平荷载的周期一般较长，远大于结构的基本周期而接近于静力荷载。试验中可以人为控制加载历程，也可暂停试验，以观察结构的裂缝和破坏形态。早期的恢复力模型都是通过大量的拟静力试验总结得到的，很多模型一直沿用至今。

2. 地震模拟振动台试验

地震模拟振动台试验一般通过输入加速度、速度或位移等方式使振动台台面产生运动，从而带动固定在台面的试验模型一起振动。进行振动台试验时，一般选用加速度输入振动台台面，这主要是由于采用加速度输入能与动力运动方程相一致，便于对所试验的结构进行理论分析。此外，各国现有强震观测记录也较多使用加速度记录，加速度便于按频谱特性进行选择，初始条件也比较容易控制。

振动台试验方案的拟定非常重要。如果荷载选得太大，则结构模型可能很快进入塑性甚至破坏倒塌，难以完整地测量与观察到结构的弹塑性荷载发展过程，也可能引发安全事故。如果荷载太小，则有可能影响试验进展，产生不必要的重复，而多次加载还可能对构件产生损伤积累。

地震模拟振动台的设备主要包括刚体振动台台面、多个作动器、大刚度混凝土反力墙体与地基、电子输入与反馈设备、计算机控制系统。图 1-7 给出了中南大学高速铁路建造技术国家工程研究中心的振动台阵。目前世界上最大的地震模拟振动台是日本的 E-Defense 振动台，台面尺寸为 20m×15m，承载力为 1200t，为 6 自由度加载系统，能为许多结构进行全比例模型试验。

(a) 台面及水平作动器　　(b) 竖向作动器、地槽轨道

图 1-7 中南大学高速铁路建造技术国家工程研究中心振动台阵

3. 拟动力试验

地震模拟振动台建造与试验费用昂贵，台面尺寸与承载力等条件限制了测试模型的尺寸。随着数值模拟计算方法与试验加载控制技术的成熟，拟动力试验逐步发展起来。拟动力试验是基于测试与计算分析的混合测试方法，因此又被称为计算机控制加载联机试验，能够对较大的模型进行动力测试[91]。

对于多自由度体系的结构模型，运动方程为

$$M\ddot{x}+C\dot{x}+F_r=-M\ddot{x}_g \tag{1-1}$$

式中，M 为质量矩阵；C 为阻尼矩阵；F_r 为结构恢复力；x 为结构位移；$\ddot{x}_g$ 为地面运动加速度。

精确确定结构恢复力会有困难，然而拟动力试验可以直接通过伺服作动器测得结构恢复力，然后利用数值方法对每一步的运动方程进行求解，得到下一步位移。拟动力测试的加载与控制流程如下：

(1)对计算机控制系统输入某特定的地震动加速度。将加速度时程曲线按 Δt 分成许多微小时段，假定在 Δt 时段内加速度呈直线变化。

(2)由计算机按第 n 步的地震动加速度 $\ddot{x}_{gn}$ 输入，求第 n+1 步的指令位移 x_{n+1}，当输入 $\ddot{x}_{gn}$ 后，在 Δt 时间内，由第 n–1 步的位移 x_{n-1}、第 n 步的位移 x_n 以及第 n 步的恢复力 F_{rn}，按运动方程

$$M\ddot{x}_n + C\dot{x}_n + F_{rn} = -M\ddot{x}_{gn} \tag{1-2}$$

求第 n+1 步的位移，由中心差分法得

$$\begin{aligned} \ddot{x}_n &= \frac{x_{n+1} - 2x_n + x_{n-1}}{\Delta t^2} \\ \dot{x}_n &= \frac{x_{n+1} - x_{n-1}}{2\Delta t} \end{aligned} \tag{1-3}$$

代入微分方程得

$$x_{n+1} = \left(M + \frac{\Delta t}{2}C\right)^{-1}\left[2Mx_n + \left(\frac{\Delta t}{2}C - M\right)x_{n-1} - \Delta t^2 F_{rn} - M\Delta t^2 \ddot{x}_{gn}\right] \tag{1-4}$$

(3)由计算机的加载系统将位移 x_{n+1} 转换成电压信号，输入电液伺服作动器，对结构施加与位移 x_{n+1} 相应的荷载。由伺服作动器上的荷载传感器及结构上关键位置布置的位移传感器测得结构的恢复力 $F_{r(n+1)}$和位移反应值 x_{n+1}。

(4)将实测的 $F_{r(n+1)}$和 x_{n+1} 输入数据采集和反应分析系统的计算机中，利用位移 x_{n+1}、x_n 和恢复力 $F_{r(n+1)}$按同样方法进行重复计算、加载和测量，求得位移 x_{n+2} 和恢复力 $F_{r(n+2)}$。

(5)对结构进行连续加载，直到输入地震动加速度时程指定的时刻。

由于阻尼的复杂性，目前拟动力试验中采用人为假定的振型比例阻尼，并保持不变，由假定的振型阻尼比转化为数值积分采用的比例阻尼矩阵。实际过程中，阻尼矩阵是不断变化的，并且结构进入塑性后，阻尼的机理也将发生变化，这与假定矛盾。另外，拟动力试验一般根据结构振型以集中力代替实际的分布惯性力，这种力的简化对结构的影响仍缺乏研究。

参 考 文 献

[1] 陈良江, 阎武通. 我国铁路桥梁建造技术的成就与展望[J]. 高速铁路技术, 2022, 13(4): 1-7.

[2] 郑健. 中国高速铁路桥梁[M]. 北京: 高等教育出版社, 2008.

[3] 叶列平, 陆新征, 赵世春, 等. 汶川地震建筑震害调查与分析[C]//第七届全国混凝土耐久性学术交流会, 宜昌, 2008: 105-113.

[4] 殷跃平, 张永双, 马寅生, 等. 青海玉树 M_S 7.1 级地震地质灾害主要特征[J]. 工程地质学报,

2010, 18(3): 289-296.

[5] 沈聚敏. 抗震工程学[M]. 大连: 东北财经大学出版社, 2002.

[6] 尹海军, 徐雷, 申跃奎, 等. 汶川地震中桥梁损伤机理探讨[J]. 西安建筑科技大学学报(自然科学版), 2008, 40(5): 672-677.

[7] 陈惠发, 段炼. 桥梁工程抗震设计[M]. 蔡中民, 武军, 译. 北京: 机械工业出版社, 2008.

[8] Gou H, Yang L, Leng D, et al. Effect of bridge lateral deformation on track geometry of high-speed railway[J]. Steel and Composite Structures, 2018, 29(2): 219-229.

[9] Cho Y K, Kim S M. Experimental analysis of crack width movement of continuously reinforced concrete railway track[J]. Engineering Structures, 2019, 194: 262-273.

[10] Zhang N, Zhou S, Xia H, et al. Evaluation of vehicle-track-bridge interacted system for the continuous CRTS-Ⅱ non-ballast track slab[J]. Science China Technological Sciences, 2014, 57(10): 1895-1901.

[11] Sun L, Chen L, Zelelew H H. Stress and deflection parametric study of high-speed railway CRTS-Ⅱ ballastless track slab on elevated bridge foundations[J]. Journal of Transportation Engineering, 2013, 139(12): 1224-1234.

[12] Peng H, Zhang Y R, Wang J, et al. Interfacial bonding strength between cement asphalt mortar and concrete in slab track[J]. Journal of Materials in Civil Engineering, 2019, 31(7): 1-11.

[13] Chen Z, Han Z, Fang H, et al. Seismic vibration control for bridges with high-piers in Sichuan-Tibet railway[J]. Structural Engineering and Mechanics, 2018, 66(6): 749-759.

[14] Lazorenko G, Kasprzhitskii A, Khakiev Z, et al. Dynamic behavior and stability of soil foundation in heavy haul railway tracks: A review[J]. Construction and Building Materials, 2019, 205: 111-136.

[15] 中国铁道科学研究院. 京津城际铁路 CRTS Ⅱ型板式无砟轨道设计原理与方法总结[R]. 北京: 中国铁道科学研究院, 2008.

[16] 刘钰, 陈攀, 赵国堂. CRTS Ⅱ型板式无砟轨道结构早期温度场特征研究[J]. 中国铁道科学, 2014, 35(1): 1-6.

[17] Fu Q, Xie Y J, Long G C, et al. Impact characterization and modelling of cement and asphalt mortar based on SHPB experiments[J]. International Journal of Impact Engineering, 2017, 106: 44-52.

[18] Zhu S Y, Wang M Z, Zhai W M, et al. Mechanical property and damage evolution of concrete interface of ballastless track in high-speed railway: Experiment and simulation[J]. Construction and Building Materials, 2018, 187: 460-473.

[19] Dai G L, Su M. Full-scale field experimental investigation on the interfacial shear capacity of continuous slab track structure[J]. Archives of Civil and Mechanical Engineering, 2016, 16(3): 485-493.

[20] Liu Y P, Wang F Z, Liu M Y, et al. A microstructural approach to adherence mechanism of cement and asphalt mortar (CA mortar) to repair materials[J]. Construction and Building Materials, 2014, 66: 125-131.

[21] Cao S H, Yang R S, Su C G, et al. Damage mechanism of slab track under the coupling effects of train load and water[J]. Engineering Fracture Mechanics, 2016, 163: 160-175.

[22] 吴斌, 林志华, 曾志平, 等. 往复荷载作用下 WJ-8 扣件纵向阻力试验研究[J]. 铁道工程学报, 2018, 35(7): 17-22.

[23] 涂勤明, 曾志平, 李平, 等. 竖向荷载和弹条扣压力对 WJ-8 扣件纵向阻力影响试验研究[J]. 铁道标准设计, 2019, 63(12): 59-64.

[24] Yun K M, Park B H, Min K H, et al. Experimental study of characteristics of longitudinal resistance behavior of fasteners in concrete track on bridges[J]. Journal of the Korean Society for Railway, 2016, 19(5): 638-646.

[25] Zhang J, Wu D J, Li Q. Loading-history-based track-bridge interaction analysis with experimental fastener resistance[J]. Engineering Structures, 2015, 83: 62-73.

[26] 王继军. 板式无砟轨道锚固销钉限位技术的试验研究[J]. 铁道建筑, 2010, 50(6): 122-125.

[27] 赵磊. 高速铁路无砟轨道空间精细化分析方法及其应用研究[D]. 北京: 北京交通大学, 2015.

[28] Song M K, Noh H C, Choi C K. A new three-dimensional finite element analysis model of high-speed train-bridge interactions[J]. Engineering Structures, 2003, 25(13): 1611-1626.

[29] Wei B, Yang T H, Jiang L Z, et al. Effects of uncertain characteristic periods of ground motions on seismic vulnerabilities of a continuous track-bridge system of high-speed railway[J]. Bulletin of Earthquake Engineering, 2018, 16(9): 3739-3769.

[30] Yan B, Dai G L, Zhang H P. Beam-track interaction of high-speed railway bridge with ballast track[J]. Journal of Central South University, 2012, 19(5): 1447-1453.

[31] Gu Q, Liu Y D, Guo W, et al. A practical wheel-rail interaction element for modeling vehicle-track-bridge systems[J]. International Journal of Structural Stability and Dynamics, 2019, 19(2): 1-27.

[32] Liu W, Dai G, Yu Z, et al. Interaction between continuous welded rail and long-span steel truss arch bridge of a high-speed railway under seismic action[J]. Structure and Infrastructure Engineering, 2018, 14(8): 1051-1064.

[33] 鞠彦忠, 阎贵平, 刘林. 低配筋大比例尺圆端型桥墩抗震性能的试验研究[J]. 土木工程学报, 2003, 36(11): 65-69.

[34] 鞠彦忠, 阎贵平, 黄绚晔. 圆端型桥墩抗震性能的试验研究[J]. 建筑结构, 2006, 36(4): 29-30.

[35] 马坤全. 铁路重力式桥墩桥梁抗震性能及抗震措施研究[J]. 铁道学报, 2000, 22(S1):

71-75.

[36] 丁明波, 陈兴冲. 客运专线桥梁的抗震性能试验研究[C]//第十八届全国桥梁学术会议, 天津, 2008: 100-105.

[37] 贾红梅. 客运专线圆端形桥墩的抗震性能研究[D]. 北京: 北京交通大学, 2008.

[38] Tanaka Y, Park G H. Indenter radⅡ determining elastic/plastic transition in the two-dimensional sliding contact cracking of brittle materials[J]. Journal of the Society of Materials Science, 1991, 40(448): 58-64.

[39] Kim J K, Park C K. The behaviour of concrete columns with interlocking spirals[J]. Engineering Structures, 1999, 21(10): 945-953.

[40] Correal J, Saiidi M S. Lessons learned from shake table testing of RC columns in relation to post-earthquake evaluation[C]//IMAC: A Conference & Exposition on Structural dynamics, Orlando, 2005.

[41] Mander J B, Priestley M J N, Park R. Behaviour of ductile hollow reinforced concrete columns[J]. Bulletin of the New Zealand National Society for Earthquake Engineering, 1983, 16(4): 273-290.

[42] Zahn F A, Park R, Priestley M J N. Flexural strength and ductility of circular hollow reinforced concrete columns without confinement on inside face[J]. ACI Structural Journal, 1990, 87(2): 156-166.

[43] Taylor A W, Rowell R B, Breen J E. Behavior of thin-walled concrete box piers[J]. ACI Structural Journal, 1995, 92(3): 319-333.

[44] Yukawa Y, Ogata T. Seismic performance of tall reinforced concrete piers with hollow sections[J]. Concrete Library International, 2000, (34): 123-150.

[45] Ogata T, Osada K. Seismic retrofitting of expressway bridges in Japan[J]. Cement and Concrete Composites, 2000, 22(1): 17-27.

[46] 闫志刚. 高桥墩延性抗震性能研究[D]. 北京: 北京交通大学, 2002.

[47] 刘林. 高墩大跨铁路桥梁抗震设计与减震控制研究[D]. 北京: 北京交通大学, 2004.

[48] 许丽娜. 活性粉末混凝土桥墩的地震响应分析[D]. 北京: 北京交通大学, 2007.

[49] 郝文秀, 阎贵平, 钟铁毅, 等. 反复荷载作用下活性粉末混凝土空心桥墩力学性能的试验研究[J]. 铁道学报, 2009, 31(5): 60-64.

[50] 孙治国. 钢筋混凝土桥墩抗震变形能力研究[D]. 哈尔滨: 中国地震局工程力学研究所, 2012.

[51] 韩强, 杜修力, 赵彦, 等. 双向压弯状态下矩形空心桥墩循环试验[J]. 中国公路学报, 2013, 26(1): 58-66.

[52] 李宁, 李忠献, 谢礼立. 基于纤维截面的弯剪耦联薄壁墩柱模拟模型[J]. 天津大学学报, 2013, 46(8): 686-692.

[53] 夏樟华, 宗周红, 钟儒勉. 基于双向拟静力试验的钢筋混凝土箱型薄壁墩抗震性能[J]. 东南大学学报(自然科学版), 2013, 43(1): 180-187.

[54] 夏樟华, 宗周红, 程浩德. 双向拟静力加载规则对钢筋混凝土高墩滞回性能的影响[J]. 实验力学, 2012, 27(3): 343-353.

[55] Zhao Y, Jiang H Y, Gu J, et al. Seismic performance of reinforced concrete rectangular hollow bridge piers[J]. Advanced Materials Research, 2013, 859: 95-99.

[56] 范立础, 王志强. 我国桥梁隔震技术的应用[J]. 振动工程学报, 1999, 12(2): 173-181.

[57] Makris N. Seismic isolation: Early history[J]. Earthquake Engineering and Structural Dynamics, 2019, 48(2): 269-283.

[58] 范立础, 袁万城. 桥梁橡胶支座减、隔震性能研究[J]. 同济大学学报, 1989, 17(4): 447-455.

[59] Calabrese A, Losanno D, Spizzuoco M, et al. Recycled rubber fiber reinforced bearings (RR-FRBs) as base isolators for residential buildings in developing countries: The demonstration building of Pasir Badak, Indonesia[J]. Engineering Structures, 2019, 192: 126-144.

[60] Pan P, Ye L P, Shi W, et al. Engineering practice of seismic isolation and energy dissipation structures in China[J]. Science China: Technological Sciences, 2012, 55(11): 3036-3046.

[61] Han Q, Du X L, Liu J B, et al. Seismic damage of highway bridges during the 2008 Wenchuan earthquake[J]. Earthquake Engineering and Engineering Vibration, 2009, 8(2): 263-273.

[62] 石岩, 王东升, 韩建平, 等. 桥梁减隔震技术的应用现状与发展趋势[J]. 地震工程与工程振动, 2017, 37(5): 118-128.

[63] Yu Z W, Li H Y, Wei B, et al. Numerical analysis on longitudinal seismic responses of high-speed railway bridges isolated by friction pendulum bearings[J]. Journal of Vibroengineering, 2018, 20(4): 1748-1760.

[64] Wei B, Wang P, Yang M, et al. Seismic response of rolling isolation systems with concave friction distribution[J]. Journal of Earthquake Engineering, 2017, 21(2): 325-342.

[65] Kunde M C, Jangid R S. Seismic behavior of isolated bridges: A-state-of-the-art review[J]. Electronic Journal of Structural Engineering, 2003, 3(3): 1673-1679.

[66] Tyler R G. Dynamic tests on PTFE sliding layers under earthquake conditions[J]. Bulletin of the New Zealand Society for Earthquake Engineering, 1977, 10(3): 129-137.

[67] 焦驰宇, 胡世德, 管仲国. FPS 抗震支座分析模型的比较研究[J]. 振动与冲击, 2007, 26(10): 113-117.

[68] Eröz M, DesRoches R. Bridge seismic response as a function of the friction pendulum system (FPS) modeling assumptions[J]. Engineering Structures, 2008, 30(11): 3204-3212.

[69] Oh S T, Kim Y S. Experimental and analytical investigation of a seismically isolated bridge model with friction pendulum system[J]. KSCE Journal of Civil Engineering, 1998, 2(3):

265-272.

[70] Dicleli M, Mansour M Y. Seismic retrofitting of highway bridges in Illinois using friction pendulum seismic isolation bearings and modeling procedures[J]. Engineering Structures, 2003, 25(9): 1139-1156.

[71] Kavvadias I, Bibo H F, Vasiliadis L K. Finite element modeling of single and multi-spherical friction pendulum bearings[C]//6th ECCOMAS Thematic Conference on Computational Methods in Structural Dynamics and Earthquake Engineering, Rhode Island, 2017: 4408-4416.

[72] Tsai C S, Chiang T C, Chen B J. Seismic behavior of MFPS isolated structure under near-fault sources and strong ground motions with long predominant periods[C]//ASME 2003 Pressure Vessels and Piping Conference, Cleveland, 2003: 73-79.

[73] Landi L, Grazi G, Diotallevi P P. Comparison of different models for friction pendulum isolators in structures subjected to horizontal and vertical ground motions[J]. Soil Dynamics and Earthquake Engineering, 2016, 81: 75-83.

[74] Fenz D M, Constantinou M C. Behaviour of the double concave friction pendulum bearing[J]. Earthquake Engineering & Structural Dynamics, 2006, 35(11): 1403-1424.

[75] Khoshnoudian F, Arash H T. Impact of structures with double concave friction pendulum bearings on adjacent structures[J]. Structures & Buildings, 2014, 167(SB1): 41-53.

[76] Zhou F, Xiang W L, Ye K, et al. Theoretical study of the double concave friction pendulum system under variable vertical loading[J]. Advances in Structural Engineering, 2019, 22(8): 1710249813.

[77] Malekzadeh M, Taghikhany T. Adaptive behavior of double concave friction pendulum bearing and its advantages over friction pendulum systems[J]. Scientia Iranica, 2010, 17(2): 81-88.

[78] Mohammadi A, Nouri G. Investigation on the effect of near-fault earthquake on double concave friction pendulum(DCFP) base isolated buildings[J]. Procedia Engineering, 2017, 199: 1731-1736.

[79] Yan L, Li Q N, Han C, et al. Shaking table tests of curved bridge considering bearing friction sliding isolation[J]. Shock and Vibration, 2016, (6): 1-14.

[80] Carlo P F, Antonio D C, Gianmarco L, et al. Shake table testing on restoring capability of double concave friction pendulum seismic isolation systems[J]. Earthquake Engineering & Structural Dynamics, 2017, 46(14): 2337-2353.

[81] Morgan T A. The use of innovative base isolation systems to achieve complex seismic performance objectives[D]. Berkeley: University of California at Berkeley, 2007.

[82] Tsai C S, Lin Y C, Chen W S. Seismic behavior of high-tech facility isolated with a trench friction pendulum system[C]//ASME Pressure Vessels and Piping Conference, Vancouver, 2007: 175-179.

[83] 王立媛, 陶夏新, 陶正如, 等. 我国概率地震区划图的检验[J]. 地震工程与工程振动, 2018, 38(1): 28-33.

[84] 中华人民共和国建设部. 铁路工程抗震设计规范(GB 50111—2006)[S]. 北京: 中国计划出版社, 2006.

[85] 彭天波, 李建中, 范立础. 双曲面球型减隔震支座的开发及应用[J]. 同济大学学报(自然科学版), 2007, 35(2): 176-180.

[86] Constantinou M, Whittaker A, Kalpakidis Y, et al. Performance of seismic isolation hardware under service and seismic loading[R]. New York: University of Buffalo, 2007.

[87] Peng T B, Yu X T, Wang Z X, et al. Study of the seismic performance of expansion double spherical seismic isolation bearings for continuous girder bridges[J]. Earthquake Engineering and Engineering Vibration, 2012, 11(2): 163-172.

[88] 吴意诚, 彭天波. 销钉剪断效应的线性与双线性模型研究[C]//第26届全国结构工程学术会议, 长沙, 2017: 262-266.

[89] 夏修身, 陈兴冲, 王希慧, 等. 剪力键对隔震桥梁地震反应的影响[J]. 地震工程与工程振动, 2012, 32(6): 104-109.

[90] Eröz M, DesRoches R. The influence of design parameters on the response of bridges seismically isolated with the Friction Pendulum System(FPS)[J]. Engineering Structures, 2013, 56: 585-599.

[91] Pecker A. Advanced Earthquake Engineering Analysis[M]. Wienna: Springer, 2007.

第 2 章　高速铁路 CRTS Ⅱ型无砟轨道板抗震性能

2.1　概　　述

现有 CRTS Ⅱ型板式无砟轨道-桥梁模型抗震分析中剪切钢筋的模拟均采取简化处理方法，即基于轨道结构顶推试验结果将剪切钢筋简化为理想弹塑性恢复力模型[1-4]，该简化处理是否可以反映剪切钢筋真实的力学行为、损伤机理及耗能机制尚不明确。因此，开展高速铁路 CRTS Ⅱ型无砟轨道中剪切钢筋的抗震性能试验，探明剪切钢筋在地震作用下的耗能机制及损伤演化规律具有重要的理论意义和工程实用价值。截至目前，尚无针对 CRTS Ⅱ型无砟轨道中剪切钢筋的抗震性能试验研究。

本章开展不同剪切钢筋数量和直径的高速铁路 CRTS Ⅱ型无砟轨道的低周往复荷载试验，对结构的失效模式、滞回性能、骨架曲线、耗能能力、延性及刚度退化等性能进行深入研究，重点分析剪切钢筋直径和数量对轨道系统抗震性能的影响，揭示低周往复荷载作用下剪切钢筋的耗能机制与变形机理。

2.2　试 验 概 述

2.2.1　试件设计

以剪切钢筋的数量和直径为主要考察参数，设计 6 个 CRTS Ⅱ型无砟轨道的低周往复荷载试验试件，详细参数见表 2-1，T_l、T_w、T_h分别为轨道板的长、宽、高，B_l、B_w、B_h分别为底座板的长、宽、高，C_l、C_w、C_h分别为 CA 砂浆层的长、宽、高，S_d、S_l分别为剪切钢筋直径与根数[5]。

表 2-1　CRTS Ⅱ型无砟轨道试件参数表

试件编号	T_l/mm	T_w/mm	T_h/mm	B_l/mm	B_w/mm	B_h/mm	C_l/mm	C_w/mm	C_h/mm	S_d/mm	S_l/根
CRTS Ⅱ-1	1700	850	200	1500	850	190	1500	850	30	12	1
CRTS Ⅱ-2	1700	850	200	1500	850	190	1500	850	30	14	1
CRTS Ⅱ-3	1700	850	200	1500	850	190	1500	850	30	16	1
CRTS Ⅱ-4	1700	850	200	1500	850	190	1500	850	30	12	2
CRTS Ⅱ-5	1700	850	200	1500	850	190	1500	850	30	14	2
CRTS Ⅱ-6	1700	850	200	1500	850	190	1500	850	30	16	2

严格按照高速铁路 CRTS Ⅱ型无砟轨道设计标准选取材料，钢筋选用热轧带肋钢筋，轨道板和底座板分别采用 C55、C40 商品混凝土，CA 砂浆按已有研究与技术标准配比[6, 7]，每升 CA 砂浆配比为水泥 606g、粗砂 363.6g、细砂 545.4g、增稠剂 1.213g、铝粉 0.06g，按以上比例称量倒入搅拌锅中搅拌 3～5min，装入塑料袋备用。水 100g，乳化剂 91g，乳化沥青 303g，减水剂 12.125g，消泡剂 5g，浓盐酸 2～3 滴。具体配制流程如下：

(1)按上述配比将水、乳化剂溶液、乳化沥青、减水剂依次倒入干净的搅拌锅中。

(2)启动搅拌机，慢慢搅拌。

(3)再依次加入定量的消泡剂与干料。

(4)慢搅持续 90s，快搅持续 180s，最后慢搅持续 120s。

如图 2-1 所示，试件的浇筑、养护和安装均由专业施工技术人员完成。混凝土和 CA 砂浆养护时间均为 28d，同期制作 3 组混凝土和 CA 砂浆标准立方体试块，任取两根钢筋，在距钢筋端部 50cm 处截断取样。混凝土、CA 砂浆及钢筋力

(a) 底座板制备　　(b) CA砂浆拌制

(c) 轨道板制备　　(d) 安装试件

图 2-1　CRTS Ⅱ型无砟轨道试件制备及安装

学性能试验与 CRTS Ⅱ型无砟轨道试验同期进行。

为使所植剪切钢筋与其周围混凝土之间植筋胶的平均抗拉拔力满足相应技术标准，对应所选取的热轧带肋钢筋直径，钻孔直径分别为 16mm、18mm 和 22mm，且钻孔深度不低于 240mm。按照《高速铁路设计规范》(TB 10621—2014)，钻孔深度为 350mm。用风枪将钻孔内粉尘吹净，向钻孔内注入 HIT-RE500 黏结剂，并插入剪切钢筋。

2.2.2　试验装置

CRTS Ⅱ型无砟轨道试验加载装置示意图及实物图分别见图 2-2 和图 2-3。

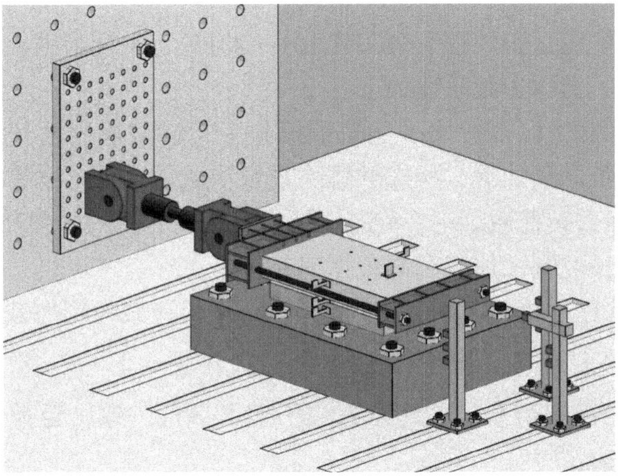

图 2-2　试验加载装置示意图

图 2-3　试验加载装置实物图

本试验在中南大学高速铁路建造技术国家工程研究中心开展，采用 100t MTS 电液伺服控制系统在轨道板两端施加往复荷载。具体操作为：轨道板的两端各安装一根分载梁，由锚杆连接两端分载梁，MTS 电液伺服控制采集系统一端固定在反力墙上，另一端采用加载装置与分载梁相连，实现 MTS 电液伺服控制系统对分载梁施加水平低周往复荷载。将预制大底座固定在场地地槽中，大底座中预留一矩形凹槽，用以模拟实际工程中的桥梁主梁，将预制轨道系统试件放入凹槽中，用以模拟底座板与主梁间的滑动层。试验过程中只需更换轨道系统试件，无需更换固定大底座。

2.2.3 加载制度及测点布置

依据《建筑抗震试验规程》(JGJ/T 101—2015)，采用荷载控制方法对试件进行往复循环加载，具体加载阶段如下：

(1) 试件预加载。以四分之一的轨道板与 CA 砂浆层界面开裂荷载对轨道试件进行一次正、负向预加载，检查并排除装置、试件、传感器等故障。

(2) 层间界面开裂荷载。正、负向均加载至层间界面的开裂荷载，其中正、负向加载均以等步长控制，加载和卸载速率一致。

(3) 剪切钢筋屈服荷载。正、负向分别以等增量荷载控制加载至剪切钢筋屈服荷载 P_y^+ 和 P_y^-，正、负向屈服位移分别为 Δ_y^+ 和 Δ_y^-。

(4) 剪切钢筋极限荷载。加卸载过程中速度保持一致，至剪切钢筋达到极限荷载。

试验中主要测试轨道系统各层的水平位移及荷载，为保证位移测试精度，采用激光位移传感器测试[8]，荷载由 MTS 电液伺服控制采集系统测试。在轨道板、CA 砂浆层及底座板的一端、两侧及轨道板顶部各布置 1 个激光位移传感器，如图 2-3 所示，试验过程中，水平荷载和位移同步采集。采用 TP-LINK1080P 高清全视角摄像头对整个试验过程实时监控，保证试验顺利开展[9, 10]。

2.3 无砟轨道板破坏形态

由于试验试件的破坏形态基本一致，限于篇幅，以剪切钢筋直径为 14mm 的单、双根两个试件为例描述其破坏形态，如图 2-4～图 2-6 所示。通过试验现象发现，在低周往复荷载作用下，CRTS Ⅱ型无砟轨道试件的破坏全过程为：首先，轨道板与 CA 砂浆层的界面出现轻微裂缝，裂缝不断扩展直至整个界面，剪切钢筋发生剪切变形；然后，剪切钢筋反复压缩周围的 CA 砂浆层及轨道板混凝土，剪切钢筋发生弯曲变形；最后，剪切钢筋周围的 CA 砂浆层和轨道板混凝土压碎，剪切钢筋发生受拉变形直至拉断，轨道板与 CA 砂浆层界面滑动并脱离。

(a) CA砂浆层与轨道板界面错动　　(b) CA砂浆层与底座板界面黏结完好

图 2-4　CRTS Ⅱ型无砟轨道试件整体破坏过程

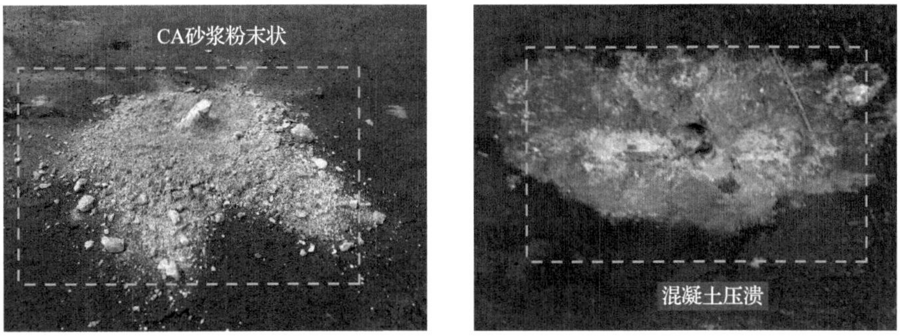

(a) CA砂浆层界面剪切钢筋及其周围破坏形态　　(b) 轨道板界面剪切钢筋及其周围破坏形态

图 2-5　单根剪切钢筋 CRTS Ⅱ型无砟轨道试件破坏过程及模式

试件破坏过程中，CA 砂浆层与底座板界面无开裂现象，究其原因是受 CA 砂浆层灌注施工方法的影响，CA 砂浆层与底座板的界面黏结力远大于其与轨道板的界面黏结力，使得裂缝主要发生在 CA 砂浆层与轨道板界面，CA 砂浆层与底座板界面可看成完全黏结，这一现象与当前无砟轨道界面脱层失效的实际量测及研究结论相吻合。可见，在地震、温度及列车制动等剪切荷载作用下，轨道板与 CA 砂浆层界面是轨道系统的薄弱部位，因此防治该界面损伤裂缝是保证高速铁路无砟轨道稳定性及线路平顺性的重要前提。

由图 2-4 可知，在加载初期，CRTS Ⅱ型无砟轨道试件并无明显变化，当施加荷载超过 CA 砂浆层的黏结强度后，轨道板与 CA 砂浆层界面开始出现微小滑移，持续加载，剪切钢筋周围的 CA 砂浆层开始被挤压直至压缩成粉末状，轨道板混凝土沿加载方向也出现了少许压溃。由图 2-5 和图 2-6 可知，剪切钢筋的破坏模式并非瞬间剪断，而是介于剪断和拉断之间的“折断”，究其原因是剪切钢筋在往复荷载作用下率先发生剪切变形，进而发生弯曲变形，使得周围的 CA 砂浆层被

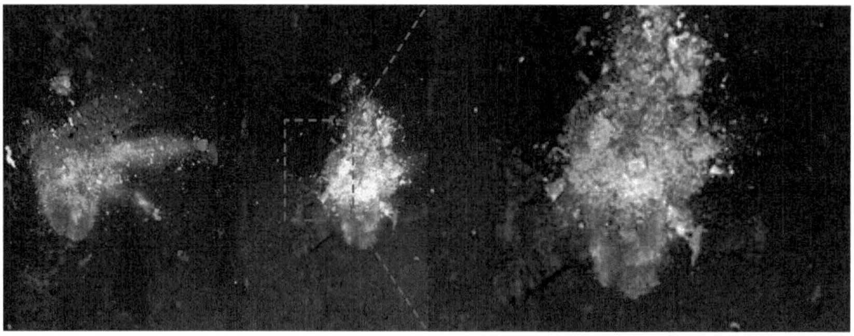

(a) CA砂浆层界面剪切钢筋及其周围破坏形态局部放大图

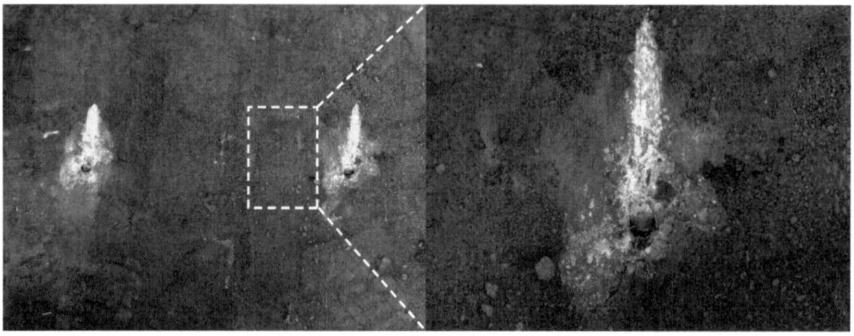

(b) 轨道板界面剪切钢筋及其周围破坏形态局部放大图

图 2-6　双根剪切钢筋 CRTS Ⅱ型无砟轨道试件破坏过程及模式

压碎。随着荷载的加大，剪切钢筋周围的轨道板混凝土相继被压溃，伴随着“嘭”的声响，剪切钢筋在轨道板与 CA 砂浆层界面交界处被拉断。

对比单、双根剪切钢筋试件的破坏模式可以发现，单根剪切钢筋试件只有周围大约 26mm 半径内的 CA 砂浆被压碎，且轨道板混凝土也只有少许压溃；双根剪切钢筋试件周围 CA 砂浆被压碎的区域扩大，距离剪切钢筋 100mm 外的 CA 砂浆也出现了挤压变形，如图 2-6(a)所示，且轨道板混凝土出现了一定程度的压溃。究其原因是双根剪切钢筋试件与单根剪切钢筋试件相比，轨道板与 CA 砂浆层界面的承载力大，当施加荷载增大，界面发生较大的错动时，剪切钢筋之间会发生相互变形及内力协调，使其能够承受更大的外界荷载。

2.4　无砟轨道板抗震性能试验结果

1. 荷载-位移滞回曲线

CRTS Ⅱ型无砟轨道试件荷载-位移滞回曲线如图 2-7 所示。由图可知，CA 砂浆层与轨道板界面开裂前，试件荷载-位移关系基本呈线性，且卸载后无残余变形；

界面开裂后，荷载-位移关系呈非线性，卸载后存在残余变形，滞回环所包含的面积随着荷载的增加逐渐增大。其中，单根剪切钢筋试件的荷载-位移滞回曲线形状不饱满，呈现出反 S 形，说明单根直径较小的剪切钢筋(以 CRTS Ⅱ-1 和 CRTS Ⅱ-2 最为显著，图 2-7(a)、(b))在发生剪切变形时并不能抑制轨道板与 CA 砂浆层界面间的变形及内力协调，致使界面发生了滑移，随着荷载持续增加，单根剪切钢筋难以承受过大的弯曲和推拉，且易于折断。随着剪切钢筋直径增加至 16mm (图 2-7(c))，单根剪切钢筋试件的承载力提高，但在 2 次滞回加载后便被拉断，说明提高剪切钢筋的直径，可以提高 CRTS Ⅱ型无砟轨道层间界面的黏结承载力与抗震性能。

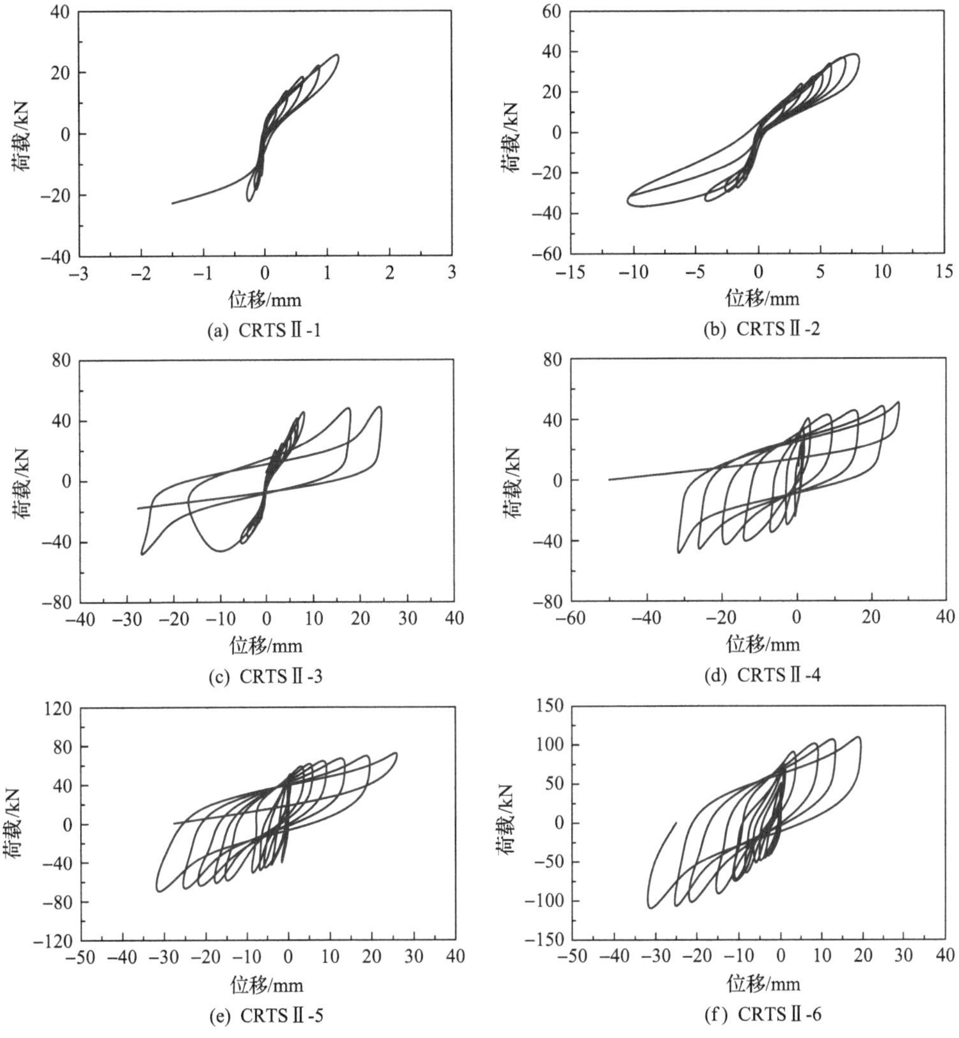

图 2-7　CRTS Ⅱ型无砟轨道试件荷载-位移滞回曲线

双根剪切钢筋试件有饱满的梭形滞回环（图 2-7（d）～（f）），说明其具有良好的耗能和塑性变形能力，抗震性能好。究其原因是剪切钢筋数量增多，轨道板与 CA 砂浆层界面的黏结承载力增大，当界面滑移较大时，多根剪切钢筋之间可以起到相互变形与内力协调的作用，使得其能承受更大的外荷载。剪切钢筋先发生剪切变形，然后发生弯曲变形，当施加荷载超过极限荷载后，剪切钢筋发生受拉变形直至被拉断，轨道板与 CA 砂浆层界面滑动并脱离。

从上述荷载-位移滞回曲线可以发现，在低周往复荷载作用下，剪切钢筋的变形机理可概括为：剪切变形、弯曲变形、受拉变形和拉断。当前高速铁路 CRTS Ⅱ型无砟轨道抗震研究中剪切钢筋的本构模型是基于钢筋推出试验的单调规则构造的理想双折线模型，在位移达到 0.6～0.75mm 时钢筋剪断，与 CA 砂浆同步失效。结合本试验结论发现，现有剪切钢筋本构模型有待进一步改进。

2. 荷载-位移骨架曲线

CRTS Ⅱ型无砟轨道试件荷载-位移骨架曲线如图 2-8 所示。由图可知，在低周往复荷载作用下，各单、双根剪切钢筋试件的荷载-位移骨架曲线均近似呈反 Z 形，经历了弹性、弹塑性及破坏三个阶段。荷载-位移骨架曲线在轨道板与 CA 砂浆层界面开裂前后的形态不同，开裂前基本呈直线型，开裂后开始呈非线性，最后出现一定的近似平台段。单、双根剪切钢筋试件的荷载-位移骨架曲线的正、反向荷

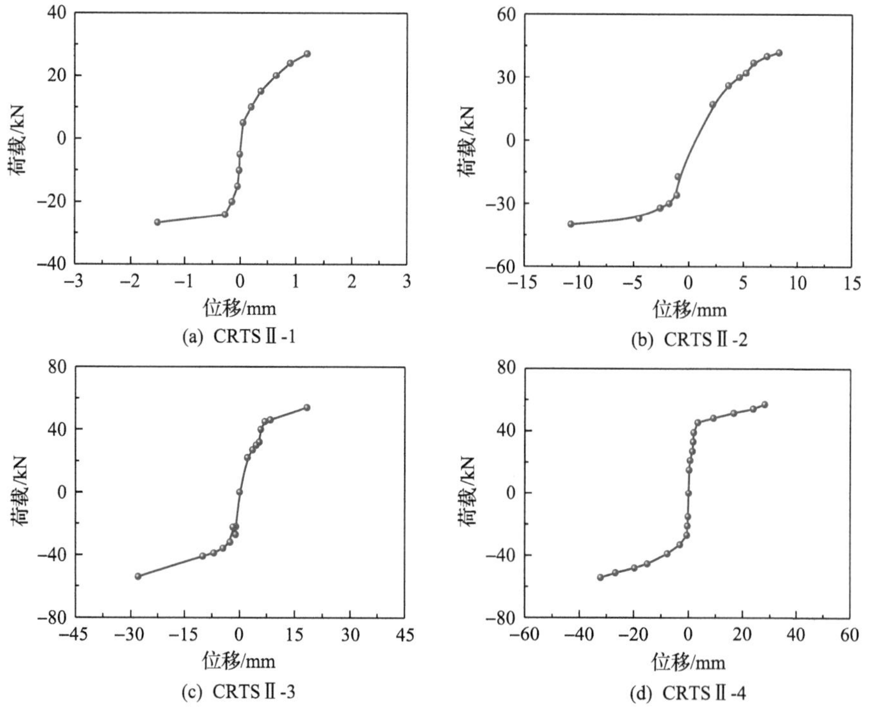

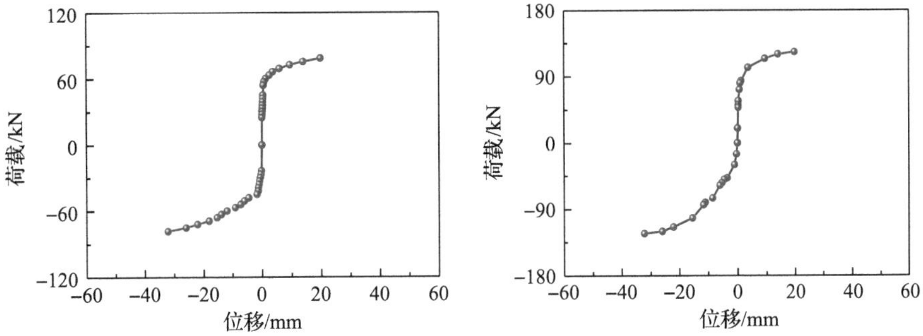

(e) CRTS Ⅱ-5　(f) CRTS Ⅱ-6

图 2-8　CRTS Ⅱ型无砟轨道试件荷载-位移骨架曲线

载与位移变化趋势明显不同，随着直径的增加，单根剪切钢筋试件正、负向弯曲段开始变缓并出现平台段，双根剪切钢筋试件正、负向弯曲段及平台段均变缓。

试件 CRTS Ⅱ-2 比 CRTS Ⅱ-1、CRTS Ⅱ-3 比 CRTS Ⅱ-2、CRTS Ⅱ-5 比 CRTS Ⅱ-4、CRTS Ⅱ-6 比 CRTS Ⅱ-5 的荷载-位移骨架曲线正、负向承载力均增大 1.3 倍、1.5 倍、1.4 倍、1.6 倍以上，说明同等剪切钢筋根数的试件，增大直径能提高轨道系统的极限承载力和抗震性能；试件 CRTS Ⅱ-6 比 CRTS Ⅱ-3、CRTS Ⅱ-5 比 CRTS Ⅱ-2、CRTS Ⅱ-4 比 CRTS Ⅱ-1 的荷载-位移骨架曲线正、负向承载力均增大 2.3 倍、1.9 倍、2.0 倍以上，说明同等剪切钢筋直径试件，增加根数亦能提高轨道系统的极限承载力和抗震性能。

3. 延性分析

结合图 2-8 中试件荷载-位移骨架曲线的轨迹特征对试件进行延性分析[11]，按照几何作图法确定试件的屈服荷载 P_y、极限荷载 P_{max}、破坏荷载 P_u、屈服位移 δ_y、极限位移 δ_{max} 和破坏位移 δ_u，如图 2-9 所示。过原点 o 作骨架曲线的切线，过极限荷载 P_{max} 作位移轴的平行线，两条线交点对应位移即为试件的屈服位移 δ_y，正、负向屈服位移分别为 δ_y^+、δ_y^-，过该交点作垂直于位移轴的线，该线与骨架曲线的交点对应荷载即为试件的屈服荷载 P_y。试件骨架曲线上极限荷载点对应的位移为试件的极限位移 δ_{max}，正、负向极限位移分别为 δ_{max}^+、δ_{max}^-，定义破坏荷载 P_u，所对应的位移为破坏位移 δ_u，正、负向破坏位移分别为 δ_u^+、δ_u^-。基于位移延性系数 μ 评价试件延性，计算公式为

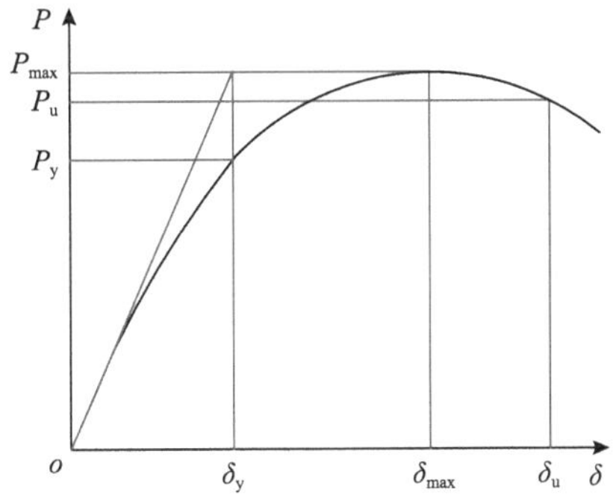

图 2-9　试件屈服、极限及破坏点[12]

$$\mu = \frac{\delta_u}{\delta_y} \tag{2-1}$$

各组试件位移延性系数见表 2-2[13]，位移延性系数对比见图 2-10。

表 2-2 CRTS Ⅱ型无砟轨道试件延性特征

试件编号	δ_y^+/mm	δ_y^-/mm	δ_u^+/mm	δ_u^-/mm	μ^+	μ^-
CRTS Ⅱ-1	0.49	−0.14	1.18	−0.30	2.41	2.14
CRTS Ⅱ-2	3.31	−3.42	8.21	−11.34	2.48	3.32
CRTS Ⅱ-3	4.31	−5.44	18.21	−27.01	4.23	4.97
CRTS Ⅱ-4	2.32	−2.54	28.05	−32.22	12.09	12.69
CRTS Ⅱ-5	1.37	−2.42	19.52	−32.03	14.25	13.24
CRTS Ⅱ-6	1.32	−2.25	19.82	−32.05	15.02	14.24

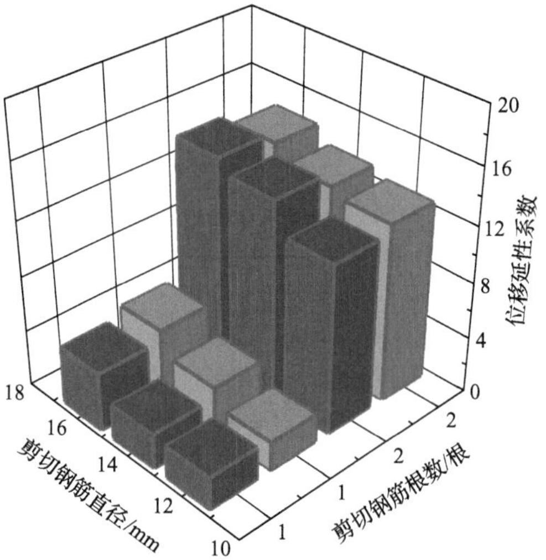

图 2-10 试件的位移延性系数对比

从表 2-2 和图 2-10 可以看出，在低周往复荷载作用下，试件正、负向位移延性系数基本接近，说明剪切钢筋正、负向变形性能接近，试件受力均匀合理；剪切钢筋根数相同时，试件的正、负向位移延性系数随钢筋直径的增加而增大，单根剪切钢筋试件的正、负向位移延性系数增量依次为 2.90%、70.56%和 55.14%、49.70%，双根剪切钢筋试件的正、负向位移延性系数增量依次为 17.87%、5.40%和 4.33%、7.55%；剪切钢筋直径相同时，试件的正向和负向位移延性系数基本随着钢筋根数的增加而显著增大，正、负向延性系数最大增量可达 475%和 493%，说明增加剪切钢筋直径和根数可有效提高试件的延性与抗震性能。

各组试件的承载力见表 2-3。由表可知，在低周往复荷载作用下，单、双根剪切钢筋试件的承载力变化规律趋于一致，随着剪切钢筋直径的增大，正、负向承载力均增大，轨道板与 CA 砂浆层界面的黏结力增强。

表 2-3　CRTS Ⅱ型无砟轨道试件承载力特征　（单位：kN）

试件编号	P_y^+	P_y^-	P_u^+	P_u^-
CRTS Ⅱ-1	14.64	–17.71	27.01	–24.09
CRTS Ⅱ-2	28.63	–31.28	41.74	–39.88
CRTS Ⅱ-3	37.69	–41.02	53.55	–54.03
CRTS Ⅱ-4	39.56	–27.80	56.92	–53.95
CRTS Ⅱ-5	54.15	–33.25	78.07	–78.12
CRTS Ⅱ-6	85.75	–38.99	122.75	–122.55

4. 耗能能力分析

如图 2-11 所示，采用等效黏滞阻尼系数 h_e、能量耗散系数 e 及总耗能 d 来评价试件的耗能能力[14, 15]，h_e 和 e 的计算公式分别为

$$h_e = \frac{1}{2\pi}\frac{S_{ABC}}{S_{OBE}} \tag{2-2}$$

$$e = \frac{S_{ABC} + S_{ADC}}{S_{OBE} + S_{ODF}} \tag{2-3}$$

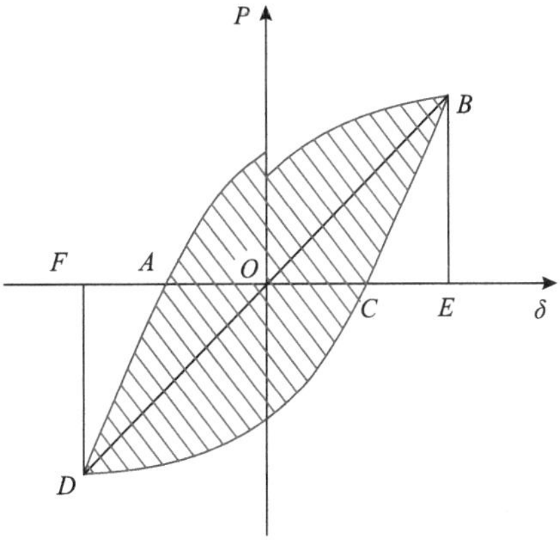

图 2-11　等效黏滞阻尼和能量耗散系数

CRTS Ⅱ型无砟轨道试件耗能能力见表 2-4 和表 2-5，各试件累积耗能见

图 2-12，表中 N 为荷载循环次数。

表 2-4　单根剪切钢筋 CRTS Ⅱ型无砟轨道试件耗能能力

N	CRTS Ⅱ-1			CRTS Ⅱ-2			CRTS Ⅱ-3		
	h_e	e	d/kJ	h_e	e	d/kJ	h_e	e	d/kJ
1	0.102	0.653	0.147	0.098	0.548	14.887	0.100	0.528	18.301
2	0.110	0.774	0.853	0.093	0.570	36.276	0.082	0.529	50.883
3	0.115	0.830	2.588	0.102	0.648	59.687	0.083	0.469	61.747
4	0.101	0.720	5.497	0.112	0.592	75.997	0.097	0.496	99.776
5	0.081	0.553	7.618	0.093	0.464	91.162	0.084	0.456	130.103
6				0.071	0.645	230.488	0.274	2.025	1003.898
7							0.293	1.263	1574.670

表 2-5　双根剪切钢筋 CRTS Ⅱ型无砟轨道试件耗能能力

N	CRTS Ⅱ-4			CRTS Ⅱ-5			CRTS Ⅱ-6		
	h_e	e	d/kJ	h_e	e	d/kJ	h_e	e	d/kJ
1	0.228	1.775	50.670	0.754	0.791	92.016	0.582	0.850	103.944
2	0.314	1.705	144.544	0.776	1.236	306.808	1.381	1.500	234.946
3	0.563	1.517	287.987	0.621	1.251	648.903	1.407	1.582	305.764
4	0.605	1.592	692.032	0.475	1.357	907.229	0.800	1.213	429.327
5	0.428	1.632	1242.648	0.391	1.273	1135.207	0.782	1.310	742.392
6	0.351	1.570	1783.879	0.400	1.436	1660.991	0.492	1.386	1494.744
7	0.372	1.708	2589.466	0.389	1.466	2217.861	0.432	1.385	2544.052
8				0.391	1.647	3295.102	0.424	1.534	3768.118
9							0.431	1.644	5102.589

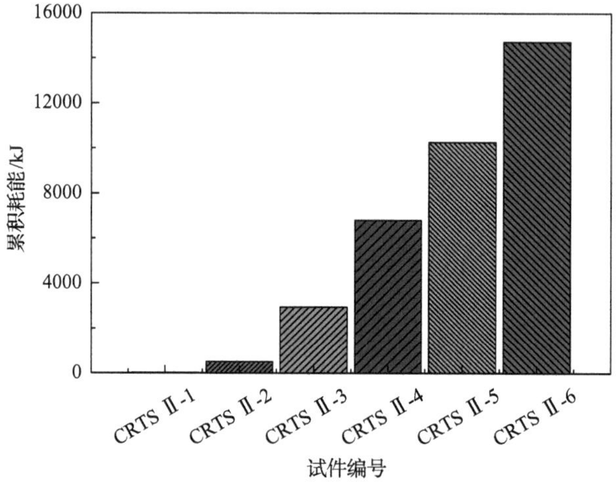

图 2-12　CRTS Ⅱ型无砟轨道试件累积耗能

由表 2-4、表 2-5 及图 2-12 可知，轨道板与 CA 砂浆层界面开裂前，剪切钢筋处于弹性阶段，耗能较小；开裂后，剪切钢筋开始发生弯曲变形，荷载-位移滞回环相对饱满，耗能能力随位移的增加而迅速增大，尤其以双根剪切钢筋最为突出。数量相同时，耗能能力随剪切钢筋直径的增大而增强，以单根剪切钢筋最为突出，试件 CRTS Ⅱ-2 比 CRTS Ⅱ-1、CRTS Ⅱ-3 比 CRTS Ⅱ-2 的耗能能力分别提高了近 30 倍、5 倍。直径相同时，耗能能力随剪切钢筋数量的增加而增强，试件 CRTS Ⅱ-4 比 CRTS Ⅱ-1、CRTS Ⅱ-5 比 CRTS Ⅱ-2、CRTS Ⅱ-6 比 CRTS Ⅱ-3 的耗能能力分别提高了近 398 倍、19 倍、4 倍。试件耗能能力提高倍数相差较大的主要原因是 CRTS Ⅱ-1 的剪切钢筋直径过小，延性较小，该试件尚未发挥弯曲耗能作用便被拉断。剪切钢筋数量多或直径大的试件耗能性能均优于数量少或直径小的试件，同时，等效黏滞阻尼系数 h_e 和能量耗散系数 e 随剪切钢筋数量和直径的增加而增大。上述结论均说明剪切钢筋数量越多或直径越大，耗能能力越强，抗震性能越好。

5. 刚度退化分析

CRTS Ⅱ型无砟轨道的刚度退化通过某次循环荷载下的荷载峰值与相应位移的比值表示，即

$$K_i = \frac{P_i}{\delta_i} \tag{2-4}$$

式中，K_i 为第 i 个循环割线刚度；P_i 为第 i 个循环荷载峰值；δ_i 为第 i 个循环位移峰值。

CRTS Ⅱ型无砟轨道试件刚度退化规律见图 2-13。由图可知，CRTS Ⅱ型无砟

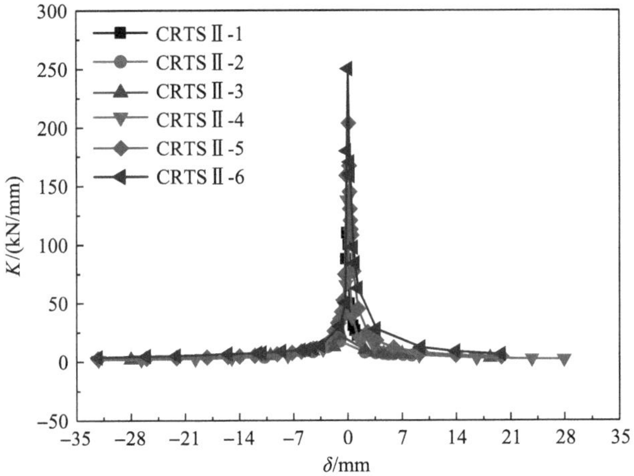

图 2-13　CRTS Ⅱ型无砟轨道试件刚度退化规律

轨道试件的刚度随位移的增大而减小，刚度出现退化，剪切钢筋数量越多或直径越大，刚度退化越慢。随位移增大，试件正、负向加载刚度均下降，加载初期正、负向刚度退化速度均较快，基本呈直线下降。这主要是加载初期轨道板与CA砂浆层界面开裂，CA砂浆层黏结强度失效，剪切钢筋由受剪转向受弯，然后反复压缩其周围的CA砂浆层和轨道板混凝土，造成较大的刚度退化；当界面黏结完全失效仅剩剪切钢筋的弯曲变形耗能时，刚度退化至较低值，荷载继续加大，钢筋被拉断，刚度退化为0。

2.5　无砟轨道板恢复力模型

2.5.1　理论骨架曲线模型

1. 理论骨架曲线模型的提出

由2.3节CRTS Ⅱ型无砟轨道试件的破坏过程可知，其可采用双折线 P-δ 骨架曲线简化模型，如图2-14所示，模型分为正向 OA、负向 OA_1 弹性段和正向 AB、负向 A_1B_1 滑动阶段，A 为两段分界点，B 为极限点。

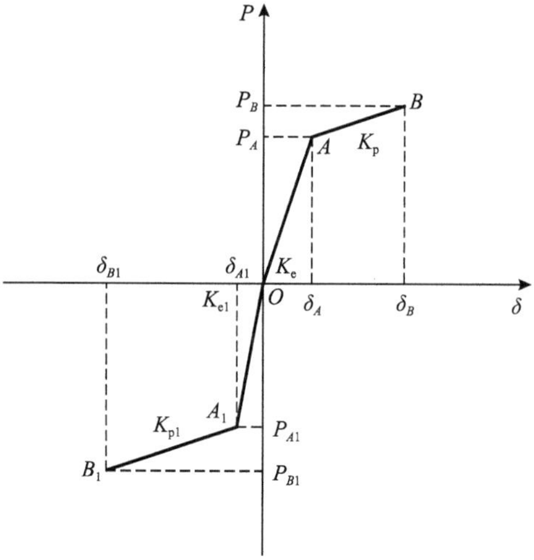

图2-14　CRTS Ⅱ型无砟轨道 P-δ 理论骨架曲线模型

如图2-14所示，双折线骨架曲线模型可用直线段方程表示。

正向 OA 弹性段：

$$P = K_e\delta,\quad 0 \leqslant \delta \leqslant \delta_A \tag{2-5}$$

负向 OA_1 弹性段：

$$P = K_{e1}\delta, \quad -\delta_{A1} \leqslant \delta < 0 \tag{2-6}$$

正向 AB 滑动阶段：

$$P = P_A + K_p(\delta - \delta_A), \quad \delta_A < \delta \leqslant \delta_B \tag{2-7}$$

负向 A_1B_1 滑动阶段：

$$P = P_{A1} + K_{p1}(\delta - \delta_{A1}), \quad \delta_{B1} \leqslant \delta < \delta_{A1} \tag{2-8}$$

1）正向弹性刚度 K_e

$$P = \varphi\pi n d^2 \Big/ \left(4\sqrt{E_{ca} f_{ca}}\right) \tag{2-9}$$

$$K_e = \frac{\varphi\pi n d^2 \Big/ \left(4\sqrt{E_{ca} f_{ca}}\right)}{\delta_A} \tag{2-10}$$

式中，E_{ca}、f_{ca} 分别为 CA 砂浆的弹性模量与抗压强度；φ 为定义的影响系数，与 E_{ca} 相关，正向弹性刚度计算中 φ 取为 1。

2）负向弹性刚度 K_{e1}

$$K_{e1} = \frac{\varphi\pi n d^2 \Big/ \left(4\sqrt{E_{ca} f_{ca}}\right)}{\delta_{A1}} \tag{2-11}$$

式中，$\varphi = 0.65$，$\delta_{(A)A1} = \pm 978.58\mathrm{e}^{-0.479d}$。

3）正向 CA 砂浆层压碎至剪切钢筋后的弹塑性刚度 K_p

由式（2-7）可得

$$K_p = \frac{P_B - P_A}{\delta_B - \delta_A} \tag{2-12}$$

在缺乏试验数据或试验数据存在问题的情况下，可由式（2-13）计算：

$$K_p = \alpha_y K_e \tag{2-13}$$

式中，α_y 由低周往复荷载作用下所有 CRTS Ⅱ型无砟轨道试验结果参数的回归分析得到，取 1.37。

4）负向 CA 砂浆层压碎至剪切钢筋后的弹塑性刚度 K_{p1}

由式（2-8）可得

$$K_{\mathrm{p1}} = \frac{P_{B1} - P_{A1}}{\delta_{B1} - \delta_{A1}} \tag{2-14}$$

在缺乏试验数据或试验数据存在问题的情况下，可由式(2-15)计算：

$$K_{\mathrm{p1}} = \alpha_{\mathrm{y1}} K_{\mathrm{e1}} \tag{2-15}$$

式中，α_{y1}取1.59。

2. 理论骨架曲线模型验证

由试验现象发现，在低周往复荷载作用下，试件CRTS Ⅱ-1和CRTS Ⅱ-2的破坏过程为剪切钢筋仅发生剪切变形及轻微弯曲变形，所以这两种试件未能反映出剪切钢筋的完整破坏过程，实际工程中轨道系统应该避免布置单根且直径过小的剪切钢筋。因此，此处仅列举试件CRTS Ⅱ-3～CRTS Ⅱ-6的对比结果，如图2-15所示。可以看出，CRTS Ⅱ型无砟轨道试件的荷载-位移理论骨架曲线与试验曲线吻合良好，说明本章提出的理论骨架曲线模型可较好地反映轨道结构荷载-位移关系，且计算简便，便于后续分析。

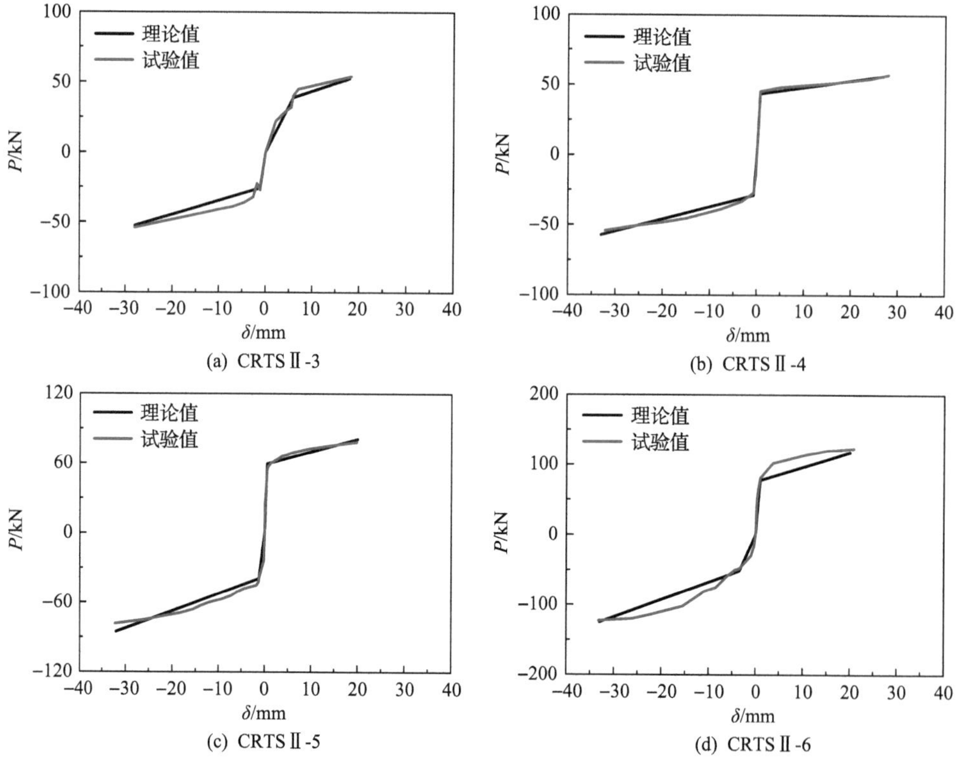

图2-15　CRTS Ⅱ型无砟轨道试件理论与试验荷载-位移骨架曲线对比

2.5.2　恢复力模型的滞回规则

依据试验结果，提出 CRTS Ⅱ型无砟轨道的荷载-位移滞回曲线的简化模型，假设如下：

(1) 未达到屈服荷载时，其正、负向加载刚度均呈线性，卸载路径与其相应的加载路径重合。

(2) 屈服以后，随着位移的增大，正、负向加卸载刚度均逐渐退化。

(3) 负向卸载时与正向卸载时的规律相似。

根据上述滞回规则，结合低周往复荷载试验结果，给出 CRTS Ⅱ型无砟轨道结构恢复力模型中的加、卸载刚度。滞回规则如图 2-16 所示。

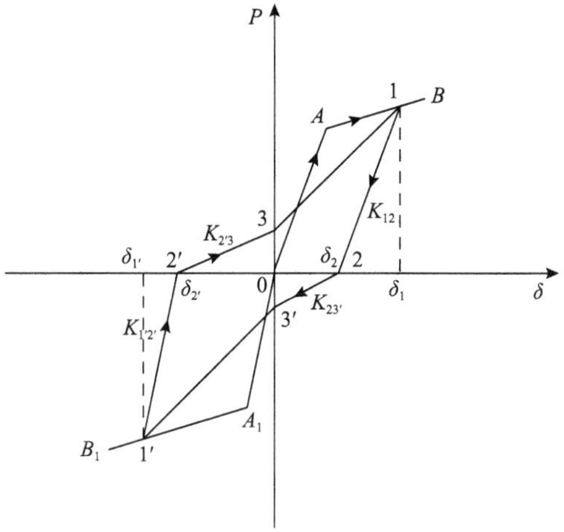

图 2-16　刚度退化规律与滞回规则

正、负向弹性加、卸载刚度 $K_{(e)el}$ 退化规律：骨架曲线上的弹性段，初始加载刚度均为 $K_{(e)el}$，由式(2-10)和式(2-11)计算。在此阶段内卸载过程将沿加载路径返回原点，因此卸载刚度与加载刚度相同。

正、负向卸载刚度 $K_{12}\left(K_{1'2'}\right)$ 退化规律：将正、负向卸载点 1(1′) 与 0 点之间的数据点进行线性回归，求出正、负向卸载刚度 $K_{12}\left(K_{1'2'}\right)$，再通过回归分析得到如图 2-17 所示的 $K_{12}\left(K_{1'2'}\right)$ 与 δ_1/δ_y $\left(\delta_{1'}/\delta_y\right)$ 的关系曲线。由此可得正、负向卸载刚度的回归公式为

$$K_{12} = y_1 + B_1 e^{\left(-\delta_1/\delta_y\right)/t_1} \tag{2-16}$$

$$K_{1'2'} = y_2 + B_2 e^{\left(-\delta_{1'}/\delta_y\right)/t_2} \tag{2-17}$$

根据实测数据拟合可得 $y_1 = 4.371$ ，$B_1 = 14.561$ ，$t_1 = 8.521$ ，$y_2 = 17.073$ ，$B_2 = 51.045$ ，$t_2 = 5.047$ 。

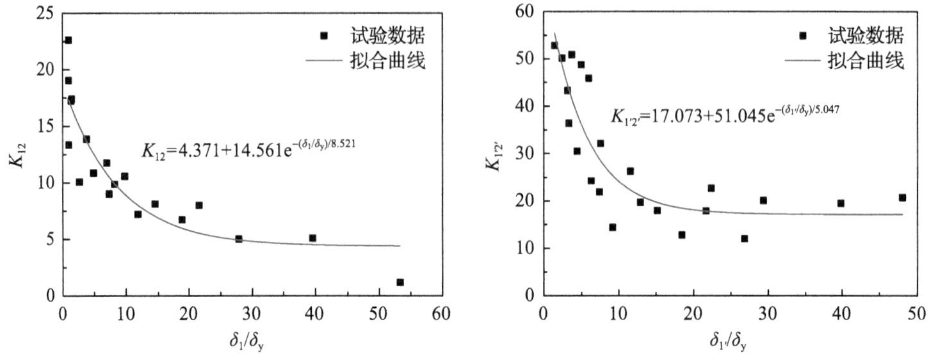

(a) 正向卸载刚度K_{12}退化曲线　　　　(b) 负向卸载刚度$K_{1'2'}$退化曲线

图 2-17　正、负向卸载刚度退化曲线

正、负向加载刚度 $K_{2'3}\left(K_{23'}\right)$ 退化规律：将正、负向卸载点 $2(2')$ 与位移为 0 的 $3(3')$ 点之间的数据点进行线性回归，求得正、负向加载刚度 $K_{2'3}\left(K_{23'}\right)$ ，再通过回归分析得到如图 2-18 所示的 $K_{23'}\left(K_{2'3}\right)$ 与 δ_2/δ_y（$\delta_{2'}/\delta_y$）的关系曲线。由此可得正、负向卸载刚度的回归公式为

$$K_{2'3} = y_3 + B_3 e^{\left(-\delta_{2'}/\delta_y\right)/t_3} \tag{2-18}$$

$$K_{23'} = y_4 + B_4 e^{\left(-\delta_2/\delta_y\right)/t_4} \tag{2-19}$$

根据实测数据拟合可得 $y_3 = 1.234$ ，$B_3 = 11.549$ ，$t_3 = 5.421$ ，$y_4 = 1.140$ ，$B_4 = 3.260$ ，$t_4 = 4.599$ 。

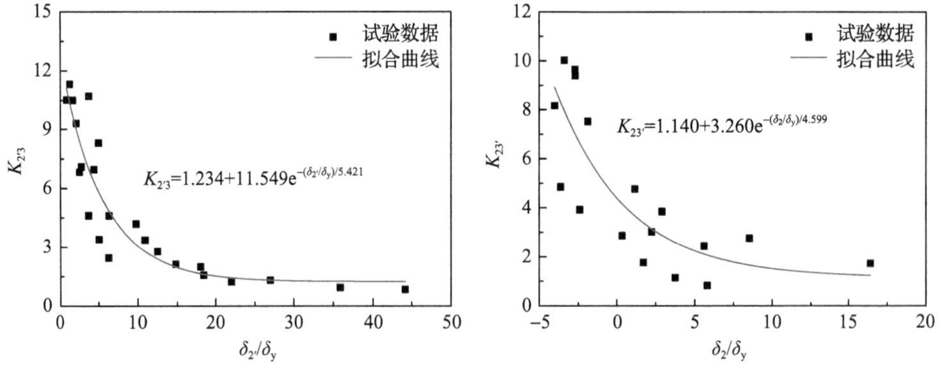

(a) 正向加载刚度$K_{2'3}$退化曲线　　　　(b) 负向加载刚度$K_{23'}$退化曲线

图 2-18　正、负向加载刚度退化曲线

2.6 本章小结

本章开展了不同剪切钢筋数量和直径的高速铁路 CRTS Ⅱ型无砟轨道板的抗震性能试验，研究了试件的失效模式、滞回曲线、骨架曲线、延性、耗能、刚度退化等性能，分析了剪切钢筋直径和数量对轨道板抗震性能的影响，揭示了低周往复荷载作用下剪切钢筋的耗能机制及变形破坏机理，提出了剪切钢筋的荷载-位移恢复力模型，得出如下结论：

(1) 在低周往复荷载作用下，CRTS Ⅱ型无砟轨道中剪切钢筋的破坏模式是一种介于剪断和拉断之间的“折断”，而非当前轨道-桥梁系统抗震研究中认为的“瞬间剪断”。

(2) 在低周往复荷载作用下，CRTS Ⅱ型无砟轨道的破坏过程可分为三个阶段：轨道板与 CA 砂浆层界面出现损伤裂缝，剪切钢筋剪切变形；剪切钢筋反复压缩周围的 CA 砂浆层及轨道板混凝土，剪切钢筋弯曲变形；CA 砂浆层和轨道板混凝土压碎，剪切钢筋受拉变形直至拉断。

(3) CRTS Ⅱ型无砟轨道板的荷载-位移滞回（骨架）曲线可分为弹性、弹塑性和破坏三个阶段，剪切钢筋直径越大、数量越多，滞回曲线和骨架曲线越饱满。

(4) 随着剪切钢筋直径增大和数量增加，CRTS Ⅱ型无砟轨道板的耗能能力、等效黏滞阻尼系数和能量耗散系数均增大，可有效降低轨道系统的刚度退化程度。

参考文献

[1] Wei B, Yang T H, Jiang L Z, et al. Effects of uncertain characteristic periods of ground motions on seismic vulnerabilities of a continuous track-bridge system of high-speed railway[J]. Bulletin of Earthquake Engineering, 2018, 16(9): 3739-3769.

[2] Yan B, Dai G L, Zhang H P. Beam-track interaction of high-speed railway bridge with ballast track[J]. Journal of Central South University, 2012, 19(5): 1447-1453.

[3] Gu Q, Liu Y D, Guo W, et al. A practical wheel-rail interaction element for modeling vehicle-track-bridge systems[J]. International Journal of Structural Stability and Dynamics, 2019, 19(2): 1950011.

[4] Liu W S, Dai G L, Yu Z W, et al. Interaction between continuous welded rail and long-span steel truss arch bridge of a high-speed railway under seismic action[J]. Structure and Infrastructure Engineering, 2018, 14(8): 1051-1064.

[5] Zhou W B, Jiang L Z, Yu Z W. Analysis of free vibration characteristic of steel-concrete composite box-girder considering shear lag and slip[J]. Journal of Central South University, 2013, 20(9): 2570-2577.

[6] Lai M H, Ho J C M. A theoretical axial stress-strain model for circular concrete-filled-steel-tube columns[J]. Engineering Structures, 2016, 125: 124-143.

[7] Lai M H, Hanzic L, Ho J C M. Fillers to improve passing ability of concrete[J]. Structural Concrete, 2019, 20(1): 185-197.

[8] Wang H P, Jiang L Z, Xiang P. Improving the durability of the optical fiber sensor based on strain transfer analysis[J]. Optical Fiber Technology: Materials, Devices and Systems, 2018, 42: 97-104.

[9] Yan W J, Zhao M Y, Sun Q, et al. Transmissibility-based system identification for structural health monitoring: Fundamentals, approaches, and applications[J]. Mechanical Systems and Signal Processing, 2019, 117: 453-482.

[10] Liu J P, Cao L, Chen Y F. Analytical solution for free vibration of multi-span continuous anisotropic plates by the perturbation method[J]. Structural Engineering and Mechanics, 2019, 69(3): 283-291.

[11] Feng Y L, Jiang L Z, Zhou W B, et al. Lateral-torsional buckling of box beam with corrugated steel webs[J]. Journal of Central South University, 2019, 26(7): 1946-1957.

[12] Huang Z, Jiang L Z, Zhou W B. Experimental study on the seismic performance of concrete filled steel tubular laced columns[J]. Steel and Composite Structures, 2018, 26(6): 713-731.

[13] Xiang P, Deng Z H, Su Y S, et al. Experimental investigation on joints between steel-reinforced concrete T-shaped column and reinforced concrete beam under bidirectional low-cyclic reversed loading[J]. Advances in Structural Engineering, 2017, 20(3): 446-460.

[14] Zhou W B, Jiang L Z, Huang Z, et al. Flexural natural vibration characteristics of composite beam considering shear deformation and interface slip[J]. Steel and Composite Structures, 2016, 20(5): 1023-1042.

[15] Liu W L, Han J P. Experimental investigation on compressive toughness of the PVA-steel hybrid fiber reinforced cementitious composites[J]. Frontiers in Materials, 2019, 6: 108.

第 3 章　高速铁路简支梁桥中高墩抗震性能

3.1　概　　述

与建筑结构或公路桥梁不同，高速铁路桥梁要满足较好的行车平顺性与旅客舒适度要求，可通过增大桥墩刚度以减小水平向振动。增大桥墩刚度的一种途径是增加桥墩截面，这样墩柱的纵横向尺寸会增大很多，如果刚度过大，地震荷载的影响也会相应增大，同时大尺寸的截面也需要更多的混凝土；另一种途径是增加墩柱中纵筋的含量，由于钢筋对提高墩柱刚度的效果不明显，需要布置大量纵筋才能满足墩柱刚度需求，这样会增加造价[1]。因此，设计墩柱时需从受力、抗震性能以及经济性等多方面进行平衡。

我国高速铁路桥墩的截面形式多种多样，其中圆端形实心墩和变截面空心墩、矩形实心墩和变截面空心墩等形式最为常见[2]。与公路桥墩和建筑结构柱相比，高速铁路桥墩的纵筋率与体积配箍率普遍较低，一般小于 1%，截面纵横向尺寸比普通结构墩柱大很多。圆端形实心墩与空心墩具有良好的流线型外形和较大的横向刚度，在高速铁路桥梁中被大量使用[3]，其中实心墩多用于中低墩，当墩高较高(一般大于 30m)时，多采用变截面空心墩[4]。

尽管现有的抗震设计理论已有很多成果，但是大多基于截面较小、纵筋率较高的建筑或公路墩柱的试验数据；我国高速铁路桥墩形式多样，将现有理论应用于所有类型的高速铁路桥墩中的合理性有待验证；高速铁路中常见的低纵筋率圆端形桥墩的试验数据依然很少，且缺乏系统性。因此，准确评估现役高速铁路桥墩的抗震性能，为今后设计出抗震安全性更好的桥墩，急需大量的试验数据。

目前钢筋混凝土结构弹塑性分析的有限元方法主要有三维实体有限元模型和离散杆系单元模型[5]。三维实体有限元模型常用于局部区域的分析，需要划分大量的实体单元，每个单元材料的本构以应力-应变曲线的方式输入，同时考虑到材料的屈服与破坏准则，将单轴本构关系扩展至多轴本构。该模型可以分析钢筋与混凝土之间的黏结滑移、混凝土徐变、裂缝、热应力等非线性问题[6]。

离散杆系单元模型经历了从集中塑性模型到分布塑性模型的发展过程[7]。由于地震荷载作用下钢筋混凝土结构的塑性经常出现在梁柱端部，早期是通过在端部设置零长度塑性铰的方法来进行模拟，即在结构的端部设置一个非线性的旋转弹簧单元，通过输入适当的弯矩-曲率关系来描述复杂的滞回行为，而结构的中部采用弹性单元。弯矩-曲率关系恢复力模型由最初的双折线模型逐渐发展细化，形成了包含弯曲和剪切的退化刚度模型，如 Clough 提出的双折线退化模型[8]、Takeda 等提出的三折线模型(武田模型)[9]、Banon 等提出的考虑刚度强度退化的滞回捏缩模型[10]、Otani 和 Filippou 等提出的钢筋滑移模型等[11, 12]。研究人员可根据自身试验确定相关参数，各模型参数与截面特性、荷载和加载历程有关，而且模型参数要以试验数据为基础，并通过最小二乘法统计确定，因此限制了各模型的适用范围。

早期的集中塑性模型并没有考虑轴力与弯曲的耦合作用，也只能模拟单向弯曲的受力条件，根据经典塑性理论与屈服准则，用经验曲面方程来表达双向弯曲受力问题。

为准确地描述结构塑性，将构件沿纵向划分为多个单元，每个单元截面都通过输入非线性的弯矩-曲率关系来完成塑性模拟，即分布塑性模型[7]。截面应变满足平截面假定。单元采用多次插值函数来模拟变形沿单元的分布，假定扭转刚度为弹性，与轴向和弯曲自由度不耦合，该模型沿用整体截面弯矩-曲率曲线各恢复力模型的参数确定方式。在此基础上进一步发展了基于柔度的纤维截面梁柱模型[5]，该模型将截面划分为小的纤维单元，从纤维的单轴本构关系出发得到截面及整个构件的非线性性能，可有效地模拟构件轴力和(单向、双向)弯矩的多维耦合效应，在结构非线性模拟中广泛应用。

本章根据模型相似理论，以剪跨比、轴压比、纵筋率与体积配箍率等作为正交试验设计的四因素，设计多个高速铁路圆端形实心墩与空心墩模型，进行恒定轴向力下的墩顶水平低周往复荷载试验，研究该类桥墩的抗震性能以及各设计因素对抗震性能的影响。利用纤维梁-柱单元的方法，对已完成的高速铁路圆端形桥墩试验进行模拟，与国外相似的试验进行对比分析，探讨混凝土与钢筋材料单轴本构模型对该类桥墩的适用性，为高速铁路桥梁在地震荷载作用下的弹塑性响应分析提供依据。

3.2 圆端形实心墩试验概况

3.2.1 模型原型

模型设计时综合考虑实心墩墩高范围，以及实验室中反力墙高度和水平伺服作动器等设备的限制，结构原型墩高取 8m、16m 和 24m 三种，利用相似原理进行缩尺模型设计，截面尺寸见图 3-1。两种截面本身具有相似性，以避免截面不同对试验结果的影响。考虑到试验加工的复杂性，并保证剪跨比等因素不受变截面因素的干扰，模型忽略了较高桥墩的外坡度，桥墩模型均设计成等截面。

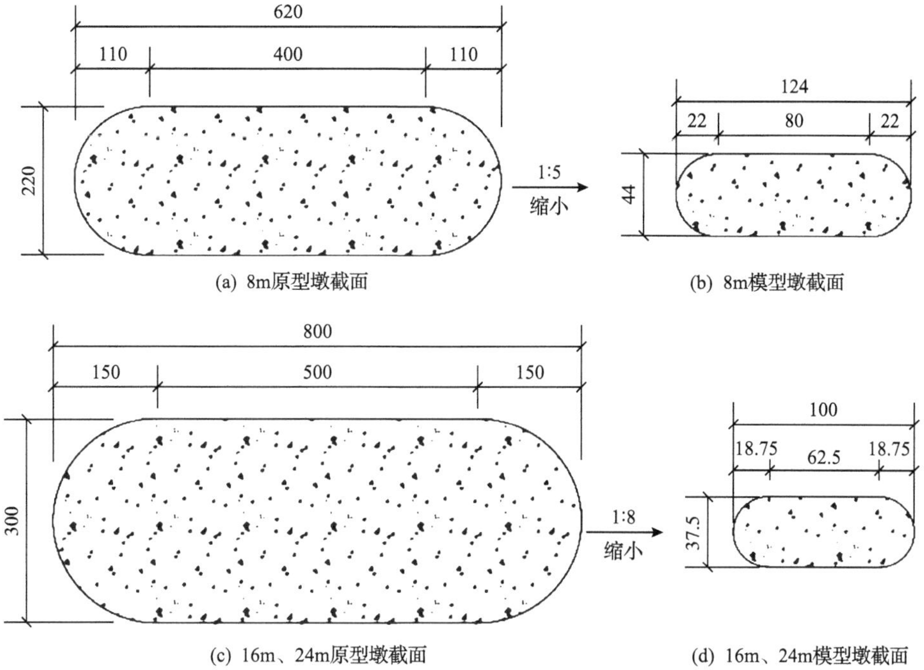

图 3-1　实心墩原型及模型尺寸(单位：cm)

3.2.2　试验设计

大量的研究表明，轴压比、纵筋率、体积配箍率、剪跨比和混凝土强度等因素对墩柱的抗震性能影响较大。试验均采用 C35 混凝土，由于高速铁路桥墩在自重作用下的轴压比较小，普遍在 0.03 附近，而地震作用下的桥墩轴力会在自重下的轴力值附近浮动，轴压比设定在 0.15 以内。目前高速铁路桥墩采用小于 1%的纵筋率，体积配箍率也较小，依此确定各因素的水平，取值见表 3-1。

表 3-1　实心墩模型试验因素水平

因素	因素水平		
原型墩高/m	8	16	24
轴压比($N/(f_cA)$)	0.05	0.10	0.15
纵筋率/%	0.15	0.40	0.75
体积配箍率/%	0.15	0.30	0.45

注：f_c为混凝土轴心抗压强度，A为混凝土受压面积，N为模型的压力。

当因素水平数较少时，应考虑所有可能的试验组合，而当因素水平数较多时，不可能对所有组合进行试验，因此常采用正交试验方法[13]。对于一个四因素三水平的试验，如果考虑所有可能的组合，将有 $3^4 = 81$ 种试验方案，然而采用正交试验方法，利用四因素三水平 $L_9(3^4)$ 正交表，只需要 9 种试验方案，这将大大减少模型制作的成本，各模型正交试验设计参数见表 3-2。正交表中有 9 行 4 列，每一列都代表一个变量，即剪跨比、轴压比、纵筋率与体积配箍率。每个因素的每个水平在每列中都会出现 3 次，而每两列中任意两因素的水平组合都会出现一次，即(1，1)、(1，2)、(1，3)、(2，1)、(2，2)、(2，3)、(3，1)、(3，2)和(3，3)，其中 1、2、3 分别代表变量的水平，因此共有 9 种组合，满足这两个条件也被称为正交性。在试验进行之前，无法得知每个因素对试验结果的影响，因此按照随机的原则进行各因素的选择[14]。模型中墩顶水平力均为截面的弱轴方向即顺桥向加载。模型截面尺寸及配筋见图 3-2。

表 3-2　实心墩模型正交试验设计参数

编号	模型高/m	剪跨比	轴压比	纵筋率/%	体积配箍率/%
SOL-1	1.6	3.6	0.15	0.75	0.30
SOL-2	1.6	3.6	0.05	0.15	0.45
SOL-3	1.6	3.6	0.10	0.40	0.15
SOL-6	2.0	5.3	0.05	0.75	0.15
SOL-8	2.0	5.3	0.15	0.40	0.45
SOL-9	2.0	5.3	0.10	0.15	0.30
SOL-11	3.0	8.0	0.10	0.75	0.45
SOL-12	3.0	8.0	0.15	0.15	0.15
SOL-13	3.0	8.0	0.05	0.40	0.30

3.2.3　模型材料

所有模型均采用 C35 混凝土，混凝土的抗压强度见表 3-3，表中列于同一行的桥墩模型号采用相同批次的商品混凝土。模型的纵筋率均在 0.2%～0.75%，为满足较小的纵筋率以及截面中纵筋的对称性，采用 8mm 和 10mm 两种直径的 HRB335 热轧钢筋，两种钢筋屈服强度试验值分别为 452MPa 和 405MPa，抗拉强度平均值分别为 573MPa 与 550MPa，箍筋采用直径为 6mm 的 HPB235 钢筋。

3.2.4　加载方案

实心墩模型试验加载装置见图 3-3。试验前需要对墩顶千斤顶在压力机上进行标定。试验时首先通过墩顶的千斤顶施加竖向荷载至模型设计轴压比，整个过程保持竖向力恒定不变，利用水平作动器施加水平往复荷载。试验前反复施加两

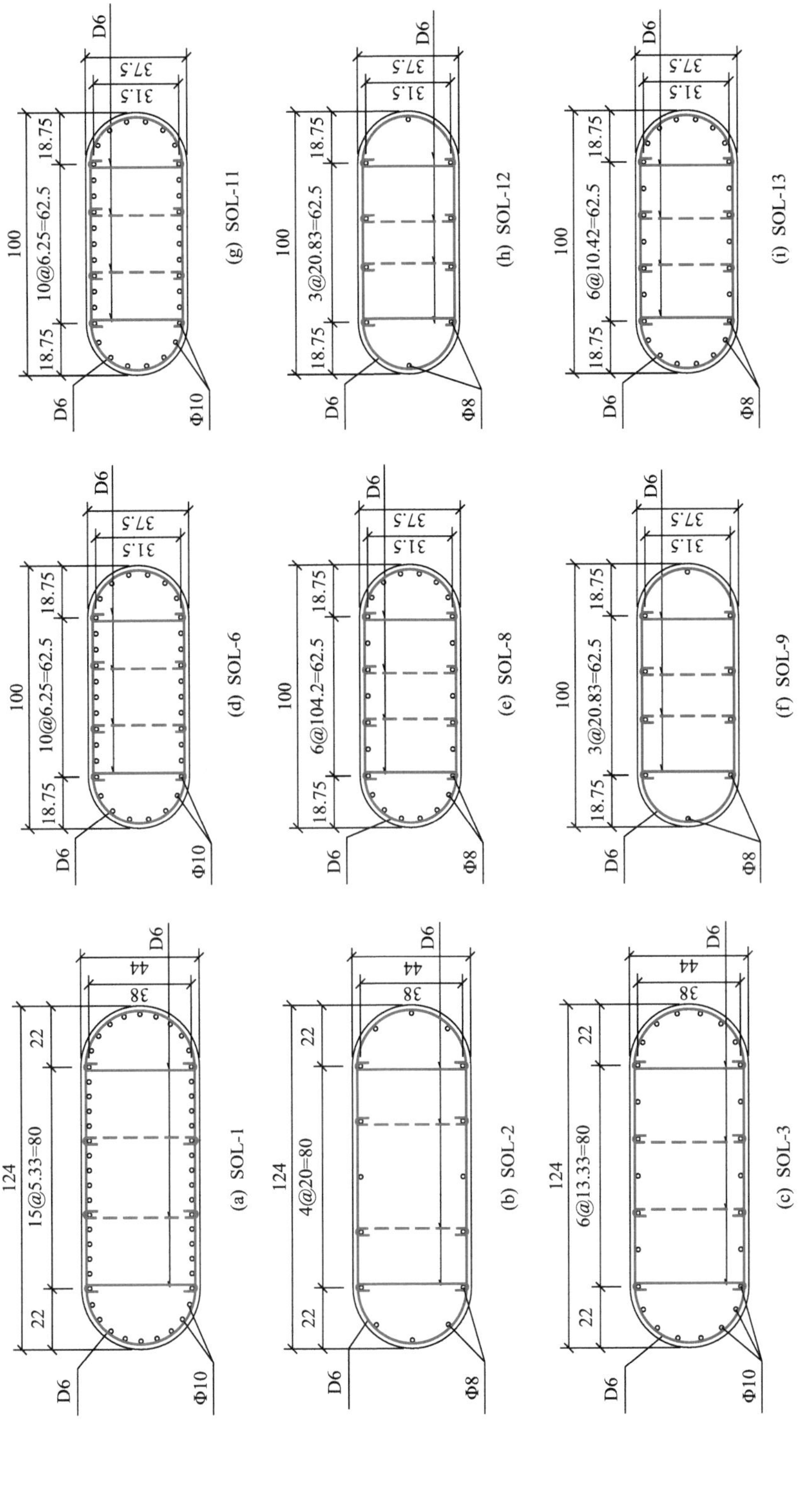

图 3-2　实心墩模型截面尺寸及配筋

图中尺寸以cm计，钢筋直径以mm计；D代表HPB235钢筋，Φ代表HRB335钢筋

表 3-3　实心墩模型混凝土材料参数

编号	设计抗压强度/MPa	立方体试块抗压强度平均值/MPa	轴心试块抗压强度平均值/MPa
SOL-1(8、11)	35	43.1	28.8
SOL-3(9、12)	35	38.6	25.2
SOL-2(6、13)	35	43.4	26.7

次预估水平开裂荷载的 20%，以评估模型的对称性并确认测试仪器包括应变与位移采集设备的功能，随后进行正式试验加载。屈服后按位移控制，每级位移反复三次，直到结构破坏[15]，图 3-4 给出了位移加载示意图。

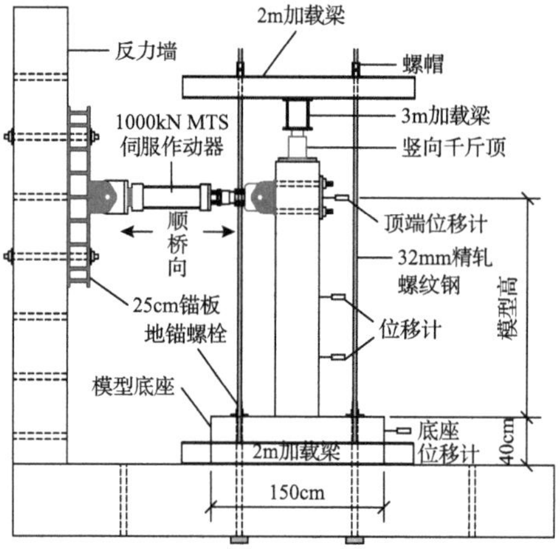

(a) 加载装置示意图

(b) 现场试验装置

图 3-3　实心墩模型试验加载装置

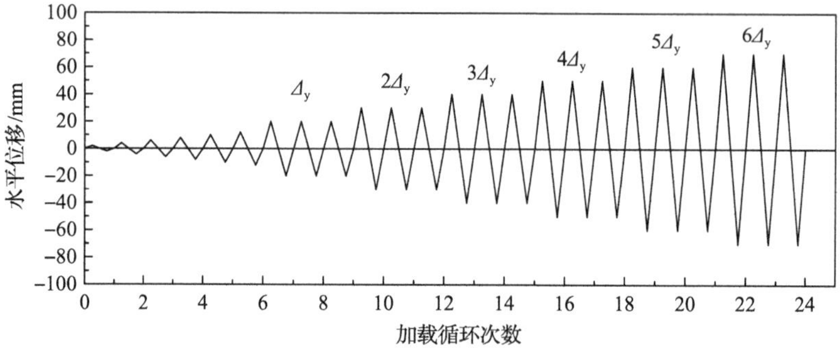

图 3-4　试验时位移加载示意图

模型中布置的位移计、纵筋应变片、混凝土表面应变片等的数据均通过动静态应变仪进行采集。

3.3　实心墩试验结果及分析

3.3.1　裂缝及破坏行为

模型的裂缝一般在荷载最大时出现，卸载后裂缝也随之闭合，因此试验的裂缝等破坏形态的观察与标记均在位移最大时进行，图 3-5 给出了各模型的裂缝分布及破坏形态。

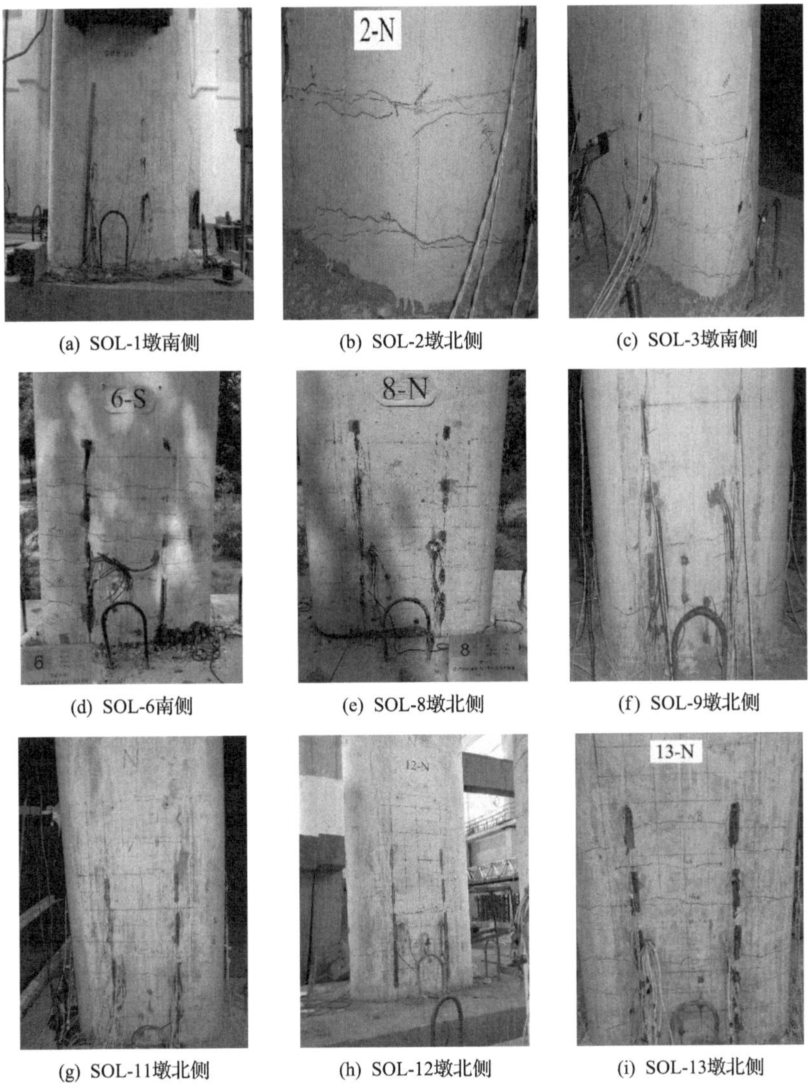

(a) SOL-1墩南侧　(b) SOL-2墩北侧　(c) SOL-3墩南侧

(d) SOL-6南侧　(e) SOL-8墩北侧　(f) SOL-9墩北侧

(g) SOL-11墩北侧　(h) SOL-12墩北侧　(i) SOL-13墩北侧

图 3-5　实心墩模型裂缝分布及破坏形态

随水平位移的增加，模型混凝土应变达到开裂应变后，墩底附近受拉区一侧开始出现微小裂缝，卸载后裂缝闭合。同级位移再次循环到峰值荷载时，原有的裂缝有发展的趋势，但变化不大。增加位移幅值之后，原有裂缝的长度与宽度增长明显，同时出现新增裂缝，新增裂缝有向上发展的趋势，直到钢筋屈服前，这种趋势一直存在，钢筋屈服后，基本不会产生新的裂缝，但是原有裂缝的宽度继续变大，此时钢筋应变增长也较快。

模型最终破坏有两种趋势：当纵筋率较小时，裂缝宽度与钢筋应变一直变大，承载力在达到峰值之后保持一定的平台，模型钢筋有被拉断的趋势；当纵筋率较大时，模型底部钢筋发生局部失稳，同时受压区出现混凝土压碎与脱落破坏，最终水平承载力下降明显。

观察各模型的裂缝分布与破坏现象，可以发现纵筋率较高的 SOL-1、SOL-6 和 SOL-11 三个模型的裂缝分布比较密集，裂缝发展的高度也较高，其中模型 SOL-6 出现了混凝土剥落与压碎现象，这是由于该模型的体积箍筋率最低。

纵筋率较低的 SOL-2、SOL-9 和 SOL-12 三个模型的裂缝分布较为稀疏，但是开裂最为明显，破坏时纵筋的应变也最大。纵筋率居中的 SOL-3、SOL-8 和 SOL-13 三个模型也为开裂破坏。

3.3.2　滞回曲线

由于桥墩在试验过程中的地基锚固不牢可能引起桥墩微小的整体平移与旋转，同时墩顶与作动器的连接及作动器与反力墙之间在推拉过程中可能出现缝隙与偏移等问题，加载时不能将伺服作动器的位移作为墩顶位移，必须采用考虑底座旋转影响的墩顶与墩底之间的相对位移作为控制位移，水平力可以直接通过水平伺服作动器的力传感器来获得。各模型水平荷载-位移滞回曲线见图 3-6。

所有模型的初始阶段均为弹性阶段，滞回曲线是一条直线，基本没有耗能。随着位移的增大，滞回曲线由直线转变为曲线。在一个加载循环过程中，曲线形

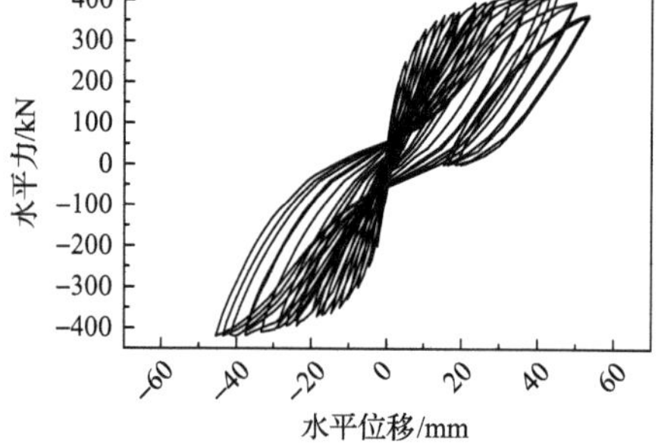

(a) SOL-1墩

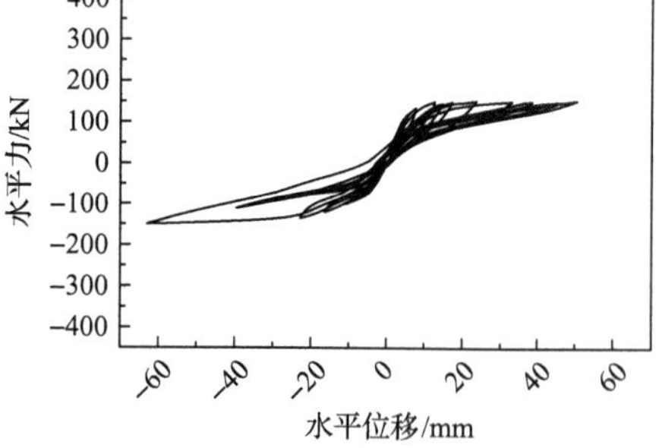

(b) SOL-2墩

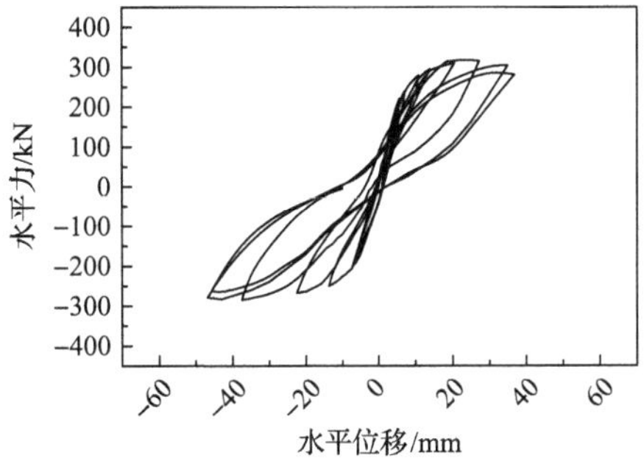

(c) SOL-3墩

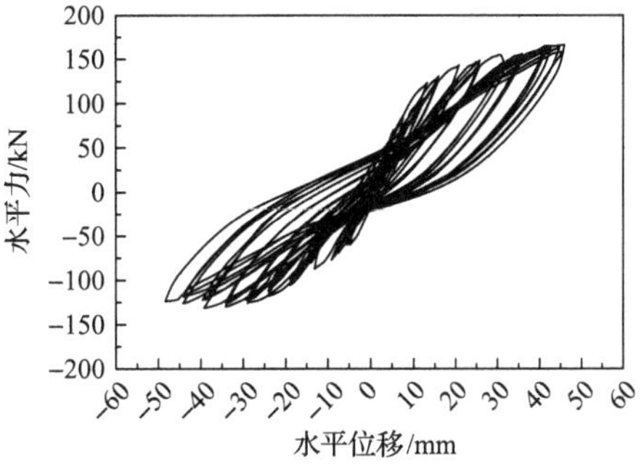

(d) SOL-6墩

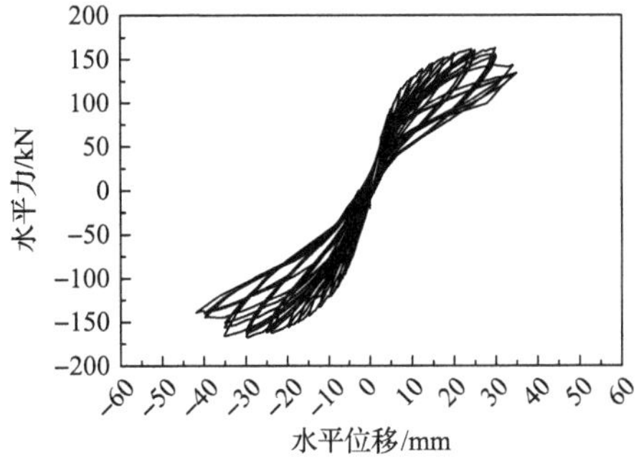

(e) SOL-8墩

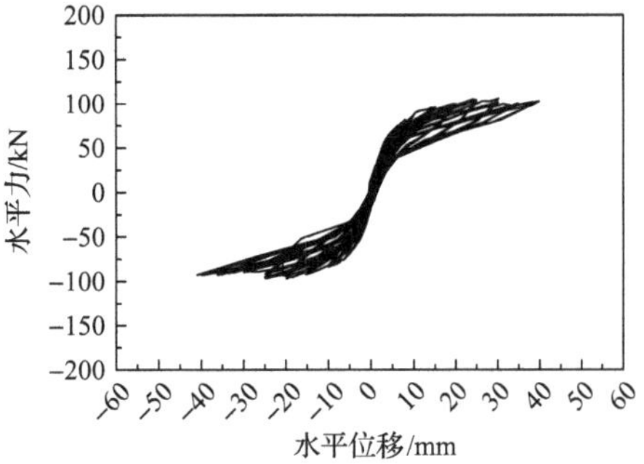

(f) SOL-9墩

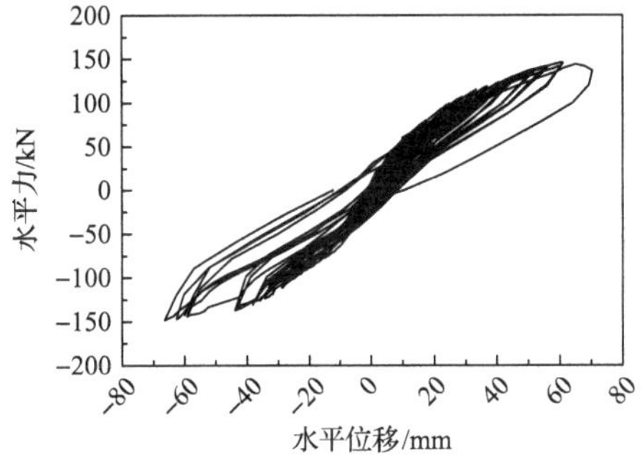

(g) SOL-11墩

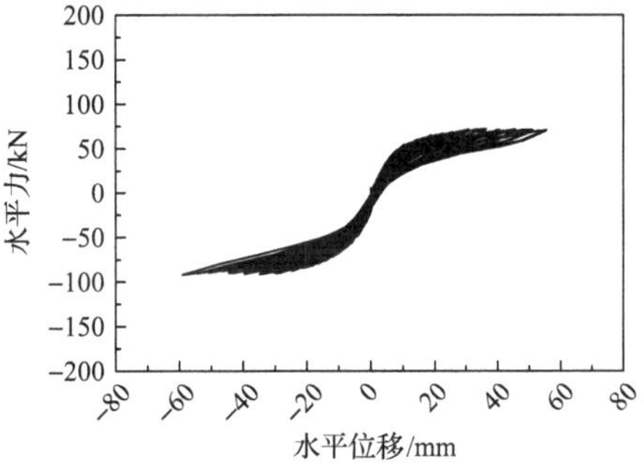

(h) SOL-12墩

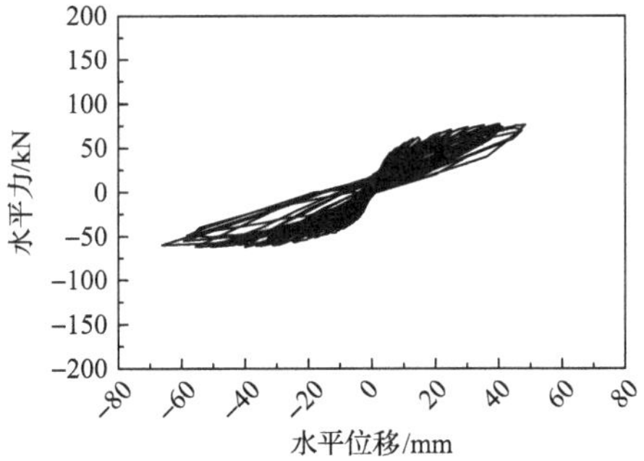

(i) SOL-13墩

图 3-6 实心墩模型水平荷载-位移滞回曲线

成了具有一定耗能能力的滞回环。相同荷载等级下三次循环的滞回环形状变化微小，随着位移的增大，滞回环的面积也变大。

根据纵筋率的不同，各模型呈现出三种典型的滞回曲线形状。当纵筋率为0.15%时，滞回曲线捏缩特征相当明显，单个滞回环呈 S 形，并且面积很小，耗能较差。其卸载曲线内凹与加载曲线有类似的形状，这与已有纵筋率较高的其他试验所获得的滞回曲线有很大的不同。当纵筋率为 0.4%时，滞回曲线仍然捏缩，卸载曲线与加载曲线的区别开始明显，耗能性能比纵筋率为 0.15%的桥墩略有增长。纵筋率为 0.75%的模型滞回曲线已变得相对饱满，耗能性能比其他模型好，卸载曲线也呈现出外凸的形状。

3.3.3　骨架曲线

取滞回曲线中每一级荷载第一次循环的峰值点连接的包络线作为骨架曲线[16]。图 3-7 为实心墩模型水平荷载-位移骨架曲线比较。从图中可以看到，墩高较小的模型的骨架曲线区别最为明显，承载力相差最大。SOL-1 模型的水平承载力

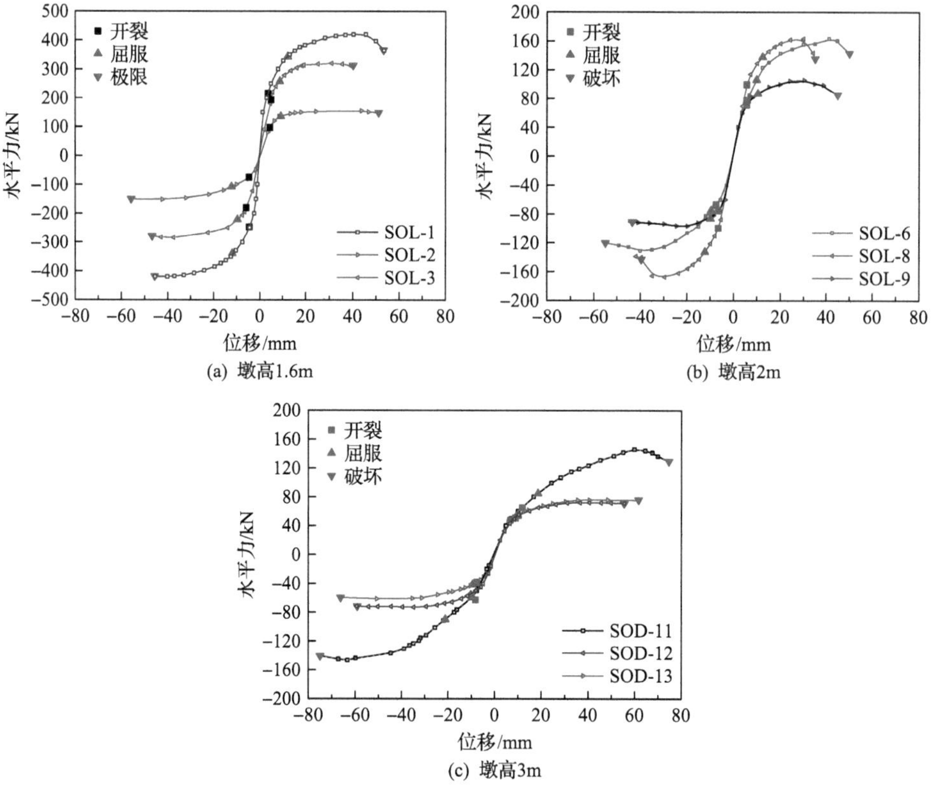

图 3-7　实心墩模型水平荷载-位移骨架曲线比较

几乎是 SOL-2 模型的 3 倍，这主要是由于前者轴压比和纵筋率均为后者的 3 倍，承载力随着轴压比和纵筋率的提高而增大。

骨架曲线的初始阶段都为弹性阶段，但是进入屈服之后有两种不同的发展趋势：轴压比较小时，骨架曲线较快进入峰值荷载并维持较长的平缓阶段，直到桥墩破坏；轴压比较大时，骨架曲线进入峰值荷载之后水平力很快下降至破坏荷载，这说明轴压比增大对延性有降低的趋势。

3.3.4　延性

延性是基于骨架曲线定义的，计算示意图见图 3-8。图中取 $F_{\max}^{+}$ 或者 $F_{\max}^{-}$ 为正、负方向的最大水平力，连接原点与 $0.75F_{\max}$ 并延长至最大水平力，其交点 B 或者 D 的水平位移定义为屈服位移。水平力下降到最大值的 85%时的位移定义为极限位移，两者的比值即为位移延性系数[17]，表述为

$$\mu = X_{\mathrm{u}} / X_{\mathrm{y}} \tag{3-1}$$

式中

$$X_{\mathrm{u}} = \frac{|X_{\mathrm{u}}^{+}| + |X_{\mathrm{u}}^{-}|}{2}, \quad X_{\mathrm{y}} = \frac{|X_{\mathrm{y}}^{+}| + |X_{\mathrm{y}}^{-}|}{2}$$

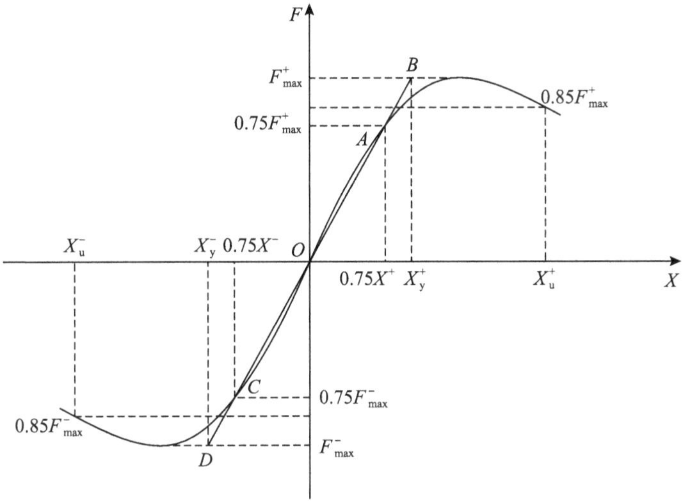

图 3-8　延性计算示意图

表 3-4 为各实心墩模型位移延性系数。可以看到，大部分模型两方向的延性相差不大，平均位移延性系数普遍较小，均在 3～6。

表 3-4　实心墩模型位移延性系数

编号	方向	屈服位移/mm	屈服荷载/kN	极限位移/mm	极限荷载/kN	位移延性系数	平均位移延性系数
SOL-1	+	12.31	343.2	53.27	365.7	4.33	4.09
	−	−11.87	−340.2	−45.69	−418.2	3.85	
SOL-2	+	8.15	130.9	51.19	148.5	6.28	5.53
	−	−11.64	−105.6	−55.68	−149.9	4.78	
SOL-3	+	9.65	265.8	40.22	313.1	4.17	4.20
	−	−11.06	−229.3	−46.81	−278.3	4.23	
SOL-6	+	12.19	117.2	51.20	137.4	4.20	4.31
	−	−12.49	−90.3	−55.22	−110.0	4.42	
SOL-8	+	11.17	132.9	34.77	137.6	3.11	3.27
	−	−11.69	−130.7	−40.13	141.8	3.43	
SOL-9	+	8.73	81.6	43.19	88.86	4.95	4.85
	−	−9.15	−82.1	−43.47	−91.3	4.75	
SOL-11	+	19.50	84.7	74.62	129.3	3.83	3.69
	−	−21.2	−89.7	−75.00	−140.8	3.54	
SOL-12	+	12.87	59.4	55.51	71.2	4.31	4.39
	−	−13.23	−45.8	−59.15	−71.8	4.47	
SOL-13	+	15.73	61.8	61.67	76.2	3.92	4.04
	−	−15.92	−62.9	−66.23	−59.7	4.16	

3.3.5　刚度退化特性

模型开裂后便会出现损伤，损伤会随着往复荷载的增大而加剧，使得模型刚度降低。由于桥墩进入塑性之后，刚度是时刻变化的，为了更好地了解每一等级位移以及每次循环下桥墩刚度的发展，采用割线刚度 K_i 来描述[15]，由式(3-2)计算：

$$K_i = \frac{\left|F_i^+\right| + \left|F_i^-\right|}{\left|X_i^+\right| + \left|X_i^-\right|} \tag{3-2}$$

式中，F_i 与 X_i 分别为第 i 个循环两方向的最大荷载与对应的位移。

为研究所有实心墩模型的刚度随延性的退化规律，分析各模型割线刚度 K_i 与

其初始刚度 K_0 之比随位移延性系数的变化，见图 3-9。可以看到，SOL-8 模型的刚度退化最为缓慢，而 SOL-1 与 SOL-6 模型在开始阶段刚度退化最快，两者几乎重合，达到一定的位移延性系数之后，刚度进入一个较长的平缓期。除这三个模型外，其他模型的刚度随位移延性系数的变化相差不大。

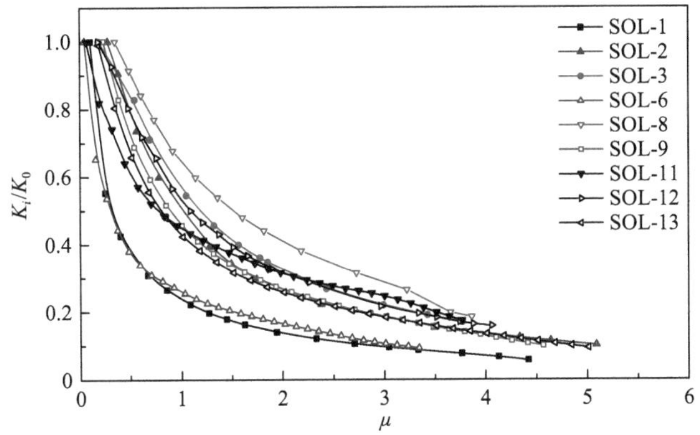

图 3-9　实心墩模型刚度退化比较

3.3.6　耗能性能

桥墩滞回曲线中单个循环荷载的耗能 E_i 可以通过滞回环所包围的面积来计算，n 个循环荷载的累积滞回耗能用 $\sum_{i=1}^{n} E_i$ 表示[15]。由于每个模型高度与承载力各有不同，而且模型的加载历程也各不相同，累积耗能会相差很大。为比较每个桥墩的耗能性能，需将各模型的累积耗能规格化为 E_N，表示为

$$E_N = \frac{1}{F_{\max} X_{\mathrm{y}}} \sum_{i=1}^{n} E_i \tag{3-3}$$

式中，$F_{\max}$ 为最大水平力；X_{y} 为模型的屈服位移。

图 3-10 为实心墩模型的规格化累积耗能对比。可以看到，SOL-6 模型的累积耗能曲线上升速度最快，SOL-3 模型的最终累积耗能最大。

能量耗散常用能量耗散系数来表示，图 3-11 给出了实心墩模型能量耗散系数随位移延性系数的变化。可以看出，SOL-6 模型的能量耗散系数一直保持上升的趋势，增长速度也最快。纵筋率对能量耗散系数变化趋势的影响显著，纵筋率为 0.75%的 SOL-1、SOL-6 和 SOL-11 模型增长速度较快，纵筋率为 0.15%的 SOL-2、SOL-9 和 SOL-12 模型基本保持下降的趋势，纵筋率为 0.40%的 SOL-3 和 SOL-13

模型呈缓慢上升趋势，而 SOL-8 模型表现为先上升后快速下降，这是由于该模型在位移延性系数达到 3.0 以后较快损伤。

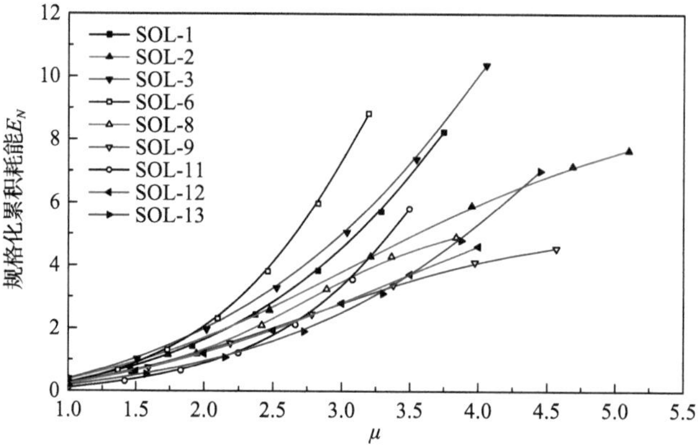

图 3-10 实心墩模型的规格化累积耗能对比

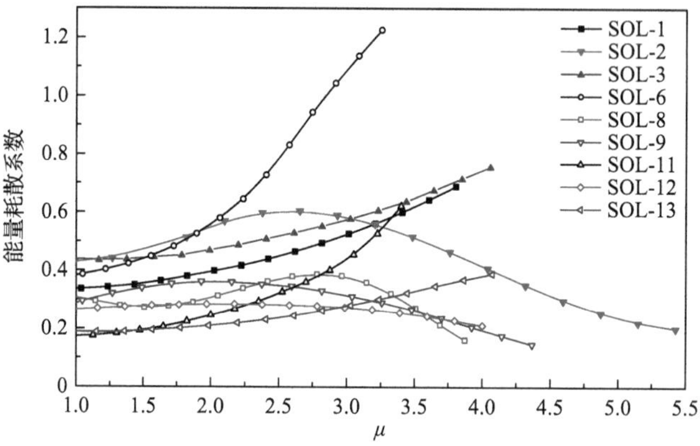

图 3-11 实心墩模型能量耗散系数对比

为比较各模型的能量耗散能力，引入能量比参数 ψ[18]，定义为

$$\psi_i = \frac{E_i}{E_{\text{ideal}}} \tag{3-4}$$

式中，E_i 为试验实测的单周循环耗能；E_{ideal} 为假定墩体为理想弹塑性材料时的单周循环耗能。

能量比参数计算示意图见图 3-12。该参数越大，说明耗能越高。

图 3-13 为实心墩模型能量比参数对比。可以看到，在位移延性系数大于 2 之后纵筋率为 0.75%的模型能量比参数一直增长，而纵筋率为 0.15%的模型能量比参数普遍有下降的趋势，说明低纵筋的模型耗能很差。

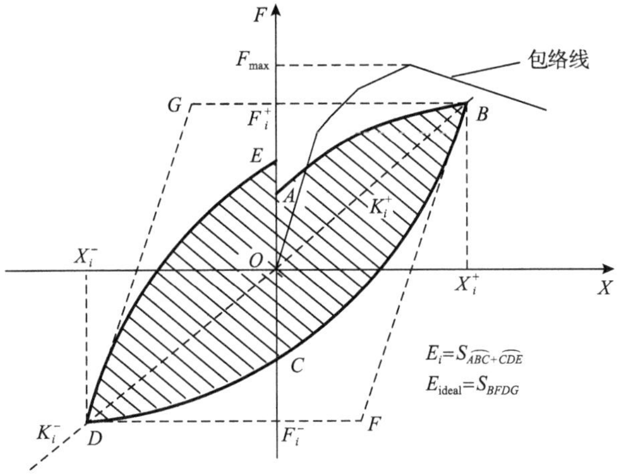

图 3-12　能量比参数计算示意图

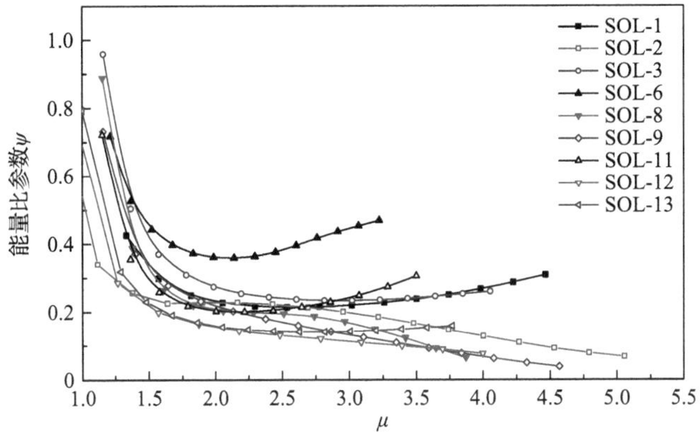

图 3-13　实心墩模型能量比参数对比

3.3.7　影响因素分析

对模型试验的延性进行方差分析，统计中首先将四个因素都当成处理因素，试验设计中实际上没有考虑试验误差，即误差为 0。Hedayat 建议在正交设计中，如果没有重复试验，又无空白项，常取其中一因素离均差平方和最小项作为误差估计[14]。体积配箍率的均方差最小，对整个试验结果影响最小，因而将体积配箍率作为误差估计，用以检验其他因素作用的显著性，重新进行第二次统计。图 3-14 比较了各因素对延性方差分析的显著性。可以看到，纵筋率对低纵筋率圆端形实心墩延性的影响最大，轴压比和剪跨比的影响次之，体积配箍率的影响最小。

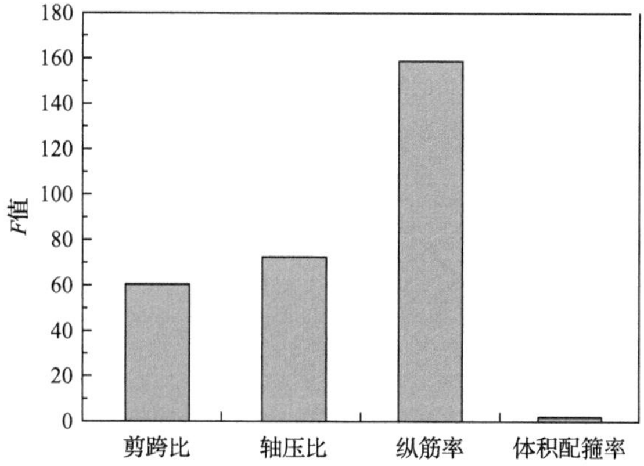

图 3-14　各因素的显著性对比

图 3-15 给出了四个因素下桥墩延性的变化。各因素变化下的延性变化不大，并且位移延性系数普遍较小。随着剪跨比和轴压比的增大，模型的延性有明显降低的趋势，而纵筋率与体积配箍率对桥墩延性的影响规律不明显。

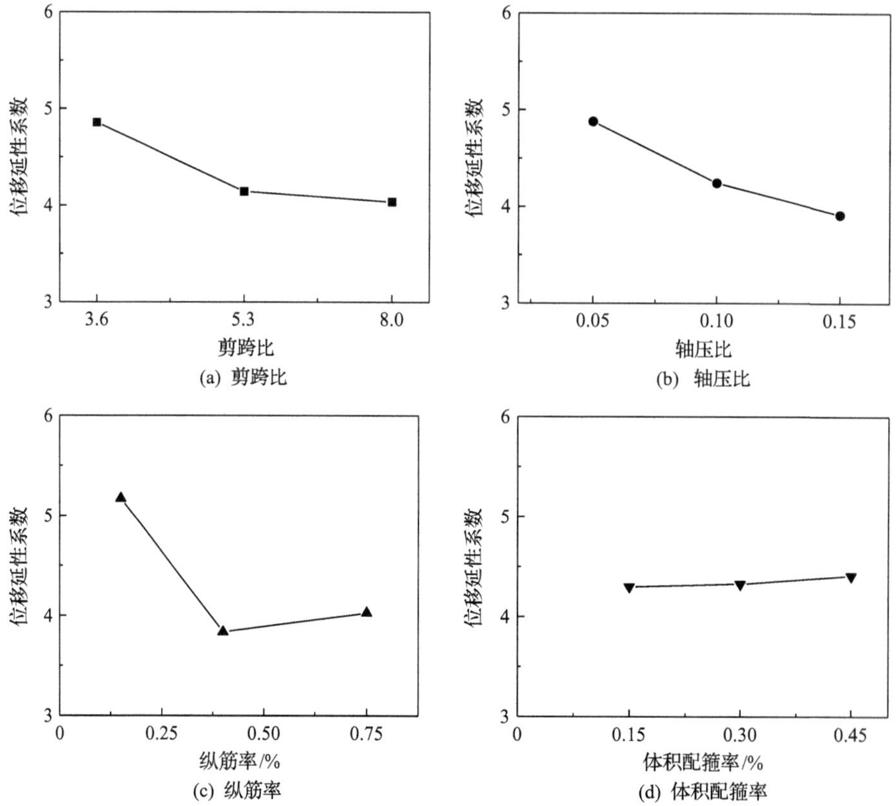

图 3-15　因素对桥墩延性的影响

3.4　圆端形空心墩试验概况

3.4.1　模型设计

高速铁路空心墩一般为内外设置一定坡度的变截面形式，因此当纵筋数目相同时，纵筋率会随着截面发生变化。设计时结合空心墩内力分布情况以及节省钢筋用量，一般从墩底向墩顶逐步减少纵筋数量。空心墩混凝土常取为 C30～C40，外坡度为 35∶1～45∶1，内坡度为 70∶1～90∶1，壁厚一般从墩顶的 50～70cm 向墩底增大。

已有的空心高墩研究结果表明，剪跨比、轴压比、纵筋率、体积配箍率、混凝土强度以及空心墩壁厚等设计参数都会对墩柱的抗震性能造成影响[19]。当桥墩的混凝土等级低于 C50 时，延性会随混凝土强度的提高而降低，同时壁厚满足局部失稳以及能对桥墩内壁形成有效的约束等设计条件即可[20]，因此试验设计采用前四种因素作为主要参数，与实心墩一致。

取高速铁路中常用的无墩帽空心墩为原型，墩高范围在 30～50m，模型相似比取 1∶10，因此模型的墩高为 3m、4m、5m 三种。试验模型四个设计参数的水平取值见表 3-5。

表 3-5　空心墩模型试验因素水平

因素	因素水平		
墩高/m	3	4	5
轴压比	0.05	0.10	0.15
纵筋率/%	0.2	0.5	0.8
体积配箍率/%	0.15	0.3	0.5

空心墩模型仍采用正交试验设计，考虑到四个设计因素，利用四因素三水平 $L_9(3^4)$ 正交表，模型的设计参数列于表 3-6 中。

表 3-6　空心墩模型正交试验设计参数

编号	模型高/m	轴压比	纵筋率/%	体积配箍率/%	加载方式
HOL-1	3	0.15	0.8	0.5	横桥向
HOL-2	3	0.05	0.2	0.15	横桥向
HOL-3	3	0.10	0.5	0.3	横桥向
HOL-5	4	0.05	0.8	0.3	横桥向
HOL-6	4	0.15	0.5	0.15	横桥向
HOL-7	4	0.10	0.2	0.5	横桥向

续表

编号	模型高/m	轴压比	纵筋率/%	体积配箍率/%	加载方式
HOL-8	4	0.10	0.2	0.5	顺桥向
HOL-9	5	0.10	0.8	0.15	横桥向
HOL-10	5	0.15	0.2	0.3	横桥向
HOL-11	5	0.05	0.5	0.5	横桥向

拟静力试验的水平侧向分布是根据结构振型分析确定的，考虑空心墩一阶振型质量参数系数，试验时对模型统一采用墩顶横桥向水平加载。HOL-7 与 HOL-8 模型为设计参数完全相同的两个模型，但采用了不同的加载方向。将变截面空心墩设计成等截面模型，并根据刚度等效原则，将 30m、40m、50m 的截面直径等效为 7.8m、8.3m 和 8.8m 进行缩尺设计。考虑到空心墩模型钢筋加工以及混凝土振捣方便，壁厚不宜太小，均采用 12cm，截面尺寸及配筋见图 3-16。

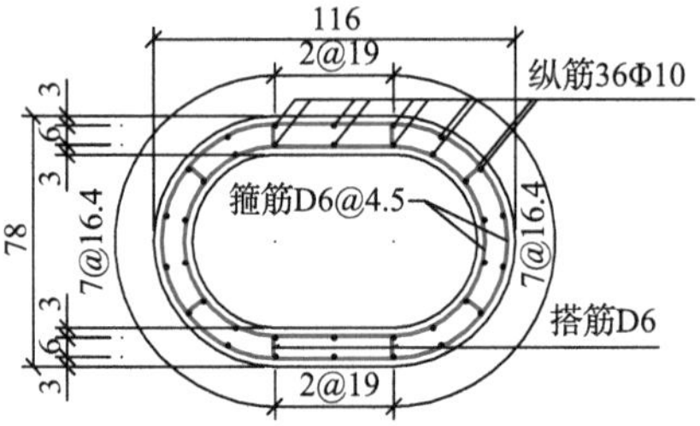

(a) HOL-1

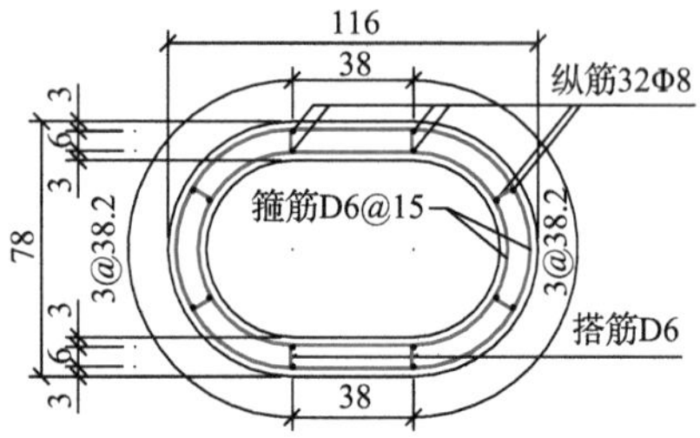

(b) HOL-2

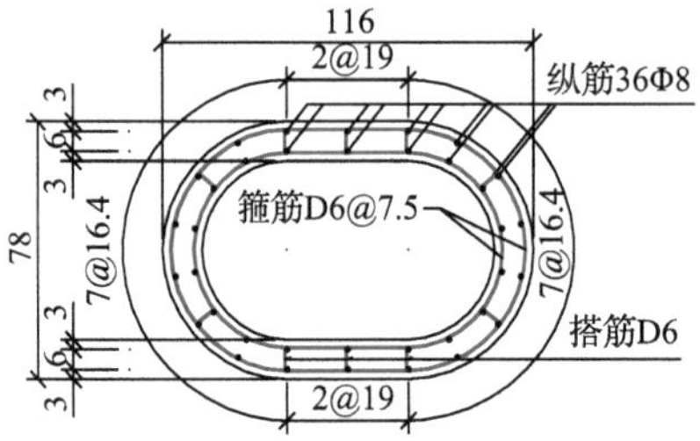

(c) HOL-3

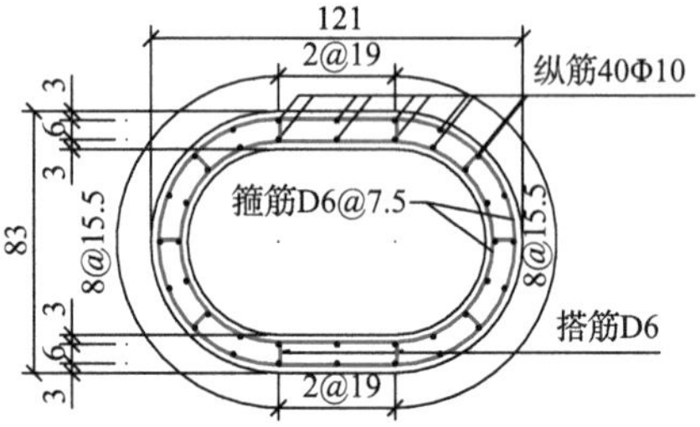

(d) HOL-5

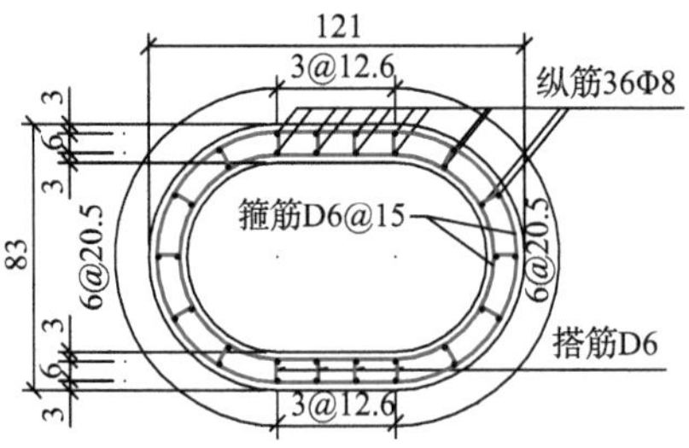

(e) HOL-6

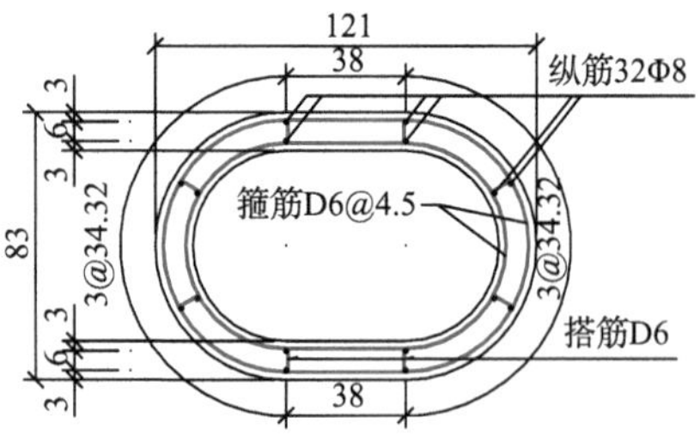

(f) HOL-7(8)

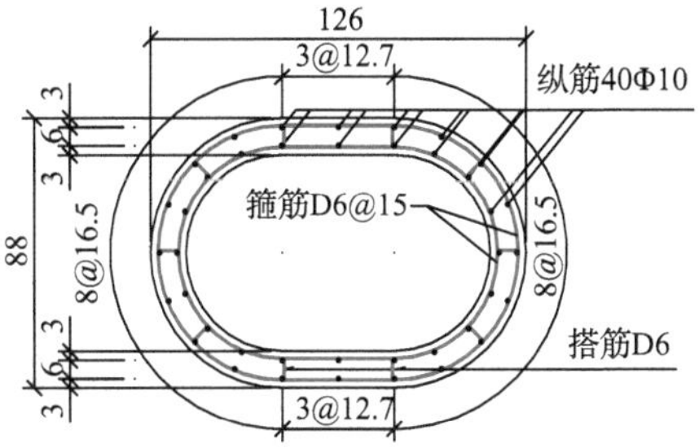

(g) HOL-9

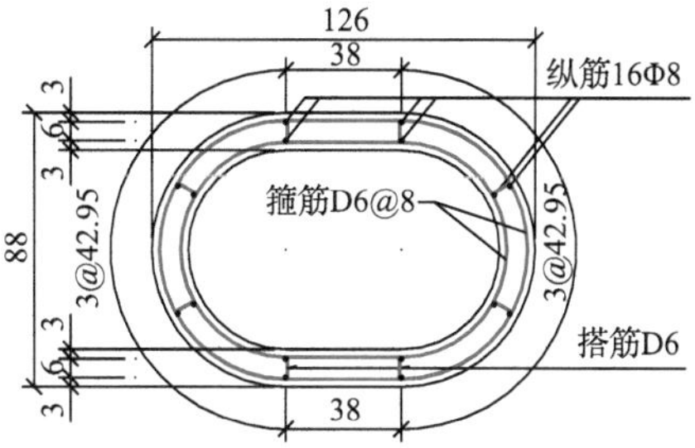

(h) HOL-10

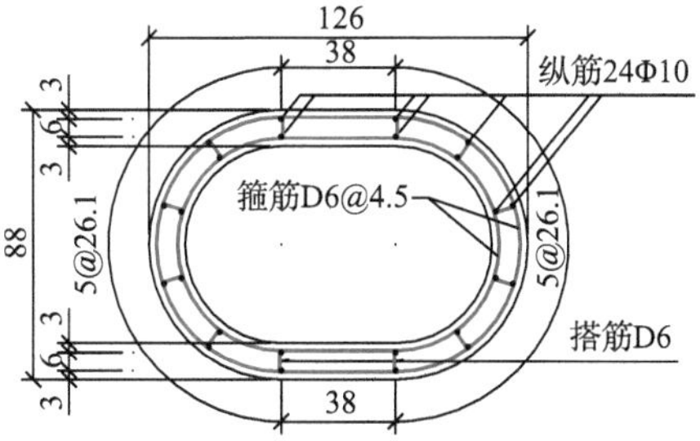

(i) HOL-11

图 3-16　空心墩模型截面尺寸及配筋

图中尺寸以 cm 计，钢筋直径以 mm 计；D 代表 HPB235 钢筋，Φ代表 HRB335 钢筋

3.4.2　模型制作

模型的内部采用木质内模板，外表面采用工厂加工的钢质模板。首先进行底座的钢筋笼施工，随后安装定位木模，在木模外侧进行墩柱钢筋笼的施工及应变片的预埋，然后定位内模与钢筋笼的位置，安装模型外部钢模板，调整各部分的垂度与位置，最后浇筑混凝土。模型采用分段浇筑的方式，做好混凝土的凿毛使新老混凝土更好地结合。空心墩模型制作流程见图 3-17。

图 3-17　空心墩模型制作流程

3.4.3 模型材料

模型采用垂直施工方式，分上下两层浇筑。浇筑相应部分的混凝土时，同时制作混凝土立方体试块和 100mm×100mm×300mm 轴心试块。在模型正式试验前进行力学性能试验，材料参数见表 3-7。

表 3-7　空心墩模型混凝土材料参数

编号	部位	立方体试块抗压强度平均值/MPa	轴心试块抗压强度平均值/MPa	弹性模量/10^4MPa
HOL-1	下	37.7	24.4	2.95
	上	39.8	28.7	3.01
HOL-2	下	36.9	26.3	3.38
	上	40.2	31.3	3.17
HOL-3	下	39.2	27.2	2.87
	上	37.5	29.4	3.23
HOL-5	下	37.7	24.4	2.95
	上	41.2	26.7	3.29
HOL-6	下	39.2	32.1	3.02
	上	41.2	26.7	3.09
HOL-7	下	36.9	26.3	3.38
	上	35.8	25.4	2.96
HOL-8	下	39.7	27.8	3.25
	上	37.9	26.7	3.06
HOL-9	下	36.9	26.3	3.28
	上	35.2	24.8	3.15
HOL-10	下	41.9	33.5	3.09
	上	41.4	31.2	3.01
HOL-11	下	39.2	29.4	3.36
	上	41.6	32.7	3.07

为满足较小的纵筋率以及截面中纵筋的对称性，采用 8mm 和 10mm 两种直径的 HRB335 热轧钢筋，两种钢筋屈服强度试验值分别为 452MPa 和 405MPa，抗拉强度平均值分别为 573MPa 和 550MPa，箍筋与纵筋之间的拉筋采用直径为 6mm 的 HPB235 钢筋。

3.4.4　加载方案

空心墩模型试验加载装置见图 3-18。与实心墩加载过程相似，试验前对墩顶千斤顶在压力机上进行标定。由于模型普遍较高，作动器产生较小的角度偏差而引起水平力倾斜都有可能产生另一个方向的分量，会对模型水平力的施加产生较大误差，因此试验前需要精确调整作动器与桥墩加载面的方位。试验时首先通过墩顶的千斤顶施加竖向荷载至模型设计轴压比，整个过程保持竖向力恒定不变，利用水平作动器施加水平往复荷载。试验前反复施加两次预估水平开裂荷载的20%，以评估模型的对称性并确认测试仪器包括应变与位移采集设备的功能，随后进行正式试验加载[15]。

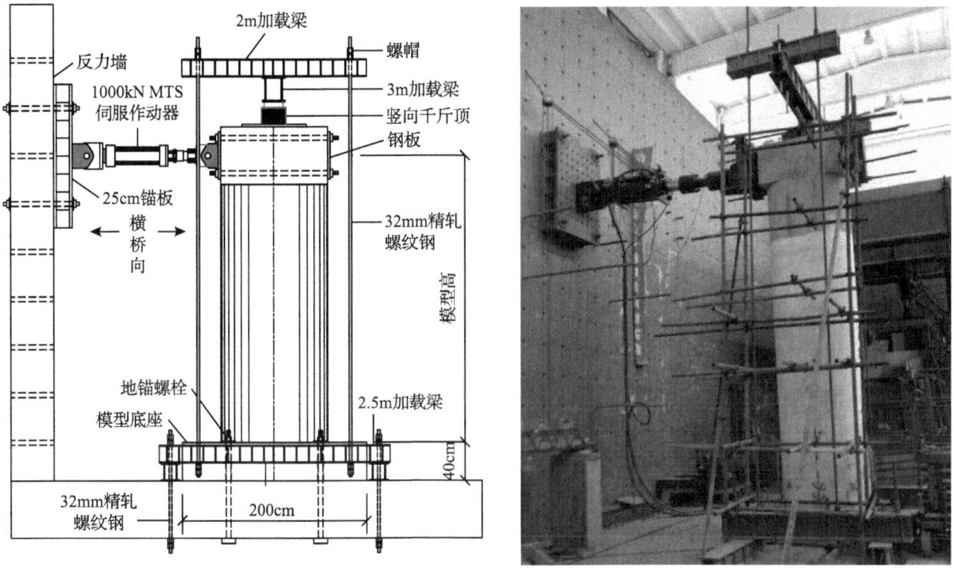

(a) 加载装置示意图　　(b) 现场试验装置

图 3-18　空心墩模型试验加载装置

3.5　空心墩试验结果及分析

3.5.1　裂缝及破坏行为

HOL-2 和 HOL-5 模型在试验过程中因加载设备和测试仪器等原因，试验测试数据不理想，因此未将这两个模型的试验结果列出。图 3-19 给出了各模型典型的裂缝分布及破坏形态。

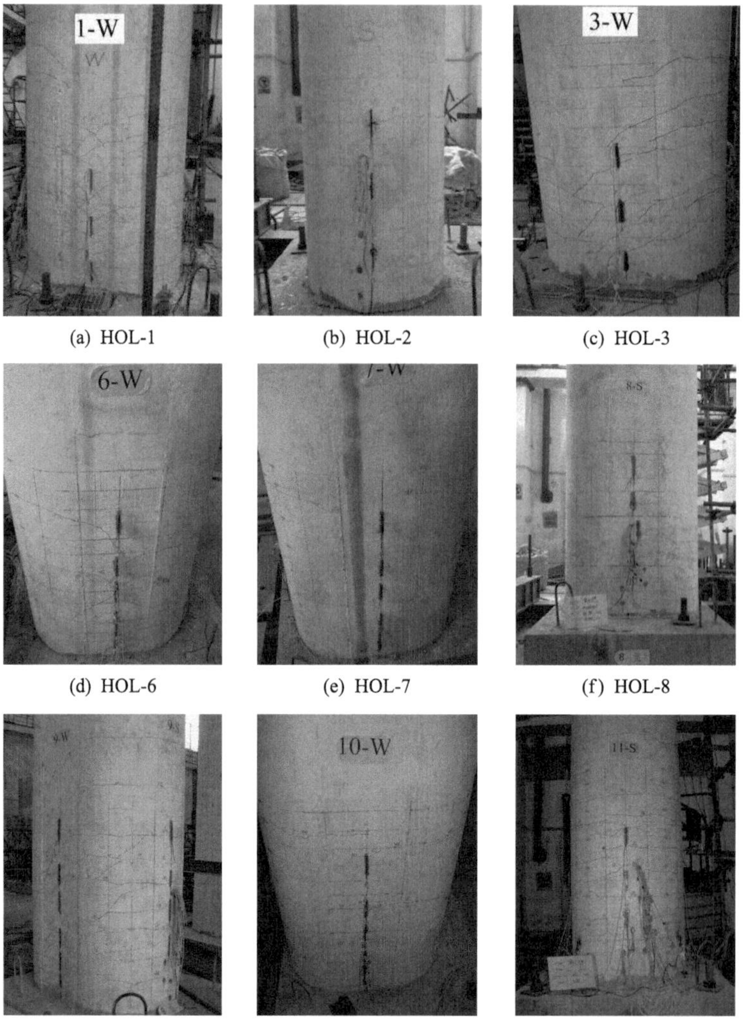

(a) HOL-1　(b) HOL-2　(c) HOL-3

(d) HOL-6　(e) HOL-7　(f) HOL-8

(g) HOL-9　(h) HOL-10　(i) HOL-11

图 3-19　空心墩模型裂缝分布及破坏形态

当水平力与最大位移达到一定值时，横桥向加载的空心墩模型墩底附近圆端形区域首先出现微小裂缝。随位移的增加，裂缝长度变长并缓慢地从截面最外端向墩截面中部斜下方发展，同时不断有新的裂缝出现，裂缝出现的高度逐渐变高。部分模型两侧的斜裂缝随着墩顶荷载的增加在中部交叉并发展到另一侧的圆端区域。所有模型的破坏形态均为裂缝破坏，并没有出现混凝土剥落及压碎现象。

从各模型的裂缝分布可以看到，纵筋率较高的模型裂缝更为密集，并且裂缝分布的高度也较高，而纵筋率较低的模型裂缝分布的高度较低，但是模型破坏时裂缝最终的宽度与深度较大。由于模型较小，并且内部采用了木模板，无法对空心墩内部裂缝的发展与分布进行观测。

顺桥向加载模型 HOL-8 的裂缝形态及分布与前述实心墩有相似之处，墩底附近的裂缝从截面最外端向中部发展，裂缝基本为水平方向，并没有明显的斜向发展。

3.5.2　滞回曲线

图 3-20 为空心墩模型水平荷载-位移滞回曲线。与实心墩滞回曲线发展过程相似，空心墩的滞回曲线也经历了加载初期的弹性阶段和进入塑性后的滞回耗能阶段。相比实心墩，空心墩的滞回曲线都呈现出中部捏缩的现象，滞回耗能普遍较差。滞回曲线捏缩最为严重的三个模型 HOL-7、HOL-8、HOL-10 的卸载曲线表现出内凹的形式，即卸载曲线与加载曲线的形状相近，三个桥墩的纵筋率均为 0.2%，这种现象与前述纵筋率为 0.15%的实心墩一致，其单个滞回环所包围的面积很小。

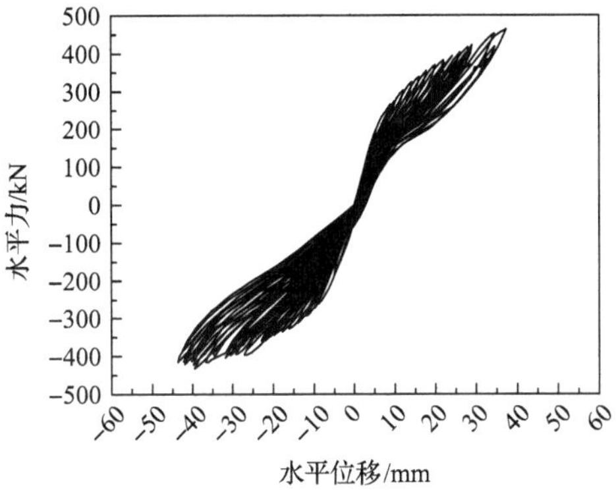

(a) HOL-1

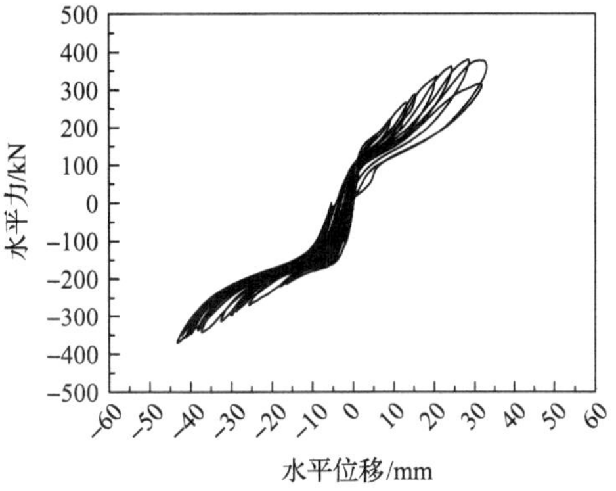

(b) HOL-3

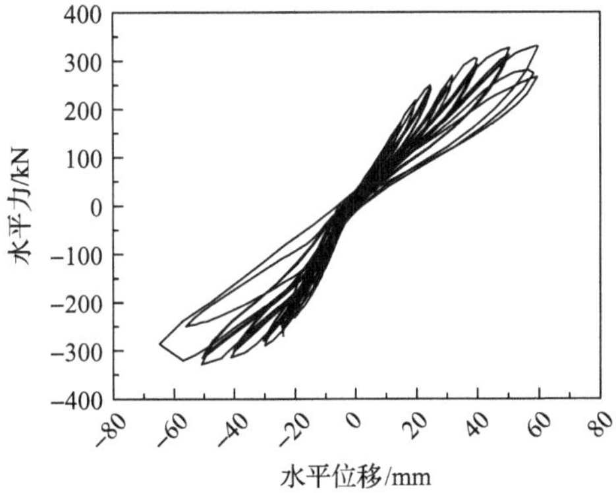

(c) HOL-6

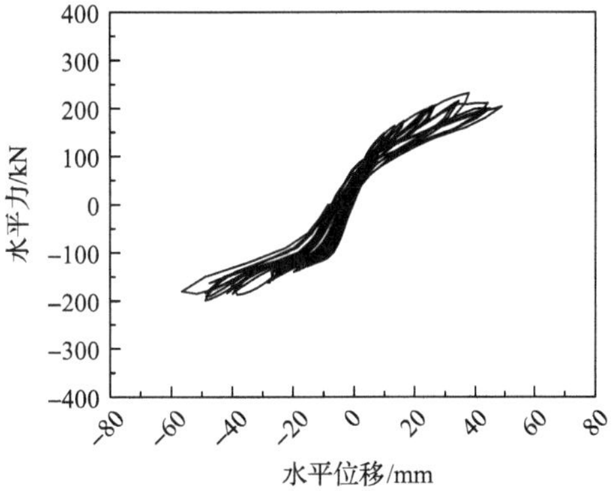

(d) HOL-7

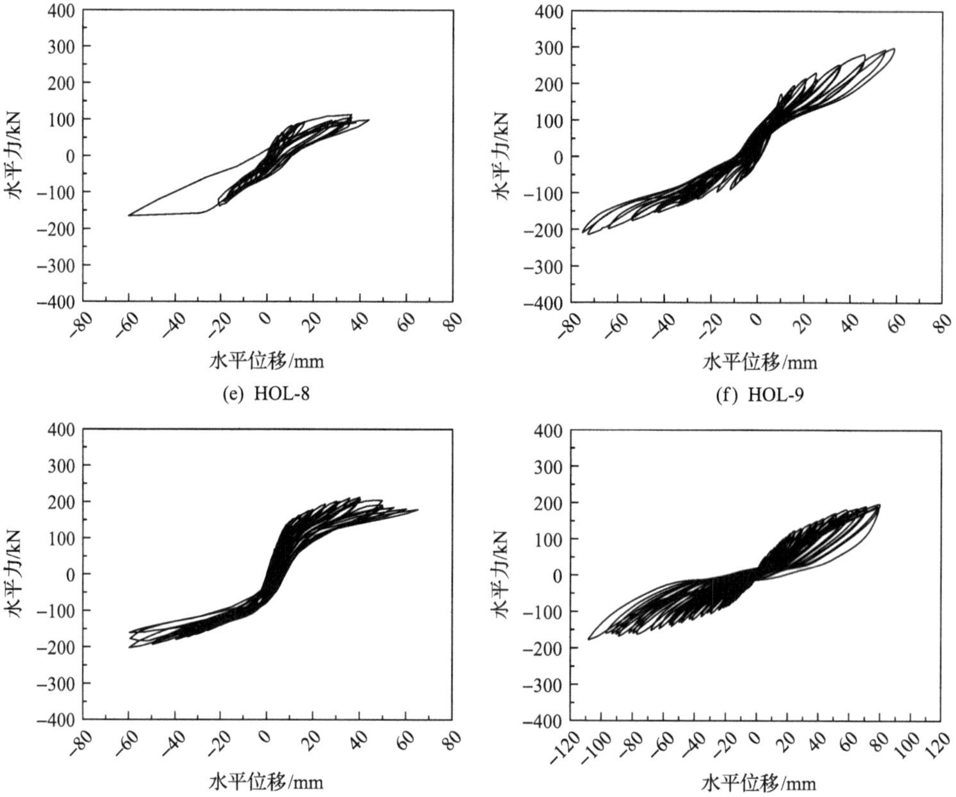

(e) HOL-8　(f) HOL-9　(g) HOL-10　(h) HOL-11

图 3-20　空心墩模型水平荷载-位移滞回曲线

其他空心墩模型的滞回曲线尽管中部有捏缩，但是相比纵筋率为 0.2%的桥墩，正、负两个方向区域略有饱满，同时卸载曲线的内凹现象也不明显，随着纵筋率的增加，卸载曲线也逐渐向外凸形式转变，说明纵筋率也是影响该类桥墩滞回曲线形状的主要因素。所有模型在加载初期，相同位移等级下重复加载时滞回曲线变化不明显，但是在加载后期，相同位移等级下重复加载时滞回曲线的变化越来越明显，这是由于加载后期结构出现了显著的裂缝等损伤及破坏。

3.5.3　骨架曲线

将各空心墩相同墩高模型的骨架曲线进行比较，见图 3-21。随着水平力的增加，模型从弹性向塑性阶段发展，骨架曲线也相应地从线性进入非线性。与实心墩骨架曲线明显的不同在于，横桥向加载的模型水平力从刚进入塑性到峰值荷载阶段，骨架曲线变化缓慢，经历了较大幅值的水平力增长，到达峰值后，承载力快速下降。这主要是由空心墩自身的截面特性以及钢筋布置特点引起的。空心墩横桥向圆端形部分占了很大的比例，截面钢筋从端部依次向截面中心处缓慢进入屈服，由于截面横桥向宽度较大，当截面中部钢筋屈服时，端部钢筋与混凝土的应变已经很大，最终截面承载力达到峰值后桥墩因混凝土开裂等原因而破坏。

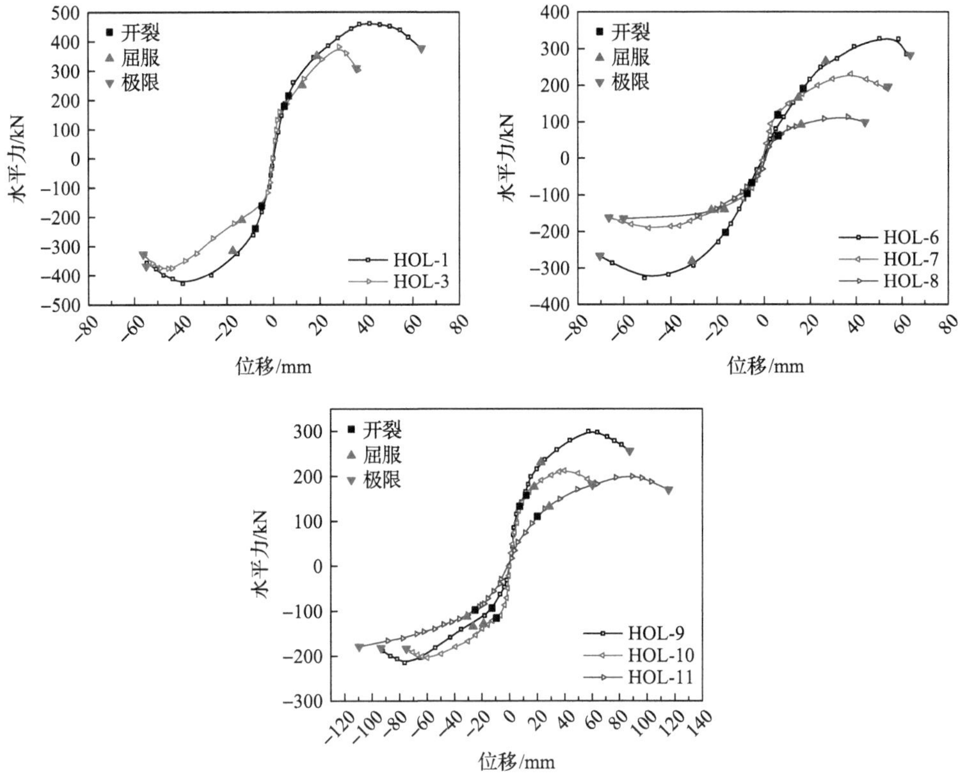

图 3-21　空心墩模型水平荷载-位移骨架曲线比较

对比 HOL-7 和 HOL-8 模型可以发现，顺桥向加载时因圆端部面积占了较小的部分，桥墩屈服后水平力从屈服值到峰值之间的幅值增长较小。

3.5.4　延性

表 3-8 为空心墩模型位移延性系数，与实心墩相比，空心墩平均位移延性系数较小，普遍在 2～4。

表 3-8　空心墩模型位移延性系数

编号	方向	屈服位移/mm	屈服荷载/kN	极限位移/mm	极限荷载/kN	位移延性系数	平均位移延性系数
HOL-1	–	–17.5	–315.2	–54.9	–367.4	3.14	3.27
	+	18.8	350.7	63.8	376.2	3.39	

续表

编号	方向	屈服位移/mm	屈服荷载/kN	极限位移/mm	极限荷载/kN	位移延性系数	平均位移延性系数
HOL-3	−	−13.6	−210.4	−56.2	−326.6	4.13	3.50
	+	12.5	250.9	35.8	309.1	2.86	
HOL-6	−	−30.9	−280.9	−70.5	−266.7	2.28	2.33
	+	26.8	265.6	63.5	282.1	2.37	
HOL-7	−	−16.8	−140.2	−66.5	−162.2	3.96	3.82
	+	14.6	165.4	53.8	195.8	3.68	
HOL-8	−	−22.5	−141.9	−60.1	−165.4	2.67	2.72
	+	15.9	92.1	43.8	98.3	2.76	
HOL-9	−	−26.4	−135.2	−93.4	−182.1	3.54	3.70
	+	22.7	230.8	87.4	255.5	3.85	
HOL-10	−	−18.9	−128.8	−74.2	−183.6	3.93	3.68
	+	17.9	175.7	61.3	180.3	3.42	
HOL-11	−	−29.3	−111.4	−109.4	−179.2	3.73	3.88
	+	28.7	132.2	115.5	169.5	4.02	

3.5.5 刚度退化特性

图 3-22 为空心墩模型割线刚度随水平位移的变化。可以看出，正、负两个方向的刚度变化基本对称，说明模型的对称性较好。随着墩顶位移的增加，各模型早期的割线刚度变化很快，相同位移等级多次循环时，割线刚度没有明显的变化，这是由于纵筋和混凝土的损伤有限，其对割线刚度退化的影响不大。模型刚度退化速率呈递减趋势，退化曲线呈倾斜的阶梯状。

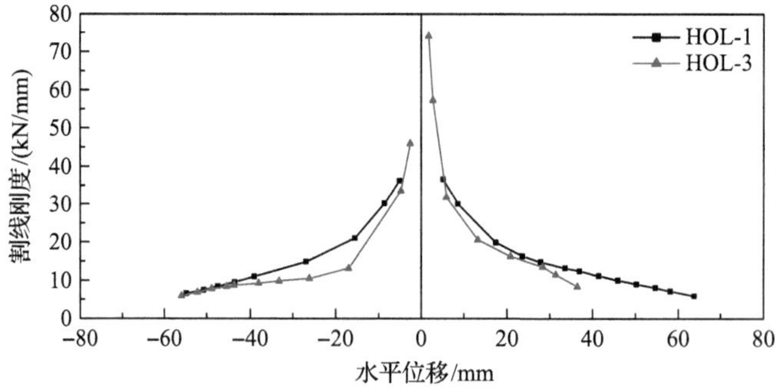

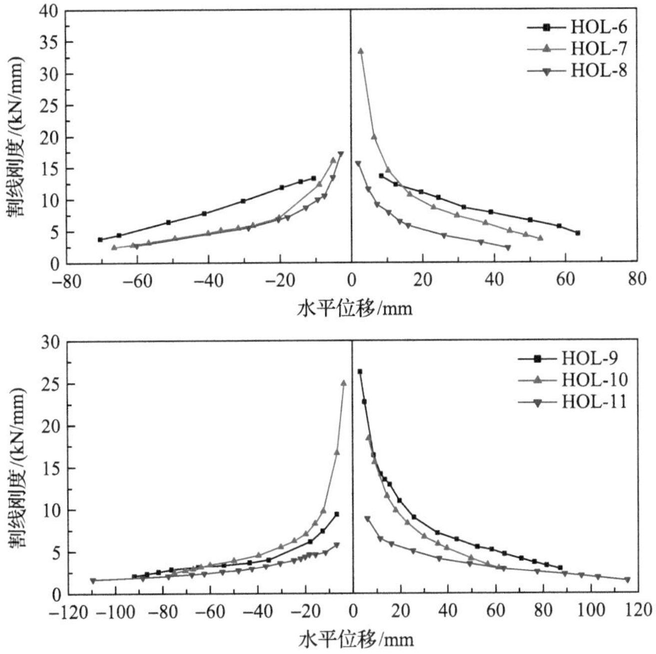

图 3-22　空心墩模型割线刚度随水平位移的变化

当达到极限荷载以后，模型试件的刚度退化曲线下降趋势变缓，表明桥墩模型的刚度退化逐渐趋于稳定，在这个阶段，桥墩依靠自身的塑性变形来消耗大量能量。截面相同时，纵筋率较大的空心墩的刚度退化速率相对较慢，从而在加载后期表现出较大的刚度。比较不同墩高的刚度可以明显看到，高度对桥墩的刚度起着控制作用。

3.5.6　耗能性能

图 3-23 为空心墩模型的规格化累积耗能对比。加载初期，各模型的规格化累积耗能相差不大，随位移延性系数的增加，其差异越来越显著。提高纵筋率和剪跨比能有效增加模型的累积耗能，轴压比与体积配箍率对耗能的影响没有显著的规律。

图 3-24 为空心墩模型能量比参数对比。可以看出，能量比参数均在 0.05～0.30，说明耗能性能都比较差。各模型的能量比参数在位移延性系数达到 1.5 以后有不同的发展趋势，少数模型的能量比参数有所增长，而大部分模型的能量比参数一直缓慢减小。墩高为 3m 的模型能量比参数普遍较大，这是由于增加高度能够大幅度增加结构柔度和墩顶位移，从而有效提高桥墩的耗能，而轴压比与体积配箍率无显著的影响规律。

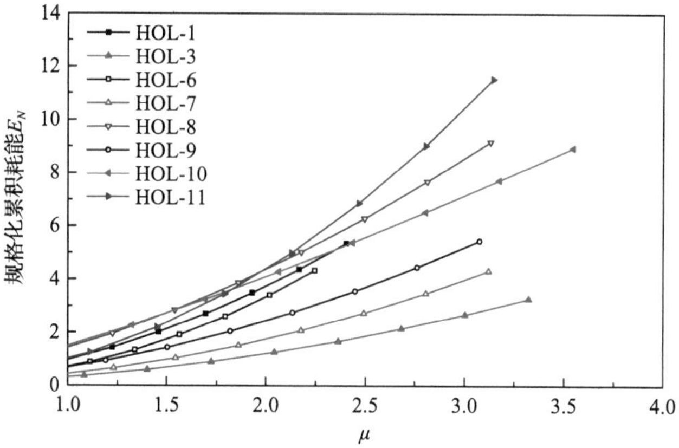

图 3-23　空心墩模型的规格化累积耗能对比

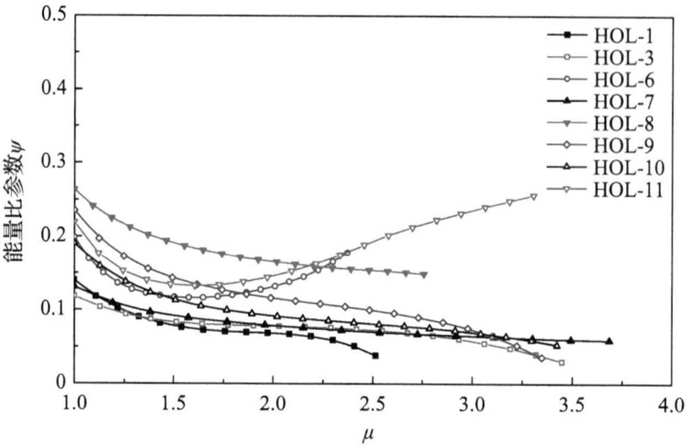

图 3-24　空心墩模型能量比参数对比

3.5.7　极差分析

由于 HOL-2 和 HOL-5 模型的测试数据不理想，只能通过极差分析来讨论四个因素对桥墩延性的影响。

空心墩模型位移延性系数的极差分析见表 3-9。可以看到，轴压比引起位移延性系数的极差值最大，说明轴压比对延性的影响较大，纵筋率对延性的影响较

表 3-9　空心墩模型位移延性系数的极差分析

编号	剪跨比	轴压比	纵筋率/%	体积配箍率/%	位移延性系数
HOL-1	2.59	0.15	0.8	0.50	3.27
HOL-3	2.59	0.10	0.5	0.30	3.50
HOL-6	3.31	0.15	0.5	0.15	2.33

续表

编号	剪跨比	轴压比	纵筋率/%	体积配箍率/%	位移延性系数
HOL-7	3.31	0.10	0.2	0.50	3.82
HOL-9	3.97	0.10	0.8	0.15	3.70
HOL-10	3.97	0.15	0.2	0.30	3.68
HOL-11	3.97	0.05	0.5	0.50	3.88
均值 1	3.39	3.09	3.48	3.66	—
均值 2	3.08	3.67	3.24	3.59	—
均值 3	3.75	3.88	3.75	3.01	—
极差	0.67	0.79	0.51	0.65	—

小。由于体积配箍率和纵筋率较低不能形成有效的钢筋笼，无法对混凝土形成有效的约束，对延性的影响也不明显。

3.6 纤维梁单元方程与求解

3.6.1 模拟方法

将结构沿轴向离散成梁柱单元后，确定单元与截面号，随后将截面继续划分成面积较小的纤维，并赋予每个纤维相应的单轴本构曲线。通过对截面进行积分计算，便可获得截面的弯矩-曲率曲线，从而确定截面的刚度矩阵与柔度矩阵，进而得到局部坐标系下的单元刚度矩阵，最后转换至整体坐标系中进行求解[5]。荷载历程中梁柱单元满足平截面假定。纤维梁单元的离散以及坐标系统中单元截面的力与变形分量见图 3-25。

纤维梁柱单元不考虑钢筋与混凝土之间的黏结滑移，但是可以通过设定零长度滑移单元与之配合模拟滑移效应。

单元的力向量 $\boldsymbol{Q}$ 和位移向量 $\boldsymbol{q}$ 分别为

$$\boldsymbol{Q}=\{Q_1\quad Q_2\quad Q_3\quad Q_4\quad Q_5\}^{\mathrm{T}},\quad \boldsymbol{q}=\{q_1\quad q_2\quad q_3\quad q_4\quad q_5\}^{\mathrm{T}}$$

截面的力向量 $\boldsymbol{D}(x)$ 和位移向量 $\boldsymbol{d}(x)$ 分别为

$$\boldsymbol{D}(x)=\begin{Bmatrix} M_z(x) \\ M_y(x) \\ N(x) \end{Bmatrix},\quad \boldsymbol{d}(x)=\begin{Bmatrix} \chi_z(x) \\ \chi_y(x) \\ \varepsilon(x) \end{Bmatrix} \tag{3-5}$$

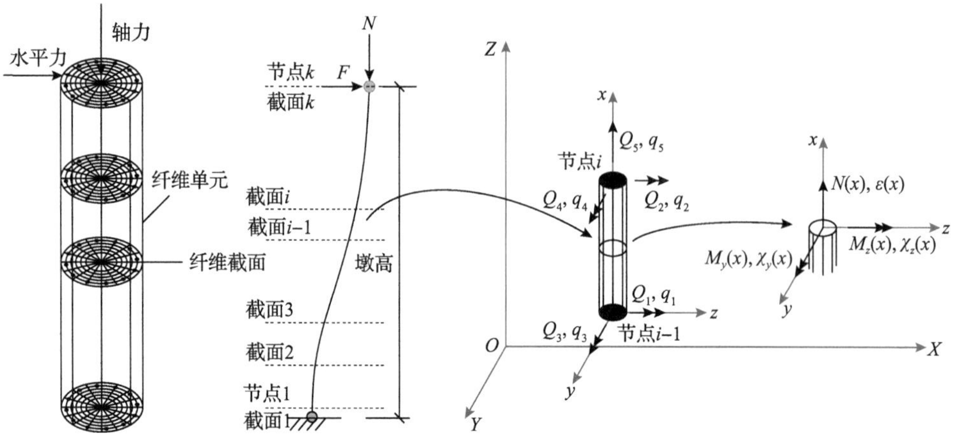

图 3-25 纤维梁单元的离散以及坐标系统中单元截面的力与变形分量

假定单元的截面被划分成 n 个纤维，在局部坐标系下，单元轴向坐标 x 处的截面纤维总数可表示为 $n(x)$。为描述每个截面的纤维应力状态，引入纤维应变向量 $\boldsymbol{\varepsilon}(x)$ 与纤维应力向量 $\boldsymbol{\sigma}(x)$，分别表示为

$$\boldsymbol{\varepsilon}(x)=\begin{Bmatrix}\varepsilon_1(x,y_1,z_1)\\ \vdots \\ \varepsilon_{ijb}(x,y_{ijb},z_{ijb})\\ \vdots \\ \varepsilon_n(x,y_n,z_n)\end{Bmatrix},\quad \boldsymbol{\sigma}(x)=\begin{Bmatrix}\sigma_1(x,y_1,z_1)\\ \vdots \\ \sigma_{ijb}(x,y_{ijb},z_{ijb})\\ \vdots \\ \sigma_n(x,y_n,z_n)\end{Bmatrix} \tag{3-6}$$

向量中 x 为截面沿单元方向的位置，y、z 分别为纤维在截面中的局部坐标。纤维应变向量 $\boldsymbol{\varepsilon}(x)$ 与截面位移向量 $\boldsymbol{d}(x)$ 有如下关系：

$$\boldsymbol{\varepsilon}(x)=\boldsymbol{l}(x)\boldsymbol{d}(x) \tag{3-7}$$

式中，$\boldsymbol{l}(x)$ 为线性变换矩阵，表示为

$$\boldsymbol{l}(x)=\begin{bmatrix}-y_1 & z_1 & 1\\ \vdots & \vdots & \vdots\\ -y_i & z_i & 1\\ \vdots & \vdots & \vdots\\ -y_n & z_n & 1\end{bmatrix} \tag{3-8}$$

假设单元的长度为 L，形函数矩阵 $\boldsymbol{b}(x)$ 可表示为

$$\boldsymbol{b}(x)=\begin{bmatrix}\dfrac{x}{L}-1 & \dfrac{x}{L} & 0 & 0 & 0\\ 0 & 0 & \dfrac{x}{L}-1 & \dfrac{x}{L} & 0\\ 0 & 0 & 0 & 0 & 1\end{bmatrix} \tag{3-9}$$

则对于第 i 个单元，有

$$\boldsymbol{D}^i(x)=\boldsymbol{b}(x)\boldsymbol{O}^i,\quad \Delta\boldsymbol{D}^i(x)=\boldsymbol{b}(x)\Delta\boldsymbol{O}^i \tag{3-10}$$

纤维应变更新：

$$\Delta\boldsymbol{\varepsilon}^j(x)=\boldsymbol{l}(x)\Delta\boldsymbol{d}^j(x) \tag{3-11}$$

$$\boldsymbol{\varepsilon}^j(x)=\boldsymbol{\varepsilon}^{j-1}(x)+\Delta\boldsymbol{\varepsilon}^j(x) \tag{3-12}$$

第 j 个截面的刚度矩阵为

$$\boldsymbol{k}^j(x)=\boldsymbol{l}^{\mathrm{T}}(x)(\boldsymbol{E}^j\boldsymbol{A})\boldsymbol{l}(x)=\begin{bmatrix}k_{11} & k_{12} & k_{13}\\ k_{21} & k_{22} & k_{23}\\ k_{31} & k_{32} & k_{33}\end{bmatrix} \tag{3-13}$$

其中，$k_{11}=\sum_{i=1}^{n(x)}E_iA_iy_i^2$，$k_{22}=\sum_{i=1}^{n(x)}E_iA_iz_i^2$，$k_{33}=\sum_{i=1}^{n(x)}E_iA_i$，$k_{12}=k_{21}=\sum_{i=1}^{n(x)}E_iA_iy_iz_i$，$k_{13}=k_{31}=-\sum_{i=1}^{n(x)}E_iA_iy_i$，$k_{23}=k_{32}=\sum_{i=1}^{n(x)}E_iA_iz_i$。

第 j 个截面的柔度矩阵 $\boldsymbol{f}^j(x)=[\boldsymbol{k}^j(x)]^{-1}$，截面刚度矩阵综合截面的弹性扭转刚度矩阵，便形成了第 i 个单元的总体刚度矩阵 $\boldsymbol{K}_{\mathrm{s}}^i$。

矩阵方程是不平衡单元力 $\boldsymbol{P}-\boldsymbol{Q}^{i-1}$ 与未知的单元变形增量 $\Delta\boldsymbol{q}^i$ 之间的关系式：

$$\left[\boldsymbol{F}^{i-1}\right]^{-1}\Delta\boldsymbol{q}^i=\boldsymbol{P}-\boldsymbol{Q}^{i-1} \tag{3-14}$$

式中，上标代表相应的 Newton-Raphson 迭代。

3.6.2　求解步骤

纤维梁单元的求解步骤[12]如下：

(1)求解结构总方程，更新结构的位移：

$$\boldsymbol{K}_{\mathrm{s}}^{i-1}\Delta\boldsymbol{p}^i=\Delta\boldsymbol{P}_E^i,\quad \boldsymbol{p}^i=\boldsymbol{p}^{i-1}+\Delta\boldsymbol{p}^i \tag{3-15}$$

(2) 计算单元变形增量，更新单元变形：

$$\Delta \boldsymbol{q}^i = \boldsymbol{L}_{\mathrm{ele}} \Delta \boldsymbol{p}^i,\quad \boldsymbol{q}^i = \boldsymbol{q}^{i-1} + \Delta \boldsymbol{q}^i \tag{3-16}$$

式中，$\boldsymbol{L}_{\mathrm{ele}}$ 为转换矩阵。

(3) 开始纤维梁柱单元状态的确定，设循环增量号 j=1。

计算单元力的增量并更新单元力：

$$\begin{aligned} \Delta \boldsymbol{Q}^j &= \boldsymbol{K}^{j-1} \Delta \boldsymbol{q}^j \\ \boldsymbol{Q}^j &= \boldsymbol{Q}^{j-1} + \Delta \boldsymbol{Q}^j \end{aligned} \tag{3-17}$$

计算截面力：

$$\begin{aligned} \Delta \boldsymbol{D}^j(x) &= \boldsymbol{b}(x) \Delta \boldsymbol{Q}^j \\ \boldsymbol{D}^j(x) &= \boldsymbol{D}^{j-1}(x) + \Delta \boldsymbol{Q}^j(x) \end{aligned} \tag{3-18}$$

计算截面位移增量：

$$\Delta \boldsymbol{d}^j(x) = \boldsymbol{f}^{j-1}(x) \Delta \boldsymbol{D}^j(x) + \boldsymbol{r}^{j-1}(x) \tag{3-19}$$

$$\boldsymbol{d}^j(x) = \boldsymbol{d}^{j-1}(x) + \Delta \boldsymbol{d}^j(x) \tag{3-20}$$

根据式 (3-11) 和式 (3-12) 计算截面纤维应变，根据式 (3-13) 计算截面刚度矩阵 $\boldsymbol{k}^j(x)$ 与柔度矩阵 $\boldsymbol{f}^j(x)$。

计算截面反力：

$$\boldsymbol{D}_{\mathrm{R}}^j(x) = \begin{bmatrix} -\sum_{i=1}^{n} \sigma_i^j A_i y_i \\ \sum_{i=1}^{n} \sigma_i^j A_i z_i \\ \sum_{i=1}^{n} \sigma_i^j A_i \end{bmatrix} \tag{3-21}$$

计算截面的不平衡力：

$$\boldsymbol{D}_{\mathrm{U}}^j(x) = \boldsymbol{D}^j(x) - \boldsymbol{D}_{\mathrm{R}}^j(x) \tag{3-22}$$

计算截面残余变形：

$$\boldsymbol{r}^j(x)=\boldsymbol{f}^j(x)\boldsymbol{D}_{\mathrm{U}}^j(x) \tag{3-23}$$

计算单元的柔度矩阵 $\boldsymbol{F}^j(x)$ 与刚度矩阵 $\boldsymbol{K}^j(x)$：

$$\boldsymbol{F}^j(x)=\int_0^L \boldsymbol{b}^{\mathrm{T}}(x)\boldsymbol{f}^j(x)\boldsymbol{b}(x)\mathrm{d}x \tag{3-24}$$

$$\boldsymbol{K}^j(x)=[\boldsymbol{F}^j(x)]^{-1} \tag{3-25}$$

(4) 检查单元的收敛性，进行循环迭代。如果单元收敛，设定 $\boldsymbol{Q}^i=\boldsymbol{Q}^j$，$\boldsymbol{K}^i=\boldsymbol{K}^j$，进入下一步；如果单元不收敛，计算单元的残余变形：

$$\boldsymbol{s}^j(x)=\int_0^L \boldsymbol{b}^{\mathrm{T}}(x)\boldsymbol{r}^j(x)\mathrm{d}x \tag{3-26}$$

然后增量 j 到 j+1，设定 $\Delta\boldsymbol{q}^{i+1}=-\boldsymbol{s}^j$，重复步骤(3)，直到单元收敛。

(5) 计算结构总反力向量 $\boldsymbol{P}_{\mathrm{R}}^i$ 与结构总刚度矩阵 $\boldsymbol{K}_{\mathrm{s}}^i$。

$$\boldsymbol{P}_{\mathrm{R}}^i=\sum_{\mathrm{ele}=1}^{n}\boldsymbol{L}_{\mathrm{ele}}^{\mathrm{T}}(\boldsymbol{Q}^i)_{\mathrm{ele}} \tag{3-27}$$

$$\boldsymbol{K}_{\mathrm{s}}^i=\sum_{\mathrm{ele}=1}^{n}\boldsymbol{L}_{\mathrm{ele}}^{\mathrm{T}}(\boldsymbol{K}^i)_{\mathrm{ele}}\boldsymbol{L}_{\mathrm{ele}} \tag{3-28}$$

3.7　混凝土单轴材料本构

我国高速铁路桥墩有其自身的设计特点，与建筑结构和公路桥墩等结构相比，高速铁路桥墩一般具有较大的截面，并且纵筋率与体积配箍率相对较低，纵筋率一般低于 1%，体积配箍率低于 0.5%。目前已有的混凝土材料本构大多是对截面相对较小、纵筋率相对较高的结构进行研究，因此需要讨论现有的混凝土单轴本构模型的适用性。

混凝土本构的加卸载准则、残余位移等与数值模拟的精度有很大关系。混凝土应力-应变曲线分为三部分：①初始弹性阶段；②峰值应力与峰值应变阶段；③峰值后阶段[21]。在轴力作用下，混凝土截面因泊松比效应而发生横向膨胀，对于未约束的混凝土，应力-应变曲线达到峰值后迅速下降，然而在约束混凝土中，曲线的下降段会因混凝土的强度与约束程度有很大差异。

目前较为常用的单轴本构模型有 Kent-Park 模型、Mander 模型以及以此为基础进行的修正模型。

1. 修正 Kent-Scott-Park 模型

1)受压曲线

该模型是 Mohd Yassin 在原有的 Kent-Scott-Park 模型[22]上进行的修正[23]，受压区加卸载曲线的定义见图 3-26，其中 $E_c = 2f_c / \varepsilon_0$，$\varepsilon_r = \dfrac{0.2Kf_c' - E_{20}\varepsilon_{20}}{E_c - E_{20}}$，$\sigma_r = E_c\varepsilon_r, E_{20} = \lambda E_c$，$E_r = \dfrac{\sigma_m - \sigma_r}{\varepsilon_m - \sigma_r}$，$\varepsilon_t = \varepsilon_m - \dfrac{\sigma_m}{E_r}$，$\lambda$ 根据试验曲线来确定。

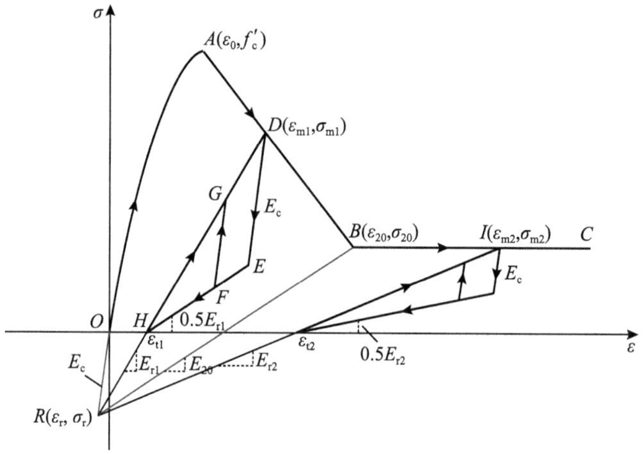

图 3-26　修正 Kent-Scott-Park 模型受压区本构

该模型将原有的卸载与加载曲线由一段直线修正为多段直线，模型受拉骨架曲线为两段直线，受压区混凝土应力-应变曲线分三个区域，分别描述为

$$\sigma = \begin{cases} Kf_c'\left[2\left(\dfrac{\varepsilon_c}{\varepsilon_0}\right) - \left(\dfrac{\varepsilon_c}{\varepsilon_0}\right)^2\right], & 0 \leqslant \varepsilon_c \leqslant \varepsilon_0 \\ Kf_c'[1 - Z(\varepsilon_c - \varepsilon_0)], & \varepsilon_0 < \varepsilon_c \leqslant \varepsilon_u \\ 0.2Kf_c', & \varepsilon_c > \varepsilon_u \end{cases} \tag{3-29}$$

式中，

$$\varepsilon_0 = 0.002K,\quad K = 1 + \rho_s f_{yh} / f_c',\quad Z = 0.5\Bigg/\left(\frac{3 + 0.29f_c'}{145f_c' - 1000} + \frac{3}{4}\rho_s\sqrt{\frac{h'}{s_h}} - 0.002K\right)$$

其中，ε_0、f'_c 分别为混凝土的峰值应变与峰值应力；ε_u 为极限应变；f_{yh} 为箍筋的屈服应力；ρ_s 为混凝土的体积配箍率；h' 为核心混凝土的截面高度；s_h 为相邻箍筋中心线的距离。

2）受拉曲线

该模型的受拉曲线以及受拉区的加卸载曲线均为直线，如图 3-27 所示，受拉骨架曲线分为抗拉强度之前的线性增长部分及之后的线性退化部分，图中 E_0 的值与受压区 E_c 相同，f_t 与 E_{ts} 均为根据试验值得到的输入参数。

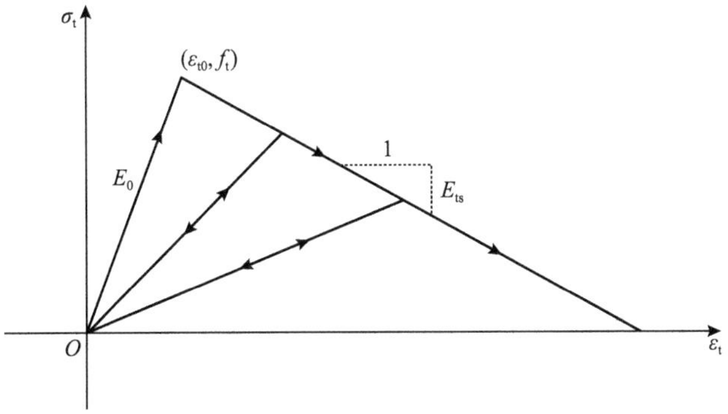

图 3-27　修正 Kent-Scott-Park 模型受拉区本构

2. 简化 Mander 模型

Mander 等在 Popovics 混凝土模型[24]的基础上进行了修改[25]，提出了考虑约束混凝土的应力-应变关系公式：

$$\sigma = f'_{cc}\frac{xr}{r-1+x^r} \tag{3-30}$$

$$\varepsilon_{cc} = \varepsilon_{c0}\left[1+5\left(\frac{f'_{cc}}{f'_{c0}}-1\right)\right] \tag{3-31}$$

式中，

$$x = \frac{\varepsilon_c}{\varepsilon_{cc}},\quad r = \frac{E_c}{E_c - E_{sec}},\quad E_c = 5000\sqrt{f'_{c0}},\quad E_{sec} = f'_{cc}/\varepsilon_{cc}$$

$$f'_{cc} = f'_{c0}\left(-1.254 + 2.254\sqrt{1+\frac{7.94 f'_1}{f'_{c0}}} - 2\frac{f'_1}{f'_{c0}}\right)$$

其中，f'_{cc} 为约束混凝土的峰值应力；f'_{c0} 为未约束混凝土的峰值应力；ε_{cc} 为约束混凝土的峰值应变；ε_{c0} 为未约束混凝土的峰值应变；r 为曲线的形状参数；E_c 为曲线的初始弹性模量；f_l' 为混凝土的有效水平约束应力，与截面形状、箍筋强度和箍筋率等有关。

$$f_l' = \frac{1}{2} k_e \rho_s f_{yh} \tag{3-32}$$

式中，ρ_s 为体积配箍率；f_{yh} 为箍筋的屈服强度；k_e 为箍筋的约束系数。

$$k_e = \begin{cases} \dfrac{\left(1-\dfrac{s'}{2d_s}\right)^2}{1-\rho_{cc}} & \text{(圆形箍筋)} \\ \dfrac{1-\dfrac{s'}{2d_s}}{1-\rho_{cc}} & \text{(矩形箍筋)} \end{cases}$$

其中，ρ_{cc} 为纵筋面积与核心混凝土面积的比值；d_s 为箍筋直径；s' 为箍筋间距。

Mander 模型的受拉骨架曲线与受压骨架曲线一致(图 3-28(a))，但是其骨架曲线通过抗拉强度 f_t 和峰值应变 ε_t 来确定，此时仍然利用参数 r 来确定骨架曲线的形状。

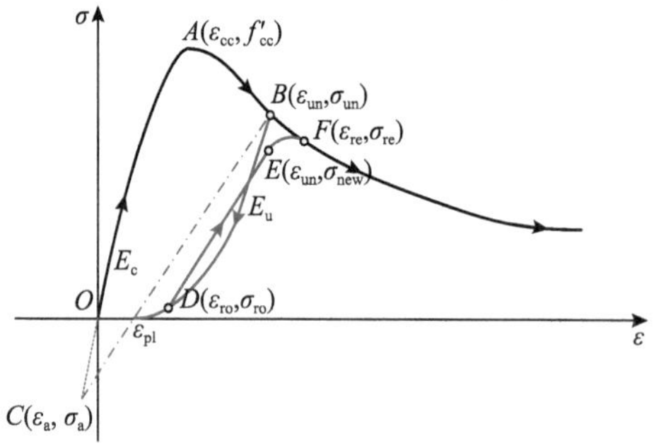

(a) Mander模型受压区本构

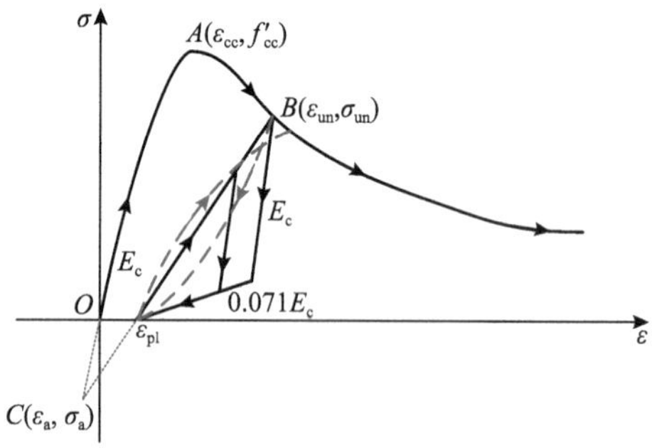

(b) 简化Mander模型受压区本构

图 3-28　Mander 模型受压区本构

Mander 模型中 ε_{pl} 的确定：

$$\begin{aligned} \varepsilon_a &= a\sqrt{\varepsilon_{un}\varepsilon_{cc}} \\ a &= \max\left\{\frac{\varepsilon_{cc}}{\varepsilon_{un}+\varepsilon_{cc}}, \frac{0.09\varepsilon_{un}}{\varepsilon_{cc}}\right\} \\ \varepsilon_{pl} &= \varepsilon_{un} - \frac{(\varepsilon_{un}+\varepsilon_a)\sigma_{un}}{\sigma_{un}+E_c\varepsilon_a} \end{aligned} \tag{3-33}$$

1) 卸载曲线

受压卸载曲线：

$$\sigma_{\mathrm{c}} = \sigma_{\mathrm{un}} - \sigma_{\mathrm{un}} \frac{xr}{r-1+x^{r}} \tag{3-34}$$

式中，

$$r = \frac{E_{\mathrm{u}}}{E_{\mathrm{u}} - E_{\mathrm{sec}}}, \quad E_{\mathrm{sec}} = \frac{\sigma_{\mathrm{un}}}{\varepsilon_{\mathrm{un}} - \varepsilon_{\mathrm{pl}}}, \quad x = \frac{\varepsilon_{\mathrm{c}} - \varepsilon_{\mathrm{un}}}{\varepsilon_{\mathrm{pl}} - \varepsilon_{\mathrm{un}}}$$

其中，E_{u} 为卸载曲线的初始弹性模量。

$$E_{\mathrm{u}} = bcE_{\mathrm{c}}$$

其中，$b = \dfrac{\sigma_{\mathrm{un}}}{f'_{\mathrm{c0}}} \geqslant 1$，$c = \left(\dfrac{\varepsilon_{\mathrm{cc}}}{\varepsilon_{\mathrm{un}}}\right)^{0.5} \leqslant 1$。

受拉卸载曲线：

当 $\varepsilon_{\mathrm{pl}} \leqslant \varepsilon_{\mathrm{cc}}$ 时，有

$$\sigma_{\mathrm{t}} = f'_{\mathrm{t}}\left(1 - \frac{\varepsilon_{\mathrm{pl}}}{\varepsilon_{\mathrm{cc}}}\right) \tag{3-35}$$

当 $\varepsilon_{\mathrm{pl}} > \varepsilon_{\mathrm{cc}}$，有 $f_{\mathrm{t}} = 0$，应力-应变关系变为

$$\sigma_{\mathrm{t}} = E_{\mathrm{t}}(\varepsilon_{\mathrm{c}} - \varepsilon_{\mathrm{pl}}) \tag{3-36}$$

式中，$E_{\mathrm{t}} = f_{\mathrm{t}} / \varepsilon_{\mathrm{t}}$，其中，$\varepsilon_{\mathrm{t}} = f'_{\mathrm{t}} / E_{\mathrm{c}}$。

2) 重复加载曲线 DE：

$$\sigma_{\mathrm{c}} = \sigma_{\mathrm{ro}} + E_{\mathrm{r}}(\varepsilon_{\mathrm{c}} - \varepsilon_{\mathrm{ro}}) \tag{3-37}$$

式中，

$$E_{\mathrm{r}} = \frac{\sigma_{\mathrm{ro}} - \sigma_{\mathrm{new}}}{\varepsilon_{\mathrm{ro}} - \varepsilon_{\mathrm{un}}}, \quad \sigma_{\mathrm{new}} = 0.92\sigma_{\mathrm{un}} + 0.08\sigma_{\mathrm{ro}}$$

3) 重复加载曲线 EF：

$$\sigma_{\mathrm{c}} = \sigma_{\mathrm{re}} + E_{\mathrm{re}}x + Ax^{2} \tag{3-38}$$

式中，E_{re} 与 σ_{re} 分别为点 E、F 间的割线模量和应力。

$$x = \varepsilon_{\mathrm{c}} - \varepsilon_{\mathrm{re}}, \quad A = \frac{E_{\mathrm{r}} - E_{\mathrm{re}}}{-4\left[(\sigma_{\mathrm{new}} - \sigma_{\mathrm{re}}) - E_{\mathrm{r}}(\varepsilon_{\mathrm{un}} - \varepsilon_{\mathrm{re}})\right]}$$

Mander 模型中的卸载与加载曲线假定为两段曲线，但是将其用于计算时，不容易收敛，为方便模拟 Palermo，将其设为多段直线[26]，见图 3-28(b)。图中虚线表示 Mander 模型的卸载与重复加载曲线，折线部分为简化 Mander 模型的加卸载曲线。简化 Mander 模型的受压骨架曲线与 Mander 模型一致，受拉骨架曲线分两个区域，在抗拉强度之前为线性关系，抗拉强度之后采用指数曲线。

$$\sigma=\begin{cases}\left(\dfrac{f_{\mathrm{cr}}}{\varepsilon_{\mathrm{cr}}}\right)\varepsilon, & \varepsilon\leqslant\varepsilon_{\mathrm{cr}}\\ f_{\mathrm{cr}}\left(\dfrac{\varepsilon_{\mathrm{cr}}}{\varepsilon}\right)^{b}, & \varepsilon>\varepsilon_{\mathrm{cr}}\end{cases} \tag{3-39}$$

式中，f_{cr} 为混凝土抗拉强度；$\varepsilon_{\mathrm{cr}}$ 为抗拉强度对应的拉应变；b 为输入参数。

简化 Mander 模型中 $\varepsilon_{\mathrm{pl}}$ 的确定：

$$\varepsilon_{\mathrm{pl}}=\varepsilon_{\mathrm{un}}\left(1-\mathrm{e}^{-\frac{\varepsilon_{\mathrm{un}}}{\varepsilon_{\mathrm{cr}}}\alpha_1}\right) \tag{3-40}$$

其中，$\varepsilon_{\mathrm{cr}}$ 为混凝土受拉曲线的峰值应变；α_1 为输入参数。

3. 修正 Chang-Mander 模型

Chang 和 Mander 在统计了大量的墩柱试验数据之后，在 Mander 模型的基础上给出了混凝土单轴曲线的方程[27]。Waugh 又根据自身的试验数据将 Chang-Mander 模型进行了修正[21]，将卸载曲线简化为三段直线以方便计算，该模型较大限度地与原 Chang-Mander 模型的滞回准则相吻合，同时又保证了计算的稳定性且易于收敛。

受压骨架曲线分为未约束与约束混凝土两部分，未约束混凝土单轴曲线表述如下：

$$x=\varepsilon_{\mathrm{c}}/\varepsilon_{\mathrm{c0}} \tag{3-41}$$

$$y(x)=\sigma_{\mathrm{c}}/f_{\mathrm{c}}'=\frac{nx}{1+\left(n-\dfrac{r}{r-1}\right)x+\dfrac{x^{r}}{r-1}} \tag{3-42}$$

式中，$\varepsilon_{\mathrm{c0}}=(f_{\mathrm{c}}')^{1/4}/1153$，$r=f_{\mathrm{c}}'/5.2-1.9$，$n=E_{\mathrm{c}}\varepsilon_{\mathrm{c0}}/f_{\mathrm{c}}'$。参数 r 与 n 用于控制应力-应变曲线的形状。

用如下公式计算约束混凝土峰值应力与峰值应变：

$$f'_{cc}=f'_{c0}(1+k_1x') \tag{3-43}$$

$$\varepsilon'_{cc}=\varepsilon'_{c0}(1+k_2x') \tag{3-44}$$

式中，

$$k_1=A\left(0.1+\frac{0.9}{1+Bx'}\right),\quad k_2=5k_1,\quad x'=\frac{f_{l1}+f_{l2}}{2f_{c0}}$$

其中，

$$A=6.886-(0.6069+17.275r)\mathrm{e}^{-4.989\gamma},\quad B=\frac{4.5}{\dfrac{5}{A}(0.9849-0.6306\mathrm{e}^{-3.8939\gamma}-0.01)}-5$$

$$\gamma=f_{l1}/f_{l2},\quad r=\frac{n}{n-1},\quad n=\frac{E_c\varepsilon_{cc}}{f'_{cc}},\quad f_{l1}=\rho_x f_{yh},\quad f_{l2}=\rho_y f_{yh}$$

式中，f_{l1} 和 f_{l2} 分别为截面两个方向箍筋的约束应力。

1)受压骨架曲线

无量纲应力函数 $y(x)$ 与切线模量函数 $z(x)$ 表示为

$$y(x)=\frac{nx}{D(x)} \tag{3-45}$$

$$z(x)=\frac{1-x^r}{\left[D(x)\right]^2} \tag{3-46}$$

式中，

$$D(x)=\begin{cases}1+\left(n-\dfrac{r}{r-1}\right)x+\dfrac{x^r}{r-1}, & r\neq 1\\ 1+(n-1+\ln x)x, & r=1\end{cases},\quad n^-=\frac{E_c\varepsilon'_{cc}}{f'_{cc}},\quad x_{sp}^-=x_{cr}^--\frac{y(x_{cr}^-)}{n^-z(x_{cr}^-)}$$

其中，n^-为受压曲线的 n 值；f'_{cc} 为受压曲线的峰值应力；ε'_{cc} 为峰值应力对应的应变；E_c 为曲线的初始弹性模量；x_{cr}^- 为无量纲临界应变以确定压碎应变的切线；x_{sp}^- 为无量纲压碎应变。

受压骨架曲线表示为：

当 $x^-<x_{cr}^-$ 时，曲线段(规则 1)：

$$f_c^-=f'_{cc}y(x^-),\quad E_t^-=E_cz(x_{cr}^-) \tag{3-47}$$

当 $x_{cr}^{-} \leqslant x^{-} \leqslant x_{sp}^{-}$ 时，直线段(规则 1)：

$$f_c^{-} = f'_{cc}\left[y(x_{cr}^{-}) + n^{-}z(x_{cr}^{-})(x^{-} - x_{cr}^{-})\right], \quad E_t^{-} = E_c z(x_{cr}^{-}) \tag{3-48}$$

当 $x^{-} > x_{sp}^{-}$ 时，应力与切线模量均为 0，即(规则 5)

$$f_c^{-} = E_t^{-} = 0 \tag{3-49}$$

式中，E_t^{-} 为切线模量。

2) 受拉骨架曲线

受拉骨架曲线与受压骨架曲线采用相同的曲线方程，此时仍然利用参数 r 来确定骨架曲线的形状，只不过骨架曲线中的参数不同，其中，$x^{+} = \left|\dfrac{\varepsilon_c - \varepsilon_0}{\varepsilon_t}\right|$，$n^{+} = \dfrac{E_c \varepsilon_t}{f_t}$，$x_{sp}^{+} = x_{cr}^{+} - \dfrac{y(x_{cr}^{+})}{n^{+}z(x_{cr}^{+})}$

受拉骨架曲线表示为：

当 $x^{+} < x_{cr}^{+}$ 时，曲线段(规则 2)：

$$f_c^{+} = f_t y(x^{+}), \quad E_t^{+} = E_c z(x_{cr}^{+}) \tag{3-50}$$

当 $x_{cr}^{+} \leqslant x^{+} \leqslant x_{sp}^{+}$ 时，直线段(规则 2)：

$$f_c^{+} = f_t\left[y(x_{cr}^{+}) + n^{+}z(x_{cr}^{+})(x^{+} - x_{cr}^{+})\right], \quad E_t^{+} = E_c z(x_{cr}^{+}) \tag{3-51}$$

当 $x^{+} > x_{sp}^{+}$ 时，应力与切线模量均为 0，即(规则 6)

$$f_c^{+} = E_t^{+} = 0 \tag{3-52}$$

3) 开裂前卸载、重复加载曲线

卸载曲线可表示为

$$f_c = f_I + (\varepsilon_c + \varepsilon_I)\left[E_I + A\left|(\varepsilon_c + \varepsilon_I)^R\right|\right] \tag{3-53}$$

$$E_t = E_I + A(R+1)\left|\varepsilon_c + \varepsilon_I\right|^R \tag{3-54}$$

式中，

$$R = \frac{E_F - E_{sec}}{E_{sec} - E_I}, \quad A = \frac{E_{sec} - E_I}{|\varepsilon_F - \varepsilon_I|^R}, \quad E_{sec} = \frac{f_F - f_I}{\varepsilon_F - \varepsilon_I}$$

式中，下标 I 表示初值，F 表示终值；E_{sec} 为割线模量；R 与 A 为参数。

在受压区，有

$$E_{sec}^{-}=E_{c}\left(\left|\frac{f_{un}^{-}}{E_{c}\varepsilon_{cc}'}\right|+0.57\right)\Big/\left(\left|\frac{\varepsilon_{un}^{-}}{\varepsilon_{cc}'}\right|+0.57\right),\quad E_{pl}^{-}=0.1E_{c}\mathrm{e}^{-2\left|\frac{\varepsilon_{un}^{-}}{\varepsilon_{cc}'}\right|} \tag{3-55}$$

$$\Delta f^{-}=0.09f_{un}^{-}\sqrt{\left|\frac{\varepsilon_{un}^{-}}{\varepsilon_{cc}'}\right|},\quad \Delta\varepsilon^{-}=\varepsilon_{un}^{-}\Big/\left(1.15+2.75\left|\frac{\varepsilon_{un}^{-}}{\varepsilon_{cc}'}\right|\right) \tag{3-56}$$

$$\varepsilon_{pl}^{-}=\varepsilon_{un}^{-}-\frac{f_{un}^{-}}{E_{sec}^{-}},\quad \varepsilon_{re}^{-}=\varepsilon_{un}^{-}+\Delta\varepsilon^{-} \tag{3-57}$$

$$f_{new}^{-}=f_{un}^{-}-\Delta f^{-},\quad E_{new}^{-}=\frac{f_{new}^{-}}{\varepsilon_{un}^{-}-\varepsilon_{pl}^{-}} \tag{3-58}$$

$$f_{re}^{-}=f^{-}\left(\left|\frac{\varepsilon_{re}^{-}}{\varepsilon_{cc}'}\right|\right),\quad E_{re}^{-}=E^{-}\left(\left|\frac{\varepsilon_{re}^{-}}{\varepsilon_{cc}'}\right|\right) \tag{3-59}$$

在受拉区，有

$$E_{sec}^{+}=E_{c}\left(\left|\frac{f_{un}^{+}}{E_{c}\varepsilon_{t}}\right|+0.67\right)\Big/\left(\left|\frac{\varepsilon_{un}^{+}-\varepsilon_{0}}{\varepsilon_{t}}\right|+0.67\right),\quad E_{pl}^{+}=E_{c}\Big/\left(\left|\frac{\varepsilon_{un}^{-}-\varepsilon_{0}}{\varepsilon_{t}}\right|^{1.1}+1\right) \tag{3-60}$$

$$\Delta f^{+}=0.15f_{un}^{+},\quad \Delta\varepsilon^{+}=0.22\varepsilon_{un}^{+} \tag{3-61}$$

$$\varepsilon_{pl}^{+}=\varepsilon_{un}^{+}-\frac{f_{un}^{+}}{E_{sec}^{+}},\quad \varepsilon_{re}^{+}=\varepsilon_{un}^{+}+\Delta\varepsilon^{+} \tag{3-62}$$

$$f_{new}^{+}=f_{un}^{+}-\Delta f^{+},\quad E_{new}^{+}=\frac{f_{new}^{+}}{\varepsilon_{un}^{+}-\varepsilon_{pl}^{+}} \tag{3-63}$$

$$f_{re}^{+}=f^{+}\left(\left|\frac{\varepsilon_{re}^{+}}{\varepsilon_{t}}\right|\right),\quad E_{re}^{+}=E^{+}\left(\left|\frac{\varepsilon_{re}^{+}}{\varepsilon_{t}}\right|\right) \tag{3-64}$$

式中，ε_{un} 为骨架曲线上的卸载应变；f_{un} 为卸载应力；ε_{pl} 为卸载后的塑性应变；E_{pl} 为卸载塑性应变处的切线模量；f_{new} 为重复加载后的新应力；E_{new} 为重复加载的切线模量；ε_{re}、f_{re}、E_{re} 分别为重复加载曲线过渡到骨架曲线位置处的应变、应力与切线模量。

修正 Chang-Mander 模型受压骨架曲线及加载描述见图 3-29，修正 Chang-Mander 模型开裂前卸载、重复加载曲线见表 3-10 和图 3-30。

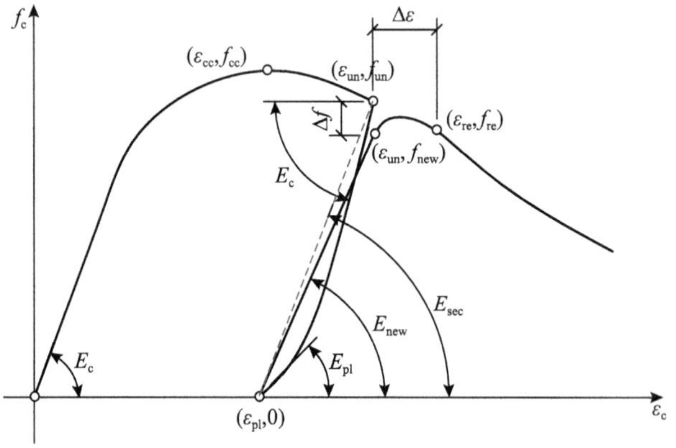

图 3-29　修正 Chang-Mander 模型受压区骨架曲线及加卸载描述

表 3-10　修正 Chang-Mander 模型规则 3～10

规则	初值 I(Initial)			终值 F(Final)		
	ε_I	f_I	E_I	ε_F	f_F	E_F
3	ε_{un}^-	f_{un}^-	E_c	ε_{pl}^-	0	E_{pl}^-
4	ε_{un}^+	f_{un}^+	E_c	ε_{pl}^-	0	E_{pl}^+
5	0	0	0	0	0	0
6	0	0	0	0	0	0
7	ε_{un}^-	f_{new}^-	E_{new}^-	ε_{re}^-	f_{re}^-	E_{re}^-
8	ε_{un}^+	f_{new}^+	E_{new}^+	ε_{re}^+	f_{re}^+	E_{re}^+
9	ε_{pl}^-	0	E_{pl}^-	ε_{un}^+	f_{new}^+	E_{new}^+
10	ε_{pl}^+	0	E_{pl}^+	ε_{un}^-	f_{new}^-	E_{new}^-

4) 开裂后卸载、重复加载曲线及转化曲线

混凝土开裂后，受拉承载力为 0，因此开裂后，受拉部分的滞回曲线不需考虑，卸载(规则 3)到塑性应变 ε_{pl} 后，混凝土开裂按规则 6 卸载，而当混凝土裂缝闭合后，应变按规则 13 逐渐恢复承载力。

$$\varepsilon_b = \varepsilon_a - \frac{f_a}{E_{sec}^-} \tag{3-65}$$

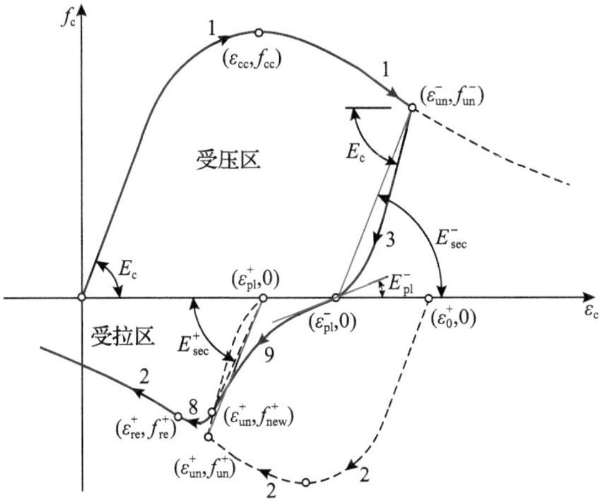

(a) 路径1-3-9-8-2

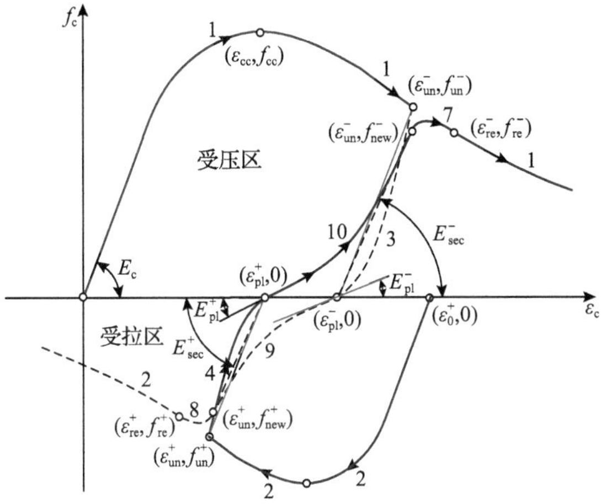

(b) 路径2-4-10-7-1

图 3-30　修正 Chang-Mander 模型开裂前卸载、重复加载曲线

修正 Chang-Mander 模型开裂后卸载、重复加载曲线及转化曲线见表 3-11 及图 3-31。

表 3-11　修正 Chang-Mander 模型规则 13～15

规则	初值 I(Initial)			终值 F(Final)		
	ε_I	f_I	E_I	ε_F	f_F	E_F
13	ε_r	0	0	ε_{un}^-	f_{new}^-	E_{new}^-
14	ε_a	f_a	E_c	ε_b	0	0
15	ε_r	f_r	E_c	ε_a	f_a	$E_t(\varepsilon_a)$

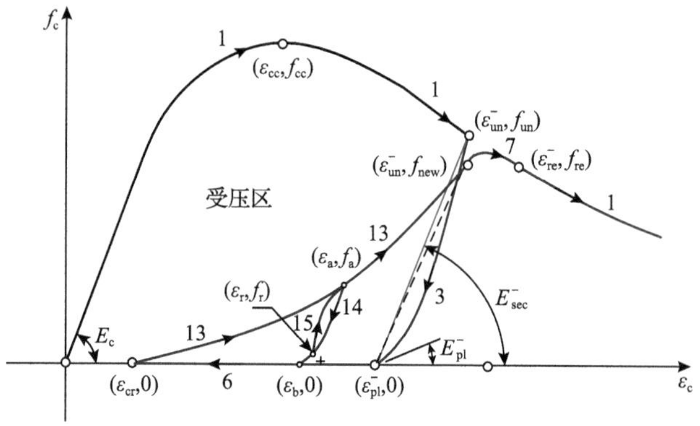

图 3-31　修正 Chang-Mander 模型开裂后卸载、重复加载曲线及转化曲线

5）开裂前转化曲线

对于受压区，有

$$f_{new*}^- = f_{un}^- - \Delta f^- \frac{\varepsilon_{un}^- - \varepsilon_{ro}^-}{\varepsilon_{un}^- - \varepsilon_{pl}^-},\quad E_{new*}^- = \frac{f_{new*}^- - f_{ro}^-}{\varepsilon_{un}^- - \varepsilon_{pl}^-} \tag{3-66}$$

$$\varepsilon_{re*}^- = \varepsilon_{un}^- - \Delta\varepsilon^- \frac{\varepsilon_{un}^- - \varepsilon_{ro}^-}{\varepsilon_{un}^- - \varepsilon_{pl}^-} \tag{3-67}$$

$$f_{re*}^- = f^-\left(\left|\frac{\varepsilon_{re*}^-}{\varepsilon_{cc}'}\right|\right),\quad E_{re*}^- = E^-\left(\left|\frac{\varepsilon_{re*}^-}{\varepsilon_{cc}'}\right|\right) \tag{3-68}$$

对于受拉区，有

$$f_{new*}^+ = f_{un}^+ - \Delta f^+ \frac{\varepsilon_{un}^+ - \varepsilon_{ro}^+}{\varepsilon_{un}^+ - \varepsilon_{pl}^+},\quad E_{new*}^+ = \frac{f_{new*}^+ - f_{ro}^+}{\varepsilon_{un}^+ - \varepsilon_{pl}^+} \tag{3-69}$$

$$\varepsilon_{re*}^+ = \varepsilon_{un}^+ - \Delta\varepsilon^+ \frac{\varepsilon_{un}^+ - \varepsilon_{ro}^+}{\varepsilon_{un}^+ - \varepsilon_{pl}^+} \tag{3-70}$$

$$f_{re*}^+ = f^+\left(\left|\frac{\varepsilon_{re*}^- - \varepsilon_0}{\varepsilon_{cc}'}\right|\right),\quad E_{re*}^+ = E^+\left(\left|\frac{\varepsilon_{re*}^+ - \varepsilon_0}{\varepsilon_t}\right|\right) \tag{3-71}$$

修正 Chang-Mander 模型开裂前转化曲线见表 3-12 及图 3-32，修正 Chang-Mander 模型规则总体描述见图 3-33。

表 3-12　修正 Chang-Mander 模型规则 7～12

规则	初值 I(Initial)			终值 F(Final)		
	ε_I	f_I	E_I	ε_F	f_F	E_F
7.1	ε_{ro}^-	f_{ro}^-	E_c	ε_{un}^-	f_{new*}^-	E_{new*}^-
7.2	ε_{un}^-	f_{new*}^-	E_{new*}^-	ε_{re}^-	f_{re*}^-	E_{re*}^-
8.1	ε_{ro}^+	f_{ro}^+	E_c	ε_{un}^+	f_{new*}^+	E_{new*}^+
8.2	ε_{un}^+	f_{new*}^+	E_{new*}^+	ε_{re}^+	f_{re*}^+	E_{re*}^+
11	ε_r	f_r	E_c	ε_b	f_b	$E_t(\varepsilon_b)$
12	ε_r	f_r	E_c	ε_a	f_a	$E_t(\varepsilon_a)$

其中，点(ε_a, f_a)与点(ε_b, f_b)之间的关系为

$$\frac{\varepsilon_a - \varepsilon_{pl}^-}{\varepsilon_{un}^+ - \varepsilon_{pl}^-} = \frac{\varepsilon_{un}^- - \varepsilon_b}{\varepsilon_{un}^- - \varepsilon_{pl}^+} \tag{3-72}$$

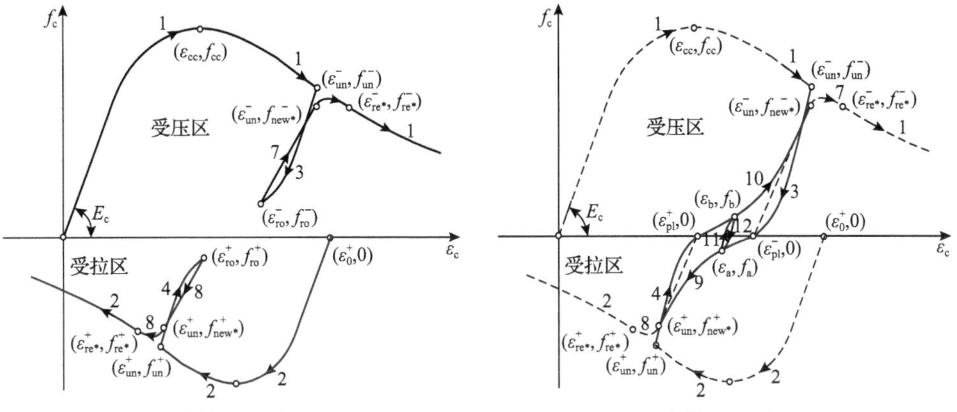

(a) 路径1-3-7-1和2-4-8-2　　(b) 路径3-11-10和4-12-9

图 3-32　修正 Chang-Mander 模型开裂前转化曲线

4. 模型对比

图 3-34 比较了修正 Kent-Scott-Park 模型、简化 Mander 模型和修正 Chang-Mander 模型无约束混凝土的应力-应变曲线形状。混凝土受压时，曲线形状在上升段基本一致，而经历峰值应力之后，在下降段有明显的区别。简化 Mander 模型的应力更大，下降较为缓慢，但是修正 Chang-Mander 模型的曲线下降较快。同时也比较了三种模型受压区的滞回形状，E_{sec} 为割线模量，$E_{sec} = f_c'/\varepsilon_c'$，$E_{new}$ 为再加载时的初始弹性模量。修正 Kent-Scott-Park 模型与简化 Mander 模型的卸载曲线为两段直线，而修正 Chang-Mander 模型的卸载曲线为三段直线，模拟加卸载

准则更为精确。

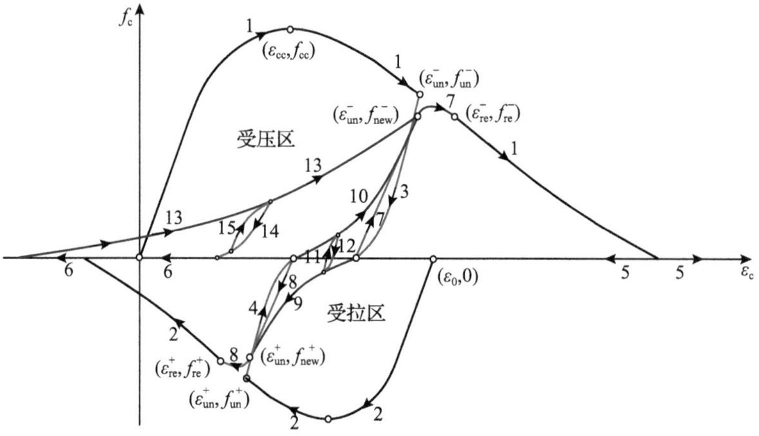

图 3-33　修正 Chang-Mander 模型规则总体描述

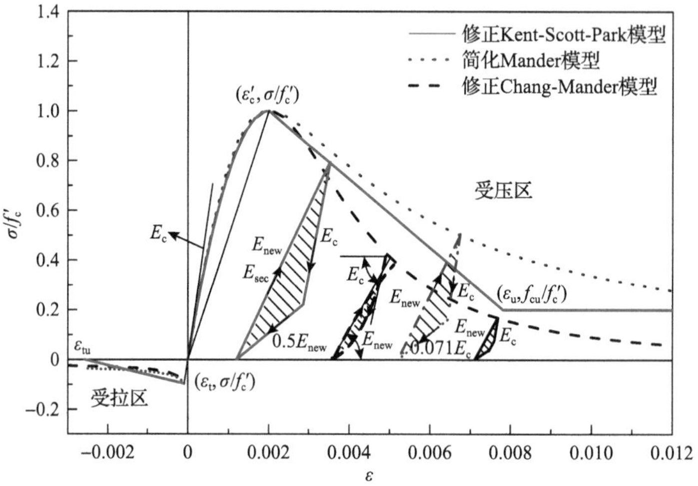

图 3-34　三种混凝土修正模型的比较

3.8　钢筋单轴材料本构

Giuffré-Menegotto-Pinto 模型在多次试验中被验证能够很好地模拟钢筋的滞回行为，因此被广泛应用。该模型能够描述循环荷载作用下的 Bauschinger(包辛格)效应以及钢筋的轴向行为，用以下方程来描述该模型的应力-应变曲线[12,28]：

$$\frac{\sigma-\sigma_{\mathrm{r}}}{\sigma_{\mathrm{I}}-\sigma_{\mathrm{r}}}=\left[\frac{E_{\mathrm{sh}}}{E_{\mathrm{s}}}+\frac{1-E_{\mathrm{sh}}/E_{\mathrm{s}}}{(1+{\varepsilon^{*}}^{R})^{1/R}}\right]\varepsilon^{*} \tag{3-73}$$

式中，

$$R = R_0 - \frac{a_1 \xi}{a_2 + \xi},\quad \xi = \frac{\varepsilon_{\mathrm{rmax}} - \varepsilon_{\mathrm{I}}}{\varepsilon_{\mathrm{I}} - \varepsilon_{\mathrm{r}}},\quad \varepsilon^* = \frac{\varepsilon - \varepsilon_{\mathrm{r}}}{\varepsilon_{\mathrm{I}} - \varepsilon_{\mathrm{r}}}$$

其中，$\varepsilon_{\mathrm{rmax}}$ 为 ε_{r} 所经历的最大的历程应变；变量 R 规定了包辛格效应；参数 R_0、a_1 与 a_2 通过试验测试来确定。R_0 为首次加载的初始值，图 3-35 给出了该模型应力-应变曲线的描述及公式各变量的意义，E_{s} 与 E_{sh} 分别为钢筋的弹性模量与硬化模量。

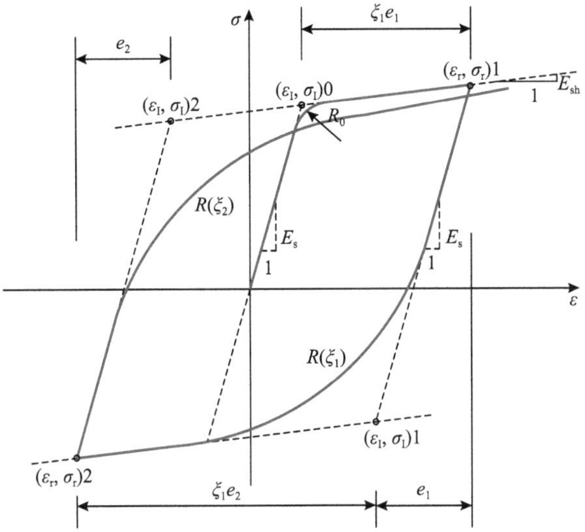

图 3-35　Giuffré-Menegotto-Pinto 模型描述

采用屈服渐近线平移的方法来考虑钢筋的等向强化问题，偏移的幅值 σ_{st} 表示为

$$\frac{\sigma_{\mathrm{st}}}{\sigma_{\mathrm{y}}} = a_3 \left(\frac{\varepsilon_{\max}}{\varepsilon_{\mathrm{y}}} - a_4 \right) \tag{3-74}$$

式中，$\varepsilon_{\max}$ 为应变反向时对应的绝对值最大值；ε_{y}、σ_{y} 分别为屈服应变和屈服应力；a_3 与 a_4 通过试验测试来确定。

3.9　纤维梁柱单元法模拟实心墩

实心墩模型均为顺桥向加载，为弯曲型破坏，墩底伴有弯曲裂缝，截面应变满足平截面假定，因此可以采用纤维梁单元进行模拟。为精确模拟桥墩的荷载-位移曲线，分别用前面提到的三种混凝土单轴本构模型对桥墩进行分析，钢筋的单轴本构模型采用 Giuffré-Menegotto-Pinto 模型。利用 OpenSees 软件进行数值模拟，用位移增量控制，并采用 Newton-Raphson 方法进行非线性部分的迭代计算。

纤维梁单元一般不能考虑正应力与剪应力的耦合效应，OpenSees 软件利用截面集成器来考虑这两种应力的组合作用，计算前可以通过计算截面的剪切模量并输入截面集成器中。图 3-36 给出了截面集成器计算原理。

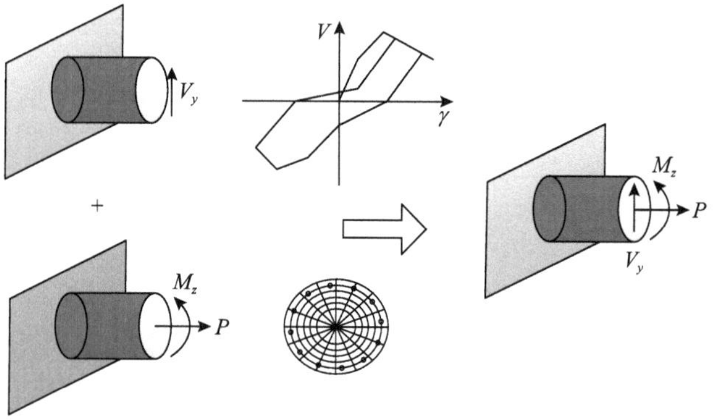

图 3-36　截面集成器计算原理

图 3-37 给出了三种混凝土模型模拟的实心墩墩顶水平力-位移滞回曲线与试验曲线对比。

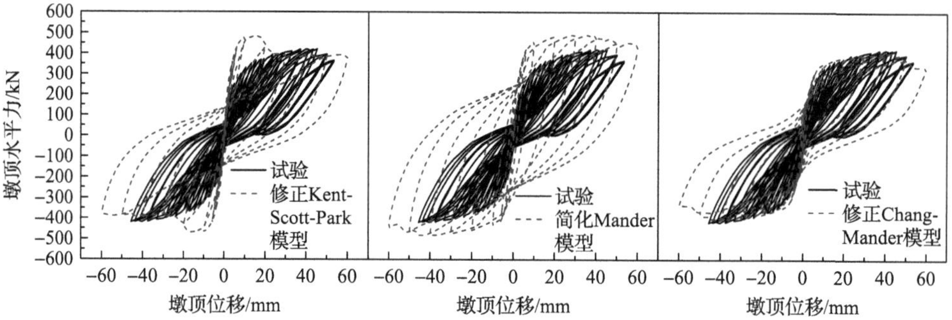

(a) SOL-1

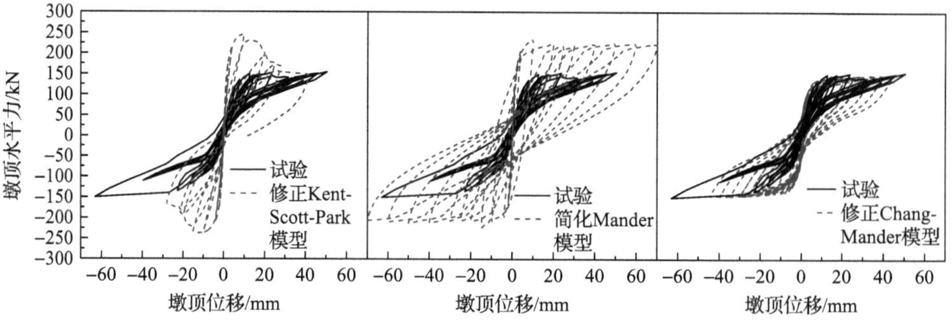

(b) SOL-2

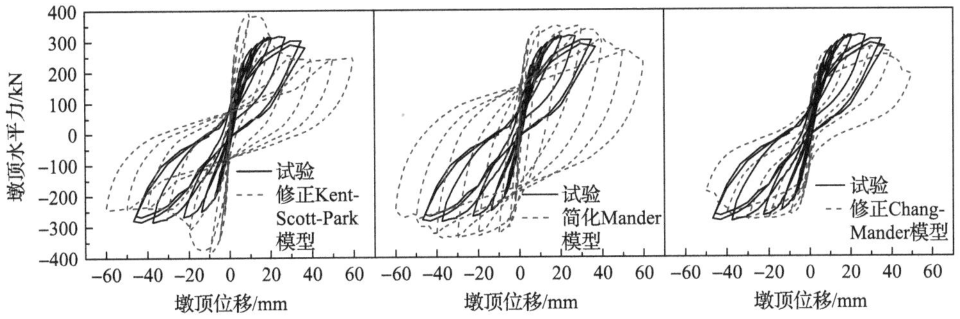

(c) SOL-3

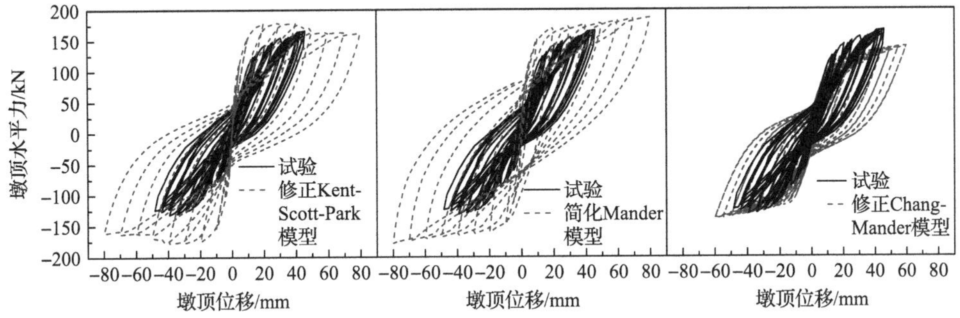

(d) SOL-6

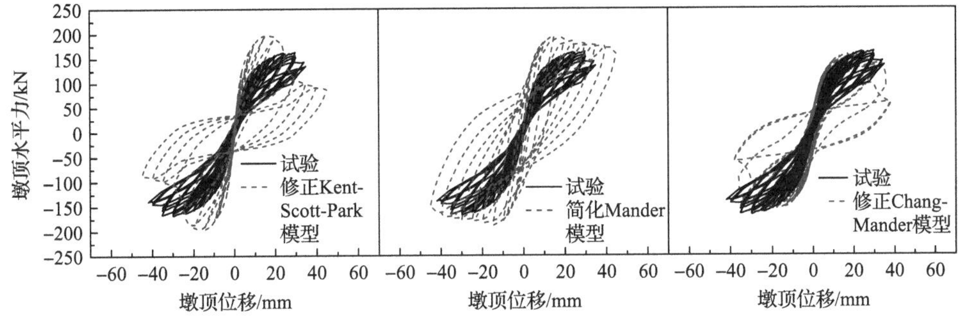

(e) SOL-8

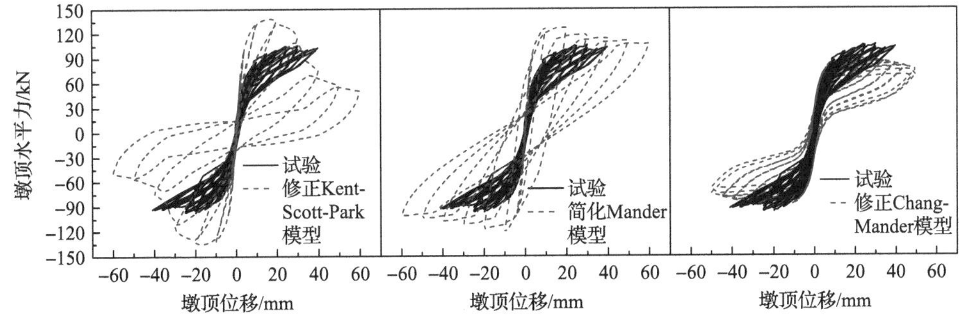

(f) SOL-9

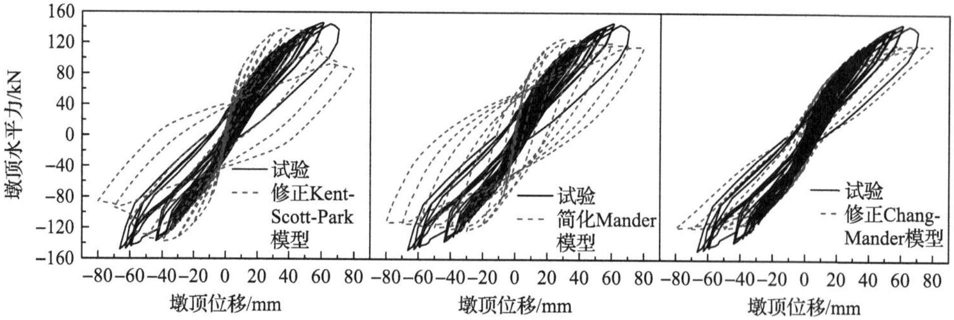

(g) SOL-11

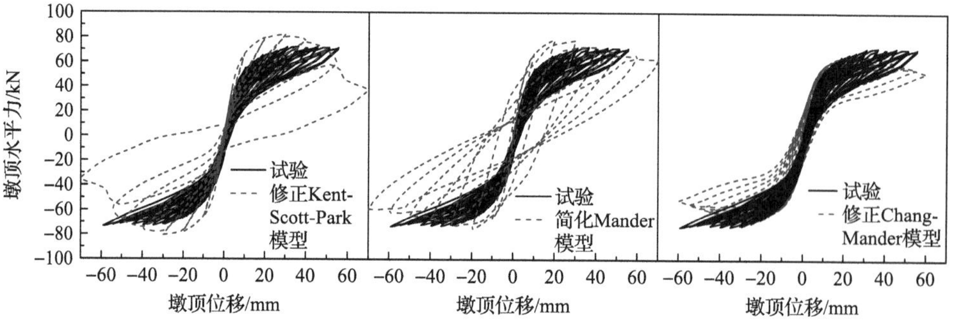

(h) SOL-12

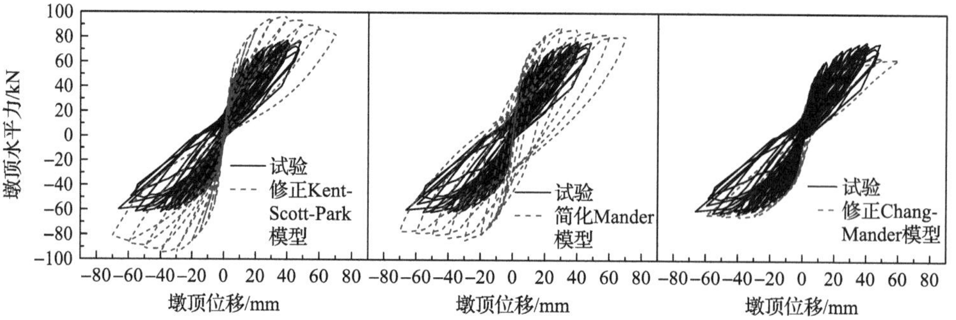

(i) SOL-13

图 3-37 三种混凝土模型模拟的实心墩滞回曲线与试验曲线比较

从图 3-37 可以看出，修正 Chang-Mander 模型模拟结果与试验结果更为吻合，而修正 Kent-Scott-Park 模型与简化 Mander 模型模拟结果与试验结果有较大差异，尤其是在曲线的峰值阶段及随后的退化阶段。

对比分析图 3-37 可以看到，桥墩的滞回行为明显受纵筋率的影响。纵筋率为 0.75%的 SOL-1、SOL-6 和 SOL-11 模型相比其他模型具有更为饱满的滞回环。三种混凝土单轴本构模型模拟的桥墩滞回曲线中，简化 Mander 模型由于具有较大的卸载刚度，模拟滞回曲线时有最大的残余位移及更多的能量耗散。利用修正 Kent-Scott-Park 模型模拟时，承载力下降最为迅速，模拟桥墩时延性最差。

纵筋率为 0.4%的 SOL-3、SOL-8 和 SOL-13 模型的滞回曲线有捏缩现象，三种混凝土模型在分析该类桥墩时都预测到了滞回曲线的捏缩现象。纵筋率为 0.15%的 SOL-2、SOL-9 和 SOL-12 模型的滞回曲线捏缩现象最为明显，修正 Kent-Scott-Park 模型与简化 Mander 模型中直线的卸载曲线无法与试验结果相拟合，然而修正 Chang-Mander 模型却较好地模拟了该现象。

3.10　墩底钢筋黏结滑移的影响

钢筋混凝土结构的柱脚、墩底以及梁柱节点等连接处由于应变渗透效应，钢筋在锚固区内发生一定的黏结滑移，忽略这些效应可能会低估结构的变形，同时也将高估结构的刚度及耗能能力。

1. *模拟方法*

可以通过在混凝土与钢筋表面建立互相垂直的双弹簧单元来模拟黏结滑移，见图 3-38。在垂直于钢筋和沿钢筋轴向方向设置两组弹簧，钢筋轴向弹簧可以通过输入黏结应力-滑移量曲线模拟黏结滑移，一般情况下忽略钢筋混凝土节点之间的垂直弹簧[29]。另外，也可在钢筋表面设置滑移界面单元来模拟黏结滑移的响应。该方法适用于细化的三维有限单元模拟，计算耗时多。

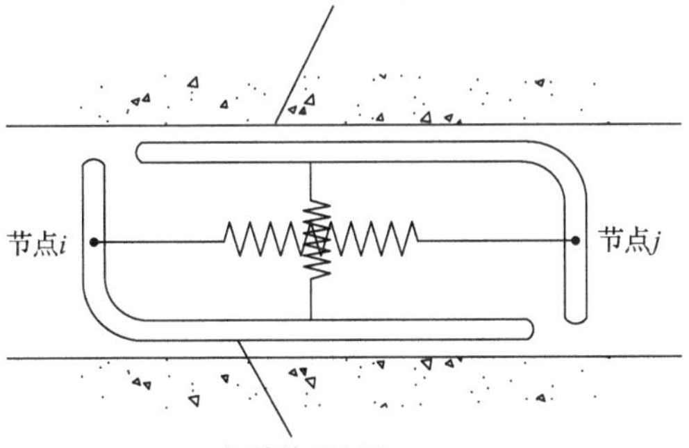

图 3-38　双弹簧单元模拟钢筋的黏结滑移

当采用梁柱单元模拟黏结滑移作用时，在构件端部设置表示梁端弯矩-滑移附加转角恢复力关系的非线性弹簧。一般基于试验测得的纵筋滑移关系确定非线性弹簧的恢复模型，但节点内梁纵筋的黏结滑移特征受到多种因素影响，目前还难以准确模拟其滞回规律。

Zhao 和 Sritharan[30]提出了整体桥墩采用纤维梁单元，将截面划分为两种材料，并输入各自材料的单轴本构关系。在墩底的相同位置设置两个节点建立一零长度单元，单元截面同样按实际混凝土与钢筋的材料进行划分，但是将钢筋应力-滑移量曲线作为钢筋的单轴本构输入，见图 3-39。该零长度单元能进行截面的弯矩-曲率分析，只有截面的旋转及曲率，没有轴向位移和剪切位移。Zhao 在总结多个钢筋拉拔试验数据后，提出往复荷载作用下钢筋应力与黏结滑移的关系。

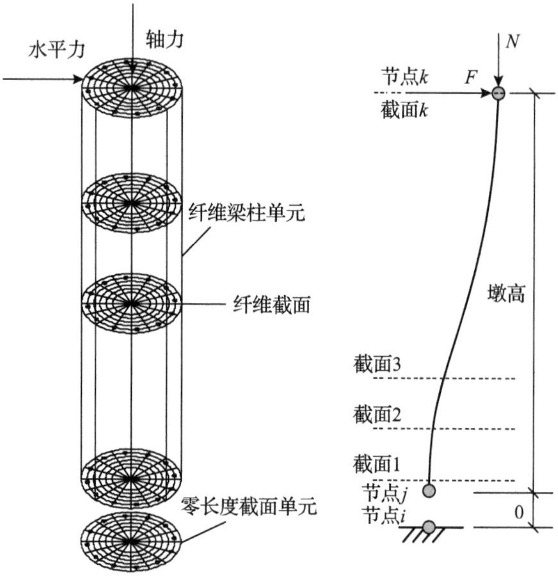

图 3-39　零长度纤维单元模拟黏结滑移

2. 黏结滑移单调曲线

假定单调荷载下的钢筋应力-黏结滑移曲线由一段直线与一段曲线组成（图 3-40），可表示为

$$\sigma=\begin{cases}Ks, & 0\leqslant s\leqslant s_{\mathrm{y}}\\ \tilde{\sigma}(\sigma_{\mathrm{u}}-\sigma_{\mathrm{y}})+\sigma_{\mathrm{y}}, & s_{\mathrm{y}}<s\leqslant s_{\mathrm{u}}\end{cases} \tag{3-75}$$

$$\tilde{\sigma}=\frac{\dfrac{\tilde{s}}{\mu-\tilde{s}}}{\left[\left(\dfrac{1}{\mu b}\right)^{R_{\mathrm{e}}}+\left(\dfrac{\tilde{s}}{\mu-\tilde{s}}\right)^{R_{\mathrm{e}}}\right]^{1/R_{\mathrm{e}}}} \tag{3-76}$$

$$\tilde{s}=\frac{s-s_{\mathrm{y}}}{s_{\mathrm{y}}},\quad \mu=\frac{s_{\mathrm{u}}-s_{\mathrm{y}}}{s_{\mathrm{y}}} \tag{3-77}$$

$$s_y = 2.54\left(\frac{d_b}{8437}\frac{f_y}{\sqrt{f_c'}}(2\alpha+1)\right)^{1/\alpha} + 0.34 \tag{3-78}$$

式中，d_b为钢筋直径，mm；f_y为钢筋屈服强度，MPa；f_c'为混凝土强度，MPa；α 为局部黏结模型参数，取 0.4；一般 s_u=(30～40)s_y，b=0.3～0.5；系数 R_e取略微大于 1 的数，一般取 1.01。

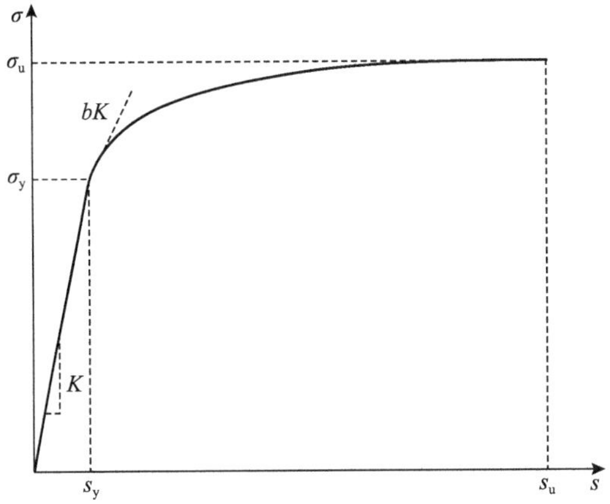

图 3-40　钢筋应力-黏结滑移曲线

3. 黏结滑移滞回曲线

为模拟低周往复荷载作用下结构的黏结滑移响应，Zhao 和 Sritharan[30]在试验数据的基础上，提出了钢筋的黏结滑移滞回准则(图 3-41(a))：①黏结滑移量在±s_y范围内时，加卸载曲线均为线弹性；②当黏结滑移量超过±s_y后，卸载曲线为线弹性，卸载刚度与初始刚度 K 相同，直到卸载应力为 0，卸载曲线与滑移轴 s 相交于点(rsvg,0)。再加载准则按下式进行：

$$\sigma = \sigma^* \cdot \text{maxrl} \quad 或 \quad \sigma = \sigma^* \cdot \text{minrl} \tag{3-79}$$

$$\sigma^* = \frac{\dfrac{s^*}{s_{uy}-s^*}}{\left[\left(\dfrac{1}{s_{uy}}\right)^{R_c} + \left(\dfrac{s^*}{s_{uy}-s^*}\right)^{R_c}\right]^{1/R_c}} \tag{3-80}$$

$$s^* = \frac{s-\text{rsvg}}{s_y'}, \quad s_{uy} = \frac{\text{maxrl}-\text{rsvg}}{s_y'} \quad 或 \quad s_{uy} = \frac{\text{minrl}-\text{rsvg}}{s_y'} \tag{3-81}$$

式中，σ^* 为钢筋应力率；s^* 为滑移率；s_{uy} 为应力极限率；s'_y 为初始斜率 K 下卸载应力确定的弹性恢复滑移。

因子 R_c 定义卸载曲线的形状，其值在 0.5～1.0，由钢筋的锚固细节来确定，锚固条件越差则 R_c 值越小，捏缩效应也越明显，$R_c=1.0$ 时表示没有捏缩效应(图 3-41(b))。

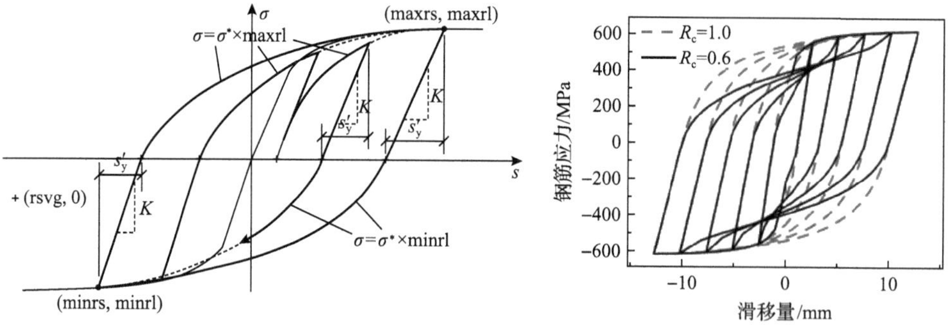

(a) 钢筋应力与滑移量关系滞回模型　　(b) R_c对钢筋应力-滑移量曲线形状的影响

图 3-41　钢筋应力与黏结滑移模型参数描述

4. 实心墩黏结滑移模拟

对 SOL-1 模型进行考虑墩底钢筋黏结滑移的滞回曲线模拟，并与未考虑黏结滑移的曲线进行对比，见图 3-42。计算时取 s_y=0.014mm，s_u=35s_y，b=0.6，R_c=1.0。

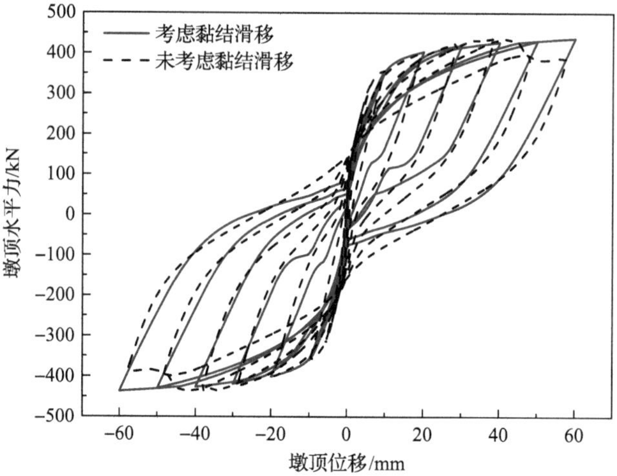

图 3-42　黏结滑移对模拟结果的影响

从图 3-42 可以看到，考虑黏结滑移时，墩顶水平力-位移曲线中的水平承载力相差不大，但是卸载曲线刚度偏小，尤其在接近原点时由于钢筋的黏结滑移作用，曲线更为捏缩，但是总体效果并不明显。这主要是由于墩底座较厚，伸入底座的钢筋锚固良好，有充分的锚固长度，使得墩底局部的钢筋黏结滑移对墩顶响应的影响不大，但黏结滑移对墩底有明显的损伤影响，有可能加速墩底裂缝发展。

3.11　圆端形实心墩类似试验模拟分析

1. 模型设计参数

日本学者 Fujikura 等[31]为研究桥墩箍筋形式对其抗震性能的影响，也进行了圆端形截面桥墩的低周往复荷载试验，比较了配有普通箍筋和联系搭筋及配有互锁箍筋形式的滞回曲线。第一种方式的纵筋率与体积配箍率与作者进行的试验参数相近。模型的设计参数见表 3-13，模型钢筋立面图见图 3-43，截面钢筋的布置见图 3-44。

表 3-13　模型设计参数

模型高/m	箍筋形式	轴力/kN	轴压比	纵筋率/%	体积配箍率/%	圆柱体轴心抗压强度/MPa	钢筋屈服强度/MPa	钢筋抗拉强度/MPa
1.0	搭筋	160	0.212	0.74	0.56	22.9	379	545
1.0	互锁	160	0.212	0.83	0.90	22.7	379	545

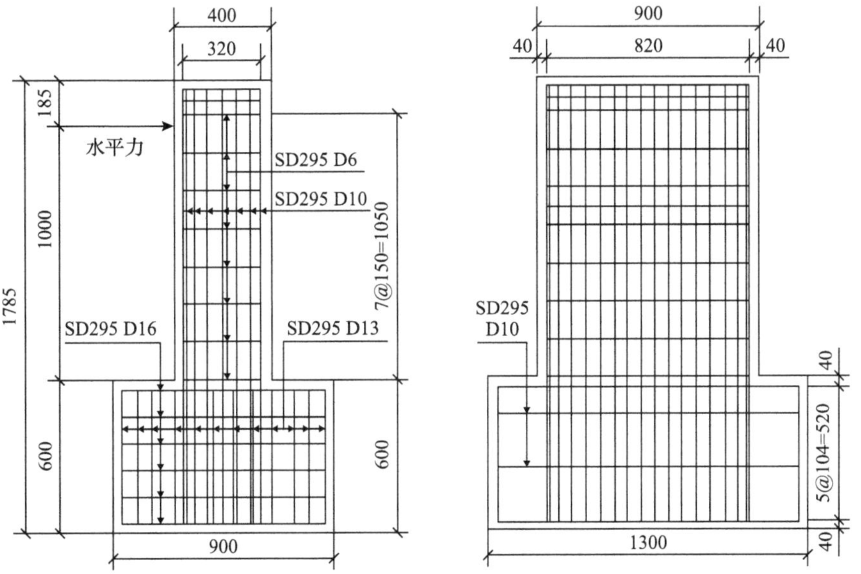

图 3-43　模型钢筋立面图(单位：mm)

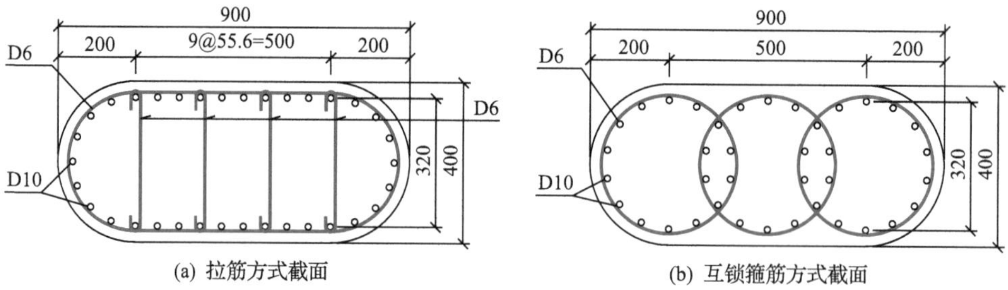

图 3-44　模型钢筋布置(单位：mm)

2. 试验数值模拟

利用 OpenSees 软件中的纤维梁柱单元进行模拟，混凝土采用修正 Chang-Mander 模型，钢筋采用 Giuffré-Menegotto-Pinto 模型，模拟方法与前述相同。模型模拟的滞回曲线与试验曲线比较如图 3-45 所示。可以看出，所采用的方法能够较为准确地预测墩柱的滞回行为，同时可以看到配有互锁箍筋的墩柱耗能性能与延性比配有普通箍筋和联系搭筋的墩柱略有提高。

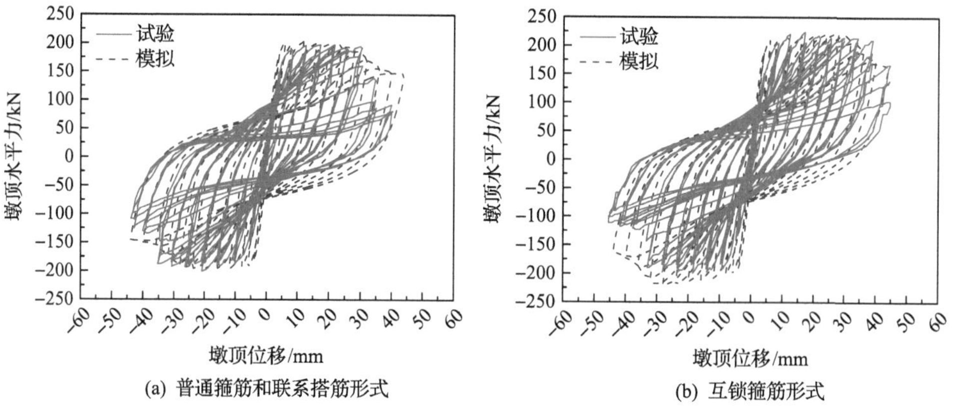

图 3-45　模型模拟的滞回曲线与试验曲线比较

3.12　纤维梁柱单元模拟空心墩

1. 本章空心墩试验模拟

混凝土采用前述的修正 Chang-Mander 模型，钢筋采用 Giuffré-Menegotto-Pinto 模型，利用 OpenSees 软件进行数值模拟，用位移增量控制，并采用 Newton-Raphson 方法进行非线性部分的迭代计算，将计算的墩顶水平力-位移滞回曲线与试验曲线进行比较，见图 3-46。

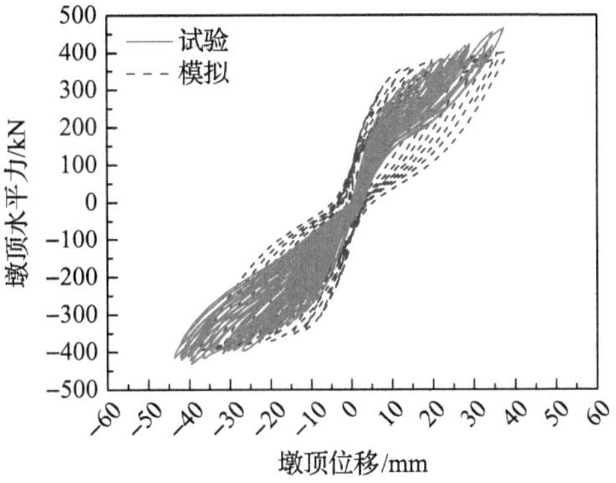

(a) HOL-1

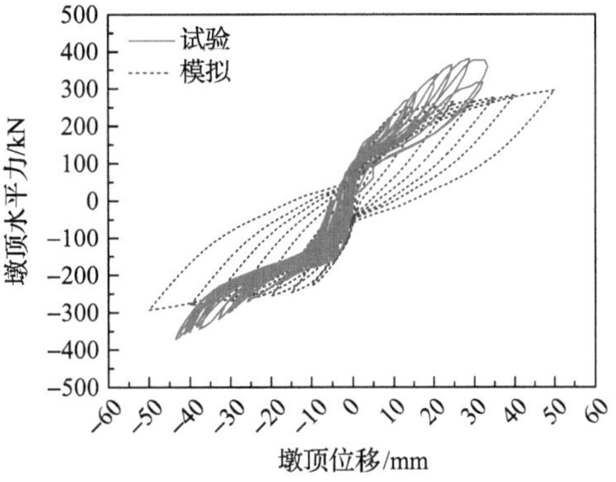

(b) HOL-3

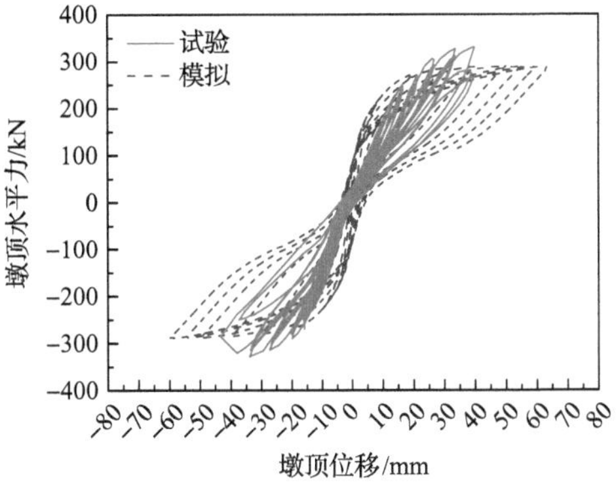

(c) HOL-6

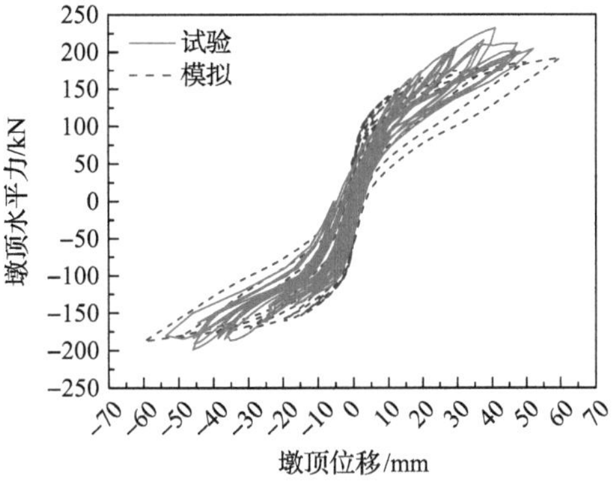

(d) HOL-7

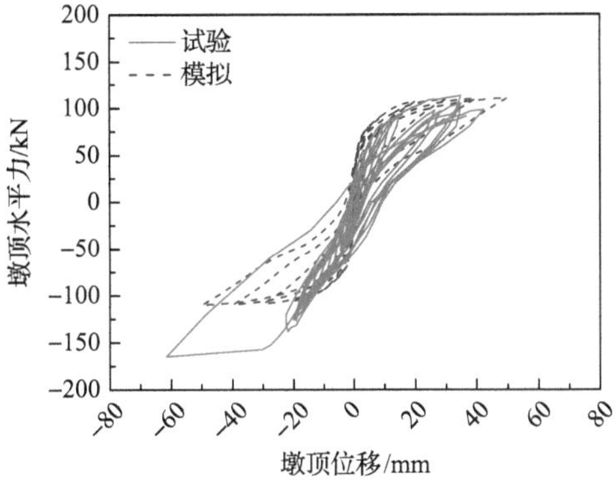

(e) HOL-8

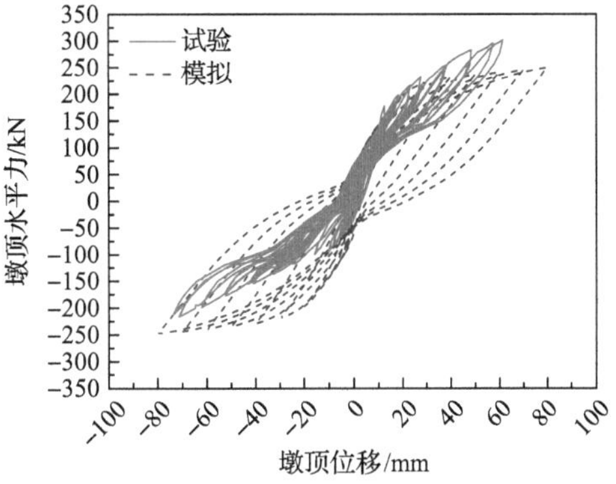

(f) HOL-9

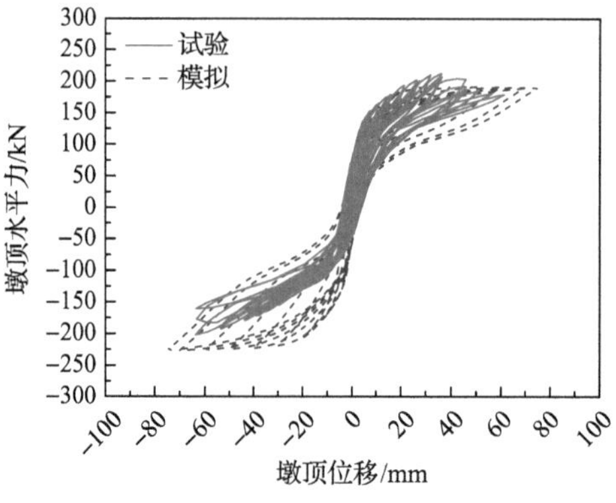

(g) HOL-10

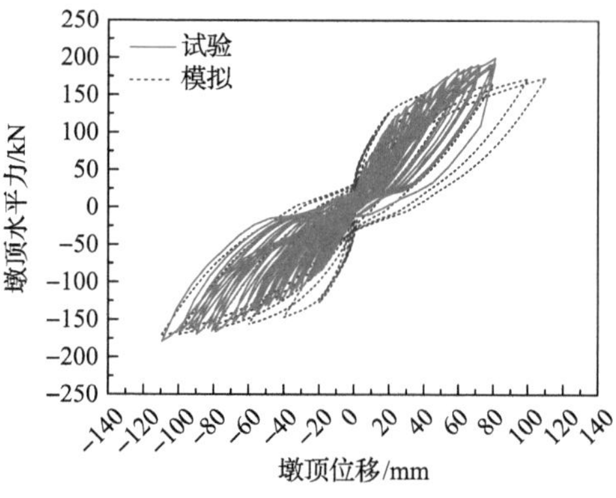

(h) HOL-11

图 3-46　空心墩模型滞回曲线与试验曲线比较

从图 3-46 可以看到，HOL-3 与 HOL-6 模型模拟的滞回曲线与试验曲线差异明显，而其他模型模拟的滞回曲线与试验曲线吻合良好，并且能够较好地模拟纵筋率较低时滞回曲线的捏缩效应。

HOL-8 模型试验数据的正向与负向水平力相差较大，这是由于负向加载后期，位移的突然施加使得桥墩突然破坏，伴随着较大的水平力。计算时正负两方向均按照静力荷载加载，所以计算得到的正向滞回曲线与试验曲线吻合良好，而负向相差较大。

由于空心墩模型均较高，模型底座 0.4m，顶端加载实心块提高 0.3m，因此模型的实际高度为 3.7m、4.7m 与 5.7m。每个模型施工时都分上下两次浇筑，使得混凝土的材料特性无法达到统一，给模型的计算带来更多的不确定性。

2. 类似空心墩试验模拟分析

Pinto 等[32]以奥地利 20 世纪 70 年代设计的公路矩形空心墩为原型，设计了两个低纵筋率桥墩模型，在欧洲结构评估实验室进行了拟静力试验。两模型的墩高分别为 5.75m 与 13.25m，剪跨比分别为 2.1 与 4.8，桥墩模型的设计参数见表 3-14。模型截面尺寸与钢筋布置见图 3-47。墩高为 5.75m 的模型采用单一的截面，而墩高为 13.25m 的模型截面纵筋分三段设置，因此有三种纵筋率且从墩底向墩顶依次减小。两个桥墩模型的箍筋间距均为 12.5cm。

表 3-14　矩形空心墩模型设计参数

模型高 /m	轴力 /kN	纵筋率 /%	混凝土抗压强度 /MPa	纵筋直径 /mm	纵筋屈服强度 /MPa	纵筋抗拉强度 /MPa
5.75	3820	0.34	38.9	10	543.1	632.6
13.25	4090	0.99/0.71/0.39	51.6	12/16	546.4/506.3	660.2/627.0

(a) 矩形墩截面尺寸

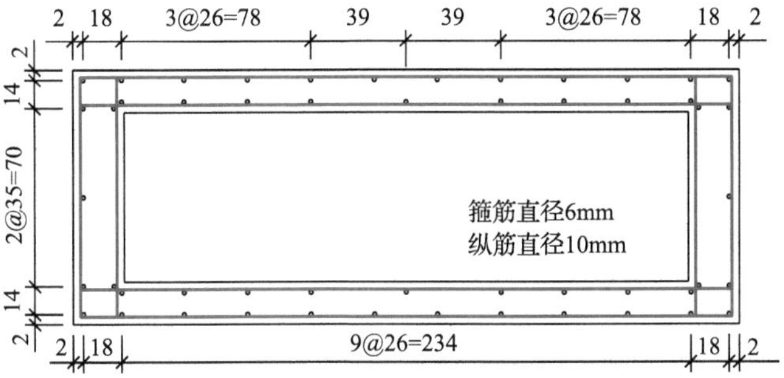

(b) 5.75m墩钢筋布置

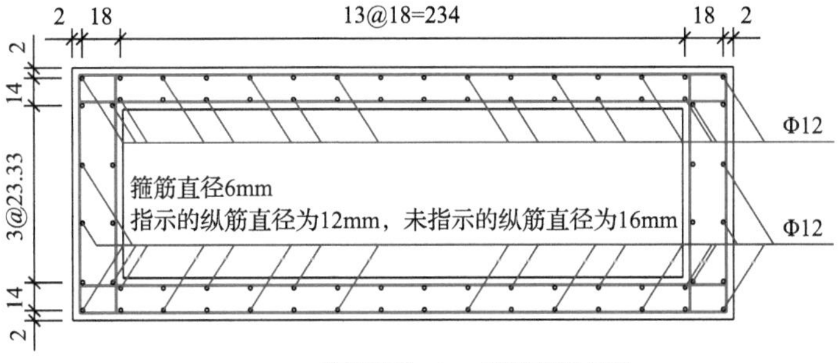

(c) 13.25m墩距墩底0~0.5m范围钢筋布置

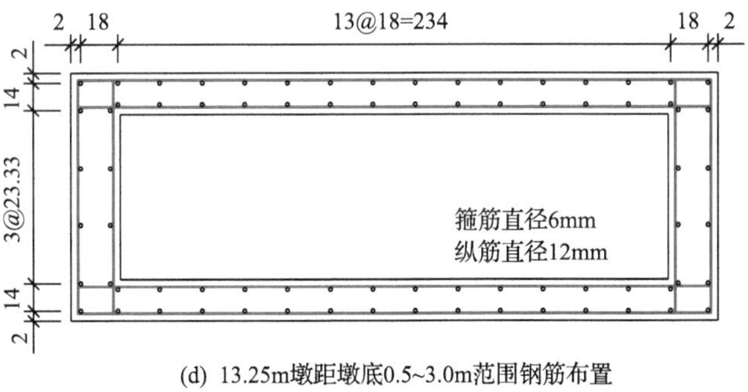

(d) 13.25m墩距墩底0.5~3.0m范围钢筋布置

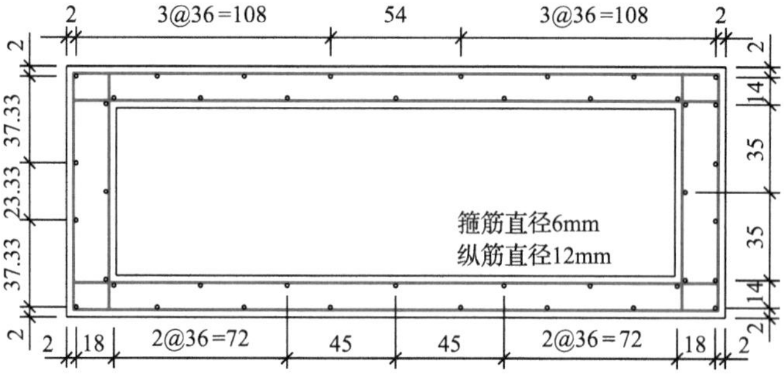

(e) 13.25m墩距墩底3.0~13.25m范围钢筋布置

图 3-47　矩形空心墩模型截面尺寸与钢筋布置(单位：cm)

两个桥墩的试验结果显示，纵筋率较低的墩柱的破坏模式与本章试验结果有很大的相似性，墩底附近出现明显的弯剪斜裂缝，但没有达到剪切破坏。两个模型的滞回曲线捏缩现象都很明显，耗能性能较差，但是墩底纵筋率较高的高墩的滞回曲线相比纵筋率更低的矮墩的滞回曲线更为饱满，耗能性能也有所提高。

利用纤维梁柱单元模拟时，混凝土采用前述介绍的修正 Chang-Mander 模型，钢筋采用 Giuffré-Menegotto-Pinto 模型，将计算的墩顶水平力-位移滞回曲线与试验滞回曲线进行比较，见图 3-48。可以看到，模拟曲线与试验曲线吻合较好，同时也较好地模拟了矩形空心墩模型的中部捏缩效应。

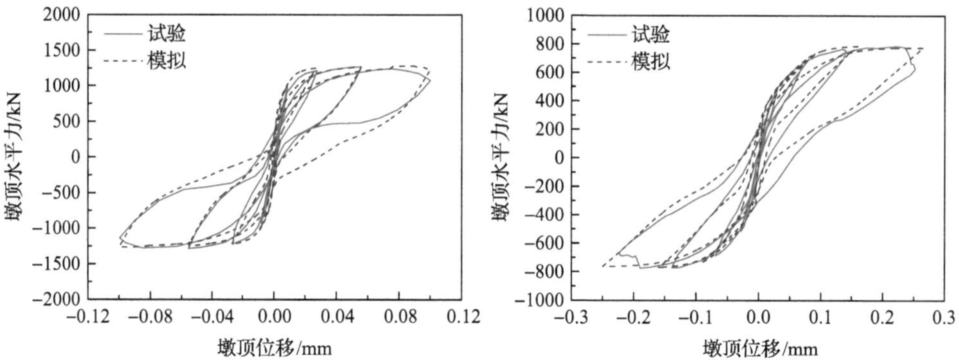

图 3-48　矩形空心墩的墩顶水平力-位移滞回曲线试验结果与模拟结果比较

该试验模型是按欧洲早期设计规范设计的，从钢筋布置图中可以看到整体桥墩的体积配箍率很低，尽管空心墩内壁设置了箍筋，但是内壁箍筋和外侧箍筋的联系较弱，对模型混凝土没有形成有效的约束。Faria 等[28]为了比较早期设计的空心墩与按照 Eurocode 8 规范设计的矩形空心墩的抗震性能，对上述桥墩重新进行了设计并进行了拟静力试验，提高了纵筋率并在内外侧纵筋设置多个拉筋增强内外侧钢筋的联系。剪跨比为 2.1 与 4.8 的重新设计的模型对应的纵筋率分别为 0.92%和 1.15%，改进设计后的桥墩模型滞回曲线更为饱满，耗能性能大幅度提高。

3.13　本章小结

本章对圆端形实心墩与空心墩进行了低周往复荷载试验，得到了桥墩模型的破坏特性、滞回曲线，分析了各因素水平下桥墩的延性、耗能性能、刚度与强度退化规律，比较分析了剪跨比、轴压比、纵筋率与体积配箍率四个因素对延性性能的影响。

(1)实心墩试验结果表明，实心墩顺桥向均为弯曲型破坏，纵筋率较低的圆端形实心墩的滞回曲线呈显著的捏缩状，桥墩的耗能性能较差，而提高纵筋率能够显著提高桥墩的耗能性能。轴压比和纵筋率的提高都将使桥墩的延性减小，而剪跨比与体积配箍率对延性的影响较小。为提高桥墩的抗震性能，纵筋率设置宜大于 0.4%。

(2)空心墩试验结果表明，该类桥墩均为弯曲型破坏，墩底普遍有弯剪斜裂缝，滞回曲线捏缩效应明显且骨架曲线从开裂到屈服上升缓慢。随着轴压比的提高，模型的弯曲强度有所增大，延性下降。由于模型的体积配箍率均较低，其对延性的影响不明显。纵筋率对滞回曲线形状的影响较大，增加纵筋率，耗能能力随之增大。

(3)修正 Kent-Scott-Park 模型与简化 Mander 模型都对卸载曲线用直线段进行了简化，而修正 Chang-Mander 模型保留了完整的加卸载曲线描述，能更为精确地模拟复杂混凝土的行为。

(4)利用纤维梁单元，采用修正 Chang-Mander 混凝土单轴模型和 Giuffré-Menegotto-Pinto 钢筋模型能够较为准确地预测高速铁路圆端形桥墩的滞回曲线，并且能够模拟纵筋率较低时桥墩滞回曲线的捏缩效应。修正 Kent-Scott-Park 模型与简化 Mander 模型无法准确描述低纵筋率下高速铁路桥墩的卸载准则。

(5)考虑黏结滑移时，墩顶水平力-位移曲线中的水平承载力相差不大，但是卸载曲线刚度偏小，尤其在接近原点时由于钢筋的黏结滑移作用，曲线更为捏缩，但是总体效果并不明显。

(6)利用纤维梁单元以及修正 Chang-Mander 混凝土单轴模型准确地模拟了国外类似的纵筋率较低的圆端形实心墩模型以及矩形空心墩模型的滞回曲线，说明该模拟方法普遍适用于纵筋率较低的弯曲型破坏桥墩的滞回曲线模拟，而不局限于截面的形状，因此本章分析方法可以推广至高速铁路中纵筋率较低的实心或者空心矩形等形状的桥墩模拟。

参 考 文 献

[1] 徐勇, 金福海, 杨福泰, 等. 武广铁路客运专线四院范围桥梁总体设计[J]. 铁道标准设计, 2010, 54(1): 94-99.

[2] 郑健. 中国高速铁路桥梁[M]. 北京: 高等教育出版社, 2008.

[3] 陈慧. 铁路桥梁圆端形空心墩的设计[J]. 铁道标准设计, 2009, 53(4): 77-79.

[4] 周津斌. 高速铁路简支梁空心墩墩型比选分析[J]. 高速铁路技术, 2013, 4(2): 24-30.

[5] Taucer F F, Spacone E, Filippou F C. A fiber beam-column element for seismic response analysis of reinforced concrete structures[R]. Berkeley: University of California at Berkeley, 1991.

[6] Zienkiewicz O C, Taylor R L. The Finite Element Method — Volume 1: Basis and Fundamentals[M]. 6th ed. New York: Elsevier Butterworth-Heinemann, 2005.

[7] Zeris C A, Mahin S A. Analysis of reinforced concrete beam-columns under uniaxial excitation[J]. Journal of Structural Engineering, 1988, 114(4): 804-820.

[8] Clough R W. Effect of stiffness degradation on earthquake ductility requirements[R]. Berkeley: University of California at Berkeley, 1966.

[9] Takeda T, Sozen M A, Nielsen N N. Reinforced concrete response to simulated earthquakes[J]. Journal of the Structural Division, 1970, 96(12): 2557-2573.

[10] Banon H, Biggs J M, Irvine H M. Seismic damage in reinforced concrete frames[J]. Journal of the Structural Division, 1981, 107(9): 1713-1729.

[11] Otani S. Inelastic analysis of R/C frame structures[J]. Journal of the Structural Division, 1974, 100(7): 1433-1449.

[12] Filippou F C, Popov E P, Bertero V V. Effects of bond deterioration on hysteretic behavior of reinforced concrete joints[R]. Berkeley: University of California at Berkeley, 1983.

[13] 姬振豫. 正交设计的方法与理论[M]. 北京: 世界科技出版社, 2001.

[14] Hedayat A S, Sloane N J A, Stufken J. Orthogonal Arrays: Theory and Applications[M]. New York: Springer, 1999.

[15] 中华人民共和国住房和城乡建设部. 建筑抗震试验规程(JGJ/T 101—2015)[S]. 北京: 中国建筑工业出版社, 2015.

[16] Sheikih S A, Khoury S S. Confined concrete columns with stubs[J]. ACI Structural Journal, 1993, 90(4): 414-431.

[17] Priestley M J N, Park R. Strength of ductility of concrete bridge columns under seismic loading[J]. ACI Structural Journal, 1987, 84(1): 61-76.

[18] 司炳君, 李宏男, 王东升, 等. 基于位移设计的钢筋混凝土桥墩抗震性能试验研究(I): 拟静力试验[J]. 地震工程与工程振动, 2008, 28(1): 123-129.

[19] 崔海琴. 碳纤维约束空心薄壁墩抗震性能试验研究[D]. 西安: 长安大学, 2010.

[20] 刘林. 高墩大跨铁路桥梁抗震设计与减震控制研究[D]. 北京: 北京交通大学, 2004.

[21] Waugh J. Nonlinear analysis of t-shaped concrete walls subjected to multi-directional displacements[D]. Ames: Iowa State University, 2009.

[22] Kent D C, Park R. Inelastic behavior of reinforced concrete members with cyclic loading[J]. Bulletin of the New Zealand Society for Earthquake Engineering, 1971, 4(1): 108-125.

[23] Mohd Yassin M H, Nonlinear analysis of prestressed concrete structures under monotonic and cycling loads[D]. Berkeley: University of California at Berkeley, 1994.

[24] Popovics S. A numerical approach to the complete stress-strain curve of concrete[J]. Cement and Concrete Research, 1973, 3(5): 583-599.

[25] Mander J B, Priestley M J N, Park R. Theoretical stress-strain model for confined concrete[J]. Journal of Structural Engineering, 1988, 114(8): 1804-1826.

[26] Palermo D, Vecchio F J. Compression field modeling of reinforced concrete subjected to reversed loading: formulation[J]. ACI Structural Journal, 2003, 100(5): 616-625.

[27] Chang G A, Mander J B. Seismic energy based fatigue damage ananlysis of bridge columns: Part 1- evaluation of seismic capacity[R]. Buffalo: State University of New York, 1994.

[28] Faria R, Pouca N V, Delgado R. Simulation of the cyclic behaviour of R/C rectangular hollow section bridge piers via a detailed numerical model[J]. Journal of Earthquake Engineering, 2004, 8(5): 725-748.

[29] 余江滔. 火灾后混凝土构件损伤评估的试验及理论研究[D]. 上海: 同济大学, 2007.

[30] Zhao J, Sritharan S. Modeling of strain penetration effects in fiber-based analysis of reinforced concrete structures[J]. ACI Structural Journal, 2007, 104(2): 133-141.

[31] Fujikura S, Kawashima K, Shoji G, et al. Effect of the interlocking ties and cross ties on the dynamic strength and ductility of rectangular reinforced concrete bridge columns[J]. Journal of Structural Mechanics and Earthquake Engineering, 2000, 640(I-50): 71-88.

[32] Pinto A V, Molina J, Tsionis G. Cyclic tests on large-scale models of existing bridge piers with rectangular hollow cross-section[J]. Earthquake Engineering and Structural Dynamics, 2003, 32(13): 1995-2012.

第4章 高速铁路圆端形中高墩抗震设计与参数分析

4.1 概 述

我国高速铁路桥墩的截面形式多种多样，主要有圆端形实心墩和空心墩、矩形实心墩和空心墩等几种[1,2]。为了使桥墩与上部流线型箱梁外形相协调，圆端形实心墩与空心墩被大量使用。其中实心墩多用于中低墩，当墩高较高(一般大于30m)时，多采用变坡度空心墩。空心墩具有较大的墩身刚度、较少的圬工量、较经济的基础形式等优点，使用广泛[3]。

地震荷载作用下桥墩的破坏最为常见，桥墩是上部结构的支撑体系，因此保证桥墩的抗震性能是桥梁抗震设计的重要部分。已有的抗震设计规范都对桥墩做了细致的抗震设计建议，其中多数以延性抗震设计理论为基础。

较为普遍的设计建议都包括墩柱的抗剪评估公式，这些公式一般是基于大量的以剪切破坏墩柱模型的低周往复荷载试验结合理论总结得出的，同时配合规定最大最小箍筋率来避免墩柱发生剪切破坏。前述研究表明，合理的纵筋率对墩柱的耗能及延性性能影响较大，为合理地对墩柱进行延性设计，各国规范普遍对纵筋率的最大值和最小值进行了规定。设计中通常需要对墩柱的变形能力进行评估，较为简便的方法是通过等效塑性铰长度来计算，等效塑性铰长度的研究也是基于大量的试验数据总结得到的[4]。为避免过大的轴压比使得墩柱产生脆性破坏，大部分规范通过轴压比限值来保证。

除墩柱构造的设计细节外，很多规范也给出了简化的抗震分析方法。目前我国《铁路工程抗震设计规范》(GB 50111—2006)对桥墩抗震设计的规定还不够全面，有些设计建议是参考国内外其他抗震设计规范提出的。已有大部分的抗震设计研究均以截面较小、纵筋率超过1%的圆形、方形或矩形截面墩柱为研究对象，这与我国高速铁路桥墩中广泛使用的低纵筋率、大截面的圆端形桥墩有明显的差异。

本章通过参数分析方法，并结合前面各章的试验和理论研究结果，对圆端形高速铁路桥墩抗震设计中涉及的轴压比、等效塑性铰长度、钢筋设计等方面进行研究，最终给出相应的设计建议。

4.2 模型介绍

4.2.1 桥梁参数介绍

对高速铁路中常见的圆端形实心墩的 32m 预应力混凝土简支箱梁桥进行弹塑性时程分析，桥梁的二期恒载为 120kN/m。箱梁长度为 32.6m，跨度为 31.5m，梁高 3.05m，横桥向支座中心距 4.8m，箱梁截面尺寸见图 4-1，其中左半截面为跨中截面，右半截面为支座截面。桥墩截面见图 4-2。

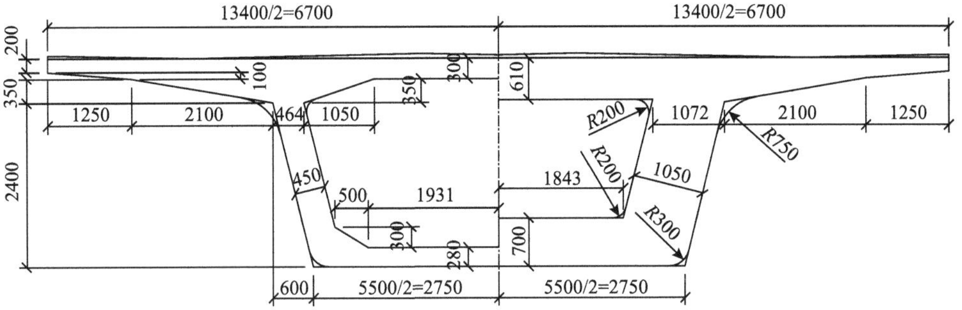

图 4-1　箱梁截面尺寸(单位：mm)

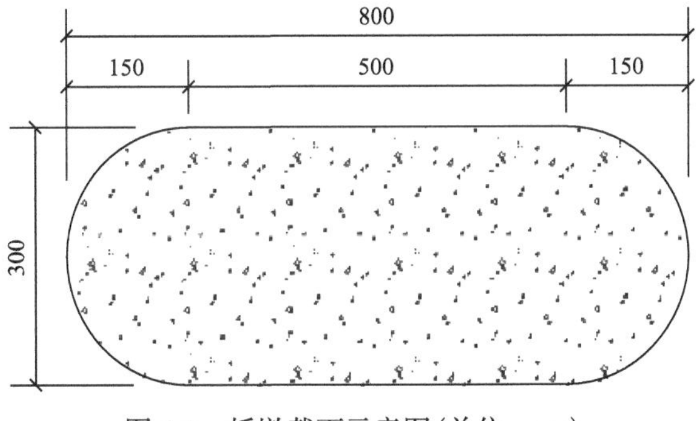

图 4-2　桥墩截面示意图(单位：cm)

简支箱梁的混凝土强度等级为 C50，桥墩混凝土强度等级为 C35，混凝土静态轴心抗压强度为 26MPa，抗拉强度为 2.5MPa。桥墩纵筋采用 HRB335 钢筋，钢筋屈服强度为 380MPa，抗拉强度为 540MPa。

支座均采用盆式橡胶支座，型号为 KTPZ-I-6000，支座高度为 0.19m。每孔箱梁采用四个盆式橡胶支座，支座布置见图 4-3(a)。

盆式橡胶支座可以作为抗震分析中的非线性减震耗能装置，但由于缺乏支座的试验数据及理论模型，目前暂时无法准确模拟。通常盆式橡胶支座采用双线性滞回单元模拟，见图 4-3(b)，水平滑动摩擦力 $F_{\max}$ 可用式(4-1)计算：

$$F_{\max} = \mu_s N \tag{4-1}$$

式中，μ_s 为滑动摩擦系数，取 0.02；N 为支座承受的竖向荷载。

初始水平刚度(弹性) k_e 可表示为

$$k_e = \frac{F_s}{u_y} \tag{4-2}$$

式中，u_y 为支座屈服位移，一般为支座临界滑动位移 0.003m。

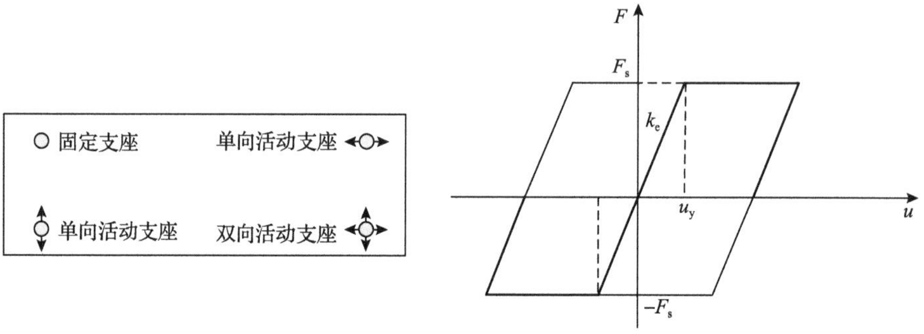

(a) 箱梁支座布置　(b) 活动支座滞回模型

图 4-3　盆式橡胶支座布置与计算模型

4.2.2　数值分析模型

高速铁路桥梁一般为多跨简支梁桥，桥梁长度几公里甚至数十公里，选取 3 跨 32m 简支箱梁，连同 4 个桥墩作为计算模型，其中边墩半跨梁采用墩上的集中质量来处理，每个桥墩上设置盆式橡胶支座用于连接桥墩与箱梁。

通过在箱梁之间设置顺桥向的弹簧单元来模拟梁上轨道板及钢轨等桥面系刚度。陈学喜等[5]对桥梁碰撞单元以及桥面系刚度的研究结果表明，梁之间的碰撞力随着碰撞单元弹簧刚度的增大而增大，而改变弹簧刚度对地震作用下桥墩墩底弯矩、剪力的影响并不明显，参考其对桥面系弹簧刚度的取值 $K_q=1.0353\times10^7$kN/m。计算模型中，桥墩与箱梁采用纤维梁柱单元模拟，而支座采用非线性的双折线弹簧单元模拟，阻尼采用瑞利阻尼，有限元模型及坐标体系见图 4-4 和图 4-5。

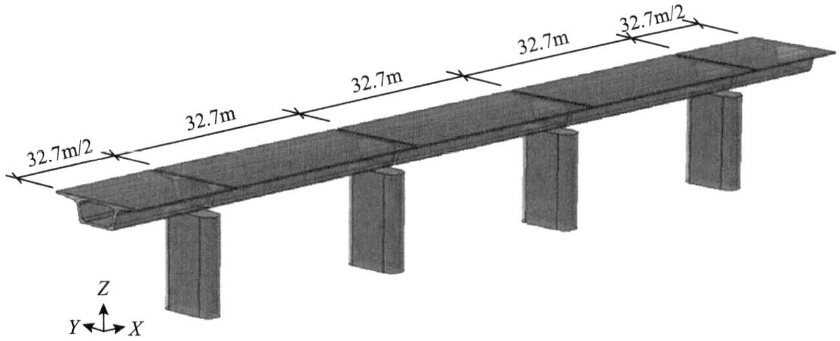

图 4-4　实心墩高速铁路简支梁桥计算原型

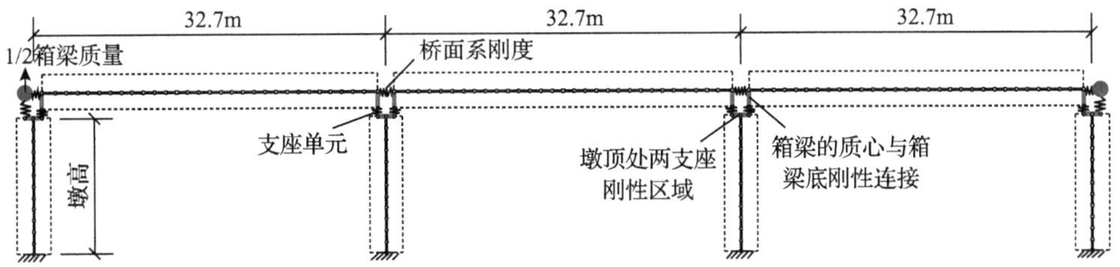

图 4-5　桥墩有限元模型

4.3　圆端形桥墩轴压比研究

桥墩低周往复荷载试验表明，轴压比对结构的延性有很大影响，轴压比越大，其延性越差。轴压比同时也是控制结构破坏形态的关键因素，决定墩柱结构是否为大小偏心受压构件。根据桥墩轴力与弯矩承载力包络曲线即 *N-M* 相关曲线，可以得到墩柱大小偏心受压的轴压比界限值，轴压比小于此值时，增大轴力可以增大墩柱的抗弯强度，而轴压比大于此值之后，抗弯强度随着轴压比的增大而降低。

4.3.1　实心墩模型 *N-M* 相关曲线

由前述几章的分析结果可知，相比其他混凝土单轴本构模型，修正 Chang-Mander 模型能够较好地模拟墩顶水平力-位移滞回曲线，因此采用同样的分析方法对每个桥墩的轴力 N 与墩底弯矩 M 的关系曲线进行计算。保持桥墩的截面配筋形式不变，给定一个轴压比，对桥墩进行低周往复荷载模拟，得到墩底的最大弯矩，即得到了该轴压比下对应的墩底最大弯矩。改变轴压比，得到不同轴压比下墩底的最大弯矩，即可得到该桥墩模型的 *N-M* 相关曲线，并与试验数据进行对比，见图 4-6。

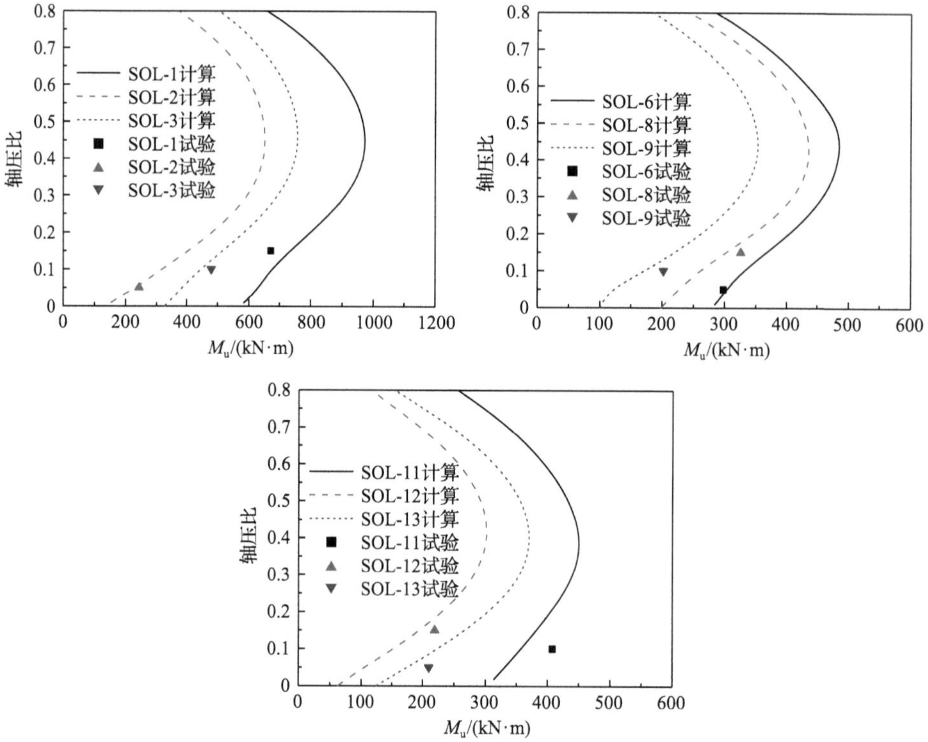

图 4-6　实心墩模型 *N-M* 相关曲线

从图 4-6 可以看到，桥墩模型的轴压比在 0.4～0.5 时，墩底弯矩最大，轴压比小于该区域时，墩底弯矩随轴压比增大而增大，即提高轴压比能够相应提高桥墩的抗弯强度。试验数据点与数值计算的 *N-M* 相关曲线接近，由于桥墩模型的轴压比均小于 0.15，每个墩的试验数据点均在图的下部区域。

4.3.2　空心墩模型 *N-M* 相关曲线

仍然采用混凝土修正 Chang-Mander 模型对试验中的空心墩模型的 *N-M* 相关曲线进行计算，见图 4-7。可以看到，与实心墩相似，在轴压比为 0.4～0.5 时墩底弯矩最大，轴压比小于该区域时，墩底弯矩随轴压比增大而增大，即提高轴压比能够相应提高桥墩的抗弯强度。

4.3.3　地震作用下桥墩轴力分析

为研究桥墩在地震作用下的轴力，分别对圆端形实心墩与空心墩进行动力时程参数分析。地震波采用 El-Centro 波，实心墩墩高为 16m，空心墩墩高为 40m，顺桥向、横桥向与竖向的峰值加速度比为 1∶0.85∶0.65，比较桥墩在水平峰值加速度为 0.15g 和 0.64g 时墩底的轴压比时程曲线，见图 4-8 和图 4-9。

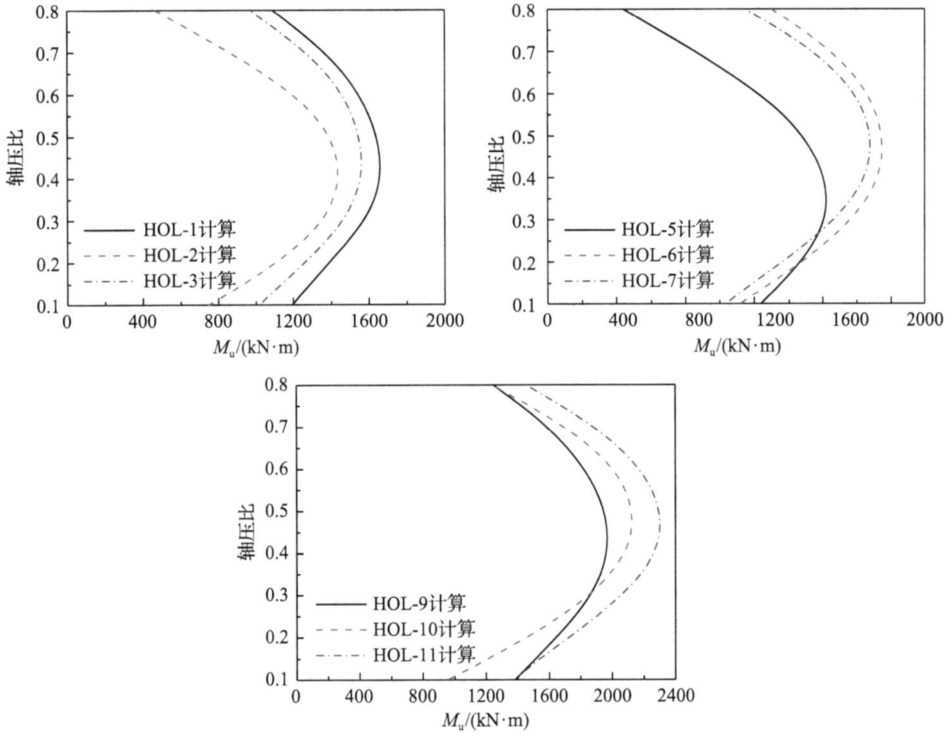

图 4-7　空心墩模型 *N-M* 相关曲线

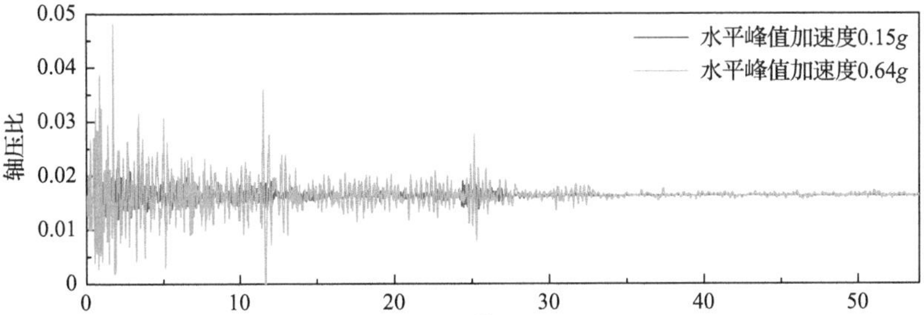

(a) 纵筋率为0.4%

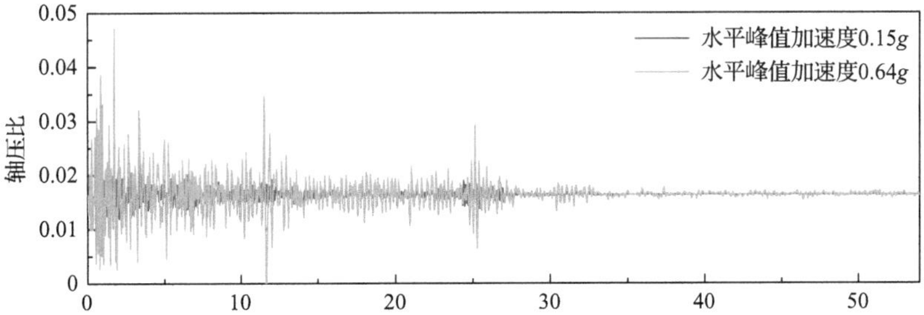

(b) 纵筋率为0.5%

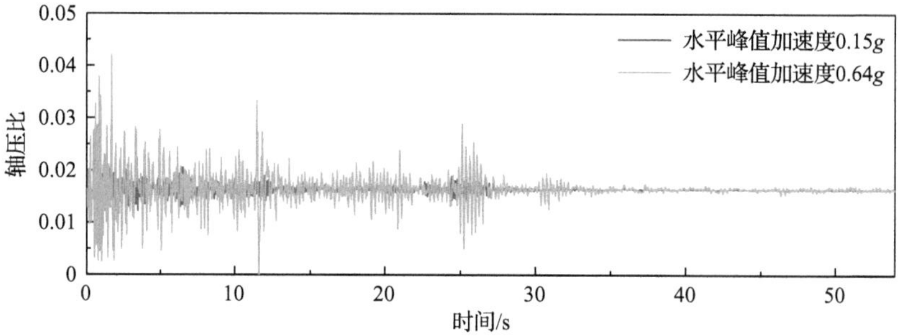

(c) 纵筋率为0.6%

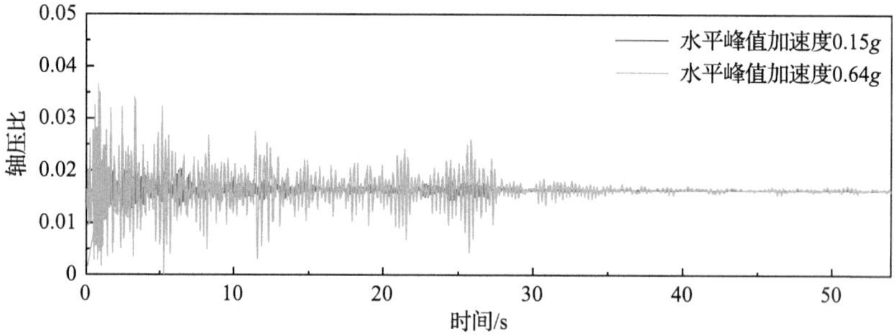

(d) 纵筋率为0.75%

图 4-8　墩高 16m 实心墩不同纵筋率下两种水平峰值加速度时轴压比时程曲线比较

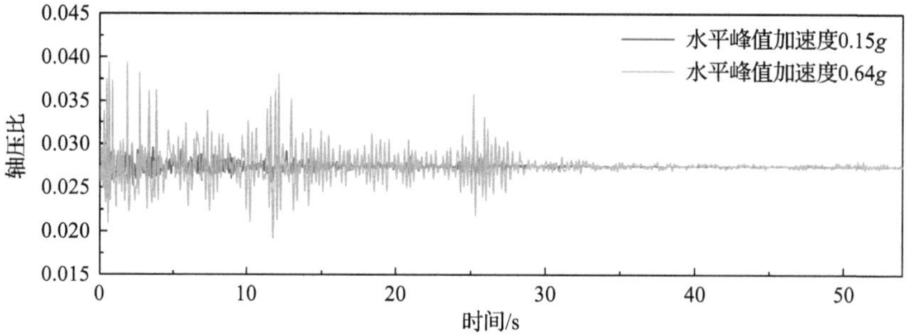

(a) 纵筋率为0.25%

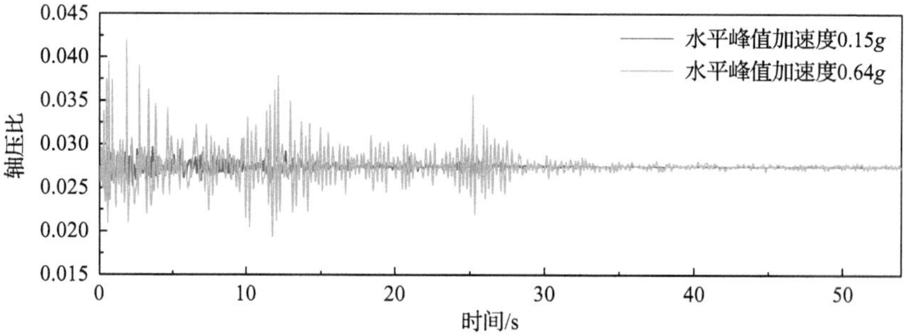

(b) 纵筋率为0.4%

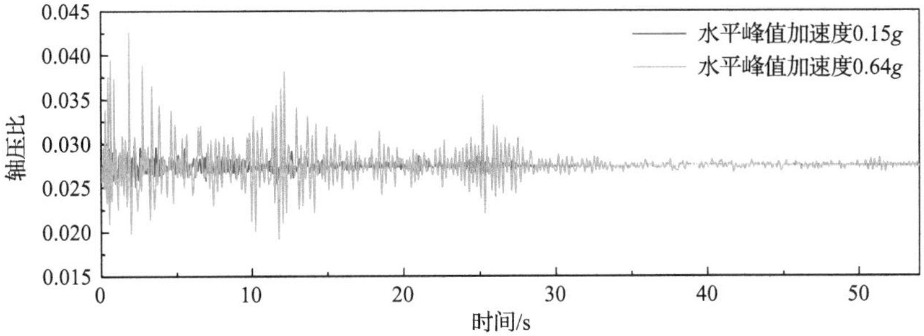

(c) 纵筋率为0.6%

图 4-9　墩高 40m 空心墩不同纵筋率下两种水平峰值加速度时轴压比时程曲线比较

从分析结果看到，在水平峰值加速度 0.64g 的地震作用下，桥墩的轴压比较小，在 0～0.05，均远小于大小偏心的轴压比界限值 0.4～0.5。水平峰值加速度增加时，墩柱轴压比幅值也随之增加。与此同时，随着纵筋率的提高，轴压比峰值有减小的趋势。设计圆端形桥墩尤其是空心墩时，不会出现轴力引起的高墩局部稳定以及轴压比限值等问题。

4.4　高速铁路桥墩等效塑性铰长度的研究

4.4.1　等效塑性铰长度的定义

地震作用下桥墩截面曲率沿墩高的分布较为复杂，为建立塑性铰区的曲率与墩顶位移之间的关系，可以将其进行简化。Priestley 和 Park[4]提出桥墩在屈服之前截面曲率是沿墩高线性变化的，而在墩底进入塑性之后，假定一定区域高度的截面曲率突然增大为等值曲率，该高度即为等效塑性铰长度，见图 4-10。

墩顶位移计算公式为

$$\varDelta = \int_0^L x\phi(x)\mathrm{d}x \tag{4-3}$$

当截面曲率沿墩高呈线性分布时，$\phi(x)$ 可用屈服曲率 ϕ_{y} 表示为

$$\phi(x) = \frac{x}{L}\phi_{\mathrm{y}} \tag{4-4}$$

将式(4-4)代入式(4-3)，得到墩顶的屈服位移 $\varDelta_{\mathrm{y}}$ 为

$$\varDelta_{\mathrm{y}} = \frac{1}{3}\phi_{\mathrm{y}}L^2 \tag{4-5}$$

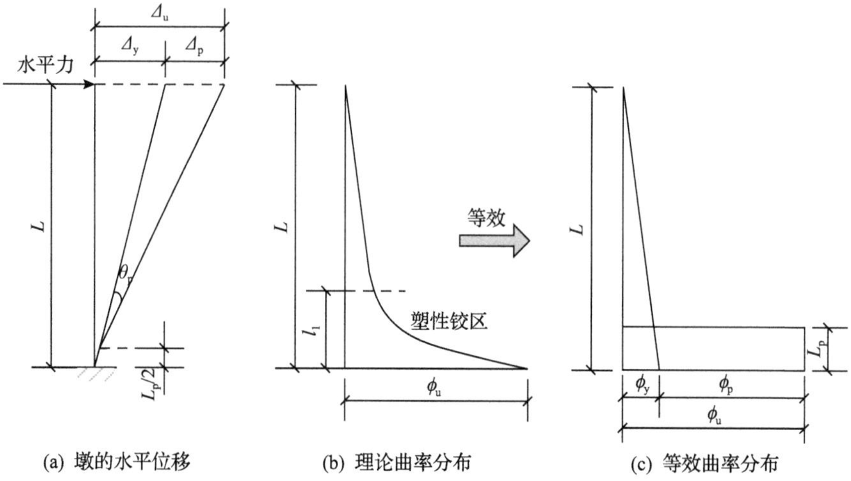

图 4-10　等效塑性铰长度的定义

墩顶的极限位移可以表示为

$$\Delta_u = \Delta_y + \Delta_p = \frac{1}{3}\phi_y L^2 + \theta_p(L - 0.5L_p) \tag{4-6}$$

式中，Δ_y 为墩顶的屈服位移；Δ_p 为墩顶的塑性位移；L 为墩高；L_p 为等效塑性绞长度；ϕ_y 为屈服曲率；θ_p 为塑性铰区域的塑性转角，$\theta_p = L_p(\phi_u - \phi_y)$，$\phi_u$ 为极限曲率。

由式(4-5)可以看到，墩顶的屈服位移可以直接通过墩底截面屈服曲率 ϕ_y 得到，墩顶的极限位移可以通过截面的屈服曲率、极限曲率以及等效塑性铰长度来计算。设计墩柱时，截面确定以后，截面的屈服曲率与极限曲率可以通过截面分析确定，因此等效塑性铰长度是计算墩顶极限位移的关键。

由式(4-6)可知，等效塑性铰长度也可以通过墩顶位移以及墩底曲率来反推，位移与曲率可以通过试验的方法或者通过数值模拟获得。

$$L_p = L - \sqrt{L^2 - 2A} \tag{4-7}$$

式中，$A = \dfrac{\Delta_u - \Delta_y}{\phi_u - \phi_y}$。

4.4.2　已有等效塑性铰长度经验公式

等效塑性铰长度可以用于墩顶水平位移的预测，研究显示，其与以下因素有关[6]：①墩柱的高度与截面宽度；②墩柱轴力或轴压比；③塑性铰区的弯矩与剪力；④纵筋与箍筋的数量、尺寸及力学特性；⑤混凝土强度等。

Paulay 和 Priestley[7]对钢筋混凝土桥墩进行拟静力试验后，根据所测的墩底曲率与墩顶位移计算并进行统计分析，提出考虑墩高与纵筋的经验等效塑性铰长度可表示为

$$L_{\mathrm{p}} = 0.08L + 0.022 f_{\mathrm{y}} d_{\mathrm{s}} \tag{4-8}$$

式中，L 为墩高，mm；d_{s} 为纵筋的直径，mm；f_{y} 为纵筋的屈服强度，MPa。

很多国家的设计标准以该公式为基础进行了改进。美国加利福尼亚州抗震设计准则(Caltrans 2010)直接采用该公式[8]，我国《公路桥梁抗震设计规范》(JTG/T 2231-01—2020)[9]与欧洲抗震规范(Eurocode 8)[10]做了轻微的修改，日本抗震设计准则(JRA 2002)[11]与新西兰标准(NZS-3101:2006)[12]考虑了荷载方向截面宽度的影响。

表 4-1 列出了各国规范中等效塑性铰长度的建议值，其中，h 为荷载方向的截面宽度，或者定义为原型截面的直径，h_{e} 为截面的有效宽度，M^*与 V^*分别为结构的设计弯矩与剪力。

表 4-1　各国规范中等效塑性铰长度的建议值

标准	建议的等效塑性铰长度 L_{p}
Caltrans 2010	$0.08L + 0.022f_{\mathrm{s}}d_{\mathrm{s}}$
JTG/T 2231-01—2020	$0.08L + 0.022f_{\mathrm{s}}d_{\mathrm{s}} \geqslant 0.044f_{\mathrm{s}}d_{\mathrm{s}}$ 与 $2/3h$ 中的较小值
Eurocode 8	$0.1L + 0.015f_{\mathrm{s}}d_{\mathrm{s}}$
JRA 2002	$0.2L - 0.1h$, $0.1h \leqslant L_{\mathrm{p}} \leqslant 0.5h$
NZS-3101:2006	$0.5h_{\mathrm{e}}$ 与 $0.2M^*/V^*$ 中的较小值，并且需满足 $\geqslant 0.5h_{\mathrm{e}}$

除了较为广泛使用的设计规范中的建议公式，许多学者也提出了考虑较多因素的等效塑性铰长度公式，但是目前还没有广泛使用在墩柱中。Sakai 和 Sheikh[13]、Bayrak 与 Sheikh[14]及 Mendis[15]都根据试验结果提出了建议公式。Bae 提出了考虑轴力、截面宽度与纵筋率等因素的建议公式[6]，即

$$\frac{L_{\mathrm{p}}}{h} = \left[0.3\left(\frac{P}{P_0}\right) + 3\left(\frac{A_{\mathrm{s}}}{A_{\mathrm{g}}}\right) - 0.1\right]\frac{L}{h} + 0.25 \geqslant 0.25 \tag{4-9}$$

$$P_0 = 0.85 f_{\mathrm{c}}'(A_{\mathrm{g}} - A_{\mathrm{s}}) + f_{\mathrm{y}} A_{\mathrm{s}} \tag{4-10}$$

式中，P 为墩柱的轴力；A_{g} 为混凝土面积；A_{s} 为钢筋面积；f_{c}' 为混凝土轴心抗压强度；f_{y} 为钢筋屈服强度；h 为荷载方向截面宽度；L 为墩柱高度。

4.4.3 骨架曲线比较与分析方法的确定

利用纤维梁柱单元,采用修正 Chang-Mander 模型模拟得到前述实心墩顺桥向加载模型的墩顶水平力-位移骨架曲线，并与试验曲线进行对比，见图 4-11。可以看出，修正 Chang-Mander 模型计算结果与试验结果较为吻合。这说明利用相同的分析方法即纤维梁柱单元法,并采用修正 Chang-Mander 模型可以模拟不同设计参数的高速铁路桥墩的墩顶力-位移骨架曲线以及墩底弯矩-曲率骨架曲线，从而得到计算等效塑性铰长度所需的屈服曲率与极限曲率、屈服位移与极限位移。

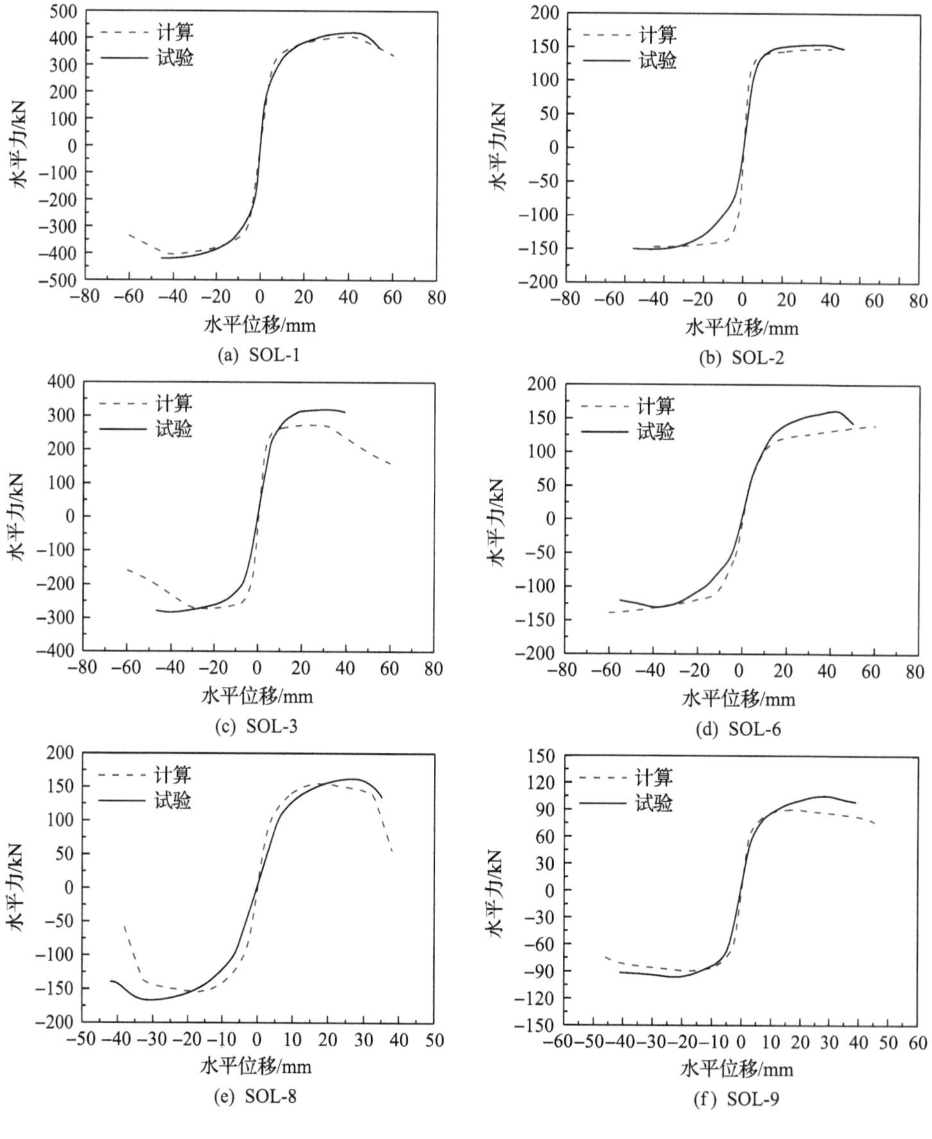

(a) SOL-1　(b) SOL-2　(c) SOL-3　(d) SOL-6　(e) SOL-8　(f) SOL-9

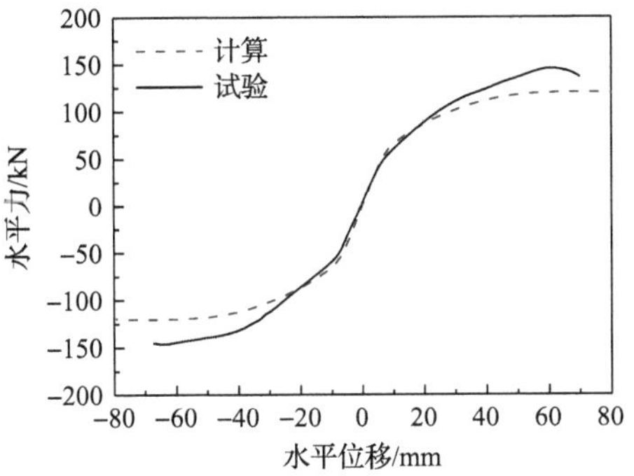

(g) SOL-11

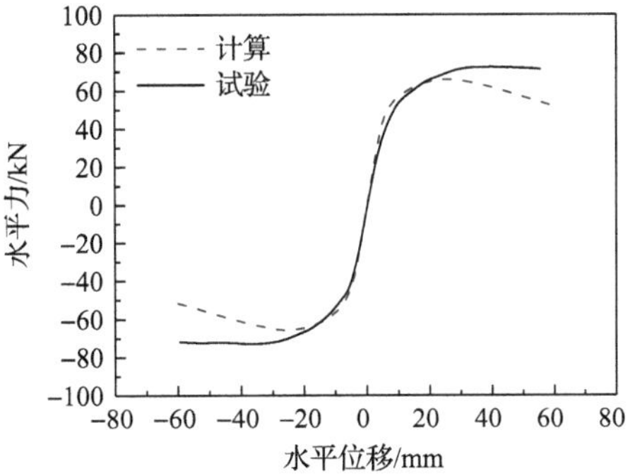

(h) SOL-12

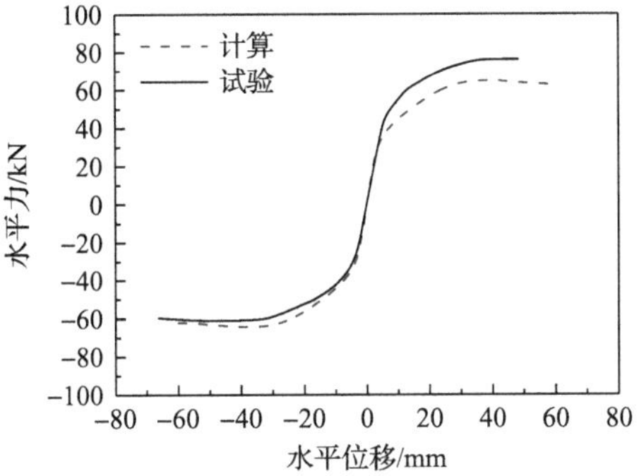

(i) SOL-13

图 4-11　实心墩模型的骨架曲线比较

4.4.4　圆端形实心墩等效塑性铰长度参数分析

为研究高速铁路中实心墩等效塑性铰长度设计参数的影响，对其进行参数分析。参数包含墩高、纵筋率、轴压比、钢筋屈服强度以及钢筋直径等，所有计算模型均采用相同的混凝土材料，混凝土轴心抗压强度为 26MPa，体积配箍率取 0.3%，变量参数列于表 4-2 中，表中将主要变量的变化进行了加粗。

表 4-2　实心墩顺桥向等效塑性铰长度参数比较

编号	变量参数					L_p 计算值 /m	L_p 各规范建议值/m				
	L /m	ρ_s /%	$N/(f_cA)$	f_y /MPa	d_s /mm		美国规范	中国规范	欧洲规范	日本规范	新西兰规范
1	**6**	0.75	0.10	390	26	0.486	0.703	0.703	0.752	0.980	1.100
2	**10**	**0.75**	**0.10**	**390**	**26**	0.752	1.023	1.023	1.152	1.100	1.100
3	**14**	0.75	0.10	390	26	1.217	1.343	1.343	1.552	1.100	1.100
4	**18**	0.75	0.10	390	26	1.462	1.663	1.467	1.952	1.100	1.100
5	**22**	0.75	0.10	390	26	1.695	1.983	1.467	2.352	1.100	1.100
6	10	**0.50**	0.10	390	26	0.839	1.023	1.023	1.152	1.100	1.100

续表

编号	变量参数					L_p 计算值 /m	L_p 各规范建议值/m				
	L /m	ρ_s /%	$N/(f_cA)$	f_y /MPa	d_s /mm		美国规范	中国规范	欧洲规范	日本规范	新西兰规范
7	10	**1.00**	0.10	390	26	0.710	1.023	1.023	1.152	1.100	1.100
8	10	0.75	**0.05**	390	26	1.046	1.023	1.023	1.152	1.100	1.100
9	10	0.75	**0.15**	390	26	0.651	1.023	1.023	1.152	1.100	1.100
10	10	0.75	**0.20**	390	26	0.572	1.023	1.023	1.152	1.100	1.100
11	10	0.75	0.10	390	**22**	0.749	0.989	0.989	1.129	1.100	1.100
12	10	0.75	0.10	390	**30**	0.749	1.057	1.057	1.176	1.100	1.100
13	10	0.75	0.10	**350**	26	0.780	1.000	1.000	1.137	1.100	1.100
14	10	0.75	0.10	**440**	26	0.707	1.046	1.046	1.168	1.100	1.100
15	10	0.75	0.10	**500**	26	0.693	1.086	1.086	1.195	1.100	1.100
16	**10**	0.75	0.10	390	26	0.726	1.023	1.023	1.152	1.500	1.500
17	**14**	0.75	0.10	390	26	1.195	1.343	1.343	1.552	1.500	1.500
18	**18**	0.75	0.10	390	26	1.384	1.663	1.467	1.952	1.500	1.500
19	**22**	0.75	0.10	390	26	1.570	1.760	1.760	2.200	1.500	1.500

为讨论截面形状对等效塑性铰长度的影响，采用了前述章节中实心墩的两种原型截面，编号 1～15 采用第一种 6.2m 横桥向宽度的截面，编号 16～19 采用第二种 8m 横桥向宽度的截面。

利用纤维梁柱单元法进行低周往复荷载数值模拟，荷载方向为顺桥向加载，得到不同参数下桥墩墩底弯矩-曲率与墩顶力-位移滞回曲线，从而获得屈服曲率与极限曲率、屈服位移与极限位移，利用式(4-7)计算得到等效塑性铰长度，列于表 4-2 中，并与不同规范下的建议值进行比较。

从表 4-2 可以看到，相比其他因素，墩高与轴压比对等效塑性铰长度的影响更大，钢筋直径的影响最小，计算的塑性铰铰长度与墩高基本呈线性关系。图 4-12 给出了不同墩高和轴压比下等效塑性铰长度的变化情况。

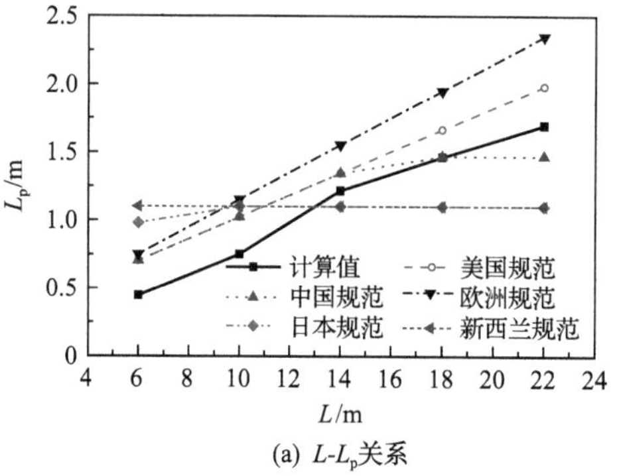

(a) L-L_p关系

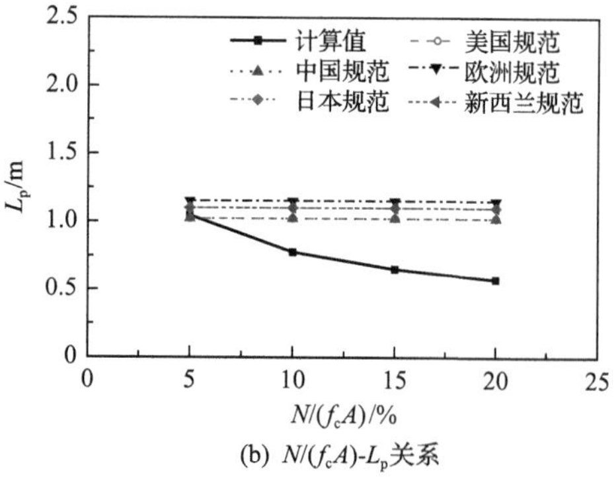

(b) $N/(f_cA)$-L_p关系

图 4-12　L-L_p 及 $N/(f_cA)$-L_p 关系

对分析得到的等效塑性铰长度，考虑影响最大的两个因素（墩高 L 与轴压比），利用最小二乘法得到等效塑性铰长度拟合公式，即

$$L_p = 0.073L - 2.64N/(f_c A) + 0.32 \tag{4-11}$$

图 4-13 比较了拟合公式与计算得到的等效塑性铰长度。可以看到，二者吻合较好。

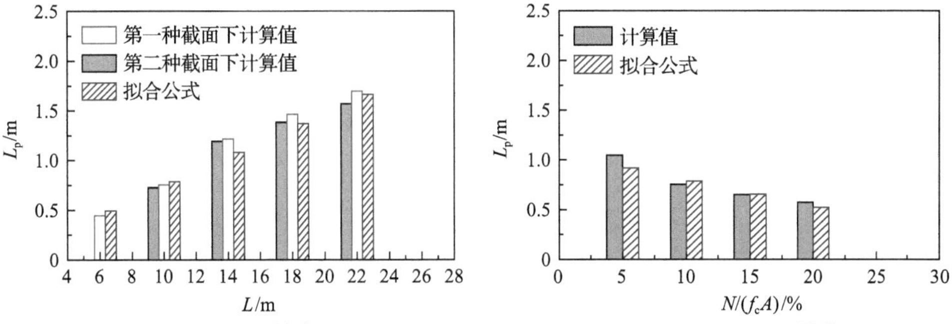

图 4-13　拟合公式与计算值的比较

为了比较实心墩横桥向与顺桥向的等效塑性铰长度，对两种截面桥墩进行了横桥向加载的低周往复荷载数值分析。编号为 T1～T4 桥墩采用前述 8m 墩高截面，横桥向宽度为 6.2m，顺桥向宽度为 2.2m；编号为 T5～T8 桥墩采用前述 16m 墩高截面，横桥向宽度为 8m，顺桥向宽度为 3m。比较结果列于表 4-3 中，可以看出，相同高度采用不同截面的桥墩的等效塑性铰长度相差不大，与顺桥向等效塑性铰长度有相同的规律，随着墩高的增加，等效塑性铰长度也增大。

表 4-3　实心墩横桥向等效塑性铰长度参数比较

编号	变量参数					L_p 计算值 /m	L_p 各规范建议值/m				
	L /m	ρ_s /%	$N/(f_cA)$	f_y /MPa	d_s /mm		美国规范	中国规范	欧洲规范	日本规范	新西兰规范
T1	10	0.75	0.10	390	26	0.609	1.023	1.023	1.152	1.100	1.100
T2	14	0.75	0.10	390	26	1.057	1.343	1.343	1.552	1.100	1.100
T3	18	0.75	0.10	390	26	1.157	1.663	1.467	1.952	1.100	1.100
T4	22	0.75	0.10	390	26	1.306	1.983	1.467	2.352	1.100	1.100
T5	10	0.75	0.10	390	26	0.606	1.023	1.023	1.152	1.100	1.100
T6	14	0.75	0.10	390	26	1.047	1.343	1.343	1.552	1.100	1.100
T7	18	0.75	0.10	390	26	1.144	1.663	1.467	1.952	1.100	1.100
T8	22	0.75	0.10	390	26	1.204	1.983	1.467	2.352	1.100	1.100

图 4-14 给出了两种截面下实心墩两个方向等效塑性铰长度的比较。从图中可以看出，顺桥向等效塑性铰长度普遍比横桥向等效塑性铰长度略大，而利用提出的拟合公式计算的等效塑性铰长度也比横桥向等效塑性铰长度略大，因此在设计时可以利用该拟合公式进行实心墩两个方向等效塑性铰长度的估算。

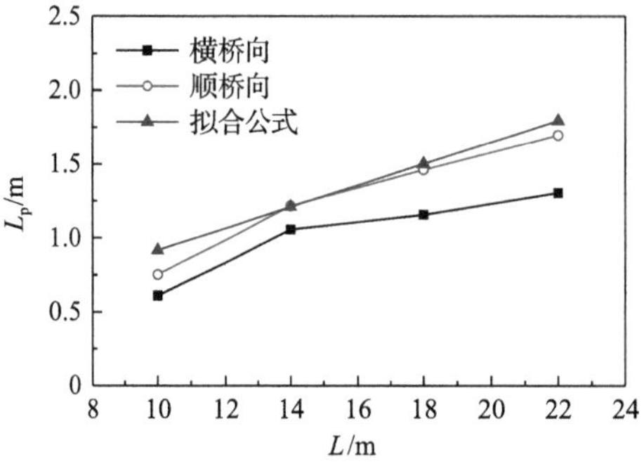

(a) 8m墩高截面

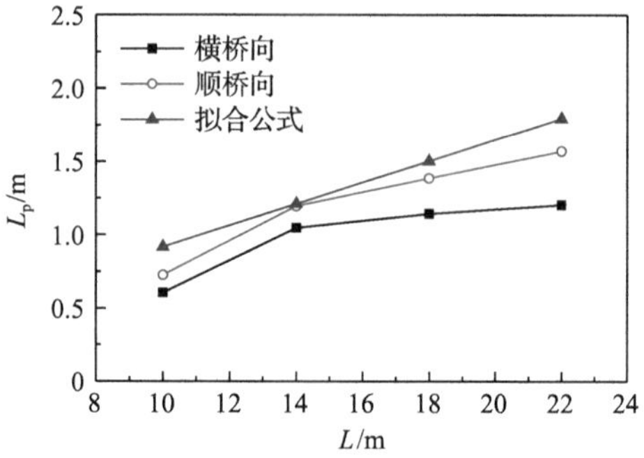

(b) 16m墩高截面

图 4-14 实心墩两个方向等效塑性铰长度比较

4.5 高速铁路桥墩抗震设计配筋的研究

4.5.1 桥墩纵筋率设计建议

前述纵筋率的参数分析结果表明，纵筋率能够显著影响桥墩在地震作用下的弹塑性响应。增加纵筋率可明显减小地震作用下桥墩的破坏程度，但并不能显著提高墩柱的初始刚度。高速铁路桥梁混凝土结构设计时采用容许应力法，墩柱在正常使用的过程中材料应一直处于弹性阶段，因此需要平衡墩柱在地震荷载作用与正常使用阶段荷载组合作用下的纵筋率。

1. 实心墩纵筋参数分析

对前述墩高为 16m 与 8m 的实心墩支撑的桥梁进行地震时程分析，得到不同纵筋率桥墩在 El-Centro 波不同水平峰值加速度地震作用下的弹塑性发展情况，列于表 4-4 中。表中以滞回曲线进入完全塑性破坏时的骨架曲线峰值为标准，墩底弯矩达到骨架曲线峰值的 75%时表示进入塑性，而骨架线下降之后，以墩底弯矩下降到骨架曲线峰值的 85%时为破坏弯矩。

随着纵筋率的提高，桥墩进入塑性以及破坏的水平峰值加速度增大。当纵筋率为 0.2%时，桥墩在高于 0.15g 水平峰值加速度地震作用下均处于塑性。当纵筋率为 0.75%时，桥墩在 0.64g 水平峰值加速度地震作用下均未达到破坏状态。

表 4-4　不同纵筋率实心墩在各水平峰值加速度地震作用下的破坏程度

墩高/m	纵筋率/%	水平峰值加速度						
		0.15g	0.21g	0.32g	0.38g	0.50g	0.60g	0.64g
16	0.20	塑性	塑性	破坏	破坏	破坏	破坏	破坏
	0.30	弹性	塑性	塑性	破坏	破坏	破坏	破坏
	0.40	弹性	弹性	塑性	塑性	破坏	破坏	破坏
	0.50	弹性	弹性	弹性	塑性	塑性	破坏	破坏
	0.60	弹性	弹性	弹性	弹性	塑性	塑性	破坏
	0.75	弹性	弹性	弹性	弹性	塑性	塑性	塑性
8	0.20	塑性	塑性	破坏	破坏	破坏	破坏	破坏
	0.30	弹性	塑性	塑性	塑性	破坏	破坏	破坏
	0.40	弹性	弹性	塑性	塑性	塑性	破坏	破坏
	0.50	弹性	弹性	塑性	塑性	塑性	破坏	破坏
	0.60	弹性	弹性	弹性	塑性	塑性	塑性	破坏
	0.75	弹性	弹性	弹性	弹性	塑性	塑性	塑性

由于墩高能够显著改变桥墩的自振周期，墩高变大，自振周期变长，另外在相同水平峰值加速度的不同地震动作用下，桥墩的破坏程度也有差异，因此计算所得的破坏程度只能作为桥墩设计的参考。

根据前述试验结果，当纵筋率低于 0.4%时，桥墩的滞回曲线捏缩明显，滞回耗能很差，同时桥墩纵筋较少时可能出现拉断破坏，影响整体的抗震安全，因此按 7 度以上设防烈度区设计时，建议最小纵筋率大于 0.4%。

2. 空心墩纵筋参数分析

前述空心墩有关参数分析表明，墩底纵筋率为 0.25%～0.60%的桥墩在较小水平峰值加速度地震作用下就已经进入塑性，但是进入塑性以后截面内力会经历较大幅度提高，最终达到荷载峰值并破坏。随着纵筋率的提高，弯矩承载力以及滞回耗能性能也得到增强。需要提到的是，尽管墩底纵筋率分别为 0.25%、0.4%、0.6%，但由于空心高墩均为变截面，墩身纵筋率一直变化，在配置相同纵筋数目时，墩底的纵筋率最小，墩顶纵筋率会随着截面面积的变小而增大，因此三种配筋的墩身纵筋率在 0.25%～0.35%、0.4%～0.6%、0.6%～0.8%范围内。

表 4-5 给出了墩高 30m 与 40m 的空心墩在 El-Centro 波不同水平峰值加速度地震作用下的弹塑性发展情况，弹塑性界限通过前述等效屈服曲率来判断。可以看到，墩底纵筋率为 0.25%时，在水平峰值加速度高于 0.21g 时，桥墩均进入塑性。墩底纵筋率为 0.6%时，在水平峰值加速度高于 0.32g 时，桥墩普遍进入塑性。结

合前述圆端形空心墩的试验结果，当纵筋率低于 0.5%时，桥墩滞回曲线捏缩效应明显，耗能较差，因此按 7 度以上设防烈度区设计时，建议最小纵筋率大于 0.5%。

表 4-5　不同纵筋率空心墩在各水平峰值加速度地震作用下的破坏程度

墩高/m	墩底纵筋率/%	水平峰值加速度						
		0.15*g*	0.21*g*	0.32*g*	0.38*g*	0.50*g*	0.60*g*	0.64*g*
30	0.25	弹性	塑性	塑性	塑性	塑性	塑性	塑性
	0.40	弹性	弹性	塑性	塑性	塑性	塑性	塑性
	0.60	弹性	弹性	塑性	塑性	塑性	塑性	塑性
40	0.25	弹性	塑性	塑性	塑性	塑性	塑性	塑性
	0.40	弹性	塑性	塑性	塑性	塑性	塑性	塑性
	0.60	弹性	弹性	塑性	塑性	塑性	塑性	塑性

为保证内壁混凝土不会脱落，提高内外侧混凝土约束与连接效应，空心墩普遍采用内外侧双层钢筋同时搭配拉筋设计，因此在相同纵筋率下，内外层钢筋数量有相同与不同两种布置方式，需讨论内外侧钢筋的布置方式对墩柱抗震性能的影响。本节以 30m 高空心墩墩底截面为例进行等轴力下的截面低周往复荷载分析，轴压比取 0.1，截面纵筋率为 0.8%，分内外侧纵筋数量比为 1∶1、1∶2、1∶4 三种配筋，纵筋布置见图 4-15。

图 4-16 为空心墩不同内外侧纵筋数目布置时截面弯矩-曲率滞回曲线。可以看到，当截面纵筋率相同时，内外侧钢筋数目对截面弯矩承载力的影响很小，尽管外层布置更多的纵筋使弯矩承载力有增加的趋势，但效果并不明显。建议在保证纵筋间距满足设计的前提下，内外侧布置纵筋数量相当，纵筋数量比小于 1∶4，并在内外层纵筋设置足够数量的拉筋。

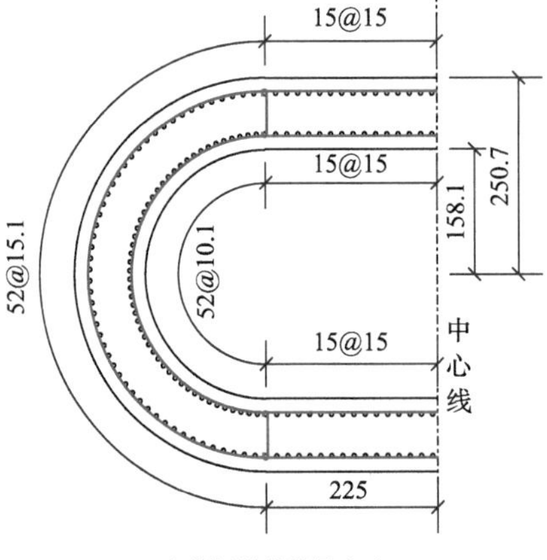

(a) 内外侧纵筋数量比为1∶1

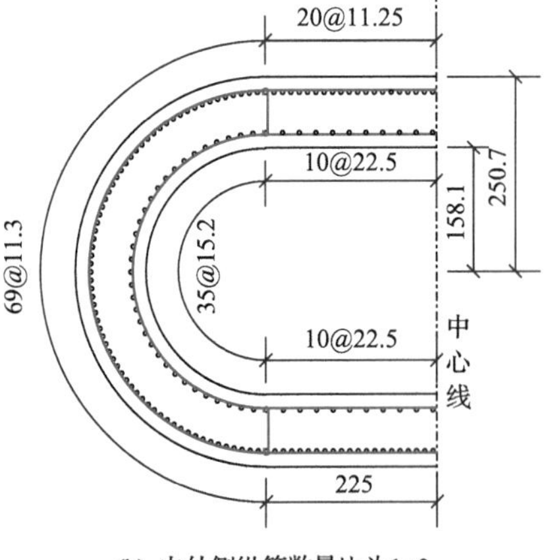

(b) 内外侧纵筋数量比为1∶2

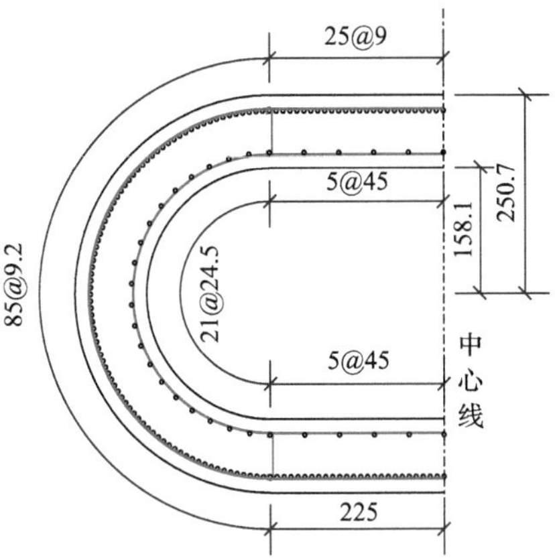

(c) 内外侧纵筋数量比为1∶4

图 4-15　三种截面纵筋布置图(单位：cm)

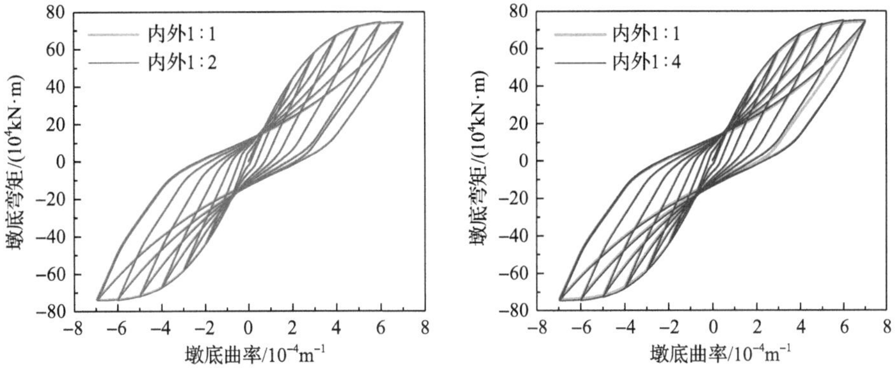

(a) 横桥向

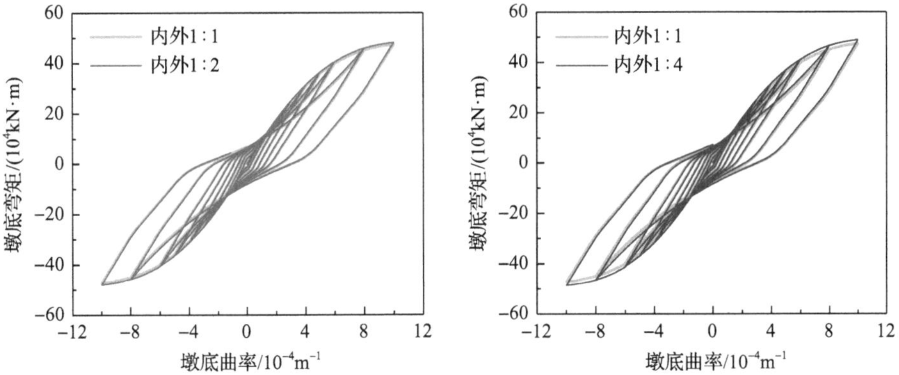

(b) 顺桥向

图 4-16　空心墩不同内外侧纵筋数目布置时截面弯矩-曲率滞回曲线比较

4.5.2 桥墩箍筋设计研究

要保证桥墩的抗剪强度满足要求，适当地布置箍筋可有效增强箍筋内混凝土的约束作用，提高内部混凝土的延性与强度。另外，箍筋也是受压区纵筋不因局部失稳而造成纵筋强度大幅降低以及内部混凝土破碎的保证，因此设计箍筋时要综合考虑三方面的要求。

1. 箍筋约束对混凝土的作用

墩柱受到压力作用时，内部混凝土会有膨胀趋势，此时箍筋就会被动受力来限制内部混凝土横向变形，从而提高其强度与延性。目前已经提出很多约束混凝土模型，其中一些延伸到了钢管混凝土及碳纤维布结构中。

利用前述修正 Chang-Mander 模型中给出的箍筋对内约束混凝土强度公式，计算实心墩在体积配箍率为 0.15%～0.50%时约束混凝土的应力-应变曲线，见图 4-17。计算时取未约束混凝土的轴心抗压强度为 26MPa，峰值应变为 0.002。

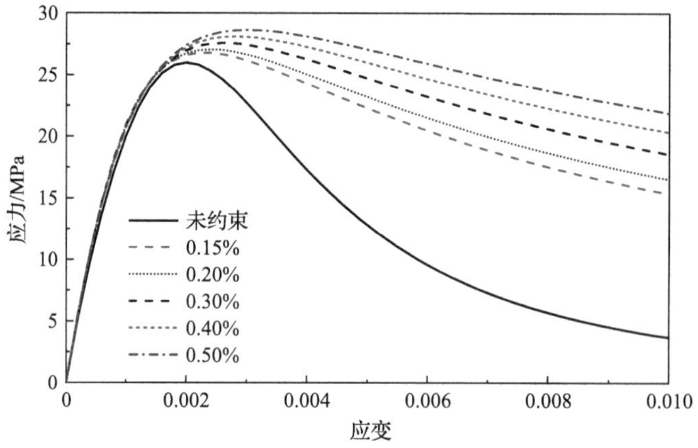

图 4-17 不同体积配箍率下约束混凝土应力-应变曲线

对 12m 高实心墩进行低周往复荷载参数分析，桥墩截面采用前述实心高墩截面，顺桥向宽度为 3m，横桥向宽度为 7.6m，纵筋率为 0.5%，轴压比为 0.1，体积配箍率为 0.15%～0.50%。约束内混凝土采用上述模型计算得到的应力-应变曲线，比较不同体积配箍率下桥墩的滞回曲线，并与不考虑箍筋约束作用下的低周往复荷载曲线进行比较，见图 4-18。可以看到，体积配箍率为 0.15%时，桥墩延性增长并不明显，无法起到约束作用。随着体积配箍率的增加，桥墩延性显著提高，但是桥墩承载力增加不明显。

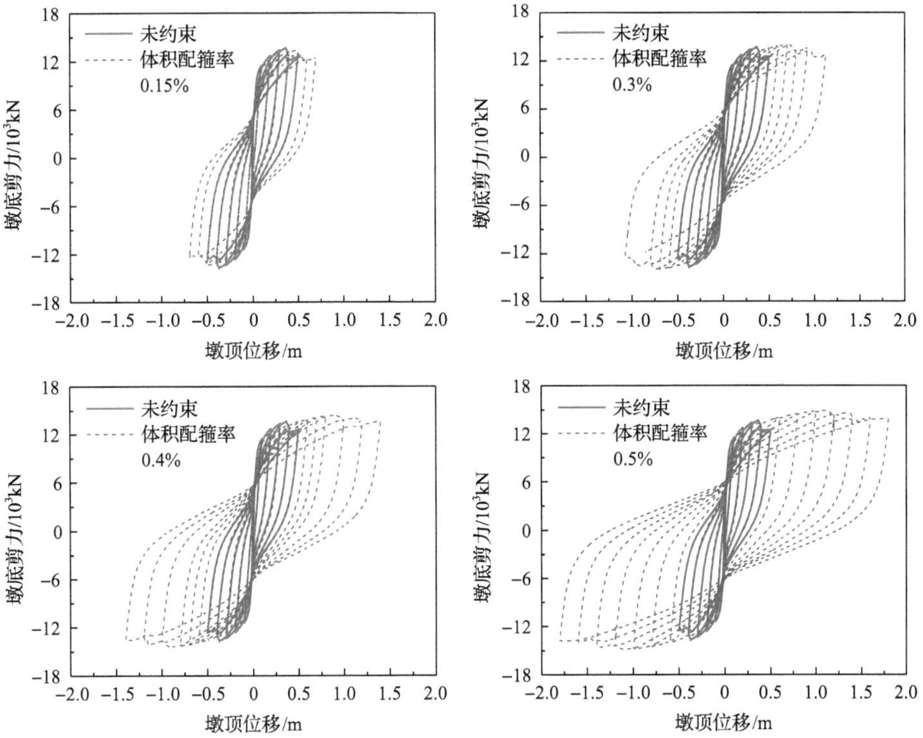

图 4-18　不同体积配箍率下墩底剪力-墩顶位移滞回曲线比较

Chang-Mander 约束混凝土模型是从圆端形截面和矩形截面的墩柱试验中总结得到的，对于截面较大的圆端形截面来说有其特殊性。前述桥墩低周往复荷载试验结果也表明，纵筋率较低、纵筋间距较大时，适当提高体积配箍率无法有效提高其对混凝土的约束作用。高速铁路桥墩截面较大，轴压比普遍较低，桥墩墩底更偏向于弯剪受力，会使得箍筋的被动约束效应大大降低。空心墩的试验结果与实心墩相似，内侧箍筋与外侧箍筋通过拉筋联系使得空心薄壁混凝土形成约束区域，对混凝土的约束效应作用不容忽视。

设计分析时，为使箍筋对约束混凝土的强度以及延性起到明显的提高作用，建议塑性铰区的体积配箍率高于 0.3%。实心墩顺桥向与横桥向纵筋之间以及空心墩内外侧纵筋之间应布置适当的拉筋，保持桥墩两个方向钢筋笼的整体性。

2. 箍筋对纵筋失稳的影响

受压纵筋失稳与箍筋对纵筋两端的约束效果和侧向约束有关。传统封闭箍筋主要由箍筋肢的拉力和混凝土保护层提供侧向约束，一旦混凝土保护层脱落，受压区纵筋就会有向外变形的趋势，纵筋失稳也使箍筋剧烈变形从而受拉破坏，同时约束效应的损失会加速墩柱的破坏[16]。

通常情况下，纵筋的失稳都考虑在两箍筋间距之内发生，一般称为纵筋的局部失稳，见图 4-19(a)。在箍筋分布均匀的情况下，纵筋的屈曲长度内可能包含了更多箍筋的间距，这种现象称为纵筋的整体失稳，见图 4-19(b)，此时屈曲长度并不完全由箍筋的间距来确定，同时也与纵筋和分布箍筋的柔度有关[17]。

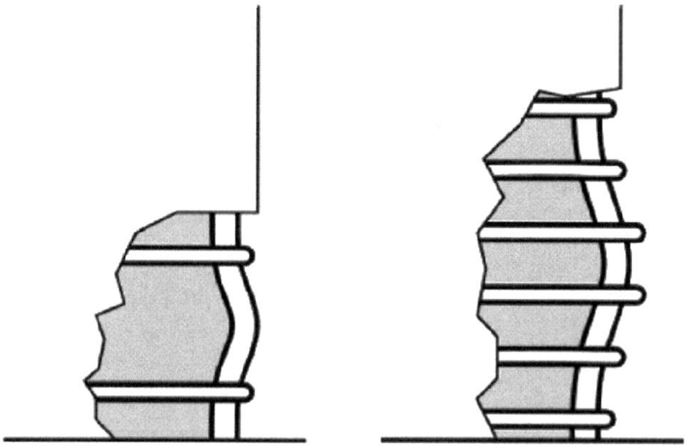

(a) 局部失稳　(b) 整体失稳

图 4-19　纵筋的失稳模式图

为防止纵筋出现局部失稳，Paulay 和 Priestley[7]对箍筋的最小间距给出了建议，即

$$S \leqslant \left[3+6\left(\frac{f_u}{f_y}\right)\right]d_{bl} \tag{4-12}$$

式中，f_u 和 f_y 分别为纵筋的极限强度与屈服强度；d_{bl} 为纵筋直径。

Su 等[18]采用简化失稳模型对纵筋整体失稳进行了研究，其计算模型见图 4-20，对屈曲荷载、纵筋等效刚度以及箍筋刚度等进行了分析。

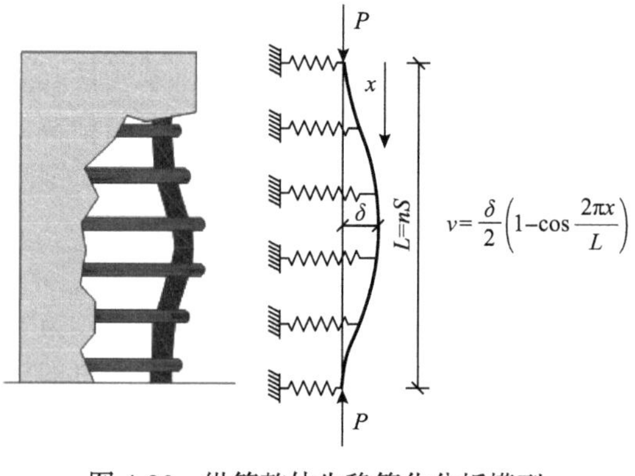

图 4-20　纵筋整体失稳简化分析模型

图 4-20 中，L 为整体屈曲长度，n 为屈曲长度内箍筋数量，S 为箍筋间距，δ 为失稳位移，v 为屈曲形状函数。纵筋整体失稳能量包括应变能、箍筋势能、纵筋能量三部分，即

$$\begin{aligned}U &= U_{\text{strain}} + U_{\text{sping}} + U_{\text{bar}} \\ &= \frac{1}{2}\int_0^L EI(v'')^2\mathrm{d}x + \frac{1}{2}k\left(\frac{\delta}{2}\right)^2\sum_{i=1}^{n-1}\left(1-\cos\frac{2\pi i}{n}\right)^2 + \frac{1}{2}P\int_0^L (v')^2\mathrm{d}x\end{aligned} \tag{4-13}$$

利用最小能量原理，可以求得屈曲荷载，即

$$\frac{\partial U}{\partial \delta}=0 \Rightarrow P=\frac{4\pi^2 EI}{L^2}+\frac{kL}{2\pi^2}\sum_{i=1}^{n-1}\left(1-\cos\frac{2\pi i}{n}\right)^2 \tag{4-14}$$

为获得整体屈曲长度，将 $L=nS$ 代入式(4-14)，并对其求导，得

$$\frac{\partial P}{\partial n}=0 \Rightarrow k=\frac{\pi^4 EI}{S^3}\frac{16}{n^3}\frac{1}{\sum_{i=1}^{n-1}\left(1-\cos\frac{2\pi i}{n}\right)\left[\left(1-\cos\frac{2\pi i}{n}\right)-\frac{4\pi i}{n}\sin\frac{2\pi i}{n}\right]} \tag{4-15}$$

定义屈曲长度函数 $f(n)$ 为

$$f(n)=\frac{16}{n^3}\frac{1}{\sum_{i=1}^{n-1}\left(1-\cos\frac{2\pi i}{n}\right)\left[\left(1-\cos\frac{2\pi i}{n}\right)-\frac{4\pi i}{n}\sin\frac{2\pi i}{n}\right]} \tag{4-16}$$

将 $f(n)$ 代入式(4-15)，则有

$$f(n)=\frac{kS^3}{\pi^4 EI} \tag{4-17}$$

3. 箍筋对墩柱抗剪的作用

由前面墩柱横桥向单调加载参数分析结果可知，当圆端形桥墩横桥向剪跨比低于 1.6 时，墩柱剪切作用明显，并有可能出现剪切破坏。利用多种较为广泛使用的墩柱剪切承载力公式对圆端形实心墩模型 SOL-4 进行抗剪评估，结果显示，采用 Aschheim-Moehle 公式与 ACI 318-11 公式计算的抗剪强度不满足要求，其他公式计算的抗剪强度偏大，本书提出的抗剪公式可较为准确地评估实心墩试验模型横桥向的剪切破坏，同时考虑了抗剪强度中延性系数与剪跨比的影响，可利用该公式对高速铁路圆端形实心墩进行抗剪设计与评估。

为避免桥墩横桥向剪切脆性破坏，箍筋起到至关重要的作用，直接影响墩柱的剪切承载力。尽管各抗剪评估公式差异明显，但是箍筋对其抗剪强度的贡献相差不大。由于目前有关圆端形桥墩横桥向剪切破坏的试验数据较少，设计时应较为保守地对桥墩剪切承载力进行评估。

4.6 本章小结

本章利用参数分析方法，结合前面各章的研究结果对圆端形高速铁路桥墩抗震设计中涉及的等效塑性铰长度、纵筋率、体积配箍率以及轴压比等几个方面进行了研究，得出以下结论：

(1) 圆端形桥墩的轴力与弯矩承载力包络曲线即 *N-M* 相关曲线表明，墩柱大小偏心受压的轴压比界限值在 0.4～0.5。而桥墩在地震作用下的轴压比均比较小，保持在 0～0.05，因此不会出现轴力过大等引起的轴压比限值等问题。

(2) 桥墩高度与轴压比是影响等效塑性铰长度最显著的因素，利用参数分析方法得到的等效塑性铰长度公式可以较为准确地评估圆端形高速铁路桥墩墩顶极限位移。由于圆端形桥墩轴压比很小且变化不大，可将轴压比部分换成常量。

(3) 随着纵筋率的提高，桥墩进入塑性以及破坏的峰值加速度增大，设计时需根据桥梁的抗震设防烈度选择纵筋率。按 7 度及以上设防烈度设计的实心墩最小纵筋率要大于 0.4%，空心墩墩底纵筋率要大于 0.5%。空心墩纵筋内外侧布置方式不同时，对截面承载力的影响不大，设计时可随墩高减少内侧纵筋的数目，使纵筋得到充分利用。

(4) 体积配箍率的设置应满足多方面的要求以保证桥墩的延性，防止塑性铰区纵筋局部和整体失稳，可利用本章提出的抗剪公式对高速铁路圆端形实心墩进行抗剪设计。

参考文献

[1] 朱敏, 杨咏漪, 陈列, 等. 武广铁路客运专线桥墩设计研究分析[J]. 铁道标准设计, 2010, (1): 100-104.

[2] 徐勇, 金福海, 杨福泰, 等. 武广铁路客运专线四院范围桥梁总体设计[J]. 铁道标准设计, 2010, (1): 94-99.

[3] 陈慧. 铁路桥梁圆端形空心墩的设计[J]. 铁道标准设计, 2009, (4): 77-79.

[4] Priestley M J N, Park R. Strength of ductility of concrete bridge columns under seismic loading[J]. ACI Structural Journal, 1987, 84(1): 61-76.

[5] 陈学喜, 朱晞, 高学奎. 地震作用下桥梁梁体间的碰撞响应分析[J]. 中国铁道科学, 2005, (6): 77-81.

[6] Sungjin B, Oguzhan B. Plastic hinge length of reinforced concrete columns[J]. Structural Journal, 2008, 105(3): 290-300.

[7] Paulay T, Priestley M J N. Seismic Design of Reinforced Concrete and Masonry Buildings[M]. New York: John Wiley & Sons, 1992.

[8] California Department of Transportation. Seismic design criteria version 1.6[S]. Sacramento: California Department of Transportation, 2010.

[9] 中华人民共和国交通运输部. 公路桥梁抗震设计规范(JTG/T 2231-01—2020)[S]. 北京: 人民交通出版社, 2020.

[10] CEN. Eurocode 8: Design of structures for earthquake resistance, Part 2: Bridges[S]. Brussels: European Committee for Standardization, 2005.

[11] JRA. Specifications for highway bridges, Part V: Seismic design[S]. Tokyo: Japan Road Association, 2002.

[12] SNZ. Concrete structure standard, Part 1—The design of concrete structures (NZS 3101: Part 1: 2006) [S]. Wellington: Standards New Zealand, 2006.

[13] Sakai K, Sheikh S A. What do we know about confinement in reinforced concrete columns? (A critical review of previous work and code provisions) [J]. ACI Structural Journal, 1989, 86(2): 192-207.

[14] Bayrak O, Sheikh S A. Confinement reinforcement design considerations for ductile HSC columns[J]. Journal of Structural Engineering, 1998, 124(9): 999-1010.

[15] Mendis P. Plastic hinge lengths of normal and high-strength concrete in flexure[J]. Advances in Structural Engineering, 2001, 4(4): 189-195.

[16] Maurizio P, Gaetano R, Gaetano Z. Instability of longitudinal bars in RC columns[J]. Journal of Structural Engineering, 1988, 114(2): 445.

[17] Leonardo M M, Eduardo E L. Modeling of reinforcement global buckling in RC elements[J]. Engineering Structures, 2014, 59: 484-494.

[18] Su J S, Wang J J, Bai Z Z, et al. Influence of reinforcement buckling on the seismic performance of reinforced concrete columns[J]. Engineering Structures, 2015, 103: 174-188.

第 5 章　高速铁路圆端形矮墩抗震试验与设计

5.1　概　　述

高速铁路桥墩为减小桥梁水平向振动，提高行车运行安全与乘客舒适度，增大了桥墩顺桥向与横桥向的刚度，使得桥墩截面厚重。当桥墩为实心墩时，截面在两个方向的长度比较大，形成了墙式墩。同时在软土地区为减小桥墩沉降，多用以桥代路的形式，因此较多使用低矮桥墩[1]。低矮桥墩墩高有可能从 8m 到 1m，如果桥墩横桥向截面宽度设计为 6m，这就使得桥墩横桥向剪跨比低于 1.5 甚至 1。当低矮的实心墩承受横向地震作用时，桥墩将有可能产生剪切破坏。

目前抗剪理论主要有桁架模型理论、极限破坏理论以及塑性理论等几种[2]。应用最广泛的理论是基于桁架模型理论发展而来的，最初的桁架模型假定钢筋混凝土结构是一个受力的桁架，斜裂缝假定为 45°，受压区混凝土和纵筋分别为桁架的上弦杆与下弦杆，腹杆由箍筋与斜裂缝间的受压混凝土斜杆组成[3]。

压力场理论对桁架模型进行了改进，也被称为变角桁架模型[4]，假定混凝土开裂后不再承担拉应力，剪力由开裂混凝土组成的斜压场承担，并且斜压杆的角度不一定为 45°。由于钢筋混凝土构件中斜压杆的抗压强度会因主拉应力而软化，软化桁架模型被提出[5]。变角桁架模型和软化桁架模型都首先从开裂后的混凝土中取出一个隔离单元，利用内力平衡条件、应变协调条件及混凝土与钢筋的本构关系对其进行分析，再通过计算得到构件内力作用下的行为[6]。

桁架-拱模型假定桁架破坏是由混凝土压坏或腹筋屈服引起的，由于混凝土开裂后，受剪区域的混凝土进入软化阶段，同时混凝土骨料咬合作用降低，致使结构发生剪切破坏[7, 8]。该模型可以考虑结构抗剪强度随延性的增加而减小的效应。极限破坏理论是基于混凝土强度理论以及内外力平衡发展而来的，但是由于混凝土受压区高度和应力分布情况较难确定，由该方法建立的抗剪公式具有一定的局限性[9]。

为了研究弯剪型破坏桥墩横桥向的抗震性能，本章首先对低矮圆端形桥墩进行横桥向低周往复荷载试验，然后对其分析方法与抗剪性能进行研究。另外，前述试验的空心墩也呈现出明显的弯剪裂缝破坏，因此本章也讨论空心墩的抗剪性能。

5.2　低剪跨比实心墩横桥向试验概况

5.2.1　试验设计

以前述实心墩 8m 与 16m 的截面尺寸为原型，设计了两个缩尺模型。为了施工与比较方便，两模型采用相同的截面尺寸，设计参数见表 5-1，其中 SOL-4 模型的设计参数与 SOL-3 模型一致，但截面与原型截面的相似比为 1∶6，SOL-10 模型的设计参数与 SOL-9 模型一致。

表 5-1　桥墩模型正交试验设计参数

编号	模型高/m	剪跨比	轴压比	纵筋率/%	体积配箍率/%
SOL-4	1.33	1.35	0.1	0.40	0.15
SOL-10	2.00	2.13	0.1	0.15	0.30

桥墩模型截面尺寸及配筋见图 5-1，桥墩模型的墩顶设置了矩形加载实体，与水平作动器进行锚固加载。加载时需要精确调整作动器与桥墩的角度，以保证加载的方位。

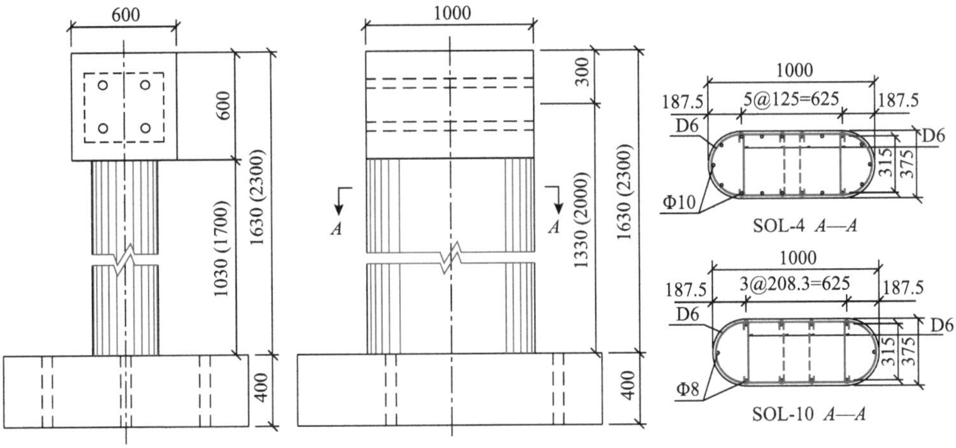

图 5-1　桥墩模型截面尺寸及配筋(单位：mm)

括号内外数字分别为 SOL-10 与 SOL-4 墩的高度；D 代表 HPB235 钢筋，Φ代表 HRB335 钢筋

5.2.2　模型材料

试验用混凝土均采用 C35 商品混凝土，其抗压强度见表 5-2。

纵筋采用 HRB335 热轧钢筋，直径为 8mm 和 10mm 两种，屈服强度平均值分别为 405MPa 和 452MPa，抗拉强度平均值分别为 550MPa 与 573MPa。箍筋采用直径为 6mm 的 HPB235 圆盘筋。

表 5-2　模型混凝土材料参数

编号	设计抗压强度/MPa	立方体试块抗压强度平均值/MPa	轴心试块抗压强度平均值/MPa
SOL-4	35	42.1	29.8
SOL-10	35	38.6	25.2

5.2.3　加载方案

首先通过墩顶的千斤顶施加竖向荷载至模型设计轴压比，并保持竖向荷载恒定不变，然后利用水平作动器施加水平往复荷载，见图 5-2。由于伺服作动器的行程范围以及两个模型横桥向加载实体的尺寸，水平荷载在拉方向加载位移范围较小，而在推方向加载位移范围较大，因此加载位移主要为推向位移，加载历程示意图见图 5-3，屈服后每级位移反复加载三次，直到结构破坏[10]。

(a) SOL-4　　(b) SOL-10

图 5-2　试验加载模型

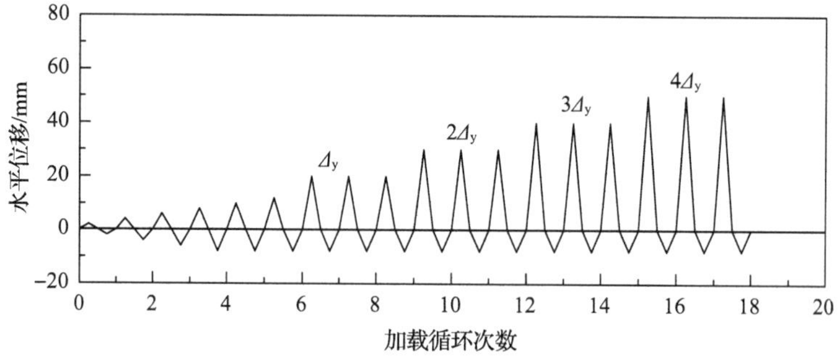

图 5-3　模型加载历程示意图

5.3　实心墩横桥向试验结果及分析

5.3.1　裂缝及破坏行为

SOL-4 和 SOL-10 墩裂缝及破坏形态分别见图 5-4 和图 5-5。可以看出，两模型表现出两种完全不同的裂缝分布与破坏形态，较矮的 SOL-4 墩表现出典型的弯剪裂缝及压碎破坏，而较高的 SOL-10 墩表现出典型的弯曲裂缝破坏。

(a) 受拉区裂缝与钢筋拉断

(b) 受压区压碎破坏

图 5-4　SOL-4 墩裂缝及破坏形态

(a) 整体破坏

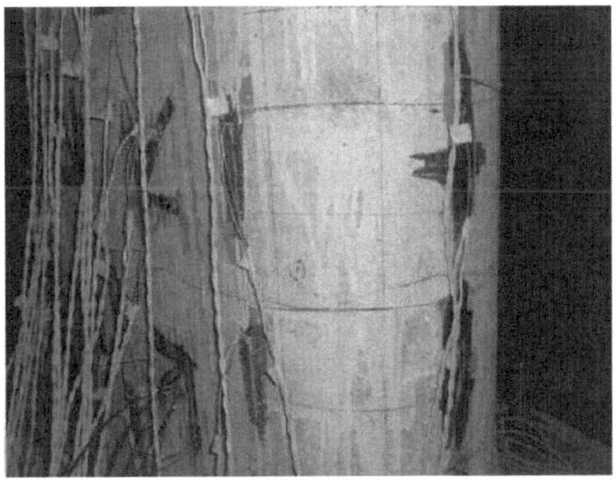

(b) 局部破坏

图 5-5　SOL-10 墩裂缝及破坏形态

SOL-4 墩在加载初期处于弹性阶段，随着荷载的增加，模型相对应的位移也增加。当模型的反向(拉)位移达到一定范围时，作动器无法进一步对其进行反向加载，因此每次循环荷载中反向位移基本保持不变，而正向(推)荷载缓慢增加。模型曲线逐渐由直变为曲，钢筋也逐渐屈服，加载由墩顶的位移控制。模型在墩受拉侧(靠近作动器一侧)中部首先出现裂缝，随着位移的增大，裂缝由边缘向截面中部发展，裂缝宽度也慢慢变大，裂缝方向也由水平方向斜向下发展。裂缝出现的顺序是从墩中部到墩底区域。模型远离作动器一侧由于反向位移保持较小的水平一直没有出现裂缝，但是由于处于较大的受压水平，受压区慢慢出现压碎的状态，混凝土也开始剥落。在经过较大的水平位移之后，受压区混凝土大面积剥落，出现了底部箍筋拉断以及纵筋屈曲外鼓的破坏，而受拉区钢筋也随之被拉断，模型最终破坏。

SOL-10 墩在加载初期也处于弹性阶段，随着荷载的增加，模型靠近作动器一侧墩底区域开始出现裂缝。与 SOL-4 墩不同的是，裂缝从墩圆端部分发展到中部，基本保持水平方向，同时裂缝数量较少而宽度较大，这主要是由于该模型的纵筋率较低。尽管反向位移一直较小，但是远离作动器一侧墩底附近也出现了裂缝，长度与宽度都明显小于靠近作动器一侧的裂缝。

5.3.2 滞回曲线与骨架曲线

剪跨比较小的 SOL-4 墩初始阶段为弹性阶段，卸载后的残余位移非常小，单次循环所包围的面积基本可以忽略。由于作动器的行程范围，SOL-4 墩仅仅加载了三次正反向完整的循环，随后只进行正向加卸载。弹性阶段随着正向位移逐渐增大，滞回曲线的残余位移增加不明显，半个循环所包围的面积变大但仍然较小。卸载曲线基本为一致刚度的直线，加载曲线刚度与卸载曲线刚度基本保持平行，与初始加载的刚度相比变化不大。

继续增加位移幅值，加载曲线的刚度开始减小，骨架曲线出现弯曲，模型进入塑性。残余位移继续增加，半循环所包围的面积增加明显。相同位移幅值重复加载时水平荷载峰值略微降低，重复加载的半个循环曲线形状变化较小。下一级位移幅值第一次循环的滞回曲线前半部分与上一级位移幅值重复加载的最后一次循环的滞回曲线基本重合，见图 5-6(a)。卸载曲线基本为一条直线，卸载曲线刚度随位移幅值的增加而显著降低。模型的骨架曲线从开始屈服到最大值之间经历了较长的位移增量，这是由于墩内钢筋随着位移幅值的增加而逐步屈服。

剪跨比较大的 SOL-10 墩的滞回曲线特点与 SOL-4 墩有很大不同，捏缩现象十分明显，这与具有相同设计参数而加载方向为顺桥向的 SOL-9 墩类似，体现了纵筋率较低时桥墩滞回曲线的普遍特点。与 SOL-4 墩类似，桥墩的反向位移幅值在加载一定值之后无法继续增加。反向位移达到 5mm 之后，正向位移幅值正常增加，但是反向每次循环只加载到 5mm 左右，这样形成了图 5-6(b)中滞回曲线的形状。

SOL-10 墩初始阶段同样为弹性阶段，滞回曲线的面积很小。模型屈服后，加

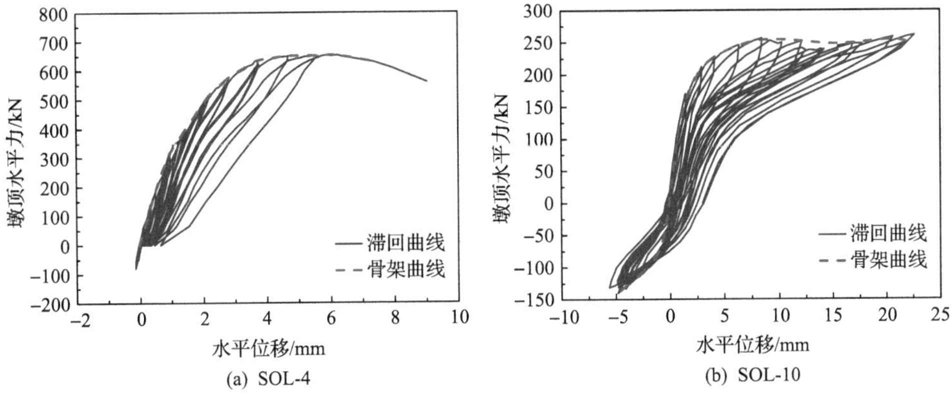

图 5-6　水平荷载-位移滞回曲线和骨架曲线

载和卸载曲线形状相似。随着位移幅值的增大，卸载曲线与加载曲线形状相似，卸载初期位移减小较快。总体上，滞回曲线中部捏缩较严重，滞回耗能能力一直较差，并没有随着位移的增加而大幅提高。反向的滞回曲线基本保持重合，可以判断桥墩远离作动器的一端在位移幅值较小的情况下损伤很小，导致在相同的较小反向位移作用时，滞回曲线变化较小。

5.3.3　刚度退化特性

图 5-7 给出了两个模型割线刚度随位移的变化。可以看出，两个模型的割线刚度都随着位移的增大而减小，并且下降趋势趋于平缓。SOL-10 墩的割线刚度在水平位移 0～8mm 内刚度下降较快，之后趋于平缓。试件高度对刚度的影响很大，较高的 SOL-10 墩的割线刚度一直比较矮的 SOL-4 墩小。SOL-4 墩的纵筋率约是 SOL-10 墩的 3 倍，这也是造成前者刚度始终大于后者的原因之一。

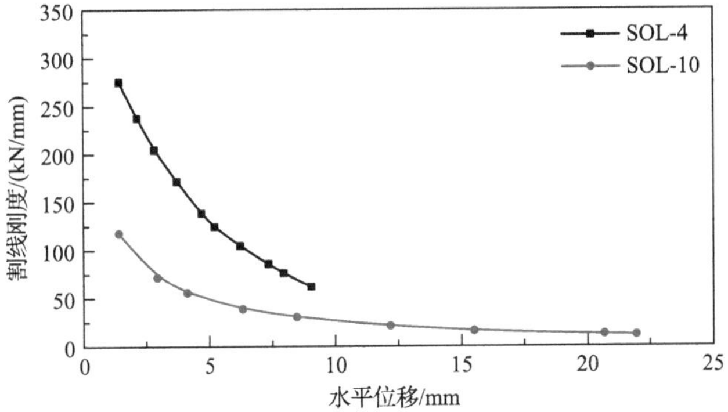

图 5-7　横桥向加载桥墩模型割线刚度随位移的变化

5.4 纤维梁单元法对圆端形桥墩横桥向的数值模拟

利用前述纤维梁单元法对两个模型进行数值模拟，并将计算的墩顶水平力-位移滞回曲线与试验曲线进行比较，见图 5-8。由于试验加载设备的限制，水平荷载主要为单向加载，反向位移较小。数值模拟时混凝土单轴本构采用修正 Mander 模型，钢筋本构采用 Giuffré-Menegotto-Pinto 模型，按照位移加载。

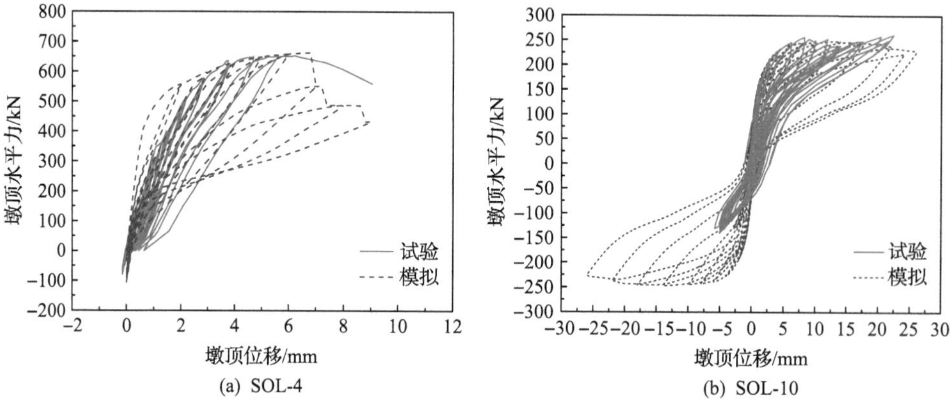

图 5-8 纤维梁单元模拟的实心墩横桥向滞回曲线与试验曲线对比

从图 5-8 可以看出，对于剪跨比较大的圆端形桥墩，模拟曲线与试验曲线相差不大，纤维梁单元模型能较为准确地模拟墩顶水平力与位移响应。桥墩横桥向的初始刚度、水平承载力与加卸载曲线基本一致。

对于剪跨比较小的圆端形桥墩，模拟曲线与试验曲线差异明显，计算的初始刚度要明显大于试验值，这是由于剪跨比较小时，墩底剪切变形明显，忽略剪切作用使得桥墩的刚度变小，而所采用的纤维梁单元模型无法考虑正应力与剪应力的耦合，使得计算的刚度偏大。

5.5 考虑弯曲剪切耦合作用的有限单元法模拟

模拟混凝土剪切受力及破坏的方法主要有多垂直杆单元法、基于修正压力场理论或扰动应力场模型的弯剪耦合模型、分层壳模型以及循环软化膜或壳模型等[11-13]。

多垂直杆单元与前述纤维梁单元在处理弯曲滞回关系时的原理相似。如图 5-9 所示，将截面划分成多个层，每层代表一个垂直杆，即用多个垂直杆件来代表构件的弯曲刚度和轴向刚度[14]，垂直杆单元两端各连接一个刚性梁，距离为 h，用

距离底端高度为 ch 的水平弹簧代表剪切刚度，c 代表顶部与底部刚性梁相对弯曲中心的位置[15]，工程实际应用中 c 值的确定较为困难，目前一般取 0.33～0.5。

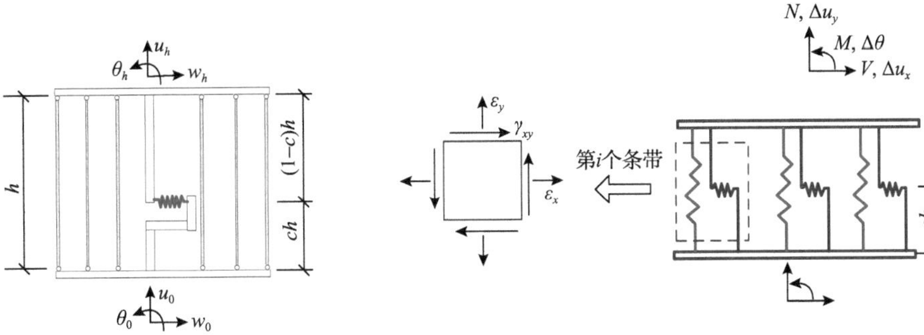

图 5-9　多垂直杆单元原理

u、w、θ 分别代表轴向位移、水平位移以及截面转角，水平位移 w 由弯矩水平变形 w_{f} 和剪应变 γ 两部分组成，截面转角 $\theta = \mathrm{d}w_{\mathrm{f}}/\mathrm{d}y$ 。

$$\begin{bmatrix} u(y) \\ w(y) \\ \gamma(y) \end{bmatrix} = \begin{bmatrix} 1-y/h & 0 & 0 & y/h & 0 & 0 \\ 0 & 1 & yc_1 & 0 & 0 & -yc_1+y \\ 0 & 0 & -c & 0 & 1/h & c-1 \end{bmatrix} \begin{bmatrix} u_0 \\ w_0 \\ \theta_0 \\ u_h \\ w_h \\ \theta_h \end{bmatrix} \tag{5-1}$$

式中，

$$c_1 = 1 + (3c-2)y/h + (1-2c)(y/h)^2$$

$$\begin{bmatrix} u(y) \\ w(y) \\ \theta(y) \end{bmatrix} = \begin{bmatrix} 1-y/h & 0 & 0 & y/h & 0 & 0 \\ 0 & 1-y/h & yc_3 & 0 & y/h & -yc_3 \\ 0 & 0 & c_4 & 0 & 0 & 1-c_4 \end{bmatrix} \begin{bmatrix} u_0 \\ w_0 \\ \theta_0 \\ u_h \\ w_h \\ \theta_h \end{bmatrix} \tag{5-2}$$

式中，

$$c_3 = 1 - c + (3c-2)y/h + (1-2c)(y/h)^2$$

$$c_4 = 1 + 2(3c-2)y/h + 3(1-2c)(y/h)^2$$

应变可以表示为

$$\begin{bmatrix}\varepsilon(y)\\ \phi(y)\\ \gamma(y)\end{bmatrix}=\begin{bmatrix}\dfrac{\mathrm{d}u}{\mathrm{d}y}\\ \dfrac{\mathrm{d}\theta}{\mathrm{d}y}\\ \gamma\end{bmatrix}=\begin{bmatrix}-1/h & 0 & 0 & 1/h & 0 & 0\\ 0 & 0 & 2c_2/h & 0 & 0 & -2c_2/h\\ 0 & -1/h & -c & 0 & 1/h & c-1\end{bmatrix}\begin{bmatrix}u_0\\ w_0\\ \theta_0\\ u_h\\ w_h\\ \theta_h\end{bmatrix} \tag{5-3}$$

式中，$\varepsilon(y)$、$\phi(y)$、$\gamma(y)$ 分别为轴向应变、曲率以及剪应变；$c_2=-2+3c+3(1-2c)y/h$。

5.5.1　修正压力场理论

为了求得二维钢筋混凝土结构在面内剪应力与正应力作用下的响应分析模型，用弥散(开裂混凝土仍被视为连续体)的旋转裂缝方法将开裂的混凝土考虑成一种新的正交各向异性材料进行分析。模型中裂缝方向根据荷载或者材料响应的变化而逐步旋转，即旋转裂缝模型，这和裂缝方向与第一条裂缝方向一致并保持固定的固定裂缝法截然不同。修正压力场理论的核心是假定主应力与主应变的方向保持一致，尽管采用了弥散裂缝模型且正应力与剪应力取平均值，但该理论仍能反映裂缝处的局部应力与应变情况。除计算方便外，利用该模型计算得到的裂缝分布与许多钢筋混凝土结构观察到的裂缝形式保持一致[16]。

修正压力场理论包含三种关系方程：钢筋与混凝土平均应变协调方程、钢筋与混凝土平均应力平衡方程、材料本构方程[17]。

修正压力场理论模型的基本假定如下：

(1) 钢筋的分布形式相同。

(2) 裂缝的分布形式和转动形式相同。

(3) 剪应力和正应力的应用方式相同。

(4) 每一个应变状态对应独立的应力状态，不考虑应变历程。

(5) 带裂缝的一定间距内的应力与应变采用平均值。

(6) 主应变方向角 θ_ε 与主应力方向角 θ_σ 相同。

(7) 钢筋与混凝土之间不考虑黏结滑移。

(8) 钢筋与混凝土之间材料本构独立。

(9) 忽略钢筋的剪切应力。

1. 应变协调方程

在外荷载作用下，混凝土单元将有如图 5-10 所示的正应变与剪应变[18]。

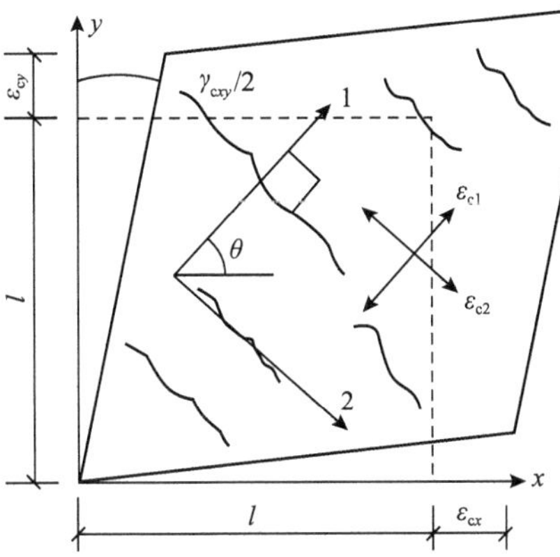

图 5-10 混凝土单元平均应变图[18]

按黏结滑移的假定，应变协调方程要求混凝土与钢筋的应变保持一致，对于非预应力钢筋，钢筋与混凝土的平均应变相等，若仅考虑两个垂直方向的钢筋，则有相容方程：

$$\varepsilon_x = \varepsilon_{cx} = \varepsilon_{sx} \tag{5-4}$$

$$\varepsilon_y = \varepsilon_{cy} = \varepsilon_{sy} \tag{5-5}$$

式中，ε_x、ε_y 为单元的总应变；ε_{cx}、ε_{cy} 为混凝土的总应变；ε_{sx}、ε_{sy} 为钢筋的总应变。

如果单元的平均总剪应变已知，利用图 5-11 所示的平均应变莫尔圆可以方便得到总的平均主拉应变与主压应变，即

$$\varepsilon_{c1} = \frac{\varepsilon_x + \varepsilon_y}{2} + \frac{1}{2}\sqrt{(\varepsilon_x + \varepsilon_y)^2 + \gamma_{xy}^2} \tag{5-6}$$

$$\varepsilon_{c2} = \frac{\varepsilon_x + \varepsilon_y}{2} - \frac{1}{2}\sqrt{(\varepsilon_x + \varepsilon_y)^2 + \gamma_{xy}^2} \tag{5-7}$$

平均主应变方向角 θ_ε 为

$$\theta_\varepsilon = \theta_\sigma = \frac{1}{2}\arctan\frac{\gamma_{xy}}{\varepsilon_x - \varepsilon_y} \tag{5-8}$$

2. 应力平衡方程

在外荷载作用下，混凝土单元将有如图 5-12 所示的正应力与剪应力[18]。

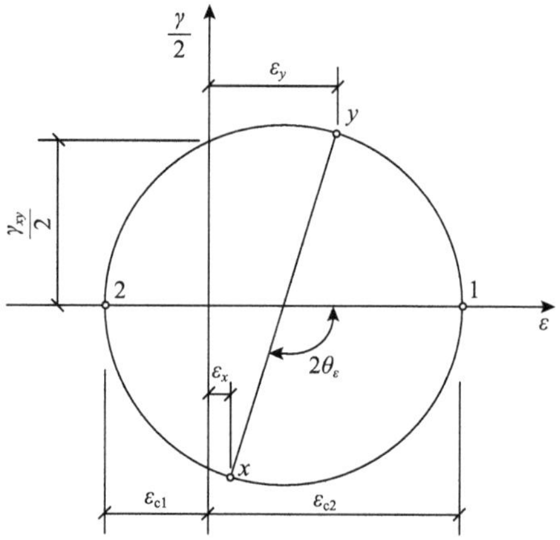

图 5-11　平均应变莫尔圆

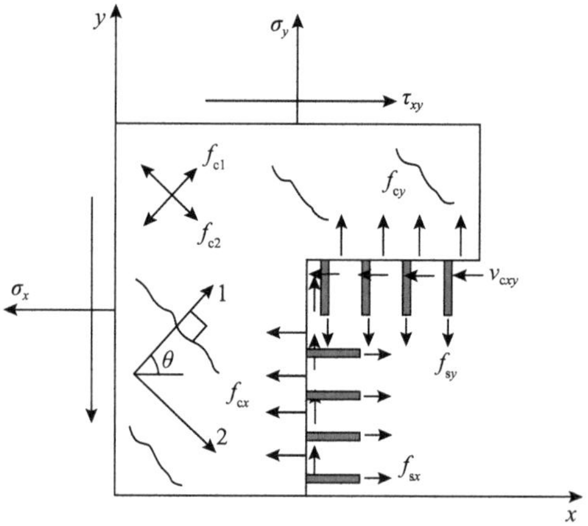

图 5-12　混凝土单元平均应力图[18]

应力平衡方程为

$$\sigma_x = f_{cx} + \rho_x f_{sx} \tag{5-9}$$

$$\sigma_y = f_{cy} + \rho_y f_{sy} \tag{5-10}$$

$$\tau_{xy} = v_{cxy} \tag{5-11}$$

式中，ρ_x、ρ_y分别为 x 方向与 y 方向的钢筋率。

由于混凝土裂缝与混凝土主应力方向正交，利用图 5-13 所示平均应力莫尔圆可以得到两个方向的平均应力 f_{cx}、f_{cy} 与主拉应力 f_{c1} 的关系，即

$$f_{cx} = f_{c1} - v_{cxy}\cot(90° - \theta_\sigma) \tag{5-12}$$

$$f_{cy} = f_{c1} - v_{cxy}\tan(90° - \theta_\sigma) \tag{5-13}$$

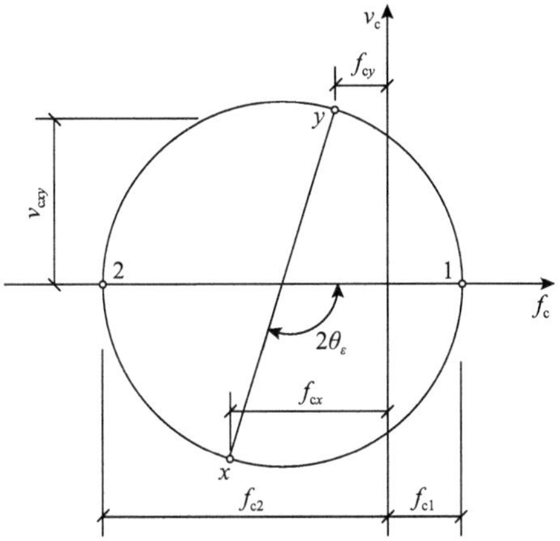

图 5-13　平均应力的莫尔圆

3. 局部裂缝的处理

由应变协调方程和应力平衡方程能够确定钢筋与混凝土之间的平均应力、剪应力与正应力，然而忽略裂缝处钢筋的局部屈服及沿着裂缝的剪切滑移失效将使计算偏于不安全。为了解决这些问题，修正压力场理论限制了裂缝处的局部应力及混凝土的平均拉应力[16]。

钢筋混凝土中的应力场根据裂缝间的平均条件及裂缝处的局部条件而变化。图 5-14(a)中描述了垂直于主拉应力方向的截面的平均应力，图 5-14(b)描述了裂缝自由面上局部应力情况。

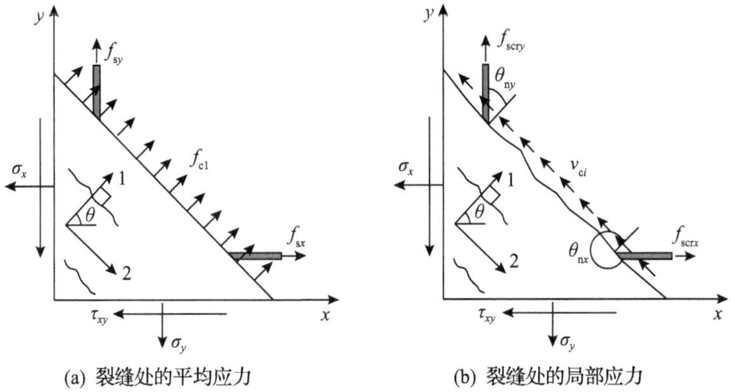

图 5-14　钢筋混凝土单元裂缝处的应力

裂缝自由面上的混凝土平均拉应力几乎减小到零，为传递平均拉应力，钢筋

的应力应变在裂缝的局部快速增加。垂直于裂缝表面的平均应力与局部应力的静力平衡方程表示为

$$f_{c1}=\rho_x(f_{scrx}-f_{sx})\cos^2\theta_{nx}+\rho_y(f_{scry}-f_{sy})\sin^2\theta_{ny} \tag{5-14}$$

式中，f_{scrx} 与 f_{scry} 为裂缝处的局部钢筋应力；θ_{nx} 与 θ_{ny} 为裂缝的法向与钢筋之间的夹角。

从式(5-14)可以看到，混凝土的平均拉应力受裂缝处钢筋的屈服应力限制。如果用钢筋的屈服强度 f_{syield} 替换钢筋局部应力 f_{sc}，括号内的部分定义了钢筋的承载力储备，可通过下面的式子来限制开裂后混凝土拉应力。

$$f_{c1}\leqslant\rho_x(f_{sxyield}-f_{sx})\cos^2\theta_{nx}+\rho_y(f_{syyield}-f_{sy})\cos^2\theta_{ny} \tag{5-15}$$

钢筋通常以一定的角度穿过裂缝，在裂缝表面会产生局部剪应力 v_{ci}，局部剪应力可以通过平行于裂缝方向的平均应力与局部应力静力平衡方程来确定：

$$v_{ci}=\rho_x(f_{scrx}-f_{sx})\cos\theta_{nx}\sin\theta_{nx}+\rho_y(f_{scry}-f_{sy})\cos\theta_{ny}\sin\theta_{ny} \tag{5-16}$$

剪切滑移破坏发生之前，局部剪应力可能变得很大，通过式(5-17)来进行限制：

$$v_{ci}\leqslant\frac{\sqrt{f_c'}}{0.31+24w/(a+26)} \tag{5-17}$$

式中，f_c' 为混凝土的轴心抗压强度，MPa；a 为混凝土的最大粒径，mm；w 为裂缝的平均宽度，mm，由混凝土的主拉应变 ε_{c1} 和垂直于裂缝方向的平均间距 s_θ 来确定：

$$w=\varepsilon_{c1}s_\theta \tag{5-18}$$

$$s_\theta=\frac{1}{\dfrac{\cos\theta}{s_{mx}}+\dfrac{\sin\theta}{s_{my}}} \tag{5-19}$$

式中，s_{mx}、s_{my} 分别为 x 方向与 y 方向的平均裂缝间距。

如果裂缝处的混凝土拉应力或者局部剪应力超过限值，单元的应变状态将被修改为较低的平均拉应力结果。

5.5.2 扰动应力场模型

修正压力场理论在模拟结构响应时有一定的缺陷，对于轻薄的钢筋混凝土单

元，主应力场的旋转要滞后于较大主应变场的旋转，按照该理论计算就会过高地估计单元的剪切刚度与强度。相反，对于限制了主应力场与主应变场旋转的单元，修正压力场理论通常会低估其剪切刚度与强度。

为解决上述问题，Vecchio[19, 20]提出了扰动应力场模型。扰动应力场模型与修正压力场理论在概念上相似，但是在以下几个方面有所改进：在修正压力场理论应变相关方程中考虑了裂缝的剪切滑移变形，以区别由应力引起的混凝土连续体应变变形；从主应变场的方向角中分离了主应力场的方向角，从而推迟了弥散裂缝的旋转；通过计算裂缝的滑移变形，取消了修正压力场理论中裂缝剪切检查；细化了钢筋与混凝土本构关系的确定。

1. 应变协调方程

修正压力场理论假定混凝土主应力与主应变共轴，而一些试验表明，裂缝开裂后，这一假定不一定成立，主应变场主轴会以较快的速度改变，导致主应变与主应力的轴不同。这种现象可以通过图 5-15 来描述，可以看到总应变除连续体的有效应变成分外，还应该考虑混凝土开裂后非连续体混凝土裂缝的滑移[21]。

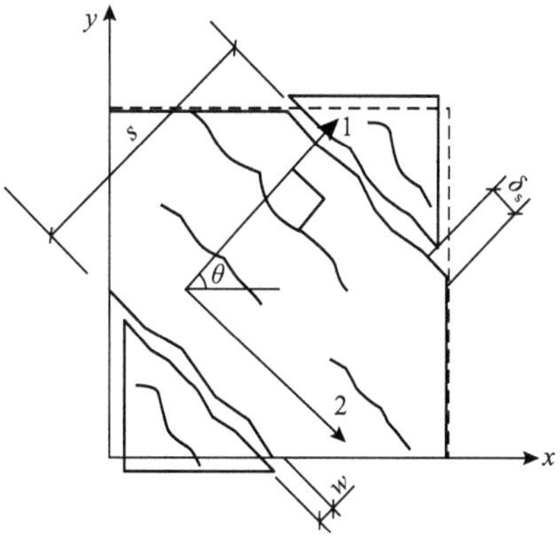

图 5-15　混凝土裂缝滑移引起的变形

扰动应力场模型将总应变 ε_x、ε_y、γ_{xy} 描述为两种应变之和，即混凝土有效应变 ε_{cx}、ε_{cy}、γ_{cxy} 与裂缝剪切滑移引起的应变 ε_x^s、ε_y^s、γ_{xy}^s 之和，表示为

$$\varepsilon_x = \varepsilon_{cx} + \varepsilon_x^s \tag{5-20}$$

$$\varepsilon_y = \varepsilon_{cy} + \varepsilon_y^s \tag{5-21}$$

$$\gamma_{xy} = \gamma_{cxy} + \gamma_{xy}^s \tag{5-22}$$

利用莫尔圆可以得到混凝土的有效主拉、主压应变，即

$$\varepsilon_{c1} = \frac{\varepsilon_{cx} + \varepsilon_{cy}}{2} + \frac{1}{2}\sqrt{(\varepsilon_{cx} + \varepsilon_{cy})^2 + \gamma_{cxy}^2} \tag{5-23}$$

$$\varepsilon_{c2} = \frac{\varepsilon_{cx} + \varepsilon_{cy}}{2} - \frac{1}{2}\sqrt{(\varepsilon_{cx} + \varepsilon_{cy})^2 + \gamma_{cxy}^2} \tag{5-24}$$

混凝土的裂缝剪切滑移应变 $\varepsilon_x^{\mathrm{s}}$ 、 $\varepsilon_y^{\mathrm{s}}$ 、 γ_{xy}^{s} 由裂缝的平均滑移应变 γ_{s} 来计算:

$$\gamma_{\mathrm{s}} = \frac{\delta_{\mathrm{s}}}{s} \tag{5-25}$$

各分量表示为

$$\begin{cases} \varepsilon_x^{\mathrm{s}} = -\dfrac{1}{2}\gamma_{\mathrm{s}}\sin(2\theta) \\ \varepsilon_x^{\mathrm{s}} = \dfrac{1}{2}\gamma_{\mathrm{s}}\sin(2\theta) \\ \gamma_{xy}^{\mathrm{s}} = \gamma_{\mathrm{s}}\cos(2\theta) \end{cases} \tag{5-26}$$

式中，s 为平均裂缝间距；δ_{s} 为裂缝的滑移量，可用下式计算:

$$\delta_{\mathrm{s}} = \frac{v_{ci}}{1.8w^{-0.8} + (0.234w^{-0.707} - 0.2)f_{\mathrm{cc}}} \tag{5-27}$$

式中，f_{cc} 为混凝土立方体抗压强度，MPa；w 为裂缝宽度，mm。

混凝土有效主应力与 x 轴的方向角 θ 以及混凝土主应力方向角 θ_σ 同样可以利用莫尔圆得到:

$$\theta = \theta_\sigma = \frac{1}{2}\arctan\frac{\gamma_{\mathrm{c}xy}}{\varepsilon_{\mathrm{c}x} - \varepsilon_{\mathrm{c}y}} \tag{5-28}$$

总主应变方向角 θ_ε 为

$$\theta_\varepsilon = \frac{1}{2}\arctan\frac{\gamma_{xy}}{\varepsilon_x - \varepsilon_y} \tag{5-29}$$

可以看到，主应变方向角与主应力方向角出现了差值，即旋转滞后 $\Delta\theta$:

$$\Delta\theta = \theta - \theta_\sigma \tag{5-30}$$

2. 应力平衡方程

与修正压力场理论相同，平均应力平衡方程表示[19]为

$$\sigma_x = f_{\mathrm{c}x} + \rho_x f_{\mathrm{s}x} \tag{5-31}$$

$$\sigma_y = f_{\mathrm{c}y} + \rho_y f_{\mathrm{s}y} \tag{5-32}$$

$$\tau_{xy} = v_{cxy} \tag{5-33}$$

平均应力 f_{cx}、f_{cy} 与主拉应力 f_{c1} 的关系为

$$f_{cx} = f_{c1} - v_{cxy}\cot(90° - \theta) \tag{5-34}$$

$$f_{cy} = f_{c1} - v_{cxy}\tan(90° - \theta) \tag{5-35}$$

裂缝处局部应力的静力平衡关系表示为

$$f_{c1} = \rho_x(f_{scrx} - f_{sx})\cos^2\theta + \rho_y(f_{scry} - f_{sy})\sin^2\theta \tag{5-36}$$

$$v_{ci} = \rho_x(f_{scrx} - f_{sx})\cos\theta\sin\theta + \rho_y(f_{scry} - f_{sy})\cos\theta\sin\theta \tag{5-37}$$

混凝土平均拉应力受裂缝处钢筋屈服强度的限制：

$$f_{c1} \leqslant \rho_x(f_{sxyield} - f_{sx})\cos^2\theta + \rho_y(f_{syyield} - f_{sy})\sin^2\theta \tag{5-38}$$

与修正压力场理论不同，扰动应力场模型包含了裂缝的滑移变形，不需要限制裂缝界面的剪应力。

5.5.3 有限元模型单元的实现

有限元分析时包含两种相关联的分析，即整体结构分析和截面分析。整体结构分析获得单元节点力与位移从而计算单元的变形，截面分析确定截面力情况，经过多次迭代计算使得两者计算得到的不平衡力收敛，最终完成非线性分析。

1. 整体结构分析

整体结构分析的步骤如下：

(1) 确定结构的外荷载。

(2) 分析杆件单元的内力，包括弯矩、轴力以及剪力。

(3) 确定单元的轴向应变与剪切应变。

(4) 对每个单元执行截面分析的迭代计算。

(5) 计算单元的不平衡力。

(6) 将不平衡力添加到结构的协调恢复力中计算结构响应。

(7) 重复步骤(1)～(6)，直至不平衡力收敛。

2. 截面分析

每个截面上所施加的截面变形响应都通过分层截面法进行截面分析来确定，

即将截面划分成一定数量的混凝土与钢筋层，也常被称为条带法。需要分别指定每个混凝土层的宽度与厚度、钢筋截面以及两种材料的力学特性等参数。

截面分析主要采用基于剪应变的分析法，适用于位移增量的控制方式，方便求解混凝土峰值荷载下降段的收敛问题。该方法的纵向应变均由整体结构分析来确定，剪应变沿截面可以采用一致剪应变分布或者抛物线剪应变分布。

单元中材料的割线模量定义见图 5-16。混凝土总应变 $\boldsymbol{\varepsilon}$ 由以下四部分组成：①混凝土有效应变 $\boldsymbol{\varepsilon}_{\mathrm{c}}$；②由泊松比效应、温度、收缩以及初应变引起的混凝土弹性应变 $\boldsymbol{\varepsilon}_{\mathrm{c}}^{\mathrm{e}}$；③由循环荷载或损伤引起的混凝土塑性有效应变 $\boldsymbol{\varepsilon}_{\mathrm{c}}^{\mathrm{p}}$；④由裂缝剪切滑移引起的裂缝滑移应变 $\boldsymbol{\varepsilon}_{\mathrm{c}}^{\mathrm{s}}$。总应变向量可表示为

$$\boldsymbol{\varepsilon}=\boldsymbol{\varepsilon}_{\mathrm{c}}+\boldsymbol{\varepsilon}_{\mathrm{c}}^{\mathrm{e}}+\boldsymbol{\varepsilon}_{\mathrm{c}}^{\mathrm{p}}+\boldsymbol{\varepsilon}_{\mathrm{c}}^{\mathrm{s}}=\begin{bmatrix}\varepsilon_x & \varepsilon_y & \gamma_{xy}\end{bmatrix}^{\mathrm{T}} \tag{5-39}$$

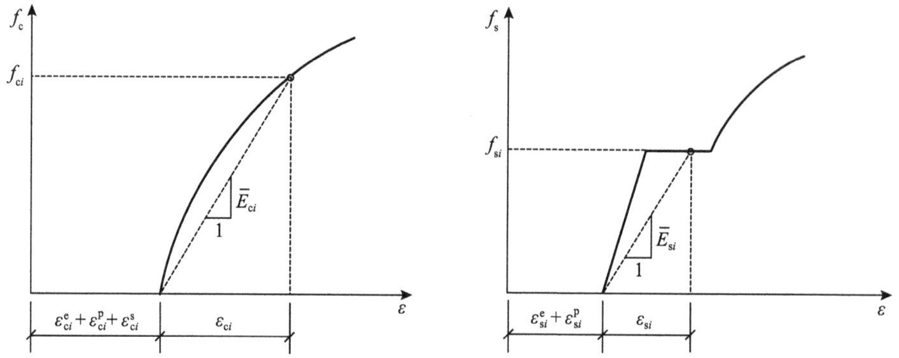

(a) 混凝土割线模量　　(b) 钢筋割线模量

图 5-16　割线模量定义

混凝土的割线模量为

$$\bar{E}_{\mathrm{c1}}=\frac{f_{\mathrm{c1}}}{\varepsilon_{\mathrm{c1}}},\quad \bar{E}_{\mathrm{c2}}=\frac{f_{\mathrm{c2}}}{\varepsilon_{\mathrm{c2}}},\quad \bar{G}_{\mathrm{c}}=\frac{\bar{E}_{\mathrm{c1}}\bar{E}_{\mathrm{c2}}}{\bar{E}_{\mathrm{c1}}+\bar{E}_{\mathrm{c2}}} \tag{5-40}$$

混凝土在局部坐标下的刚度矩阵 $\boldsymbol{D}_{\mathrm{c}}'$ 为

$$\boldsymbol{D}_{\mathrm{c}}'=\begin{bmatrix}\bar{E}_{\mathrm{c1}} & 0 & 0\\ 0 & \bar{E}_{\mathrm{c2}} & 0\\ 0 & 0 & \bar{G}_{\mathrm{c}}\end{bmatrix} \tag{5-41}$$

坐标转换矩阵 $\boldsymbol{T}_{\mathrm{c}}$ 表示为

$$\boldsymbol{T}_{\mathrm{c}}=\begin{bmatrix}\cos^2\theta & \sin^2\theta & \cos\theta\sin\theta \\ \sin^2\theta & \cos^2\theta & -\cos\theta\sin\theta \\ -2\cos\theta\sin\theta & 2\cos\theta\sin\theta & \cos^2\theta-\sin^2\theta\end{bmatrix} \tag{5-42}$$

混凝土在总体坐标下的刚度矩阵表示为

$$\boldsymbol{D}_{\mathrm{c}}=\boldsymbol{T}_{\mathrm{c}}^{\mathrm{T}}\times\boldsymbol{D}_{\mathrm{c}}'\times\boldsymbol{T}_{\mathrm{c}} \tag{5-43}$$

钢筋的割线模量为

$$\overline{E}_{\mathrm{s}x}=\frac{f_{\mathrm{s}x}}{\varepsilon_{\mathrm{s}x}},\quad \overline{E}_{\mathrm{s}y}=\frac{f_{\mathrm{s}x}}{\varepsilon_{\mathrm{s}y}} \tag{5-44}$$

钢筋的刚度矩阵 $\boldsymbol{D}_{\mathrm{s}}$ 为

$$\boldsymbol{D}_{\mathrm{s}}=\begin{bmatrix}\rho\overline{E}_{\mathrm{s}x} & 0 & 0 \\ 0 & \rho\overline{E}_{\mathrm{s}y} & 0 \\ 0 & 0 & 0\end{bmatrix} \tag{5-45}$$

总体材料的刚度矩阵为

$$\boldsymbol{D}=\boldsymbol{D}_{\mathrm{c}}+\boldsymbol{D}_{\mathrm{s}} \tag{5-46}$$

应力矩阵为

$$\boldsymbol{\sigma}=\boldsymbol{D}\times\boldsymbol{\varepsilon}-\boldsymbol{\sigma}^{\mathrm{e}} \tag{5-47}$$

$$\boldsymbol{\sigma}^{\mathrm{e}}=\boldsymbol{\sigma}_{\mathrm{c}}^{\mathrm{e}}+\sum_{i=1}^{n}\boldsymbol{\sigma}_{\mathrm{s}i}^{\mathrm{e}}=\begin{bmatrix}S_{01}\\ S_{02}\\ S_{03}\end{bmatrix} \tag{5-48}$$

式中，$\boldsymbol{\sigma}_{\mathrm{c}}^{\mathrm{e}}$ 与 $\sum_{i=1}^{n}\boldsymbol{\sigma}_{\mathrm{s}i}^{\mathrm{e}}$ 分别表示为

$$\boldsymbol{\sigma}_{\mathrm{c}}^{\mathrm{e}}=\boldsymbol{D}_{\mathrm{c}}\left(\boldsymbol{\varepsilon}_{\mathrm{c}}^{\mathrm{e}}+\boldsymbol{\varepsilon}_{\mathrm{c}}^{\mathrm{p}}+\boldsymbol{\varepsilon}_{\mathrm{c}}^{\mathrm{s}}\right)=\boldsymbol{D}_{\mathrm{c}}\left(\begin{bmatrix}\varepsilon_{\mathrm{c}x}^{\mathrm{e}}\\ \varepsilon_{\mathrm{c}y}^{\mathrm{e}}\\ \gamma_{xy}^{\mathrm{e}}\end{bmatrix}+\begin{bmatrix}\varepsilon_{\mathrm{c}x}^{\mathrm{p}}\\ \varepsilon_{\mathrm{c}y}^{\mathrm{p}}\\ \gamma_{xy}^{\mathrm{p}}\end{bmatrix}+\begin{bmatrix}\varepsilon_{\mathrm{c}x}^{\mathrm{s}}\\ \varepsilon_{\mathrm{c}y}^{\mathrm{s}}\\ \gamma_{xy}^{\mathrm{s}}\end{bmatrix}\right) \tag{5-49}$$

$$\sum_{i=1}^{n}\boldsymbol{\sigma}_{\mathrm{s}i}^{\mathrm{e}}=\sum_{i=1}^{n}\boldsymbol{D}_{\mathrm{s}}\left(\boldsymbol{\varepsilon}_{\mathrm{s}i}^{\mathrm{e}}+\boldsymbol{\varepsilon}_{\mathrm{s}i}^{\mathrm{p}}\right)=\boldsymbol{D}_{\mathrm{s}}\begin{bmatrix}\varepsilon_{\mathrm{s}x}^{\mathrm{e}}+\varepsilon_{\mathrm{s}x}^{\mathrm{p}}\\ 0\\ 0\end{bmatrix}+\boldsymbol{D}_{\mathrm{s}}\begin{bmatrix}0\\ \varepsilon_{\mathrm{s}y}^{\mathrm{e}}+\varepsilon_{\mathrm{s}y}^{\mathrm{p}}\\ 0\end{bmatrix} \tag{5-50}$$

截面层的应力便可通过式(5-51)得到：

$$\begin{bmatrix} \sigma_x \\ \sigma_y \\ \tau_{xy} \end{bmatrix} = \begin{bmatrix} D_{11} & D_{12} & D_{13} \\ D_{21} & D_{22} & D_{23} \\ D_{31} & D_{32} & D_{33} \end{bmatrix} \begin{bmatrix} \varepsilon_x \\ \varepsilon_y \\ \gamma_{xy} \end{bmatrix} - \begin{bmatrix} S_{01} \\ S_{02} \\ S_{03} \end{bmatrix} \tag{5-51}$$

5.5.4 基于扰动应力场模型对低剪跨比实心墩的模拟

按照前述扰动应力场模型有限元的实现过程，首先将墩柱划分为多个竖向梁单元，墩柱的截面划分成多个混凝土与钢筋层，并将墩柱的圆端形部分细分成多个矩形层，输入每层混凝土与钢筋的单轴本构参数以及每层的箍筋率。计算模型见图 5-17，假定截面剪应力按抛物线形分布。

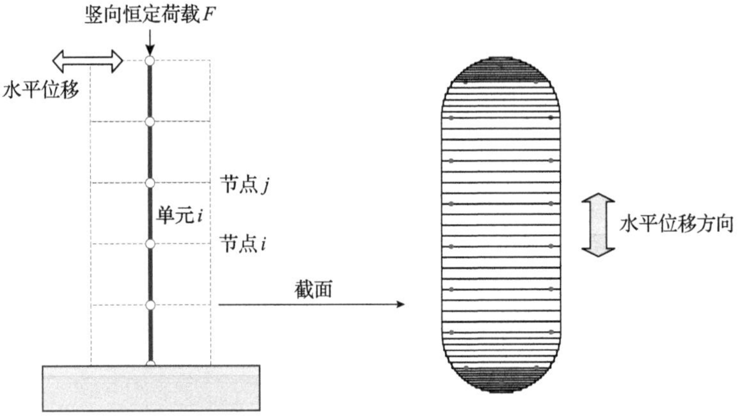

图 5-17 扰动应力场模型纤维梁单元

图 5-18(a)给出了 SOL-4 模型的墩顶水平力-位移滞回曲线的模拟结果与试验

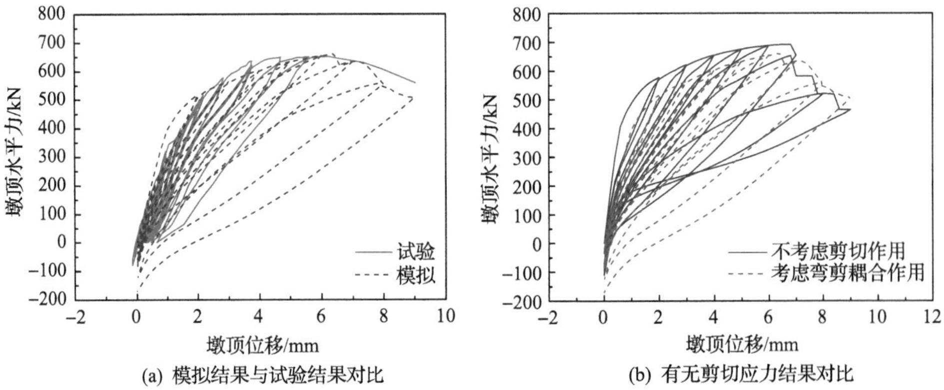

图 5-18 SOL-4 模型滞回曲线比较

结果对比。可以看到，考虑弯剪耦合的纤维梁单元模拟结果与试验结果吻合较好，说明采用分布压力场理论能够有效地模拟该类圆端形桥墩横桥向的荷载位移响应。

图 5-18(b)比较了不考虑剪切作用与考虑弯剪耦合作用时 SOL-4 模型模拟的墩顶水平力-位移滞回曲线。不考虑剪切作用时模拟曲线的初始刚度明显比试验曲线大，其水平承载力也有相同的趋势。考虑弯曲剪切耦合作用时模拟曲线与试验曲线拟合更好，初始刚度也更为接近，水平承载力与试验相差不大。

5.6　剪切变形对不同墩高墩柱变形的影响

为了解剪切变形对不同墩高墩柱变形的影响，对桥墩进行参数分析。桥墩的截面、轴压比、配筋形式以及材料参数相同，仅改变桥墩高度，桥墩的截面参数与配筋布置见 SOL-4 模型，模型的设计参数见表 5-3。

表 5-3　桥墩分析模型设计参数

编号	轴压比	纵筋率/%	体积配箍率/%	f_c/MPa	f_t/MPa	f_y/MPa	f_u/MPa
SOL-4	0.05	0.40	0.30	25	2.5	380	540

注：f_c、f_t、f_y、f_u 分别代表混凝土轴心抗压强度、混凝土抗拉强度、纵筋屈服强度和钢筋抗拉强度。

图 5-19 比较了两种方法计算的不同墩高模型的墩顶荷载-位移曲线。可以看到，不考虑剪切作用的墩顶剪力普遍比考虑弯剪耦合作用的要大，随着墩高的增加，两者的区别逐渐减小。与此同时，两种方法计算的桥墩初始刚度也有明显的不同，不考虑剪切作用的初始刚度普遍大于考虑弯剪耦合作用的结果，这将使得计算不安全，而当桥墩逐渐增高时，两者的区别也逐渐减小。说明当剪跨比较小时，剪切变形不能忽略，弯剪耦合作用会大大影响墩的位移响应。

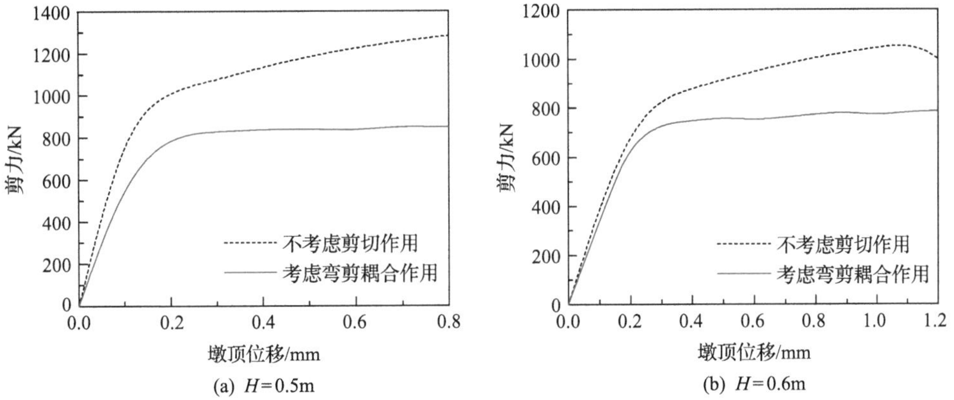

(a) H=0.5m　　(b) H=0.6m

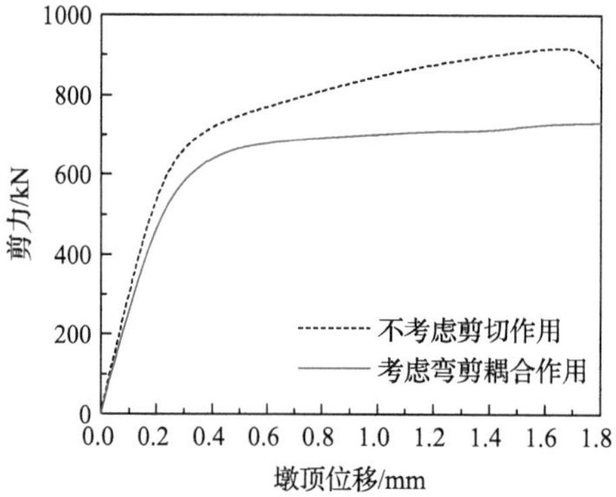

(c) $H=0.7$m

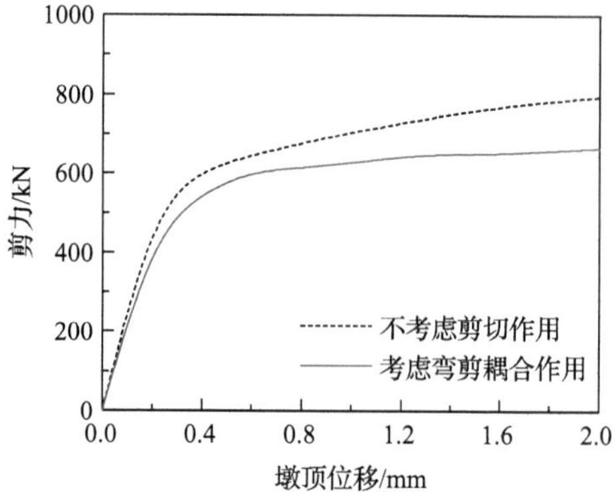

(d) $H=0.8$m

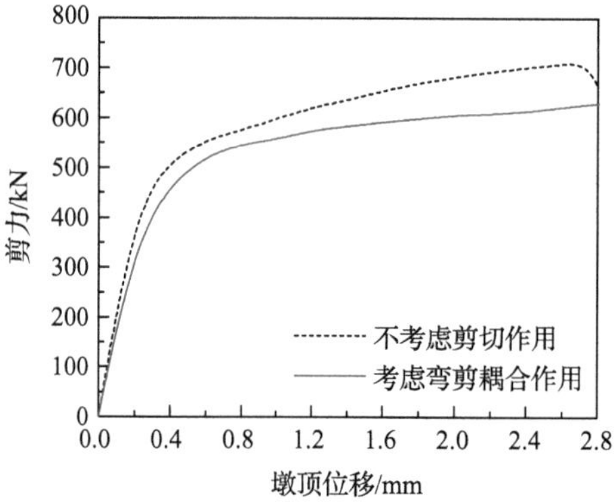

(e) $H=0.9$m

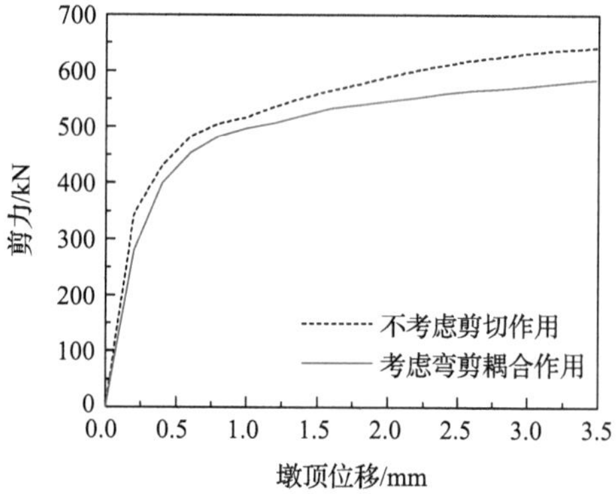

(f) $H=1.0$m

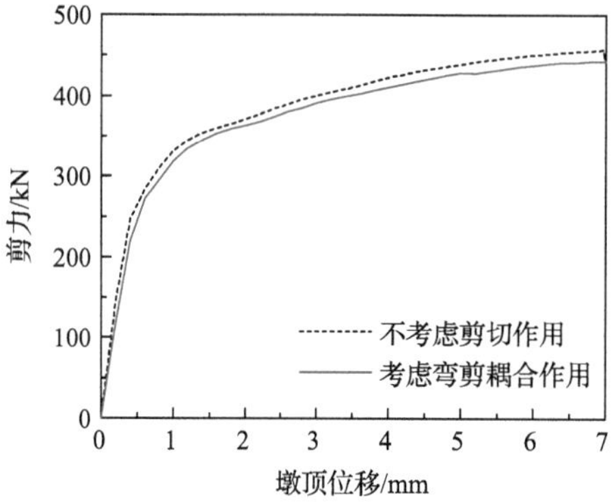

(g) $H=1.4$m

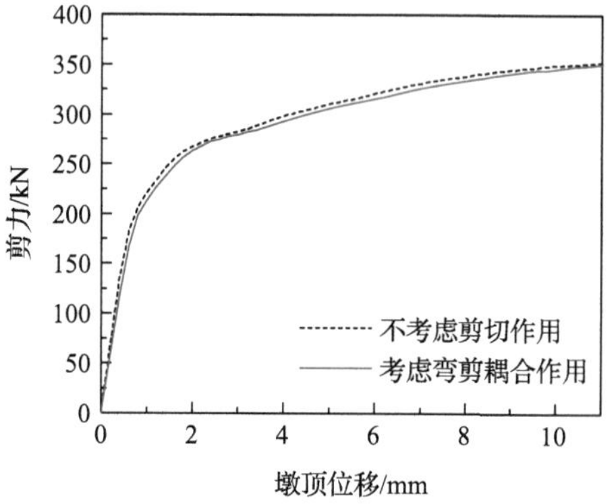

(h) $H=1.8$m

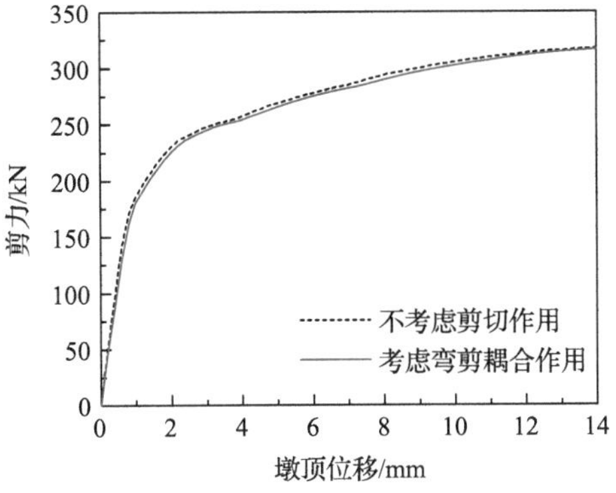

(i) H=2.0m

图 5-19　两种方法计算的不同墩高模型的墩顶荷载-位移曲线比较

为了判断剪切应力对墩高的影响，比较了两种方法计算的最大墩顶水平力的比值以及墩顶力-位移曲线所包围的面积的比值，见图 5-20。可以看到，两个比值都随着墩高的增加而减小，当墩高小于 1m 时，两个比值变化迅速，墩高继续增大时，两个比值变化逐渐减缓直到接近于 1。当墩高大于 1.6m，即墩的剪跨比大于 1.6 时，两个比值都已经接近于 1，说明剪切作用已不明显。因此，当桥墩横向剪跨比小于 1.6 时，要考虑弯剪耦合作用，以防止计算分析引起不安全的设计。

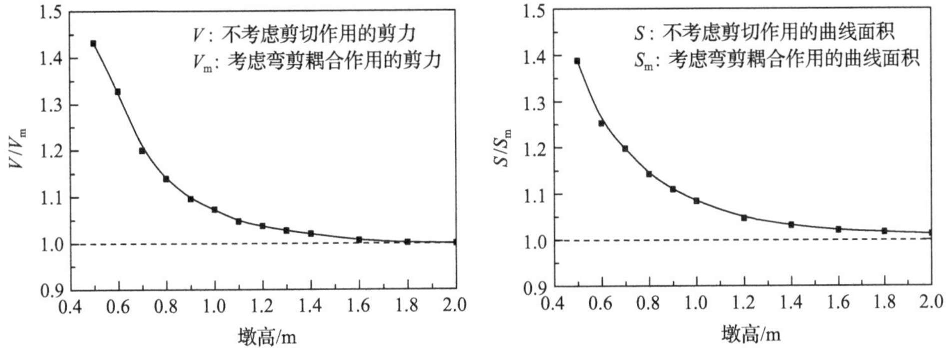

图 5-20　是否考虑剪切作用时桥墩剪力与力-位移曲线包围的面积的比较

5.7　三维有限单元在圆端形桥墩中的应用

前述纤维梁单元法可以快速简单地对圆端形桥墩进行荷载-位移曲线模拟，同时也能考虑弯剪耦合作用的影响，但是并不能对其进行多维塑性破坏、损伤及裂缝发展与分布等方面的模拟。

混凝土结构的损伤通常由结构的裂缝引起，结构开裂过程可分成两个主要阶段[21]，首先混凝土内部出现微裂缝，然后微裂缝逐步发展成宏观离散裂缝。开裂过程中的混凝土应变可以通过连续性方法计算，宏观离散裂缝可以通过非连续性方法计算。当混凝土结构承受单调荷载时，可以采用弹塑性模型、弹塑性损伤模型以及弥散裂缝模型等进行模拟，而当混凝土结构受循环荷载时，一般采用弹塑性损伤模型进行模拟[22]。目前常利用三维有限单元法进行计算。

5.7.1 混凝土屈服面

有限元模拟结构的三维模型时需要划分大量的实体单元，每个单元材料的本构以应力-应变曲线的方式输入，同时考虑材料的屈服与破坏准则，将单轴本构关系扩展至多轴本构。前述介绍了多种混凝土单轴本构，可以通过多种参数表达的屈服破坏准则来确定混凝土的多轴强度。

假设混凝土三个方向的主应力[21]分别为 σ_1、σ_2 和 σ_3，则应力张量的第一、第二和第三不变量分别为

$$I_1 = \sigma_1 + \sigma_2 + \sigma_3 \tag{5-52}$$

$$I_2 = \sigma_1\sigma_2 + \sigma_2\sigma_3 + \sigma_3\sigma_1 \tag{5-53}$$

$$I_3 = \sigma_1\sigma_2\sigma_3 \tag{5-54}$$

平均应力 $\sigma_{\mathrm{m}} = (\sigma_1 + \sigma_2 + \sigma_3)/3$，则应力偏量 $s_i = \sigma_i - \sigma_{\mathrm{m}} (i = 1,2,3)$ 的第一、第二和第三不变量分别为

$$J_1 = 0 \tag{5-55}$$

$$J_2 = \frac{I_1^2}{3} - I_2 \tag{5-56}$$

$$J_3 = \frac{2I_1^3}{27} - \frac{I_1 I_2}{3} + I_3 \tag{5-57}$$

等倾面八面体[12]正应力 σ_{oct} 与剪应力 τ_{oct} 分别为

$$\sigma_{\mathrm{oct}} = \sigma_{\mathrm{m}} = \frac{I_1}{3} \tag{5-58}$$

$$\tau_{\mathrm{oct}} = \sqrt{\frac{2}{3} J_2} \tag{5-59}$$

主应力空间中的几何参数为

$$r = \frac{I_1}{\sqrt{3}}, \quad \rho = \sqrt{2J_2}, \quad \theta = \frac{1}{3}\arccos\frac{3\sqrt{3}J_3}{2{J_2}^{3/2}}$$

假定单轴抗压强度 f_c，单轴抗拉强度 $f_t = 0.1f_c$，双轴抗压强度 $f_b = 1.16f_c$，不同参数确定的破坏面函数见表 5-4。各模型主应力破坏面形状见图 5-21。

表 5-4 不同参数确定的破坏面函数

	破坏面函数	注释
三参数	Bresler-Pisster[23] $F_{\text{B-P}} = \sqrt{3J_2} - C_0 - C_1I_1 - C_2I_1^2 - f_c$	$C_1 = \dfrac{f_t - f_c}{f_t + f_c}\dfrac{4f_b^2 - f_b(f_t + f_c) + f_cf_t}{4f_b^2 + 2f_b(f_t - f_c) - f_cf_t}$ $C_2 = \dfrac{1}{f_t + f_c}\dfrac{f_b(3f_t - f_c) - 2f_cf_t}{4f_b^2 + 2f_b(f_t - f_c) - f_cf_t}$ $C_0 = f_c + \sqrt{3}\left(C_1f_c - C_2f_c^2\right)$
	Willanm-Warnker[24] $F_{\text{WW-3}} = \dfrac{1}{3z}\dfrac{I_1}{f_c} + \sqrt{\dfrac{2}{5}}\dfrac{1}{r_1}\dfrac{\sqrt{J_2}}{f_c} - 1$	$r_1 = \dfrac{u+v}{w}$ $u = 2r_c\left(r_c^2 - r_t^2\right)\cos\theta$ $w = 4\left(r_c^2 - r_t^2\right)\cos^2\theta + \left(r_c - 2r_t\right)^2$ $v = r_c(2r_t - r_c)\sqrt{4\left(r_c^2 - r_t^2\right)\cos^2\theta + 5r_t^2 - 4r_tr_c}$
	黄克智[25] $F_{\text{H-Z}} = a\rho^{1.5} + b\cos\theta\rho + cr - 1$	$\begin{cases} a\left(\sqrt{2/3}f_t\right)^{1.5} + b\sqrt{2/3}f_t + c\sqrt{1/3}f_t = 1 \\ a\left(\sqrt{2/3}f_c\right)^{1.5} + b\dfrac{1}{2}\sqrt{2/3}f_c - c\sqrt{1/3}f_c = 1 \\ a\left(\sqrt{2/3}f_b\right)^{1.5} + b\sqrt{2/3}f_b - c\cdot 2/\sqrt{3}f_b = 1 \end{cases}$ $\Rightarrow \begin{cases} a = 1.671083669 \\ b = 7.656464555 \\ c = 5.817341972 \end{cases}$
四参数	Ottosen[26] $F_{\text{Ottosen}} = a\dfrac{J_2}{f_c^2} + \lambda\dfrac{\sqrt{J_2}}{f_c} + b\dfrac{I_1}{f_c} - 1$	$\lambda = \begin{cases} k_1\cos\left[\dfrac{1}{3}\arccos(k_2\cdot w)\right], & w \geqslant 0 \\ k_1\cos\left[\dfrac{\pi}{3} - \dfrac{1}{3}\arccos(-k_2\cdot w)\right], & w < 0 \end{cases}$ $w = \dfrac{3\sqrt{3}J_3}{2J_2^{3/2}}$ $a = 1.2759,\quad b = 3.1962$ $k_1 = 11.7365,\quad k_2 = 0.9801$
	Hsieh-Ting-Chen[27] $F_{\text{Chen-1}} = a\dfrac{J_2}{f_c^2} + b\dfrac{\sqrt{J_2}}{f_c} + c\dfrac{\sigma_s}{f_c} + d\dfrac{I_1}{f_c} - 1$	$a = 2.0108,\quad b = 0.9714$ $c = 9.1412,\quad d = 0.2312$ $\sigma_s = \text{Max}[\sigma_1, \sigma_2, \sigma_3]$
	Lee-Fenves[28] (ABAQUS) $F_{\text{L-F}} = \dfrac{1}{1-\alpha}\left(\sqrt{3J_2} + \alpha I_1 + \beta\langle\sigma_{\max}\rangle - \gamma\langle-\sigma_{\max}\rangle\right)$	$\alpha = \dfrac{f_b - f_c}{2f_b - f_c}$，$\beta = \dfrac{f_c}{f_t}(\alpha - 1) - (1+\alpha)$ $\gamma = \dfrac{3(1-k_c)}{2k_c - 1}$，其中符号 $\langle x\rangle = (\lvert x\rvert + x)/2$

续表

	破坏面函数	注释
四参数	江见鲸[12] $F_{\text{J-JJ}}=a\dfrac{J_2}{f_c^{\,2}}+(b+c\cos\theta)\dfrac{\sqrt{J_2}}{f_c}+d\dfrac{I_1}{f_c}-1$	$a=1.2856,\quad b=1.4268$ $c=10.2551,\quad d=3.2128$
	Willanm-Warnker[24] (ANSYS) $F_{\text{WW-5}}=\dfrac{\tau_m}{f_c}-r_1$	$\tau_m=\sqrt{5}f_c\left[a_0+a_1\dfrac{\sigma_m}{f_c}+a_2\left(\dfrac{\sigma_m}{f_c}\right)^2\right]$ $f_c=\sqrt{5}f_c\left[b_0+b_1\dfrac{\sigma_m}{f_c}+b_2\left(\dfrac{\sigma_m}{f_c}\right)^2\right]$ $a_0=0.05026,\quad a_1=-0.50921,\quad a_2=-0.03971$ $b_0=0.09142,\quad b_1=-0.86566,\quad b_2=-0.13341$ r_1同三参数
五参数	Podgórski[29] $F_P=\sigma_{oct}-C_0+C_1P\tau_{oct}+C_2\tau_{oct}^2$	$C_0=f_t,\ C_1=\dfrac{\sqrt{2}}{P_0}\left[1-\dfrac{3f_t}{2f_b(f_b/f_t-1)}\right]$ $C_2=\dfrac{9f_t}{2f_b(f_b-f_t)}$ $P=\cos\left[\dfrac{1}{3}\arccos[\alpha\cdot w]-\beta\right]$ $\alpha=0.9984°,\ \beta=0.313°,\ w=\dfrac{3\sqrt{3}J_3}{2J_2^{\,3/2}}$
	过镇海-王传至[30] $F_{\text{G-W}}=\dfrac{\tau_{oct}}{f_c}-6.9638\left(\dfrac{0.09-\sigma_{oct}/f_c}{c-\sigma_{oct}/f_c}\right)^{0.929}$	$c=12.2445(\cos(1.5\theta))^{1.5}+7.3319\sin^2(1.5\theta)$
	赵国藩-宋玉普[31] $F_{\text{Z-S}}=\tau_{oct}-\left[\tau_{ot}(\cos(1.5\theta))^2+\tau_{oc}(\sin(1.5\theta))^2\right]$	$\tau_{ot}=f_c\left[0.0604-0.6678\dfrac{\sigma_{oct}}{f_c}-0.0420\left(\dfrac{\sigma_{oct}}{f_c}\right)^2\right]$ $\tau_{oc}=f_c\left[0.0834-0.9245\dfrac{\sigma_{oct}}{f_c}-0.0581\left(\dfrac{\sigma_{oct}}{f_c}\right)^2\right]$

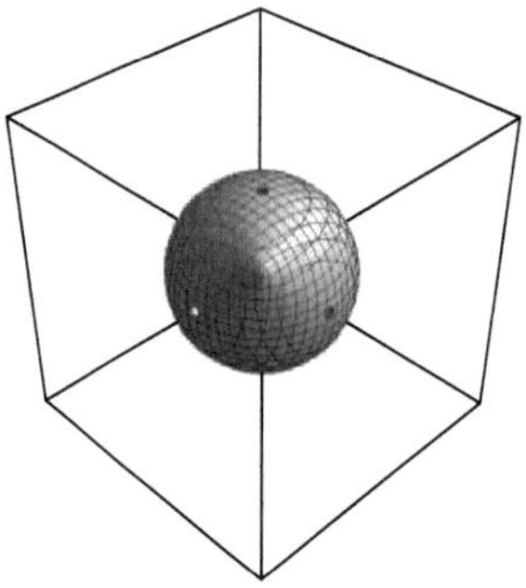
(a) Bresler-Pisster

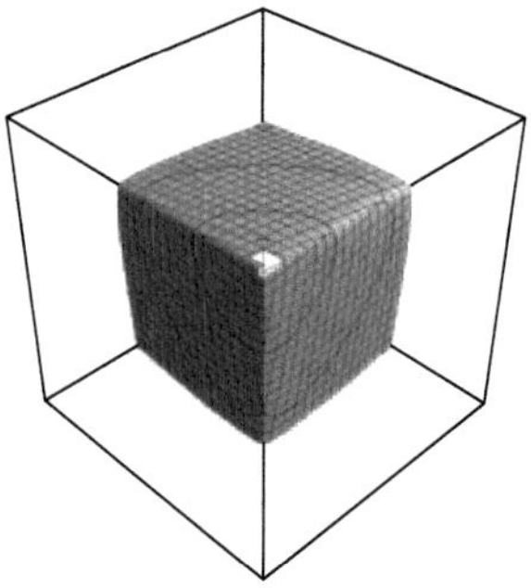
(b) Willanm-Warnker三参数

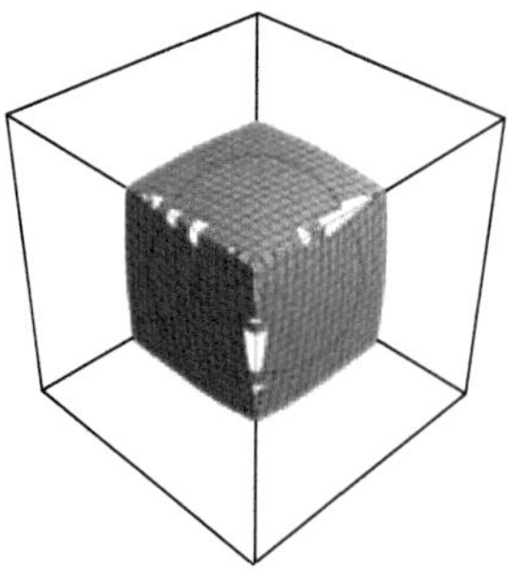
(c) 黄克智

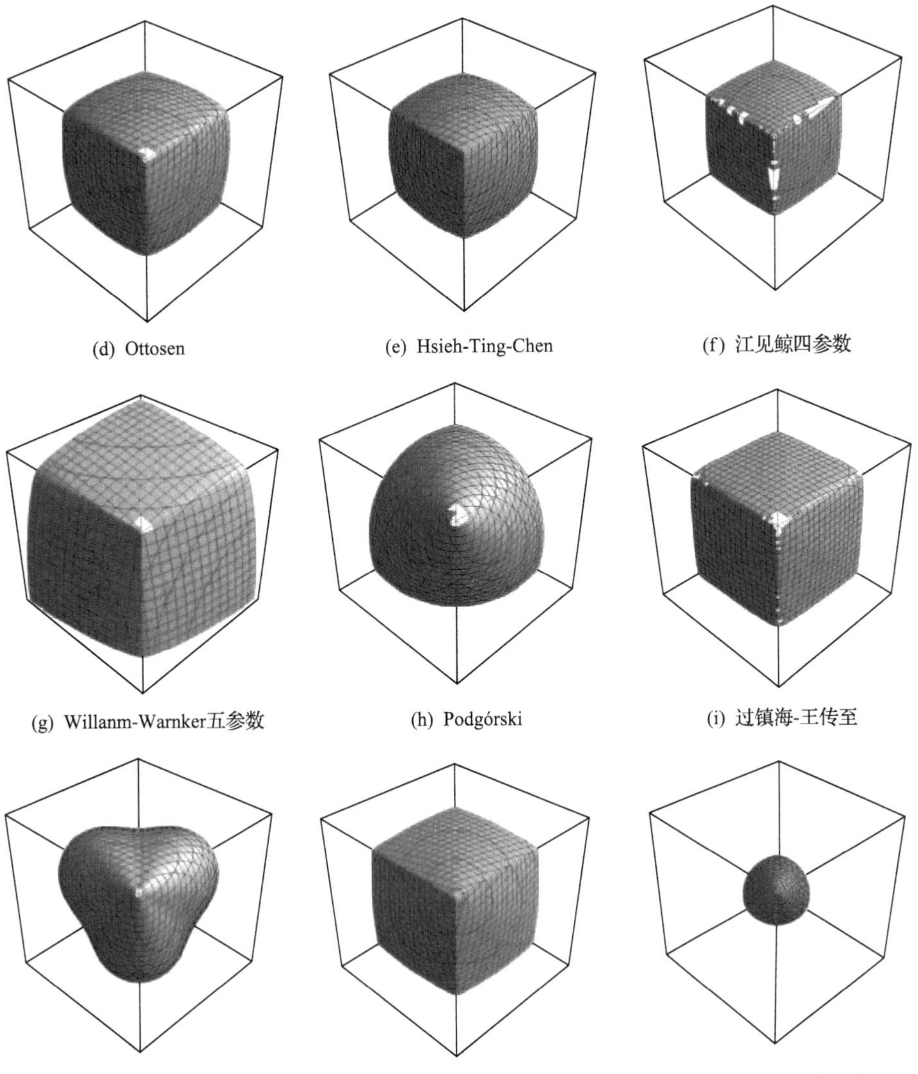

(d) Ottosen　(e) Hsieh-Ting-Chen　(f) 江见鲸四参数

(g) Willanm-Warnker五参数　(h) Podgórski　(i) 过镇海-王传至

(j) 赵国藩-宋玉普　(k) Lee-Fenves ($k = 2/3$)　(l) Lee-Fenves($k = 1$)

图 5-21　各模型主应力空间破坏面形状

5.7.2　混凝土塑性损伤模型

在循环荷载作用下，混凝土早期的微裂缝开裂与闭合交替进行，弹性刚度会随拉压交替荷载的变化有所恢复，这种刚度恢复效应在循环荷载作用下的混凝土结构中普遍存在。目前认为该效应是由于混凝土从受拉向受压转变时，混凝土裂缝的闭合导致受压刚度的恢复。

为说明损伤的概念,假定材料是由平行于荷载方向的纤维组成的[22],见图 5-22。

初始状态所有纤维均为弹性变形，所有纤维的总面积为 A，当应变增加到一定程度后，某些纤维发生断裂，假定每根纤维均为完全脆性，即纤维达到某一应变后，应力立即降为 0。由于每根纤维的极限应变不同，仍然有部分纤维没有断裂而继续承受拉力，此时的有效面积为 $\overline{A}$，同时有 $\overline{A}<A$。将单位初始面积下所受的力称为名义应力 σ，将纤维断裂后单位有效面积所受的力称为有效应力 $\overline{\sigma}$。

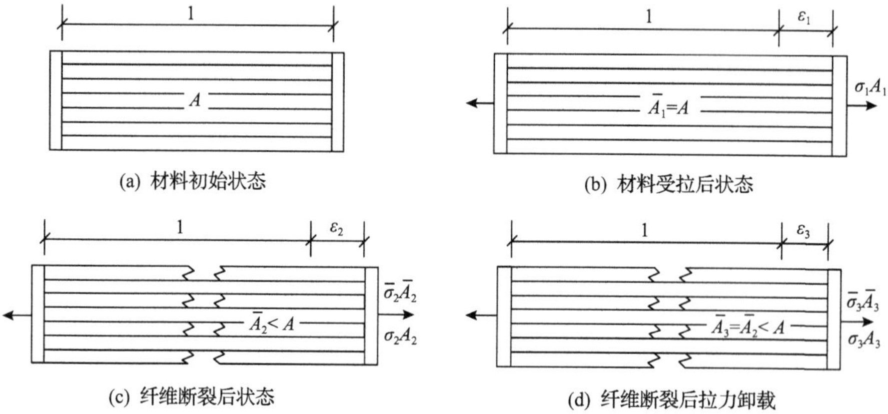

图 5-22　材料损伤定义

平衡条件为

$$\sigma A=\overline{\sigma}\overline{A} \tag{5-60}$$

损伤变量定义为

$$d=1-\frac{\overline{A}}{A} \tag{5-61}$$

在部分纤维断裂后，有效应力满足

$$\overline{\sigma}=E\varepsilon \tag{5-62}$$

由式(5-60)～式(5-62)可得到名义应力的本构准则：

$$\sigma=(1-d)E\varepsilon \tag{5-63}$$

混凝土损伤塑性模型假定弹性模量的退化由一系列减小的损伤变量 d 来定义，即

$$E=(1-d)E_0 \tag{5-64}$$

式中，E_0 为材料的初始刚度。在单轴荷载下，表达式能反映混凝土材料的受压区（$\sigma_{11}<0$）与受拉区（$\sigma_{11}>0$）两种情况，其中 d 与应力状态和单轴损伤变量 d_t、d_c 有关，即

$$1-d=(1-s_t d_c)(1-s_c d_t),\quad 0\leqslant s_t, s_c\leqslant 1 \tag{5-65}$$

$$\begin{cases} s_t = 1-w_t r^*(\bar{\sigma}_{11}), & 0\leqslant w_t\leqslant 1 \\ s_c = 1-w_c(1-r^*(\bar{\sigma}_{11})), & 0\leqslant w_c\leqslant 1 \end{cases} \tag{5-66}$$

其中，$\bar{\sigma}_{11}$ 为有效应力；w_t、w_c 用来控制受拉区与受压区转换时曲线刚度的恢复度。

$$r^*(\bar{\sigma}_{11})=H(\bar{\sigma}_{11})=\begin{cases}1, & \bar{\sigma}_{11}>0 \\ 0, & \bar{\sigma}_{11}<0\end{cases} \tag{5-67}$$

单轴受压与受拉区曲线损伤定义见图 5-23。

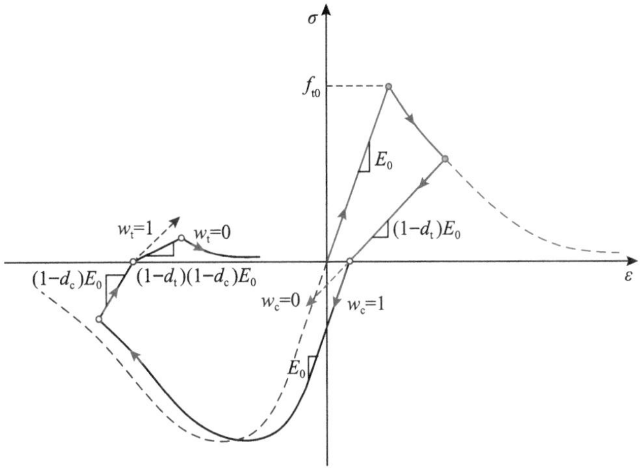

图 5-23　单轴受压与受拉区曲线损伤定义

5.7.3　混凝土弥散裂缝模型

弥散裂缝将总应变分解为两部分：一是无裂缝材料的应变 ε^e，二是裂缝引起的应变 ε^c。一维情况下，总应变可表示为

$$\varepsilon=\varepsilon^e+\varepsilon^c \tag{5-68}$$

第一部分应变，即无裂缝应变常假定为线弹性，则有如下关系：

$$\sigma = E\varepsilon^{\mathrm{e}} \tag{5-69}$$

应力达到材料的抗拉强度之后出现裂缝，裂缝应变也随之出现。早期研究假定裂缝出现后应力突然变为 0，这种假定并不合理。为模拟合适的能量耗散，避免裂缝后应力突变，方便数值模拟，通过黏结裂缝来代替结构中许多小的非连续裂缝组成的复杂裂缝体系，该黏结裂缝仍然可以传递应力，黏结应力可以描述为裂缝应变的函数，该函数可以通过试验拟合来获得。

$$\sigma = f^{\mathrm{c}}(\varepsilon^{\mathrm{c}}) \tag{5-70}$$

常见的该函数有线性、双折线、多项式以及指数等形式，见表 5-5[22]。

表 5-5　弥散裂缝模型开裂后函数[22]

类型	开裂后函数	注释
双折线	$\sigma = \begin{cases} f_{\mathrm{t}}\left(1-\dfrac{\varepsilon^{\mathrm{c}}}{\varepsilon_{\mathrm{b}}}\right)+\sigma_{\mathrm{b}}\dfrac{\varepsilon^{\mathrm{c}}}{\varepsilon_{\mathrm{b}}}, & 0\leqslant\varepsilon^{\mathrm{c}}<\varepsilon_{\mathrm{b}} \\ \sigma_{\mathrm{b}}\dfrac{\varepsilon_{\mathrm{f}}-\varepsilon^{\mathrm{c}}}{\varepsilon_{\mathrm{f}}-\varepsilon_{\mathrm{b}}}, & \varepsilon_{\mathrm{b}}\leqslant\varepsilon^{\mathrm{c}}\leqslant\varepsilon_{\mathrm{f}} \end{cases}$	f_{t} 为单轴抗拉强度； σ_{b} 、ε_{b} 分别为双折线转折点处的应力与应变； ε_{f} 为应力减小到 0 时的应变
多项式	$\sigma = f_{\mathrm{t}}\left\{\left[1+\left(\dfrac{c_1\varepsilon^{\mathrm{c}}}{\varepsilon_{\mathrm{f}}}\right)^3\right]\exp\left(-\dfrac{c_2\varepsilon^{\mathrm{c}}}{\varepsilon_{\mathrm{f}}}\right)-\mathrm{e}^{-c_2}\left(1+c_1^3\right)\dfrac{\varepsilon^{\mathrm{c}}}{\varepsilon_{\mathrm{f}}}\right\}$	c_1=3，c_2=6.93
指数	$\sigma = f_{\mathrm{t}}\exp\left(-\dfrac{\varepsilon^{\mathrm{c}}}{\varepsilon_{\mathrm{f}}}\right)$	—

为更准确地描述开裂后的应力情况，需要在开裂应力函数中考虑加载与卸载的作用。引入历程应变参数 κ ，以表达荷载历程中最大的开裂应变 ε^{c} ，因此开裂应力函数 σ 可表示为

$$\sigma = f^{\mathrm{c}}(\varepsilon^{\mathrm{c}},\kappa) \tag{5-71}$$

5.7.4　三维有限元分析与裂缝模拟

利用 ABAQUS 软件中的混凝土损伤塑性模型对横桥向受力的空心墩模型进行数值模拟。破坏面采用 Lee-Fenves 模型（k=2/3），受拉骨架曲线与受压骨架曲线采用修正 Chang-Mander 模型，混凝土压缩损伤与拉伸损伤采用以下公式计算：

$$D_{\mathrm{norm}} = A_0\mathrm{e}^{-\varepsilon_{\mathrm{norm}}/t_0} + B_0 \tag{5-72}$$

式中，$\varepsilon_{\mathrm{norm}}$ 为归一化的非弹性应变；t_0 为形状参数，反映损伤因子随非弹性应变

的演化速率[32]，取 0～1.0，本章取 0.4。

$$
\begin{cases} A_0 = \dfrac{1}{\mathrm{e}^{-1/t_0} - 1} \\ B_0 = \dfrac{-1}{\mathrm{e}^{-1/t_0} - 1} \end{cases} \text{(受压)}, \quad \begin{cases} A_0 = \dfrac{1}{1 - \mathrm{e}^{-1/t_0}} \\ B_0 = \dfrac{-\mathrm{e}^{-1/t_0}}{1 - \mathrm{e}^{-1/t_0}} \end{cases} \text{(受拉)} \tag{5-73}
$$

有限元模型网格及钢筋布置示意图见图 5-24。钢筋的单轴本构骨架曲线采用前述的 Giuffré- Menegotto-Pinto 模型，将计算分析的桥墩墩顶水平力-位移曲线与试验曲线进行比较，并给出桥墩变形时混凝土塑性损伤图，见图 5-25 和图 5-26。

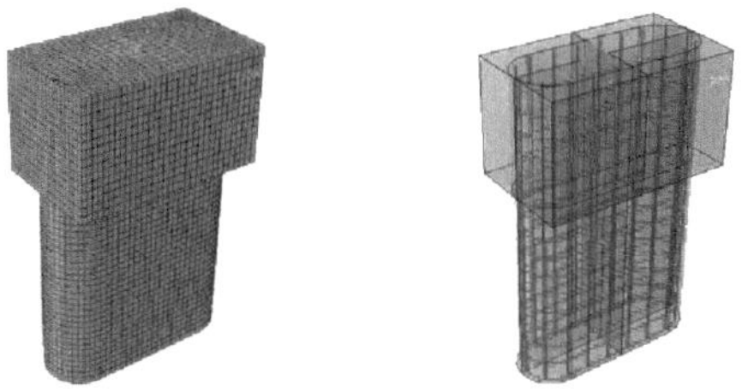

(a) 实心墩

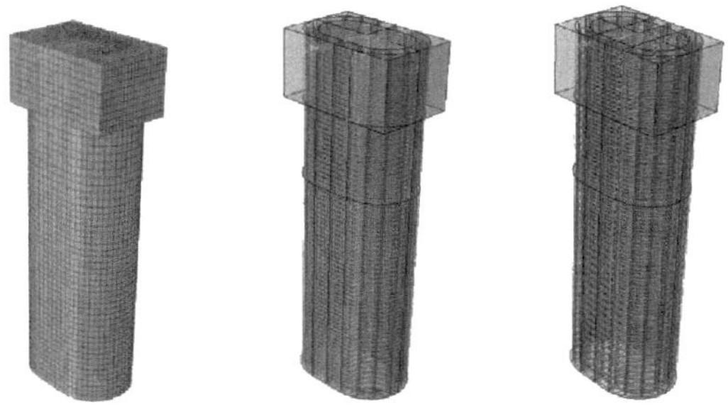

(b) 3m空心墩

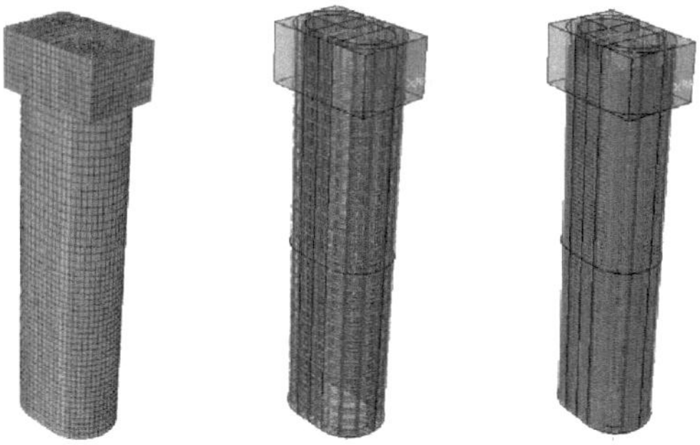

(c) 4m空心墩

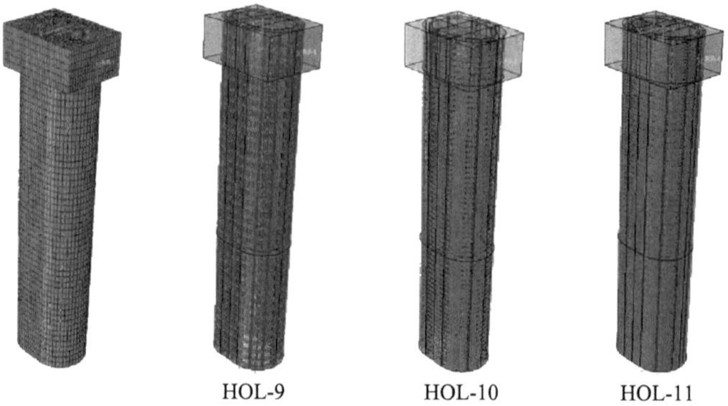

(d) 5m空心墩

图 5-24　有限元模型网格及钢筋布置示意图

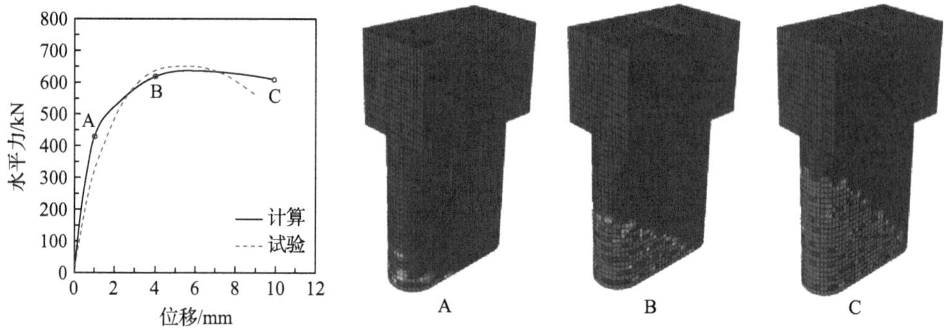

(a) SOL-4墩水平力-位移曲线及典型的受拉损伤发展

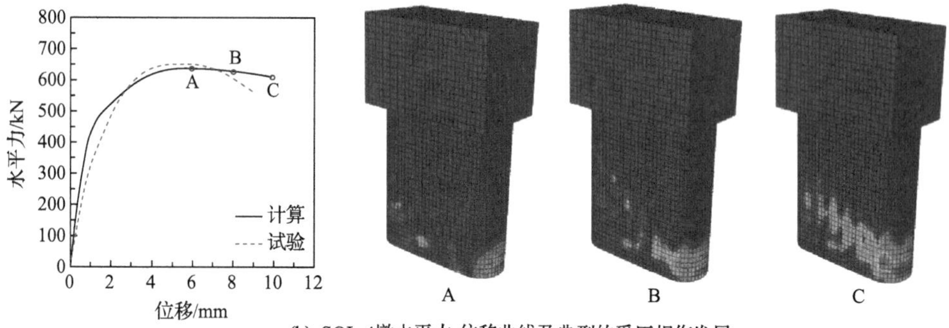

(b) SOL-4墩水平力-位移曲线及典型的受压损伤发展

图 5-25　实心墩水平力-位移曲线及典型的混凝土损伤发展

从图 5-25 可以看到，计算曲线的初始刚度更大，但是最大水平力相差不大，计算的延性好于试验值。桥墩受拉区受拉损伤出现较早，并随位移的增加而快速发展，混凝土受拉损伤的边缘呈现斜向发展的趋势，与试验所见的裂缝方向和角度大致相同，受压区损伤则在曲线峰值后出现直到破坏。

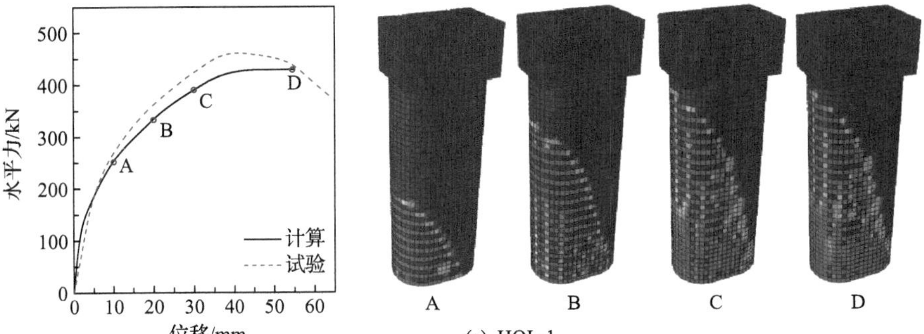

(a) HOL-1

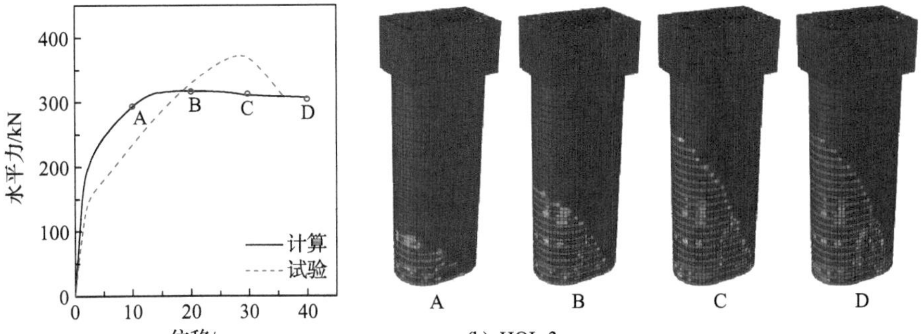

(b) HOL-3

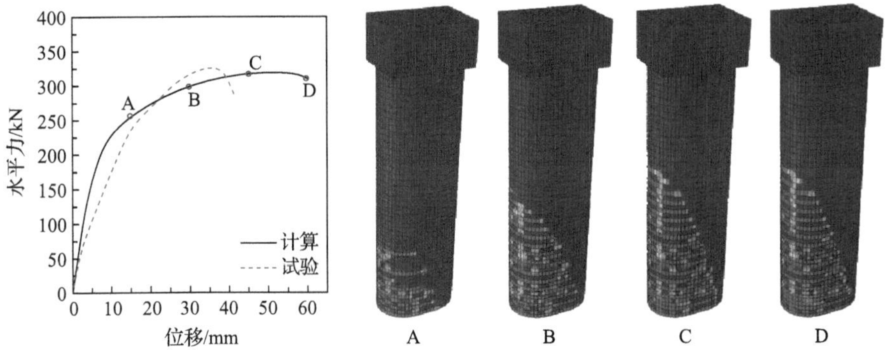

(c) HOL-6

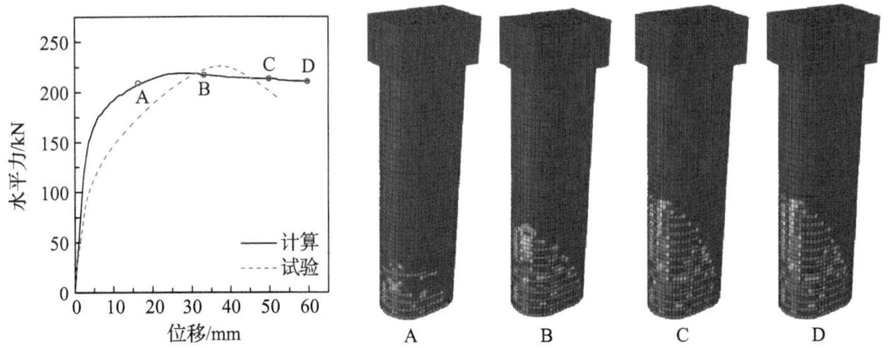

(d) HOL-7

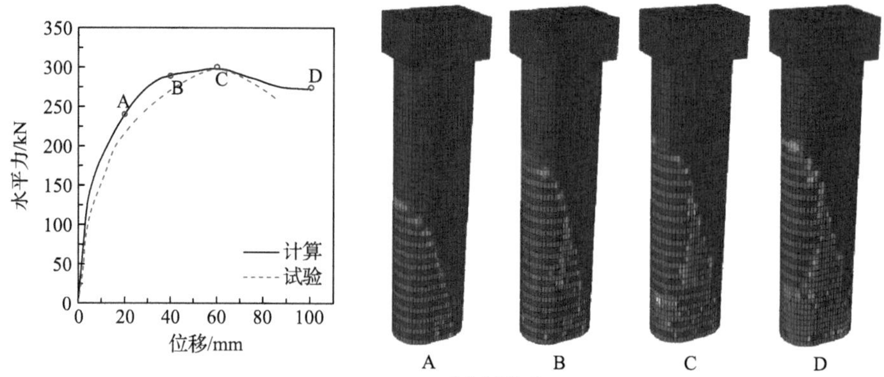

(e) HOL-9

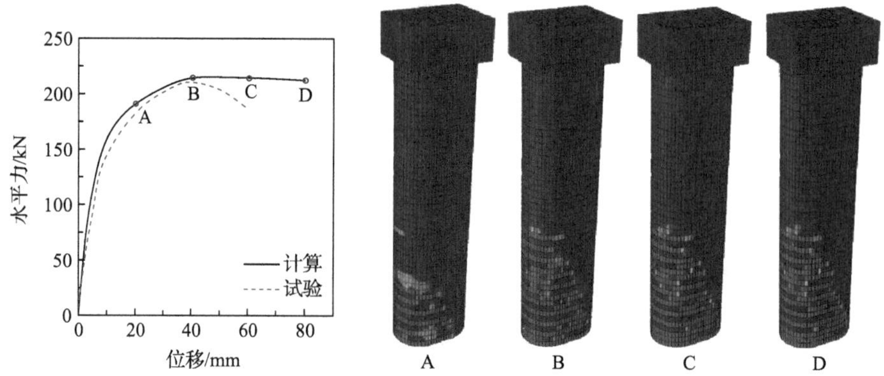

(f) HOL-10

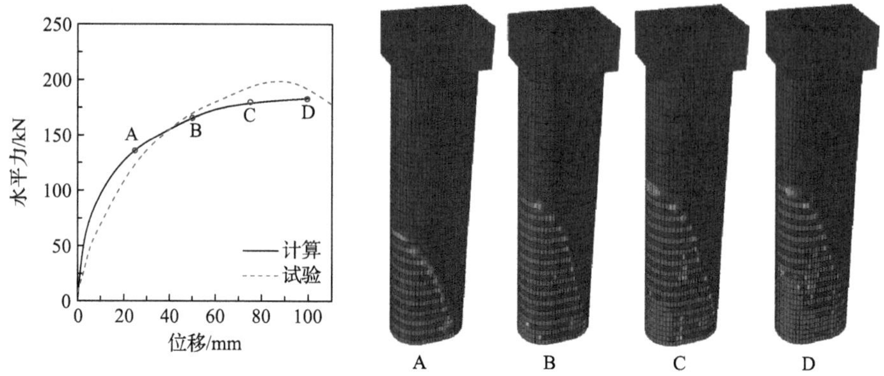

(g) HOL-11

图 5-26　空心墩水平力-位移曲线及典型的混凝土损伤发展

从图 5-26 可以看到，计算曲线的初始刚度普遍比试验曲线高，但是在到达峰值以后，计算曲线下降较为缓慢，其延性比试验值要好。随着墩顶位移的增加，所有墩柱损伤从下向上缓慢发展。受拉塑性应变从底端圆端形部分开始，发展到一定程度后斜向下延伸，同时受拉区增大，受压区减小，塑性应变继续向上发展直至墩柱破坏。按照墩柱的主拉应变分布，所有墩柱都会出现斜向下的弯剪斜裂缝。

5.8　高速铁路桥墩横桥向抗剪承载力公式及抗剪评估研究

桥墩主要通过墩底区域具有延性能力的塑性铰来消耗地震荷载作用的能量[33]。如果墩底塑性区出现脆性的剪切破坏，有可能引发桥墩倒塌，这在设计中是应尽量避免的。研究表明，受位移或者曲率延性系数的影响，钢筋混凝土柱的抗剪承载力会随着塑性铰转角的增加而降低[34]。相比实心墩柱构件，空心墩剪力流分布与薄壁结构截面分布相似，由于内部有效约束混凝土的面积大大减小，抗剪承载力也随之降低[35]。许多拟静力试验空心墩模型中都出现了弯剪斜裂缝或者发生剪切破坏，作者进行的所有空心墩横桥向加载模型也有斜裂缝出现，剪跨比较小的实心墩横桥向加载模型也出现了剪切破坏，因此有必要评估圆端形桥墩的抗剪性能。

5.8.1　已有的抗剪承载力公式

许多学者都对地震作用下钢筋混凝土柱的抗剪承载力进行了研究，并提出了分析模型，然而大部分研究都是基于实心截面试验数据。我国相关铁路抗震设计规范还未对地震作用下桥墩抗剪承载力进行规定。影响墩柱抗剪承载力的主要参数包括剪跨比、位移延性系数、轴力、纵筋率、体积配箍率、抗剪有效面积等。

1. Aschheim-Moehle 抗剪承载力公式

Aschheim 和 Moehle[36]提出了钢筋混凝土柱随位移延性系数变化的抗剪承载力表示为$V_n = V_c + V_s$，混凝土部分的抗剪承载力V_c表示为

$$V_c = 0.3\left(k + \frac{P}{13.8A_g}\right)\sqrt{f_c'} \times 0.8A_g \tag{5-74}$$

$$k = \frac{4-\mu}{3},\ 0 \leqslant k \leqslant 1 \tag{5-75}$$

式中，P为墩柱轴力；A_g为墩柱面积；f_c'为混凝土轴心抗压强度。

2. UCSD 抗剪承载力公式

Priestley 等[37]提出钢筋混凝土柱的抗剪承载力由混凝土、箍筋及轴力三部分

组成[37]，表示为

$$V_{\mathrm{n}}=V_{\mathrm{c}}+V_{\mathrm{s}}+V_{\mathrm{p}} \tag{5-76}$$

$$V_{\mathrm{c}}=\gamma\sqrt{f_{\mathrm{c}}'}\times 0.8A_{\mathrm{g}} \tag{5-77}$$

$$V_{\mathrm{s}}=\frac{\pi}{2}\frac{A_{\mathrm{sp}}f_{\mathrm{y}}D'}{s}\cot\theta \tag{5-78}$$

$$V_{\mathrm{p}}=P\frac{D-c}{2D\lambda} \tag{5-79}$$

式中，D 为墩柱直径；D' 为约束混凝土直径，$D'=D-2\mathrm{cov}+d_{\mathrm{bs}}$，cov 为混凝土保护层厚度，$d_{\mathrm{bs}}$ 为箍筋直径；A_{sp} 为箍筋面积；λ 为剪跨比，当 $\mu<2$ 时取 0.29，当 $\mu>4$ 时取 0.1，当 $2<\mu<4$ 时，γ 值线性减小；c 为中性轴高度即受压区高度；θ 为假定混凝土裂缝的角度。

随后 Xiao 和 Martirossyan[38]在研究了高强混凝土的抗震性能之后，发现该类混凝土柱的抗剪承载力下降更为剧烈，因此对高强混凝土柱中混凝土抗剪承载力公式的系数γ进行了修改：

$$\gamma=\begin{cases}0.29, & \mu<2\\ 0.29-0.12(\mu-2), & 2\leqslant\mu\leqslant 4\\ 0.05-0.025(\mu-4), & 4<\mu\leqslant 6\\ 0, & \mu>6\end{cases} \tag{5-80}$$

Howser 等[34]在参数分析的基础上又对 γ 进行了修改：

$$\gamma=\begin{cases}0.29, & \mu<2\\ 0.29-0.12(\mu-2), & 2\leqslant\mu\leqslant r\\ 0.53-0.095r-0.025\mu, & r<\mu\leqslant q\\ 0.53-0.095r-0.025q, & \mu>q\end{cases} \tag{5-81}$$

其中，$r=35\rho_{\mathrm{t}}-0.011f_{\mathrm{c}}'+3.8$；$\rho_{\mathrm{t}}$ 为墩柱纵筋率；f_{c}' 为约束混凝土轴心抗压强度。当 $q<r$ 时，$q=144\rho_{\mathrm{t}}+0.03f_{\mathrm{c}}'+4.3$；当 $q\geqslant r$ 时，$q=r$。

3. 修正 UCSD 抗剪承载力公式

Kowalsky 和 Priestley[39]对 UCSD 抗剪承载力公式进行了改进，钢筋混凝土柱的抗剪承载力同样由混凝土、箍筋及轴力三部分组成，即 $V_{\mathrm{n}}=V_{\mathrm{c}}+V_{\mathrm{s}}+V_{\mathrm{p}}$，其中，

$$V_c = \alpha_1 \beta \gamma \sqrt{f_c'} \times 0.8 A_g \tag{5-82}$$

$$\alpha_1 = 3 - \frac{M}{VD}, \quad 1 \leqslant \alpha \leqslant 1.5 \tag{5-83}$$

$$\beta = 0.5 + 20\rho_1 \leqslant 1 \tag{5-84}$$

$$\gamma = 0.29 - 0.04(\mu - 2), \quad 0.05 \leqslant \gamma \leqslant 0.29 \tag{5-85}$$

式中，α_1 为与剪跨比 $M/(VD)$ 相关的系数；ρ_1 为截面纵筋率。

$$V_s = \begin{cases} \dfrac{\pi}{2} \dfrac{A_b f_{yh} C_1}{s} \cot\theta & \text{(圆形截面)} \\ \dfrac{A_v f_{yh} C_1}{s} \cot\theta & \text{(矩形截面)} \end{cases} \tag{5-86}$$

$$V_p = P\tan\alpha = P\frac{D-c}{2D\lambda} \tag{5-87}$$

式中，θ 为斜向裂缝与竖直线之间的夹角，建议取 30°；P 为作用于墩柱截面的轴力；c 为中性轴高度；α 为剪力与轴力之间的夹角，见图 5-27。

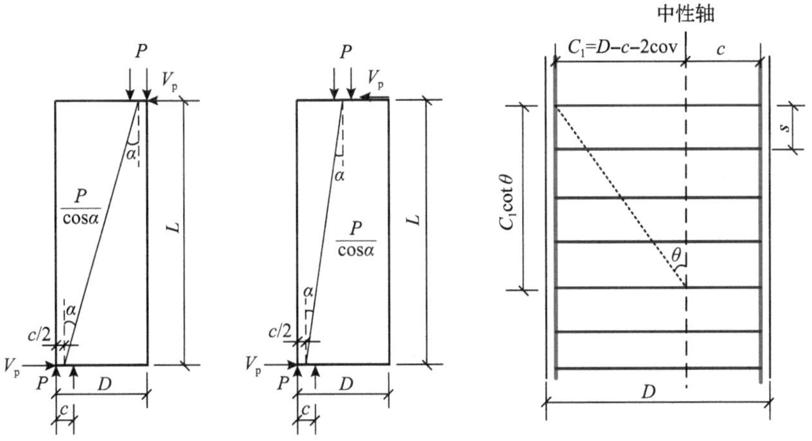

(a) 大偏心受力示意图　(b) 小偏心受力示意图　(c) 桥墩配筋示意图

图 5-27　轴力引起剪力的计算示意图

4. Sezen-Moehle 抗剪承载力公式

Sezen 和 Moehle[40]给出了箍筋率较小的墩柱抗剪承载力公式，混凝土的抗剪承载力由剪跨比、位移延性系数以及轴力三部分组成：

$$V_{\mathrm{n}}=V_{\mathrm{s}}+V_{\mathrm{c}}=k\frac{A_{\mathrm{v}}f_{\mathrm{y}}d}{s}+k\left(\frac{0.5\sqrt{f_{\mathrm{c}}'}}{l/d}\sqrt{1+\frac{P}{0.5A_{\mathrm{g}}\sqrt{f_{\mathrm{c}}'}}}\right)\times0.8A_{\mathrm{g}} \tag{5-88}$$

式中，当 $\mu\leqslant2$ 时，k=1；当 $\mu\geqslant6$ 时，k=0.7；当 $2<\mu<6$ 时，k 线性减小。

5. ACI 318-11 抗剪承载力公式[41]

美国混凝土结构设计规范 ACI 318-11 的抗剪承载力仍然表示为 $V_{\mathrm{n}}=V_{\mathrm{c}}+V_{\mathrm{s}}$，建议混凝土部分的抗剪承载力公式中考虑剪跨比、纵筋率及轴力的影响，表述为

$$V_{\mathrm{c}}=\left(0.16\sqrt{f_{\mathrm{c}}'}+17.24\rho_{\mathrm{w}}\frac{V_{\mathrm{u}}d}{M_{\mathrm{m}}}\right)b_{\mathrm{w}}d \tag{5-89}$$

$$M_{\mathrm{m}}=M_{\mathrm{u}}-N_{\mathrm{u}}\frac{4h-d}{8} \tag{5-90}$$

式中，ρ_{w} 为有效截面面积为 $b_{\mathrm{w}}d$ 下的纵筋率；b_{w} 为截面有效宽度；d 为截面有效高度；h 为截面总高度；N_{u} 为极限轴力；V_{u} 为极限剪力；M_{u} 为极限弯矩。

6. Caltrans 2010 抗剪承载力公式

Caltrans 2010 抗剪承载力由两部分组成，即 $V_{\mathrm{n}}=V_{\mathrm{c}}+V_{\mathrm{s}}$，将轴力引起的抗剪承载力的提高引入混凝土强度的系数中[42]，表述为

$$V_{\mathrm{c}}=\alpha_1\alpha_2\sqrt{f_{\mathrm{c}}'}\times0.8A_{\mathrm{g}}\leqslant0.33\sqrt{f_{\mathrm{c}}'}\times0.8A_{\mathrm{g}} \tag{5-91}$$

$$\alpha_1=\frac{\rho_{\mathrm{s}}f_{\mathrm{yh}}}{12.5}+0.305-0.083\mu_{\mathrm{d}},\quad 0.025\leqslant\alpha_1\leqslant0.25 \tag{5-92}$$

$$\alpha_2=1+\frac{P_{\mathrm{c}}}{13.8A_{\mathrm{g}}},\quad 1\leqslant\alpha_2\leqslant1.5 \tag{5-93}$$

式中，A_{g} 为墩柱面积；ρ_{s} 为箍筋率；f_{c}' 未约束混凝土抗压强度；f_{yh} 为箍筋屈服应力；P_{c} 为轴力；μ_{d} 为位移延性系数。

$$V_{\mathrm{s}}=\frac{A_{\mathrm{v}}f_{\mathrm{yh}}D'}{s} \tag{5-94}$$

我国《公路桥梁抗震设计规范》(JTG/T 2231-01—2020)中参考了此抗剪承载力公式，为了简化，取 $\alpha_1=0.025,\alpha_2=1.0$。

7. Kim 抗剪承载力公式

Kim 和 Park[43]在矩形空心墩试验的基础上给出了墩柱混凝土部分的抗剪承载力公式：

$$V_c = \alpha 0.5\sqrt{f_c'}\sqrt{1+\frac{P}{0.5\sqrt{f_c'}A_g}}\times 0.8A_g \tag{5-95}$$

$$\alpha = \begin{cases} 1-0.22\dfrac{l}{h}, & \dfrac{l}{h}\leqslant 3 \\ 0.34, & \dfrac{l}{h}>3 \end{cases} \tag{5-96}$$

式中，l/h 为墩柱的剪跨比；l 为墩柱高度；h 为墩柱截面高度。

5.8.2　抗剪承载力公式比较

由于各抗剪承载力公式的主要区别是混凝土部分的抗剪承载力定义，本节以前述试验的空心墩 HOL-1 为计算模型，对各抗剪承载力公式混凝土部分的评估进行对比。模型的各设计参数为：轴心抗压强度 $f_c' = 26\text{MPa}$，混凝土毛截面面积 $A_g = 340014\text{mm}^2$，剪跨比 λ=2.59，纵筋率 $\rho_l = 0.8\%$，体积配箍率 $\rho_v = 0.4\%$，轴压比 0.15，轴力 P=1010kN。

图 5-28 给出了利用各公式计算的空心墩 HOL-1 模型的混凝土部分抗剪承载力。ACI 318-11 抗剪承载力公式与 Kim 抗剪承载力公式计算的抗剪承载力不随位移延性系数的变化而改变，而主要与剪跨比、轴力与混凝土抗压强度有关。其他公式的初始抗剪承载力相差不明显，位移延性系数增加至一定值后，抗剪承载力

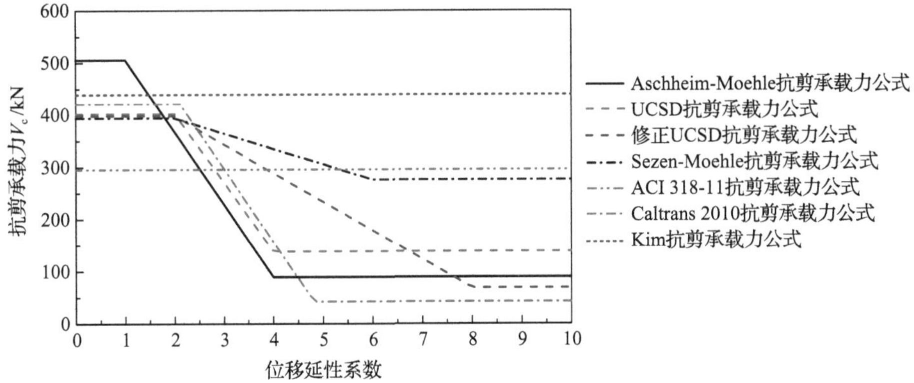

图 5-28　HOL-1 模型的混凝土部分抗剪承载力比较

也随之减小，随后达到恒定值。

5.8.3 桥墩模型抗剪承载力评估

用前述所介绍的抗剪承载力公式对试验横桥向加载的桥墩模型进行抗剪评估，将试验得到的墩底剪力-墩顶位移曲线与各公式计算得到的抗剪承载力曲线进行比较。当剪力-位移曲线低于抗剪承载力曲线时，桥墩不会出现剪切破坏，而当剪力-位移曲线高于抗剪承载力曲线时，说明桥墩的抗剪强度不足，可能出现剪切破坏，将造成地震作用下的桥墩突然破坏。

空心墩模型抗剪评估见图 5-29。可以看到，各空心墩模型的墩顶剪力均小于其抗剪承载力，不会出现剪切破坏，这与试验中各模型均为弯剪破坏的现象一致。评估空心墩抗剪承载力时，Aschheim-Moehle 抗剪承载力公式的初始抗剪承载力普遍较大，Sezen-Moehle 抗剪承载力公式的最终抗剪承载力普遍较小，ACI 318-11 抗剪承载力公式的抗剪承载力约为各公式抗剪承载力的平均值，但是其最终抗剪承载力比其他公式大。

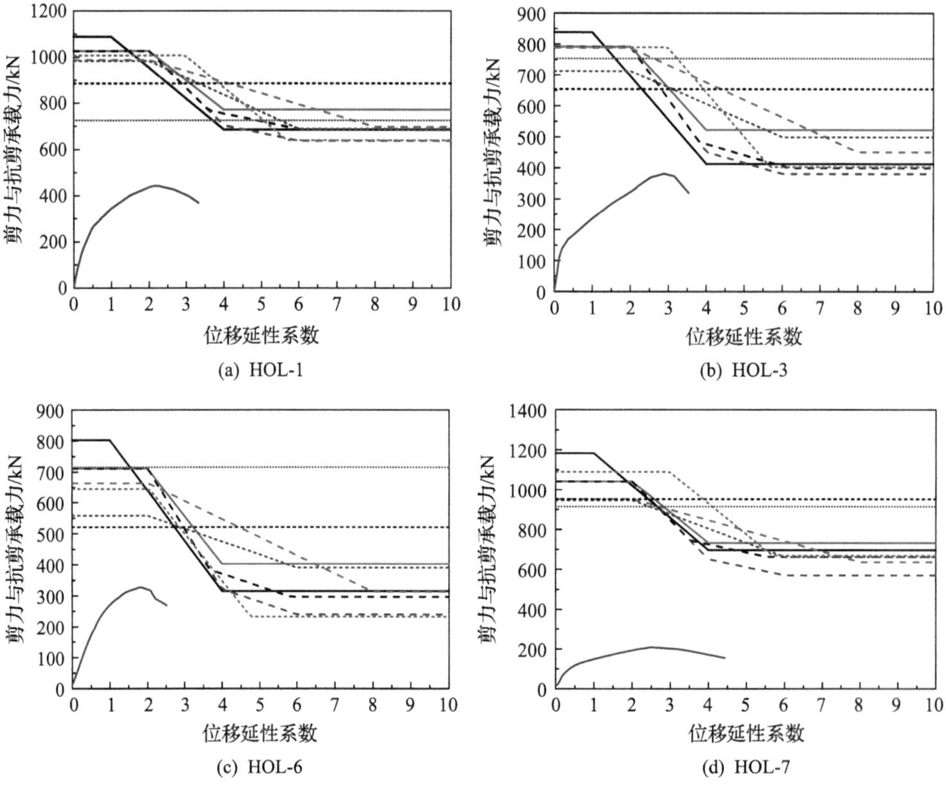

(a) HOL-1 (b) HOL-3

(c) HOL-6 (d) HOL-7

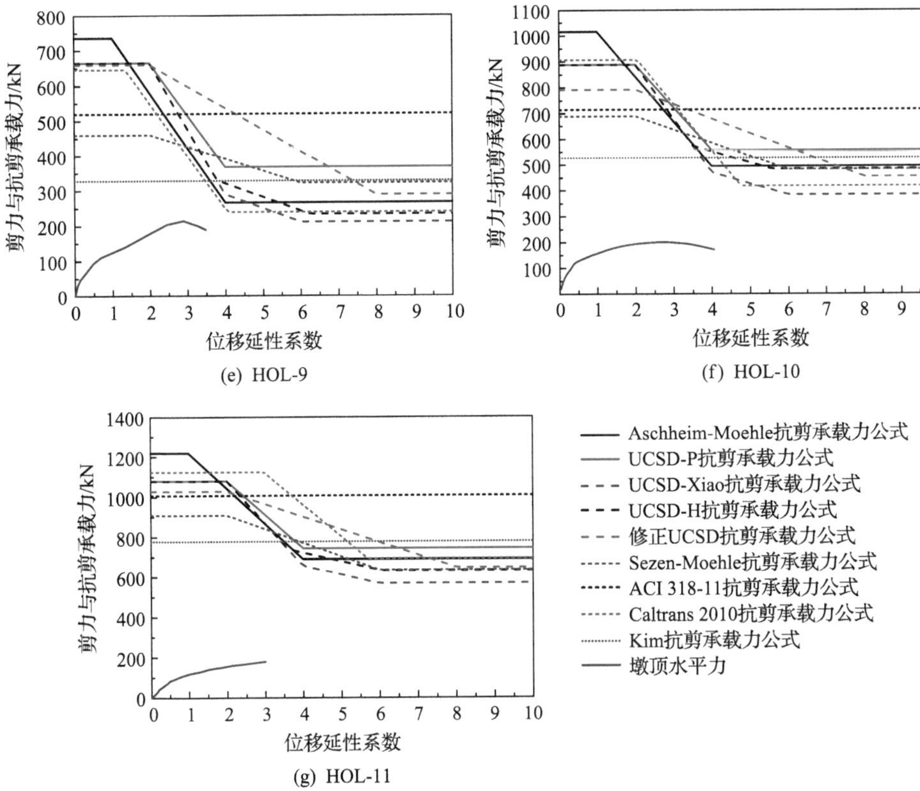

图 5-29 空心墩模型抗剪评估

利用各公式评估剪跨比较小的实心墩 SOL-4 的横桥向抗剪承载力，见图 5-30。可以看到，Aschheim-Moehle 抗剪承载力公式与 ACI 318-11 抗剪承载力公式评估

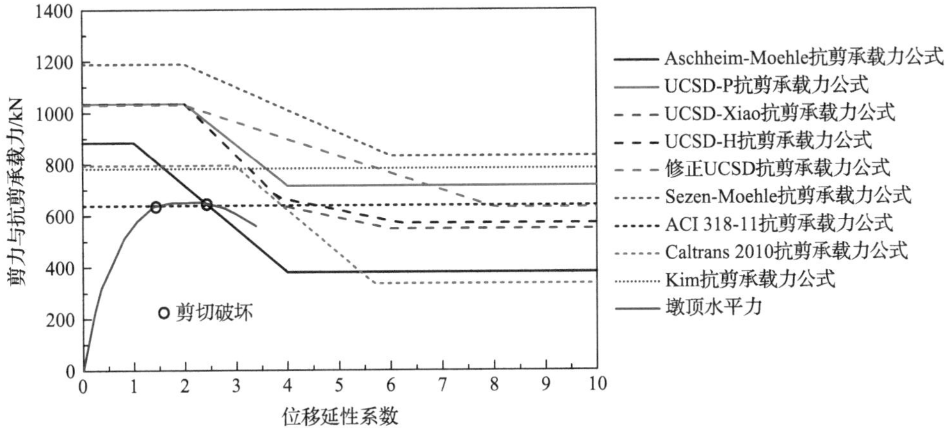

图 5-30 实心墩模型 SOL-4 抗剪评估

时，SOL-4 墩的抗剪承载力与墩底剪力-位移曲线相交，预测效果较好，其他公式计算的抗剪承载力偏大。Aschheim-Moehle 抗剪承载力公式同时考虑了抗剪承载力随位移延性系数的增大而减小的效应。

5.8.4　高速铁路圆端形桥墩抗剪承载力公式

尽管 Aschheim-Moehle 抗剪承载力公式预测到了横桥向剪跨比 1.33 的实心墩 SOL-4 模型的抗剪承载力，但是该公式并没有考虑剪跨比的影响，而且高速铁路桥墩在恒载作用下的轴压比一般都比较小，在 0.05 以内，轴力引起的抗剪承载力非常小，为偏安全计算，可将其忽略。本节提出考虑位移延性系数以及剪跨比等影响因素的抗剪承载力公式，即 $V_n = V_c + V_s$，其中，

$$V_c = \alpha_1 \alpha_2 \cdot 0.5\sqrt{f_c'} \times 0.8 A_g \tag{5-97}$$

$$\alpha_1 = \frac{4-\mu}{3}, \quad 0 \leqslant \alpha_1 \leqslant 1 \tag{5-98}$$

$$\alpha_2 = \begin{cases} 1-0.42\lambda, & 0 \leqslant \lambda \leqslant 1.6 \\ 0.33, & \lambda > 1.6 \end{cases} \tag{5-99}$$

式中，μ 为位移延性系数；λ 为剪跨比。

V_s 计算公式见式(5-86)。

利用本节公式与 Aschheim-Moehle 抗剪承载力公式对 SOL-4 模型进行抗剪评估，见图 5-31。可以看到，两个公式都预测到了模型的剪切破坏，本节公式由于考虑了剪跨比的影响，同时忽略了轴力部分引起的抗剪承载力，计算的抗剪承载力比 Aschheim-Moehle 抗剪承载力公式小。

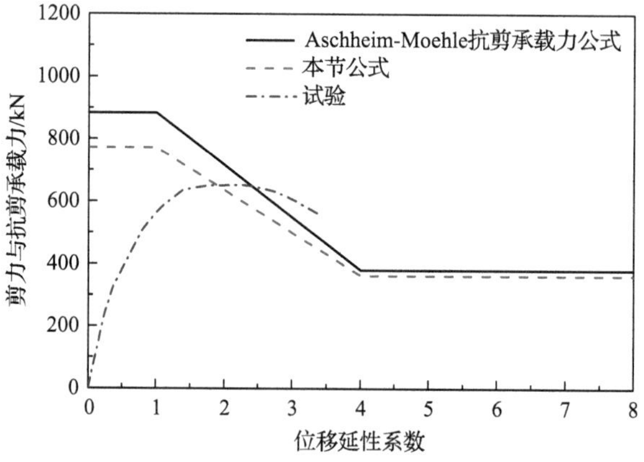

图 5-31　实心墩 SOL-4 模型抗剪评估比较

同样利用 SOL-4 模型，轴压比取 0.05，纵筋率仍然为 0.4%，体积配箍率为 0.15%，改变桥墩墩高即剪跨比在 0.6～1.6 变化，利用本章提出的考虑弯剪耦合作用的纤维梁单元进行墩顶单调荷载的数值模拟，得到各模型的墩底剪力-墩顶位移曲线，并利用提出的抗剪承载力公式进行评估，结果见图 5-32。

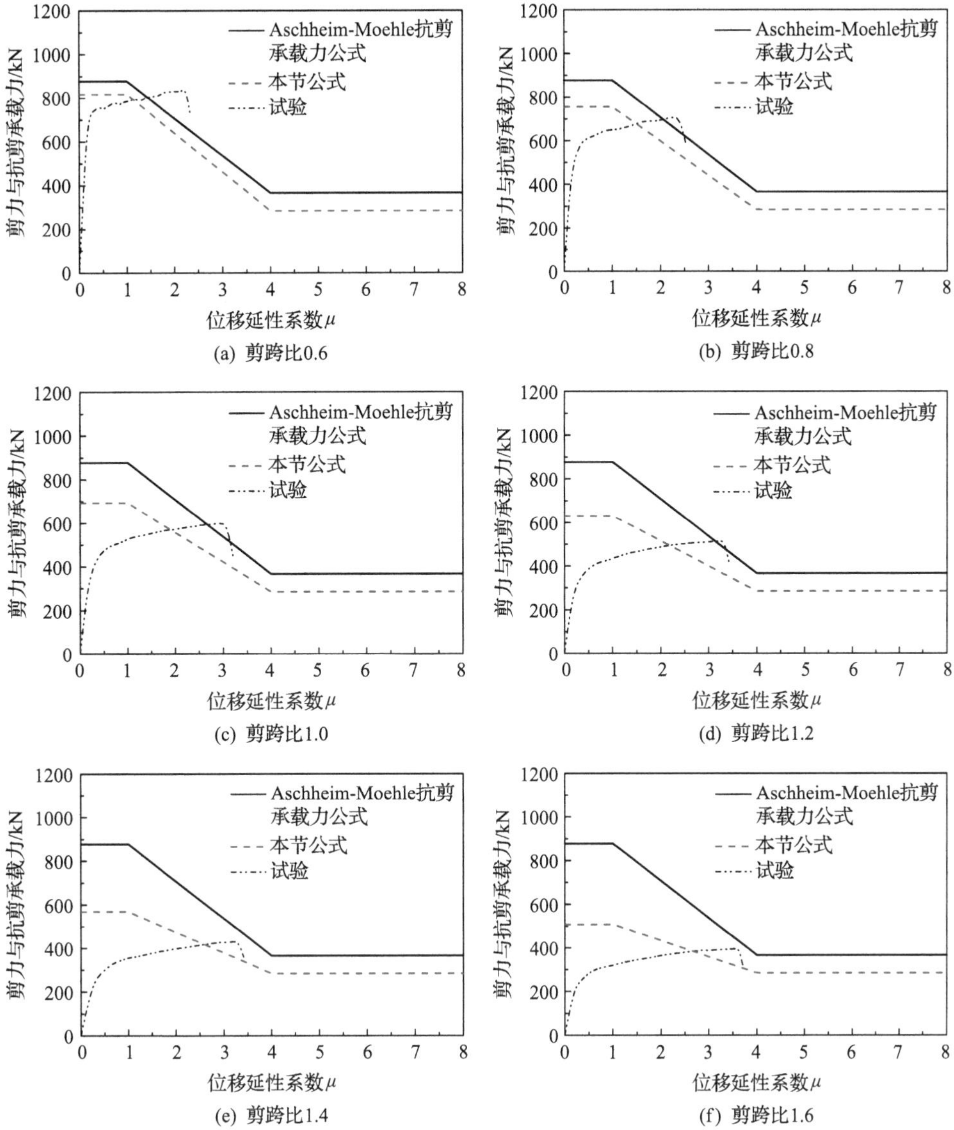

图 5-32　矮墩模型抗剪评估比较

从图 5-32 可以看到，本节公式计算的抗剪承载力始终比 Aschheim-Moehle 抗剪承载力公式小，当剪跨比较小时，两个公式的差别很小，基本是由轴力部分的不同引起的。随着剪跨比的增大，它们的区别越来越明显，由于 Aschheim-Moehle 抗剪承载力公式没有考虑剪跨比的影响，抗剪承载力始终保持不变，而本节公式计算的抗剪承载力随墩高的增加而减小，能更好地反映高速铁路桥墩剪切强度随墩高的变化规律。

由于桥墩的纵筋率和体积配箍率均较低，计算所得的桥墩延性都较差。桥墩模型抗剪设计时可以通过增加箍筋的间距和拉筋从而增大体积配箍率来有效提高抗剪承载力，从而提高地震作用下的抗剪性能。

5.9 本章小结

本章首先对低剪跨比实心墩进行了横桥向的低周往复荷载试验，得到其滞回曲线、骨架曲线、刚度退化等性能；然后利用扰动应力场模型考虑弯剪耦合作用对原有的纤维梁柱单元进行改进，探讨了剪切变形对不同墩高墩柱变形的影响；随后利用有限元软件对其进行了对比分析；最后对圆端形桥墩的抗剪承载力进行了研究。得到以下结论：

(1) 圆端形实心墩受横桥向荷载时，剪跨比为 1.35 时桥墩会表现出典型的弯剪裂缝及压碎破坏，而剪跨比为 2 时桥墩表现出典型的弯曲裂缝破坏。

(2) 剪跨比为 1.35 时，采用的纤维梁单元模型无法考虑正应力与剪应力的耦合，使得计算的初始刚度偏大。基于扰动应力场模型的纤维单元能够考虑弯剪耦合作用，与试验曲线吻合较好。

(3) 圆端形桥墩横桥向剪切效应参数分析表明，当剪跨比大于 1.6 时，剪切作用不明显，因此横桥向剪跨比 1.6 可作为该类桥墩考虑弯剪耦合作用的界限值。

(4) 利用三维有限元软件计算的曲线的初始刚度普遍比试验曲线高，但是在到达峰值以后，计算曲线下降较为缓慢，其延性比试验值要好。

(5) 本章提出的抗剪承载力公式较为准确地评估了实心墩模型横桥向的剪切破坏，同时考虑了位移延性系数与剪跨比的影响，可利用该公式对高速铁路圆端形实心墩进行抗剪设计与评估。

参考文献

[1] 郑健. 中国高速铁路桥梁[M]. 北京: 高等教育出版社, 2008.

[2] 管品武. 钢筋混凝土框架柱塑性铰区抗剪承载力试验研究及机理分析[D]. 长沙: 湖南大学, 2001.

[3] Chen W F, El-Metwally S E D E. Understanding Structural Engineering From Theory to Practice[M]. Boca Raton: CRC Press, 2011.

[4] ACI-ASCE Committee 426. The shear strength of reinforced concrete members[J]. Journal of the

Structural Division Proceeding, 1973, 99(6): 1091-1187.

[5] Collins M P, Mitchell D. Rational approach to shear design—The 1984 Canadian code provisions[J]. Journal of the American Concrete Institute, 1986, 83(6): 925-933.

[6] Collins M P, Mitchell D. Shear and torsion design of prestressed and non-prestressed concrete beams[J]. Journal Prestressed Concrete Institute, 1980, 25(5): 32-100.

[7] Watson S, Zahn F A, Park R. Confining reinforcement for concrete columns[J]. Journal of Structural Engineering, 1994, 120(6): 1798-1824.

[8] Ghee A B, Priestley M J N, Paulay T. Seismic shear strength of circular reinforced concrete columns[J]. ACI Structural Journal, 1989, 86(1): 45-59.

[9] 王传至, 腾智明. 钢筋混凝土原理与分析[M]. 北京: 中国建筑工业出版社, 1985.

[10] 中华人民共和国住房和城乡建设部. 建筑抗震试验规程(JGJ/T 101—2015)[S]. 北京: 中国建筑工业出版社, 2015.

[11] Soltani A, Behnamfar F, Behfarnia K, et al. Numerical tools for modeling of RC shear walls[C]//Proceedings of the 8th International Conference on Structural Dynamics, EuroDYN 2011, Leuven, 2011: 341-348.

[12] 江见鲸, 陆新征. 混凝土结构有限元分析[M]. 2 版. 北京: 清华大学出版社, 2013.

[13] Xiang H J, Mo Y L, Hsu T T C. Seismic simulation of RC wall-type structures using softened shell model[C]//The 15th World Conference on Earthquake Engineering (WCEE), Lisbon, 2012: 1-10.

[14] Orakcal K, Massone L M, Wallace J W. Analytical modeling of reinforced concrete walls for predicting flexural and coupled-shear-flexural responses[R]. Berkeley: Pacific Earthquake Engineering Research Center, 2006.

[15] Vulcano A, Bertero V V, Colotti V. Analytical modeling of R/C structural walls[C]//Proceedings of the 9th World Conference on Earthquake Engineering, Tokyo, 1988: 41-46.

[16] Vecchio F J, Collins M P. The modified compression-field theory for reinforced-concrete elements subjected to shear[J]. Journal of the American Concrete Institute, 1986, 83(2): 219-231.

[17] Vecchio F J, Collins M P. Predicting the response of reinforced concrete beams subjected to shear using modified compression field theory[J]. ACI Structural Journal, 1988, 85(3): 258-268.

[18] Güner Serhan. Performance assessment of shear-critical reinforced concrete plane frames[D]. Toronto: University of Toronto, 2008.

[19] Vecchio F J. Disturbed stress field model for reinforced concrete: Formulation[J]. Journal of Structural Engineering, 2000, 126(9): 1070-1077.

[20] Vecchio F J. Disturbed stress field model of reinforced concrete: Implementation[J]. Journal of

Structural Engineering, 2001, 127(1): 12-20.

[21] Chen W F. Plasticity in Reinforced Concrete[M]. New York: McGraw-Hill, 1982.

[22] Günter H, Günther M. Numerical Modeling of Concrete Cracking[M]. New York: Springer, 2011.

[23] Bresler B, Pisster K S. Strength of concrete under combined stresses[J]. Journal of American Concrete Institute, 1958, 55(9): 321-345.

[24] Willanm K J, Warnker E P. Constitutive models for the triaxial behavior of concrete[C]// International Association for Bridge and Structural Engineering（IABSE）Subjected Triaxial Stresses, Bergamo, 1974: 1-30.

[25] 黄克智. 固体本构关系[M]. 北京: 清华大学出版社, 1999.

[26] Ottosen N S. Failure and elasticity of concrete[R]. Denmark: Technical University of Denmark, 1975.

[27] Hsieh S S, Ting E C, Chen W F. An elastic-fracture model for concrete[C]//Proceedings of the third Engineering Mechanics Division Specialty Conference, Austin, 1979: 437-440.

[28] Lee J, Fenves G L. Plastic-damage model for cyclic loading of concrete structures[J]. Journal of Engineering Mechanics, 1998, 124(8): 892-900.

[29] Podgórski J. General failure criterion for isotropic media[J]. Journal of Engineering Mechanics, 1985, 111(2): 188-201.

[30] 过镇海，王传志. 多轴应力下混凝土的强度和破坏准则研究[J]. 土木工程学报，1991, 24(3): 1-14.

[31] 赵国藩, 宋玉普, 彭放, 等. 混凝土在两压一拉加载下的变形和强度特性[J]. 大连理工大学学报, 1991, 31(5): 579-584.

[32] 王金昌, 陈页开. ABAQUS 在土木工程中的应用[M]. 杭州: 浙江大学出版社, 2006.

[33] Priestley M J N, Seible F, Calvi G M. Seismic Design and Retrofit of Bridges[M]. New York: John Wiley & Sons, 1996.

[34] Howser R, Laskar A, Mo Y L. Seismic interaction of flexural ductility and shear capacity in reinforced concrete columns[J]. Structural Engineering and Mechanics, 2010, 35(5): 593-616.

[35] Hartsuijker C, Welleman J W. Engineering Mechanics[M]. Dordrecht: Springer, 2007.

[36] Aschheim A M, Moehle J P. Shear strength and deformability of RC bridge columns subjected to inelastic cyclic displacements[R]. Berkeley: University of California at Berkeley, 1992.

[37] Priestley M J N, Verma R, Xiao Y. Seismic shear strength of reinforced concrete columns[J]. Journal of Structural Engineering, 1994, 120(8): 2310-2329.

[38] Xiao Y, Martirossyan A. Seismic performance of high-strength concrete columns[J]. Journal of Structural Engineering, 1998, 124(3): 241-251.

[39] Kowalsky M J, Priestley M J N. Improved analytical model for shear strength of circular

reinforced concrete columns in seismic regions[J]. ACI Structural Journal, 2000, 97(3): 388-396.

[40] Sezen H, Moehle J P. Shear strength model for lightly reinforced concrete columns[J]. Journal of Structural Engineering, 2004, 130(11): 1692-1703.

[41] ACI Committee 318. Building code requirements for reinforced concrete (ACI 318-08) and commentary (ACI 318R-08)[S]. Famington Hills: American Concrete Institute, 2008.

[42] California Department of Transportation. Seismic design criteria version 1.6[S]. Sacramento: California Department of Transportation, 2010.

[43] Kim J, Park C. Behaviour of concrete columns with interlocking spirals[J]. Engineering Structures, 1999, 21(10): 945-953.

第6章　弯曲破坏型高速铁路圆端形桥墩的地震损伤指标

6.1　概　　述

损伤指标是对性能目标的定量描述，大致可划分为曲率延性指标、位移延性指标等不考虑累积效应的损伤指标和低周疲劳损伤指标，双参数损伤指标等考虑桥墩在大量小脉冲作用下损伤累积而导致倒塌的累积损伤指标。

本章选取国内外7个弯曲破坏型圆端形实心墩的拟静力试验试件，采用典型损伤模型对上述试件的损伤程度进行量化，评估这些损伤模型的适用性。随后建立144个圆端形实心墩的OpenSees数值分析模型，进行单调静力加载和低周往复加载，提出适用于这类桥墩的Park-Ang双参数损伤指标组合参数的修正公式。参考其他学者提出的性能指标，提出建议的桥墩损伤临界值。采用修正的组合参数$\beta_{\rm mod}$计算损伤指数，并根据提出的损伤临界值对试件损伤状态进行评估。

6.2　既有损伤评估模型

为直观度量墩柱损伤状态，众多学者采用无量纲参数——损伤指数来量化墩柱损伤程度。损伤指数大小与损伤模型有关，随着加载进行，损伤逐渐累积，损伤指数逐渐增大。大部分模型的损伤指数介于0～1，1表示构件倒塌。

1. 基于构件参数退化的损伤模型

考虑到建筑物的抗震可靠性很大程度上取决于其主要构件在地震中可能经历的强度和刚度退化，Roufaiel和Meyer[1]提出了改进的刚度模型：

$$\mathrm{DI}=\frac{k_{\rm f}(k_{\rm m}-k_0)}{k_{\rm m}(k_{\rm f}-k_0)} \tag{6-1}$$

式中，DI为损伤指数；k_0为初始刚度；$k_{\rm f}$为构件倒塌时的割线刚度；$k_{\rm m}$为构件在往复荷载作用下最大位移处的割线刚度。

显然，Roufaiel-Meyer刚度模型将损伤指数DI严格限制在0～1，但是该模型需要将构件加载至倒塌状态以确定刚度$k_{\rm f}$，如图6-1所示。

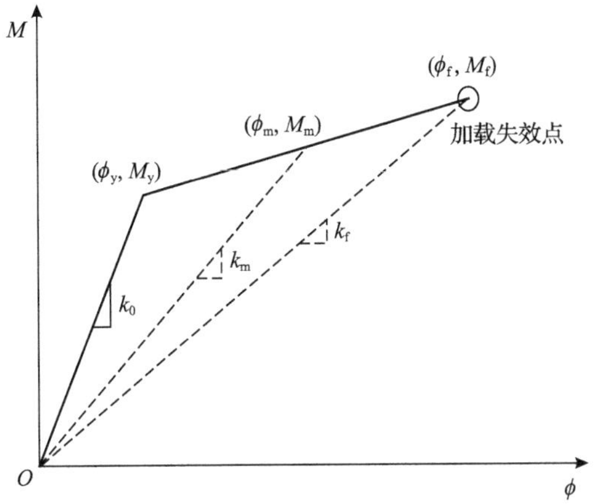

图 6-1　Roufaiel-Meyer 刚度模型

Kunnath 等[2]提出了如图 6-2 所示的刚度模型：

$$DI = \frac{k_m - k_0}{k_f^{mon} - k_0} \tag{6-2}$$

式中，k_m 为构件在往复荷载作用下最大位移处的割线刚度；k_0 为初始刚度；k_f^{mon} 为单调荷载作用下构件倒塌时的割线刚度。

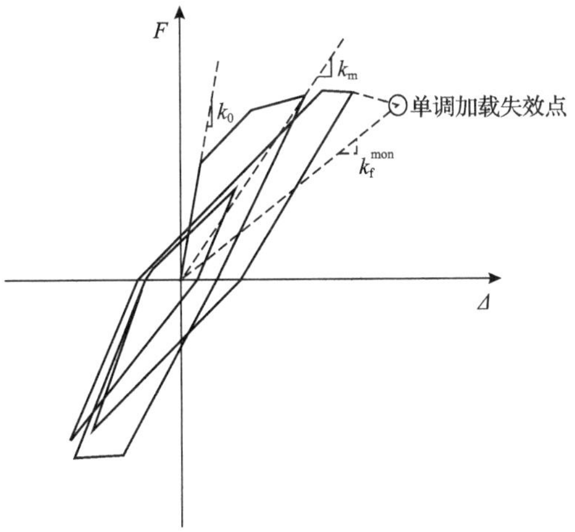

图 6-2　Kunnath 刚度模型

2. 基于耗能的损伤模型

Kratzig 和 Meskouris 提出了基于累积耗能的损伤指标，正向累积耗能导致的损伤可表示为[3]

$$D^{+}=\frac{\sum E_{\mathrm{p},i}^{+}+\sum E_{i}^{+}}{E_{\mathrm{f}}+\sum E_{i}^{+}} \tag{6-3}$$

如图 6-3 所示，主半循环(PHC)被定义为给定幅值下的第一个半循环，随后的半循环被定义为从半循环(FHC)。$E_{\mathrm{p},i}^{+}$ 为第 i 个主半循环耗能，E_{i}^{+} 第 i 个从半循环耗能，E_{f} 为构件单调加载至倒塌时的耗能。采用类似方法可得到负向累积耗能导致的损伤 D^{-}，与前者耦合可得到构件累积损伤：

$$D=D^{+}+D^{-}-D^{+}D^{-} \tag{6-4}$$

该模型不能对单调荷载作用下构件的损伤程度进行评价，而且计算复杂。

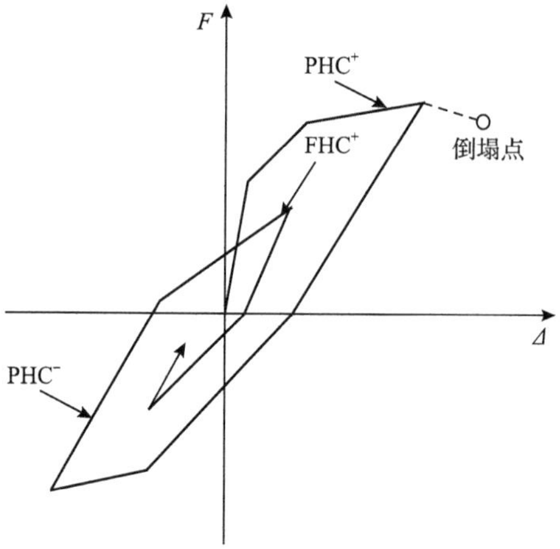

图 6-3　Kratzig-Meskouris 能量模型

3. 双参数损伤模型

Park 和 Ang[4]基于美国和日本大量梁柱试验结果，提出考虑最大变形反应和累积滞回耗能的双参数损伤模型，表示为

$$\mathrm{DI}=\frac{\Delta_{\max}}{\Delta_{\mathrm{u}}^{\mathrm{mon}}}+\beta\frac{\int E}{F_{\mathrm{y}}^{\mathrm{mon}}\Delta_{\mathrm{u}}^{\mathrm{mon}}} \tag{6-5}$$

式中，$F_{\mathrm{y}}^{\mathrm{mon}}$、$\Delta_{\mathrm{u}}^{\mathrm{mon}}$ 为单调荷载作用下的屈服力和极限位移；$\Delta_{\max}$ 为地震作用下的最大位移；$\int E$ 为累积滞回耗能；β 为表达累积耗能对构件损伤贡献程度的组合参数。

4. 低周疲劳损伤模型

混凝土构件中纵筋在一次地震过程中可能会经历 1～5 次导致大应变的往复荷载[5,6]。Mander 和 Chang 根据钢筋应变与疲劳寿命的关系以及截面曲率与应变之间的关系，基于 Coffin-Manson 方程[7,8]，提出墩柱在往复荷载作用下疲劳损伤指数的计算过程[9]，具体如下：

$$\varepsilon_{\mathrm{p}} = 0.08(2N_{\mathrm{f}})^{-0.5} \tag{6-6}$$

式中，ε_{p} 为纵筋塑性应变；N_{f} 为该应变幅值下加载至纵筋断裂的循环次数，$2N_{\mathrm{f}}$ 则为半周循环加载次数。

根据平截面假定，纵筋应变和截面曲率之间的关系如图 6-4 所示，关系式为

$$\varepsilon_{\mathrm{p}} = \phi_{\mathrm{p}} d'/2 \tag{6-7}$$

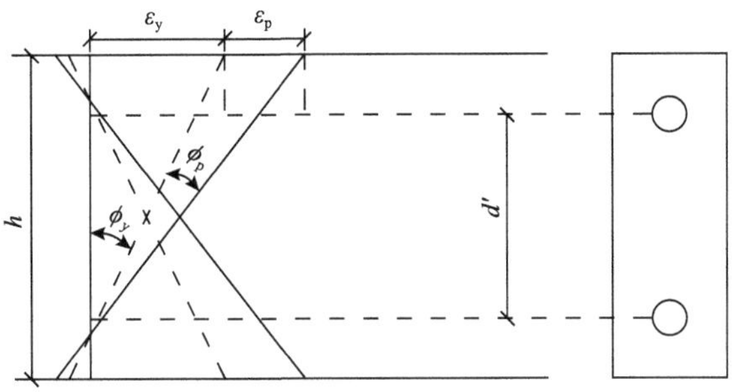

图 6-4　纵筋应变与截面曲率的关系

桥墩塑性变形主要集中在墩底塑性铰区内，如图 6-5 所示，墩顶塑性位移可采用等效塑性铰长度及墩底塑性曲率进行简化计算[10]：

$$\phi_{\mathrm{p}} = \frac{\theta_{\mathrm{p}}}{L_{\mathrm{p}}} = \frac{\varDelta_{\mathrm{p}}/(L-0.5L_{\mathrm{p}})}{L_{\mathrm{p}}} \tag{6-8}$$

根据上述方程可得到按塑性位移幅值 $\varDelta_{\mathrm{p}}$ 加载至纵筋断裂所需的循环次数 $2N_{\mathrm{f}}$。根据 Miners 线性损伤累积准则，构件的低周疲劳损伤指数可表示为

$$\mathrm{DI} = \sum \frac{1}{2N_{\mathrm{f}}} \tag{6-9}$$

本章等效塑性铰长度采用 Priestley 等[11]的建议值：

$$L_{\mathrm{p}} = \min(0.2(f_{\mathrm{u}}/f_{\mathrm{y}}-1)L, 0.08L) + 0.022 f_{\mathrm{y}} d_{\mathrm{b}} \geqslant 0.044 f_{\mathrm{y}} d_{\mathrm{b}} \tag{6-10}$$

式中，f_y、f_u为纵筋抗拉屈服强度和极限强度；d_b为纵筋直径；对于悬臂墩，L为墩高。

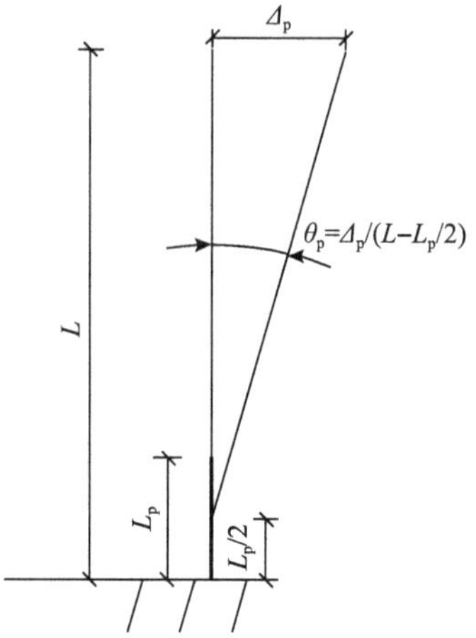

图 6-5　墩顶位移计算简图

6.3　有限元分析模型

6.3.1　纤维单元模型

上述部分损伤模型使用时需要先对构件进行静力推覆分析以确定计算所需的部分参数，综合考虑数值分析模型的精度、效率以及收敛性，本章采用 OpenSees 软件进行数值分析。从材料层面描述构件损伤状态能很好地与观测到的试验现象相联系，Priestley 等[11,12]、Kowalsky[13]、Goodnight 等[14]将这些定性的损伤临界状态与定量的材料应变相联系。因此，计算构件损伤指数要以准确预测结构在地震作用下的力-位移响应和应力-应变响应等为基础。

非线性纤维梁柱单元由于计算速度快、收敛性好被广泛应用于地震响应分析。采用一个带有多个积分点的力法单元进行数值模拟就能获得构件的精确解，而位移法单元需将构件划分为多个单元[15]。然而，由于混凝土的应变软化效应，基于力法的纤维梁柱模型会导致构件整体的力-位移响应和应力-应变响应失真，即应变集中于节点处的积分点，进而导致混凝土损伤发展过快，构件在达到峰值响应后出现脆性折断[16]。Scott 和 Fenves[17]提出采用修正的 Gauss-Radau 集中塑性铰纤维单元[18]来解决在强震作用下力法单元地震响应失真的问题。这种采用改进的 Gauss-Radau 积分法单元能够使构件塑性传递至塑性铰区之外[19]。

本章采用 OpenSees 软件中的集中塑性铰单元(beam with hinges element)[18,19]

对高速铁路圆端形实心墩进行非线性分析，积分模型采用 Gauss-Radau 积分。

6.3.2　材料模型

根据材料特性不同，桥墩截面划分为 3 个部分：保护层混凝土、核心混凝土和纵筋。

1. 混凝土材料模型

Shao 等[20]通过对高速铁路圆端形桥墩拟静力试验进行数值模拟，对适用于该类桥墩的混凝土单轴本构模型进行分析，比较采用修正 Kent-Scott-Park 模型(Concrete02)、简化 Mander 模型(Concrete04)、修正 Chang-Mander 模型(Concrete07)对数值模拟结果的影响(图 3-34)，建议对高速铁路圆端形桥墩进行数值模拟时，混凝土本构模型采用 Concrete07，即修正 Chang-Mander 模型。

2. 纵筋材料模型

在往复荷载作用下，钢筋本构关系对桥墩滞回曲线模拟的影响显著，选择合理、恰当的钢筋材料模型是可靠模拟钢筋混凝土桥墩非线性滞回响应的关键。

OpenSees 软件中的 Reinforcing Steel Material[21]能考虑钢筋初始屈服平台、屈曲效应以及低周疲劳特性。屈曲效应可根据 Gomes 和 Appleton[22]或 Dhakal 和 Maekawa[23]提出的屈曲模型进行模拟，低周疲劳特性则通过 Coffin-Manson 方程[7,8]考虑。Reinforcing Steel Material 以纵筋疲劳损伤指数 DI=1 作为纵筋断裂的标志，纵筋疲劳损伤指数定义为

$$\mathrm{DI}=\sum\left(\frac{\varepsilon_{\mathrm{p}}}{C_{\mathrm{f}}}\right)^{\frac{1}{a}} \tag{6-11}$$

$$\varepsilon_{\mathrm{p}}=\varepsilon_{\mathrm{t}}-\frac{\sigma_{\mathrm{t}}}{E} \tag{6-12}$$

式中，ε_{t} 为半周循环应变幅值，见图 6-6；σ_{t} 为半周循环应力幅值，见图 6-6；ε_{p} 为纵筋半周塑性应变；C_{f} 和 a 与纵筋以半周塑性应变 ε_{p} 循环加载至断裂的加载次数有关，见图 6-7。

纵筋强度退化示意图见图 6-8。纵筋强度退化由 ε_{p} 、a 及材料参数 C_{d} 控制，即

$$\phi_{\mathrm{SR}}=\sum\left(\frac{\Delta\varepsilon_{\mathrm{p}}}{C_{\mathrm{d}}}\right)^{\frac{1}{a}} \tag{6-13}$$

式中，ϕ_{SR} 为纵筋强度退化系数。

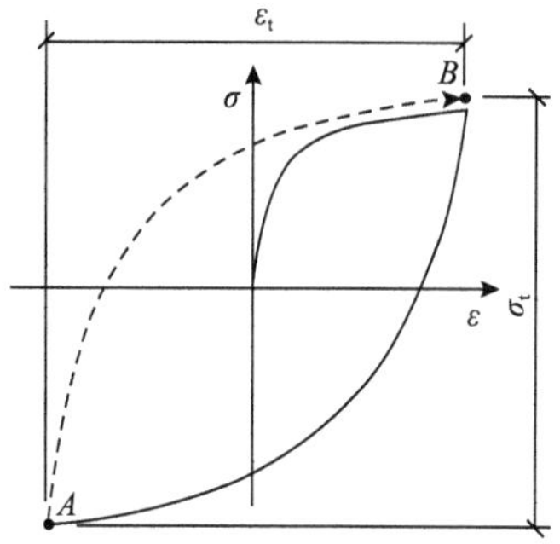

图 6-6　纵筋半周循环应力-应变示意图

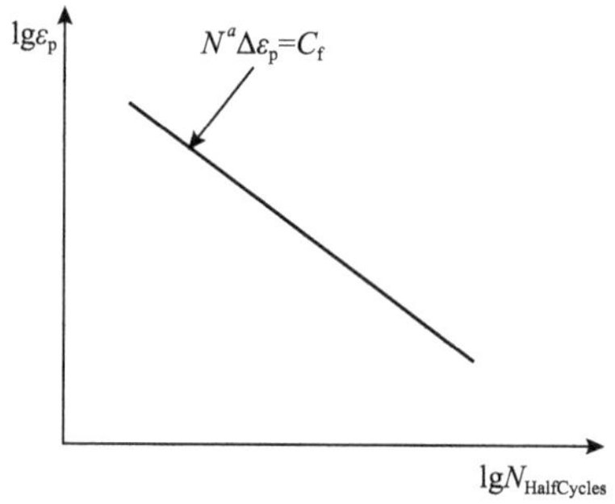

图 6-7　低周疲劳参数图

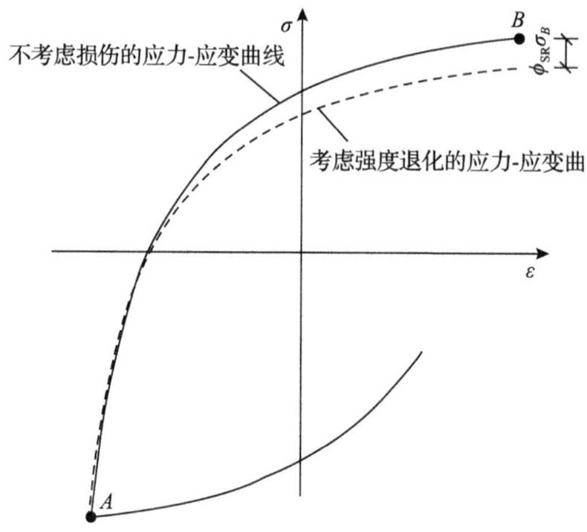

图 6-8　纵筋强度退化示意图

6.3.3　桥墩数值模型

高速铁路圆端形实心墩截面划分如图 6-9 所示，混凝土材料模型采用 Concrete07，纵筋材料模型采用 Reinforcing Steel Material，其中低周疲劳参数参考 Brown 和 Kunnath[24]提出的推荐值，取 a=0.506，C_f=0.26，C_d=0.389。对于实际试件，建立有限元模型所需的材料参数根据材料试验获得。所有模型纵筋在单调荷载作用下的初始强化应变 ε_{sh} 取 0.01，初始强化模量 E_{sh} 取 6GPa，极限拉应变 ε_{su} 取 0.15[12]。

本章研究对象为弯曲破坏型高速铁路圆端形实心墩，因此桥墩弹性剪切变形通过 OpenSees 软件中的 Section aggregator（截面集成器，见图 3-36）来考虑。大位移情况下的重力二阶效应通过建立 P-Δ坐标系来考虑。

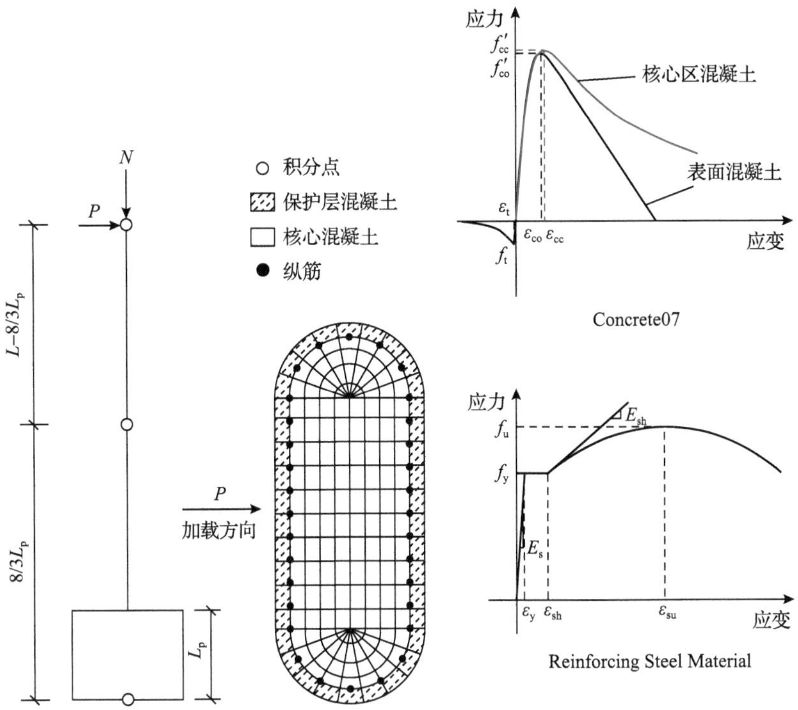

(a) 纤维梁柱单元模型　　(b) 材料模型

图 6-9　OpenSees 数值分析模型

桥墩拟静力加载模式如图 6-9 所示，墩底固结，先于墩顶施加与设计轴压比相对应的恒定竖向荷载，随后在墩顶施加顺桥向的水平往复荷载。

6.3.4　低周疲劳特性的影响

纵筋低周疲劳特性对高速铁路圆端形实心墩抗震性能影响显著，表 6-1 展示了 7 种试件的参数水平，本节以 Fujikura-B 试件为例探讨考虑纵筋低周疲劳特性的必要性。图 6-10 和图 6-11 对比了低周疲劳特性对桥墩抗震性能的影响。考虑低周疲劳特性后，构件滞回曲线更为捏缩，数值模拟结果更符合试验结果，而忽略纵筋低周疲劳特性会高估试件的承载能力和耗能能力。构件耗能会导致自身损伤，如 Park 和 Ang[4]、Kratzig 等[3]均提出了与构件耗能相关的损伤指标，Mander 等[5,6]则提出了构件基于纵筋低周疲劳损伤寿命的损伤指标。综上所述，需考虑纵筋低周疲劳特性对构件地震损伤的影响。

表 6-1　试件参数水平

试件名称	剪跨比	轴压比	纵筋		箍筋	
			ρ_l/%	d_l/mm	ρ_t/%	d_t/mm
Fujikura-B	2.5	0.022	0.74	10	0.30	6
Shao-6	5.3	0.05	0.75	10	0.15	6
Shao-8	5.3	0.15	0.40	8	0.45	6
Shao-9	5.3	0.10	0.15	8	0.30	6
Shao-11	8.0	0.10	0.75	10	0.45	6
Shao-12	8.0	0.15	0.15	8	0.15	6
Shao-13	8.0	0.05	0.40	8	0.30	6

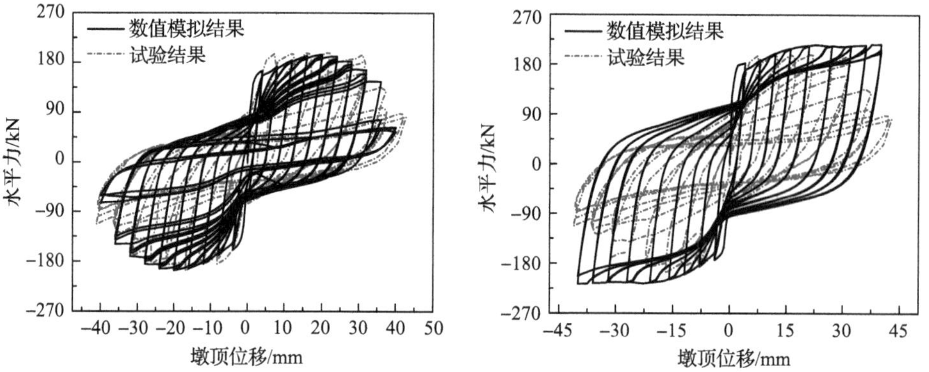

(a) 考虑低周疲劳特性　　(b) 不考虑低周疲劳特性

图 6-10　低周疲劳特性对桥墩抗震性能的影响

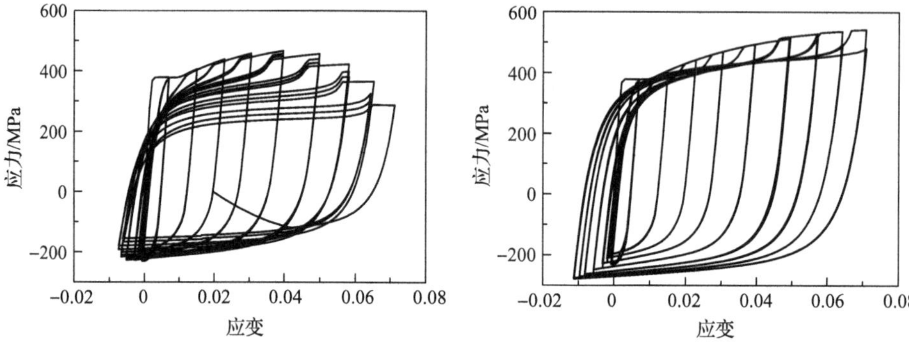

(a) 考虑低周疲劳特性　　(b) 不考虑低周疲劳特性

图 6-11　低周疲劳特性对纵筋应力-应变关系的影响

6.3.5　模型验证

为验证有限元模型的正确性，对表 6-1 中的拟静力试件进行数值分析，并与实测值进行对比，见图 6-12。本章以保护层混凝土压应变达到 0.004 作为其初始剥落的标志，以纵筋拉应力为 0MPa 作为其拉断的标志。

图 6-12(a)显示，对于加载至倒塌状态的 Fujikura-B 试件，试件的力-位移滞回曲线符合情况较好，且有限元模型能有效预测试验过程中观察到的保护层混凝土压碎剥落、纵筋拉断等情况。Shao-6～Shao-13 试件加载过程中通过油压千斤顶施加竖向荷载，位移较大时存在千斤顶掉落的风险，故构件加载至一定程度的损

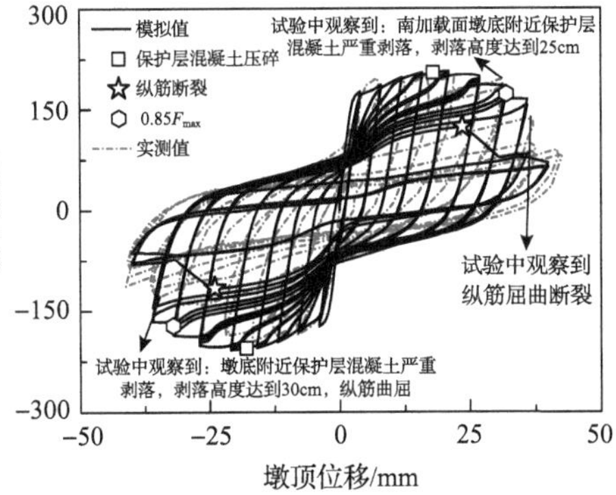

(a) Fujikura-B试件

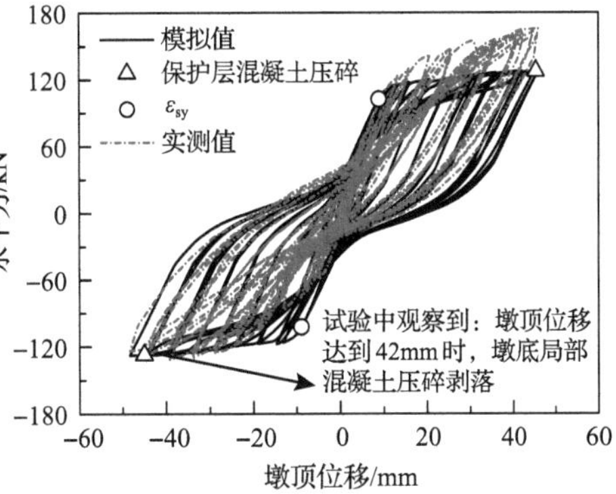

(b) Shao-6试件

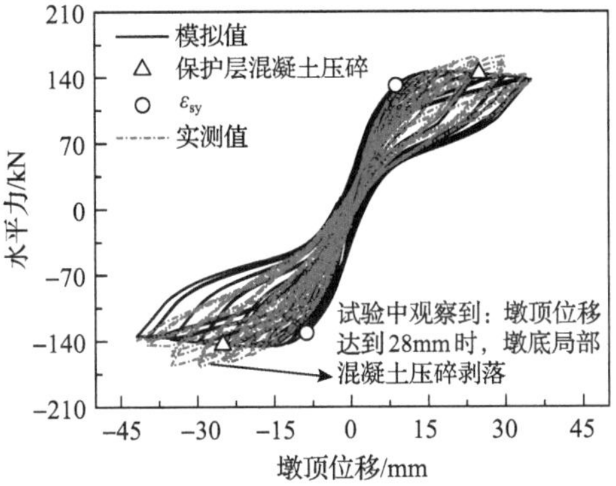

(c) Shao-8试件

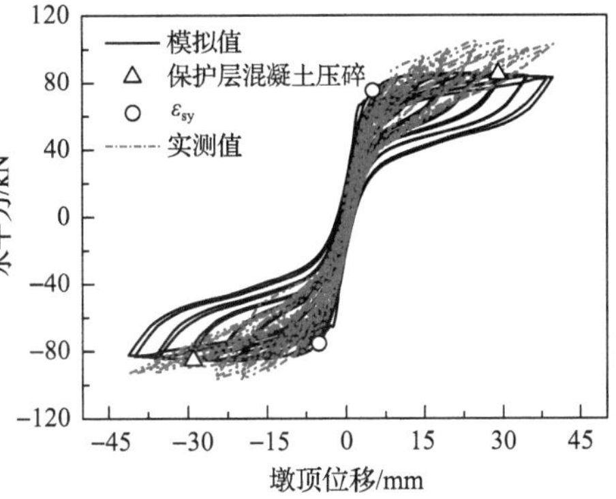

(d) Shao-9试件

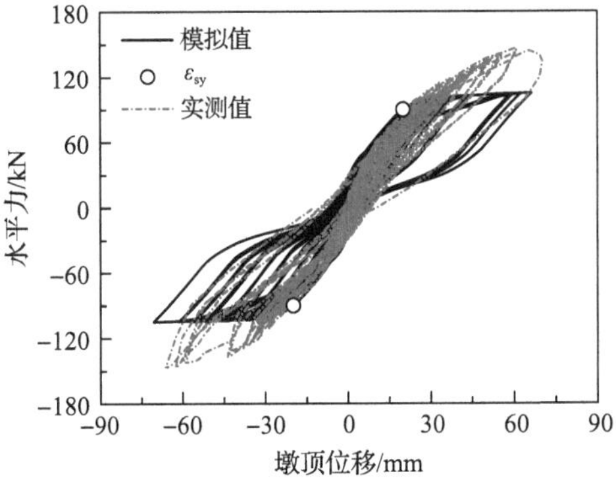

(e) Shao-11试件

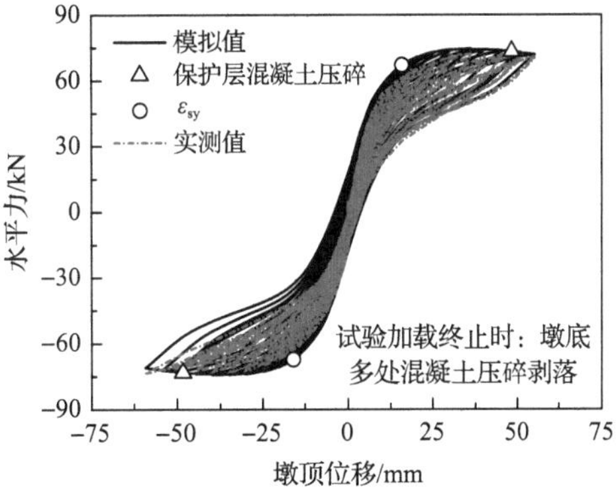

(f) Shao-12试件

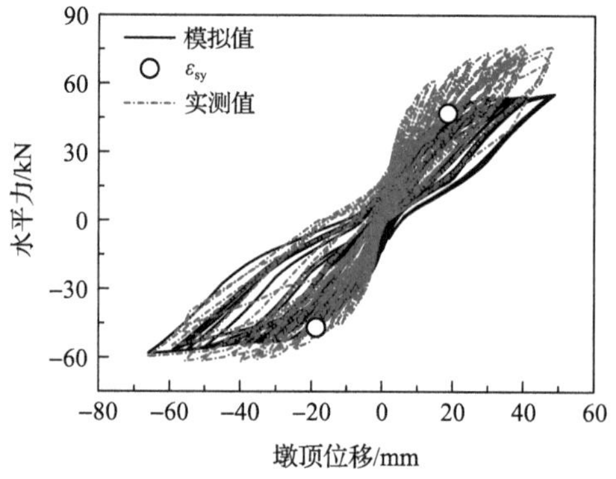

(g) Shao-13试件

图 6-12 试件力-位移滞回曲线数值模拟值和实测值对比

伤便终止加载。比较图 6-12(b)～(g)发现，由于试验过程中反力架随试件一起侧向变形，部分试件的实测水平力比理论计算值大，但数值分析模型仍能准确预测试验过程中观察到的保护层混凝土压碎剥落现象。

6.4 损伤指数和损伤程度的相关性分析

本节采用 6.2 节所述五种损伤模型对表 6-1 中桥墩试件的损伤程度进行量化。表 6-2 给出了加载终止时拟静力试件的试验现象。根据试验现象评估这部分试件的损伤程度，以此作为评价损伤模型适用性和准确性的基础。

表 6-2 试验现象及基于试验现象的试件损伤状态

试件名称	试验现象	损伤状态
Fujikura-B	4 条水平裂缝，大量纵筋屈曲，核心混凝土压碎	倒塌
Shao-6	10 条水平裂缝，混凝土局部压碎，纵筋外鼓	严重损伤
Shao-8	6 条水平裂缝，混凝土局部剥落	严重损伤
Shao-9	3 条水平裂缝，墩身与底座交接处水平裂缝贯通，混凝土无明显剥落	严重损伤
Shao-11	11 条水平裂缝	中等损伤
Shao-12	3 条水平裂缝，墩底附近 2 条水平裂缝贯通，混凝土多处轻微剥落	严重损伤
Shao-13	8 条水平裂缝	中等损伤

6.4.1 损伤指数计算规定

基于 Roufaiel-Meyer(R-M)刚度损伤模型、Kunnath 刚度损伤模型、Kratzig-Meskouris(K-M)能量损伤模型、Park-Ang 双参数损伤模型(简称双参数损伤模型)

和 Mander-Chang 疲劳损伤模型的桥墩损伤量化需要对构件进行静力推覆分析，得到构件在单调荷载作用下的屈服荷载、屈服位移、极限荷载、极限位移。计算损伤指数所需参数的确定如下：

(1) 纵筋首次屈服时构件屈服。

(2) 构件极限状态由以下三者中最先达到者控制：①核心混凝土压应变达到 $1.5\varepsilon_{cu}$ ，$\varepsilon_{cu}=0.004+1.4\rho_t f_{yt}\varepsilon_{ut}/f'_{cc}$。$\rho_t$、$f_{yt}$、$\varepsilon_{ut}$ 分别表示体积配箍率、箍筋抗拉强度和极限应变。②纵筋拉断(单调加载时以纵筋拉应变达到 0.09 作为纵筋拉断的标志[11,12]，往复加载时以纵筋拉应力为零作为纵筋拉断的标志)。③水平力下降至峰值荷载的 85%。

(3) 双参数损伤模型中组合参数 β_{PA} 采用 Park 等根据试验统计得到的经验公式计算：

$$\beta_{PA}=\left(-0.447+0.073\frac{l}{d}+0.24n_0+0.314\rho_l\right)\times 0.7^{\rho_t} \tag{6-14}$$

6.4.2 损伤指数比较

不同试件的损伤指数见图 6-13 所示。位移延性系数 μ=1.0、μ=3.0 以及加载终止时不同损伤模型下各构件的损伤指数见表 6-3～表 6-5。可以看出：

(1) R-M 刚度损伤模型描述了 Fujikura-B 试件损伤程度随加载的发展情况，试件达到倒塌状态时损伤指数接近 1.0。然而，R-M 刚度损伤模型需要确定构件在往复荷载作用下接近倒塌状态时的极限割线刚度，对于未加载至倒塌状态的 Shao-6～Shao-13 试件，构件损伤指数难以采用 R-M 刚度损伤模型计算。

(2) Kunnath 刚度损伤模型计算的损伤指数早期较大。位移延性系数等于 1.0 时，各试件的损伤指数介于 0.41～0.82，不符合位移延性系数小于 1.0 时结构处于弹性无损伤状态的情况。位移延性系数超过 1.0 以后，结构进入塑性状态，结构

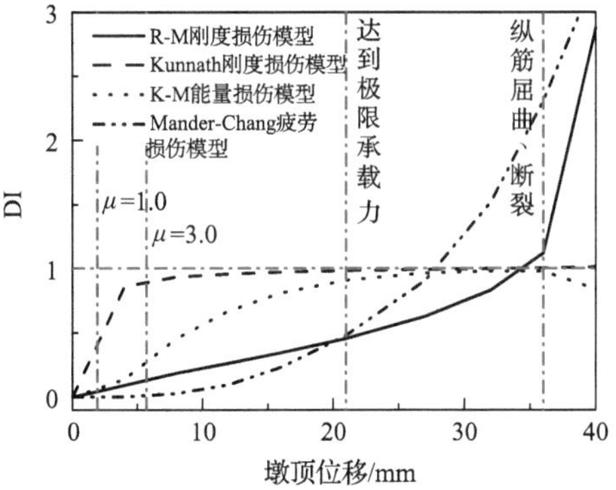

(a) Fujikura-B试件

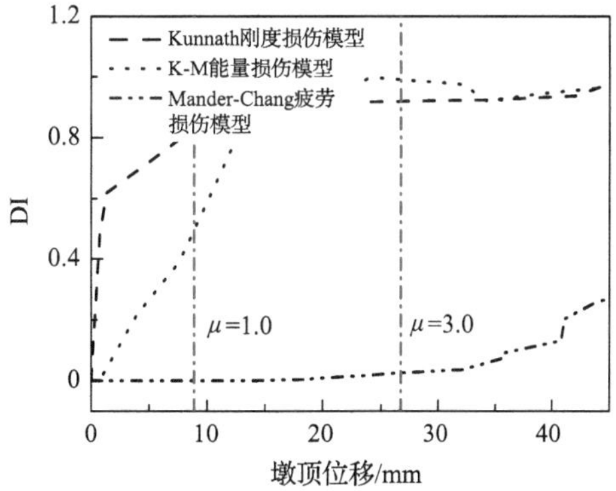

(b) Shao-6试件

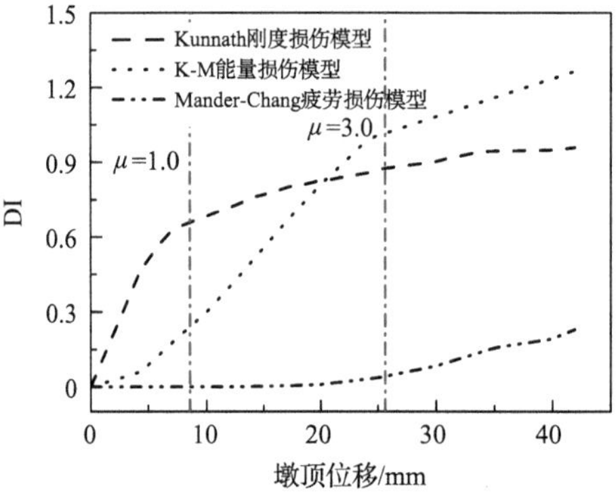

(c) Shao-8试件

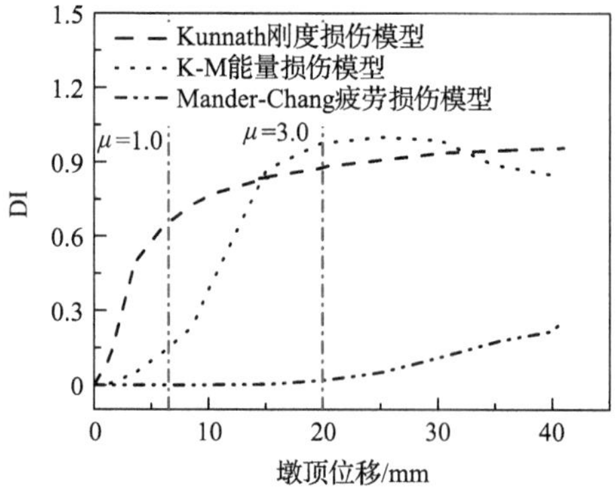

(d) Shao-9试件

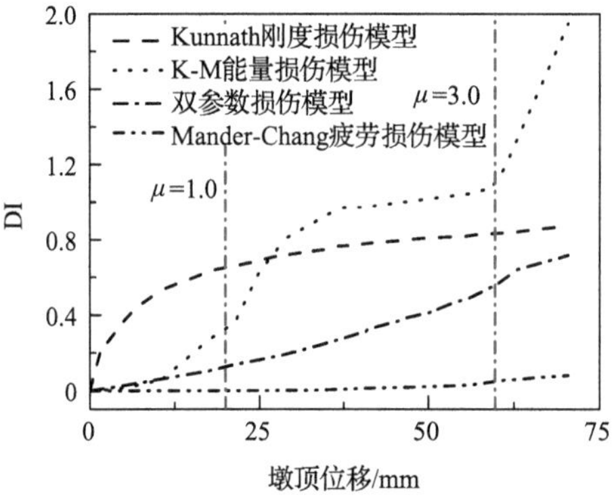

(e) Shao-11试件

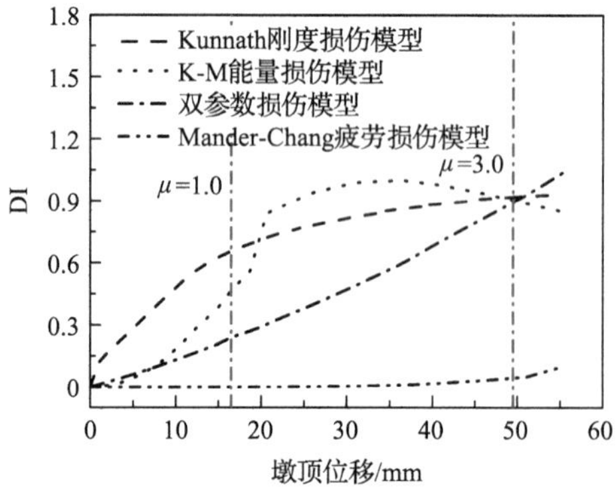

(f) Shao-12试件

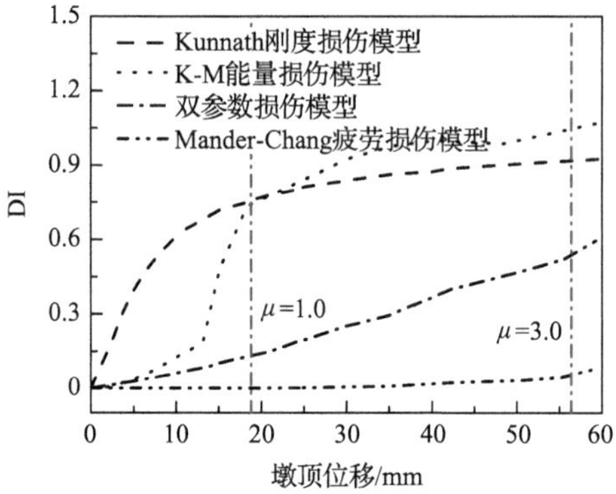

(g) Shao-13试件

图 6-13　不同试件的损伤指数

Fujikura-B 试件采用数值分析值计算损伤指数，其余试件采用试验实测值计算损伤指数

墩顶位移和累积耗能均显著增加，而 Kunnath 刚度损伤模型的损伤指数随墩顶位移的增长缓慢增加，在试验终止加载时接近 1。

表 6-3　μ=1.0 时拟静力试件损伤指数及实际损伤状态

试件名称	损伤指数 DI					实际损伤状态
	R-M 刚度损伤模型	Kunnath 刚度损伤模型	K-M 能量损伤模型	双参数损伤模型	Mander-Chang 疲劳损伤模型	
Fujikura-B	0.05	0.41	0.07	—	0	—
Shao-6	—	0.82	0.50	—	0	—
Shao-8	—	0.66	0.24	—	0	—
Shao-9	—	0.66	0.15	—	0	—
Shao-11	—	0.65	0.32	0.13	0	—
Shao-12	—	0.66	0.46	0.23	0	—
Shao-13	—	0.76	0.73	0.13	0	—

表 6-4　μ=3.0 时拟静力试件损伤指数及实际损伤状态

试件名称	损伤指数 DI					实际损伤状态
	R-M 刚度损伤模型	Kunnath 刚度损伤模型	K-M 能量损伤模型	双参数损伤模型	Mander-Chang 疲劳损伤模型	
Fujikura-B	0.13	0.89	0.28	—	0.01	—
Shao-6	—	0.92	0.99	—	0.03	—
Shao-8	—	0.87	1.02	—	0.04	—
Shao-9	—	0.88	0.98	—	0.02	—
Shao-11	—	0.83	1.09	0.56	0.05	—
Shao-12	—	0.92	0.90	0.89	0.04	—
Shao-13	—	0.92	1.05	0.54	0.05	—

表 6-5　终止加载时拟静力试件损伤指数及实际损伤状态

试件名称	损伤指数 DI					实际损伤状态
	R-M 刚度损伤模型	Kunnath 刚度损伤模型	K-M 能量损伤模型	双参数损伤模型	Mander-Chang 疲劳损伤模型	
Fujikura-B	0.97	1.00	1.13	—	2.31	倒塌
Shao-6	—	0.97	0.96	—	0.30	严重损伤
Shao-8	—	0.96	1.27	—	0.23	严重损伤
Shao-9	—	0.96	0.86	—	0.23	严重损伤
Shao-11	—	0.87	1.90	0.71	0.08	中等损伤
Shao-12	—	0.93	0.85	1.02	0.09	严重损伤
Shao-13	—	0.94	1.07	0.60	0.08	中等损伤

(3) 与 Kunnath 刚度损伤模型类似，K-M 能量损伤模型在结构处于弹性范围内时计算的损伤指数较大。位移延性系数等于 1.0 时，各试件的损伤指数介于 0.15～0.73。试验终止加载时，所有试件均进入塑性，K-M 能量损伤模型损伤指数分布在 1 左右。试件实际损伤发展情况与损伤指数的增长速度不匹配。

(4) Mander-Chang 疲劳损伤模型显示，在位移延性系数低于 3.0 的往复加载过程中，构件损伤程度较轻或无损伤。试验终止加载时，Fujikura-B 试件接近倒塌状态，疲劳损伤指数迅速增加达到 2.31；Shao-6～Shao-13 试件疲劳损伤指数分别为 0.30、0.23、0.23、0.08、0.09、0.08，根据试验现象，这些试件的损伤状态分别为严重损伤、严重损伤、严重损伤、中等损伤、严重损伤和中等损伤，疲劳损伤指数增长程度与试件实际损伤发展不一致。

(5) 采用 Park 等建议的经验公式计算组合参数时，部分试件值为负 (表 6-6)，意味着累积耗能会降低桥墩损伤，显然不符合实际情况。虽然 Shao-11～Shao-13 试件的损伤指数显示出构件随加载进行损伤逐渐累积的过程，但是严重高估了构件的损伤程度。例如，Shao-11、Shao-13 试件的损伤指数显示该构件已经进入严重损伤状态，而试验终止时该构件处于中等损伤状态；Shao-12 试件的损伤指数显示该构件已倒塌，而试验终止时该构件处于严重损伤状态。

表 6-6　根据式 (6-14) 计算得到的双参数损伤指标组合参数

试件名称	Fujikura-B	Shao-6	Shao-8	Shao-9	Shao-11	Shao-12	Shao-13
组合参数 β_{PA}	–0.194	–0.007	–0.006	–0.007	0.160	0.178	0.168

综上所述，Kunnath 刚度损伤模型、K-M 能量损伤模型和 Mander-Chang 疲劳损伤模型不宜用于高速铁路圆端形实心墩损伤评估，R-M 刚度损伤模型适用于已往复加载至倒塌状态的构件，双参数损伤模型损伤指数显示出构件随加载进行损伤累积的渐进过程，但 Park 等建议的组合参数经验公式不适用于高速铁路圆端形实心墩的损伤评估，需进一步研究。

6.5　适用于高速铁路圆端形实心墩的双参数损伤指标

6.5.1　模型参数设置

目前，针对高速铁路圆端形实心墩抗震性能的试验较少，以数值分析模型作为试验补充来研究适用于这类桥墩的组合参数。通过参考高速铁路桥墩设计通用图、成兰高速铁路、京沪高速铁路连梁桥设计图，建立轴压比介于 0.006～0.15、纵筋率介于 0.1%～1.1%、体积配箍率介于 0.15%～0.5%和剪跨比介于 3～8.33 的 144 个足尺桥墩数值模型。对建立的数值模型进行单调静力加载和低周往复加载，确定 DI=1.0 时计算 Park-Ang 双参数损伤模型组合参数所需的参数，提出适用于高速铁路圆端形实心墩的组合参数回归公式和建议的桥墩损伤临界值。数值模型具体参数设置以及双参数损伤指数计算见本章附录。

上述 144 个桥墩均属于弯曲破坏型构件，根据 Priestley 等[25]的研究，对桥墩的抗剪能力进行验算。忽略竖向荷载对构件抗剪能力的提高，各数值模型在位移延性系数等于 4.0 时的残余抗剪承载力(抗剪能力)与各模型峰值荷载响应(为减少计算量，以峰值荷载作为抗剪需求)的比值见图 6-14，所有模型的抗剪能力需求比均大于 1.2，均为弯曲破坏型桥墩。

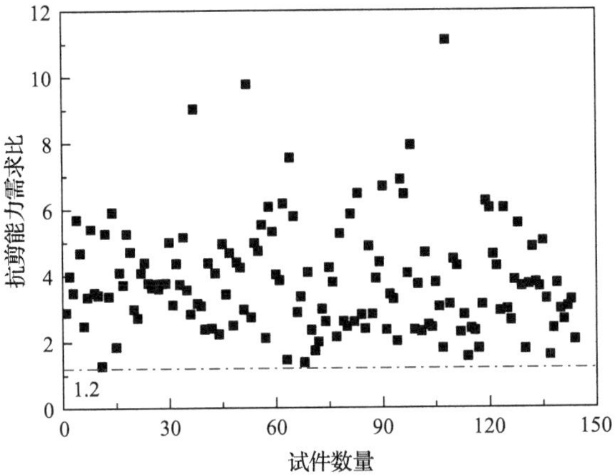

图 6-14　数值分析模型抗剪能力验算

6.5.2　修正的组合参数

往复荷载作用下剪跨比、体积配箍率、纵筋率和轴压比对桥墩延性和耗能能力的影响见图 6-15 和图 6-16。从图 6-15 可以看出，在轴压比较小时，延性受轴压比影响较小，位移延性系数介于 10～15，轴压比增大至 0.09 后，位移延性系数随轴压比增大而减小。位移延性系数随纵筋率增大而减小，受体积配箍率和剪跨比的影响较小。这与蒋丽忠等[26]的拟静力试验结果一致，低纵筋率圆端形实心墩延性受纵筋率和轴压比的影响较大。从图 6-16 可以看出，规格化累积滞回耗能受剪跨比和体积配箍率影响较小，随纵筋率的增大而增大，在轴压比大于 0.09 后随纵筋率的增大而减小。

以结构达到完全破坏状态时损伤指数 DI=1.0 计算组合参数 β_{calc}：

$$\beta_{\text{calc}}=\frac{(1-\varDelta_{\text{u}}/\varDelta_{\text{u}}^{\text{mon}})F_{\text{y}}\varDelta_{\text{u}}^{\text{mon}}}{\int E}=\frac{(1-\mu_{\text{u}}/\mu_{\text{u}}^{\text{mon}})F_{\text{y}}\varDelta_{\text{u}}^{\text{mon}}}{\int E} \tag{6-15}$$

显然，组合参数随单调及往复加载的极限位移比和规格化耗能的增大而减小。

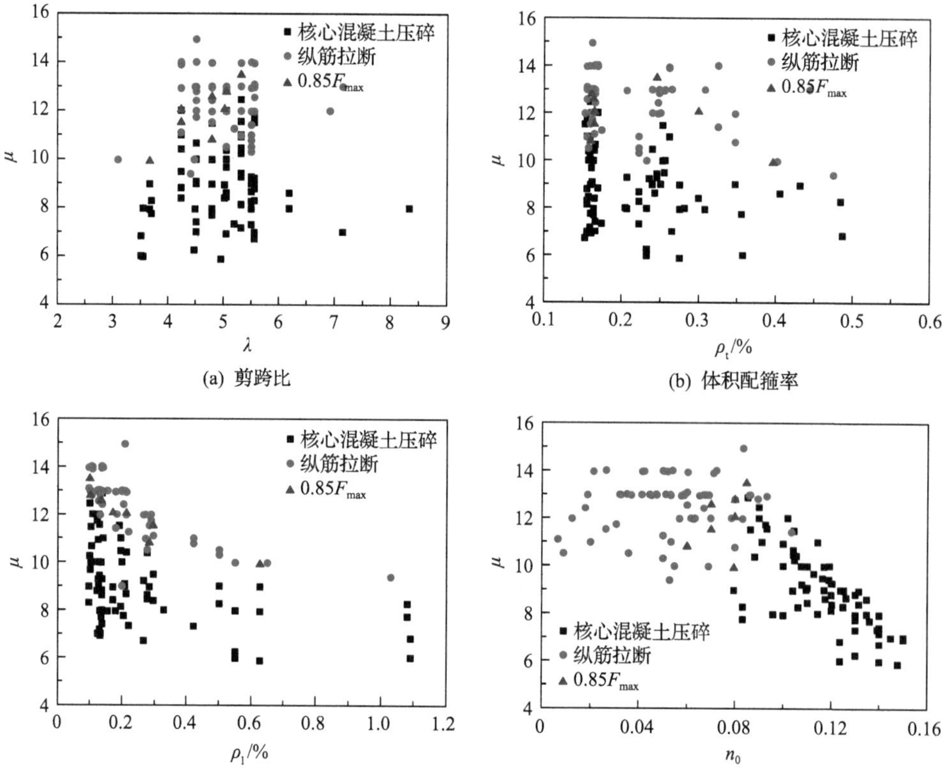

(a) 剪跨比　　(b) 体积配箍率

(c) 纵筋率　　(d) 轴压比

图 6-15　各因素对延性的影响

各因素对极限位移比的影响见图 6-17，极限位移比用 Δ_u/Δ_u^{mon}（或 η/η^{mon}）表示。可以看出，桥墩极限位移比受剪跨比和体积配箍率影响较小。

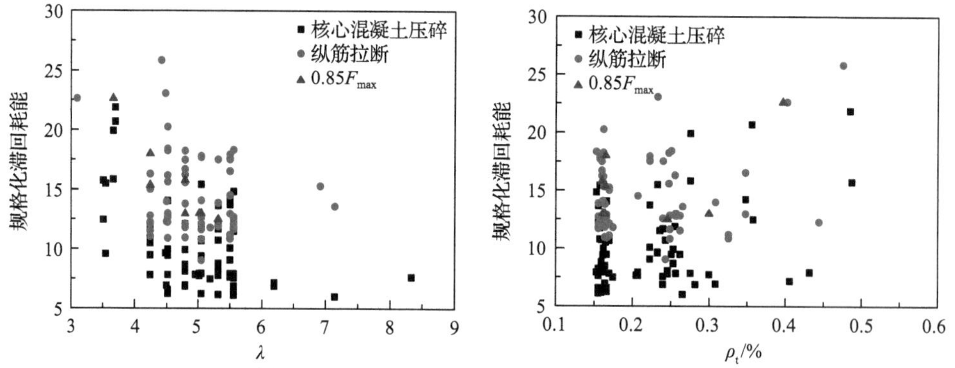

(a) 剪跨比　　(b) 体积配箍率

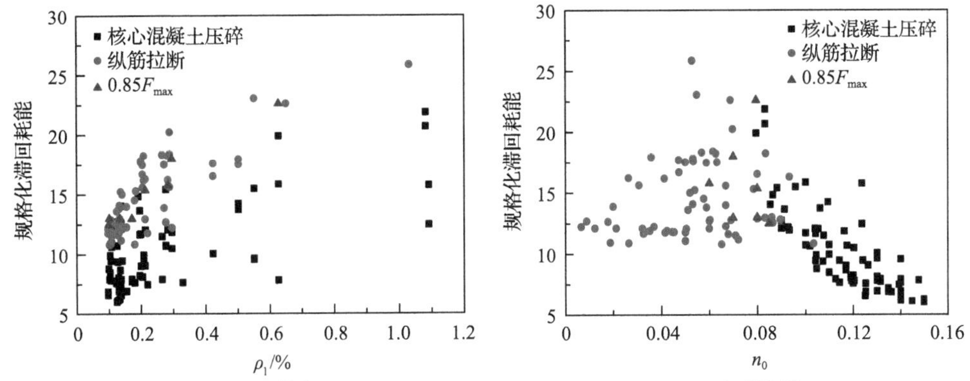

(c) 纵筋率　　(d) 轴压比

图 6-16　各因素对规格化滞回耗能的影响

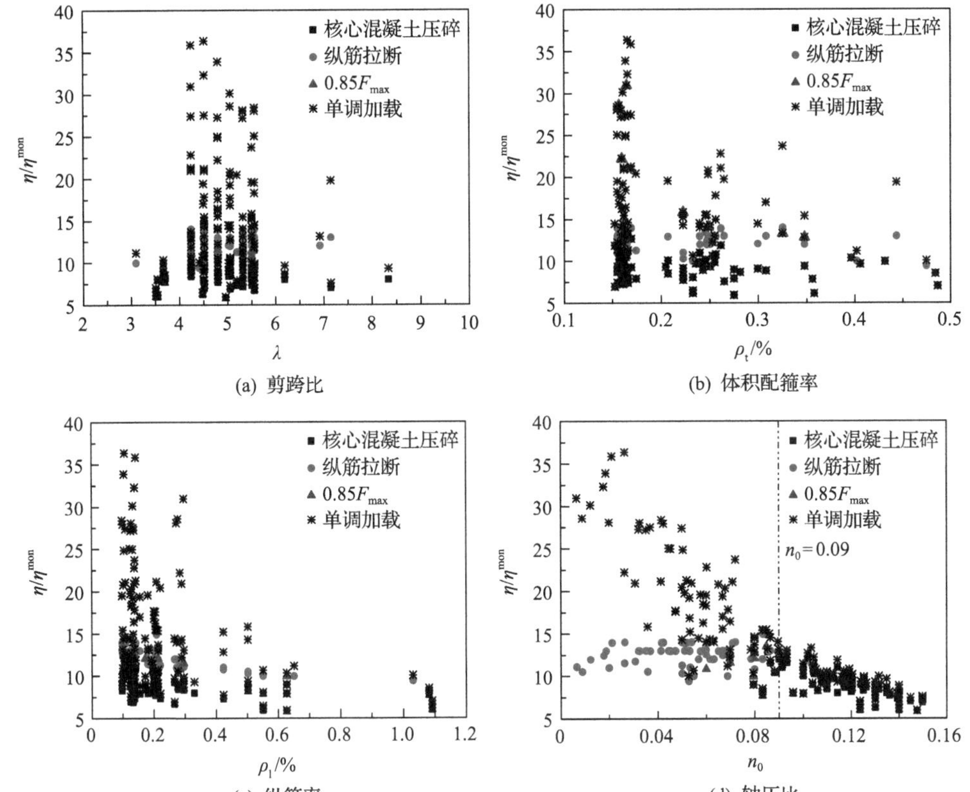

(a) 剪跨比　　(b) 体积配箍率

(c) 纵筋率　　(d) 轴压比

图 6-17　各因素对极限位移比的影响

如图 6-17(c)所示，纵筋低周疲劳特性对低轴压比、低纵筋率构件抗震性能影响较大，纵筋率越低，低周疲劳特性越显著。因此，极限位移比随纵筋率的增大而增大。

如图 6-17(d)所示，随轴压比增大，构件由纵筋拉断破坏转变为核心混凝土压碎破坏，破坏形态改变的临界轴压比为 0.09。在往复荷载作用下，轴压比小于 0.09 时，构件极限状态由纵筋控制，受低周疲劳特性影响，极限位移比随轴压比增大而增大；轴压比大于 0.09 时，构件为核心混凝土压碎破坏，轴压比对极限位移比的影响较小，但此时规格化滞回耗能随轴压比的增大而迅速减小。

轴压比和纵筋率影响高速铁路桥墩延性和耗能能力的原因分析如下：

(1)轴压比较小时，桥墩截面受压区较小，主要由纵筋承担地震荷载。纵筋率较低时，桥墩的低周疲劳损伤特性显著，在往复荷载作用下，桥墩延性和耗能能力显著降低。

(2)受压区高度随轴压比的增加而提高，更多的混凝土开始承担地震荷载。这有助于降低纵筋疲劳损伤，但脆性混凝土耗能能力较差，导致桥墩耗能能力降低。

(3)纵筋率增加导致受压区高度提高，减小了桥墩截面极限曲率和极限位移，桥墩延性随纵筋率的增大而减小。由于钢筋具有良好的耗能能力，桥墩耗能能力随纵筋率的增大有所提高。

各因素对组合参数的影响见图 6-18。可以看出，组合参数 β_{calc} 受剪跨比和

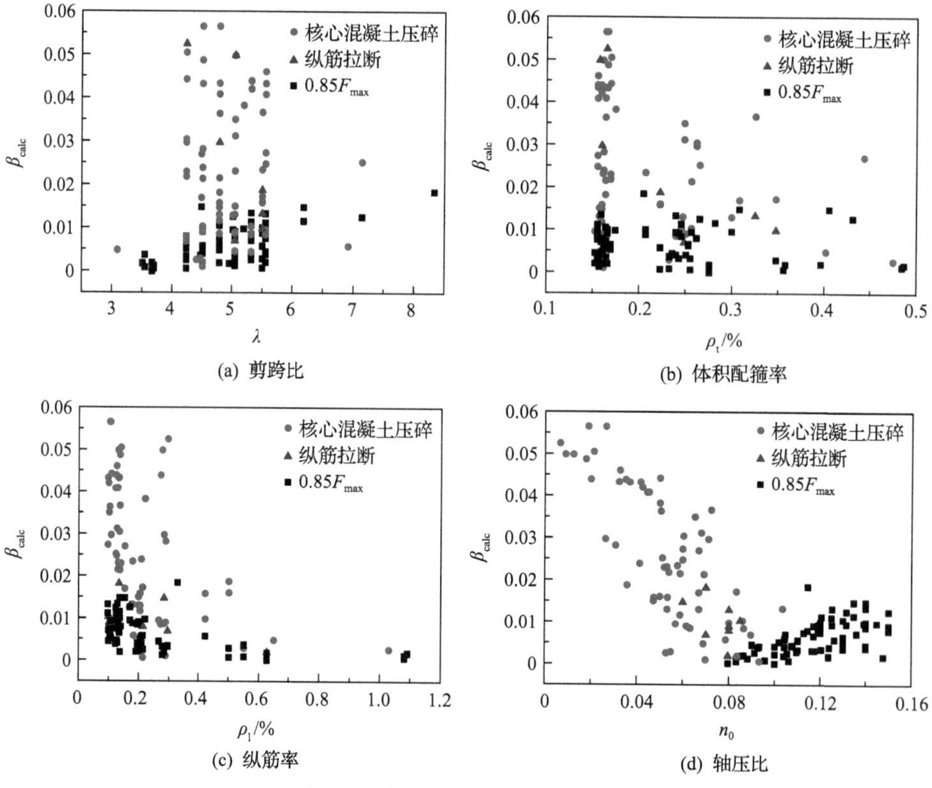

图 6-18　各因素对组合参数的影响

体积配箍率影响较小，随纵筋率的增大而减小，随轴压比的增大先增大后减小再增大。

通过反复调整，得到使 DI 标准差最小且平均值接近 1.0 的组合参数 β_{mod} 的回归公式为

$$\beta_{\text{mod}}=\begin{cases}(-0.951n_0+0.089)\mathrm{e}^{-212.1\rho_1}, & n_0\leqslant 0.09\\(0.207n_0-0.017)\mathrm{e}^{-212.1\rho_1}, & n_0>0.09\end{cases}\tag{6-16}$$

根据式(6-15)计算得到的组合参数 β_{calc} 和根据式(6-16)计算得到的组合参数回归值 β_{mod} 的关系见图 6-19，相关系数为 0.852，说明本章提出的回归方程能较为准确地计算双参数损伤指标中的组合参数。

结构完全破坏时，累积滞回耗能导致的损伤占总损伤的比值见图 6-20。能量项损伤贡献最大值达到 0.64，可见构件累积损伤不可忽略，需要采用适当的损伤组合参数对高速铁路圆端形实心墩的损伤状态进行可靠的评估。

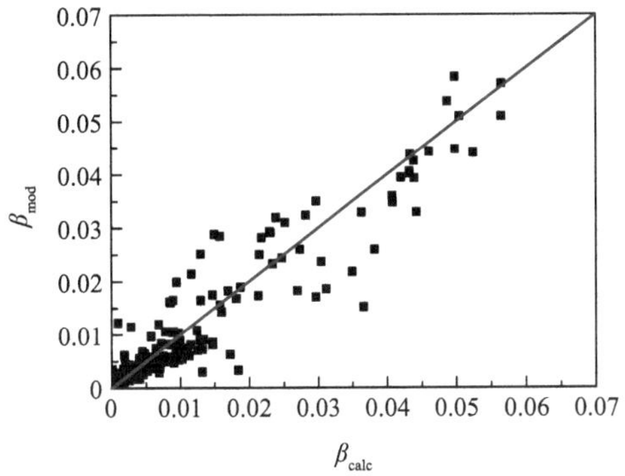

图 6-19　组合参数和其回归值的关系

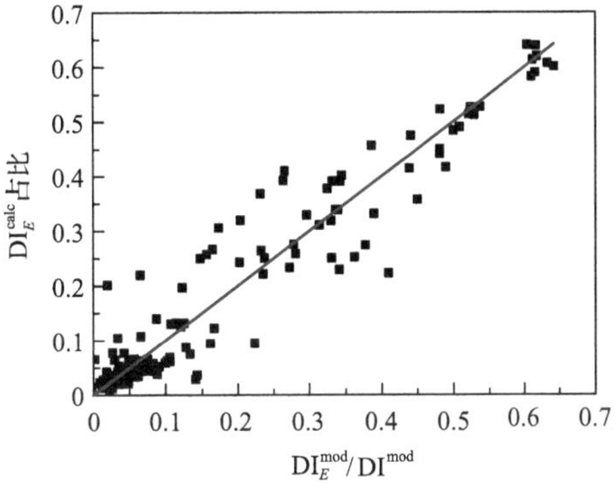

图 6-20　累积滞回耗能损伤比

根据 Park 等提出的组合参数经验公式计算高速铁路圆端形实心墩组合参数，见图 6-21。β_{PA} 介于–0.2～0.2，负组合参数意味着累积耗能会减轻构件损伤，显然是不合理的。采用 β_{mod} 计算构件损伤指数，见图 6-22，绝大部分构件的损伤指数介于 0.8～1.2，损伤指数平均值为 1.0，离散系数为 7.4%。显然，基于修正组合参数 β_{mod} 的 Park-Ang 双参数损伤模型能准确预测构件的损伤程度。

6.5.3　损伤临界指标

地震作用下墩柱破坏可能涉及混凝土破坏、钢筋破坏或两者的组合破坏。从材料层面描述构件损伤状态能很好地与观测到的桥墩混凝土、钢筋破坏情况相联系，而混凝土应变和钢筋应变可与截面曲率、桥墩位移建立对应关系，不少学者

在进行抗震研究时采用定量的材料应变来定义构件损伤临界状态。例如，Priestley 等[11,12]和 Kowalsky[13]以保护层混凝土压碎或墩柱残余裂缝宽度达到 0.5～1.0mm 作为构件达到正常使用极限状态的标志，以纵筋屈曲或核心混凝土严重损伤导致构件难以修复或修复构件代价大作为损伤控制状态的临界指标，上述临界状态对应的应变见表 6-7。Galvi[27]将墩柱损伤分为无损伤、轻微损伤、中等损伤、严重损伤和倒塌 5 级，以保护层混凝土压应变 0.0035～0.004 或纵筋拉应变 0.01～0.015 作为轻微损伤和中等损伤之间的临界指标，以保护层混凝土压应变 0.006～0.01 或纵筋拉应变 0.03～0.04 作为中等损伤和严重损伤之间的临界指标。

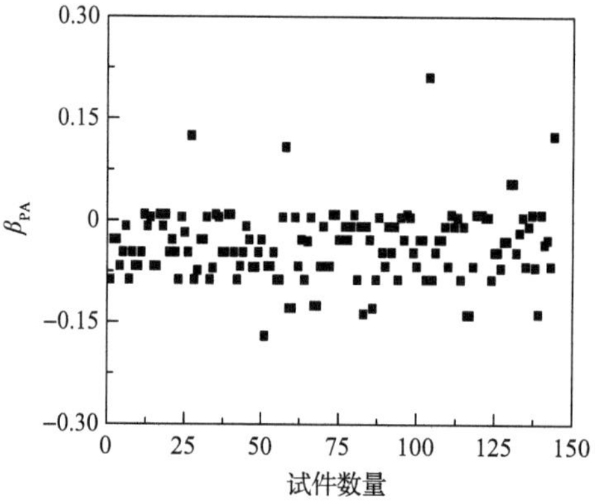

图 6-21　Park-Ang 建议的组合参数

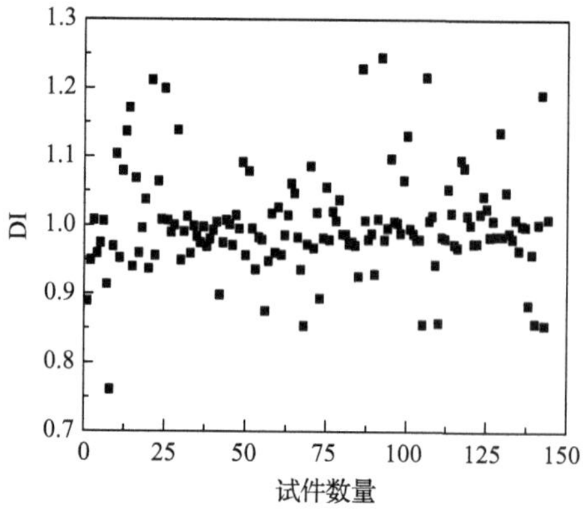

图 6-22　根据 β_{mod} 计算的损伤指数

表 6-7　Priestley 等、Kowalsky 建议的损伤临界应变

文献	正常使用极限状态		损伤控制极限状态	
	ε_c	ε_s	ε_c	ε_s
[11], [12]	0.004	0.015	ε_{cu}	$0.6\varepsilon_{su}$
[13]	0.004	0.015	0.018	0.06

由于试验测量手段的限制，上述损伤临界应变缺少试验验证。Goodnight 等[14]通过三维测量系统得到纵筋屈曲应变介于 0.032～0.059。本节进行数值计算时，纵筋拉断破坏试件的断裂应变介于 0.04～0.06。显然，以纵筋拉应变达到 0.06 或 $0.6\varepsilon_{su}$ 作为损伤控制状态的临界指标会低估高速铁路圆端形实心墩的损伤程度。

对于高速铁路圆端形实心墩，拟动力试验的 1-1#、1-2#试件分别达到严重和中等损伤状态，3-2#试件达到倒塌状态，此时保护层混凝土均仅出现轻微剥落现象。表 6-1 拟静力试验试件中，Shao-8、Shao-12 试件在环向贯通开裂达到严重破坏状态时保护层混凝土仅出现轻微剥落现象，Shao-9 试件无明显剥落。因此，上述针对公路桥梁或建筑结构墩柱提出的混凝土应变指标不适用于高速铁路圆端形实心墩损伤评估。

综上所述，提出往复荷载作用下高速铁路圆端形实心墩的性能点。

(1)点 a：纵筋首次屈服。

(2)点 b：纵筋拉应变达到 0.01。邵光强等拟静力试验结果和本章拟动力试验结果显示，桥墩水平裂缝间距为 10～30cm。纵筋率越大，裂缝沿墩身分布越高，裂缝间距越小。桥墩残余裂缝宽度为 1mm 时，动力作用下纵筋拉应变为 1×3/300=0.01，本章以纵筋拉应变达到 0.01 作为桥墩是否需要修复的临界指标。

(3)点 c：构件达到峰值荷载。参考 Stone 和 Taylor[28]的研究，以墩柱力-位移滞回响应达到峰值荷载的点(强度退化点)作为构件进入严重破坏状态难以修复的临界指标。

(4)点 d：核心混凝土压碎，极限压应变达到$1.5\varepsilon_{cu}$；纵筋拉断，拉应力为 0MPa；承载能力降低至峰值荷载的 85%。

如前所述，桥墩混凝土和纵筋损伤发展受轴压比影响显著，因此以 0.09 为临界轴压比探讨高速铁路圆端形实心墩的损伤临界指标。

高速铁路圆端形实心墩性能水平/损伤状态划分见图 6-23。根据 Park-Ang 双参数损伤模型和修正组合参数 β_{mod} 计算 4 个性能点处的损伤指数，见图 6-24。对于轴压比小于 0.09 的高速铁路圆端形实心墩，建议以 0.06、0.19、0.49、1.0 作为桥墩无损伤、轻微损伤、中等损伤、严重损伤和倒塌的分界点，离散系数分别为 33.7%、14.7%、16.3%和 7.4%。桥墩轴压比介于 0.09～0.15 时，以 0.11、0.33、0.49 和 1.0 作为上述五个损伤状态的分界点，离散系数分别为 19.1%、26%、16.3%和 14.7%。

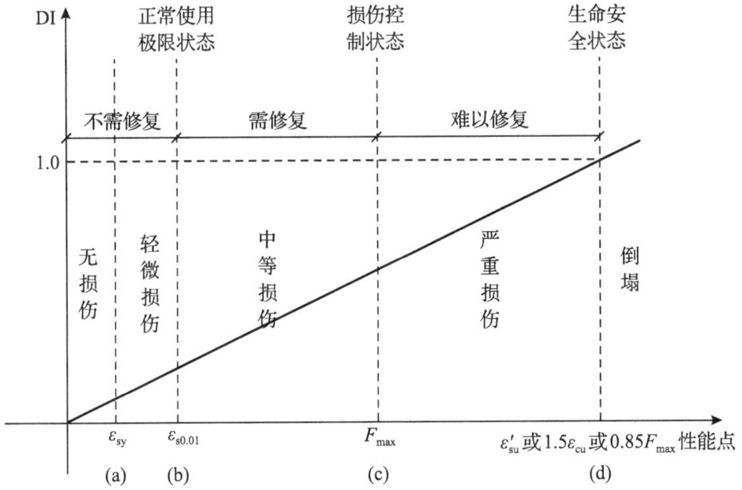

图 6-23　高速铁路圆端形实心墩性能水平/损伤状态划分

ε'_{su} 表示往复荷载下纵筋拉应力达到 0MPa 之前的最大拉应变

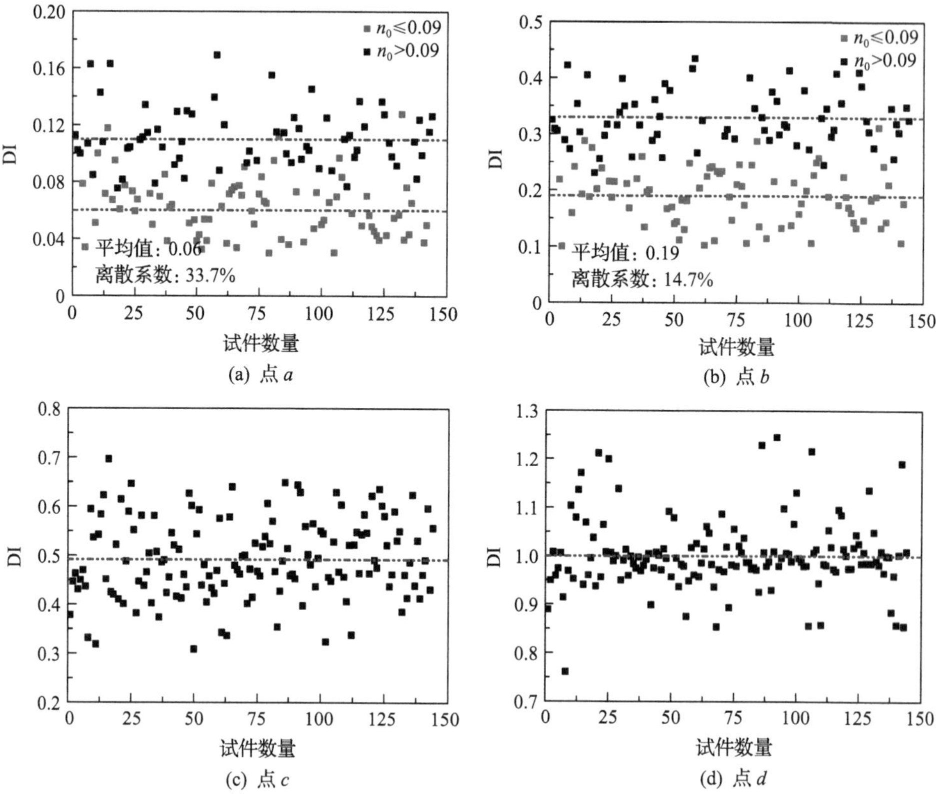

图 6-24　性能点处的损伤指数

6.5.4　试验验证

1. 拟静力试验验证

为验证基于修正组合参数 β_{mod} 的双参数损伤模型和损伤临界指标评估高速铁路圆端形实心墩损伤程度的准确性，根据式(6-5)计算表 6-1 中各试件的损伤指数，见图 6-25。加载终止时，拟静力试件的损伤指数及损伤程度见表 6-8。

Fujikura-B 试件达到极限承载力 $F_{\max}$ 时，其损伤指数为 0.62，显然已经进入严重损伤状态；承载力下降至 $0.85F_{\max}$ 时，其损伤指数为 1.01，构件倒塌。

Shao-6、Shao-8 试件混凝土压碎剥落时损伤指数分别为 0.58、0.43，构件已达到或接近严重损伤状态。Shao-9 试件终止加载时损伤指数为 0.51，保护层混凝土无明显剥落，但是纵筋应变较大，达到严重损伤状态。Shao-11、Shao-13 试件终止加载时无混凝土剥落现象，墩身有多条裂缝，损伤指数分别为 0.38、0.28，均处于中等损伤状态。Shao-12 加载过程中多处保护层混凝土剥落，试验终止时损伤指数为 0.72，试件处于严重损伤状态。

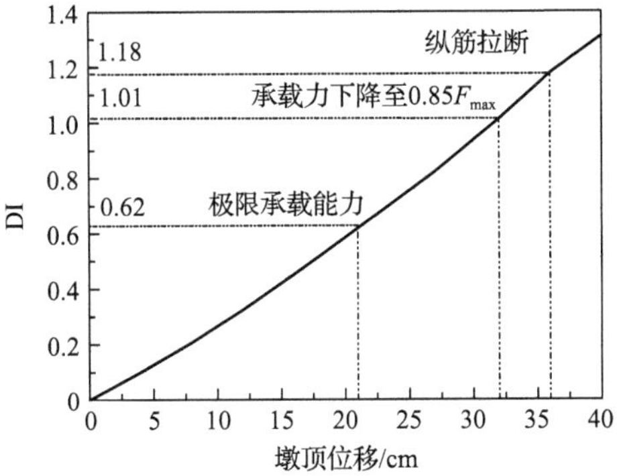

(a) Fujikura-B

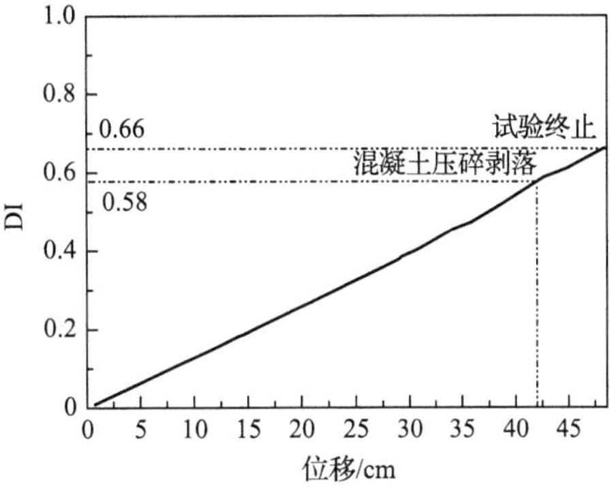

(b) Shao-6

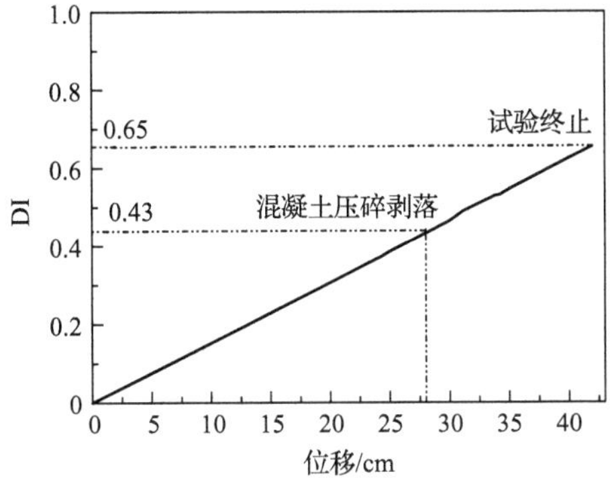

(c) Shao-8

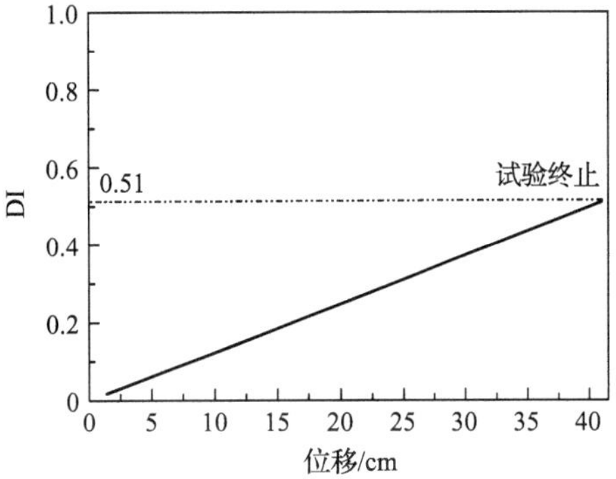

(d) Shao-9

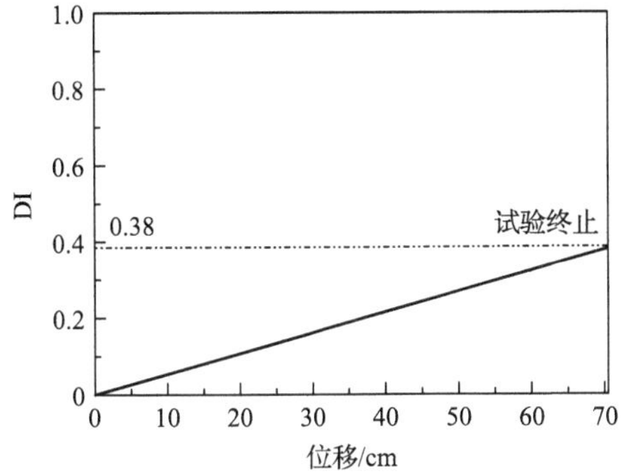

(e) Shao-11

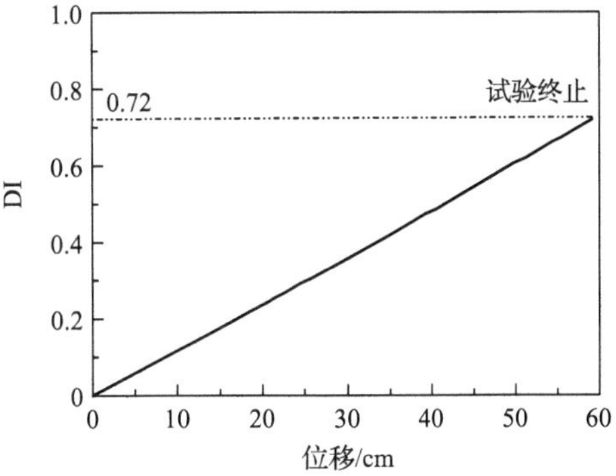

(f) Shao-12

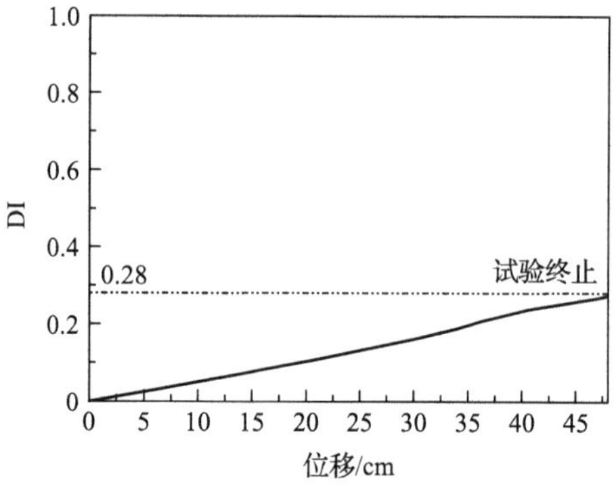

(g) Shao-13

图 6-25 拟静力试件损伤发展情况

表 6-8 拟静力试件基于 β_{mod} 的损伤指数及损伤状态评估

试件名称	DI	基于临界指数的损伤状态	基于试验现象的损伤状态
Fujikura-B	1.01	倒塌	倒塌
Shao-6	0.66	严重损伤	严重损伤
Shao-8	0.65	严重损伤	严重损伤
Shao-9	0.51	严重损伤	严重损伤
Shao-11	0.38	中等损伤	中等损伤
Shao-12	0.72	严重损伤	严重损伤
Shao-13	0.28	中等损伤	中等损伤

2. 拟动力试验验证

在低周往复荷载作用下，墩顶加载位移逐步增加，曲线呈现规整的滞回环，而实际地震荷载作用下，桥墩力-位移响应是随机的，因此有必要研究使用组合参数 β_{mod} 和损伤临界指标量化与评估随机地震作用下桥墩损伤程度的可靠性。

第二阶段荷载作用下，1-1#和 1-2#试件损伤指数分别为 0.51 和 0.44，前者达到严重损伤状态，后者接近严重损伤状态，与第 2 章试验结果相符合。3-1#和 3-2#试件终止加载时墩底裂缝已超过 1cm，加载终止位移远大于单调荷载作用下的位移(表 6-9)，表明试件在加载终止时已达到倒塌状态，因此计算的损伤指数远大于 1.0。总的来说，本章提出的修正组合参数 β_{mod} 及损伤临界指标能对实际地震下高速铁路圆端形实心墩的损伤程度做出准确判断。

综合拟动力试验结果和试件损伤评价结果，发现提高纵筋率能有效提高桥墩的承载能力和耗能能力，降低桥墩的损伤程度。

表 6-9　拟动力试验第二阶段加载工况下桥墩损伤指数

试件	β_{mod}	F_y^{mon}/kN	Δ_u^{mon}/mm	Δ_{max}/mm	$\int E$/(kN·mm)	DI	损伤状态
1-1#	0.027	37.1	182	97.3	11975	0.51	严重损伤
1-2#	0.013	57.1	190	88.9	20291	0. 44	中等损伤
3-1#	0.022	178.1	50	87.1	30974	1.82	倒塌
3-2#	0.011	264.0	53	77.0	33937	1.48	倒塌

6.6 本章小结

本章采用 5 种损伤模型对 7 个弯曲破坏型高速铁路圆端形实心墩拟静力试件进行损伤评估，结合观察到的试验现象，评价了既有损伤模型的适用性；建立了 144 个弯曲破坏型桥墩的数值分析模型，研究了适用于这类桥墩的 Park-Ang 双参数损伤指标的组合参数 β_{mod} 和相应的损伤临界值;最后验证了组合参数 β_{mod} 和损伤临界值的准确性，得到以下结论：

(1) Roufaiel-Meyer 刚度损伤模型适用于往复加载至倒塌状态的试件;Kunnath 刚度损伤模型和 Kratzig-Meskouris 能量损伤模型在加载初期高估了试件损伤，试件实际损伤发展与损伤指数增长速度不匹配；Mander-Chang 疲劳损伤模型在构件达到严重损伤状态之前低估了试件损伤；Park-Ang 双参数损伤模型能反映构件损伤的渐进过程，但传统的基于公路桥梁和建筑结构墩柱统计的组合参数不适用于高速铁路圆端形实心墩。

(2) 纵筋疲劳断裂导致纵筋拉断破坏构件的极限位移比 Δ_u/Δ_u^{mon} 显著小于核心混凝土压碎破坏构件。不同于公路桥墩组合参数受体积配箍率影响显著，高速铁路圆端形实心墩组合参数主要受纵筋率和轴压比影响，β_{calc} 随纵筋率的增大而增大，随轴压比的增大先减小后增大。

(3) 基于修正组合参数的 Park-Ang 双参数损伤模型和本章提出的损伤临界值能对这类桥墩的损伤状态进行准确评估，修正组合参数 β_{mod} 以及本章提出的损伤临界值适用于轴压比介于 0.006～0.15、纵筋率介于 0.1%～1.1%、体积配箍率介于 0.15%～0.5%和剪跨比介于 2.5～8.33 的弯曲破坏型高速铁路圆端形实心墩。

参 考 文 献

[1] Roufaiel M S, Meyer C. Analytical modeling of hysteretic behavior of R/C frames[J]. Journal of Structural Engineering, 1987, 113(3): 429-444.

[2] Kunnath S K, El-Bahy A, Taylor A, et al. Cumulative seismic damage of reinforced concrete

bridge piers[R]. Florida: University of Central Florida, 1997.

[3] Kratzig W B, Meyer I F, Meskouris K. Damage evolution in reinforced concrete members under cyclic loading[C]//Proceedings of 5th International Conference on Structural Safety and Reliability, San Francisco, 1989: 795-802.

[4] Park Y, Ang A H. Mechanistic seismic damage model for reinforced concrete[J]. Journal of Structural Engineering, 1985, 111 (4) : 722-739.

[5] Mander J B, Panthaki F D, Chaudhary M T. Evaluation of seismic vulnerability of highway bridges in the Eastern United States[C]//Lifeline Earthquake Engineering in the Central & Eastern U.S., Knoxville, 1992: 72-86.

[6] Mander J B, Panthaki F D, Kasalanati A. Low-cycle fatigue behavior of reinforcing steel[J]. Journal of Materials in Civil Engineering, 1994, 6 (4) : 453-468.

[7] Coffin Jr L F. A study of the effects of cyclic thermal stresses on a ductile metal[J]. Journal of Fluids Engineering, 1954, 76: 931-950.

[8] Manson S S. Behavior of materials under conditions of thermal stress[R]. NACA-TR-1170, 1954.

[9] Mander J B, Cheng C T. Renewable hinge detailing for bridge columns[R]. Melbourne: Pacific Earthquake Engineering Research Center, 1995.

[10] Paulay T, Priestley M N. Seismic design of reinforced concrete and masonry buildings[J]. Earthquake Engineering & Structural Dynamics, 1994, 23 (3) : 341-342.

[11] Priestley M J N, Calvi G M, Kowalsky M J. Displacement-Based Seismic Design of Structures[M]. New York: IUSS Press, 2007.

[12] Priestley M J N, Seible F, Calvi G M. Seismic Design and Retrofit of Bridges[M]. New York: John Wiley & Sons, 1996.

[13] Kowalsky M J. Deformation limit states for circular reinforced concrete bridge columns[J]. Journal of Structural Engineering, 2000, 126 (8) : 869-878.

[14] Goodnight J C, Kowalsky M J, Nau J M. Strain limit states for circular RC bridge columns[J]. Earthquake Spectra, 2016, 32 (3) : 1627-1652.

[15] Neuenhofer A, Filippou F C. Evaluation of nonlinear frame finite-element models[J]. Journal of Structural Engineering, 1997, 123 (7) : 958-966.

[16] Coleman J, Spacone E. Localization issues in force-based frame elements[J]. Journal of Structural Engineering, 2001, 127 (11) : 1257-1265.

[17] Scott M H, Fenves G L. Plastic hinge integration methods for force-based beam--column elements[J]. Journal of Structural Engineering, 2006, 132 (2) : 244-252.

[18] Mckenna F, Fenves G L, Scott M H. OpenSees: Open system for earthquake engineering simulation[R]. Berkeley: University of California at Berkeley, 2006.

[19] Mazzoni S, Mckenna F, Scott M H, et al. OpenSees Command Language Manual[M]. Berkeley:

Pacific Earthquake Engineering Research Center, 2006.

[20] Shao G Q, Jiang L Z, Chouw N. Experimental investigations of the seismic performance of bridge piers with rounded rectangular cross-sections[J]. Earthquakes and Structures, 2014, 7(4): 463-484.

[21] Chang G A, Mander J B. Seismic energy based fatigue damage analysis of bridge columns. Part 1. Evaluation of seismic capacity[R]. Buffalo NY: National Center of Earthquake Engineering Research, 1994.

[22] Gomes A, Appleton J U L. Nonlinear cyclic stress-strain relationship of reinforcing bars including buckling[J]. Engineering Structures, 1997, 19(10): 822-826.

[23] Dhakal R P, Maekawa K. Modeling for postyield buckling of reinforcement[J]. Journal of Structural Engineering, 2002, 128(9): 1139-1147.

[24] Brown J, Kunnath S K. Low-cycle fatigue failure of reinforcing steel bars[J]. ACI Materials Journal, 2004, 101(6): 457-466.

[25] Priestley M J N, Verma R, Xiao Y. Seismic shear strength of reinforced concrete columns[J]. Journal of Structural Engineering, 1994, 120(8): 2310-2329.

[26] 蒋丽忠, 邵光强, 姜静静, 等. 高速铁路圆端形实体桥墩抗震性能试验研究[J]. 土木工程学报. 2013, 46(3): 86-95.

[27] Calvi G M. A displacement-based approach for vulnerability evaluation of classes of buildings[J]. Journal of Earthquake Engineering. 1999, 3(3): 411-438.

[28] Stone W C, Taylor A W. Seismic performance of circular bridge columns designed in accordance with AASHTO/CALTRANS standards[R]. Gaithersburg: National Institute of Standards and Technology, 1993.

附　　录

附表　组合参数及性能点损伤指数计算表

ρ_l /%	ρ_t /%	λ	n_0	单调加载				往复加载				组合参数			性能点损伤指数			
				Δ_y^{mon} /mm	F_y /kN	Δ_u^{mon} /mm	μ_u^{mon}	Δ_u	μ_u	$\frac{F_y\Delta_u^{mon}}{\int E}$	破坏控制模式	β_{PA}	β_{calc}	β_{mod}	点 a	点 b	点 c	点 d
0.30	0.16	4.24	0.007	26.8	1926.8	828.5	31.0	296.7	11.1	12.2	LF	–0.043	0.052	0.044	0.03	0.10	0.52	0.89
0.28	0.16	5.05	0.009	46.3	1583.6	1323.9	28.6	486.5	10.5	12.7	LF	0.011	0.050	0.045	0.04	0.10	0.47	0.94
0.13	0.16	5.05	0.012	38.3	1035.2	1154.3	30.2	457.8	12.0	12.1	LF	–0.034	0.050	0.058	0.04	0.12	0.55	1.13
0.14	0.17	4.51	0.018	28.2	1334.8	912.5	32.3	350.4	12.4	12.7	LF	–0.070	0.049	0.054	0.03	0.11	0.48	1.10
0.10	0.16	4.79	0.019	29.2	1165.9	988.1	33.9	378.0	13.0	10.9	LF	–0.060	0.056	0.057	0.03	0.11	0.54	1.01
0.27	0.16	5.32	0.020	49.0	1871.0	1376.8	28.1	537.6	11.0	13.9	LF	0.031	0.044	0.039	0.04	0.11	0.43	0.91
0.14	0.17	4.24	0.021	20.2	1668.5	723.6	35.9	281.4	13.9	12.1	LF	–0.088	0.050	0.051	0.03	0.11	0.47	0.98
0.28	0.16	4.79	0.026	38.1	2252.2	846.7	22.2	438.8	11.5	16.2	LF	–0.002	0.030	0.035	0.05	0.14	0.48	1.03
0.11	0.17	4.51	0.027	24.5	1501.1	889.1	36.4	342.3	14.0	10.9	LF	–0.078	0.056	0.051	0.03	0.11	0.44	0.91
0.29	0.16	4.51	0.031	33.0	2519.8	691.1	20.9	386.8	11.7	15.6	LF	–0.019	0.028	0.032	0.05	0.14	0.47	1.02
0.14	0.16	4.79	0.032	29.8	1757.6	811.2	27.3	386.4	13.0	12.1	LF	–0.047	0.043	0.044	0.04	0.13	0.46	0.96
0.13	0.16	5.56	0.033	41.0	1598.8	1148.2	28.0	531.3	13.0	11.7	LF	0.006	0.046	0.044	0.04	0.13	0.45	0.96
0.13	0.16	5.32	0.035	36.5	1702.1	992.2	27.2	474.6	13.0	11.9	LF	–0.011	0.044	0.043	0.04	0.13	0.45	0.96
0.50	0.22	5.50	0.036	38.9	1987.2	616.0	15.8	409.0	10.5	17.9	LF	0.121	0.019	0.019	0.06	0.17	0.55	0.96
0.13	0.17	4.51	0.037	25.6	1980.8	704.1	27.5	331.8	13.0	12.2	LF	–0.067	0.043	0.041	0.04	0.13	0.52	0.91
0.21	0.16	4.51	0.041	29.1	2456.2	615.7	21.1	378.0	13.0	16.2	LF	–0.042	0.024	0.032	0.05	0.16	0.52	1.05

续表

ρ_l/%	ρ_t/%	λ	n_0	单调加载				往复加载				组合参数			性能点损伤指数			
				Δ_y^{mon} /mm	F_y /kN	Δ_u^{mon} /mm	μ_u^{mon}	Δ_u	μ_u	$\frac{F_y\Delta_u^{mon}}{\int E}$	破坏控制模式	β_{PA}	β_{calc}	β_{mod}	点 a	点 b	点 c	点 d
0.10	0.16	5.56	0.042	37.6	1754.3	1068.5	28.4	525.0	13.9	11.8	LF	–0.001	0.043	0.040	0.04	0.13	0.48	0.94
0.10	0.16	5.32	0.042	34.1	1825.5	953.8	27.9	476.7	14.0	11.9	LF	–0.018	0.042	0.039	0.04	0.13	0.48	0.93
0.12	0.16	5.56	0.045	40.1	1937.3	1004.2	25.0	520.8	13.0	11.8	LF	0.008	0.041	0.036	0.04	0.14	0.45	0.91
0.13	0.16	4.79	0.045	29.0	2163.3	724.7	25.0	375.9	12.9	11.8	LF	–0.045	0.041	0.035	0.04	0.14	0.44	0.88
0.20	0.16	5.05	0.047	36.8	2437.9	651.8	17.7	478.8	13.0	17.7	LF	–0.004	0.015	0.029	0.06	0.19	0.60	1.17
0.20	0.16	4.79	0.047	32.9	2532.2	578.9	17.6	426.3	13.0	16.7	LF	–0.021	0.016	0.028	0.06	0.18	0.59	1.13
0.11	0.17	4.24	0.050	17.8	2628.1	487.5	27.4	248.9	14.0	11.1	LF	–0.091	0.044	0.033	0.04	0.14	0.43	0.81
0.50	0.22	5.50	0.050	38.4	2236.2	549.7	14.3	395.2	10.3	17.5	LF	0.124	0.016	0.014	0.07	0.19	0.58	0.90
0.22	0.17	5.19	0.050	33.9	2867.5	693.1	20.4	381.3	11.2	11.8	LF	0.013	0.038	0.026	0.05	0.16	0.51	0.97
0.10	0.16	4.79	0.050	27.5	2217.5	683.7	24.9	384.0	14.0	12.1	LF	–0.052	0.036	0.033	0.04	0.15	0.42	0.90
0.12	0.27	7.14	0.051	74.5	1188.6	1472.6	19.8	968.1	13.0	13.6	LF	0.126	0.025	0.031	0.05	0.18	0.56	1.14
0.14	0.17	4.24	0.052	19.0	2862.3	404.2	21.3	265.0	13.9	15.0	LF	–0.081	0.023	0.029	0.05	0.17	0.55	1.01
1.03	0.48	4.41	0.053	67.9	16490.2	681.8	10.0	637.0	9.4	25.8	LF	0.211	0.003	0.004	0.10	0.24	0.64	1.04
0.13	0.16	5.05	0.053	33.0	2350.6	634.5	19.2	428.4	13.0	14.1	LF	–0.024	0.023	0.029	0.05	0.18	0.53	1.03
0.20	0.16	5.05	0.053	36.8	2620.4	620.1	16.9	476.7	13.0	17.8	LF	–0.003	0.013	0.025	0.06	0.19	0.61	1.15
0.42	0.22	5.50	0.053	36.7	2079.0	558.8	15.2	403.2	11.0	17.6	LF	0.100	0.016	0.016	0.07	0.19	0.55	0.96
0.14	0.17	4.24	0.054	18.9	2908.2	395.9	20.9	264.6	14.0	15.2	LF	–0.082	0.022	0.028	0.05	0.17	0.48	1.01
0.55	0.23	4.48	0.055	69.5	13858.1	741.2	10.7	693.0	10.0	23.0	LF	0.066	0.003	0.011	0.09	0.24	0.63	1.14
0.27	0.15	5.56	0.057	50.2	2899.2	726.6	14.5	600.6	12.0	18.3	LF	0.056	0.009	0.020	0.07	0.21	0.58	1.14

续表

ρ_l /%	ρ_t /%	λ	n_0	单调加载				往复加载				组合参数			性能点损伤指数			
				Δ_y^{mon} /mm	F_y /kN	Δ_u^{mon} /mm	μ_u^{mon}	Δ_u	μ_u	$\frac{F_y\Delta_u^{mon}}{\int E}$	破坏控制模式	β_{PA}	β_{calc}	β_{mod}	点 a	点 b	点 c	点 d
0.18	0.21	5.50	0.058	28.9	1555.7	565.9	19.6	373.8	12.9	14.5	LF	0.025	0.023	0.023	0.05	0.17	0.43	0.98
0.20	0.16	4.79	0.059	32.9	2890.6	535.3	16.3	426.3	13.0	17.5	LF	–0.019	0.012	0.021	0.06	0.20	0.60	1.10
0.13	0.16	4.79	0.059	29.4	2590.2	543.1	18.5	382.2	13.0	13.8	LF	–0.042	0.021	0.025	0.06	0.19	0.53	1.00
0.10	0.16	5.56	0.060	38.8	2292.6	757.6	19.5	507.7	13.1	12.1	LF	0.003	0.027	0.026	0.05	0.18	0.50	1.05
0.13	0.16	5.56	0.060	41.1	2405.6	751.8	18.3	515.7	12.5	12.7	LF	0.013	0.025	0.024	0.06	0.19	0.54	1.02
0.28	0.16	4.79	0.060	36.3	3322.3	510.4	14.1	391.8	10.8	15.8	$0.85F_{max}$	0.006	0.015	0.018	0.07	0.21	0.58	1.12
0.14	0.26	4.24	0.060	19.0	3142.5	433.2	22.8	264.6	13.9	12.8	LF	–0.080	0.030	0.024	0.05	0.16	0.43	0.90
0.29	0.25	4.51	0.062	31.9	3536.7	457.6	14.3	382.2	12.0	18.4	LF	–0.012	0.009	0.016	0.07	0.21	0.58	1.12
0.28	0.25	4.79	0.063	36.2	3406.0	512.9	14.2	432.6	12.0	18.2	LF	0.007	0.009	0.016	0.07	0.21	0.58	1.13
0.27	0.24	5.32	0.063	45.4	3169.4	638.1	14.1	543.9	12.0	17.5	LF	0.042	0.008	0.016	0.07	0.22	0.59	1.15
0.10	0.25	5.05	0.065	31.8	2591.4	661.2	20.8	411.6	12.9	10.8	LF	–0.031	0.035	0.022	0.05	0.17	0.47	0.88
0.15	0.31	4.49	0.067	25.4	1657.5	432.2	17.0	329.7	13.0	14.0	LF	–0.054	0.017	0.018	0.06	0.20	0.47	1.02
0.15	0.44	4.49	0.067	25.4	1657.5	492.7	19.4	329.7	13.0	12.3	LF	–0.054	0.027	0.018	0.05	0.18	0.43	0.95
0.20	0.25	4.79	0.067	33.0	3136.3	513.5	15.6	409.6	12.4	15.6	LF	–0.017	0.013	0.016	0.07	0.21	0.53	1.12
0.13	0.25	5.05	0.068	33.5	2773.8	681.5	20.3	434.7	13.0	11.6	LF	–0.022	0.031	0.019	0.05	0.17	0.47	0.88
0.65	0.40	3.10	0.069	29.3	18872.1	327.0	11.2	291.9	10.0	22.6	LF	0.000	0.005	0.006	0.09	0.23	0.58	1.02
0.14	0.26	4.51	0.069	26.5	3062.2	472.3	17.8	343.7	13.0	12.8	LF	–0.057	0.021	0.017	0.06	0.19	0.45	0.97
0.29	0.16	4.51	0.070	31.9	3794.9	389.8	12.2	382.2	12.0	20.2	LF	–0.010	0.001	0.012	0.08	0.24	0.63	1.18
0.14	0.16	4.79	0.070	30.2	2953.7	496.5	16.4	379.7	12.6	13.0	$0.85F_{max}$	–0.038	0.018	0.017	0.06	0.20	0.47	1.00

续表

ρ_l /%	ρ_t /%	λ	n_0	单调加载				往复加载				组合参数			性能点损伤指数			
				Δ_y^{mon} /mm	F_y /kN	Δ_u^{mon} /mm	μ_u^{mon}	Δ_u	μ_u	$\frac{F_y\Delta_u^{mon}}{\int E}$	破坏控制模式	β_{PA}	β_{calc}	β_{mod}	点 a	点 b	点 c	点 d
0.30	0.16	4.24	0.070	23.5	4344.4	308.4	13.1	270.4	11.5	18.0	$0.85F_{max}$	−0.028	0.007	0.012	0.08	0.24	0.59	1.09
0.11	0.26	4.24	0.071	18.6	3396.7	392.1	21.1	258.3	13.9	11.5	LF	−0.086	0.030	0.017	0.05	0.17	0.44	0.87
0.14	0.33	5.50	0.072	26.4	1714.7	625.6	23.7	369.6	14.0	11.2	LF	0.015	0.037	0.015	0.04	0.15	0.35	0.85
0.18	0.16	6.92	0.079	67.8	3322.3	890.7	13.1	812.7	12.0	15.3	LF	0.134	0.006	0.010	0.08	0.24	0.60	1.14
0.63	0.28	3.66	0.080	41.7	17226.1	374.4	9.0	373.8	9.0	19.9	CC	0.036	0.000	0.004	0.11	0.29	0.70	1.07
0.63	0.40	3.66	0.080	41.7	17224.4	431.2	10.3	412.9	9.9	22.6	$0.85F_{max}$	0.036	0.002	0.004	0.10	0.25	0.62	1.09
0.42	0.35	5.50	0.080	36.6	2527.0	470.0	12.8	394.0	10.8	16.5	LF	0.106	0.010	0.005	0.08	0.22	0.51	0.99
0.11	0.17	4.51	0.080	25.8	3263.8	377.5	14.6	330.1	12.8	12.9	LF	−0.065	0.010	0.010	0.07	0.23	0.52	1.03
0.10	0.16	5.05	0.080	33.1	3026.8	477.9	14.4	423.1	12.8	13.0	$0.85F_{max}$	−0.027	0.009	0.010	0.07	0.23	0.53	1.07
0.21	0.16	4.24	0.080	21.7	4209.7	297.1	13.7	261.2	12.0	15.4	$0.85F_{max}$	−0.051	0.008	0.008	0.07	0.24	0.55	1.09
0.17	0.30	5.02	0.080	34.4	1830.5	497.6	14.5	414.5	12.0	13.0	$0.85F_{max}$	−0.008	0.013	0.009	0.07	0.23	0.45	1.01
0.21	0.35	5.50	0.083	30.9	2060.8	475.8	15.4	369.6	12.0	13.0	LF	0.041	0.017	0.006	0.07	0.21	0.43	0.97
1.08	0.48	3.70	0.083	47.2	22044.6	401.1	8.5	390.6	8.3	21.9	CC	0.182	0.001	0.001	0.12	0.29	0.60	0.98
1.08	0.36	3.70	0.083	47.2	22044.6	369.5	7.8	365.4	7.7	20.7	CC	0.182	0.001	0.001	0.13	0.31	0.65	0.92
0.21	0.16	4.51	0.083	23.2	3925.8	358.6	15.5	346.5	14.9	18.2	LF	−0.032	0.002	0.006	0.08	0.26	0.55	1.11
0.10	0.25	5.32	0.085	37.6	3054.6	581.2	15.5	506.8	13.5	12.5	$0.85F_{max}$	−0.007	0.010	0.007	0.07	0.22	0.42	1.03
0.14	0.17	4.51	0.085	27.4	3565.5	362.4	13.2	352.8	12.9	14.1	CC	−0.054	0.002	0.006	0.08	0.24	0.48	1.02
0.13	0.26	4.51	0.086	27.2	3561.7	407.1	15.0	352.8	13.0	13.0	LF	−0.055	0.010	0.005	0.07	0.22	0.43	1.03
0.12	0.24	5.56	0.086	43.2	3116.0	627.1	14.5	560.7	13.0	12.6	LF	0.018	0.008	0.005	0.07	0.23	0.45	1.09

续表

ρ_l /%	ρ_t /%	λ	n_0	单调加载				往复加载				组合参数			性能点损伤指数			
				Δ_y^{mon} /mm	F_y /kN	Δ_u^{mon} /mm	μ_u^{mon}	Δ_u	μ_u	$\frac{F_y\Delta_u^{mon}}{\int E}$	破坏控制模式	β_{PA}	β_{calc}	β_{mod}	点 a	点 b	点 c	点 d
0.19	0.15	5.56	0.086	46.9	3371.5	556.0	11.9	539.7	11.5	14.8	CC	0.039	0.002	0.005	0.09	0.26	0.54	1.05
0.28	0.16	5.05	0.088	41.3	4014.1	436.4	10.6	428.4	10.4	15.4	CC	0.030	0.001	0.003	0.10	0.28	0.60	1.04
0.13	0.25	5.05	0.090	35.4	3420.2	497.6	14.1	453.6	12.8	12.8	LF	–0.015	0.007	0.003	0.07	0.23	0.46	1.10
0.10	0.16	5.32	0.090	38.1	3195.2	501.6	13.2	474.6	12.5	12.1	CC	–0.006	0.004	0.003	0.08	0.25	0.48	1.03
0.13	0.16	5.05	0.090	35.2	3410.2	448.2	12.7	422.1	12.0	12.7	CC	–0.017	0.005	0.003	0.08	0.25	0.49	1.06
0.20	0.16	5.32	0.091	42.8	3589.8	487.5	11.4	470.4	11.0	13.7	CC	0.025	0.003	0.001	0.09	0.27	0.55	1.07
0.12	0.16	5.56	0.093	43.9	3281.6	539.5	12.3	514.5	11.7	12.2	CC	0.019	0.004	0.002	0.08	0.26	0.51	1.00
0.21	0.26	4.24	0.093	22.1	4661.7	288.2	13.0	285.6	12.9	16.3	LF	–0.048	0.001	0.001	0.08	0.25	0.49	1.13
0.13	0.16	5.32	0.093	40.0	3398.6	485.6	12.1	462.0	11.6	11.9	CC	0.004	0.004	0.002	0.08	0.26	0.52	1.00
0.55	0.23	3.54	0.096	44.3	22335.5	357.2	8.1	352.8	8.0	15.5	CC	0.008	0.001	0.001	0.12	0.32	0.63	1.02
0.13	0.16	5.32	0.100	40.4	3558.2	461.4	11.4	441.0	10.9	10.7	CC	0.004	0.004	0.003	0.09	0.28	0.45	0.94
0.20	0.16	5.05	0.100	38.9	3964.9	398.8	10.3	388.5	10.0	11.7	CC	0.008	0.002	0.002	0.10	0.30	0.50	1.04
0.63	0.28	3.66	0.100	42.1	19082.8	333.2	7.9	333.9	7.9	15.9	CC	0.041	0.000	0.001	0.13	0.33	0.64	0.91
0.11	0.17	4.24	0.102	20.3	4460.1	257.8	12.7	243.6	12.0	10.6	CC	–0.079	0.005	0.003	0.08	0.26	0.40	0.91
0.18	0.33	5.50	0.103	30.9	2314.0	411.3	13.3	352.4	11.4	10.8	LF	0.036	0.013	0.003	0.08	0.24	0.40	0.98
0.28	0.16	4.79	0.104	37.5	4606.0	343.7	9.2	336.0	9.0	12.1	CC	0.017	0.002	0.002	0.11	0.32	0.56	1.03
0.11	0.17	4.51	0.104	27.6	3990.0	310.9	11.3	294.0	10.7	9.5	CC	–0.059	0.006	0.004	0.09	0.28	0.45	0.93
0.20	0.24	5.32	0.104	43.8	3934.7	480.3	11.0	457.8	10.5	11.7	CC	0.028	0.004	0.003	0.09	0.28	0.48	1.01
0.10	0.25	4.79	0.104	31.5	3828.2	384.9	12.2	361.2	11.5	9.9	CC	–0.039	0.006	0.004	0.08	0.26	0.43	1.00

续表

ρ_l /%	ρ_t /%	λ	n_0	单调加载				往复加载				组合参数			性能点损伤指数			
				Δ_y^{mon} /mm	F_y /kN	Δ_u^{mon} /mm	μ_u^{mon}	Δ_u	μ_u	$\frac{F_y \Delta_u^{mon}}{\int E}$	破坏控制模式	β_{PA}	β_{calc}	β_{mod}	点 a	点 b	点 c	点 d
0.10	0.16	5.32	0.105	39.8	3589.2	434.2	10.9	407.4	10.2	8.8	CC	–0.003	0.007	0.004	0.09	0.29	0.47	0.98
0.21	0.16	4.24	0.105	22.6	5066.0	242.4	10.7	235.2	10.4	12.1	CC	–0.045	0.002	0.003	0.09	0.30	0.47	0.97
0.50	0.22	5.50	0.106	38.9	3162.4	324.3	8.3	321.3	8.3	13.7	CC	0.137	0.001	0.002	0.12	0.33	0.61	1.00
0.13	0.16	5.05	0.107	36.8	3888.2	382.7	10.4	367.5	10.0	9.4	CC	–0.012	0.004	0.004	0.10	0.30	0.49	1.02
0.27	0.24	5.56	0.108	52.4	4266.8	508.6	9.7	483.0	9.2	11.5	CC	0.068	0.004	0.003	0.10	0.30	0.54	1.01
0.50	0.35	5.50	0.110	39.0	3215.7	365.5	9.4	350.7	9.0	14.2	CC	0.138	0.003	0.002	0.11	0.29	0.54	1.04
0.10	0.16	4.79	0.110	32.0	3983.4	335.3	10.5	319.2	10.0	8.5	CC	–0.038	0.006	0.005	0.10	0.30	0.47	1.00
0.21	0.16	4.51	0.110	31.0	4581.9	297.8	9.6	281.4	9.1	10.0	CC	–0.026	0.006	0.004	0.10	0.32	0.53	0.97
0.28	0.16	5.05	0.110	42.5	4612.8	372.2	8.8	359.1	8.4	10.8	CC	0.035	0.003	0.003	0.12	0.33	0.59	0.95
0.10	0.16	5.05	0.113	36.3	3931.8	372.6	10.3	350.7	9.7	7.9	CC	–0.019	0.007	0.005	0.10	0.31	0.46	0.92
0.14	0.26	4.24	0.114	21.6	5027.8	256.7	11.9	237.3	11.0	9.5	CC	–0.066	0.008	0.005	0.09	0.28	0.43	1.00
0.33	0.20	8.33	0.114	73.3	2279.0	681.8	9.3	585.7	8.0	7.7	CC	0.292	0.018	0.003	0.11	0.31	0.55	0.94
0.30	0.26	4.24	0.116	24.6	5909.3	242.1	9.8	233.1	9.5	11.9	CC	–0.017	0.003	0.004	0.10	0.31	0.52	0.97
0.14	0.25	4.79	0.117	33.7	4302.5	356.4	10.6	336.0	10.0	8.7	CC	–0.026	0.007	0.005	0.10	0.30	0.39	0.92
0.20	0.24	5.05	0.117	40.2	4422.5	393.5	9.8	361.2	9.0	9.0	LF	0.013	0.009	0.005	0.10	0.31	0.48	1.00
0.28	0.24	5.05	0.117	42.9	4809.3	382.5	8.9	369.6	8.6	10.7	CC	0.037	0.003	0.004	0.11	0.33	0.57	0.96
0.13	0.25	5.32	0.119	42.6	4074.1	429.9	10.1	401.1	9.4	8.1	CC	0.010	0.008	0.006	0.10	0.31	0.41	0.97
0.11	0.26	4.51	0.0119	28.8	4425.0	310.3	10.8	287.7	10.0	7.8	CC	–0.056	0.009	0.006	0.09	0.29	0.38	1.01
0.12	0.16	5.56	0.0120	47.1	3982.0	438.8	9.3	413.7	8.8	7.6	CC	0.026	0.007	0.006	0.11	0.33	0.44	0.91

续表

ρ_l /%	ρ_t /%	λ	n_0	单调加载				往复加载				组合参数			性能点损伤指数			
				Δ_y^{mon} /mm	F_y /kN	Δ_u^{mon} /mm	μ_u^{mon}	Δ_u	μ_u	$\frac{F_y\Delta_u^{mon}}{\int E}$	破坏控制模式	β_{PA}	β_{calc}	β_{mod}	点 a	点 b	点 c	点 d
0.20	0.16	5.32	0.0120	45.2	4341.5	394.9	8.7	367.5	8.1	8.2	CC	0.031	0.008	0.005	0.12	0.35	0.47	0.96
0.14	0.21	5.50	0.0120	30.8	2478.3	310.1	10.1	285.6	9.3	7.9	CC	0.027	0.010	0.006	0.10	0.31	0.41	0.97
0.30	0.16	4.24	0.0120	24.8	6036.4	215.6	8.7	207.9	8.4	10.5	CC	–0.016	0.003	0.004	0.12	0.35	0.59	0.94
0.13	0.25	5.32	0.0120	42.6	4091.2	432.8	10.2	394.8	9.3	7.8	CC	0.009	0.011	0.006	0.10	0.31	0.41	0.97
1.09	0.36	3.51	0.0124	43.4	26586.7	266.3	6.1	260.4	6.0	12.5	CC	0.181	0.002	0.001	0.16	0.41	0.32	0.99
1.09	0.49	3.51	0.0124	43.4	26586.7	304.1	7.0	296.1	6.8	15.8	CC	0.181	0.002	0.001	0.14	0.35	0.57	0.87
0.21	0.25	4.51	0.0124	31.8	4975.6	296.8	9.3	285.6	9.0	9.5	CC	–0.022	0.004	0.006	0.11	0.33	0.44	0.92
0.10	0.16	5.56	0.0125	46.6	4017.0	416.8	8.9	386.4	8.3	6.6	CC	0.019	0.011	0.007	0.11	0.35	0.45	0.95
0.13	0.24	5.56	0.0125	47.9	4131.6	463.3	9.7	430.5	9.0	7.6	CC	0.028	0.009	0.007	0.11	0.32	0.43	1.02
0.10	0.24	5.56	0.0125	46.6	4023.6	459.8	9.9	417.9	9.0	6.9	CC	0.019	0.013	0.007	0.10	0.32	0.42	1.00
0.21	0.22	5.50	0.0126	33.2	2738.1	303.5	9.1	287.7	8.7	9.1	CC	0.052	0.006	0.006	0.11	0.33	0.45	0.93
0.42	0.22	5.50	0.0130	38.2	3310.0	296.2	7.8	279.3	7.3	10.1	CC	0.118	0.006	0.004	0.13	0.36	0.52	0.95
0.14	0.17	4.24	0.0130	22.4	5497.6	207.9	9.3	197.4	8.8	7.8	CC	–0.063	0.006	0.007	0.11	0.35	0.43	0.90
0.13	0.16	4.79	0.0130	34.6	4627.8	296.7	8.6	275.1	8.0	6.9	CC	–0.025	0.010	0.008	0.12	0.36	0.46	0.98
0.20	0.16	4.79	0.0130	36.6	4917.7	295.0	8.1	283.5	7.7	8.1	CC	–0.002	0.005	0.006	0.13	0.38	0.50	0.91
0.55	0.23	4.48	0.0130	72.3	20611.0	467.5	6.5	451.5	6.2	9.6	CC	0.084	0.004	0.003	0.16	0.40	0.63	0.96
0.17	0.30	5.02	0.0131	38.5	2607.4	349.0	9.1	323.4	8.4	7.7	CC	0.005	0.009	0.007	0.11	0.34	0.34	0.95
0.17	0.43	5.02	0.0131	38.5	2607.4	382.6	9.9	344.5	8.9	7.9	CC	0.005	0.013	0.007	0.10	0.32	0.32	1.02
0.14	0.28	6.19	0.0135	63.2	2442.1	547.5	8.7	504.0	8.0	6.9	CC	0.080	0.012	0.008	0.12	0.36	0.36	1.02

续表

ρ_l/%	ρ_t/%	λ	n_0	单调加载				往复加载				组合参数			性能点损伤指数			
				Δ_y^{mon}/mm	F_y/kN	Δ_u^{mon}/mm	μ_u^{mon}	Δ_u	μ_u	$\frac{F_y\Delta_u^{mon}}{\int E}$	破坏控制模式	β_{PA}	β_{calc}	β_{mod}	点 a	点 b	点 c	点 d
0.14	0.41	6.19	0.0135	63.2	2442.1	608.4	9.6	544.0	8.6	7.2	CC	0.080	0.015	0.008	0.11	0.33	0.33	1.08
0.14	0.16	4.79	0.0136	35.2	4809.8	285.0	8.1	270.9	7.7	6.9	CC	–0.022	0.007	0.008	0.13	0.38	0.46	0.91
0.22	0.17	5.19	0.0139	38.1	5595.5	301.2	7.9	279.3	7.3	7.5	CC	0.035	0.010	0.007	0.13	0.38	0.48	0.94
0.18	0.21	5.50	0.0140	33.3	2872.6	283.5	8.5	264.6	7.9	7.6	CC	0.045	0.009	0.008	0.12	0.36	0.42	1.02
0.14	0.17	4.51	0.0140	31.2	5134.7	247.2	7.9	231.0	7.4	6.6	CC	–0.040	0.010	0.009	0.13	0.39	0.46	0.94
0.13	0.16	5.32	0.0140	44.8	4599.6	350.3	7.8	321.3	7.2	6.2	CC	0.015	0.013	0.009	0.13	0.39	0.47	0.96
0.27	0.15	5.56	0.0140	55.1	5065.6	383.1	7.0	369.6	6.7	7.9	CC	0.076	0.004	0.007	0.15	0.42	0.55	0.91
0.15	0.31	4.49	0.0140	29.9	2818.0	264.4	8.8	237.3	7.9	6.9	CC	–0.037	0.015	0.009	0.12	0.35	0.35	0.98
0.55	0.23	3.54	0.0140	46.1	27121.9	285.2	6.2	275.1	6.0	9.6	CC	0.018	0.004	0.004	0.16	0.42	0.62	1.00
0.13	0.16	5.56	0.0145	50.2	4605.5	372.7	7.4	350.7	7.0	6.1	CC	0.033	0.010	0.010	0.14	0.41	0.42	1.02
0.63	0.28	4.96	0.0148	79.5	17119.8	472.5	5.9	466.2	5.9	7.8	CC	0.147	0.002	0.004	0.17	0.44	0.34	0.88
0.13	0.16	5.05	0.0150	41.0	5013.2	298.0	7.3	283.5	6.9	6.2	CC	–0.001	0.008	0.011	0.14	0.42	0.43	0.89
0.13	0.17	4.51	0.0150	31.8	5378.9	235.9	7.4	222.6	7.0	6.3	CC	–0.040	0.009	0.011	0.14	0.41	0.42	1.02
0.12	0.27	7.14	0.0150	94.5	2619.5	715.1	7.6	661.5	7.0	6.0	CC	0.149	0.012	0.011	0.14	0.41	0.40	1.06

注：LF 表示纵筋拉断破坏，CC 表示核心混凝土压碎破坏，$0.85F_{max}$ 表示承载力下降至原峰值荷载的 85%。

第7章　地震作用下高速铁路简支梁桥拟动力试验

7.1　概　　述

为深化高速铁路桥梁的抗震计算理论，推进其在工程实践中的应用，对高速铁路桥梁开展抗震试验显得尤为重要。现有高速铁路桥梁试验多针对连续梁桥[1]或更复杂的桥型。对于简支梁桥，一般将桥墩从整体结构中取出，对其进行拟静力试验[2-4]、拟动力试验[4,5]或振动台试验[6,7]来研究桥墩延性抗震性能，或通过振动台试验研究减隔震支座对简支梁桥地震响应的影响[8]。铁路桥梁普通球型钢支座的设计水平荷载为设计竖向荷载的 10%～40%[9]，地震作用下上部结构水平惯性力超过设计水平力后支座可能损伤。大量震后调查和研究显示，普通支座损伤对全桥地震响应影响显著，有必要对采用普通支座的高速铁路简支梁桥进行抗震性能研究。

模型试验是研究结构抗震性能的有效方法[10]。与拟静力试验相比，子结构拟动力试验能够模拟结构在地震下的真实响应。与振动台试验相比，拟动力试验将研究者关心的部分作为试验子结构，其他部分作为数值子结构同时模拟计算，在试验过程中考虑它们的相互影响。拟动力试验降低了试验设备要求和试验成本，解决了受振动台承载能力和台面尺寸限制，大型结构需采用小相似比缩尺模型而导致试验精度难以满足要求的问题，可展现结构在实际地震作用下从弹性到塑性甚至达到倒塌状态的全过程。Lavorato 和 Nuti[11]针对一座在地震中桥墩严重损坏的不规则三跨连续梁桥，以修复墩为试验子结构(缩尺比为 1∶6)，桥梁其余构件为不缩尺的数值子结构进行拟动力试验，研究修复后桥墩的抗震性能，并将试验成果运用于其他 7 座桥梁的震后修复。Abbiati 等[12]以部分支座和桥墩为试验子结构，其余结构为数值子结构对一个缩尺比为 1∶2.5 的 13 跨简支梁桥进行拟动力试验，研究摩擦摆支座对传统桥梁的减震效果。拟动力试验亦被用于足尺模型试验，Han 等[13]针对一座 5 跨连续梁，以固定墩及墩上支座为试验子结构，其余墩以及上部结构为数值子结构，研究修复后桥墩的抗震性能及橡胶支座、铅芯橡胶支座对桥墩的减震效果。

本章以支座和梁体作为数值子结构，桥墩作为试验子结构，对高速铁路简支梁桥进行拟动力试验，分两大类工况研究高速铁路简支梁桥体系在顺桥向实际地震作用下的响应，即强震下固定支座损伤对简支梁桥地震响应的影响和不考虑固定支座损伤时极端地震作用下桥墩破坏模式研究。从构件加速度、位移、剪力响应以及桥墩、支座滞回耗能等方面探讨高速铁路简支梁桥体系的抗震性能。

7.2 试 验 概 况

7.2.1 试验原型

以高速铁路桥梁中具有代表性的圆端形实心墩的32m预应力简支梁桥为拟动力试验原型(图 7-1(a))，研究简支梁桥在顺桥向地震作用下的抗震性能。

(1)原型桥主梁重 860t，二期恒载为 120kN/m。主梁横截面见图 7-1(b)，梁高 3.05m，横桥向支座中心距为 4.8m，左半截面为跨中截面，右半截面为支座截面，主梁混凝土强度等级为 C50。

(2)原型墩分别为高21.6m、13.6m和6.5m的圆端形实心墩，其截面见图 7-1(c)和(d)。

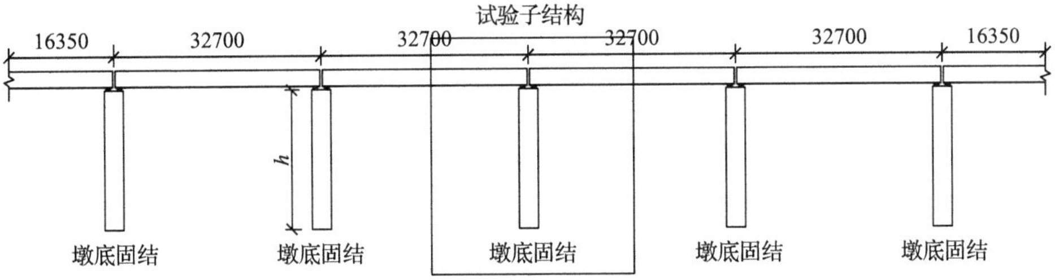

(a) 32m简支梁桥(单位：mm)

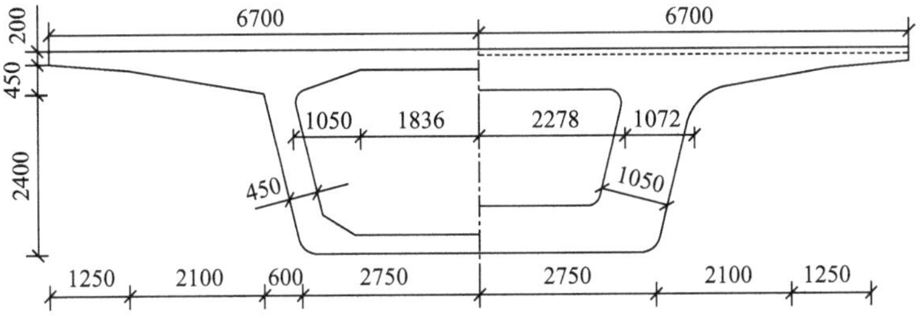

(b) 主梁横截面(单位：mm)

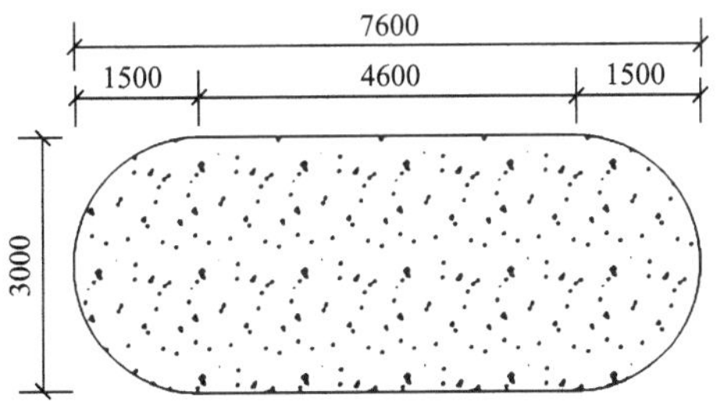

(c) 21.6m、13.6m桥墩截面(单位：mm)

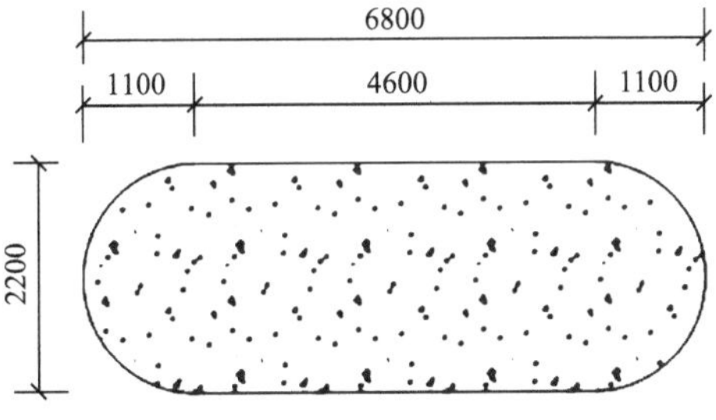

(d) 6.5m桥墩截面(单位：mm)

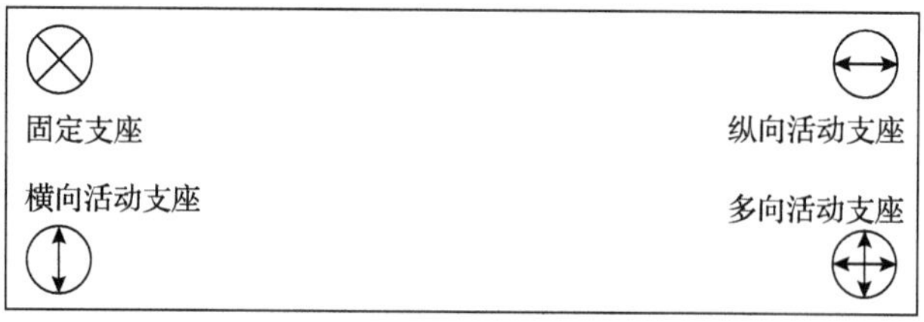

(e) 支座布置图

图 7-1　桥梁原型

(3)桥墩通过普通球型钢支座与箱梁连接，支座布置见图 7-1(e)。为方便描述，本章将固定支座和横向活动支座统称为固定支座，纵向活动支座和多向活动支座称为活动支座。

(4)受试验场地限制，墩底固结，不考虑桩土效应的影响。

7.2.2　试验设计

1. 相似比

取上述简支梁桥中墩、墩顶支座和上部结构进行拟动力试验[14]。考虑到实验室中反力墙高度和水平伺服作动器等设备的限制，试验模型是按相似原理缩尺后的模型。原型墩高 21.6m 模型的相似比见表 7-1，原型墩高 6.5m 模型的相似比见表 7-2。

表 7-1　原型墩高 21.6m 模型的相似比

参数	物理量	相似关系	相似比
几何参数	长度	S_l	1/8
	位移	$S_d=S_l$	1/8
	面积	$S_A=S_l^2$	1/64
材料参数	弹性模量	S_E	1
	应力	$S_\sigma=S_E$	1
	密度	$S_\rho=S_\sigma/(S_a \cdot S_l)$	8
荷载参数	集中荷载	$S_P=S_E S_l^2$	1/64
	线荷载	$S_p=S_E S_l$	1/8
	面荷载	$S_q=S_E$	1
动力参数	加速度	S_a	1
	质量	$S_m=S_\rho S_l^3$	1/64
	周期	$S_T=S_l(S_\rho S_E^{-1})^{0.5}$	$1/\sqrt{8}$

表 7-2　原型墩高 6.5m 模型的相似比

参数	物理量	相似关系	相似比
几何参数	长度	S_l	1/5
	位移	$S_d=S_l$	1/5
	面积	$S_A=S_l^2$	1/25
材料参数	弹性模量	S_E	1
	应力	$S_\sigma=S_E$	1
	密度	$S_\rho=S_\sigma/S_aS_l$	5
荷载参数	集中荷载	$S_P=S_ES_l^2$	1/25
	线荷载	$S_p=S_ES_l$	1/5
	面荷载	$S_q=S_E$	1
动力参数	加速度	S_a	1
	质量	$S_m=S_\rho S_l^3$	1/25
	周期	$S_T=S_l(S_\rho S_E^{-1})^{0.5}$	$1/\sqrt{5}$

2. 支座设计

支座约束方向：①《铁路工程抗震设计规范》(GB 50111—2006)允许支座在超出设计水准的地震作用下，在纵横向限位装置或下锚固螺栓处出现损伤。本章参考 Kim 等[15]的研究，假设支座在完好状态时为刚度一定的弹簧单元，损伤后为在墩顶摩擦滑移的摩擦单元。固定支座损伤后的滑动摩擦力为 $F_d=\mu_dN$($\mu_d=0.2$, N 为支座承担的竖向荷载)[16]。固定支座理论上不存在屈服位移，实际中可根据支座安装要求取上下座板之间的水平间隙作为固定支座屈服位移[17]。考虑到支座缩尺并不能缩小安装间隙要求，固定支座全尺和缩尺模型的屈服位移均取 0.002m。②本章研究固定支座损伤对高速铁路简支梁桥地震响应的影响及桥墩在地震作用下的破坏情况，因此假定一种加固型支座(支座可以承受非常大的水平荷载，能够完全传递上部结构的水平力给桥墩，只发生剪切变形而不滑动)使桥墩出现一定程度的损伤来研究桥墩的抗震性能。

支座活动方向：水平滑动摩擦力取 $F_s=\mu_sN$，其中 μ_s 为滑动摩擦系数，取 $\mu_s=0.02$ 保证支座在普通荷载(如热胀冷缩)作用下的滑动性。滑动屈服位移取 0.002m。

支座本构关系见图 7-2。

3. 桥墩设计

高速铁路圆端形实心墩拟静力试验结果显示[2,18]，轴压比和纵筋率是影响这类桥墩延性的主要因素；纵筋率较小时，体积配箍率对延性的影响很小。在上部结构确定的情况下，圆端形实心墩轴压比差别不大，故本次拟动力试验以纵筋率、支座可滑动性作为试验参数，见表 7-3。桥墩试件基本参数见表 7-4。缩尺后桥墩截面及其配筋见图 7-3。

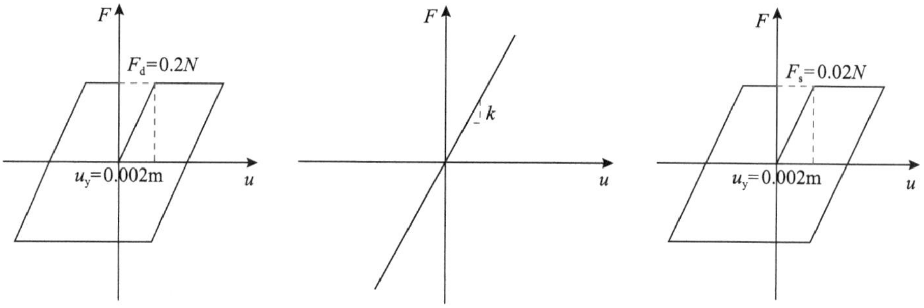

(a) 考虑损伤的固定支座　(b) 加固型固定支座　(c) 活动支座

图 7-2　支座本构关系

表 7-3　试验参数的水平级别

参数	水平		
原型墩高/m	21.6	13.6	6.5
纵筋率/%	0.15	0.40	0.75
支座滑动性	考虑损伤的固定支座(可滑动)	加固型固定支座(不可滑动)	

表 7-4　桥墩试件基本参数

试件编号	原型墩高/m	模型墩高/m	剪跨比	纵筋率/%	体积配箍率/%
1-1#	21.6	2.7	7.20	0.40	0.30
1-2#	21.6	2.7	7.20	0.75	0.45
2-1#	13.6	1.7	4.93	0.15	0.30
2-2#	13.6	1.7	4.93	0.40	0.45
2-3#	13.6	1.7	4.93	0.75	0.15
3-1#	6.5	1.3	2.95	0.40	0.15
3-2#	6.5	1.3	2.95	0.75	0.30

7.2.3　桥墩材料性能参数

桥墩试件采用 C35 混凝土浇筑，模型混凝土材料参数见表 7-5。桥墩纵筋采用直径 8mm 和 10mm 的 HRB335 热轧钢筋，箍筋采用直径 6mm 的 HPB235 圆盘钢筋，钢筋力学性能参数见表 7-6。

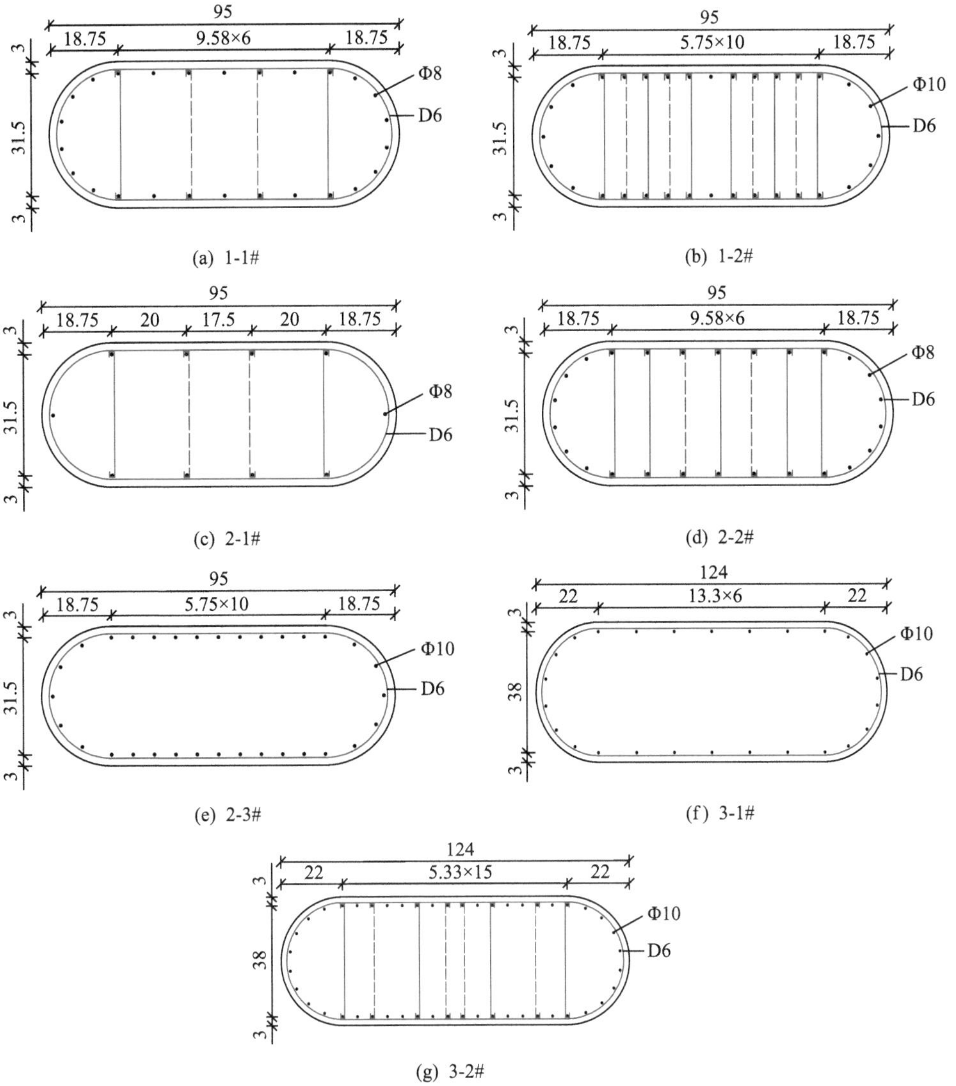

图 7-3　模型截面尺寸及配筋

Φ 表示纵筋直径，D 表示箍筋直径，均以 mm 为单位，其余单位为 cm

表 7-5　模型混凝土材料参数

设计抗压强度/MPa	立方体试块抗压强度/MPa	轴心试块抗压强度/MPa	立方体试块抗压强度平均值/MPa	轴心试块抗压强度平均值/MPa
35	41.1	27.5	42.3	27.3
	43.5	28.4		
	42.4	26.1		

表 7-6 钢筋力学性能参数

直径/mm	屈服应力/MPa	极限应力/MPa	弹性模量/MPa
A6	290.5	387.0	2.10×10^5
B8	383.7	515.4	2.06×10^5
B10	395.5	520.0	2.08×10^5

7.3 试验方法

7.3.1 试验加载控制方法

桥梁抗震设计和评估分析模型中，最简单的质量模型是假设整个上部结构质量集中在上部结构质心处，桥墩为无质量墩。若墩柱质量较大不可忽略，则将墩柱有效质量添加到上部结构质量中，此时桥梁体系为假定上部结构地震响应与墩顶地震响应一致的单自由度体系，多用于延性体系抗震性能研究。如果需要考虑支座对简支梁桥地震响应的影响，通常采用双自由度模型来模拟上下部结构之间的相对位移。桥墩有效质量通过使简支梁桥双自由度系统和多自由度系统的动力响应基本一致来确定[19]，见表 7-7。

表 7-7 双自由度模型质量表 （单位：t）

试件编号	桥墩质量 m	桥墩有效质量 m_1	上部结构质量 m_2
1-1#	17.88	$0.3m$	19.18
1-2#	17.88	$0.3m$	19.18
2-1#	11.26	$0.3m$	19.18
2-2#	11.26	$0.3m$	19.18
2-3#	11.26	$0.3m$	19.18
3-1#	12.58	$0.3m$	49.10
3-2#	12.58	$0.3m$	49.10

试验过程中，支座和梁体作为数值子结构，通过计算机进行恢复力模拟；桥墩作为试验子结构，通过试验直接获得其恢复力。在动力方程中将数值子结构和试验子结构考虑为一个整体，求解得到整体结构的地震反应。试验加载控制模型见图 7-4，箱梁被近似为刚体，当成墩上的集中质量来处理，支座采用零长度单元模拟。图中 k_1 表示桥墩综合刚度，在试验加载过程中根据加载控制位移和试验过程中测得的恢复力计算得到；m_1 为墩顶有效质量；k_2 表示墩顶 4 个支座的顺桥向合刚度，由迭代得到的支座位移计算；m_2 表示上部结构质量。

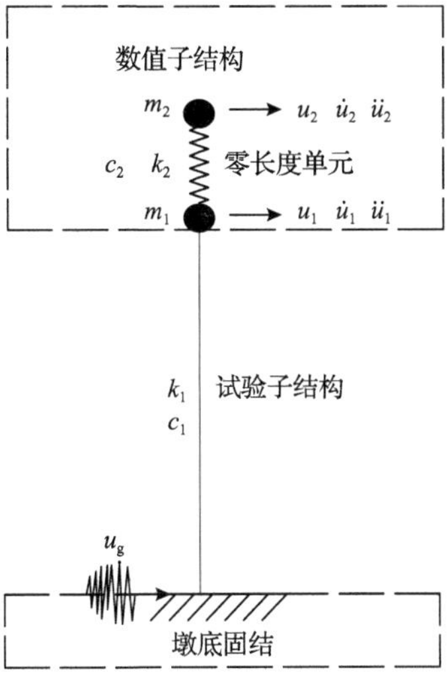

图 7-4　试验加载控制模型

7.3.2　拟动力试验的动力方程

顺桥向地震 $\ddot{u}_g$ 作用下，采用动力平衡法求得准隔震桥梁体系的动力方程为

$$\boldsymbol{M}\ddot{\boldsymbol{u}}+\boldsymbol{C}\dot{\boldsymbol{u}}+\boldsymbol{F}_r=-\boldsymbol{M}\ddot{u}_g \tag{7-1}$$

式中，

$$\boldsymbol{M}=\begin{bmatrix} m_1 & 0 \\ 0 & m_2 \end{bmatrix},\quad \boldsymbol{C}=\begin{bmatrix} c_1+c_2 & -c_2 \\ -c_2 & c_2 \end{bmatrix},\quad \boldsymbol{F}=\boldsymbol{kx}=\begin{bmatrix} k_1+k_2 & -k_2 \\ -k_2 & k_2 \end{bmatrix}\begin{Bmatrix} u_1 \\ u_2 \end{Bmatrix}$$

式中，c_1 为桥墩等效阻尼系数；c_2 为支座等效阻尼系数；u_1、$\dot{u}_1$、$\ddot{u}_1$ 和 u_2、$\dot{u}_2$、$\ddot{u}_2$ 分别为桥墩和上部结构相对于地面的位移、速度和加速度。试验阻尼采用瑞利阻尼。

7.3.3　试验加载装置

本试验在中南大学高速铁路建造技术国家工程研究中心进行。水平荷载作用下，桥墩试件可视为以基础顶面为嵌固端的悬臂构件，故采用悬臂梁式加载。为模拟实际使用中桥墩可能承受的荷载，将上部结构自重以及桥墩有效质量视为恒定竖向荷载，竖向荷载通过墩顶油压千斤顶施加，水平往复荷载通过电液伺服作动器施加。试验台承力系统为 L 型反力墙。试验全过程由 MTS 电液伺服系统及计算机控制，试验加载装置见图 3-3(a)。

试验过程中以电液伺服作动器位移作为墩顶加载控制位移，墩顶侧向力通过作动器传感器直接获得。考虑到在试验过程中可能由于地基锚固不牢引起桥墩微小的整体平移与旋转，同时墩顶与作动器的连接以及作动器与反力墙之间在推拉过程中可能出现缝隙与偏移等问题，在墩顶及混凝土底座处均设置位移计，对墩顶位移进行辅正。

7.4　地震波选取和试验工况

7.4.1　地震波选取

本次试验不考虑地震波特性对简支梁桥地震响应的影响，随机选取 Landers 波作为拟动力试验的顺桥向地震激励，时间步长为 0.02s，峰值加速度为 0.274g。Landers 波的加速度时程曲线和弹性加速度反应谱见图 7-5。试验过程中需按表 7-1 和表 7-2 的相似比对该地震波的时间步长进行缩尺，然后将峰值加速度调幅至 0.64g 和 1.92g。

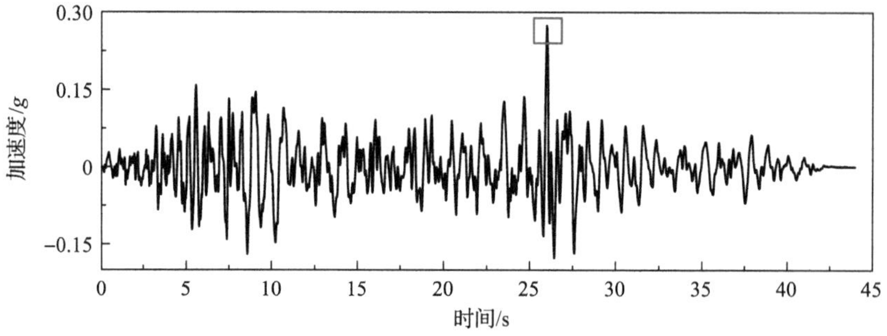

(a) 加速度时程曲线

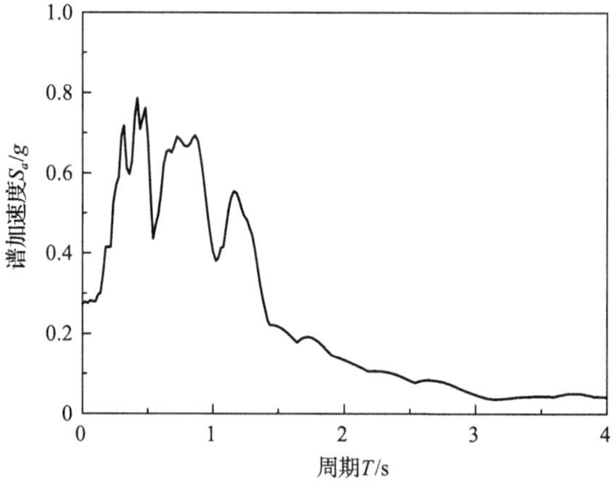

(b) 弹性加速度反应谱

图 7-5　Landers 波的加速度时程曲线和弹性加速度反应谱

7.4.2　试验工况

本次试验分两类工况，对同一试件进行两次加载。

(1) 工况 1：墩顶采用考虑损伤的球型固定支座，顺桥向输入缩尺后调幅至 0.64g 的 Landers 波。

(2) 工况 2：墩顶采用加固型固定支座，顺桥向输入缩尺后调幅至 1.92g 的 Landers 波。

为方便描述，将考虑损伤的球型支座定义为摩擦型支座，试验工况见表 7-8。

表 7-8　子结构拟动力试验工况

试件编号	工况	PGA/g	固定支座类型	支座屈服力/kN	支座屈服位移/m	支座初始刚度/(kN/m)
1-1#～2-3#	工况 1	0.64	摩擦型	2.2×9.6	0.002	2.2×4800
	工况 2	1.92	加固型	—	—	2.2×4800
3-1#、3-2#	工况 1	0.64	摩擦型	2.2×24.6	0.002	2.2×12300
	工况 2	1.92	加固型	—	—	2.2×12300

注：试验控制模型采用二维模型，将墩顶 4 个并联支座弹簧合并成 1 个弹簧单元，表中加速度、位移、力和刚度均为缩尺后的值。

7.5　试验结果及分析

对于低轴压比、低纵筋率的圆端形实心墩，体积配箍率对其延性和耗能能力的影响均不显著[2]，因此本节研究桥梁地震响应时忽略体积配箍率的影响。

试验过程中，2-1#～2-3#墩在第 2 阶段加载过程中油压千斤顶损坏，竖向轴力逐渐卸载至 0kN，故不对这三组工况进行分析。

7.5.1　试验现象

在峰值加速度为 0.64g 的 Landers 波作用下，各试件均未出现肉眼可见裂缝。在峰值加速度为 1.92g 的 Landers 波作用下，试验现象如下：

(1) 高 2.7m、纵筋率为 0.40%的 1-1#试件墩底环向贯通开裂，墩底保护层混凝土局部剥落，见图 7-6 和图 7-7。根据损伤情况，试件达到严重破坏状态。

(2) 高 2.7m、纵筋率为 0.75%的 1-2#试件从下至上出现 6 条裂缝，裂缝间距为 10～30cm，墩底附近两条裂缝环向贯通，见图 7-8 和图 7-9。虽然墩底截面出现环向贯通裂缝，但试件未达到峰值承载力，可承担更大的墩底剪力。根据损伤情况，1-2#试件处于中等破坏状态。

图 7-6 1-1#试件保护层混凝土轻微剥落

图 7-7 1-1#试件环向贯通裂缝

图 7-8 1-2#试件保护层混凝土轻微剥落

图 7-9 1-2#试件多条水平裂缝

(3)高 1.3m、纵筋率为 0.40%的 3-1#试件在加载至 3.81s 时墩底水平裂缝迅速发展，裂缝宽度超过 1cm，墩身出现明显倾斜，见图 7-10～图 7-12。试件达到倒塌状态，加载终止。

图 7-10 3-1#试件墩身倾斜

图 7-11 3-1#试件水平裂缝

(4)高 1.3m、纵筋率为 0.75%的 3-2#试件从下至上逐渐出现多条水平裂缝，裂缝间距较小，集中在墩底 40cm 范围内，除墩底裂缝外，其余裂缝均未贯通，见图 7-13 和图 7-14。加载至 3.86s 时，墩底裂缝迅速发展，宽度超过 1cm，墩身出现明显倾斜，非加载侧圆端处混凝土压碎，纵筋屈曲、外鼓。试件达到倒塌状态，加载终止。

图 7-12　3-1#试件保护层混凝土轻微剥落

图 7-13　3-2#试件多条水平裂缝

图 7-14　3-2#试件圆端处混凝土压碎

从最终破坏的形态上看，所有试件混凝土裂缝只有环状裂缝或无交叉斜裂缝，桥墩试件均为弯曲破坏。

弯曲破坏型高速铁路实心墩的破坏过程可以描述为：

(1)墩底附近出现水平裂缝。

(2)裂缝从截面的顺桥向最外边缘逐渐向横桥向扩展，纵筋率达到 0.75%的桥墩从墩底向上产生新的水平裂缝。

(3)新裂缝不再出现，旧裂缝宽度加大并在圆端处相交形成环向贯通裂缝。

(4)墩底保护层混凝土轻微剥落。高 1.3m 的桥墩试件接近倒塌状态时受拉侧墩底裂缝迅速发展，桥墩倒塌状态由纵筋控制。

7.5.2　工况 1 加载试验结果

1. 墩顶位移时程曲线

图 7-15～图 7-17 为工况 1 下各试件的墩顶位移时程曲线，各试件墩顶最大位移见表 7-9。可以发现，由于纵筋率对桥墩自振周期影响很小，结构处于弹性范围

内时，剪跨比相同的情况下，各试件的墩顶位移时程曲线基本一致，纵筋率大的墩顶最大位移略小，但相差不大，如 1-1#试件的墩顶最大位移为 22.8mm，1-2#试件的墩顶最大位移为 21.1mm。

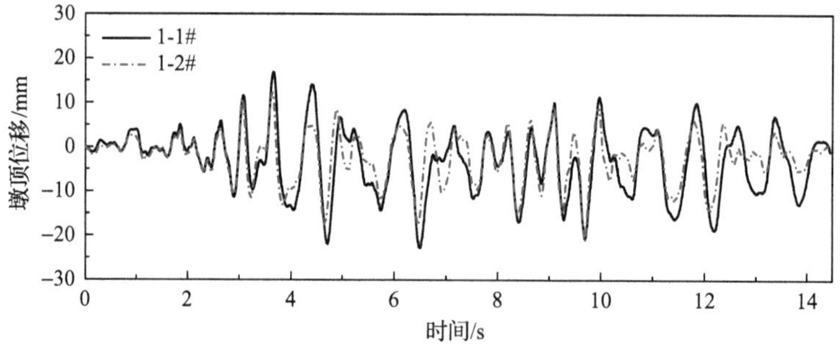

图 7-15　工况 1 下 2.7m 试件墩顶位移时程曲线

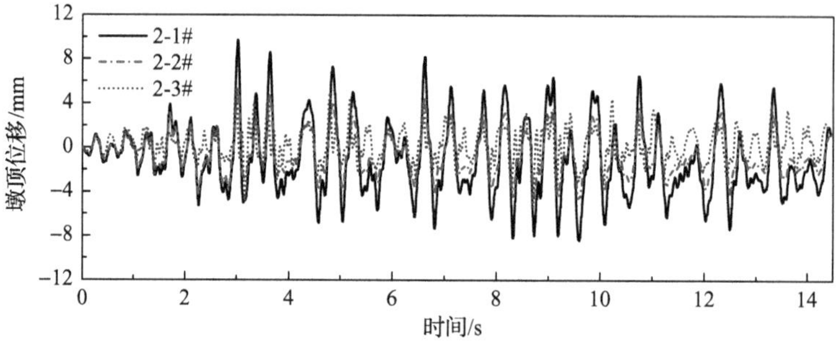

图 7-16　工况 1 下 1.7m 试件墩顶位移时程曲线

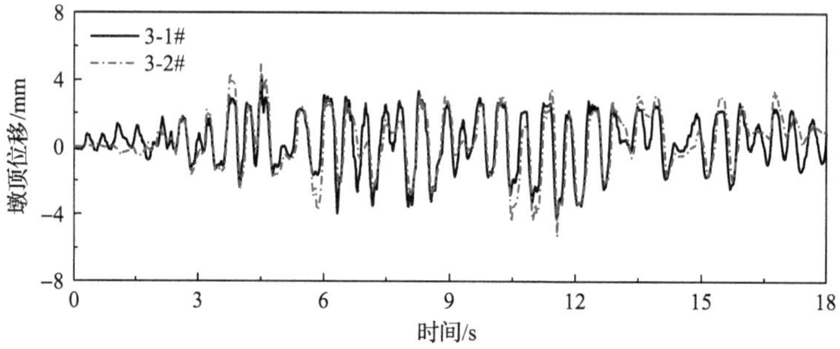

图 7-17　工况 1 下 1.3m 试件墩顶位移时程曲线

表 7-9　各试件墩顶最大位移

试件编号	1-1#	1-2#	2-1#	2-2#	2-3#	3-1#	3-2#
最大位移/mm	22.8	21.1	8.8	6.8	5.4	5.3	4.3

2. 水平力时程曲线

试验过程中，水平力直接通过水平伺服作动器获得，图 7-18～图 7-20 为工况 1 下各试件的水平力时程曲线，各试件最大水平力见表 7-10。与位移响应类似，剪跨比相同的情况下，各试件的水平力时程曲线基本一致，纵筋率大的试件墩底剪力需求更大，如 1-1#、1-2#试件的最大水平力分别为 46.5kN、58.9kN。纵筋率相同的情况下，水平力随剪跨比减小而增大，如 1-1#、2-2#、3-1#试件的最大水平力分别为 46.5kN、58.9kN、127.8kN。

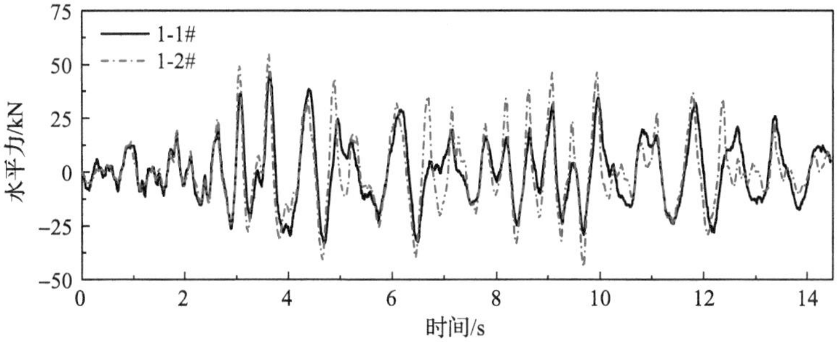

图 7-18　工况 1 下 2.7m 试件水平力时程曲线

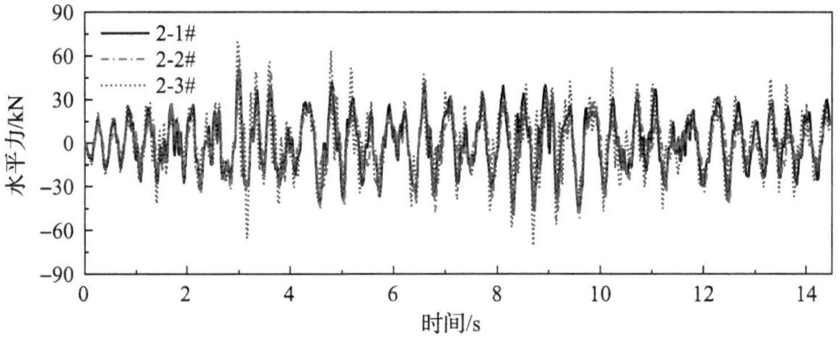

图 7-19　工况 1 下 1.7m 试件水平力时程曲线

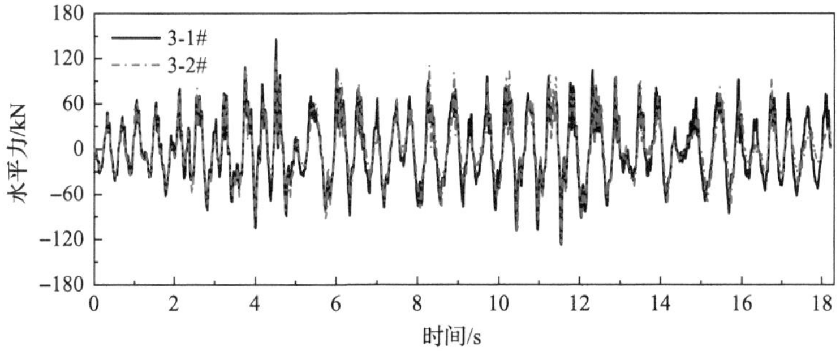

图 7-20　工况 1 下 1.3m 试件水平力时程曲线

表 7-10　各试件最大水平力

试件编号	1-1#	1-2#	2-1#	2-2#	2-3#	3-1#	3-2#
最大水平力/kN	46.5	58.9	50.4	58.9	69.4	127.8	145.4

3. 桥墩滞回曲线

图 7-21～图 7-27 给出了工况 1 下各试件水平力-位移滞回曲线。纵筋率为 0.15%的 2-1#试件进入轻微塑性状态，其余纵筋率不小于 0.40%的试件均处于弹性状态。荷载-位移曲线基本呈线性关系，变形基本恢复，残余位移很小，滞回曲线所包围的面积也很小。

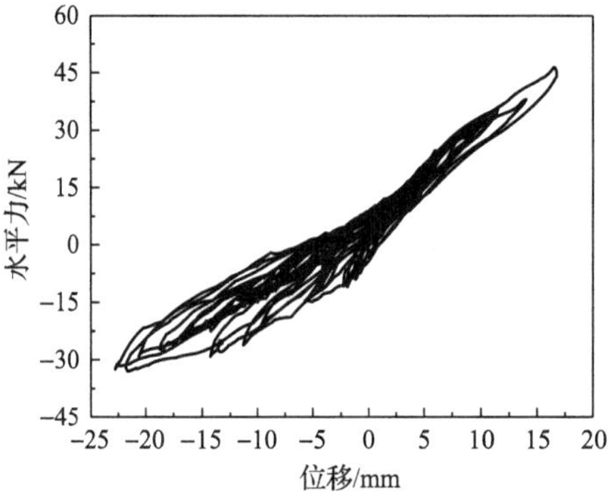

图 7-21　工况 1 下 1-1#试件水平力-位移滞回曲线

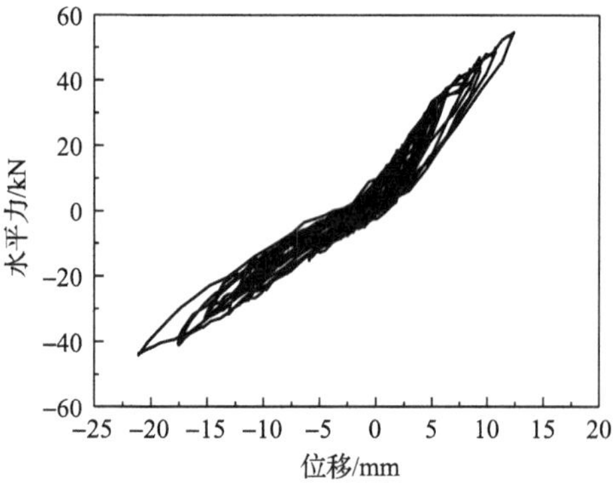

图 7-22　工况 1 下 1-2#试件水平力-位移滞回曲线

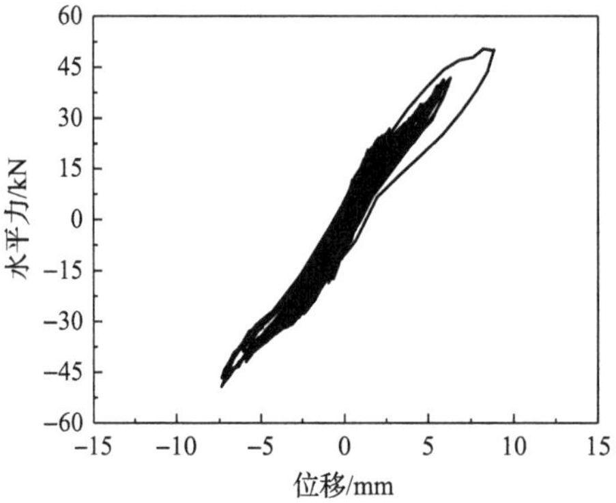

图 7-23　工况 1 下 2-1#试件水平力-位移滞回曲线

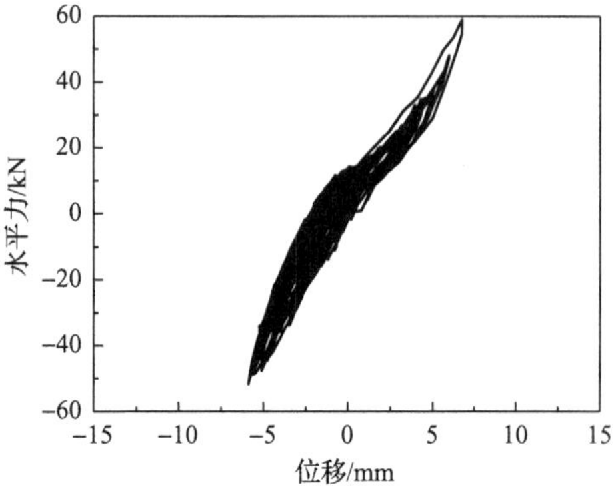

图 7-24　工况 1 下 2-2#试件水平力-位移滞回曲线

4. 支座滞回曲线

第一阶段加载过程中，高速铁路简支梁桥采用摩擦型固定支座。地震作用下各高速铁路简支梁桥上部结构惯性力均超过摩擦型支座的滑动摩擦力，支座顺桥向滑移耗能。工况 1 下各试件摩擦型支座滞回曲线如图 7-28～图 7-34 所示，支座传递的最大水平荷载为其滑动摩擦力。

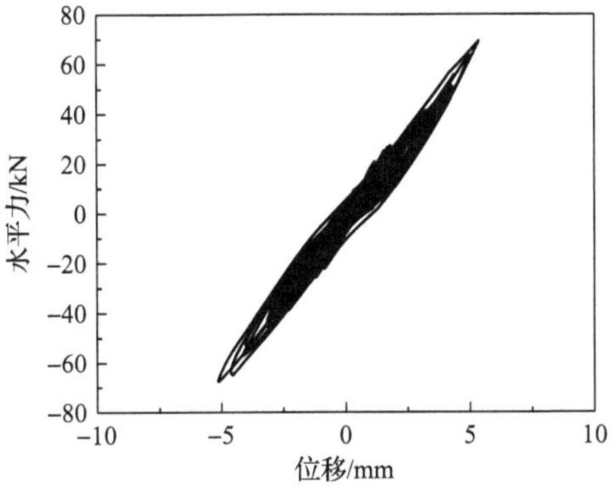

图 7-25　工况 1 下 2-3#试件水平力-位移滞回曲线

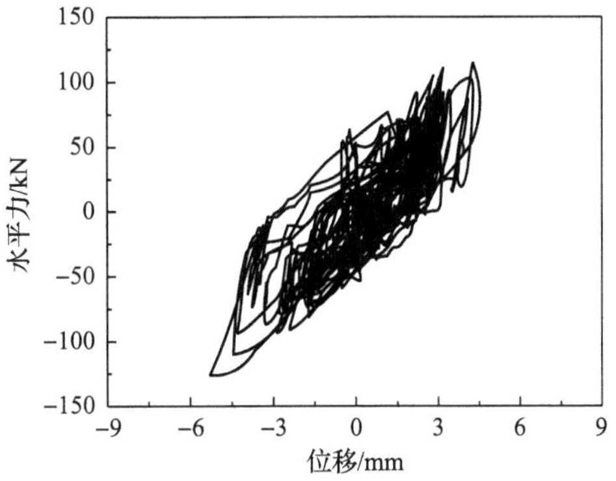

图 7-26　工况 1 下 3-1#试件水平力-位移滞回曲线

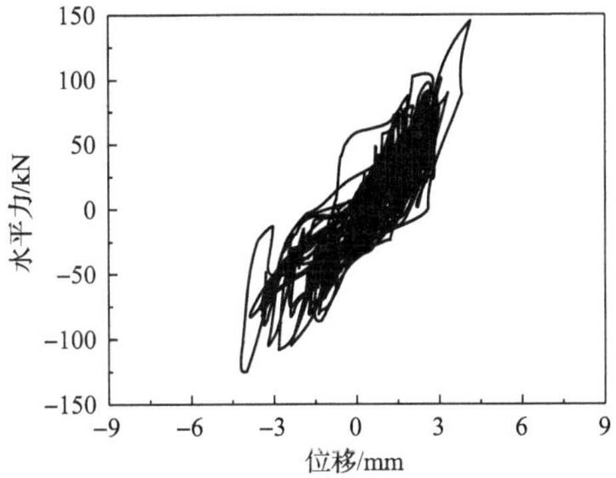

图 7-27　工况 1 下 3-2#试件水平力-位移滞回曲线

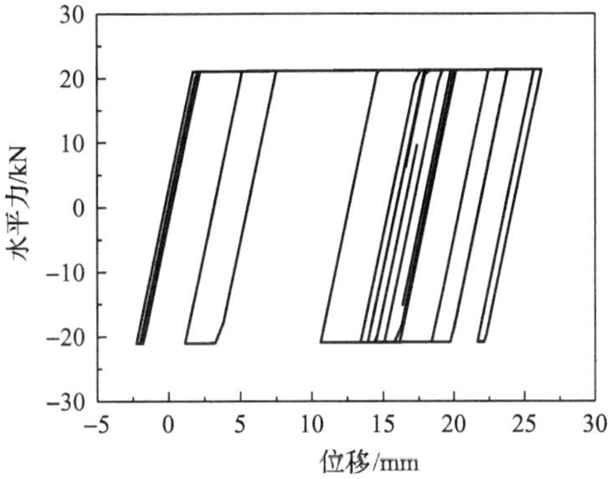

图 7-28　工况 1 下 1-1#体系摩擦型支座滞回曲线

5. 累积耗能

固定支座损伤后摩擦滑移相当于在墩梁之间引入耗能构件。如表 7-11 所示，支座耗能占系统总耗能的比值(简称支座耗能比)最高达到 0.92，最低为 0.43。图 7-35 给出了工况 1 下摩擦型支座耗能比随纵筋率和剪跨比的变化趋势。可以看出，在纵筋率不变的情况下，支座耗能比随剪跨比的减小而增大，如 1-2#、2-3#、3-2#简支梁桥体系的支座耗能比分别为 0.61、0.85、0.92；在剪跨比相同的情况下，除个别工况外，支座耗能比随纵筋率的增大呈增大趋势。

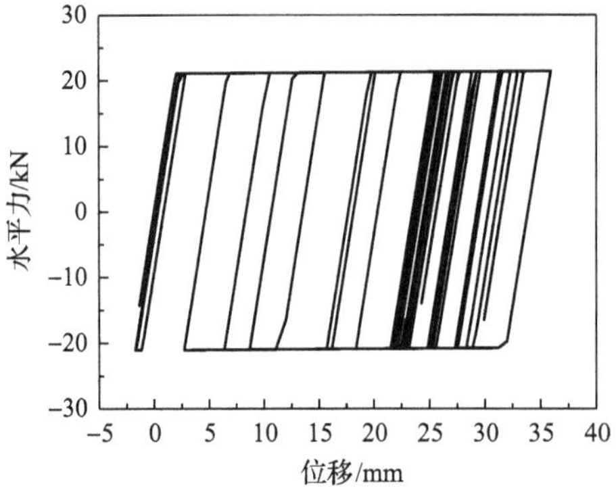

图 7-29　工况 1 下 1-2#体系摩擦型支座滞回曲线

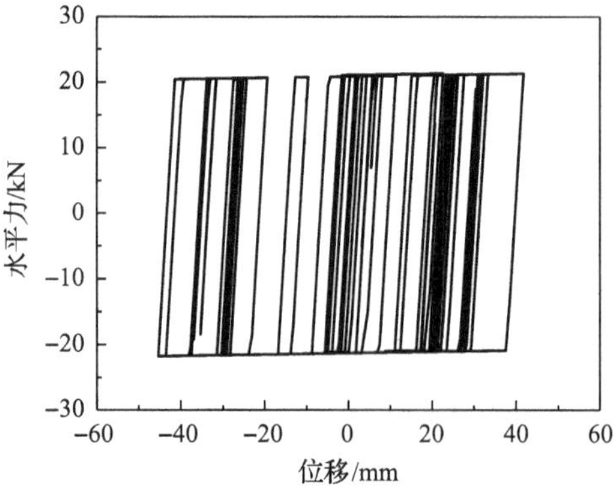

图 7-30　工况 1 下 2-1#体系摩擦型支座滞回曲线

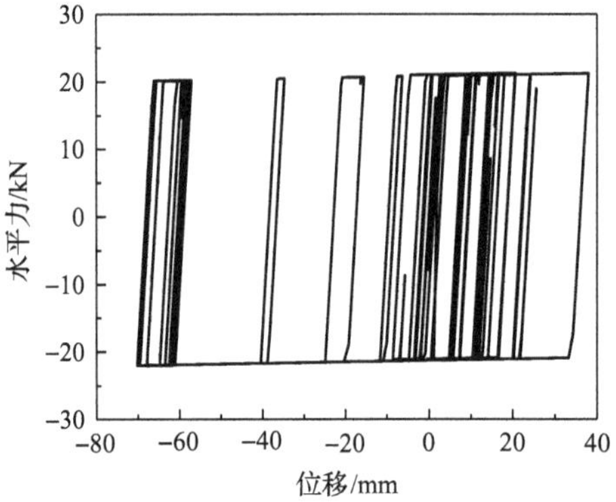

图 7-31　工况 1 下 2-2#体系摩擦型支座滞回曲线

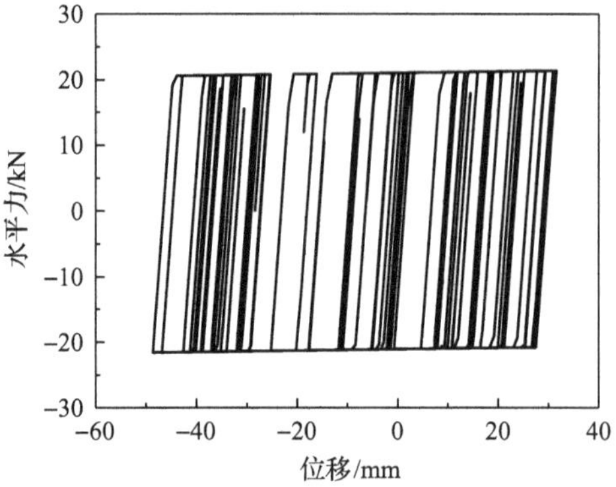

图 7-32　工况 1 下 2-3#体系摩擦型支座滞回曲线

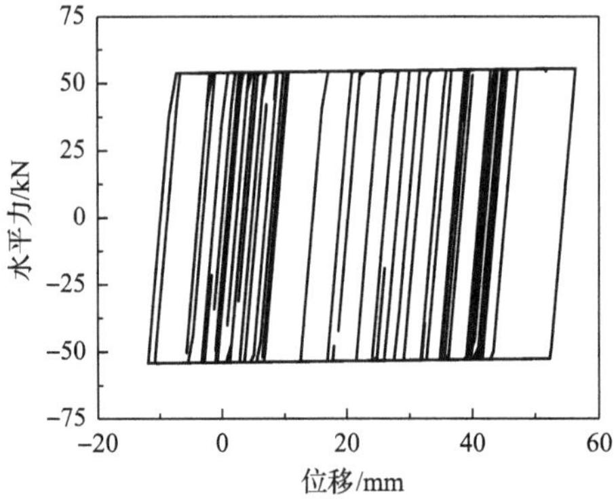

图 7-33　工况 1 下 3-1#体系摩擦型支座滞回曲线

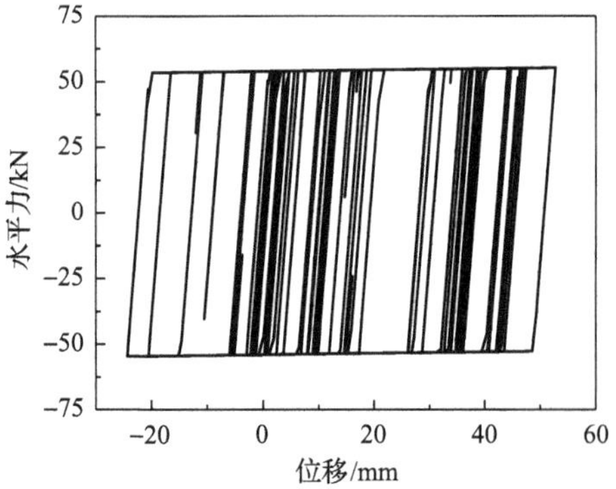

图 7-34　工况 1 下 3-2#体系摩擦型支座滞回曲线

表 7-11　工况 1 下摩擦型支座耗能比

试件编号	桥墩耗能/(kN·mm)	支座耗能/(kN·mm)	总耗能/(kN·mm)	支座耗能比	桥墩状态	支座状态
1-1#	1845	1377	3222	0.43	弹性	滑移
1-2#	2172	3398	5570	0.61	弹性	滑移
2-1#	1779	7384	9163	0.81	轻微塑性	滑移
2-2#	1499	6264	7763	0.81	弹性	滑移
2-3#	1516	8291	9807	0.85	弹性	滑移
3-1#	3833	20507	24340	0.84	弹性	滑移
3-2#	2239	26252	28491	0.92	弹性	滑移

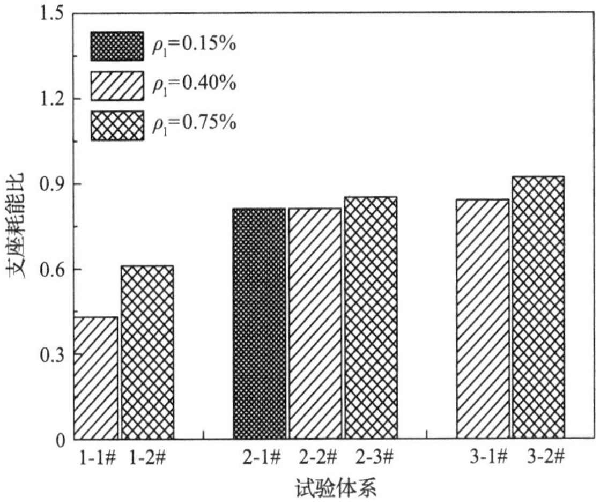

图 7-35　工况 1 下摩擦型支座耗能比变化趋势

6. 加速度时程曲线

图 7-36～图 7-42 给出了工况 1 下各试件墩顶和主梁的绝对加速度时程曲线，从图中可以看出，固定支座损伤后摩擦滑移能有效隔离桥墩传递给上部结构的地震力。例如，1-1#试件墩顶正向最大加速度为 0.386g，主梁正向最大加速度为 0.187g；3-1#试件墩顶正向最大加速度为 1.199g，主梁正向最大加速度为 0.321g。定义支座对主梁加速度响应的减隔震率为 $(1-a_s/a_p)\times100\%$，其中 a_s、a_p 分别为主梁、墩顶绝对加速度峰值，各简支梁桥体系墩顶、主梁的绝对加速度峰值和减隔震率见表 7-12，摩擦型固定支座对主梁加速度响应的减隔震率为 30.0%～81.3%。图 7-43 给出了减隔震率随纵筋率和剪跨比的变化趋势，剪跨比相同的情况下，减隔震率随纵筋率的增大而提高；纵筋率相同的情况下，减隔震率随剪跨比的增大而降低。

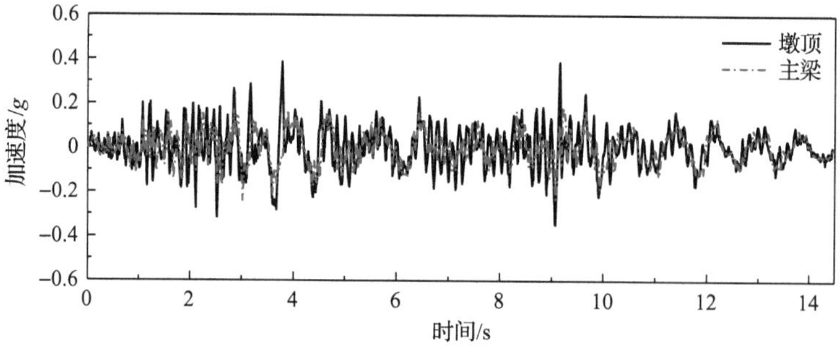

图 7-36　工况 1 下 1-1#试件墩顶和主梁绝对加速度时程曲线

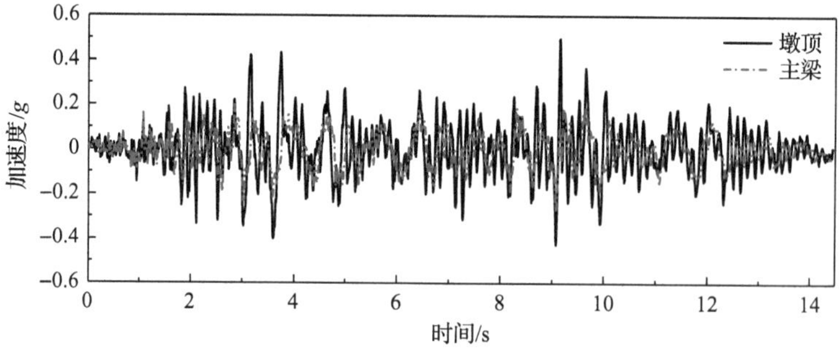

图 7-37　工况 1 下 1-2#试件墩顶和主梁绝对加速度时程曲线

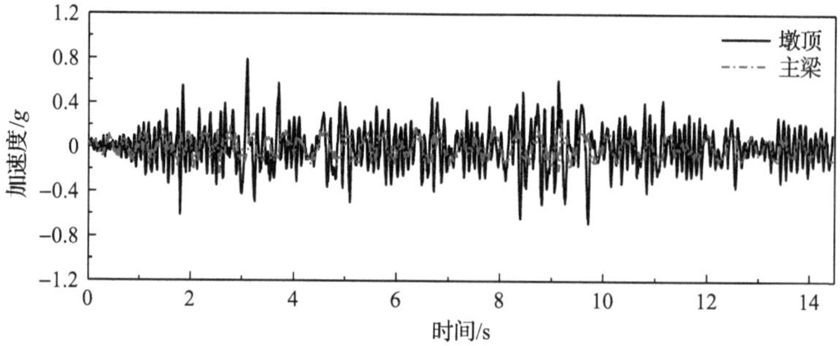

图 7-38　工况 1 下 2-1#试件墩顶和主梁绝对加速度时程曲线

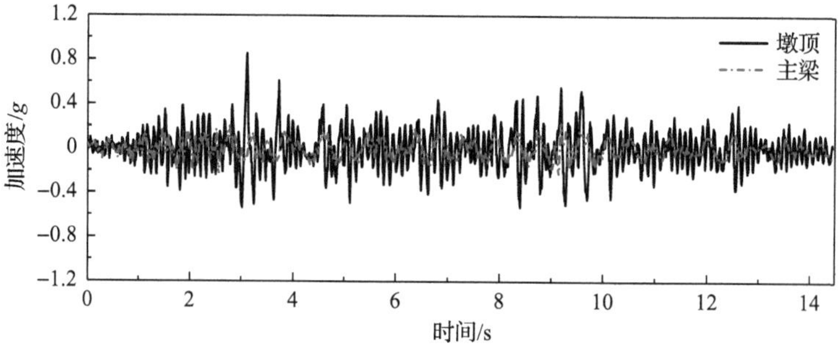

图 7-39　工况 1 下 2-2#试件墩顶和主梁绝对加速度时程曲线

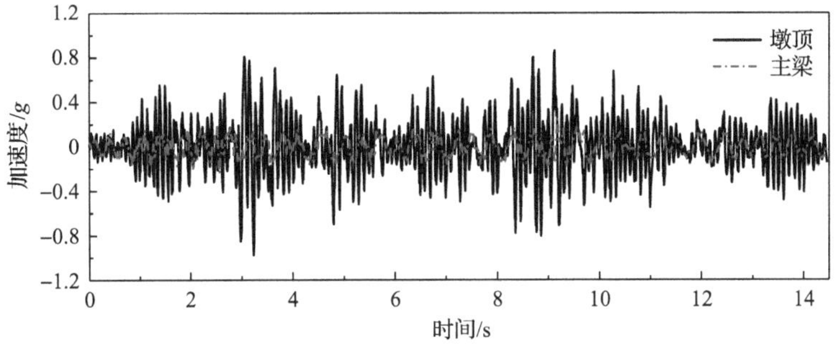

图 7-40　工况 1 下 2-3#试件墩顶和主梁绝对加速度时程曲线

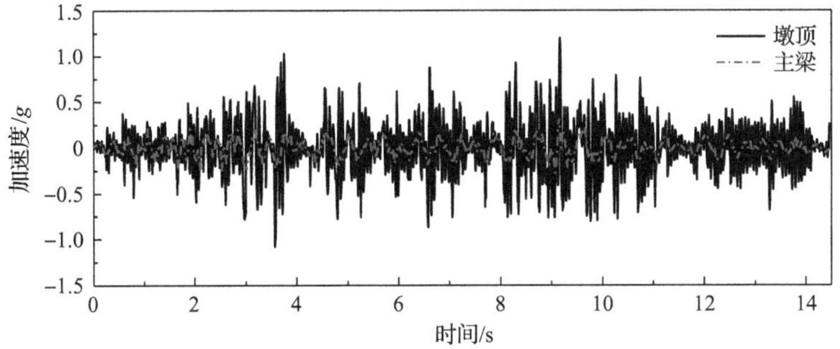

图 7-41　工况 1 下 3-1#试件墩顶和主梁绝对加速度时程曲线

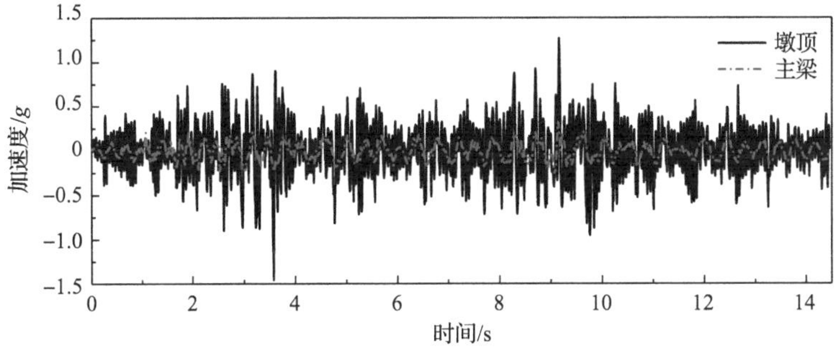

图 7-42　工况 1 下 3-2#试件墩顶和主梁绝对加速度时程曲线

表 7-12　工况 1 下各试件墩顶和主梁绝对加速度峰值和减隔震率

试件编号	墩顶绝对加速度峰值/g		主梁绝对加速度峰值/g		减隔震率/%	
	正向	负向	正向	负向	正向	负向
1-1#	0.386	−0.347	0.187	−0.243	51.6	30.0
1-2#	0.499	−0.426	0.197	−0.274	60.5	35.7
2-1#	0.785	−0.682	0.245	−0.239	68.8	65.0
2-2#	0.852	−0.537	0.248	−0.239	70.9	55.5

续表

试件编号	墩顶绝对加速度峰值/g		主梁绝对加速度峰值/g		减隔震率/%	
	正向	负向	正向	负向	正向	负向
2-3#	0.858	−0.975	0.247	−0.243	71.2	75.1
3-1#	1.199	−1.081	0.321	−0.275	73.2	74.6
3-2#	1.267	−1.457	0.328	−0.273	74.1	81.3

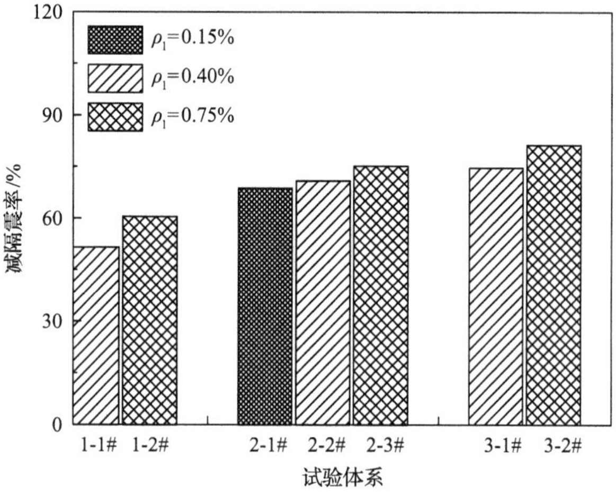

图 7-43 工况 1 下摩擦型支座对主梁加速度响应的减隔震率

7.5.3 工况 2 加载试验结果

1. 墩顶位移时程曲线

图 7-44 和图 7-45 为工况 2 下各试件墩顶位移时程曲线。从图 7-44 可以看出，1.92g Landers 波作用下，峰值加速度较小时(t<4s)，1-1#和 1-2#试件墩顶位移时程曲线基本一致；t>4s 后，两试件墩顶位移时程曲线存在一定差异。这是由于各试件在强震作用下进入塑性状态，结构周期延长[20]。纵筋率不同的情况下，各试件损伤程度不同，故结构周期的延长量不同，各试件在相同地震荷载作用下的位移响应存在差异。显然，1-2#试件墩顶位移时程曲线的往复周期比 1-1#试件小，说明纵筋率较高的 1-2#试件损伤程度比 1-1#试件轻[20]。纵筋率大的试件墩顶最大位移较小，1-1#、1-2#试件墩顶最大位移分别为 97.2mm、88.7mm。

从图 7-45 可以看出，3-1#和 3-2#试件的地震需求超出了其抗震能力，它们分别在加载至 3.81s、3.84s 时停止加载，试件已经达到倒塌状态，最大位移分别为 87.1mm、77.0mm。

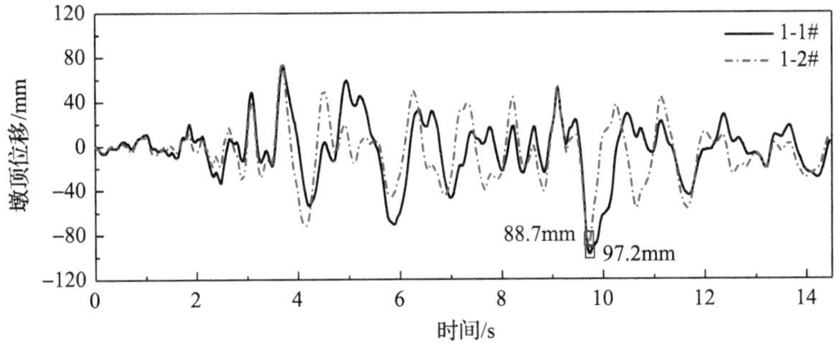

图 7-44　工况 2 下墩高 2.7m 试件墩顶位移时程曲线

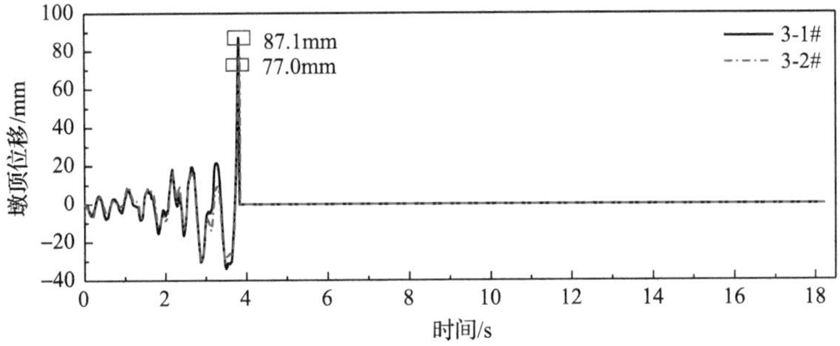

图 7-45　工况 2 下墩高 1.3m 试件墩顶位移时程曲线

2. 水平力时程曲线

工况 2 下各试件水平力时程曲线如图 7-46 和图 7-47 所示。显然，进入塑性后，剪跨比相同的情况下，纵筋率较小的试件水平力响应较小，1-1#、1-2#试件的最大水平力分别为 52.6kN、116.0kN，3-1#、3-2#试件的最大水平力分别为 221kN、294kN。

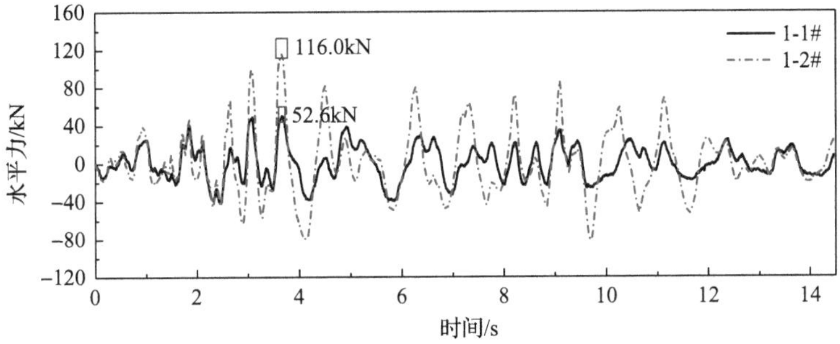

图 7-46　工况 2 下墩高 2.7m 试件水平力时程曲线

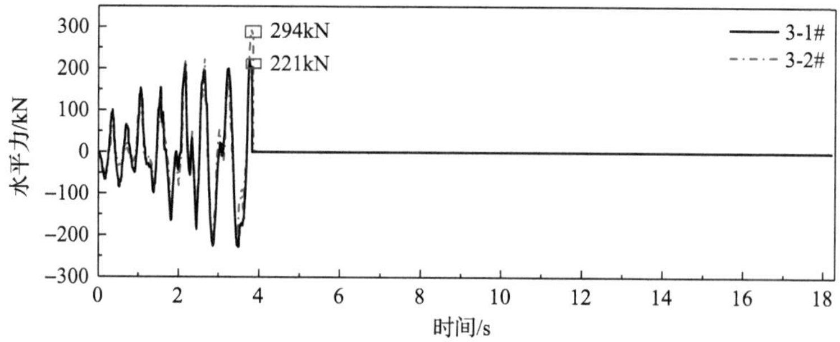

图 7-47　工况 2 下墩高 1.3m 试件水平力时程曲线

3. 桥墩滞回曲线

采用加固型支座时，工况 2 下各试件水平力-位移滞回曲线如图 7-48～图 7-51 所示。所有试件均进入塑性状态，滞回曲线开始弯曲，模型刚度退化，斜率减小，滞回环明显向位移轴倾斜，滞回曲线包围的面积逐渐增大，表现出一定的耗能性能。试件耗能能力随纵筋率的增大而提高，1-1#、1-2#试件的累积滞回耗能分别为 11975kN·mm 和 20291kN·mm，3-1#和 3-2#试件的累积耗能分别为 30974kN·mm 和 33937kN·mm。

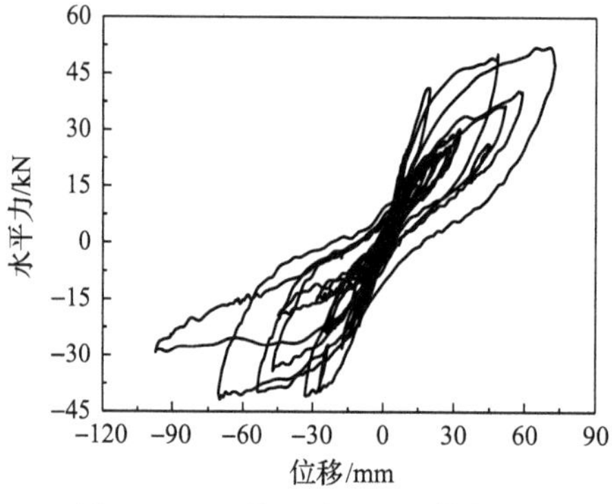

图 7-48　工况 2 下 1-1#试件水平力-位移滞回曲线

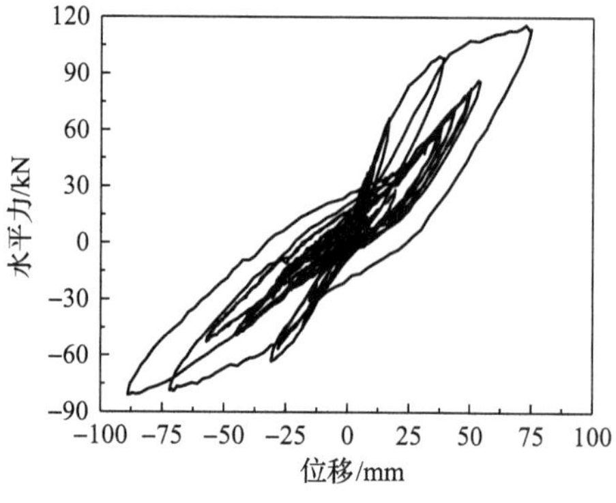

图 7-49　工况 2 下 1-2#试件水平力-位移滞回曲线

4. 支座滞回曲线

加固型固定支座只发生剪切变形而不滑动，工况 2 下各试件加固型支座滞回曲线如图 7-52～图 7-55 所示，支座不耗能，高速铁路简支梁桥部分动能转化为支座弹性势能。

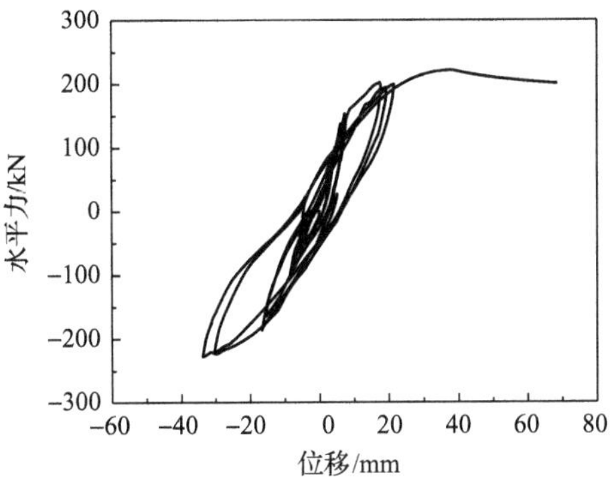

图 7-50　工况 2 下 3-1#试件水平力-位移滞回曲线

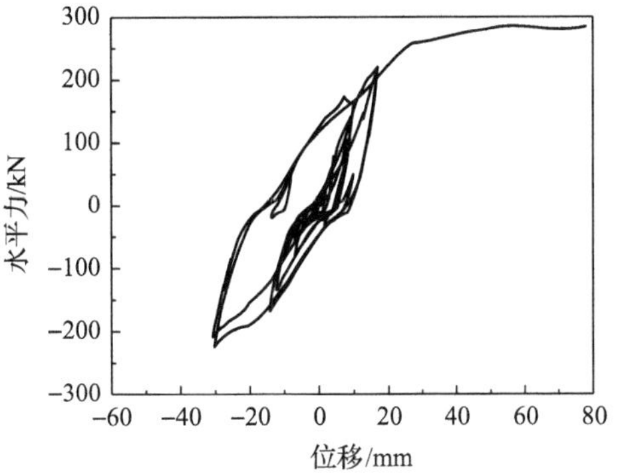

图 7-51　工况 2 下 3-2#试件水平力-位移滞回曲线

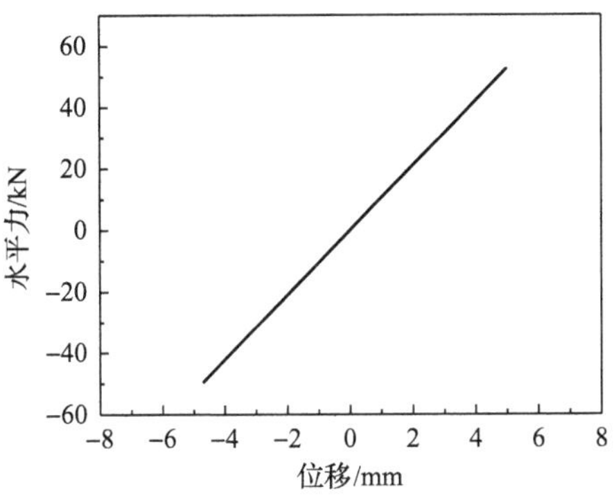

图 7-52　工况 2 下 1-1#体系加固型支座滞回曲线

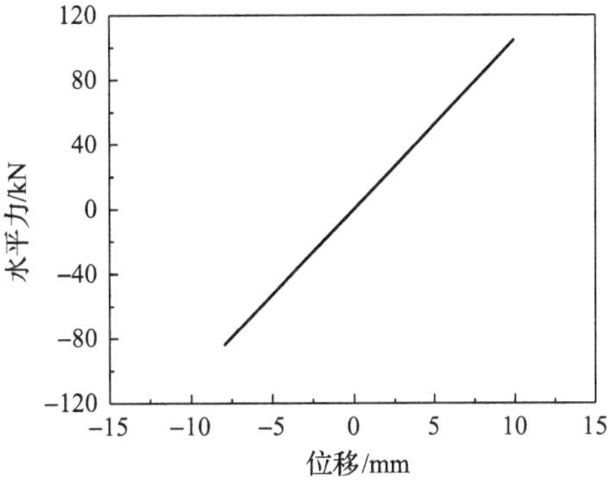

图 7-53　工况 2 下 1-2#体系加固型支座滞回曲线

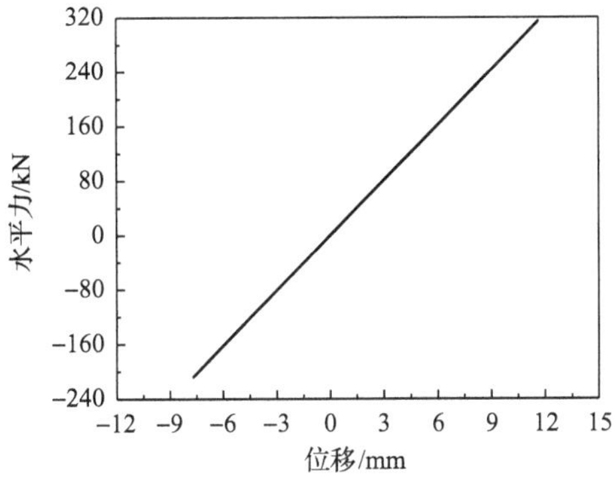

图 7-54　工况 2 下 3-1#体系加固型支座滞回曲线

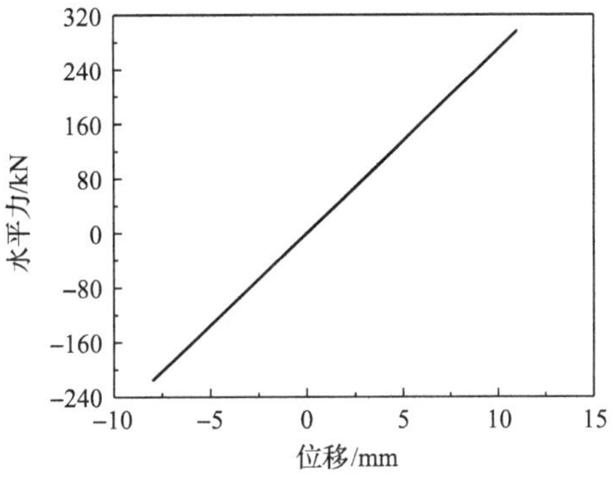

图 7-55　工况 2 下 3-2#体系加固型支座滞回曲线

5. 加速度时程曲线

图 7-56～图 7-59 给出了工况 2 下各试件墩顶和主梁绝对加速度时程曲线。加固型支座在地震荷载下变形，能将高速铁路简支梁桥部分动能转化为支座弹性势能，因此主梁绝对加速度响应相对于墩顶略小，但减小程度有限。加固型支座难以隔离主梁与地面运动，桥梁体系主要通过桥墩耗能、刚度降低延长结构周期来减小地震响应。

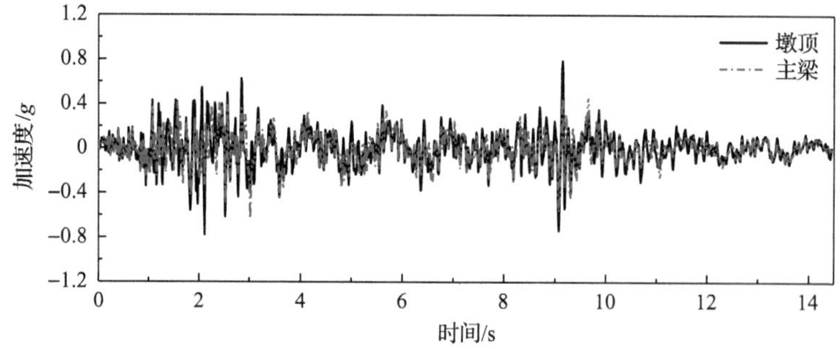

图 7-56　工况 2 下 1-1#试件墩顶和主梁绝对加速度时程曲线

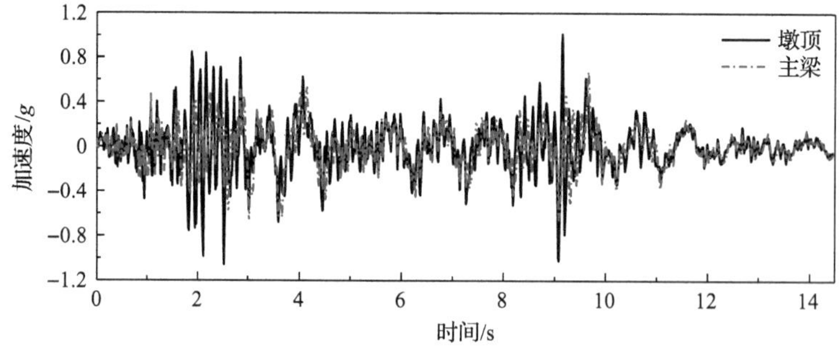

图 7-57　工况 2 下 1-2#试件墩顶和主梁绝对加速度时程曲线

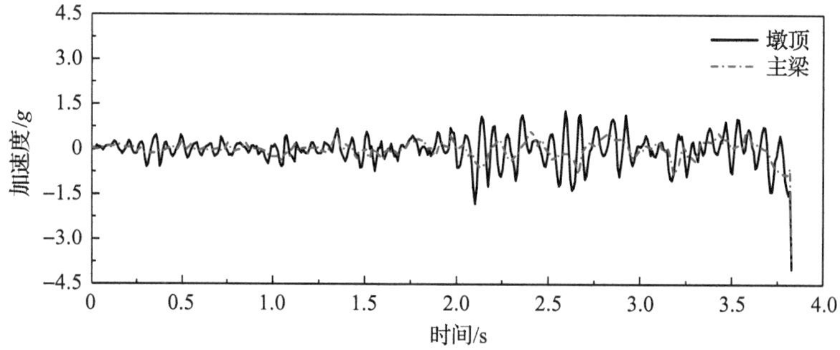

图 7-58　工况 2 下 3-1#试件墩顶和主梁绝对加速度时程曲线

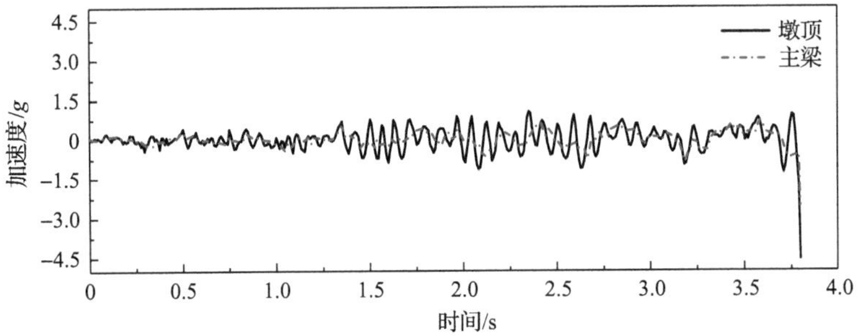

图 7-59　工况 2 下 3-2#试件墩顶和主梁绝对加速度时程曲线

7.6　本章小结

本章以圆端形实心墩为试验子结构、支座和上部结构为数值子结构，进行了高速铁路简支梁桥的缩尺拟动力试验。通过顺桥向输入 Landers 波，得到桥墩试件的破坏特性以及桥墩、支座的实际地震响应。

(1) 工况 1 作用下，各试件无肉眼可见裂缝。除纵筋率为 0.15%的 2-1#试件进入塑性状态外，其余试件均处于弹性状态。工况 2 作用下，各试件出现环向贯通裂缝，纵筋率越大，裂缝沿墩身分布越高。1-1#和 1-2#试件墩底附近环向贯通开裂，但 1-2#试件实测滞回曲线显示，试件未达到峰值承载力，故前者达到严重损伤状态，后者处于中等损伤状态。3-1#、3-2#试件裂缝宽度超过 1cm，达到倒塌状态。桥墩试件均发生弯曲破坏，破坏状态由纵筋率控制。

(2) 工况 1 作用下，固定支座损伤后发生顺桥向摩擦滑移，能有效隔离上下部结构之间传递的力，将上部结构传递给下部结构的惯性力限制为支座滑动摩擦力；能减小主梁的绝对加速度响应，减隔震率在 30.0%～81.3%，且隔离程度随剪跨比的降低和纵筋率的提高而提高。固定支座摩擦滑移增加了系统耗能能力，支座耗能比介于 0.43～0.92，且随剪跨比的降低和纵筋率的提高而提高。

(3) 工况 2 作用下，加固型固定支座能完全传递上下部结构之间传递的力，简支梁桥主梁和墩顶加速度响应基本一致。桥墩试件承载能力和耗能能力均随纵筋率的提高而提高，墩顶位移响应随纵筋率的提高而减小。

参 考 文 献

[1] Kang X, Jiang L, Bai Y, et al. Seismic damage evaluation of high-speed railway bridge components under different intensities of earthquake excitations[J]. Engineering Structures, 2017, 152: 116-128.

[2] 蒋丽忠，邵光强，姜静静，等. 高速铁路圆端形实体桥墩抗震性能试验研究[J]. 土木工程学

报, 2013, 46(3): 86-95.

[3] 鞠彦忠, 阎贵平, 李永哲. 低配筋铁路桥墩抗震性能的试验研究[J]. 铁道学报, 2004, 26(5): 91-95.

[4] 李秉南. 配置细晶粒高强钢筋的高速铁路桥墩抗震性能研究[D]. 南京: 东南大学, 2016.

[5] 鞠彦忠, 阎贵平, 黄绚晔. 圆端型桥墩抗震性能的试验研究[J]. 建筑结构, 2006, (4): 29-30.

[6] 周赞. 剪跨比对高速铁路圆端形实心桥墩地震响应的影响[D]. 长沙: 中南大学, 2014.

[7] 王欢. 配筋率对高速铁路圆端形实心桥墩地震响应影响研究[D]. 长沙: 中南大学, 2014.

[8] 马玉东. 采用钢阻尼支座的铁路桥梁振动台试验研究及参数分析[D]. 长沙: 中南大学, 2018.

[9] 中华人民共和国铁道部. 铁路桥梁球型支座(TB/T 3320—2013)[S]. 北京: 中国铁道出版社, 2013.

[10] Pecker A. Advanced Earthquake Engineering Analysis[M]. Berlin: Springer Science & Business Media, 2008.

[11] Lavorato D, Nuti C. Pseudo-dynamic tests on reinforced concrete bridges repaired and retrofitted after seismic damage[J]. Engineering Structures, 2015, 94: 96-112.

[12] Abbiati G, Bursi O S, Caperan P, et al. Hybrid simulation of a multi-span RC viaduct with plain bars and sliding bearings[J]. Earthquake Engineering & Structural Dynamics, 2015, 44(13): 2221-2240.

[13] Han K B, Park J M, Park S K. Full-scale pseudo-dynamic test for bridge retrofitted with seismic isolations[J]. The Baltic Journal of Road and Bridge Engineering, 2008, 3(1): 38-46.

[14] Cardone D, Dolce M, Palermo G. Direct displacement-based design of seismically isolated bridges[J]. Bulletin of Earthquake Engineering, 2009, 7(2): 391.

[15] Kim S, Mha H, Lee S. Effects of bearing damage upon seismic behaviors of a multi-span girder bridge[J]. Engineering Structures, 2006, 28(7): 1071-1080.

[16] Wei B, Yang T, Jiang L, et al. Effects of friction-based fixed bearings on the seismic vulnerability of a high-speed railway continuous bridge[J]. Advances in Structural Engineering, 2018, 21(5): 643-657.

[17] 崔禹婷, 江辉, 赵松涛, 等. 不同支座工作模式下大跨度高铁连续梁桥地震损伤性能对比研究[J]. 地震工程与工程振动, 2014(S1): 669-679.

[18] Shao G, Jiang L, Chouw N. Experimental investigations of the seismic performance of bridge piers with rounded rectangular cross-sections[J]. Earthquakes and Structures, 2014, 7(25): 463-484.

[19] Priestley M N, Seible F, Calvi G M. Seismic Design and Retrofit of Bridges[M]. New York: John Wiley & Sons, 1996.

[20] 黄靓. 框支配筋砌块砌体剪力墙多自由度子结构拟动力试验研究及非线性地震反应分析[D]. 长沙: 湖南大学, 2005.

第 8 章 采用双曲面球型减隔震支座的铁路简支梁桥振动台试验研究

8.1 概　　述

双曲面球型减隔震(double spherical seismic isolation，DSSI)支座是一种新型的减隔震支座，目前采用该支座的桥梁未经受过实际地震的考验，相关研究十分有限。因此，开展采用 DSSI 支座的铁路桥梁模型振动台试验，测试其减隔震效果及工作性能，研究铁路桥梁减隔震设计方法具有重要的实际工程意义和理论价值。

目前，国内外对隔震桥梁模型的振动台试验研究都是采用单跨或小比例的缩尺桥梁模型。1996 年，Tsopelas 等[1]设计了 1/4 缩尺比例的单跨桥梁试验模型，对采用摩擦摆支座的隔震桥梁和非隔震桥梁进行了振动台试验对比研究。试验结果表明，隔震桥梁的抗震能力优于非隔震桥梁。此外，Tsopelas 等[2]还利用该全桥试验模型进行了采用橡胶隔震装置和流体黏滞阻尼器组合的桥梁隔震系统的振动台试验测试，结果显示，与非隔震桥梁相比，该隔震桥梁下部结构的地震力有了实质性的降低,基本能够在保证原型支座位移小于 200mm 情况下减少传递到桥梁下部结构约 1/3 主梁重量的地震力。2007 年，李忠献等[3]制作了一个 1/16 缩尺比例的两跨单墩隔震简支梁桥模型，通过振动台试验研究了主梁间隙、重量和隔震支座类型等参数对桥梁碰撞效应的影响。同年，Tsai 等[4]为了验证滚球隔震支座作为隔震装置的有效性，进行了 1/7.5 缩尺比例的单跨桥梁模型的振动台试验。试验结果表明，滚球隔震支座传递的地震力大小与地震烈度无关。此外，由于滚球隔震支座的阻尼比较小，可能会引起较大的位移和不利的振动，可以通过将滚球隔震支座和黏滞阻尼器组合使用来改善这种情况。2008 年，韩强等[5]通过振动台试验研究一座 1/10 缩尺比例的采用方形铅芯橡胶支座的单跨隔震连续梁桥模型在不同地震烈度下的地震响应。2009 年，Guo 等[6]对 1/20 缩尺比例且采用磁流变阻尼器的隔震桥梁模型进行了碰撞振动台试验，发现公路桥梁相邻上部结构之间的碰撞效应能显著增加结构的加速度响应。同年，Marin-Artieda 等[7]按 1/4 缩尺比例设计及制作了单跨桁架桥的振动台试验模型，并采用 XY 型摩擦摆支座进行隔震。该支座由两个相对凹面的垂直钢轨和一个连接器组成。理想情况下，连接器抵抗张力，允许支座在两个正交方向上独立滑动。试验结果表明，XY 型摩擦摆支座能有效抵抗拉伸载荷，并显著降低桥梁的地震响应。2018 年，孟栋梁等[8]通过一种新型面-面接触的测力装置，测试了一座 1/6 缩尺比例的单跨桥梁振动台试验模型的横桥向碰撞力。试验结果表明，主梁和限位装置之间的碰撞会放大墩底和主梁的地震响应。

虽然国内学者对隔震桥梁进行了大量的试验研究，但是由于试验成本和试验条件等方面受到限制，目前试验基本上采用小比例或者单跨的缩尺桥梁模型。Wei 等[9]提出，由于重力失真等原因，对缩尺模型结构进行振动台试验不可避免会产生试验误差。葛康和陈世鸣[10]认为振动台试验模型比例越小，试验误差越大。周颖和吕西林[11]建议当原型和缩尺模型难以满足全部的相似条件时，试验缩尺模型设计需要有所侧重。单跨桥梁模型并没有模拟出实际桥梁的中墩受力情况，因此目前急需开展大比例的整跨桥梁模型振动台试验。

本章针对我国铁路标准 32m 跨径的预应力混凝土简支 T 梁，分别建立采用 DSSI 支座和非隔震支座的整跨铁路桥梁大比例振动台试验模型，研究两种桥梁模型在相同地震波输入情况下的地震响应，进而对比分析 DSSI 支座的减隔震效果及工作性能。

8.2 试 验 概 况

8.2.1 工程背景

为促进区域经济协调发展，根据 2000 年我国提出的“西部大开发”发展战略，铁路等基础设施作为地区经济建设的先决条件，在我国中西部地区得到了大力发展[12]。然而，我国中西部地区地形复杂，山脉纵横，为保障列车运行的速度、减少铁路展线的使用，该地区铁路的桥隧比非常高[13,14]。作为《中长期铁路网规划》“八纵八横”铁路网重要组成部分的成兰铁路(连接四川省成都市和甘肃省兰州市的快速铁路)，全长 458km，桥隧比高达 86.06%。其中，简支梁具有构造简单、受力明确、工程造价低、便于实现标准化生产等优点，在成兰铁路上被广泛采用。

如图 8-1(a)所示，该线路从四川盆地西部延伸至青藏高原东部，穿越龙门山、岷山、西秦岭等众多高山峻岭，地形地貌错综复杂，地形陡峭(平均相对高差大于 1000m)。此区域属于欧亚板块与印度洋板块的交界区，即地中海-喜马拉雅地震带所在地。受大陆板块之间相互碰撞作用的影响，该地区地震活动强烈，仅一百年来发生的 6 级以上(含 6 级)地震就有 8 次，见图 8-1(b)。根据《中国地震动参数区划图》(GB 18306—2015)[15]，成兰铁路线上 94 座桥梁均处在 7 度以上(含 7 度)烈度的地震区，其地震烈度区分布见图 8-1(c)。

为了提高该地区铁路桥梁的抗震安全性和可靠性，部分桥梁采用 DSSI 支座

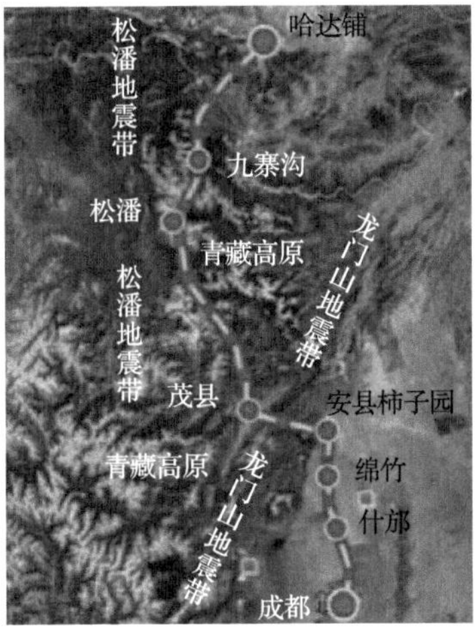

(a) 地质构造

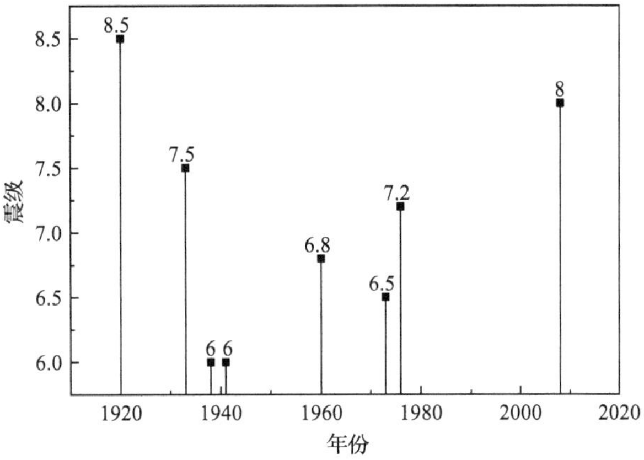

(b) 百年以来发生的6级以上地震

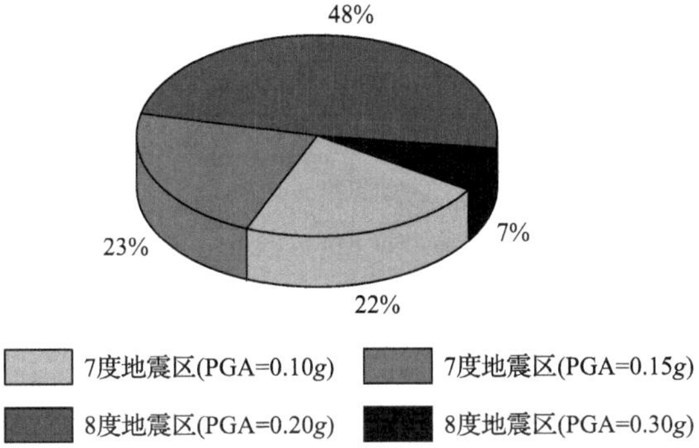

(c) 桥梁所在地震区分布

图 8-1　成兰铁路所在区域地质构造及地震概况

等减隔震措施，但是目前采用 DSSI 支座的桥梁未经受实际地震检验，且相关研究十分有限。因此，对采用 DSSI 支座的铁路简支梁桥进行地震模拟振动台试验，再现地震作用过程，从而获得桥梁结构的动力响应以及隔震支座在地震过程中的工作性能，确定高烈度地震区铁路桥梁采用减隔震设计的合理性[16]。

8.2.2　铁路简支梁桥原型

在试验工点中选择 2 种不同墩高的铁路简支梁桥原型(低、中墩各 1 种)，设计了 2 座两跨大比例桥梁试验模型，每座桥梁模型先后采用两套独立的支座系统(DSSI 支座系统和非隔震支座系统)，进行振动台对比试验(表 8-1)。

1. 主梁

根据铁路工程建设通用参考图[图号:通桥(2012)2201-Ⅰ],选取时速 200km/h

客货共线铁路预制后张法简支 T 梁为原型。主梁计算跨度 32m，全长 32.6m，桥面宽 4.86m，梁高 2.7m，梁体由 2 个预制 T 形梁组成，采用桥面板和横隔板连接成整体，见图 8-2。

表 8-1 桥梁原型选择

跨数	跨径/m	墩高/m	墩高类型	桥墩截面类型	支座类型
2	32	8	低墩	等截面	DSSI 支座
					非隔震支座
		25	中墩	变截面	DSSI 支座
					非隔震支座

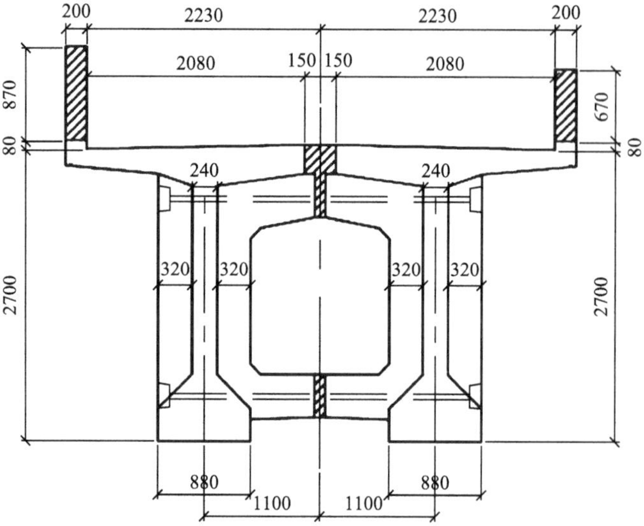

图 8-2 单线梁横向布置示意图(单位：mm)

其中，梁体混凝土强度等级为 C55，主梁自重(含防水层)为 297.6t，二期恒载为 101.26kN/m，故单跨主梁质量为

$$297.6+101.26\times\frac{32}{9.8}=628.24(\text{t}) \tag{8-1}$$

考虑收缩徐变及温度变形对梁体的影响，根据简支梁桥的结构形式，将支座布置在两跨桥梁模型上，见图 8-3。

2. 桥墩

试验选取的桥墩原型高度为 8m 和 25m，依据成兰铁路高烈度地震区桥墩设

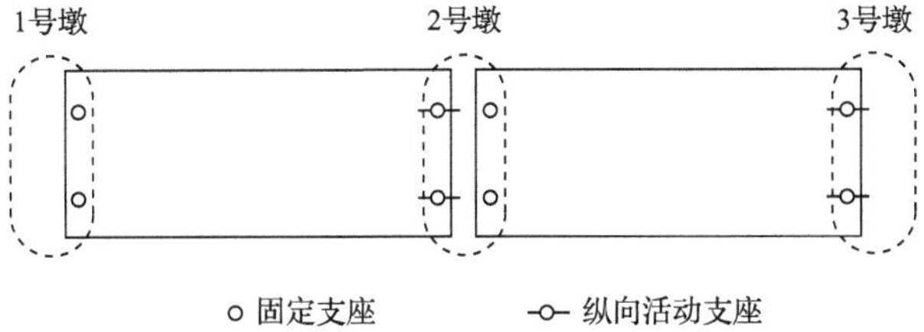

图 8-3　单线铁路简支梁桥支座布置示意图

计参考图，低墩的高度范围为 3～8m，中墩的高度范围为 8～25m。桥墩高度越大，其受到的地震力(包括倾覆、抗剪弯矩等)也越大。为此，选取低、中墩高度范围内的最大值(8m 和 25m)，使试验结果偏于保守。桥墩原型配筋图见图 8-4。

桥墩主要材料为 C35 混凝土和 HPB235、HRB335 和 HRB400 钢筋。其中，8m 桥墩为等截面实心墩，桥墩质量为 158.01t，25m 桥墩为变截面实心墩，桥墩质量为 658.57t。

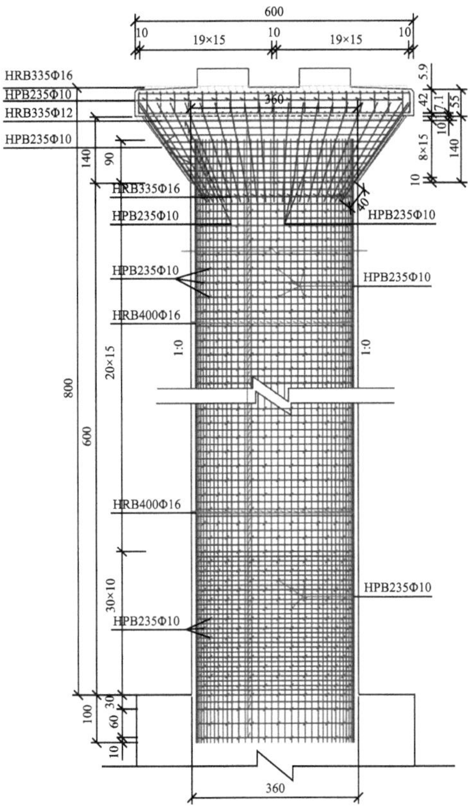

(a) 8m桥墩墩身钢筋布置图

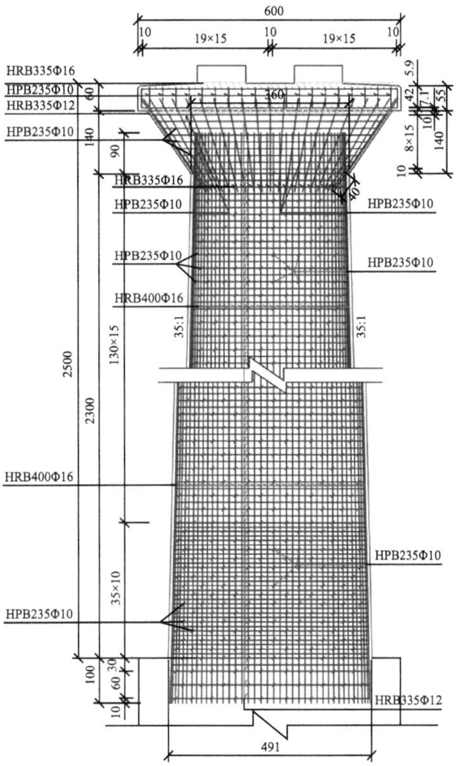

(b) 25m桥墩墩身钢筋布置图

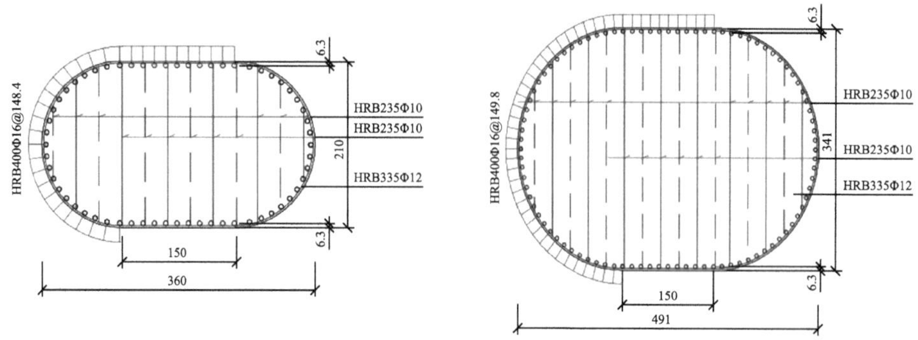

(c) 8m桥墩墩顶横截面钢筋布置图　　(d) 25m桥墩墩顶横截面钢筋布置图

图 8-4　试验桥梁的桥墩原型配筋图

钢筋单位为 mm，其余为 cm

8.2.3　隔震与非隔震支座原型

对于每座铁路简支梁桥试验模型，先后安装两种不同类型的支座，即隔震与非隔震支座。其中，隔震支座采用 DSSI 支座，非隔震支座采用球型钢支座。本章对基于振动台试验获得的隔震和非隔震桥梁模型地震响应试验结果进行对比分析，从而综合评价 DSSI 支座的隔震效果。

1. 隔震支座

试验采用的隔震支座是中国船舶集团有限公司第七二五研究所与中铁二院工程集团有限责任公司合作发明的一种多功能 DSSI 支座[17]，它可实现支座在正常状态和地震状态下的位移功能互相分离，同时满足桥梁在正常行车时的平稳性要求和地震来临时的隔震性能要求。以纵向活动支座为例，多功能 DSSI 支座构造示意图见图 8-5，它主要由顶座板、上座板、中间座板和下座板四个部分组成。其中，顶座板和上座板之间构成一个平面摩擦副，上座板和中间座板之间、中间座板和下座板之间构成两个曲面摩擦副。在常用荷载和小震作用下，仅平面摩擦副可以沿纵桥向水平滑动，滑动位移能力为±30mm，两个曲面摩擦副由于限位板（剪力键）的约束并不会发生滑动，避免梁体的抬升，从而保障了桥梁在正常行车时的平稳性；当水平地震力大于剪力键的极限承载力时，上座板在地震作用下冲击并切断剪力键，从而使两个曲面摩擦副的约束解除，支座可以获得更大的位移能力（±100mm），并通过往复滑动隔离和耗散地震能量。此外，对于固定支座类型的 DSSI 支座，在常用荷载和小震作用下，平面摩擦副在顺桥向和横桥向都不能发生水平滑动；当强震发生时，剪力键被切断，支座的隔震功能开始发挥作用。

试验中，DSSI 支座按单线铁路简支梁桥的结构形式进行布置，即每跨梁两端分别采用固定支座和纵向活动支座，主要设计参数详见表 8-2。

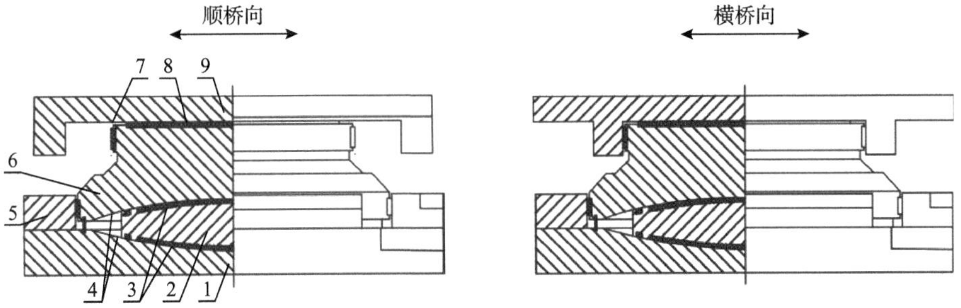

图 8-5　多功能 DSSI 支座构造示意图(以纵向活动支座为例)

1-下座板；2-中间座板；3-双球面非金属滑板；4-双球面不锈钢滑板；5-限位装置(剪力键)；6-上座板；7-平面不锈钢滑板；8-平面非金属滑板；9-顶座板

表 8-2　DSSI 支座的主要设计参数

支座类型	转角/rad	摩擦系数	竖向承载力/kN	水平承载力/kN		正常位移/mm		地震位移/mm		曲率半径/mm	
				顺桥向	横桥向	顺桥向	横桥向	顺桥向	横桥向	顺桥向	横桥向
固定支座	0.01	0.03	10000	600	600	—	—	±100	±100	1500	1500
纵向活动支座	0.01	0.03	10000	600	600	±30	—	±100	±100	1500	1500

2. 非隔震支座

非隔震支座采用球型钢支座，同样分为固定支座和纵向活动支座两种类型。在常用荷载和地震荷载作用下，固定支座在顺桥向和横桥向均不能滑动，纵向活动支座在顺桥向的滑动位移能力为±30mm。以固定支座为例，球型钢支座构造示意图见图 8-6。

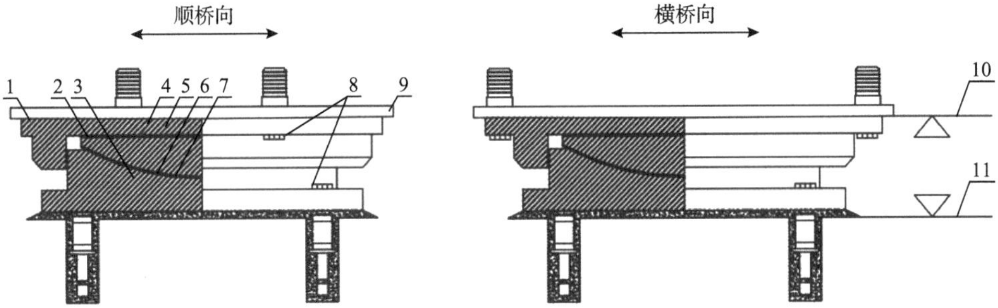

图 8-6　球型钢支座构造示意图(以固定支座为例)

1-上座板；2-球冠衬板；3-下座板；4-平面不锈钢板；5-平面非金属滑板；6-球面不锈钢板；7-球面非金属滑板；8-地脚螺栓；9-密封环；10-梁底面；11-墩顶面(支撑垫石面)

作为对照组，球型钢支座同样按单线铁路简支梁桥的结构形式进行布置，主要设计参数详见表 8-3。

表 8-3　球型钢支座的主要设计参数

支座类型	转角/rad	竖向承载力/kN	水平承载力/kN	设计位移/mm	
				顺桥向	横桥向
固定支座	0.02	3000	900	—	—
纵向活动支座	0.02	3000	900	±30	—

8.2.4　桥梁原型与缩尺模型相似关系

考虑到振动台的承载能力及实验室空间的限制，试验模型需要在桥梁原型的基础上进行缩尺[18]。本次试验模型采用适用于工程验证性试验的强度模型，基于似量纲分析法建立试验模型和桥梁原型之间的相似关系[11,19]，即结构振动台试验首先确定三个基本物理量的缩尺比作为可控相似比，其余物理量的缩尺比可以由可控相似比根据量纲协调原理推导得到。本次试验选取的可控相似比为长度、应力和加速度这三个物理量的缩尺比：①综合考虑原型桥墩的墩高范围以及振动台能力，取长度缩尺比为 1/7；②试验模型所使用材料与桥梁原型一致，故取应力相似比为 1；③基于振动台台面的输出能力，取加速度相似比为 2.5。根据地震模拟试验一致相似律原理，得出缩尺模型与原型主要物理量的相似关系，见表 8-4。

表 8-4　桥梁结构动力模型相似关系

参数	物理量	相似关系	相似比
几何参数	长度	S_l	1/7
	面积	$S_A = S_l^2$	1/49
	位移	$S_d = S_l$	1/7
材料参数	弹性模量	$S_E = S_\sigma$	1
	应变	$S_\varepsilon = S_\sigma / S_E$	1
	应力	S_σ	1
	质量密度	$S_\rho = S_\sigma / (S_a \cdot S_l)$	2.8
	质量	$S_m = S_\sigma \cdot S_l^2 / S_a$	0.008
荷载参数	集中力	$S_P = S_\sigma \cdot S_l^2$	1/49
	线荷载	$S_p = S_\sigma \cdot S_l$	43837
	面荷载	$S_q = S_a \cdot S_l$	1
	力矩	$S_M = S_\sigma \cdot S_l^3$	1/343

续表

参数	物理量	相似关系	相似比
动力参数	周期	$S_T = S_l^{0.5} \cdot S_a^{-0.5}$	0.23905
	频率	$S_f = S_l^{-0.5} \cdot S_a^{0.5}$	4.1833
	速度	$S_v = (S_l \cdot S_a)^{0.5}$	0.59761
	加速度	S_a	2.5
	重力加速度	S_g	1

在表 8-4 中，重力加速度的相似比为 1，而加速度的相似比为 2.5，这意味着重力加速度不能直接在振动台试验中进行缩尺，即重力失真效应，它会引起式(8-2)中摩擦力(f)的缩尺误差。

$$f = \mu_{\mathrm{f}} mg \tag{8-2}$$

为了减小该误差，将支座摩擦系数(μ_{f})乘以加速度相似比(S_a)，对缩尺模型试验中的摩擦力进行修正。

此外，缩尺模型采用的是与原型桥梁相同的材料，以满足弹性模量和应力相似比为 1 的要求，然而在表 8-4 中，根据量纲协调原理推导得到密度的相似比为 2.8，因此需要在缩尺模型中加入附加人工质量，其计算方式为

$$m^{\mathrm{m}} = \frac{m^{\mathrm{p}}}{S_V} \times S_\rho - \frac{m^0}{S_V} \tag{8-3}$$

式中，m^{m} 为模型质量；m^{p} 为原型质量(加二期恒载)；m^0 为原型自身质量；S_ρ 和 S_V 分别为质量密度相似比和体积相似比。

32m 主梁模型的附加人工质量为

$$\frac{628.24}{7^3} \times 2.8 - \frac{297.6}{7^3} = 4.2609(\mathrm{t}) \tag{8-4}$$

8m 桥墩模型的附加人工质量为

$$\frac{158.01}{7^3} \times 1.8 = 0.8292(\mathrm{t}) \tag{8-5}$$

25m 桥墩模型的附加人工质量为

$$\frac{658.57}{7^3} \times 1.8 = 3.4561(\mathrm{t}) \tag{8-6}$$

8.2.5　简支梁缩尺模型

根据表 8-4 中的原型和模型相似关系，构建两跨三墩简支梁桥的全桥缩尺模型，见图 8-7。

(a) 8m墩高桥梁模型

(b) 25m墩高桥梁模型

图 8-7　全桥缩尺模型

隔震和非隔震支座的缩尺模型分别见图 8-8 和图 8-9。

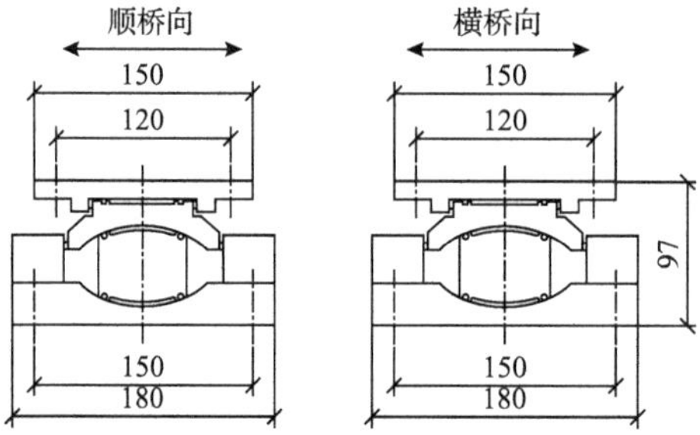

(a) 固定支座缩尺尺寸(单位：mm)

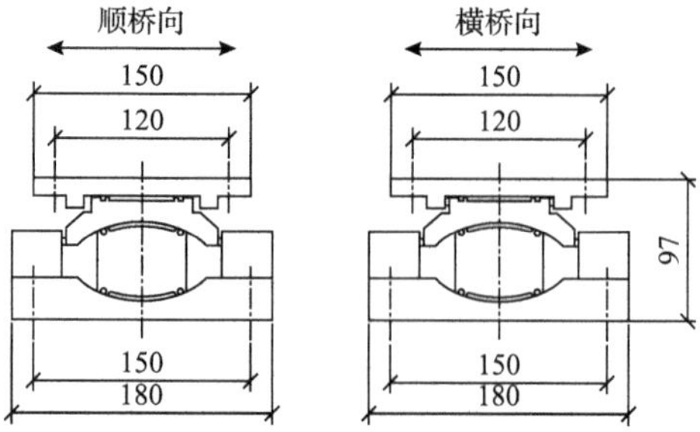

(b) 纵向活动支座缩尺尺寸(单位：mm)

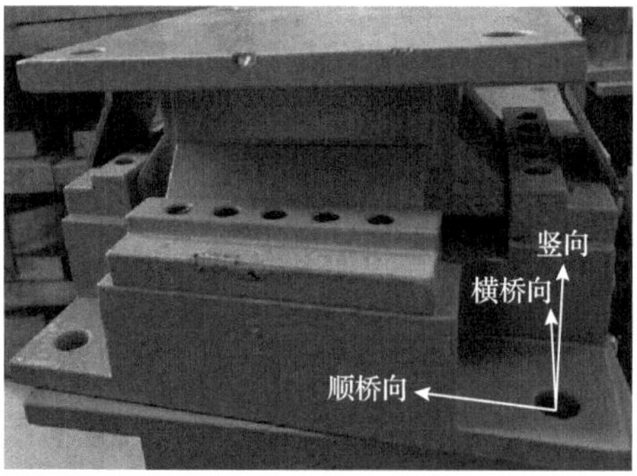

(c) 固定支座缩尺模型

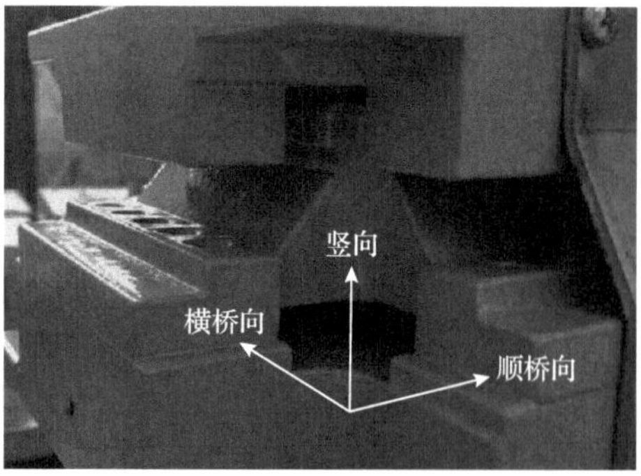

(d) 纵向活动支座缩尺模型

图 8-8　隔震支座缩尺模型

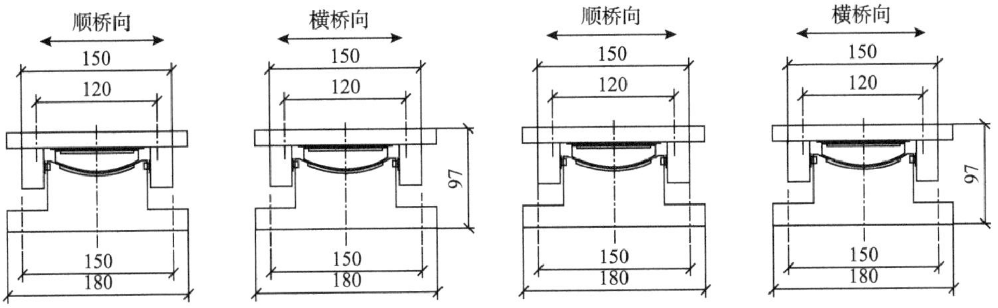

(a) 固定支座缩尺尺寸(单位：mm)　(b) 纵向活动支座缩尺尺寸(单位：mm)

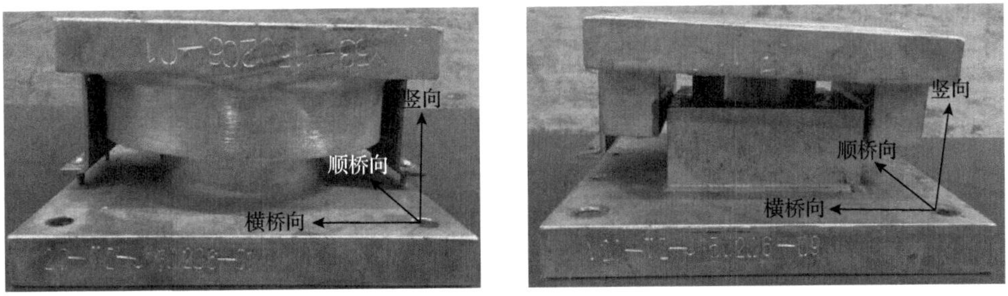

(c) 固定支座缩尺模型　(d) 纵向活动支座缩尺模型

图 8-9　非隔震支座缩尺模型

8.3　试 验 方 法

8.3.1　加载系统

试验在中南大学高速铁路建造技术国家工程研究中心完成，该中心的地震模拟振动台试验系统主要由 4 个 3 维 6 自由度振动台、Puslar 数字控制系统和液压动力系统组成[20]。如图 8-10(a)所示，每个振动台通过水平和竖向作动器可实现 3 向 6 自由度的运动，相邻振动台可以通过地槽轨道实现相对移动，移动间距为 6～25m。

本次试验采用 3 个振动台联合振动的方式，从而实现两跨三墩铁路简支梁桥的大比例振动台试验。如图 8-10(b)所示，在模型制作完成后，先将 3 个桥墩分别安放在 3 个振动台上，然后在墩顶放置支座，最后将两跨主梁吊装到支座上面，并固定支座。

试验运行时，由 Puslar 数字控制系统处理和传递模拟地震波的激励信号。振动台的控制系统主要包括比例积分微分(proportion-integral-derivative, PID)控制和迭代控制系统(iterative control system，ICS)两部分[20-22]。振动台的各个自由度采用 PID 控制作为伺服控制，通过 ICS 来提高 PID 控制的精度。该控制系统通过在

(a) 作动器及地槽轨道　　(b) 三台联动

图 8-10　振动台试验加载系统

振动台上输入白噪声来识别振动台模型，以此对驱动信号进行离线迭代修正，使振动台输出信号与期望信号一致，从而实现自动补偿由试件偏心或系统几何误差导致的加速度、位移失真。

8.3.2　测量方案

测量的试验数据包括支座位移、钢筋应变和保护层混凝土应变，测点布置见图 8-11。

(a) 应变片布置　　(b) 位移传感器布置

图 8-11　测点布置

(1) 每个桥墩模型浇筑前，在纵筋主要关键部位(特别是在桥墩底部水平面内按角点和边线中点进行布置)粘贴钢筋应变片。

(2) 模型浇筑完成后，粉刷乳胶漆以便观察混凝土裂缝的开展，同时对墩身四侧的混凝土粘贴应变片。

(3) 支座位移不能直接测量，而是由梁端位移与墩顶位移之差间接求得。在每跨梁端和墩顶位置按顺桥向和横桥向分别布置激光位移传感器。

测点(应变片和位移传感器)布置完成后，通过数据线与 IMC 动态数据采集仪相连，该数据采集系统用于试验数据的实时采集和处理。

8.3.3　试验工况

不同的地震危险性程度和场地条件下具有不同的地震响应特征[23]，即使两个地震动记录的峰值加速度相似，它们的地震响应有时也会有相当大的差异。为此，选取一定数量的地震动记录，研究地震动的离散性，可以在统计分析的基础上得出合理的结论[24]。本次试验选择人工波和实际记录地震波作为试验模型的地震激励。

1. 人工波

本次试验的人工波采用三个不同等级的地震动输入，即 100 年超越概率 63%、50 年超越概率 10%和 100 年超越概率 10%三种超越概率水平下的地震波，分别对应小、中、大震。由于成兰铁路沿线地区缺乏强地面运动记录，试验考虑工程场地周围的地震环境和地震动衰减规律，采用目标谱拟合法[25]人工合成地震动时程。

根据我国《铁路工程抗震设计规范》(GB 50111—2006)[26]，将设计地震动加速度反应谱 $S_a(T)$ 用设计地震动加速度放大系数反应谱 $\beta(T)$ 表示，两者之间的关系为

$$S_a(T)=\frac{\mathrm{PGA}}{g}\beta(T) \tag{8-7}$$

式中，PGA 为设计地震动峰值加速度；g 为重力加速度。

为了便于抗震设计和验算，统一使用如图 8-12 所示的反应谱。

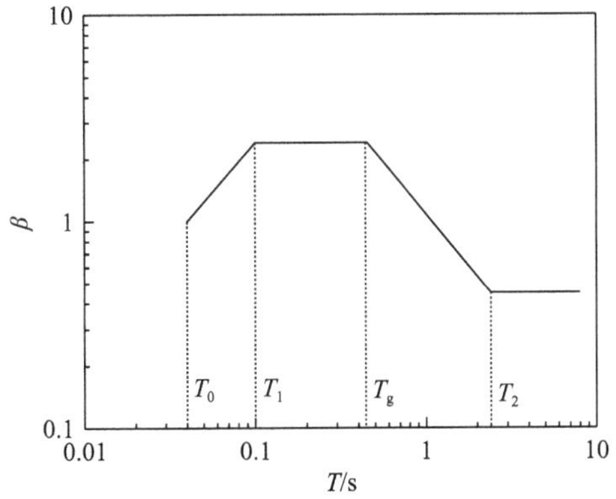

图 8-12　设计地震动加速度放大系数反应谱

其中，$\beta(T)$ 按式(8-8)确定：

$$\beta(T)=\begin{cases}1, & T_0 \geqslant T \\ 1+(\beta_{\mathrm{m}}-1)\dfrac{T-T_0}{T_1-T_0}, & T_0<T\leqslant T_1 \\ \beta_{\mathrm{m}}, & T_1<T\leqslant T_{\mathrm{g}} \\ \beta_{\mathrm{m}}\times\left(\dfrac{T_{\mathrm{g}}}{T}\right)^{\gamma}, & T_{\mathrm{g}}<T<T_2 \\ 0.45, & T\geqslant T_2\end{cases} \tag{8-8}$$

式中，T 为反应谱周期；T_0、T_1、T_2 为反应谱的拐点周期；T_{g} 为反应谱特征周期；β_{m} 为反应谱最大值；γ 为衰减系数。

根据场地工程地质条件及地震危险性分析，得到三个不同地震危险性水准下地震动记录的相关参数(表 8-5)，进而绘制地震动加速度放大系数反应谱(5%阻尼比)，见图 8-13。

表 8-5　地震动记录参数

T_0/s	T_1/s	T_{g}/s	T_2/s	β_{m}	γ	地震危险性水准	烈度	PGA/(m/s^2)
0.04	0.1	0.4	2.13	2.4	1	100 年超越概率 63%	7	1.06
						50 年超越概率 10%	8	2.21
						100 年超越概率 10%	8.5	3.04

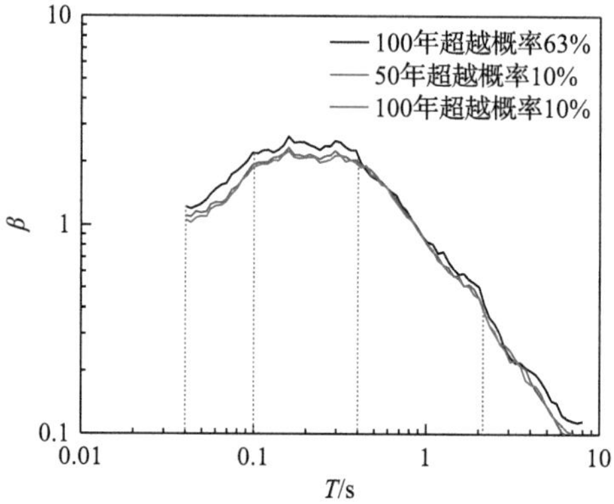

图 8-13　不同地震危险性水准下的设计地震动加速度放大系数反应谱

根据式(8-8)，设计地震动加速度放大系数反应谱可以转化为设计地震动加速度反应谱，见图 8-14(a)。最后，根据每一概率水准的目标反应谱，利用计算机自动产生的随机相位谱来合成地震波加速度时程，见图 8-14(b)～(d)。

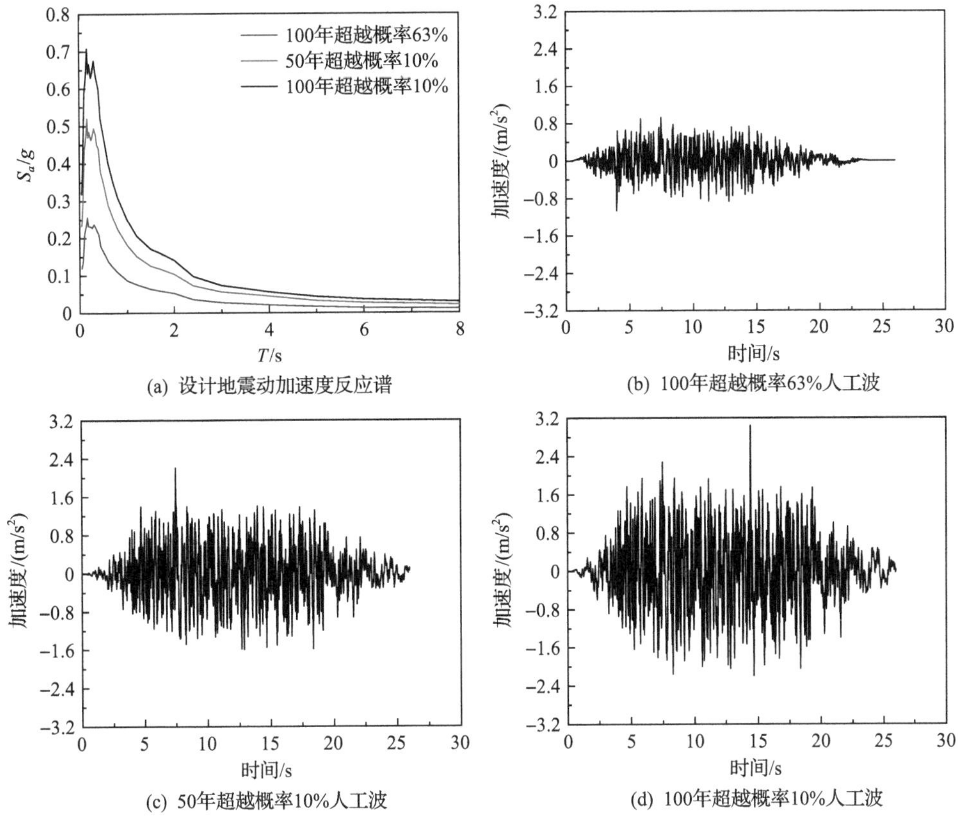

(a) 设计地震动加速度反应谱　(b) 100年超越概率63%人工波

(c) 50年超越概率10%人工波　(d) 100年超越概率10%人工波

图 8-14　不同地震危险性水准下的设计地震动加速度反应谱及时程曲线

2. 实际记录地震波

自然波选取近年来全球典型的强震记录，包括日本阪神(Kobe)地震、美国洛杉矶北岭(Northridge)地震和我国汶川地震，见图 8-15。

对于选取的每一条实际记录地震波，按照烈度为 7、8、9 度对其加速度时程进行比例调整，从而获得三条不同烈度大小的地震波，对应 PGA 分别为 0.1g、0.2g 和 0.4g。

针对两种不同墩高(8m 和 25m)铁路桥梁模型，每种桥梁模型进行两组试验：①采用 DSSI 支座的整跨铁路桥梁模型振动台试验；②采用非隔震支座的整跨铁路桥梁模型振动台试验。每组试验模型按顺桥向和横桥向分别进行加载，地震波输入见表 8-6。

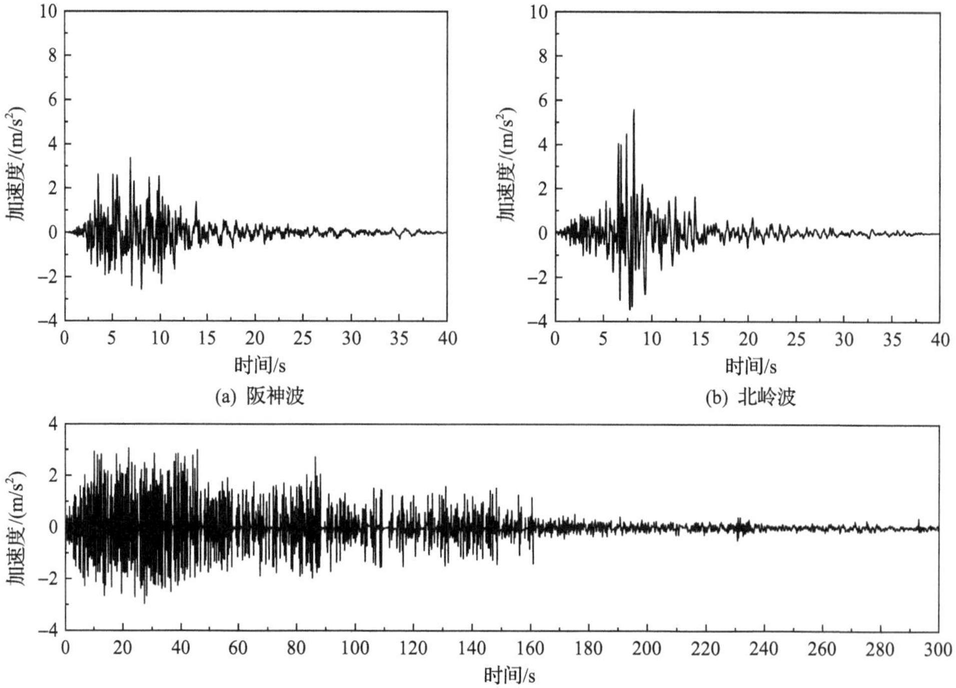

(a) 阪神波　(b) 北岭波　(c) 汶川波

图 8-15　近年来全球典型的强震记录

表 8-6　桥梁模型振动台试验单向地震波输入

工况序号	地震波名称	烈度	峰值加速度/(m/s^2)
1	100 年超越概率 63%人工波	7	2.65
2	阪神波	7	2.45
3	北岭波	7	2.45
4	汶川波	7	2.45
5	50 年超越概率 10%人工波	8	5.53
6	阪神波	8	4.9
7	北岭波	8	4.9
8	汶川波	8	4.9
9	100 年超越概率 10%人工波	8.5	7.6
10	阪神波	9	9.8
11	北岭波	9	9.8

在输入选定地震波作为振动台地震激励时，需要考虑模型相似关系。由表 8-4

可知，周期相似比（S_T）为 0.23905，加速度相似比（S_a）为 2.5，以此对选定的地震波加速度时程的幅值以及时间步进行缩放处理。

此外，在每一条地震波激励结束后输入一次白噪声扫频，用来测试桥墩不同程度损伤造成的频率变化，并在每一类地震波输入结束后，观察桥墩裂缝发展情况，视情况更换支座。

8.4　试验现象及分析

8.4.1　桥墩破坏形态

图 8-16 显示了两种不同墩高（8m 和 25m）铁路桥梁模型桥墩的破坏情况。

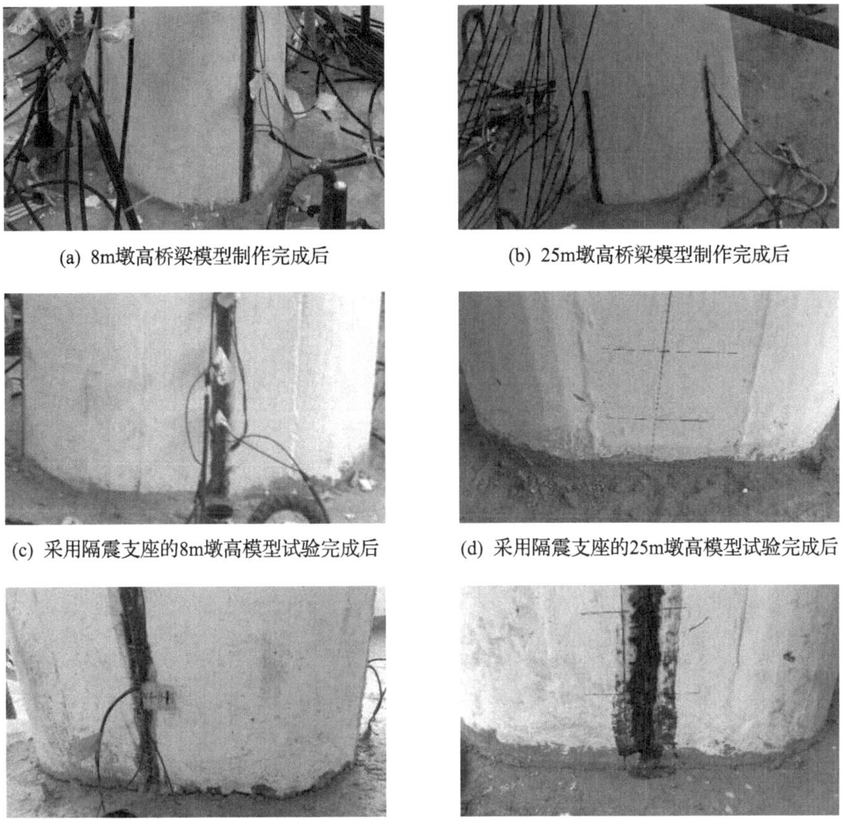

(a) 8m墩高桥梁模型制作完成后　(b) 25m墩高桥梁模型制作完成后

(c) 采用隔震支座的8m墩高模型试验完成后　(d) 采用隔震支座的25m墩高模型试验完成后

(e) 采用非隔震支座的8m墩高模型试验完成后　(f) 采用非隔震支座的25m墩高模型试验完成后

图 8-16　模型损伤历程

如图 8-16（c）和（d）所示，在采用 DSSI 支座的桥梁振动台试验中，8m 和 25m 墩高模型墩顶保护层混凝土均未出现肉眼可见裂缝，构件基本处于弹性阶段，力与位移增长基本呈线性，卸载路径与加载路径基本重合，残余位移很小。

如图 8-16(e)和(f)所示，在采用非隔震支座的桥梁振动台试验中，从最终破坏的整体形态上来看，8m 和 25m 墩高模型的破坏均主要集中在墩底，墩底保护层混凝土出现一圈可见的环状裂缝，且 8m 墩高模型的裂缝开展程度高于 25m 墩高模型，8m 墩高模型严重损伤，基本丧失水平承载能力，25m 墩高模型纵筋接近屈服，处于轻微、中等损伤水平，具体模型的损伤程度可以通过白噪声扫频试验鉴定。

在模型制作安装完成后，对其输入白噪声信号，将结构的加速度地震响应时程曲线进行傅里叶变换得到功率谱密度函数，见图 8-17。由于白噪声包含的所有频率均匀分布，在结构的固有频率处必然会出现共振现象，在功率谱密度函数曲线上表现为出现波峰。由图 8-17 可以确定桥梁结构模型的初始固有频率，8m 墩高模型的第一、二、三阶固有频率分别为 7.1Hz、10.0Hz、11.9Hz，25m 墩高模型的第一、二、三阶固有频率分别为 3.9Hz、5.7Hz、9.7Hz。

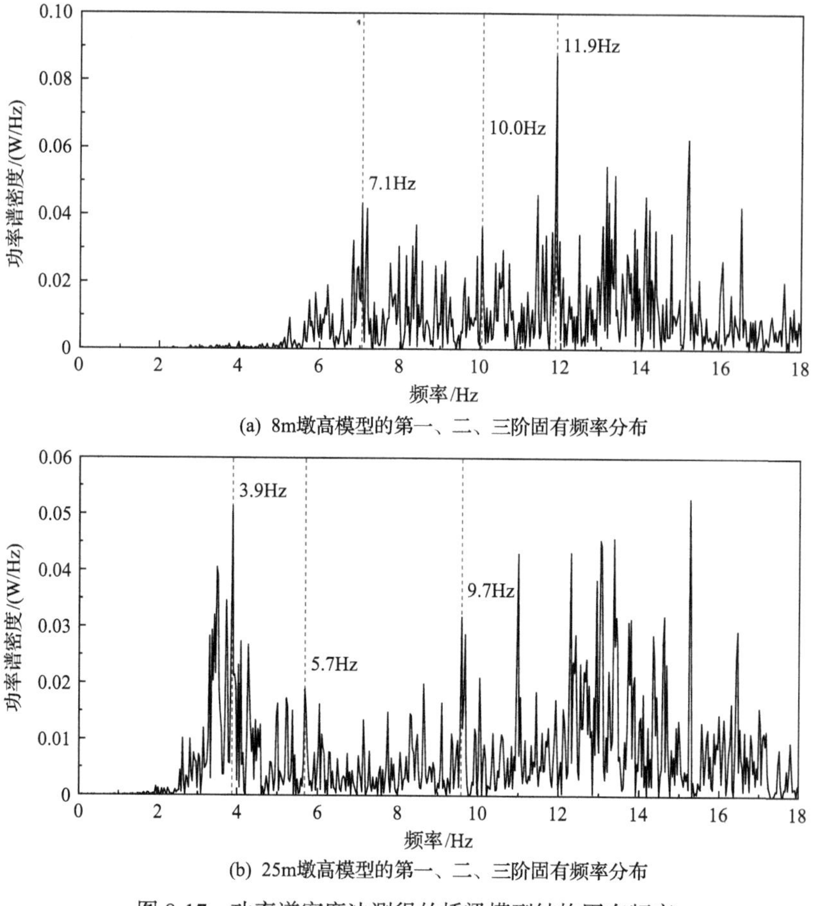

(a) 8m墩高模型的第一、二、三阶固有频率分布

(b) 25m墩高模型的第一、二、三阶固有频率分布

图 8-17　功率谱密度法测得的桥梁模型结构固有频率

在进行 7、8、9 度地震波模拟振动台试验后，对 8m 墩高模型进行白噪声扫频，获得结构第一阶固有频率的变化，见图 8-18。8m 墩高模型在 7 度地震(小震)作用下，结构的第一阶固有频率由 7.1Hz 下降至 6.9Hz，仅下降了 2.8%，而在 9 度地震(大震)作用下，结构的第一阶固有频率下降至 4.3Hz，下降了 39.4%，结构发生明显损伤。

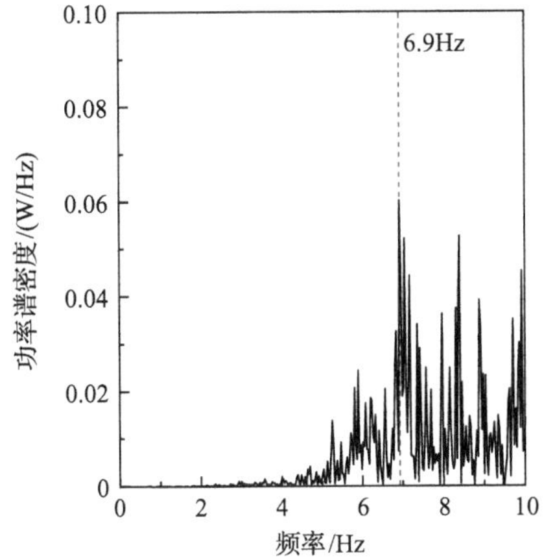

(a) 7度地震波加载完成后

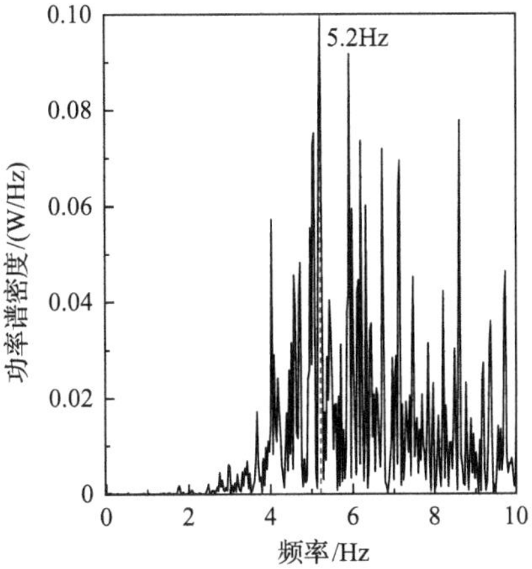

(b) 8度地震波加载完成后

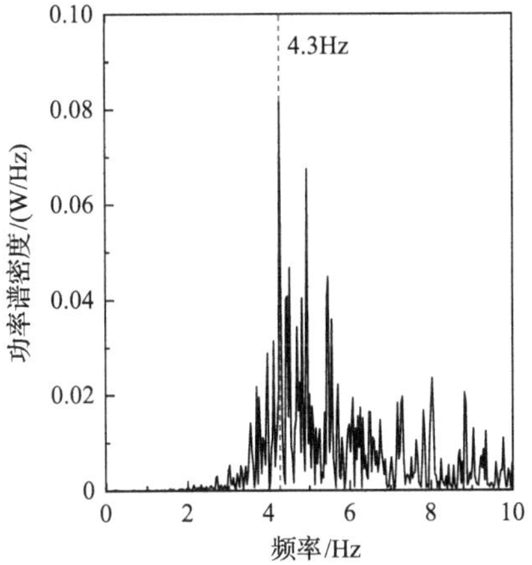

(c) 9度地震波加载完成后

图 8-18　8m 墩高模型结构固有频率

在进行 7、8、9 度地震波模拟振动台试验后，对 25m 墩高模型进行白噪声扫频，获得结构第一阶固有频率的变化，见图 8-19。在 7 度地震(小震)作用下，结构的第一阶固有频率由 3.9Hz 下降至 3.5Hz，下降了 10.3%，而在 9 度地震(大震)作用下，结构的第一阶固有频率下降至 3.0Hz，下降了 23.1%，结构处于轻微、中等损伤水平。这是由于虽然 25m 墩高模型墩身更柔，结构自振周期更大，可以更好地抵抗地震力，但是试验加载过程中存在损伤累积，导致结构不可避免地发生一定程度的破坏。

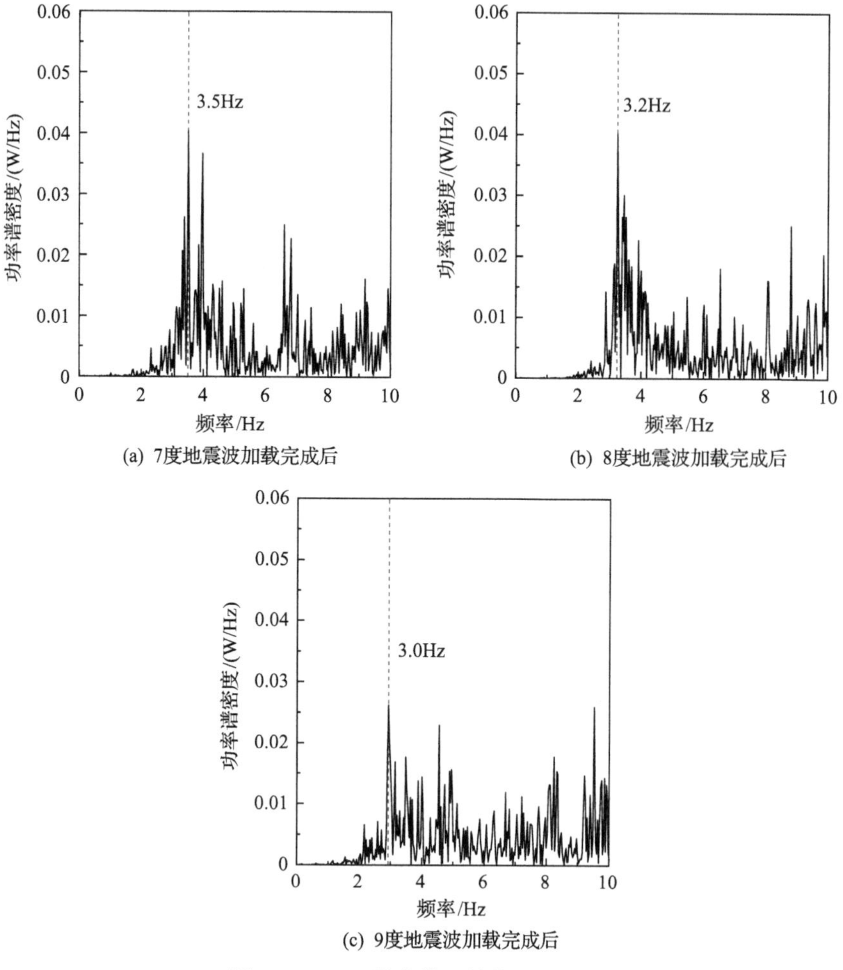

(a) 7度地震波加载完成后　(b) 8度地震波加载完成后　(c) 9度地震波加载完成后

图 8-19　25m 墩高模型结构固有频率

8.4.2　支座剪力键水平承载力设计值

DSSI支座的剪力键水平承载力设计值需要满足如下设计要求：在7度地震(小震)作用下，剪力键不被剪断，限制了支座的曲面滑动；在8度地震(中震)作用下，剪力键发生剪切破坏，支座曲面滑动的约束被解除，从而让其发挥隔震、耗能作用。在振动台试验中，通过改变DSSI支座剪力键上的抗剪螺栓数量来增大或减小剪力键的抗剪强度，直至剪力键水平承载力满足设计要求。以顺桥向地震波模拟振动台试验为例，剪力键剪断前后对比见图8-20。

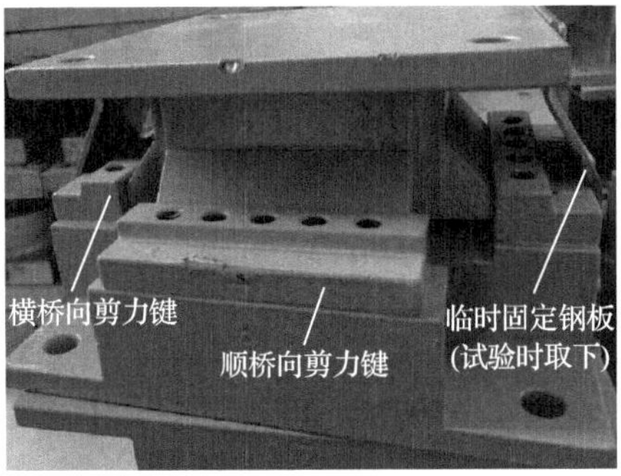

(a) 剪断前

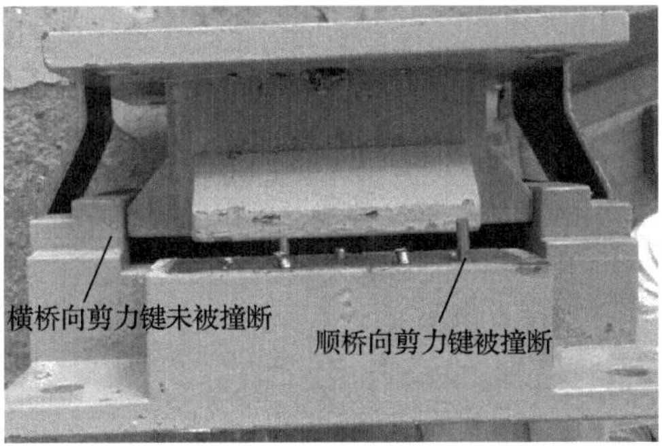

(b) 剪断后

图 8-20　顺桥向地震波模拟振动台试验剪力键剪断前后对比

表 8-7 列出了缩尺模型和桥梁原型的支座剪力键水平承载力设计值。其中，桥梁原型支座的剪力键水平承载力设计值由经振动台试验测得的缩尺模型支座剪力键水平承载力设计值除以表 8-4 中力的相似比（$S_P=1/49$）得到。

表 8-7　缩尺模型和桥梁原型的支座剪力键水平承载力设计值（单位：kN）

桥梁类型	方向	缩尺模型	桥梁原型
8m 墩高桥梁	顺桥向	11	539
	横桥向	6	294
25m 墩高桥梁	顺桥向	7	343
	横桥向	6	294

8.4.3　中墩上支座位移

对于两跨三墩的铁路简支梁桥试验模型，考虑桥梁边界条件的影响，承受 1 跨梁重的中墩显然比承受 1/2 跨梁重的边墩更加接近桥梁的实际使用状态。因此，本节主要分析中墩的试验数据。

支座位移不能直接测量，采用试验测得的梁端绝对位移减去墩顶绝对位移得到。图 8-21 和图 8-22 分别为试验地震波烈度对桥梁模型顺桥向和横桥向支座位移的影响。

从图 8-21 可以看出，在输入顺桥向地震波作用下，非隔震桥梁和隔震桥梁的支座位移总体上均随着烈度的增加而增加。但是对于 25m 墩高非隔震桥梁模型，当人工波的地震烈度从 8 度增加到 8.5 度时，支座位移反而减小。这是由于支座位移受两方面的影响，一方面，随着烈度的增加，桥墩墩顶加速度增大，从而使得支座相对位移增大；另一方面，烈度的增加会导致非隔震桥梁结构的抗震薄弱部位产生损伤，如桥墩墩底发生弹塑性形变，逐渐形成塑性铰，墩和梁之间产生的相对转角导致支座的相对位移减小。因此，综合以上两方面因素考虑，当墩底

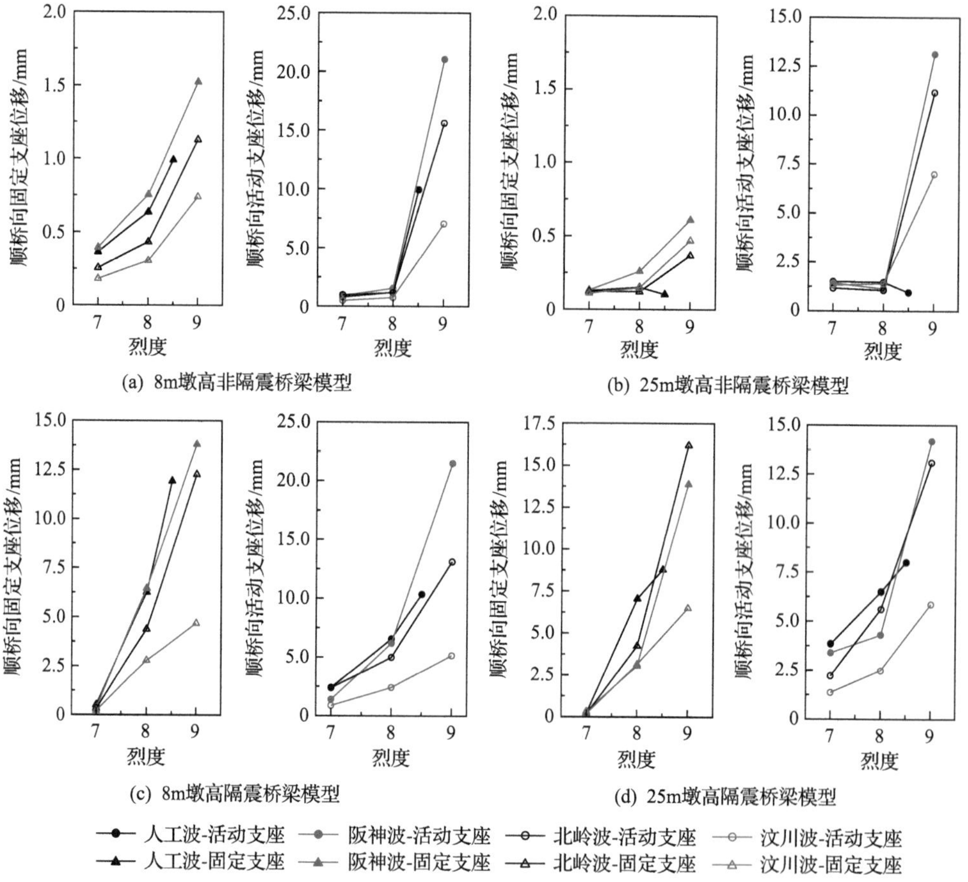

图 8-21 试验地震波烈度对顺桥向支座位移的影响

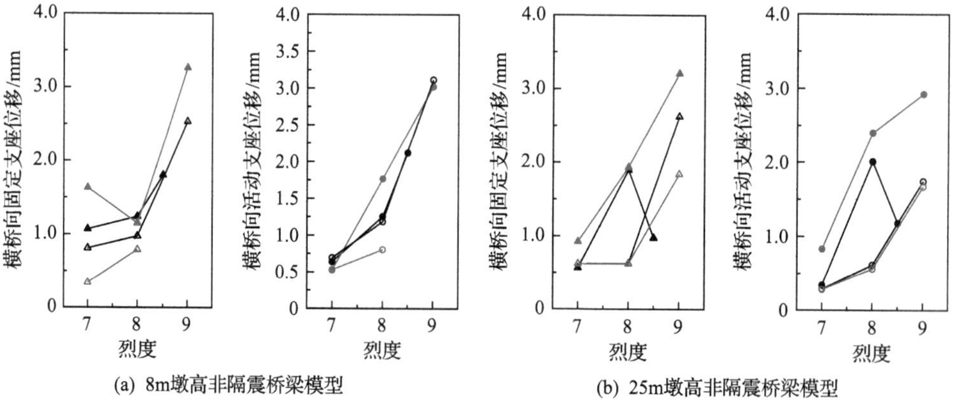

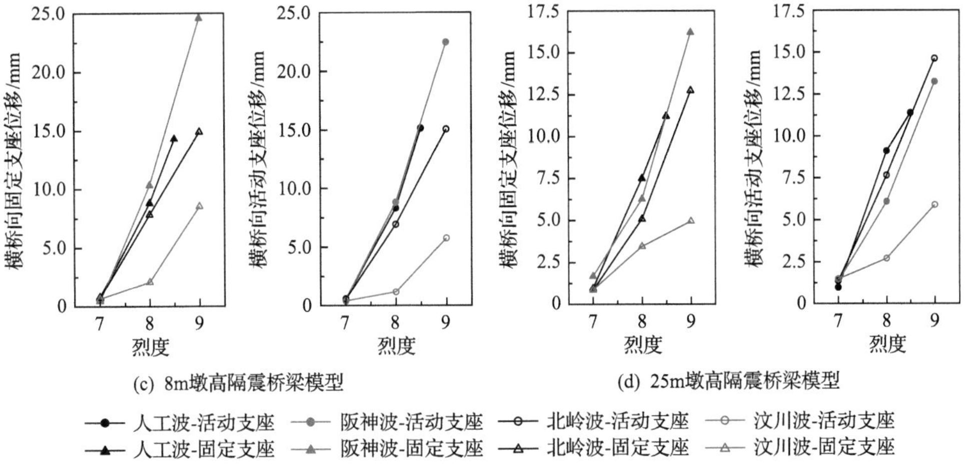

图 8-22　试验地震波烈度对横桥向支座位移的影响

塑性结构的影响大于墩顶加速度的影响时，支座位移会随烈度的增加而减小，反之亦然。

如图 8-21(a)和(b)所示，固定支座虽然限制了上、下座板之间的水平相对位移，但上、下座板之间仍存在 2mm 的加工容差，因此固定支座的最大位移在 2mm 以内。活动支座位移在 7 度和 8 度地震作用下相差不大，在 9 度地震作用下，8m 和 25m 墩高桥梁模型的活动支座位移的最大值分别为 21.0mm 和 13.1mm。

如图 8-21(c)和(d)所示，在 7 度地震作用下，仅平面摩擦副可以沿顺桥向水平滑动，此时隔震支座工作原理与非隔震支座一致；在 8 度地震作用下，上座板在地震作用下冲击并切断剪力键，从而使支座两个曲面摩擦副的约束解除，隔震支座可以获得更大的位移能力，从而隔震支座的位移明显大于非隔震支座的位移；在 9 度地震作用下，8m 和 25m 墩高桥梁模型的隔震支座位移的最大值分别为 21.4mm 和 15.2mm。

如图 8-22(a)和(b)所示，在输入横桥向地震波的情况下，非隔震支座的相对位移峰值在 4mm 之内。这是因为虽然支座的上、下座板之间的横桥向活动空间在 2mm 以内，但是在对不同种类的试验地震波进行依次加载的过程中，非隔震支座不具备自复位能力，存在一定的残余位移，导致在接下来的地震波加载后的支座位移大于 2mm，但是均在 4mm(±2mm)范围之内。此外，在 9 度地震作用下，由于试验过程中观测到 8m 墩高非隔震桥梁模型墩底保护层混凝土出现一圈明显的环状裂缝，且结构的第一阶固有频率由 7.1Hz 下降至 4.3Hz，下降了 39.4%，桥墩模型严重损伤，基本丧失水平承载能力，极可能发生落梁危险。出于安全性考虑，试验最后一条地震波工况(汶川波)并未进行顺桥向加载，因此图 8-22(a)并未给出 9 度汶川波作用下非隔震桥梁的支座位移。

如图 8-22(c)和(d)所示，在 7 度地震作用下，由于受到水平限位装置(剪力键)的约束，隔震支座位移在 4mm 之内；在 8 度地震作用下，剪力键被剪断，限位约束解除，隔震支座位移超过 4mm；在 9 度地震作用下，8m 和 25m 墩高桥梁模型的隔震支座位移达到最大值，分别为 24.6mm 和 15.2mm，均在隔震支座的设计地震位移(±30mm)范围之内。

8.4.4　中墩墩底纵筋应变

桥墩墩底作为桥梁结构的抗震薄弱部位，在试验过程中亦观测到非隔震桥梁结构墩底在强震作用下出现一圈可见的环状裂缝。本节基于墩底主筋应变地震响应的振动台试验数据，判断桥梁主体结构在震后是否仍处于弹性状态。图 8-23 和图 8-24 分别为试验地震波烈度对桥梁模型中墩墩底顺桥向和横桥向纵筋应变的影响。

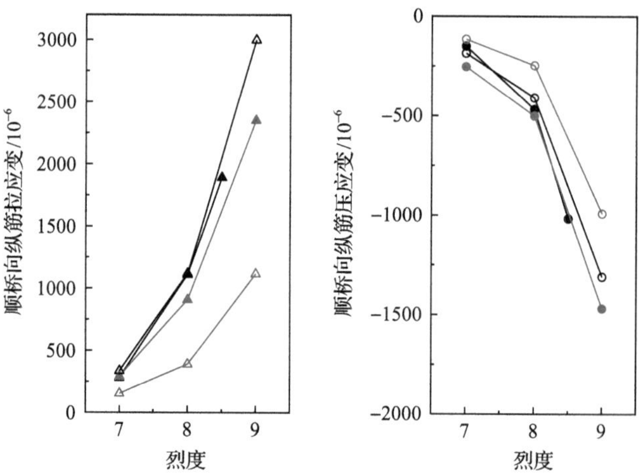

(a) 8m墩高非隔震桥梁模型

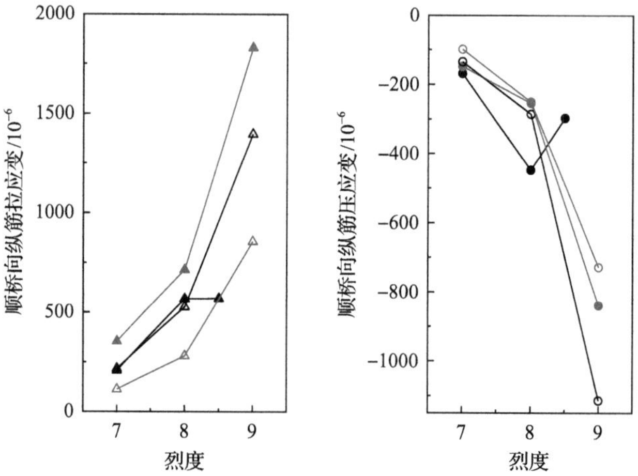

(b) 25m墩高非隔震桥梁模型

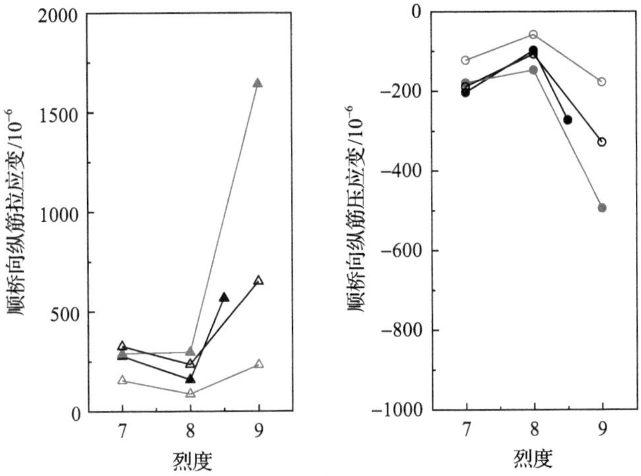

(c) 8m墩高隔震桥梁模型

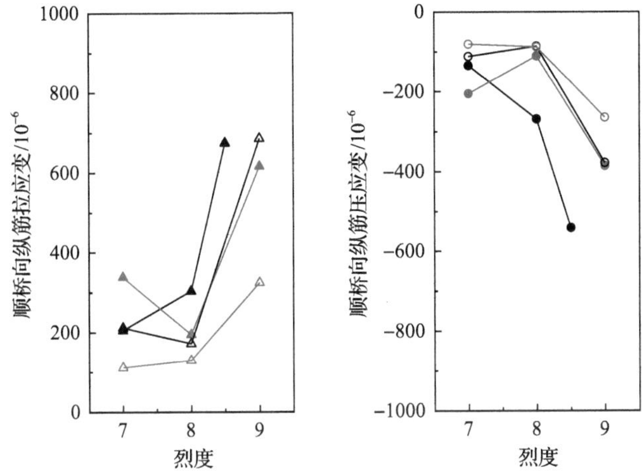

(d) 25m墩高隔震桥梁模型

人工波-拉应变　阪神波-拉应变　北岭波-拉应变　汶川波-拉应变
人工波-压应变　阪神波-压应变　北岭波-压应变　汶川波-压应变

图 8-23　试验地震波烈度对顺桥向纵筋应变的影响

从图 8-23 可以看出，在输入顺桥向地震波作用下，非隔震桥梁和隔震桥梁的纵筋应变总体上均随着烈度的增加而增加。但是对于 25m 墩高非隔震桥梁模型，当人工波的地震烈度从 8 度增加到 8.5 度时，墩底纵筋压应变反而减小。这是非隔震支座在试验过程中不能复位，存在一定的残余位移，导致桥梁结构不能完全对称，从而导致偏心受压，使得桥墩底部截面试验测点处一侧的压应变偏小。如图 8-23(a)和(b)所示，在 9 度地震作用下，8m 墩高非隔震桥梁模型的墩底纵筋拉应变的最大值为 2998×10^{-6}，超过了钢筋的屈服应变(约 2000×10^{-6})，桥墩在顺桥向发生弹塑性形变。而 25m 墩高非隔震桥梁模型的墩底纵筋拉应变的最大值为

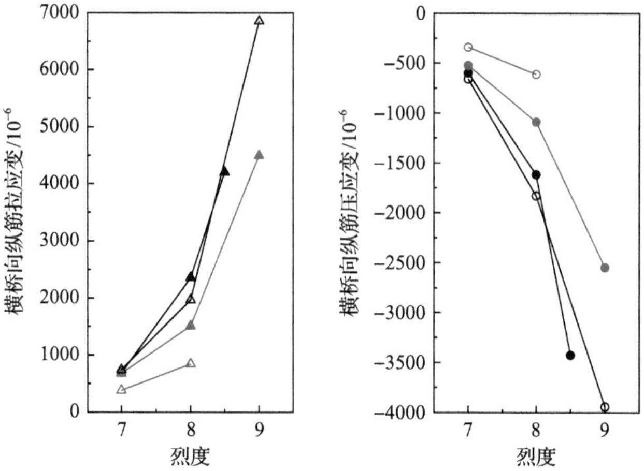

(a) 8m墩高非隔震桥梁模型

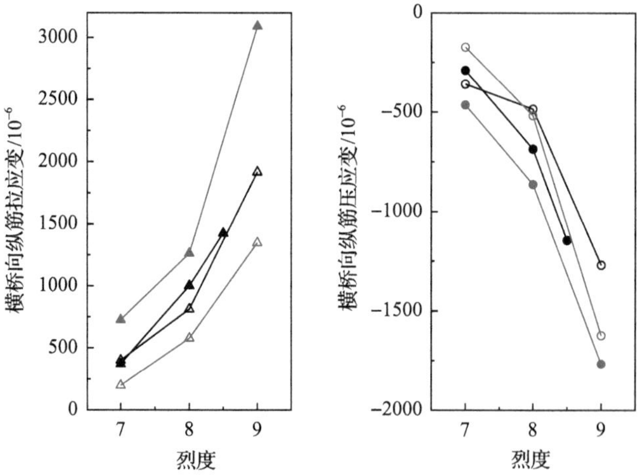

(b) 25m墩高非隔震桥梁模型

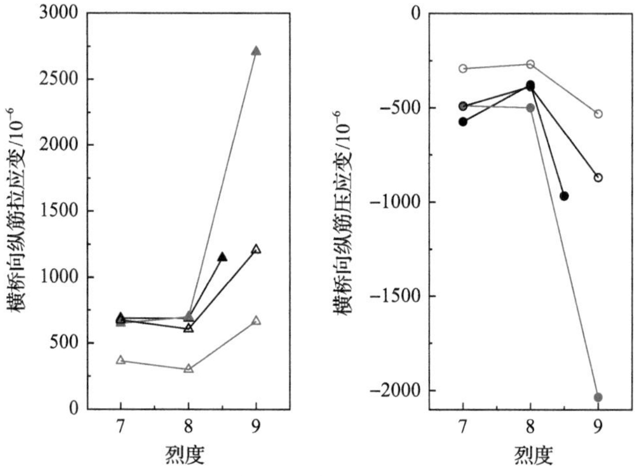

(c) 8m墩高隔震桥梁模型

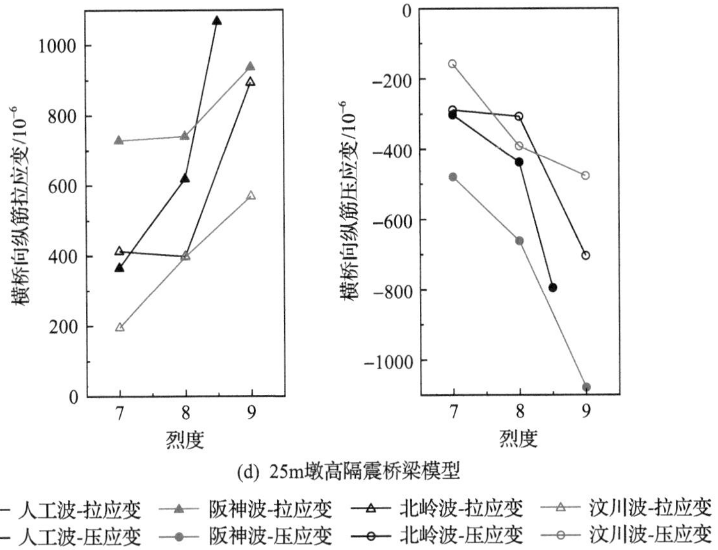

图 8-24　试验地震波烈度对横桥向纵筋应变的影响

1830×10^{-6}($<2000\times10^{-6}$)，桥墩仍然处于弹性状态。这是由于尽管没有采用隔震措施，相对于 8m 墩高桥梁模型，25m 墩高桥梁模型本身墩身更柔，结构自振周期更大，相对远离地震波能量集中的频段，从而减弱了地震动对桥梁结构的影响，使之能承受更多的地震力。

如图 8-23(c)和(d)所示，对于 8m 和 25m 墩高隔震桥梁模型，在 9 度地震作用下，两者墩底纵筋拉应变的最大值分别为 1641×10^{-6} 和 686×10^{-6}，均没有超过钢筋的屈服应变(2000×10^{-6})，桥墩均处于弹性阶段。8 度地震作用下的纵筋应变反而普遍比 7 度地震作用下偏小，这是由于在 7 度地震作用下隔震支座的曲面摩擦副受到水平限位装置(剪力键)的约束不能发生曲面摆动，仅平面摩擦副可以沿顺桥向水平滑动，此时隔震支座工作原理与非隔震支座一致，隔震桥梁和非隔震桥梁的墩底纵筋承受的地震力相近。而在 8 度地震作用下，隔震支座剪力键被剪断，从而使支座两个曲面摩擦副的约束解除，隔震支座进行曲面摆动从而发挥了隔震、耗能作用，降低了包括桥墩构件在内的桥梁主体结构的地震响应，从而使得隔震桥梁的墩底纵筋应变变小。

如图 8-24(a)和(b)所示，在输入横桥向地震波作用下，对于 8m 和 25m 墩高非隔震桥梁模型，两者的墩底纵筋拉应变的最大值分别为 6853×10^{-6} 和 3091×10^{-6}，均超过钢筋的屈服应变(2000×10^{-6})，且大于相应墩高模型的顺桥向纵筋拉应变的最大值，说明非隔震桥梁在横桥向的地震损伤比顺桥向更严重。如图 8-24(c)和(d)所示，8m 墩高隔震桥梁模型的墩底纵筋拉应变的最大值为 2709×10^{-6}，超过了钢筋的屈服应变(2000×10^{-6})，说明在采取隔震措施的情况下，8m 墩高桥梁模型在横桥向仍然产生了弹塑性形变，但远小于非隔震桥梁模型墩底纵筋拉应变的最大值(6853×10^{-6})；25m 墩高非隔震桥梁模型墩底纵筋拉应变的最大值为 1067×10^{-6}($<2000\times10^{-6}$)，桥墩处于线弹性状态，说明隔震支座可以有效保护桥梁主体结构(不受损伤或轻微损伤)。

8.5 本章小结

本章开展了分别采用两套独立支座系统(DSSI 支座系统和非隔震支座系统)的大比例桥梁模型振动台试验，通过对比隔震与非隔震桥梁的地震响应试验结果，研究了 DSSI 支座的减隔震效果及工作性能。主要结论如下：

(1) 对于采用 DSSI 支座的隔震桥梁，8m 和 25m 墩高桥梁模型的墩顶保护层混凝土均未出现肉眼可见裂缝，基本处于弹性阶段。对于非隔震桥梁，8m 和 25m 墩高桥梁模型均在墩底发生不同程度破坏。其中，8m 墩高的非隔震桥梁模型在强震作用下发生严重损伤，结构的第一阶固有频率由 7.1Hz 下降至 4.3Hz，下降了 39.4%，且墩底保护层混凝土出现一圈可见的环状裂缝，桥墩墩底形成塑性铰，基本丧失承载能力；25 墩高的非隔震桥梁模型由于墩身更柔，结构自振周期更大，相对远离地震波能量集中的频段，从而减弱了地震动对桥梁结构的影响，桥墩始终处于弹性状态。

(2) DSSI 支座剪力键的设置是为了保证在 7 度地震(小震)作用下，通过剪力键限制支座的曲面滑动；在 8 度地震(中震)作用下，剪力键发生剪切破坏，支座曲面滑动的约束被解除，从而发挥了隔震、耗能作用。经过多次振动台试验，测得单线铁路桥梁单个支座的单侧剪力键水平承载力设计值，8m 墩高桥梁模型的剪力键水平承载力设计值在顺桥向和横桥向分别为 11kN 和 6kN，25m 墩高桥梁模型的剪力键水平承载力设计值在顺桥向和横桥向分别为 7kN 和 6kN。

(3) 在 7 度地震作用下，DSSI 支座曲面摩擦副受到水平限位装置(剪力键)的约束而不能发生曲面摆动，仅平面摩擦副可以沿顺桥向水平滑动，此时隔震支座工作原理与非隔震支座一致，隔震桥梁和非隔震桥梁的支座位移相近；在 8 度以上(含 8 度)的地震作用下，剪力键被剪断，限位约束解除，8m 和 25m 墩高桥梁模型的隔震支座位移在 9 度地震作用下达到最大值，分别为 24.6mm 和 15.2mm，均在隔震支座的设计地震位移(±30mm)范围之内。

(4) 在顺桥向地震作用下，8m 和 25m 墩高隔震桥梁模型均未发生弹塑性形变(墩底纵筋拉应变小于 2000×10^{-6})，而在横桥向地震作用下，8m 墩高隔震桥梁模型墩底仍然产生了弹塑性形变(纵筋拉应变的最大值为 2709×10^{-6})，但远小于非隔震桥梁模型墩底纵筋拉应变的最大值(6853×10^{-6})，说明隔震支座可以有效保护桥梁主体结构(不受损伤或轻微损伤)。

参 考 文 献

[1] Tsopelas P, Constantinou M C, Kim Y S, et al. Experimental study of FPS system in bridge seismic isolation[J]. Earthquake Engineering & Structural Dynamics, 1996, 25(1): 65-78.

[2] Tsopelas P, Constantinou M C, Okamoto S, et al. Experimental study of bridge seismic sliding isolation systems[J]. Engineering Structures, 1996, 18(4): 301-310.

[3] 李忠献, 张勇, 岳福青. 地震作用下隔震简支梁桥碰撞反应的振动台试验[J]. 地震工程与工程振动, 2007, 27(2): 152-157.

[4] Tsai M H, Wu S Y, Chang K C, et al. Shaking table tests of a scaled bridge model with rolling-type seismic isolation bearings[J]. Engineering Structures, 2007, 29(5): 694-702.

[5] 韩强, 杜修力, 刘文光, 等. 不同地震烈度下隔震连续梁桥模型振动台试验[J]. 中国公路学报, 2008, (6): 50-56.

[6] Guo A X, Li Z J, Li H, et al. Experimental and analytical study on pounding reduction of base-isolated highway bridges using MR dampers[J]. Earthquake Engineering & Structural Dynamics, 2009, 38(11): 1307-1333.

[7] Marin-Artieda C C, Whittaker A S, Constantinou M C. Experimental study of the XY-friction pendulum bearing for bridge applications[J]. Journal of Bridge Engineering, 2009, 14(3): 193-202.

[8] 孟栋梁, 杨孟刚, 费凡. 碰撞对高铁简支桥梁横向地震响应影响的振动台试验研究[J]. 工程力学, 2019, 36(8): 161-170, 181.

[9] Wei B, Zuo C J, He X H, et al. Numerical investigation on scaling a pure friction isolation system for civil structures in shaking table model tests[J]. International Journal of Non-Linear Mechanics, 2018, 98: 1-12.

[10] 葛康, 陈世鸣. 大缩尺模型振动台试验误差分析[J]. 结构工程师, 2017, 33(5): 154-161.

[11] 周颖, 吕西林. 建筑结构振动台模型试验方法与技术[M]. 2 版. 北京: 科学出版社, 2016.

[12] 马亮. 推进西部大开发形成新格局: 注重高速铁路和普通铁路协同发展[J]. 城市轨道交通研究, 2020, 23(6): 118.

[13] 毕玉琢. 复杂山区铁路桥梁设计——宜万铁路桥梁设计介绍[J]. 铁道标准设计, 2005, 49(11): 48-52.

[14] 张生学. 穿越强岩溶地质条件的隧道安全施工初探——以宜(昌)万(州)铁路岩溶一级风险隧道为例[J]. 地下空间与工程学报, 2007, 3(S1): 1368-1371.

[15] 中华人民共和国国家质量监督检验检疫总局, 中国国家标准化管理委员会. 中国地震动参数区划图(GB 18306—2015)[S]. 北京: 中国标准出版社, 2015.

[16] Jiang L Z, He W K, Wei B, et al. The shear pin strength of friction pendulum bearings (FPB) in simply supported railway bridges[J]. Bulletin of Earthquake Engineering, 2019, 17(11):

6109-6139.

[17] 李恒跃，王勇，顾海龙. 一种多功能双曲面球型减隔震支座：CN106368118A[P]. 2017-02-01.

[18] 迟世春，林少书. 结构动力模型试验相似理论及其验证[J]. 世界地震工程，2004，20(4)：11-20.

[19] 周颖，卢文胜，吕西林. 模拟地震振动台模型实用设计方法[J]. 结构工程师，2003，19(3)：30-33, 38.

[20] Guo W, Shao P, Li H Y, et al. Accuracy assessment of shake table device on strong earthquake output[J]. Advances in Civil Engineering, 2019, (15): 1-23.

[21] Kuehn J, Epp D, Patten W N. High-fidelity control of a seismic shake table[J]. Earthquake Engineering & Structural Dynamics, 1999, 28(11): 1235-1254.

[22] Ammanagi S, Poornima V, Sera A, et al. Development of a digitally-controlled three-axis earthquake shake table[J]. Current Science, 2006, 91(2): 190-203.

[23] Wei B, Wang P, He XH, et al. Seismic isolation characteristics of a friction system[J]. Journal of Testing and Evaluation, 2018, 46(4): 1411-1420.

[24] Shome N, Cornell C A, Bazzurro P, et al. Earthquakes, records, and nonlinear responses[J]. Earthquake Spectra, 1998, 14(3): 469-500.

[25] 景月岭，周召虎，王洋洋，等. 基于 Matlab 的人工地震动合成及校正[J]. 水电能源科学，2019, 37(8): 65-68, 121.

[26] 中华人民共和国建设部. 铁路工程抗震设计规范(GB 50111—2006)[S]. 北京：中国计划出版社, 2006.

第 9 章 采用双曲面球型减隔震支座的铁路简支梁桥数值模拟方法可行性分析

9.1 概　　述

由于试验成本和试验条件等方面的限制，第 8 章仅对 2 种墩高(8m 和 25m)的单线铁路简支梁桥模型进行地震模拟振动台试验，依据试验结果评估双曲面球型减隔震支座(DSSI 支座)的减隔震效果及工作性能。然而，高烈度地震区的 32m(常用跨度)铁路简支梁桥圆端形桥墩的高度范围为 3～40m。尽管振动台试验结果表明 DSSI 支座具有较好的减隔震效果，但试验中未考虑它在其他墩高范围的铁路简支梁桥上的应用，仍需谨慎对待。我国中西部地区场地复杂，山高谷深，沟壑纵横，为了减少展线，必然要修建大量的高墩铁路桥梁，尤以受力明确、使用性能良好的简支梁桥居多。然而，目前相关规范[1-3]中规定减隔震支座适用范围为墩高较小的桥梁。国内多位学者的研究均表明[4-6]，随着桥墩高度不断增加，墩底弯矩和墩顶位移逐渐增加，而减隔震支座对这两个指标的减隔震效果趋于减弱。因此，采用减隔震支座的高墩铁路桥梁的具体抗震性能有待进一步研究。

本章基于 OpenSees 软件，针对高烈度地震区的 32m(常用跨度)单线和双线铁路简支梁桥，分别建立不同墩高情况下的原型桥梁有限元模型。墩高在 3～8m、8～25m 和 25～60m 范围时，桥墩横截面分别采用实体等截面、实体变截面和空心变截面，每种墩高的桥梁有限元模型均分别采用隔震支座体系和非隔震支座体系两种支座体系。为了验证数值模拟方法的正确性和合理性，本章针对试验中采用的 8m 和 25m 墩高的单线铁路简支梁桥模型，建立相应的缩尺数值模型和足尺数值模型。通过将缩尺数值模型和足尺数值模型的动力特性进行对比，验证缩尺方案的合理性。通过将缩尺数值模型的时程分析结果与缩尺试验模型的振动台试验结果进行对比，验证数值模拟方法的可行性及准确性。

9.2 桥梁结构参数及建模

本节依据铁路工程建设通用参考图[图号：通桥(2012)2201-Ⅰ]和成兰铁路高烈度地震区桥墩设计参考图，基于 OpenSees 软件构建了不同墩高的铁路简支梁桥有限元模型[7]。OpenSees 软件最初被用于结构和岩土方面的基于性能的地震工程研究[8, 9]，而后被用于评估桥梁的地震响应[10]。

如图 9-1 所示，OpenSees 软件采用模块化的方式来构建和分析模型，用户可通过 Tcl 脚本语言的命令编写和调用模块，或进行二次开发[11]。与传统的基于过程的结构分析程序相比，它的优势在于具有丰富的单元库、材料库以及非线性算法，用户可以通过定义结构单元的力-变形关系、截面弯矩-曲率关系、材料应力-应变关系等来系统而详尽地模拟计算非线性结构的地震响应，同时可以针对具体问题选择不同的算法，从而提高计算效率。

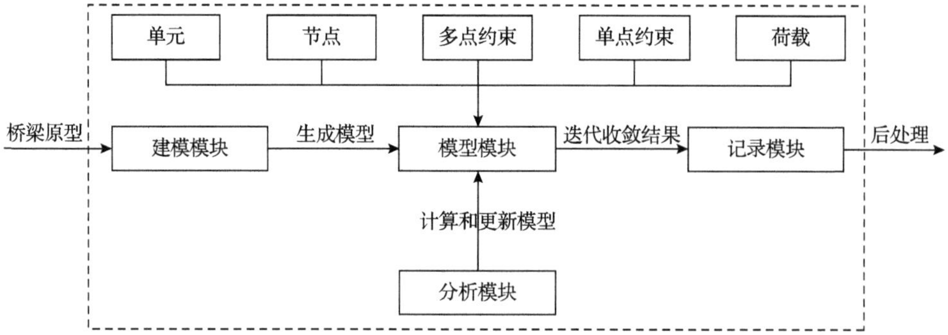

图 9-1　OpenSees 建模与分析模块架构

9.2.1　主梁

根据铁路工程建设通用参考图[图号：通桥(2012)2201-Ⅰ]，客货共线铁路简支梁桥的结构类型为有砟轨道预制后张法预应力混凝土 T 梁，梁体混凝土强度等级为 C55，全长 32.6m，可分为单线梁和双线梁两种类型。其中，单线梁由 2 片预制 T 梁组成，双线梁由 4 片预制 T 梁组成，见图 9-2。

其中，单线梁自重为 297.6t，二期恒载为 1.0126×10^5N/m，计算跨度为 32m，重力加速度取 9.8N/kg，故 1 跨单线梁质量为

$$297.6+32\times\frac{1.0126\times10^5}{9.8}\times10^{-3}=628.24(\mathrm{t}) \tag{9-1}$$

双线梁自重为 593.7t，二期恒载为 2.0826×10^5N/m，计算跨度为 32m，重力加速度取 9.8N/kg，故 1 跨双线梁质量为

$$593.7+32\times\frac{2.0826\times10^5}{9.8}\times10^{-3}=1273.73(\mathrm{t}) \tag{9-2}$$

大量的桥梁震后调查资料表明，在桥梁未发生落梁破坏的情况下，主梁结构

在强震作用下基本可以保持弹性状态。因此，本章采用 OpenSees 软件中的弹性梁柱单元(Elastic Beam Column Element)来模拟主梁。

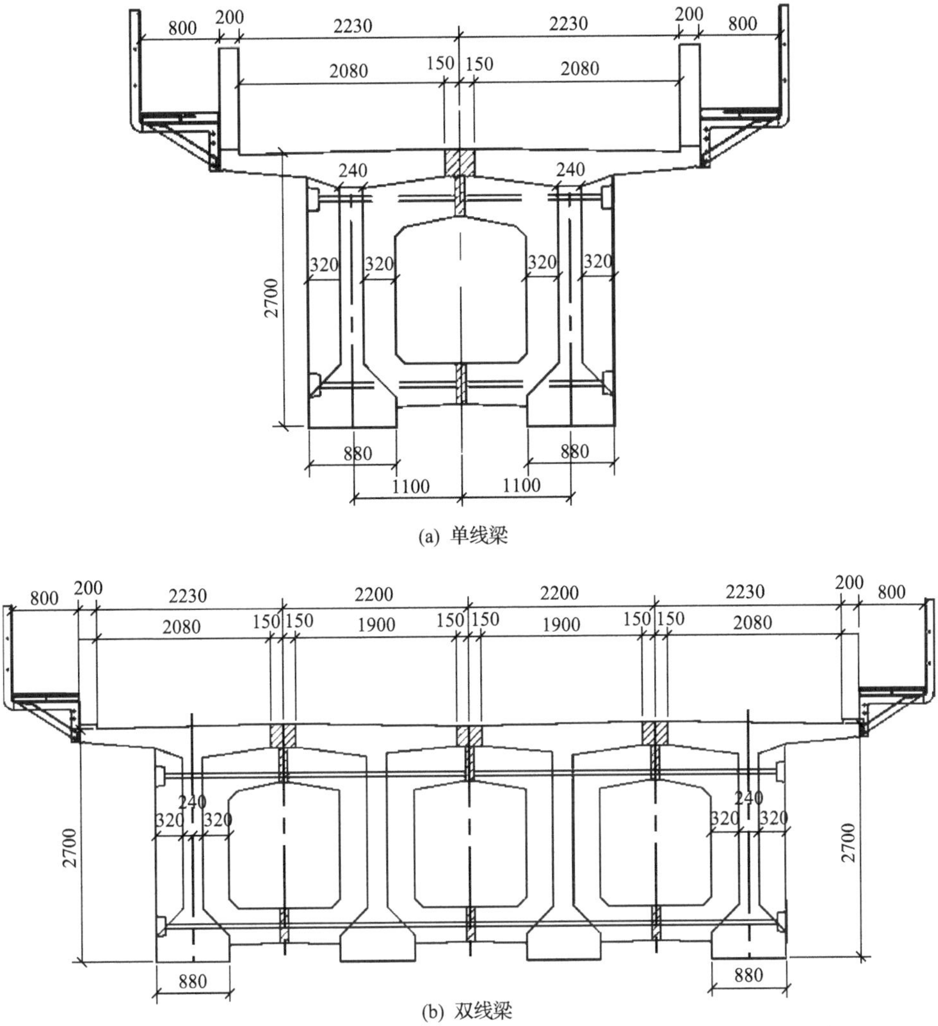

图 9-2　客货共线铁路预制后张法简支 T 梁横向布置示意图(单位：mm)

9.2.2　桥墩

高烈度地震区 32m(常用跨度)铁路简支梁桥的桥墩横截面为圆端形，圆端方向为桥梁横桥向。桥墩混凝土强度等级为 C35。随着墩高的增加，桥墩自重增加，结构稳定性下降。因此，对于较高的铁路桥墩，设计为变截面或空心截面，从而在保证承载力的前提下，显著减轻其自重。高烈度地震区铁路桥墩设计参考图中有三种类型的桥墩(等截面实心墩、变截面实心墩和变截面空心墩)，见图 9-3。

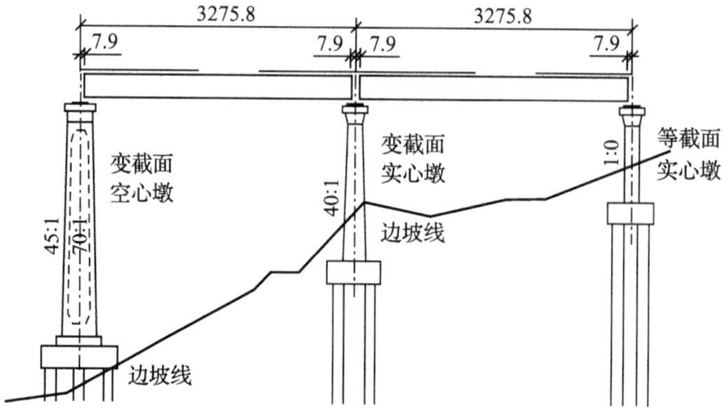

图 9-3　高烈度地震区铁路圆端形桥墩示意图(单位：m)

图 9-4～图 9-6 分别为高烈度地震区铁路桥梁等截面实心墩、变截面实心墩和变截面空心墩配筋图。其中，实心墩轴压比为 0.05，空心墩轴压比为 0.03，实心墩配筋率为 0.2%～0.3%，空心墩配筋率为 0.3%～0.4%。

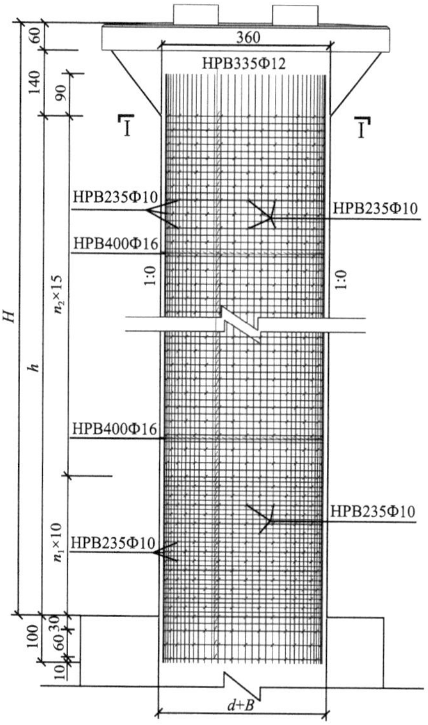

单线桥等截面实心墩墩身配筋图

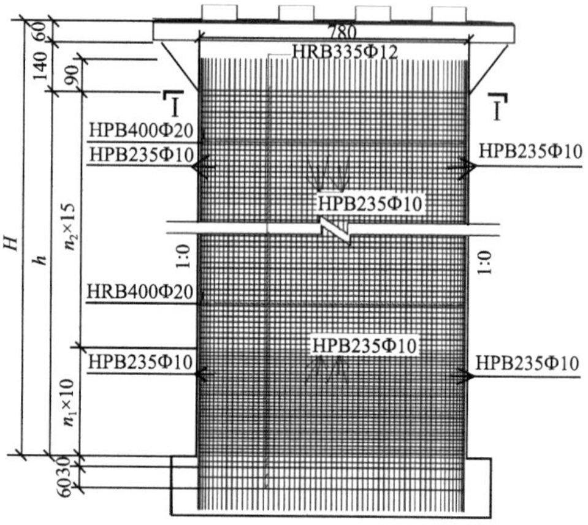

双线桥等截面实心墩墩身配筋图

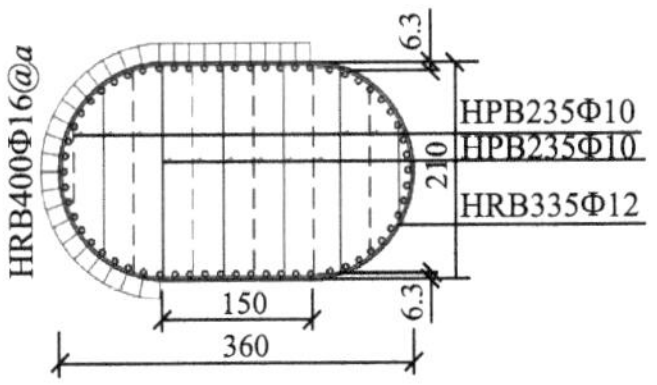

单线桥等截面实心墩 I—I 截面

(a) 单线桥

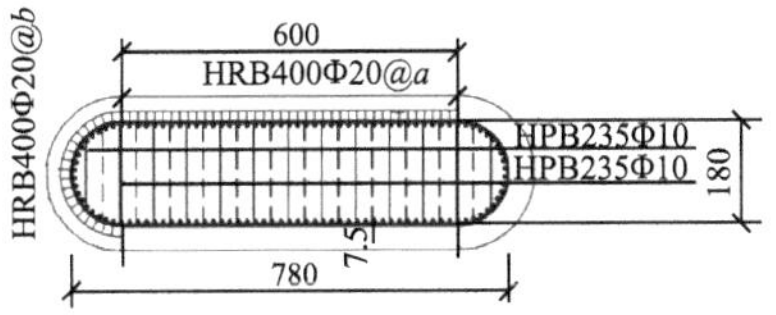

双线桥等截面实心墩 I—I 截面

(b) 双线桥

图 9-4　高烈度地震区铁路桥梁等截面实心墩配筋图

钢筋尺寸为 mm，其余为 cm

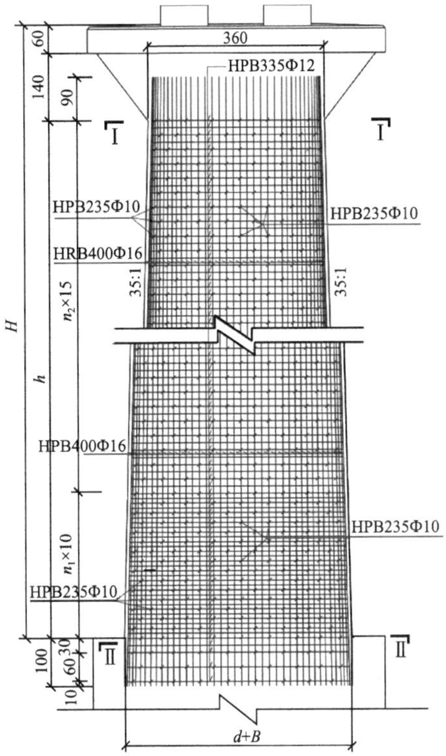

单线桥变截面实心墩墩身配筋图

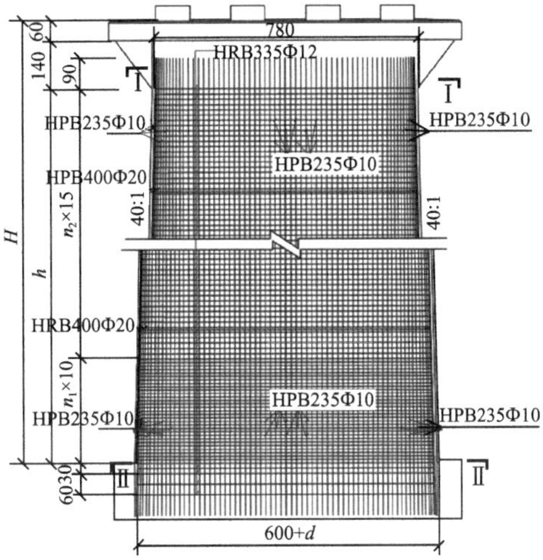

双线桥变截面实心墩墩身配筋图

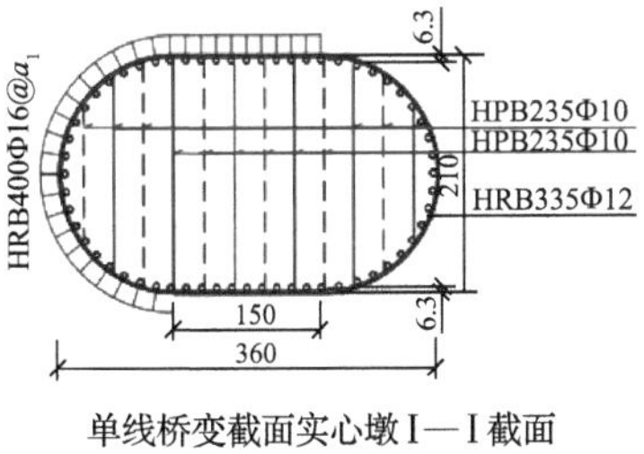

单线桥变截面实心墩 I—I 截面

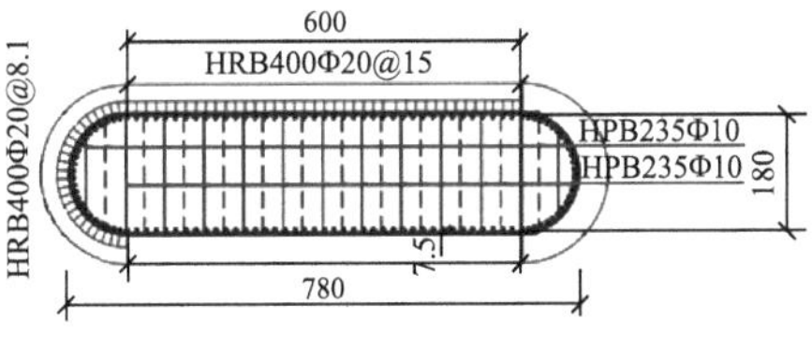

双线桥变截面实心墩 I—I 截面

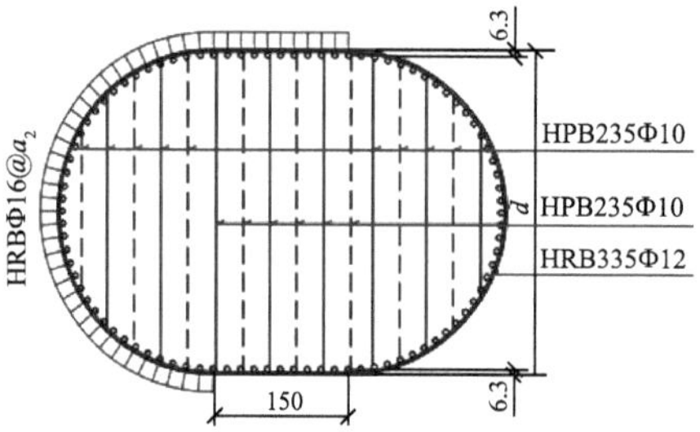

单线桥变截面实心墩Ⅱ—Ⅱ截面

(a) 单线桥

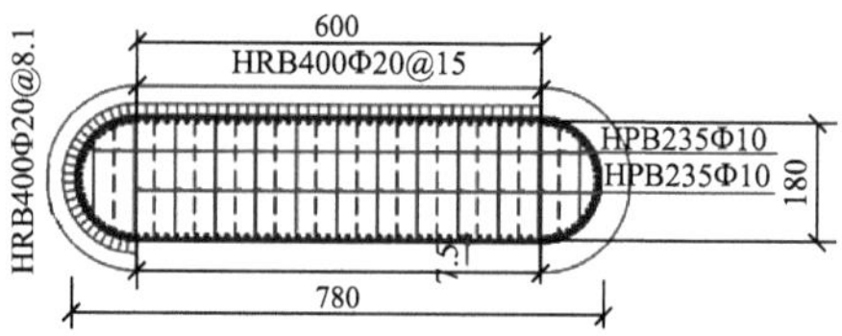

双线桥变截面实心墩Ⅱ—Ⅱ截面

(b) 双线桥

图 9-5　高烈度地震区铁路桥梁变截面实心墩配筋图

钢筋尺寸为 mm，其余为 cm

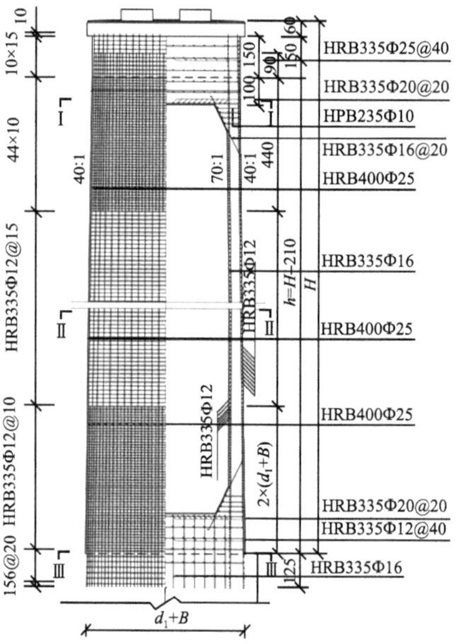

单线桥变截面空心墩墩身配筋图

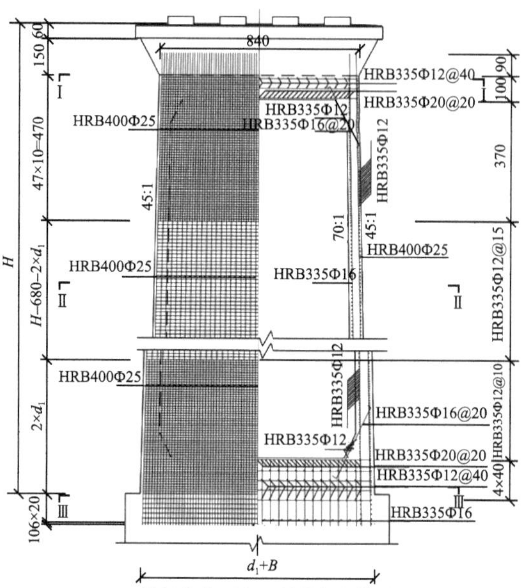

双线桥变截面空心墩墩身配筋图

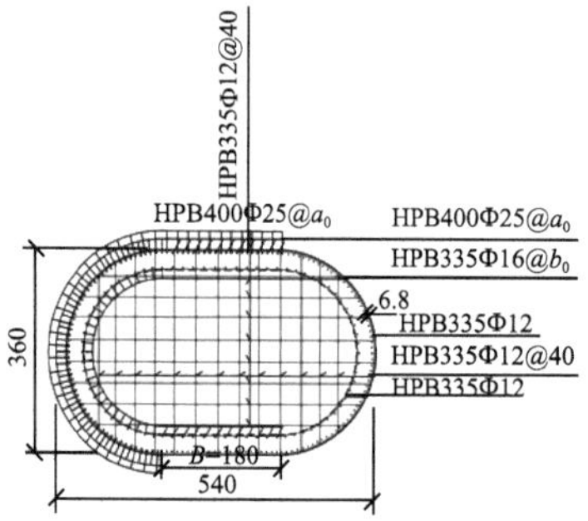

单线桥变截面空心墩Ⅰ—Ⅰ截面

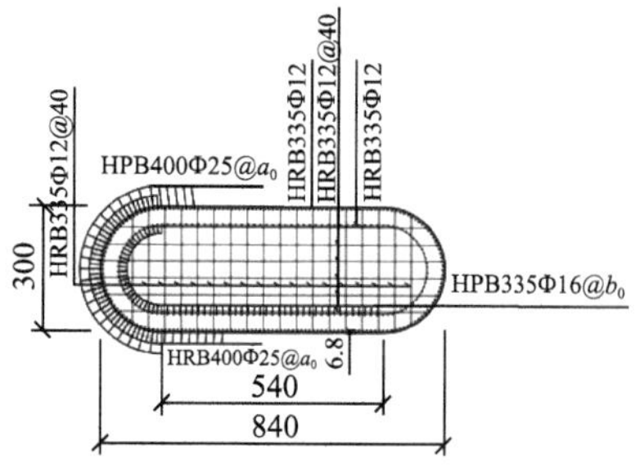

双线桥变截面空心墩Ⅰ—Ⅰ截面

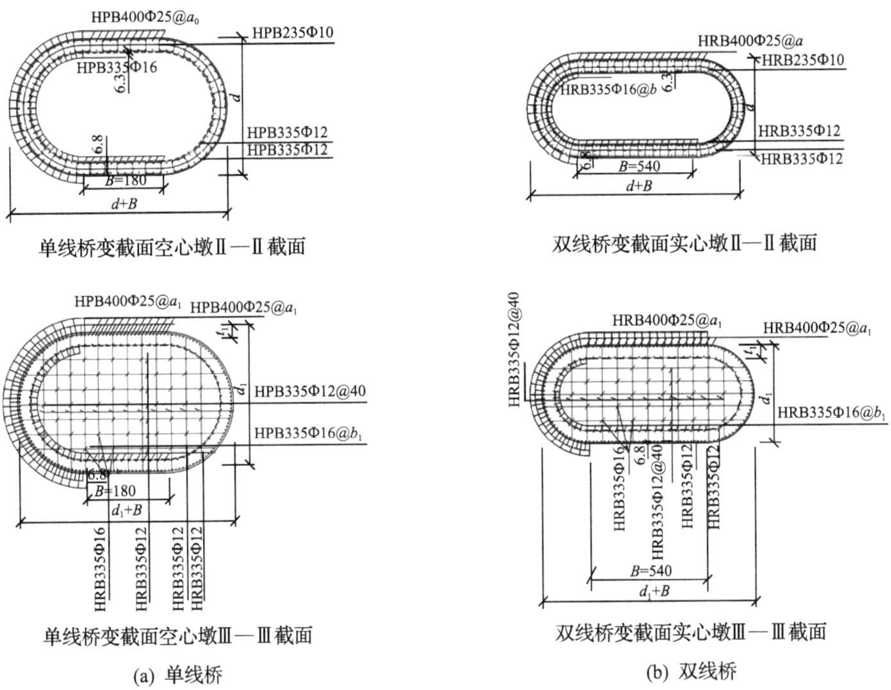

图 9-6　高烈度地震区铁路桥梁变截面空心墩配筋图

钢筋尺寸为 mm，其余为 cm

单线和双线铁路桥墩主要设计参数及尺寸见表 9-1 和表 9-2。

表 9-1　单线铁路桥墩主要设计参数及尺寸

桥墩类型	主要参数						
	H/m	d/cm	d+B/cm	a/cm	n_1	n_2	
等截面实心墩	4	210	360	14.8	20	0	
	6	210	360	14.8	31	6	
	8	210	360	14.8	30	20	
	H/m	d/cm	d+B/cm	a_1/cm	a_2/cm	n_1	n_2
变截面实心墩	8	244	394	13.7	14.8	30	20
	10	256	406	13.0	15.0	29	34
	12	267	417	12.4	14.9	31	46
	14	279	429	10.5	12.9	30	60
	16	290	440	11.7	14.8	29	74
	18	301	451	11.4	14.9	31	86
	20	313	463	11.1	15.0	30	100
	22	324	474	10.7	14.9	32	112
	24	336	486	10.5	14.9	34	124

续表

桥墩类型	主要参数							
	H/m	d/cm	d+B/cm	a_1/cm	a_2/cm	n_1	n_2	
变截面实心墩	26	367	517	9.3	13.4	36	136	
	28	379	529	10.1	14.9	38	148	
	30	390	540	9.9	15.0	40	160	
	H/m	d_1/cm	d_1+B/cm	t_1/cm	a_0/cm	a_1/cm	b_0/cm	b_1/cm
变截面空心墩	30	500	680	64.9	15.7	20.5	14.2	17.0
	32	510	690	67.0	15.7	20.9	14.2	17.1
	34	520	700	69.2	15.7	21.2	14.2	17.4
	36	530	710	71.3	15.4	21.1	13.9	17.2
	38	540	720	73.5	15.4	21.4	13.9	17.4
	39	545	725	74.5	15.4	21.6	13.9	17.5
	40	547	727	75.1	15.4	21.7	13.9	17.5

表 9-2　双线铁路桥墩主要设计参数及尺寸

桥墩类型	主要参数							
	H/m	a/cm	b/cm	n_1	n_2			
等截面实心墩	4	15	13.6	20	0			
	6	15	13.6	31	6			
	8	15	13.6	30	20			
	10	12	13	29	34			
	12	12	13	31	46			
	14	12	13	30	60			
	15	12	13	31	66			
	H/m	a/cm	d/cm	n_1	n_2			
变截面实心墩	15	12	284	31	66			
	16	12.3	290	29	74			
	18	12.8	301	31	86			
	20	13.4	313	30	100			
	22	13.9	324	29	114			
	24	14.4	336	31	126			
	25	4.7	341	29	134			
	H/m	d_1/cm	d_1+B/cm	t_1/cm	a_0/cm	a_1/cm	b_0/cm	b_1/cm
变截面空心墩	25	402	942	68.2	12.1	14.0	10.7	11.9
	26	406	946	69.0	12.1	14.1	10.7	12.0
	28	415	955	70.6	14.6	17.2	12.9	14.6
	30	424	964	72.1	14.6	17.4	12.9	14.7

续表

桥墩类型	主要参数							
	H/m	d_1/cm	d_1+B/cm	t_1/cm	a_0/cm	a_1/cm	b_0/cm	b_1/cm
变截面空心墩	32	433	973	73.7	14.6	17.6	12.9	14.8
	34	442	982	75.3	14.6	17.8	12.9	15.0
	36	451	991	76.9	14.6	18.0	12.9	15.1

如图 9-7(a)所示，本章采用 OpenSees 软件中的非线性梁柱单元(Nonlniear Beam-Column Element)构建桥墩模型，桥墩单元截面采用纤维截面(Fiber Section)。因为它不仅能反映截面的非线性行为和钢筋分布的特点，而且具有计算效率高、精度高等优点。

如图 9-7(b)所示，每个桥墩单元包含若干个纤维单元，纤维单元是通过将桥墩单元横截面的混凝土或钢筋部分细分为一定数量的小区域得到的。其中，桥墩单元的混凝土部分通过网格划分成纤维单元，每个混凝土纤维单元的力学性能由设定的混凝土应力-应变关系表示，见图 9-8(a)；桥墩单元的钢筋则由相同数量的纤维单元模拟，并指定钢筋材料的应力-应变关系，见图 9-8(b)。

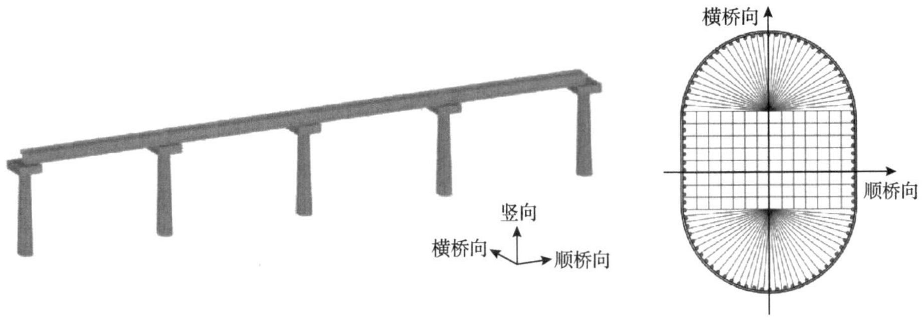

(a) 4跨桥梁动力分析模型　　(b) 桥墩纤维截面的划分

图 9-7　高烈度地震区铁路桥梁模型示意图(以变截面实心墩的单线桥为例)

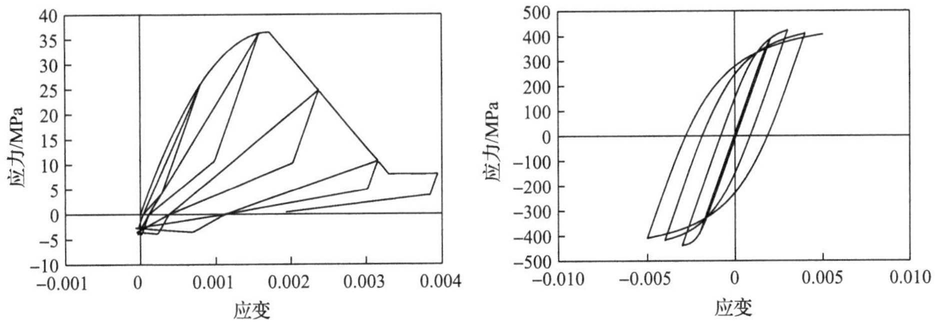

(a) 混凝土　　(b) 钢筋

图 9-8　桥梁模型材料应力-应变曲线

参照高烈度地震区铁路桥梁等截面实心墩、变截面实心墩和变截面空心墩设计参考图(图 9-4～图 9-6)，针对每种桥墩类型建立不同墩高的 4 跨桥梁动力分析模型。其中，对于等截面实心墩，单线桥和双线桥均在 4～20m 墩高范围内以 2m 间隔建立 9 个动力分析模型；对于变截面实心墩，单线桥在 9～25m 墩高范围内以 4m 间隔建立 5 个动力分析模型，双线桥在 15～25m 墩高范围内以 2m 间隔建立 6 个动力分析模型；对于变截面空心墩，单线桥和双线桥均在 25～40m 墩高范围内以 3m 间隔建立 6 个动力分析模型。此外，为了更加详细地研究墩高对隔震性能的影响，还考虑了高度超过 40m 的桥墩，其横截面面积根据变截面空心墩设计参考图(图 9-6)进行加宽，在 40～60m 墩高范围内以 4m 间隔建立 6 个动力分析模型。

9.2.3　其他桥梁结构

本章主要研究桥梁主要承重构件的地震响应，为了提高数值模拟的计算效率，对桥梁其他结构构件采用简化的计算模型。郭文华等[12]在进行车桥耦合振动分析时，将整个轨道质量系统视为等效质量形式的二次恒载。本章亦采用类似的方法，将整个轨道质量均匀分布在弹性梁柱单元的节点上。此外，Dicleli 等[13]发现，在软土条件下，隔震桥梁的地震响应受桩土效应的影响显著。然而，在刚性地基条件下，土壤-结构的相互作用对隔震桥梁基本振动周期、隔震支座的支座反力和地震位移的影响可以忽略不计。因此，本章采用刚性地基模型，将边界条件假定为墩底固结约束。

9.3　隔震和非隔震体系的支座力学模型

本章选取隔震支座和非隔震支座(即 DSSI 支座和球型钢支座)两种支座，每种墩高的桥梁有限元模型分别采用隔震支座体系和非隔震支座体系，两种支座体系均采用简支梁桥的结构形式进行布置，见图 9-9。

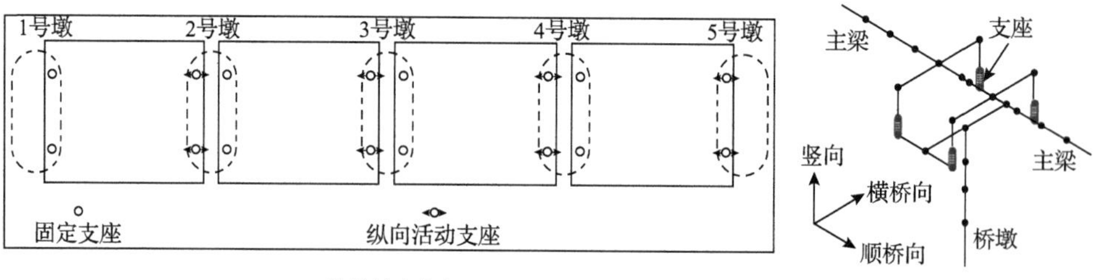

(a) 单线梁支座布置　　(b) 单线梁支座节点

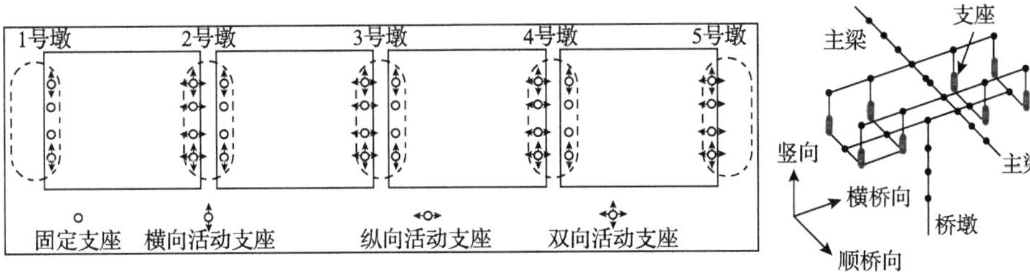

(c) 双线梁支座布置　　(d) 双线梁支座节点

图 9-9　铁路简支梁桥支座布置示意图

1. 非隔震支座

本章采用球型钢支座作为非隔震支座，采用 OpenSees 软件中的零长度单元模拟。球型钢支座固定方向的剪切变形关系和活动方向的摩擦滑移关系可采用理想弹塑性材料本构关系近似，相应的水平力与位移关系见图 9-10。

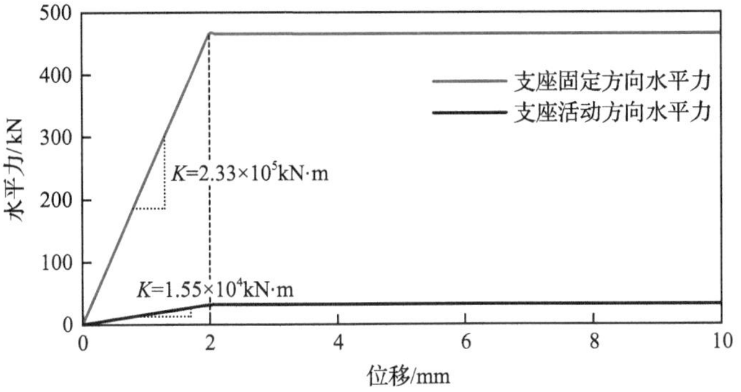

图 9-10　球型钢支座的水平力与位移关系

其中，支座屈服位移(u_y)为 0.002m，支座竖向荷载(W)为 1.55×10^3kN，支座的摩擦系数(μ_f)在固定方向和活动方向分别为 0.30 和 0.02，即静摩擦系数和滑动摩擦系数。支座屈服前的刚度定义为

$$K=\frac{\mu_f W}{u_y} \tag{9-3}$$

根据式(9-3)，支座在固定方向和活动方向的初始刚度分别为

$$0.30\times\frac{1.55\times10^3}{0.002}=2.33\times10^5(\text{kN}\cdot\text{m}) \tag{9-4}$$

$$0.02\times\frac{1.55\times10^3}{0.002}=1.55\times10^4(\text{kN}\cdot\text{m}) \tag{9-5}$$

2. 隔震支座

隔震支座选用 DSSI 支座，它主要由顶座板、上座板、中间座板、下座板和剪力键构成，其中，顶座板和上座板之间构成 1 个平面摩擦副，上座板和中间座板之间、中间座板和下座板之间构成 2 个曲面摩擦副，见图 9-11(a)。

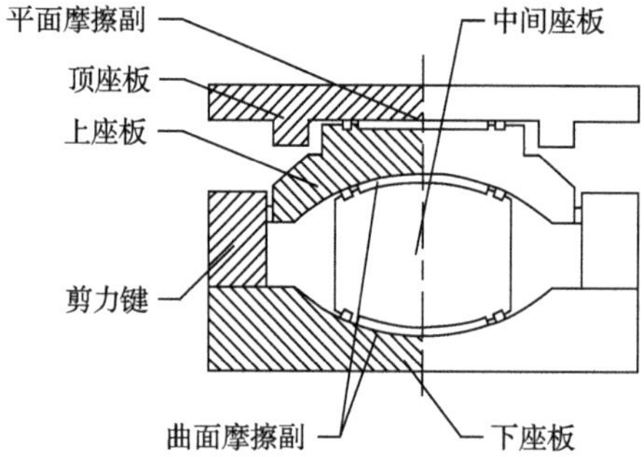

(a) 支座结构

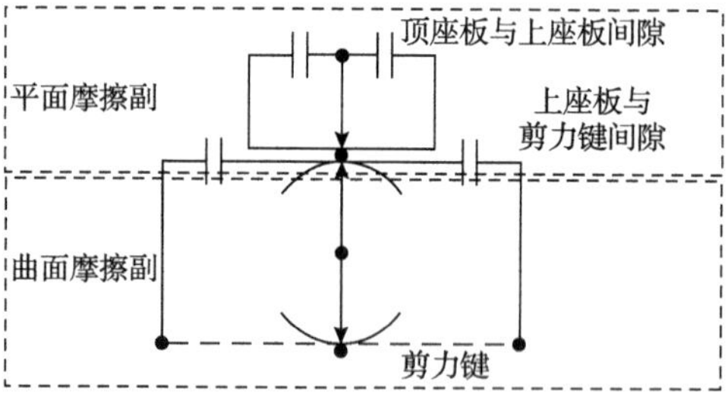

(b) 支座模拟

图 9-11　DSSI 支座模型示意图

在常用荷载和小震作用下，两个曲面摩擦副由于限位板(剪力键)的约束并不会发生滑动，仅平面摩擦副可以沿纵桥向水平滑动，其支座水平力-位移关系与非隔震支座的本构关系(图 9-10)类似，采用 OpenSees 软件中的零长度单元模拟；在中震和大震作用下，上座板在地震作用下冲击并切断剪力键，从而使 2 个曲面摩擦副的约束解除，曲面摩擦副通过往复滑动隔离和耗散地震能量，其隔震原理等同于双凹面摩擦摆支座[14]，由一对共节点的正立与倒立单凹面摩擦摆支座单元(Single Friction Pendulum Bearing Element)模拟，见图 9-11(b)。

图 9-12(a)为双凹面摩擦摆支座的结构示意图，它包含上、下 2 个曲面摩擦副。以上曲面摩擦副(图 9-12(b))为例，它的水平和垂直运动方程为

$$F_1-S_1\sin\theta_1-F_{f1}\cos\theta_1=0 \tag{9-6}$$

$$W-S_1\cos\theta_1-F_{f1}\sin\theta_1=0 \tag{9-7}$$

式中，F_1 为下座板作用在滑块上的水平力；W 为下座板作用在滑块上的竖向力；S_1 为上曲面摩擦副上的支持力；F_{f1} 为上曲面摩擦副上的摩擦力；θ_1 为上滑块与上座板之间相对转动的角度。

根据变形协调条件，上曲面摩擦副的几何方程为

$$u_1 = \left(R_1 - h_1\right)\sin\theta_1 \tag{9-8}$$

式中，u_1 为上滑块的水平位移；R_1 为上座板的曲率半径；h_1 为上滑块的高度。

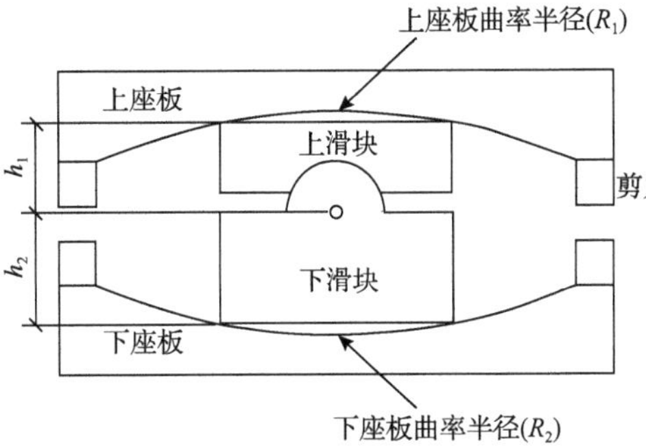

(a) 支座结构

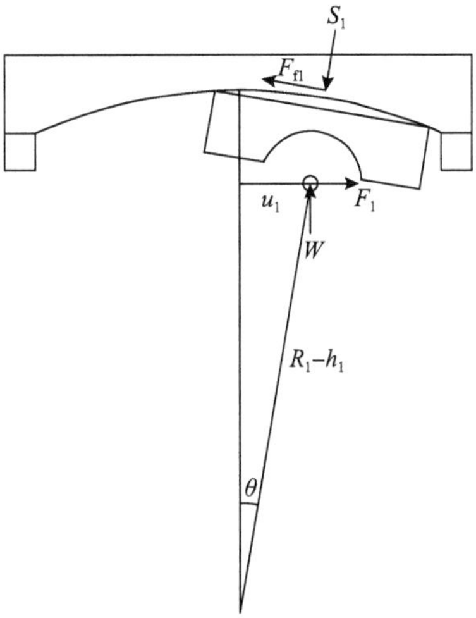

(b) 力-位移关系(上曲面摩擦副部分)

图 9-12　双凹面摩擦摆支座力学模型

联立式(9-6)～式(9-8)，可推导出上曲面摩擦副的力与位移关系，即

$$F_1 = \frac{W}{\left(R_1 - h_1\right)\cos\theta_1}u_1 + \frac{F_{f1}}{\cos\theta_1} \tag{9-9}$$

同理可得，下曲面摩擦副的力与位移关系为

$$F_2 = \frac{W}{\left(R_2 - h_2\right)\cos\theta_2}u_2 + \frac{F_{f2}}{\cos\theta_2} \tag{9-10}$$

式中，F_2 为上座板作用在滑块上的水平力；F_{f2} 为下曲面摩擦副上的摩擦力；R_2 为下座板的曲率半径；h_2 为下滑块的高度；θ_2 为下滑块与下座板之间相对转动的角度；u_2 为下滑块的水平位移。一般情况下，上、下座板的曲率半径（R_1 和 R_2）远大于上、下滑块的水平位移（u_1 和 u_2），且 θ_1 和 θ_2 相对较小，可以忽略不计。因此，式(9-9)和式(9-10)可简化为

$$F_1 = \frac{W}{R_1 - h_1}u_1 + F_{f1} \tag{9-11}$$

$$F_2 = \frac{W}{R_2 - h_2}u_2 + F_{f2} \tag{9-12}$$

双凹面摩擦摆支座的总位移为上、下两个曲面摩擦副上的总位移(即上座板中心相对于下座板中心的位移)，即

$$u = u_1 + u_2 \tag{9-13}$$

由于滑块质量很小，可忽略滑块的惯性力，整个支座的水平剪力(F)可等价为

$$F = F_1 = F_2 \tag{9-14}$$

联立式(9-11)～式(9-14)，解得支座的水平剪力(F)与水平位移(u)的关系为

$$F = \frac{W}{R_1 + R_2 - h_1 - h_2 u} + \frac{F_{f1}\left(R_1 - h_1\right) + F_{f2}\left(R_2 - h_2\right)}{R_1 + R_2 - h_1 - h_2} \tag{9-15}$$

式(9-15)只有在上、下两个曲面摩擦副上同时发生滑动时才有效[15-17]。上、下两个滑块的水平位移可表示为

$$u_1 = \frac{F - F_{f1}}{W}\left(R_1 - h_1\right) \tag{9-16}$$

$$u_2 = \frac{F - F_{f2}}{W}\left(R_2 - h_2\right) \tag{9-17}$$

联立式(9-8)和式(9-16)，推导出铰接滑块顶部旋转角度(θ_1)，可表示为

$$\theta_1 = \arcsin\frac{F - F_{f1}}{W} \tag{9-18}$$

同理可得，铰接滑块底部旋转角度(θ_2)可表示为

$$\theta_2 = \arcsin\frac{F - F_{f2}}{W} \tag{9-19}$$

上、下两个曲面摩擦副上的摩擦系数定义为

$$\mu_{f1} = \frac{F_{f1}}{W} \tag{9-20}$$

$$\mu_{f2} = \frac{F_{f2}}{W} \tag{9-21}$$

本章采用的 DSSI 支座上、下两个曲面摩擦副上的摩擦系数相同，即 $\mu_{f1} = \mu_{f2} = \mu_f = 0.03$，再联立式(9-18)～式(9-21)，求解得 $\theta_1 = \theta_2$。这表明当上、下两个曲面摩擦副上的摩擦系数相同时，无论上、下座板的曲率半径相等还是不等，

上、下两个滑块的旋转角度都相等，即铰接滑块的转动为刚体运动，其内部不会发生相对旋转[18]。而实际上，双曲面摩擦摆隔震支座的中间滑块也被设计为一个整体，见图 9-13(a)。

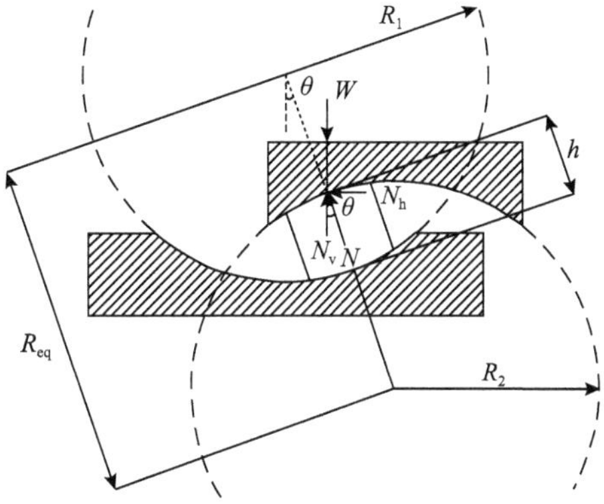

(a) 支座受力

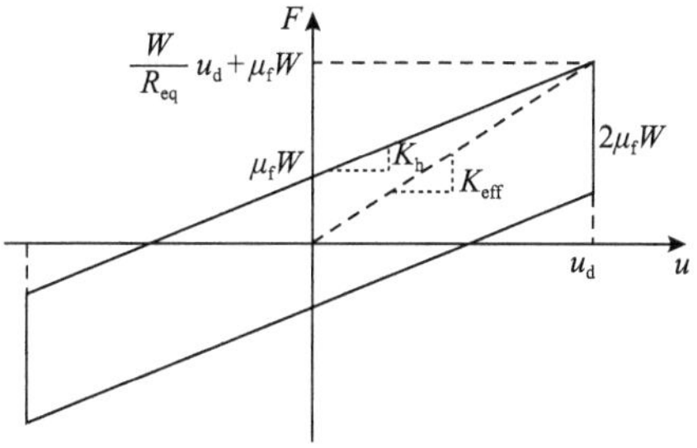

(b) 支座滞回曲线

图 9-13　DSSI 支座的恢复力模型

图 9-13(a)中，h 为滑块高度，$h = h_1 + h_2$。由此，式(9-15)中力与位移的关系可简化为

$$F = \frac{W}{R_1 + R_2 - h}u + \mu_f W \operatorname{sgn}(\dot{u}) \tag{9-22}$$

式中，$\operatorname{sgn}(\dot{u})$ 为速度 $\dot{u}$ 的符号函数。当上、下两个曲面摩擦副上的摩擦系数和曲率半径都相同（$\mu_{f1} = \mu_{f2}$ 且 $R_1 = R_2$）时，DSSI 支座的曲面摩擦副可以等效为单凹面摩擦摆机构，等效半径为球心矩（R_{eq}）：

$$R_{eq} = R_1 + R_2 - h = 1.5\text{m} \tag{9-23}$$

由式(9-22)和式(9-23)可得 DSSI 支座的滞回曲线(图 9-13(b))，K_h 和 K_{eff} 分别为支座屈服后刚度和有效刚度，表示为

$$K_h = \frac{W}{R_{eq}} \tag{9-24}$$

$$K_{eff} = \frac{W}{R_{eq}} + \mu_f \frac{W}{u_d} \tag{9-25}$$

对于单线桥和双线桥，其支座竖向力分别为 1 跨单线梁和双线梁重量的 1/4，即

$$628.24\times10^3\times\frac{1}{4}\times9.8=1.54\times10^3(\text{kN}) \tag{9-26}$$

$$1273.73\times10^3\times\frac{1}{4}\times9.8=3.12\times10^3(\text{kN}) \tag{9-27}$$

因此，对于安装在单线桥上的支座，其 K_h 和 K_eff 分别为

$$K_\text{h}=\frac{W}{R_\text{eq}}=\frac{1.54\times10^3}{1.5}=1027(\text{kN/m}) \tag{9-28}$$

$$K_\text{eff}=\frac{W}{R_\text{eq}}+\mu_\text{f}\frac{W}{u_\text{d}}=\frac{1.54\times10^3}{1.5}+0.03\times\frac{1.54\times10^3}{0.1}=1489(\text{kN/m}) \tag{9-29}$$

对于安装在双线桥上的支座，其 K_h 和 K_eff 分别为

$$K_\text{h}=\frac{W}{R_\text{eq}}=\frac{3.12\times10^3}{1.5}=2080(\text{kN/m}) \tag{9-30}$$

$$K_\text{eff}=\frac{W}{R_\text{eq}}+\mu_\text{f}\frac{W}{u_\text{d}}=\frac{3.12\times10^3}{1.5}+0.03\times\frac{3.12\times10^3}{0.1}=3016(\text{kN/m}) \tag{9-31}$$

支座开始摆动后，结构的自振周期可表示为

$$T=2\pi\sqrt{\frac{W}{K_\text{h}g}}=2\pi\sqrt{\frac{R_\text{eq}}{g}}=2\times3.14\times\sqrt{\frac{1.5}{9.8}}=2.46(\text{s}) \tag{9-32}$$

由式(9-32)得知，DSSI 支座的隔震周期与上部质量无关，而仅取决于支座的曲率半径。

9.4　铁路简支梁桥模型缩尺方案可行性分析

为了验证模型缩尺方案的可行性和合理性，针对振动台试验中采用的 8m 和 25m 墩高的单线铁路简支梁桥模型，利用 OpenSees 软件建立相应的缩尺和足尺桥梁动力分析模型[19]，二者的相似关系见表 8-4。

在常用荷载和小震作用下，双曲面球型减隔震支座由于限位板(剪力键)的约束并不会发生滑动，仅平面摩擦副可以沿顺桥向水平滑动。此时，隔震支座与非隔震支座的功能相近，采用两种支座体系的桥梁模态基本保持一致。因此，本节

仅以非隔震体系桥梁为例，对比缩尺和足尺桥梁动力分析模型前 5 阶模态的振型和自振周期，见图 9-14。

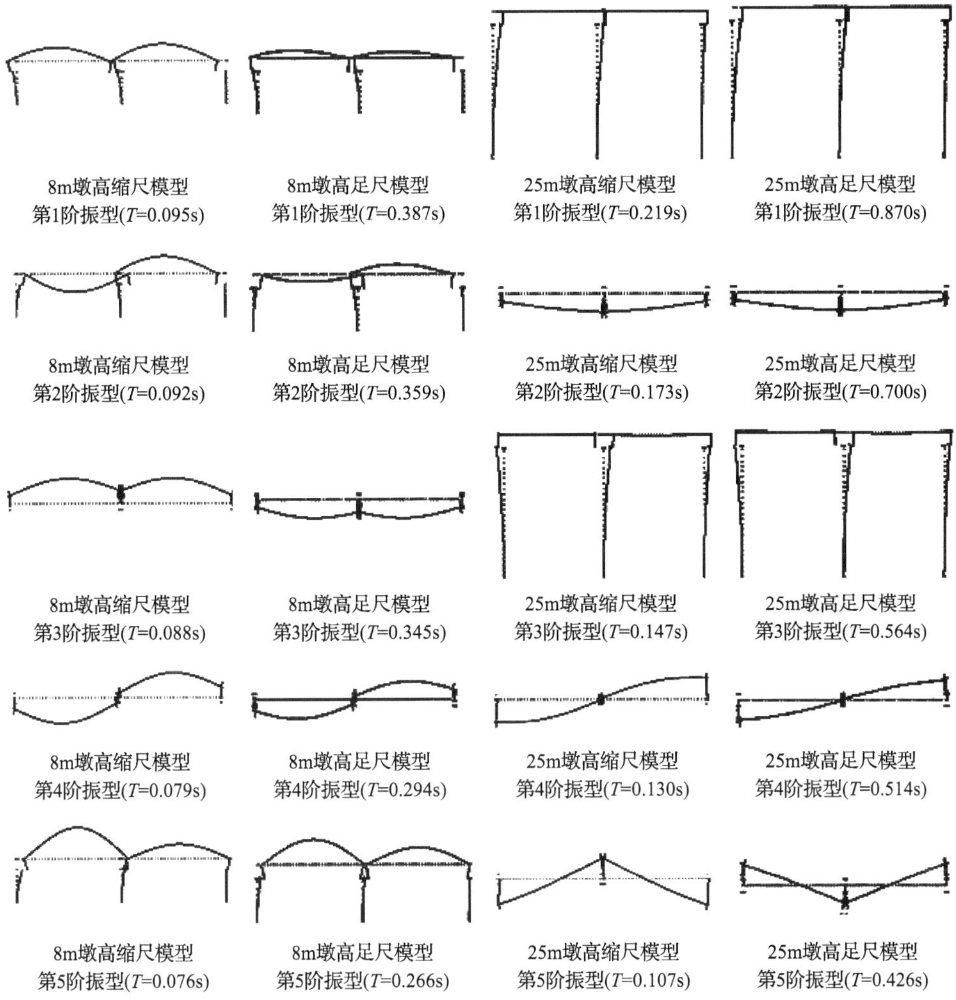

图 9-14　缩尺和足尺桥梁模型前 5 阶模态对比

从图 9-14 可以看出，缩尺和足尺桥梁模型的各阶振型几乎相同，两者自振周期的误差可按式(9-33)计算：

$$\delta_T = \frac{T^{\mathrm{M}}/S_T - T^{\mathrm{P}}}{T^{\mathrm{P}}} \times 100\% \tag{9-33}$$

式中，T^{M} 和 T^{P} 分别为缩尺和足尺桥梁模型的自振周期；S_T 为周期的相似比，由

表 8-4 可知，S_T 为 0.23905。

根据式(9-33)，计算得到缩尺和足尺桥梁模型前 5 阶自振周期的误差，见表 9-3。由表可知，缩尺和足尺桥梁模型第 1 阶自振周期的误差在 6%以内，前 5 阶自振周期的误差在 20%以内，验证了模型缩尺方案的合理性。

表 9-3　缩尺和足尺桥梁模型前 5 阶自振周期对比

模态阶数	8m 墩高桥梁模型			25m 墩高桥梁模型		
	缩尺模型/s	足尺模型/s	误差/%	缩尺模型/s	足尺模型/s	误差/%
1	0.095	0.387	2.7	0.219	0.870	5.3
2	0.092	0.359	7.2	0.173	0.700	3.4
3	0.088	0.345	6.7	0.147	0.564	9.0
4	0.079	0.294	12.4	0.130	0.514	5.8
5	0.076	0.266	19.5	0.107	0.426	5.1

9.5　铁路简支梁桥数值模拟方法可行性分析

在模型缩尺方案合理的基础上，本节通过将有限元分析得到的缩尺数值模型动力特性和地震响应与地震模拟振动台试验得到的试验数据进行比较，检验数值模拟方法的正确性与可行性。

9.5.1　缩尺数值模型与缩尺试验模型动力特性对比

本节主要通过对比缩尺数值模型和缩尺试验模型的自振频率来验证数值模拟方法的合理性。其中，缩尺数值模型的前 3 阶自振频率基于 OpenSees 有限元计算，缩尺试验模型的前 3 阶自振频率通过在振动台试验中用白噪声对模型扫频得到加速度时程记录，再利用功率谱密度法处理后获得。

缩尺数值模型和缩尺试验模型自振频率的误差可按式(9-34)计算：

$$\delta_f = \frac{f^{\mathrm{M}} - f_0^{\mathrm{M}}}{f_0^{\mathrm{M}}} \times 100\% \tag{9-34}$$

式中，f^{M} 和 f_0^{M} 分别为缩尺数值模型和缩尺试验模型的自振频率。

根据式(9-34)，计算得到缩尺数值模型和缩尺试验模型前 3 阶自振频率的误差，见表 9-4。由表可知，缩尺数值模型和缩尺试验模型前 3 阶自振频率的误差均在 10%以内，检验了数值模拟方法的准确性。

表 9-4 缩尺数值模型和缩尺试验模型前 3 阶自振频率对比

模态阶数	8m 墩高桥梁模型			25m 墩高桥梁模型		
	缩尺数值模型/Hz	缩尺试验模型/Hz	误差/%	缩尺数值模型/Hz	缩尺试验模型/Hz	误差/%
1	7.7	7.1	8.5	4.0	3.9	2.6
2	10.1	10.0	1.0	5.5	5.7	–3.5
3	12.4	11.9	4.2	10.3	9.7	6.2

9.5.2 缩尺数值模型与缩尺试验模型地震响应对比

本节通过将有限元分析得到的缩尺数值模型地震响应与地震模拟振动台试验得到的试验数据进行比较，进一步验证数值模拟方法的合理性。

1. 支座位移对比

图 9-15 为相同地震波作用下，缩尺数值模型与缩尺试验模型的支座位移地震响应时程曲线对比。

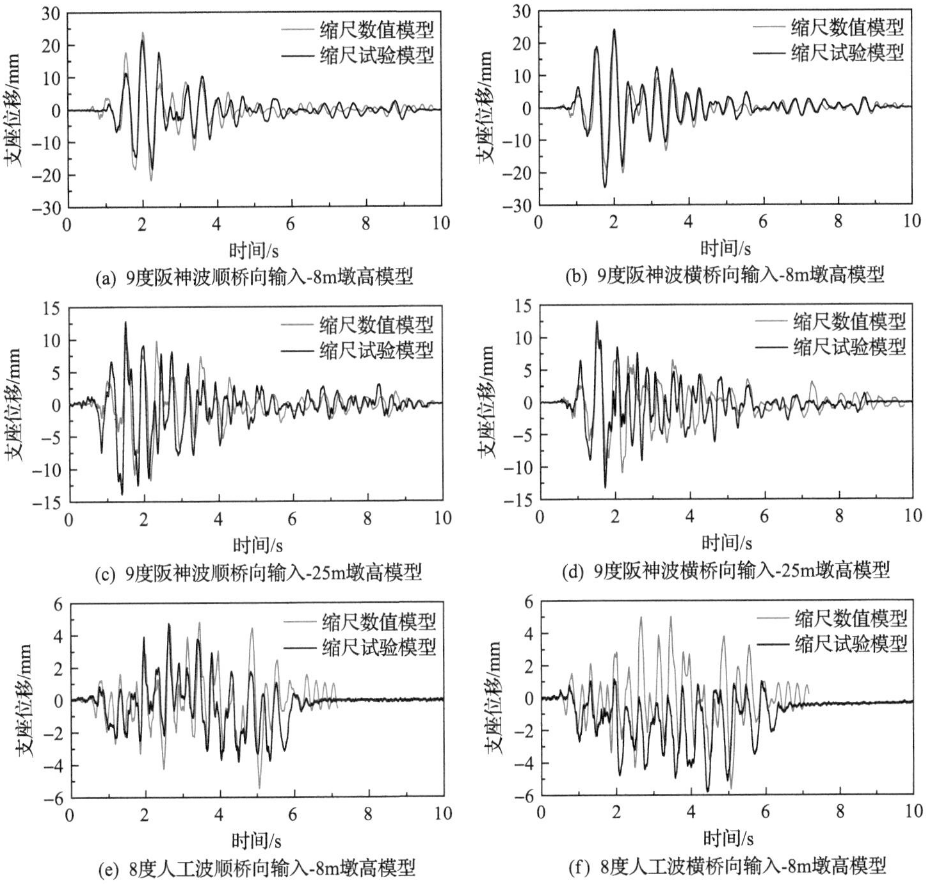

(a) 9度阪神波顺桥向输入-8m墩高模型

(b) 9度阪神波横桥向输入-8m墩高模型

(c) 9度阪神波顺桥向输入-25m墩高模型

(d) 9度阪神波横桥向输入-25m墩高模型

(e) 8度人工波顺桥向输入-8m墩高模型

(f) 8度人工波横桥向输入-8m墩高模型

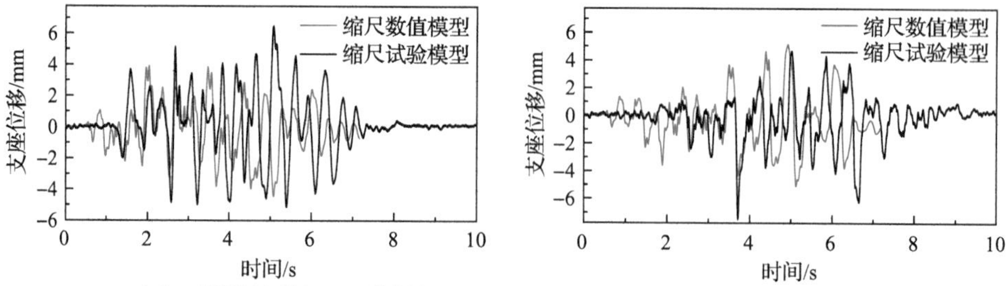

(g) 8度人工波顺桥向输入-25m墩高模型　　(h) 8度人工波横桥向输入-25m墩高模型

图 9-15　缩尺数值模型和缩尺试验模型支座位移的地震响应时程曲线对比

由图 9-15 可知，有限元分析得到的隔震支座位移地震响应与振动台试验数据基本拟合较好，但仍存在一定差异。

表 9-5 对比了每种工况下缩尺数值模型和缩尺试验模型的支座位移峰值。由表可知，支座位移峰值的有限元分析结果与振动台试验数据的最大误差为 31.47%。此外，除 25m 墩高桥梁模型加载 8 度人工波的情况外，其余工况条件下的误差均在 20%以内。

表 9-5　缩尺数值模型和缩尺试验模型的支座位移峰值对比

地震波类型	方向	8m 墩高桥梁模型			25m 墩高桥梁模型		
		缩尺数值模型/mm	缩尺试验模型/mm	误差/%	缩尺数值模型/mm	缩尺试验模型/mm	误差/%
9 度阪神波	顺桥向	23.87	21.49	11.07	11.78	13.88	−15.13
	横桥向	23.62	24.57	−3.87	10.93	13.24	−17.45
8 度人工波	顺桥向	5.48	4.73	15.86	4.46	6.48	−31.17
	横桥向	5.65	5.81	−2.75	5.14	7.50	−31.47

有限元分析结果与振动台试验数据的误差主要是由以下三个方面原因造成的：

(1) 有限元模型中假定隔震支座曲面摩擦副处的摩擦系数在支座运动过程中保持不变。然而，在实际工程中，隔震支座的摩擦系数受滑动表面温度、速度等的影响而变化[20,21]。再由式(9-15)～式(9-17)可知，摩擦系数的变化会影响支座水平力和水平位移，从而导致支座位移的振动台试验值与数值计算结果存在差异。

(2) 桥梁模型在多次试验加载过程中存在损伤累积，这使得桥墩结构不可避免地发生一定程度的破坏，且中墩和边墩损伤的程度不一致，导致两个墩之间还存在相对运动，从而试验获得的支座位移数据总体上比数值计算结果偏大。此外，支座在多次试验过程中存在磨损，也会引起支座摩擦系数的变化，从而影响支座位移试验值。

(3) 桥梁模型存在加工误差，如材料的强度、刚度等特性在模型制作加工过程中存在空间尺度和时间尺度上的变异性，数值模型不能完全反映，从而导致数值模型和试验模型的支座位移地震响应存在差异。

2. 墩底纵筋应变对比

图 9-16 为相同地震波作用下，缩尺数值模型与缩尺试验模型的墩底纵筋应变

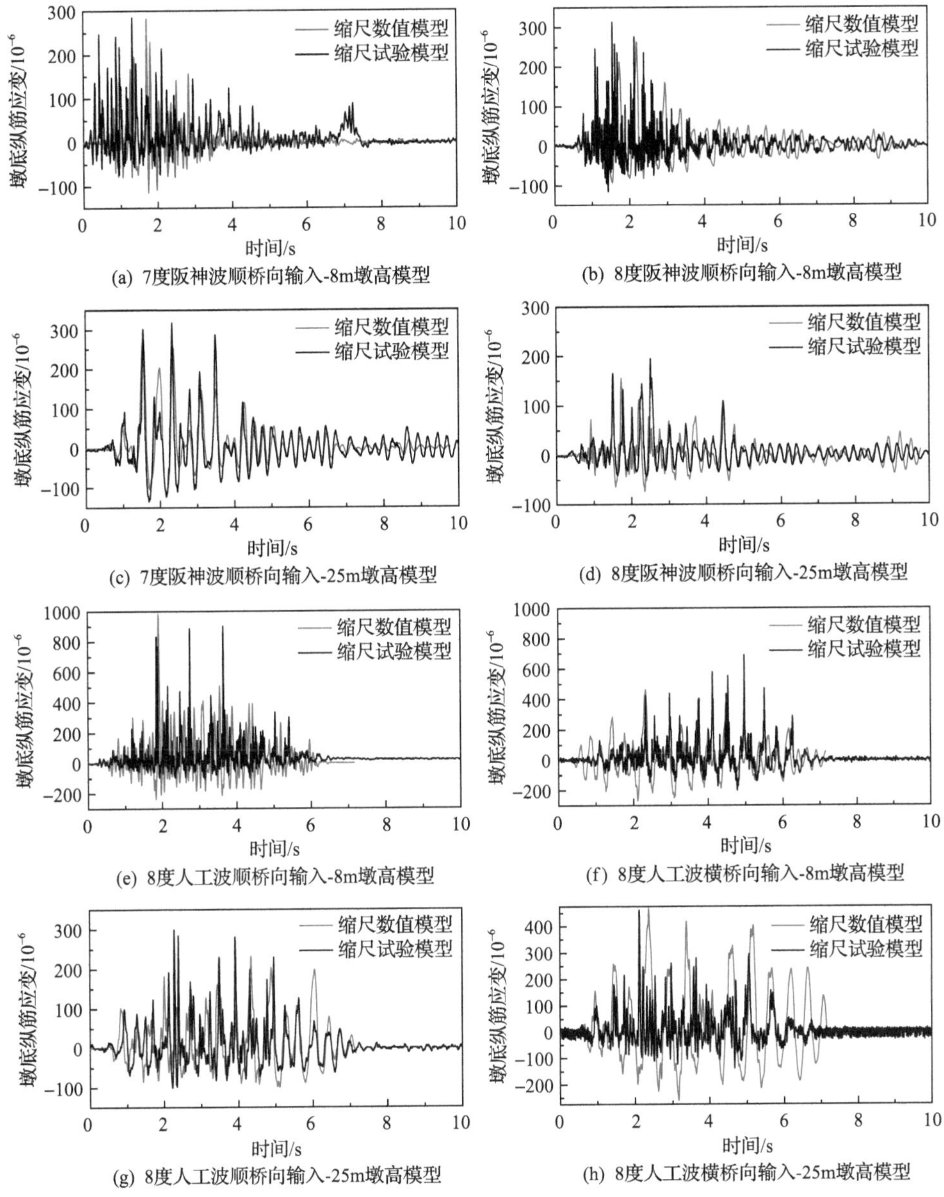

(a) 7度阪神波顺桥向输入-8m墩高模型
(b) 8度阪神波顺桥向输入-8m墩高模型
(c) 7度阪神波顺桥向输入-25m墩高模型
(d) 8度阪神波顺桥向输入-25m墩高模型
(e) 8度人工波顺桥向输入-8m墩高模型
(f) 8度人工波横桥向输入-8m墩高模型
(g) 8度人工波顺桥向输入-25m墩高模型
(h) 8度人工波横桥向输入-25m墩高模型

图 9-16　缩尺数值模型和缩尺试验模型墩底纵筋应变的地震响应时程曲线对比

地震响应时程曲线对比。

由图 9-16 可知，钢筋应变对模型类型(即缩尺试验模型和缩尺数值模型)更为敏感，基于两种模型获得的钢筋应变时程曲线有所不同。

表 9-6 对比了每种工况下缩尺数值模型和缩尺试验模型的墩底纵筋拉应变峰值。一方面，墩底纵筋拉应变峰值的有限元分析结果与振动台试验数据的最大误差为 35.27%，在其他情况下，误差均小于 30%。另一方面，除 8m 墩高桥梁模型加载 8 度顺桥向人工波的情况外，其余工况条件下，墩底纵筋拉应变峰值的振动台试验结果均大于有限元分析结果。这是由于地震应力是由混凝土和钢筋共同承担的，随着地震波加载次数的增加，模型结构的损伤累积，地震荷载引起的混凝土微观裂缝不断发展。数值模型相对于试验模型而言，只是模拟混凝土宏观裂缝并没有考虑其微观裂缝的开展。当有效受拉混凝土截面面积由于墩底微裂缝开展而缩小时，较大的地震应力传递到钢筋上，从而试验墩底产生的纵筋应变比数值计算结果偏大。此外，由于试验模型中混凝土微裂缝的发展需要时间，而数值模型无法模拟，因此两种模型的钢筋应变时程会有所不同。目前，更先进的有限元模拟方法(如基于细观力学和纳米力学的数值计算方法)正在研究中，以解决类似问题。然而，这并不是本章的主要研究内容。总的来说，基于两种模型获得的钢筋应变峰值彼此接近或具有相同的数量级，以上分析结果说明有限元分析得到的墩底纵筋应变地震响应与振动台试验数据基本吻合。

表 9-6　缩尺数值模型和缩尺试验模型的墩底纵筋拉应变峰值对比

地震波类型	方向	8m 墩高桥梁模型			25m 墩高桥梁模型		
		缩尺数值模型/10^{-6}	缩尺试验模型/10^{-6}	误差/%	缩尺数值模型/10^{-6}	缩尺试验模型/10^{-6}	误差/%
7 度阪神波	顺桥向	264	285	−7.37	265	318	−16.67
8 度阪神波	顺桥向	245	313	−21.73	144	194	−25.77
8 度人工波	顺桥向	963	899	7.12	220	299	−26.42
8 度人工波	横桥向	446	689	−35.27	454	461	−1.52

综上所述，振动台试验和有限元分析得到的缩尺桥梁模型的地震响应(隔震支座位移和墩底纵筋应变)基本拟合较好，隔震支座位移峰值的误差最大为 31.47%，总体在 20%以内；墩底纵筋应变峰值的误差最大为 35.27%，总体在 30%以内。以上比较结果证明了本章采用的数值模拟方法的合理性。

9.6　本 章 小 结

本章首先基于 OpenSees 软件，针对高烈度地震区 32m(常用跨度)单线和双线铁路简支梁桥，分别建立了不同墩高(4～60m)的桥梁动力分析模型，每种墩高的桥梁模型分别采用两种支座：DSSI 支座(隔震支座)和球型钢支座(非隔震支座)。然后基于原型桥梁的足尺数值模型、缩尺数值模型和缩尺试验模型三种模型之间的动力特性对比，相互验证各模型的合理性。最后对缩尺数值模型进行非线性时程分析，将分析结果与振动台试验数据进行对比，进一步验证数值模拟方法的合理性。主要结论如下：

(1) 缩尺桥梁数值模型与足尺桥梁数值模型相比，两者各阶模态振型几乎相同。第 1 阶自振周期的误差在 6%以内，前 5 阶自振周期的误差在 20%以内，验证了模型缩尺方案的正确性与可行性。

(2) 缩尺桥梁数值模型与缩尺桥梁试验模型相比，前 3 阶自振频率的误差均在 10%以内，验证了数值模拟方法的准确性。

(3) 隔震支座位移峰值的有限元分析结果与振动台试验数据的最大误差为 31.47%，其余工况条件下的误差均在 20%以内。墩底纵筋拉应变峰值的有限元分析结果与振动台试验数据的最大误差为 35.27%，在其他情况下误差均小于 30%。此外，数值模型和试验模型的地震响应时程曲线基本拟合较好。以上比较结果验证了数值模拟方法的合理性。

参 考 文 献

[1] 中华人民共和国建设部. 铁路工程抗震设计规范(GB 50111—2006)[S]. 北京: 中国计划出版社, 2006.

[2] 中华人民共和国交通运输部. 公路桥梁抗震设计规范(JTG/T 2231-01—2020)[S]. 北京: 人民交通出版社, 2020.

[3] 中华人民共和国住房和城乡建设部. 城市桥梁抗震设计规范(CJJ 166—2011)[S]. 北京: 中国建筑工业出版社, 2012.

[4] 杨彦飞, 何文福, 任冰燕. 连续桥梁三维隔震体系地震反应分析[J]. 结构工程师, 2009, 25(3): 90-96.

[5] 王黎园, 房贞政, 张春潮. 多跨预应力连续梁桥摩擦摆隔震支座研究[J]. 福州大学学报(自然科学版), 2013, 41(4): 669-676.

[6] 陈光, 王晓伟, 叶爱君. 减隔震支座对不同墩高桥梁地震反应的影响[J]. 结构工程师, 2015, 31(3): 128-134.

[7] He W K, Jiang L Z, Wei B, et al. The influence of pier height on the seismic isolation effectiveness of friction pendulum bearing for Double-Track railway bridges[J]. Structures, 2020, 28: 1870-1884.

[8] Baltzopoulos G, Baraschino R, Iervolino I, et al. Dynamic analysis of single-degree-of-freedom systems (DYANAS): A graphical user interface for OpenSees[J]. Engineering Structures, 2018,

177: 395-408.

[9] Zhu M J, Scott M H. Modeling fluid-structure interaction by the particle finite element method in OpenSees[J]. Computers & Structures, 2014, 132: 12-21.

[10] Hamutçuoğlu O M, Scott M H. Finite element reliability analysis of bridge girders considering moment-shear interaction[J]. Structural Safety, 2009, 31(5): 356-362.

[11] 陈学伟, 林哲. 结构弹塑性分析程序 OpenSEES 原理与实例[M]. 2 版. 北京: 中国建筑工业出版社, 2020.

[12] 郭文华, 陈代海, 李整. 二期恒载对大跨度斜拉桥车桥耦合振动的影响[J]. 中南大学学报(自然科学版), 2011, 42(8): 2423-2429.

[13] Dicleli M, Albhaisi S, Mansour M Y. Static soil-structure interaction effects in seismic-isolated bridges[J]. Practice Periodical on Structural Design and Construction, 2005, 10(1): 22-33.

[14] 彭天波, 李建中, 范立础. 双曲面球型减隔震支座的开发及应用[J]. 同济大学学报(自然科学版), 2007, 35(2): 176-180.

[15] Fenz D M, Constantinou M C. Behaviour of the double concave friction pendulum bearing[J]. Earthquake Engineering & Structural Dynamics, 2006, 35(11): 1403-1424.

[16] Khoshnoudian F, Hemmati T A. Impact of structures with double concave friction pendulum bearings on adjacent structures[J]. Proceedings of the Institution of Civil Engineers-Structures and Buildings, 2014, 167(1): 41-53.

[17] Peng T B, Yu X T, Wang Z N, et al. Study of the seismic performance of expansion double spherical seismic isolation bearings for continuous girder bridges[J]. Earthquake Engineering and Engineering Vibration, 2012, 11(2): 163-172.

[18] Zhou Y, Chen P. Shaking table tests and numerical studies on the effect of viscous dampers on an isolated RC building by friction pendulum bearings[J]. Soil Dynamics and Earthquake Engineering, 2017, 100: 330-344.

[19] Jiang L Z, He W K, Wei B, et al. The shear pin strength of friction pendulum bearings (FPB) in simply supported railway bridges[J]. Bulletin of Earthquake Engineering, 2019, 17(11): 6109-6139.

[20] Quaglini V, Bocciarelli M, Gandelli E, et al. Numerical assessment of frictional heating in sliding bearings for seismic isolation[J]. Journal of Earthquake Engineering, 2014, 18(8): 1198-1216.

[21] Calvi P M, Calvi G M. Historical development of friction-based seismic isolation systems[J]. Soil Dynamics and Earthquake Engineering, 2018, 106: 14-30.

第10章　双曲面球型减隔震支座的剪力键水平承载力设计值研究

10.1　概　　述

对桥梁进行减隔震设计的主要目的是通过减隔震装置(如摩擦摆式减隔震支座)来隔离、消耗大量地震能量，降低桥梁主体结构的地震响应，从而有效保护桥梁主体结构(不受损伤或轻微损伤)。然而，强震的发生毕竟是一个随机的小概率事件[1]。在常用荷载(如车辆荷载等)或小震作用下，减隔震支座也应该满足桥梁在服役期间结构的强度和刚度要求，从而符合我国《铁路工程抗震设计规范》(GB 50111—2006)中基于性能的多级设防目标(即“小震不坏，中震可修，大震不倒”)[2]。

双曲面球型减隔震支座(DSSI 支座)区别于传统摩擦摆式减隔震支座的主要特征之一是通过设置支座剪力键，可实现支座正常位移与地震位移功能的相互转化。在正常使用条件或小震作用下，该支座的限位板(剪力键)限制了上、下两个凹面板之间的水平相对运动，此时支座相当于球型钢支座(非隔震支座)；当水平地震力大到一定程度(中震或大震)时，剪力键发生剪切破坏，水平限位约束被解除，此时支座相当于双凹面摩擦摆支座(隔震支座)，从而发挥隔震、耗能作用，避免或降低地震对桥梁主体结构带来的损害。

本章首先提出一种考虑上座板和剪力键(支座限位挡块)之间间隙的 DSSI 支座本构模型，基于之前建立的不同墩高的 32m(常用跨度)采用 DSSI 支座的铁路简支梁桥模型添加支座剪力键单元，并将振动台试验结果和时程分析结果进行对比，验证 DSSI 支座本构模型的合理性。同时，根据我国《铁路工程抗震设计规范》(GB 50111—2006)中“两阶段”抗震设计目标[2]，基于不同墩高条件下桥梁支座模型的剪力键剪断力地震响应时程分析结果，提出我国铁路简支梁桥采用 DSSI 支座进行隔震设计时支座剪力键水平承载力设计值的参考取值范围。

10.2　支座剪力键的数值模拟和试验验证

10.2.1　支座剪力键的数值模拟

如图 10-1 所示，DSSI 支座通过设置支座剪力键，可实现正常位移与地震位移功能的相互转化。在常用荷载和小震（PGA ⩽ 0.1g）作用下，支座两个曲面摩擦副由于限位板(剪力键)的约束并不会发生滑动，仅平面摩擦副可以沿顺桥向水平滑动，其支座水平力-位移关系与非隔震支座的本构关系(图 9-10)类似；在中震和大震（PGA ⩾ 0.2g）作用下，上座板在地震作用下冲击并切断剪力键，从而使 2 个曲面摩擦副的约束解除，曲面摩擦副通过往复滑动隔离和耗散地震能量，其隔震原理等同于双凹面摩擦摆支座[3]。

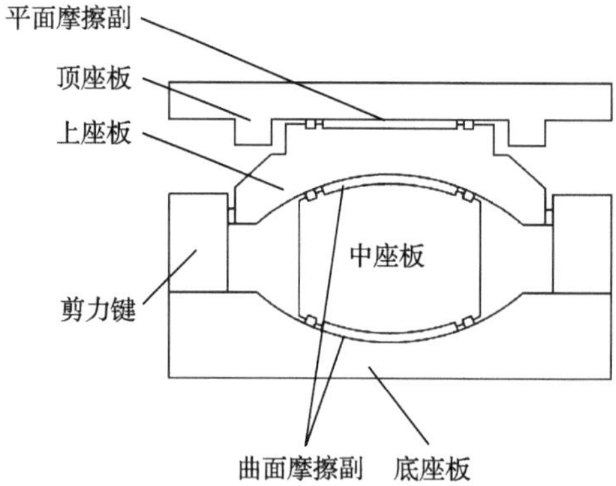

(a) 剪力键剪断前

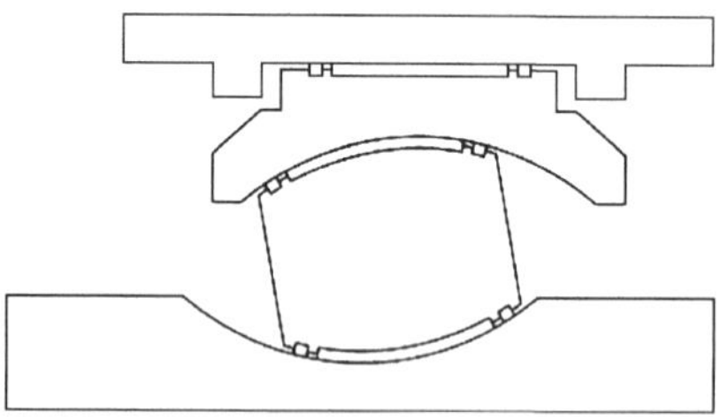
(b) 剪力键剪断后

图 10-1　DSSI 支座剪力键剪断前后对比图

本章采用小震（PGA ⩾ 0.1g）作用下剪力键不被剪断和中震（PGA ⩾ 0.2g）作用下剪力键全被剪断来确定支座剪力键水平承载力，而不是考虑某一峰值加速度（如 PGA ⩾ 0.15g）地震作用下支座剪力键水平承载力。这是因为一方面，同时考虑小震和中震作用下支座剪力键的剪切状态，可实现我国《铁路工程抗震设计规范》(GB 50111—2006) 中基于性能的多级设防目标[2]；另一方面，剪力键的剪切过程受多种因素影响，如摩擦系数、地震波波形和结构微裂缝等，这些因素使得支座剪力键的剪切状态存在不确定性。因此，仅考虑某一峰值加速度地震作用下剪力键水平承载力的取值意义不大，而用小震和中震作用下剪力键水平承载力两个阈值来评判可削弱上述复杂因素对剪力键剪断过程的影响。

本章分别通过采用安装 DSSI 支座的铁路桥梁的有限元分析和振动台试验获得支座剪力键水平承载力设计值。有限元分析中，DSSI 支座的剪力键采用 OpenSees 软件中的生死单元(Min Max Element)模拟，从而实现一定程度上限制支座曲面摆动的功能，采用串联缝单元(Gap Element)模拟支座内部结构之间的间隙。其中，生死单元和缝单元的恢复力模型分别见图 10-2(a)和(b)。

由于生死单元和缝单元串联，两者的刚度（K_c 和 K_1）与串联单元的整体刚度（K_s）有如下关系：

$$\frac{1}{K_s}=\frac{1}{K_c}+\frac{1}{K_1} \tag{10-1}$$

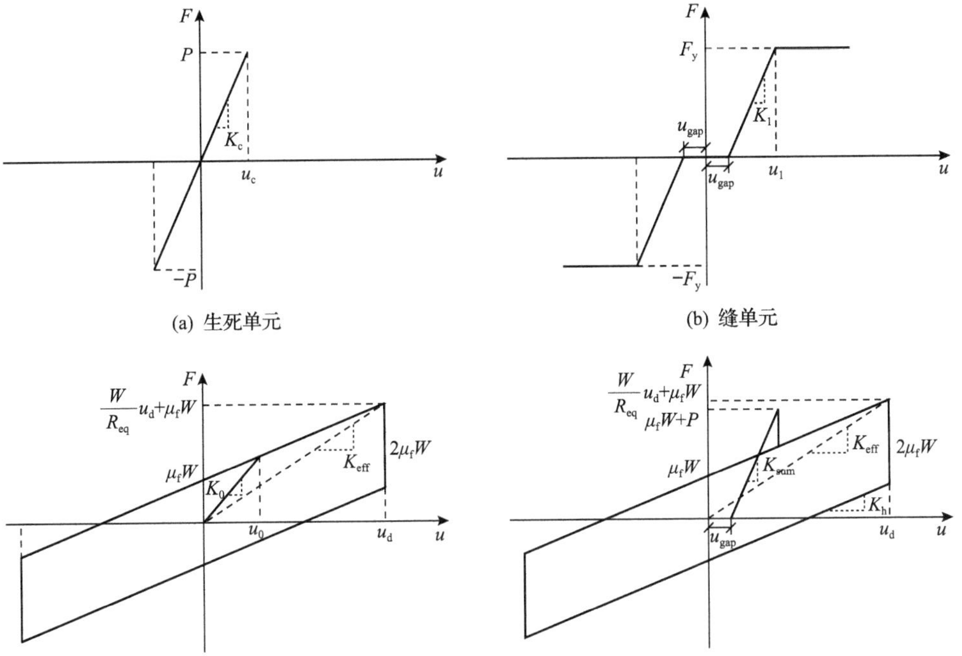

(a) 生死单元　(b) 缝单元

(c) 摩擦摆支座单元　(d) 设置剪力键的摩擦摆支座单元

图 10-2　DSSI 支座恢复力模型

当剪力键的水平剪断力达到其极限承载力（P）时，串联单元同时达到最大位移（u_s）：

$$u_s=u_{gap}+u_c+\frac{P}{K_1} \tag{10-2}$$

在上座板和剪力键发生接触以后，串联单元的位移应主要发生在剪力键上。因此，数值模拟中将缝单元赋予一个很大的刚度，即 $K_1\to\infty$，使得缝单元在发生接触以后的线性位移（$\frac{P}{K_1}$）趋近于 0。此时，串联单元的整体刚度（K_s）和最大位移（u_s）可以近似为

$$K_s=K_c \tag{10-3}$$

$$u_s=u_{gap}+u_c=u_{gap}+\frac{P}{K_c} \tag{10-4}$$

在有限元分析和振动台试验中，取原型桥梁的 u_{gap} 为 0.002m。

摩擦摆支座单元(DSSI 支座曲面摩擦副部分)的恢复力模型见图 10-2(c)，根据式(9-22)，其恢复力可简化为

$$F = \frac{W}{R_{eq}} u + \mu_f W \operatorname{sgn}(\dot{u}) \tag{10-5}$$

摩擦摆支座单元初始刚度(K_0)为

$$K_0 = \frac{\mu_f W}{R_{eq}} = \frac{0.03 \times 1540}{1.5} = 30.8(\text{kN/m}) \tag{10-6}$$

而生死单元与缝单元组成的串联单元与摩擦摆支座单元并联，起到一定程度限制支座发生曲面滑动的功能。如图 10-2(d)所示，生死单元、缝单元和摩擦摆支座单元的组合单元在上座板和剪力键发生接触以后，其整体刚度(K_{sum})为

$$K_{sum} = K_0 + K_s = K_0 + K_c = K_0 + \frac{P}{u_c} \tag{10-7}$$

考虑到剪力键在与上座板发生接触以后直至破坏，其变形量很小，取 $u_c =$ 0.002m。由式(10-7)可知，在安装 DSSI 支座的铁路桥梁有限元模型分析中，通过设置不同的剪力键水平承载力(P)，可以获得不同的 K_{sum} 值。

10.2.2 支座剪力键数值模拟方案可行性分析

1. 支座剪力键水平承载力设计值对比

为了验证剪力键数值模拟方案的合理性,针对振动台试验中采用的 8m 和 25m 墩高单线铁路简支梁桥模型，基于 OpenSees 平台建立相应的缩尺和足尺的设置 DSSI 支座剪力键的桥梁动力分析模型，缩尺和足尺桥梁模型之间的相似关系见表 8-4。

在有限元分析中，对于缩尺和足尺桥梁模型，均可通过调整 P 的取值，基于非线性时程分析结果中剪力键的剪断情况来判断支座剪力键水平承载力设计值，判断标准为在小震($\text{PGA} \leqslant 0.1g$)作用下剪力键不被剪断和中震($\text{PGA} \geqslant 0.2g$)作用下剪力键全被剪断。

在振动台试验中，对于缩尺桥梁模型，可通过改变 DSSI 支座剪力键上的抗剪螺栓数量来增大或减小剪力键的抗剪强度，直至剪力键水平承载力满足设计要求。足尺桥梁模型的支座剪力键水平承载力设计值是振动台试验测得的缩尺桥梁模型的支座剪力键水平承载力设计值除以力的相似比($S_F = 1/49$)得到的。

表 10-1 列出了分别通过有限元计算和振动台试验获得的缩尺和足尺桥梁模型的剪力键水平承载力设计值。可以看出，有限元分析结果与振动台试验数据基本吻合，最大误差小于 20%，验证了剪力键数值模拟方案的合理性[4]。

表 10-1　剪力键水平承载力设计值的振动台试验数据和有限元分析结果对比

墩高/m	方向	缩尺模型			足尺模型		
		试验数据/kN	分析结果/kN	误差/%	试验数据/kN	分析结果/kN	误差/%
8	顺桥向	11	11	0	539	571	5.9
	横桥向	6	6	0	294	350	19.0
25	顺桥向	7	7	0	343	365	6.4
	横桥向	6	5	–16.7	294	272	–7.5

此外，由表 10-1 可知，在顺桥向，8m 墩高的桥梁支座剪力键水平承载力设计值大于 25m 墩高，而在横桥向，8m 和 25m 墩高的桥梁支座剪力键水平承载力设计值接近。

2. 支座剪力键地震响应时程曲线对比

图 10-3 为在小震(7 度设计地震，PGA = 0.1g)和中震(8 度设计地震，PGA = 0.2g)的日本阪神波作用下，缩尺桥梁模型支座剪力键水平剪力地震响应时程曲线，可以看出：

(1)在 PGA 为 0.1g 的顺桥向地震作用下，8m 和 25m 墩高桥梁模型的支座剪力键均未被剪断，而在 PGA 为 0.2g 的顺桥向地震作用下，8m 和 25m 墩高桥梁模型的支座剪力键分别达到其水平承载力设计值(11kN 和 7kN)，剪力键被剪断，不

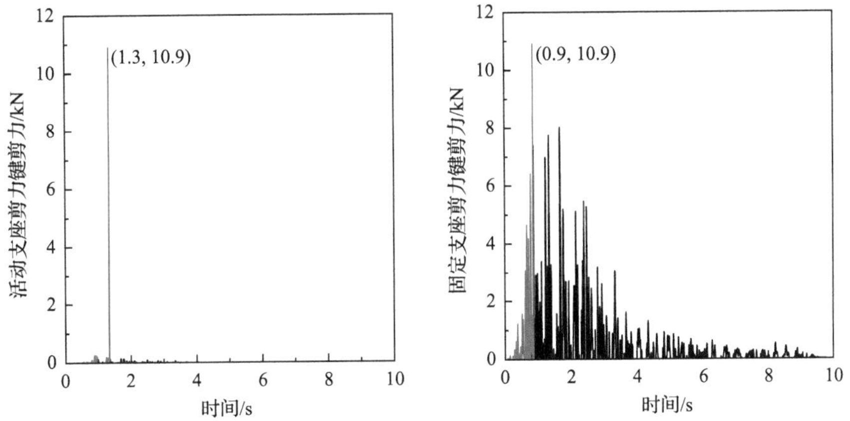

(a) 顺桥向输入-8m墩高模型

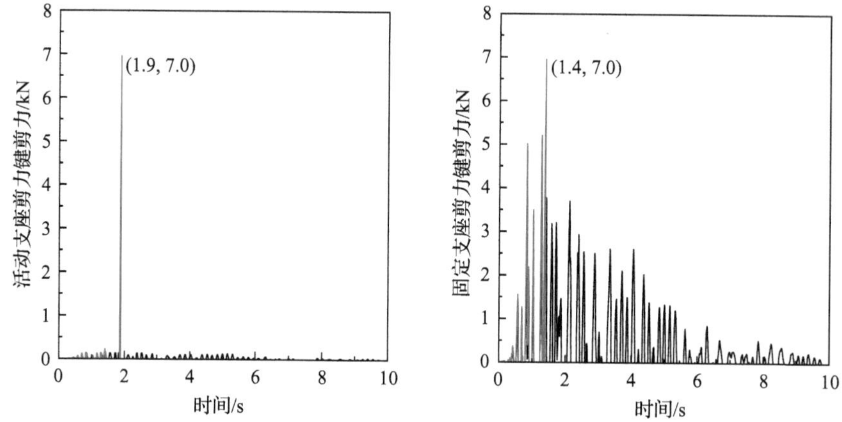

(b) 顺桥向输入-25m墩高模型

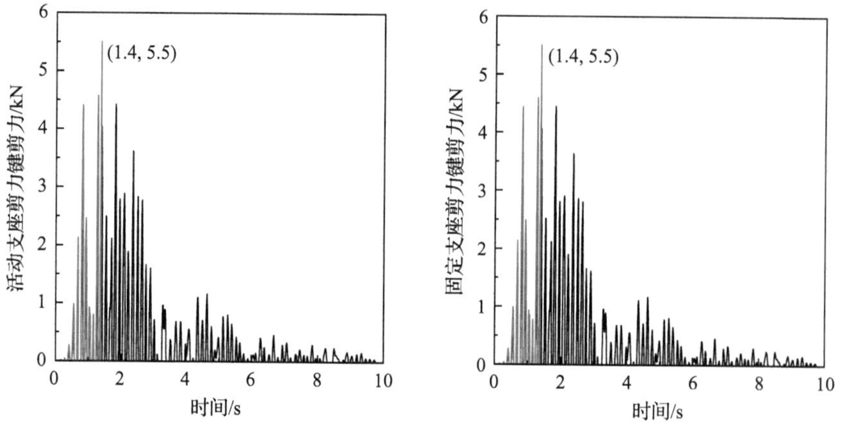

(c) 横桥向输入-8m墩高模型

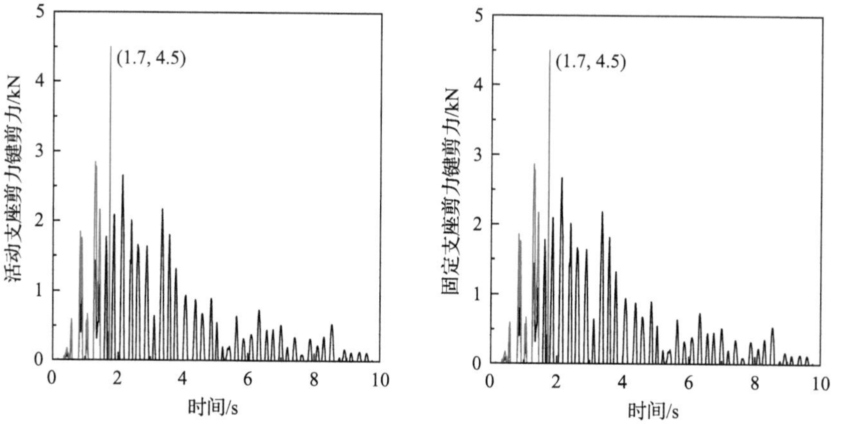

(d) 横桥向输入-25m墩高模型

—— 7度地震动输入　　—— 8度地震动输入

图 10-3　缩尺桥梁模型支座剪力键水平剪力地震响应时程曲线

再承担水平剪力。其中，8m 墩高桥梁模型的支座剪力键承受的水平剪力峰值为 10.9kN，略小于其水平承载力设计值(11kN)。这是因为目前技术对地震响应时程数据无法做到连续采样，只能尽可能缩短采样间隔，无限逼近真实数据。本章对缩尺模型采用的地震动输入的采样间隔为 0.00239s，这导致剪力地震响应的输出数据是离散的，不能保证输出采样点包含实际剪力键剪断力，即剪力峰值。

(2) 在顺桥向地震作用下，固定支座的剪力键剪断时间要短于活动支座。8m 墩高桥梁模型的固定支座剪力键在 0.9s 时被剪断，而其活动支座剪力键在 1.3s 时被剪断；25m 墩高桥梁模型的固定支座剪力键在 1.4s 时被剪断，而其活动支座剪力键在 1.9s 时被剪断。这是因为固定支座比活动支座的纵向水平刚度更大，导致固定支座剪力键在顺桥向地震作用下分担更多的水平剪力，从而率先被剪断。

(3) 在顺桥向地震作用下，活动支座剪力键在被剪断之前承担的水平剪力接近于 0。这是因为在剪力键未被剪断之前，固定支座和活动支座的曲面摩擦副均受到剪力键的限制基本不会发生滑动，仅活动支座平面摩擦副可以沿顺桥向水平滑动，使得在顺桥向地震作用下活动支座水平剪力主要由平面摩擦副处的摩擦力抵抗，活动支座剪力键承受的剪力很小。在固定支座剪力键被剪断以后，活动支座剪力键承受的水平剪力急剧增大，随之被剪断。

(4) 在横桥向地震作用下，固定支座和活动支座同时被剪断。8m 墩高桥梁模型的固定支座和活动支座剪力键在 1.4s 时同时被剪断，而 25m 墩高桥梁模型的固定支座和活动支座剪力键在 1.7s 时同时被剪断。这是由于固定支座和活动支座的横向水平刚度相同，两者平均分担横桥向地震作用下的水平剪力，其地震响应基本一致。

图 10-4 为足尺桥梁模型支座剪力键水平剪力地震响应时程曲线。足尺桥梁模型的支座剪力键剪断情况与缩尺桥梁模型类似，由于固定支座比活动支座的纵向水平刚度更大，而两者的横向水平刚度相同，固定支座的顺桥剪力键先被剪断，

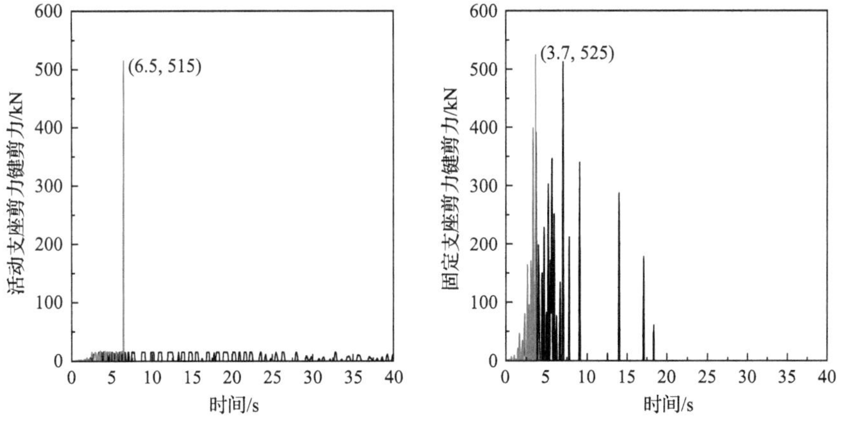

(a) 顺桥向输入-8m墩高模型

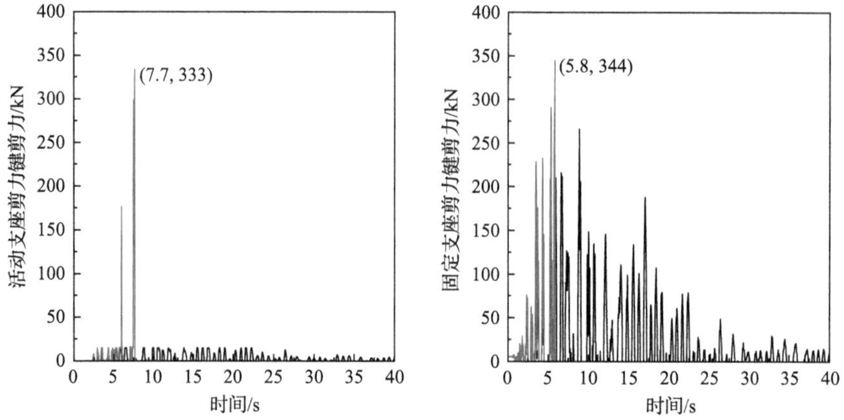

(b) 顺桥向输入-25m墩高模型

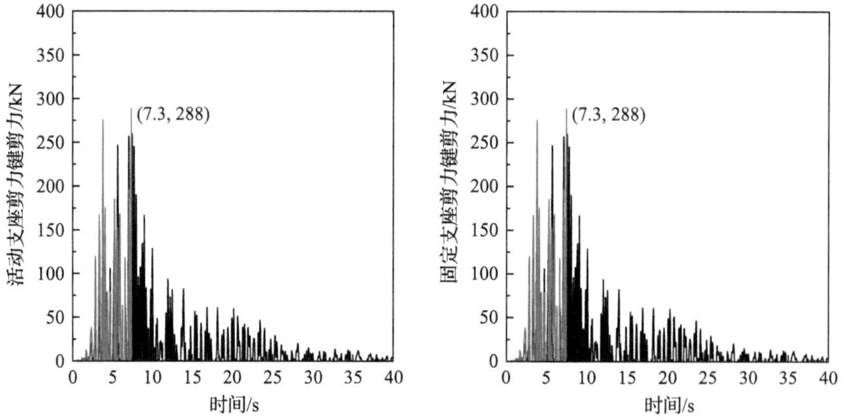

(c) 横桥向输入-8m墩高模型

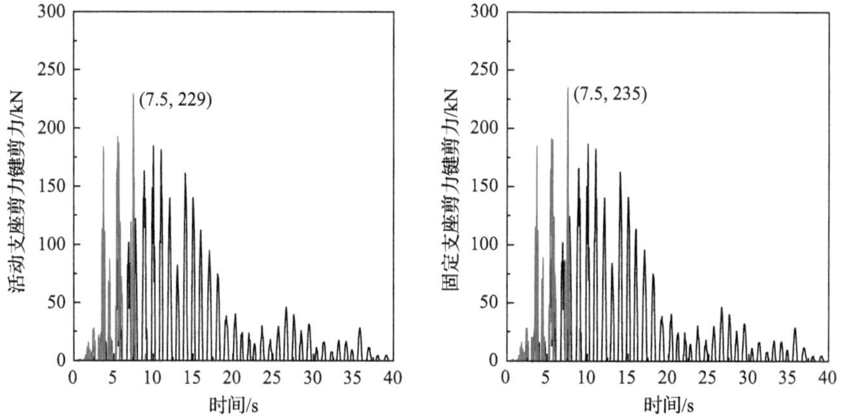

(d) 横桥向输入-25m墩高模型

——— 7度地震动输入　　——— 8度地震动输入

图 10-4　足尺桥梁模型支座剪力键水平剪力地震响应时程曲线

而其横桥向剪力键剪断时间与活动支座一致。在顺桥向地震作用下，8m 墩高桥梁模型的固定支座剪力键在 3.7s 时被剪断，活动支座剪力键在 6.5s 时被剪断；25m 墩高桥梁模型的固定支座剪力键在 5.8s 时被剪断，活动支座剪力键在 7.7s 时被剪断。在横桥向地震作用下，8m 墩高桥梁模型的固定支座和活动支座剪力键在 7.3s 时同时被剪断，25m 墩高桥梁模型的固定支座和活动支座剪力键在 7.5s 时同时被剪断。

10.3　支座剪力键水平承载力对隔震桥梁地震响应的影响

DSSI 支座剪力键在被剪断之前限制了支座曲面摩擦副的曲面摆动，此时支座相当于球型钢支座(非隔震支座)，无法发挥隔震、耗能作用。在数值分析中，若忽略剪力键的剪断过程，则可能导致隔震桥梁地震响应数值模拟结果与真实值存在一定误差，影响隔震设计的安全性。Wei 等[5,6]基于增量动力分析方法，研究了剪力键对隔震系统抗震性能的影响。结果表明，较大的剪力键刚度(大于 100000kN/m)可以减小这种误差，降低剪力键水平承载力对隔震桥梁地震响应的影响。

本节选取的剪力键刚度均不低于 100000kN/m，剪力键水平承载力由剪力键刚度乘以剪力键的最大变形量($u_c = 0.002m$)得到，见图 10-2(a)。为了研究剪力键水平承载力对隔震桥梁地震响应的影响程度，本节对有无支座剪力键情况下 8m 和 25m 墩高隔震桥梁模型的地震响应进行对比，见图 10-5 和图 10-6。

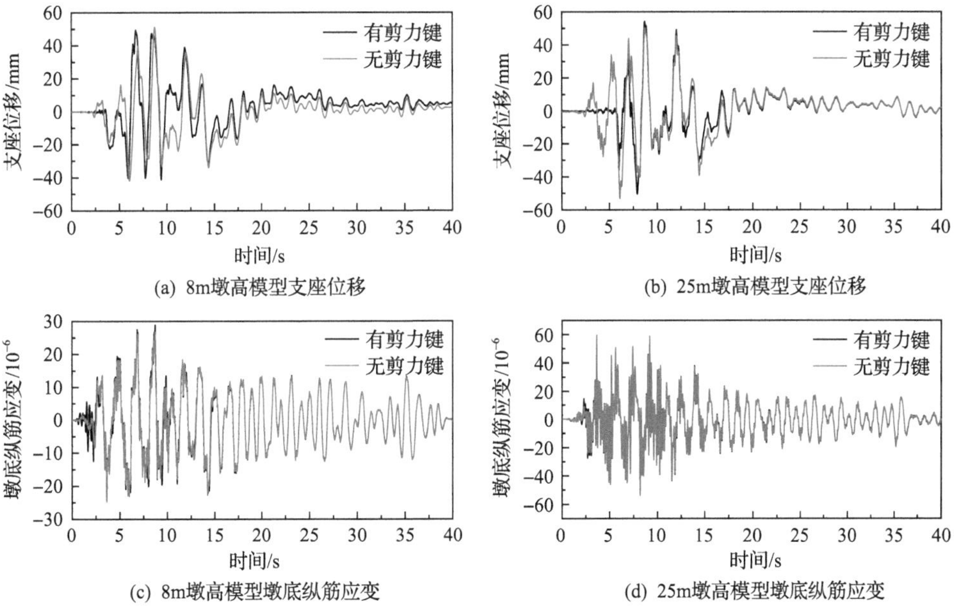

(a) 8m墩高模型支座位移　(b) 25m墩高模型支座位移

(c) 8m墩高模型墩底纵筋应变　(d) 25m墩高模型墩底纵筋应变

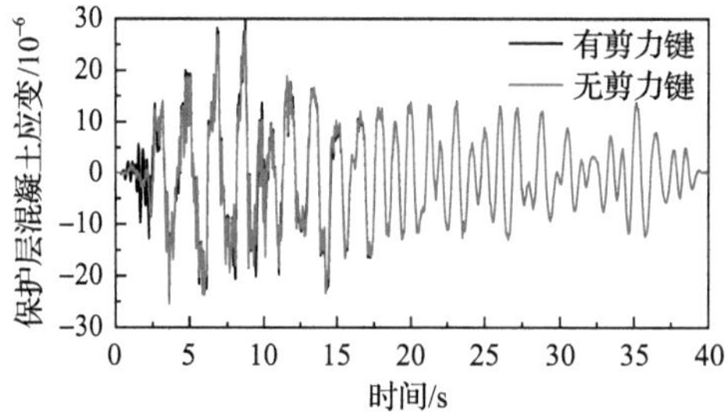

(e) 8m墩高模型墩底保护层混凝土应变

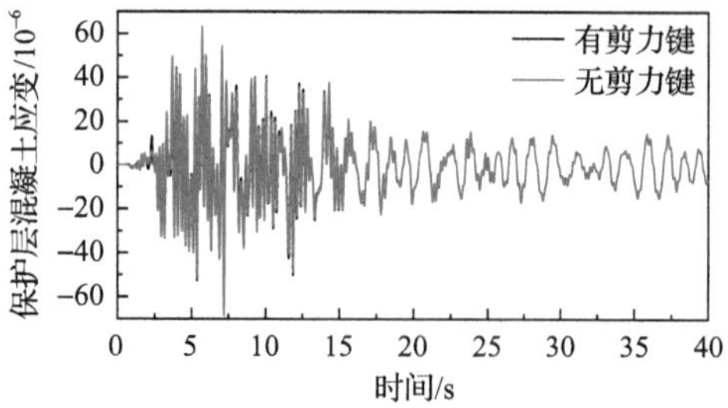

(f) 25m墩高模型墩底保护层混凝土应变

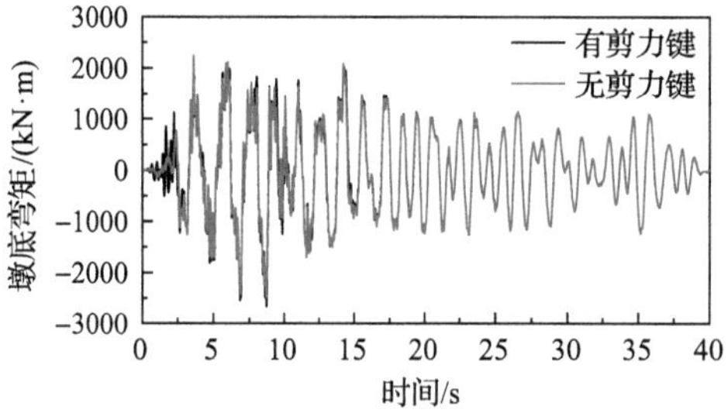

(g) 8m墩高模型墩底弯矩

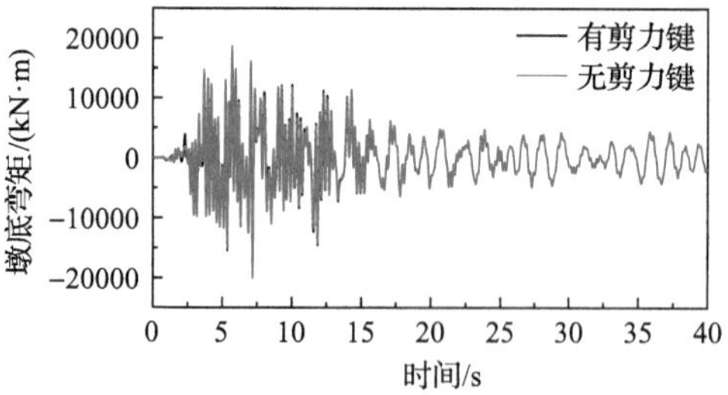

(h) 25m墩高模型墩底弯矩

图 10-5　有无支座剪力键的隔震桥梁模型顺桥向地震响应时程曲线对比

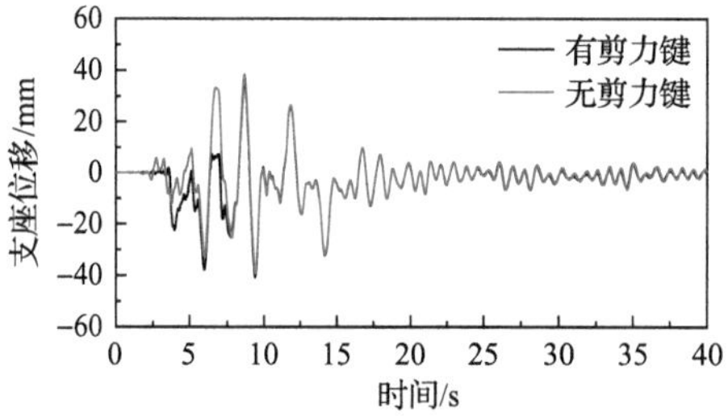

(a) 8m墩高模型支座位移

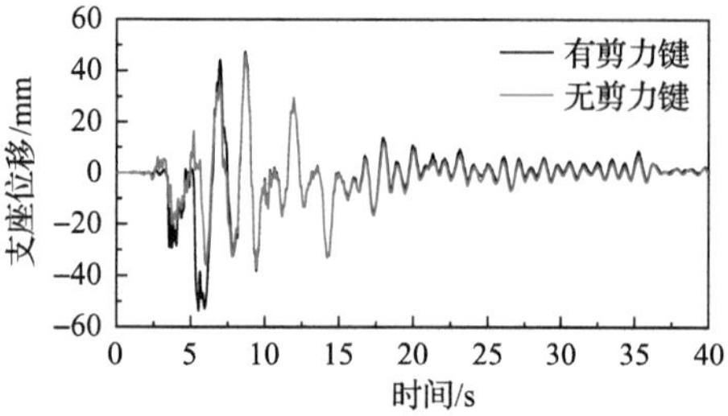

(b) 25m墩高模型支座位移

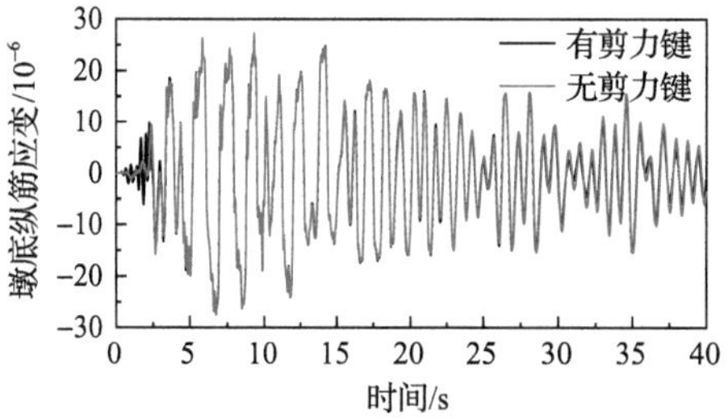

(c) 8m墩高模型墩底纵筋应变

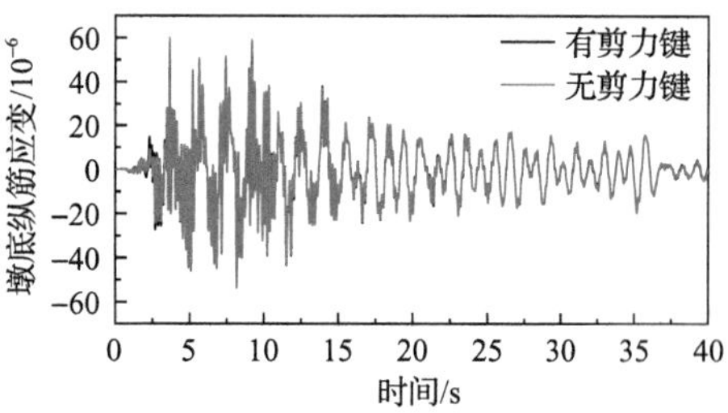

(d) 25m墩高模型墩底纵筋应变

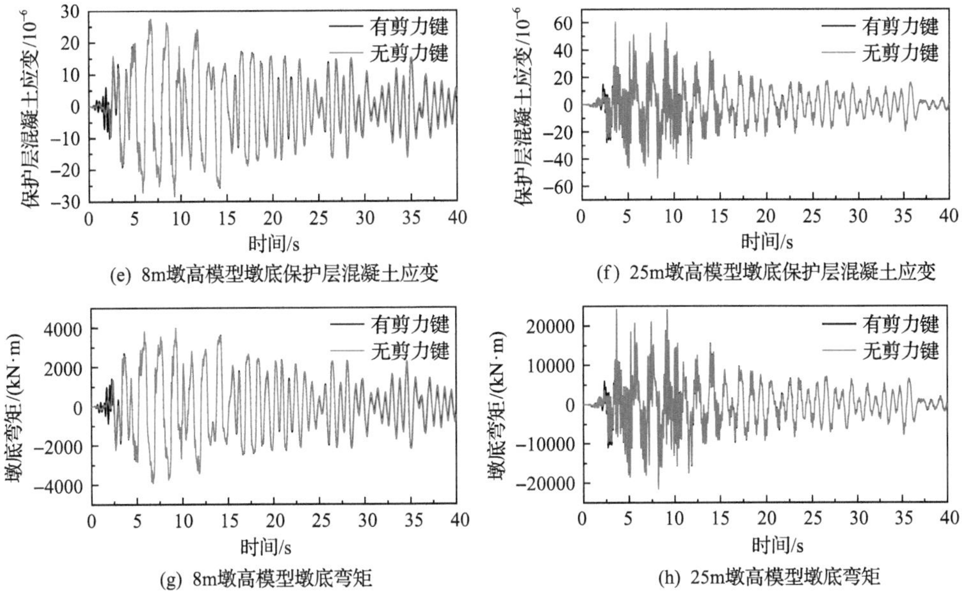

(e) 8m墩高模型墩底保护层混凝土应变　(f) 25m墩高模型墩底保护层混凝土应变

(g) 8m墩高模型墩底弯矩　(h) 25m墩高模型墩底弯矩

图 10-6　有无支座剪力键的隔震桥梁模型横桥向地震响应时程曲线对比

从图 10-5 可以看出，支座剪力键仅在剪断之前对隔震桥梁地震响应产生细微影响，有无支座剪力键的隔震桥梁顺桥向地震响应时程曲线基本吻合。其中，有无支座剪力键的 8m 墩高隔震桥梁模型支座位移峰值误差为 3.5%，是各地震响应峰值误差的最大值，说明本章设计的支座剪力键纵向承载力对隔震桥梁地震响应的影响可忽略不计。

从图 10-6 可以看出，有无支座剪力键的隔震桥梁横桥向地震响应时程曲线基本吻合。其中，有无支座剪力键的 25m 墩高隔震桥梁模型支座位移峰值误差为 13.7%，其余各地震响应峰值误差均小于 3.9%，说明本章设计的支座剪力键横向承载力对隔震桥梁地震响应影响不大，在后面研究隔震桥梁地震响应时，可忽略支座剪力键水平承载力的影响。

10.4　墩高对支座剪力键水平承载力设计值的影响

地震反应分析中，选择合理的地震动输入是至关重要的，因为结构的地震反应很大程度上取决于地震波的输入。不同地区的地震危险性不同，而且场地条件也不同，这对结构可能遭受的地震动影响巨大[7]。为了研究地震动的离散性和得到统计意义上的合理规律，需要考虑一定数量的合理的地震动记录。

10.4.1 基于规范反应谱的地震动输入选取

我国高架桥梁抗震设计中采用的反应谱曲线是由大量地震动记录相应的反应谱曲线经过统计分析得到的[8]，这考察了地震动的复杂性和强随机性。因此，为了提高数值模拟结果的合理性和可信度，本章以规范反应谱拟合出的人工波作为地震动输入。我国《铁路工程抗震设计规范》(GB 50111—2006)[2]中采用的地震动加速度放大系数反应谱见图 10-7。其中，T_g 为反应谱特征周期，其取值由场地类别和地震动特征分区决定，见表 10-2。

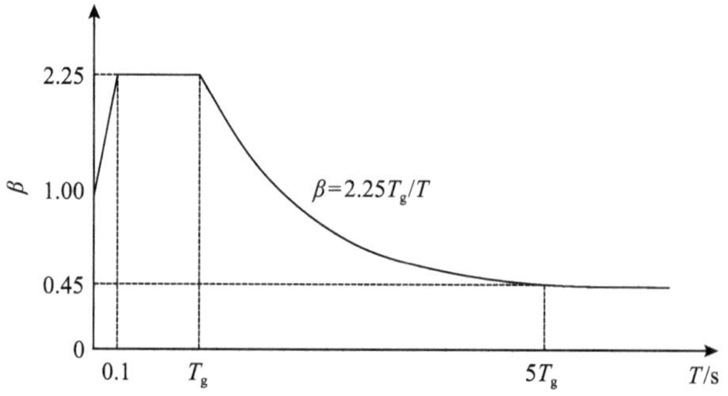

图 10-7　加速度放大系数反应谱

表 10-2　反应谱特征周期　(单位：s)

特征周期分区	场地类别			
	Ⅰ	Ⅱ	Ⅲ	Ⅳ
一区	0.25	0.35	0.45	0.65
二区	0.30	0.40	0.55	0.75
三区	0.35	0.45	0.64	0.90

按照《中国地震动参数区划图》(GB 18306—2015)[9]的要求，本节铁路沿线地震区划属二区Ⅱ类场地，由表 10-2 可知，反应谱特征周期取 0.40s。

场地地震动峰值加速度按表 10-3 取值。

表 10-3　地震动峰值加速度　(单位：g)

设防烈度	6 度	7 度		8 度		9 度
设计地震	0.05	0.10	0.15	0.20	0.30	0.40
多遇地震	0.02	0.04	0.05	0.07	0.10	0.14
罕遇地震	0.11	0.21	0.32	0.38	0.57	0.64

在已知地震动加速度放大系数反应谱（$\beta(T)$）和峰值加速度（PGA）情况下，由式(8-7)可求得地震动加速度反应谱（$S_a(T)$），见图 10-8。

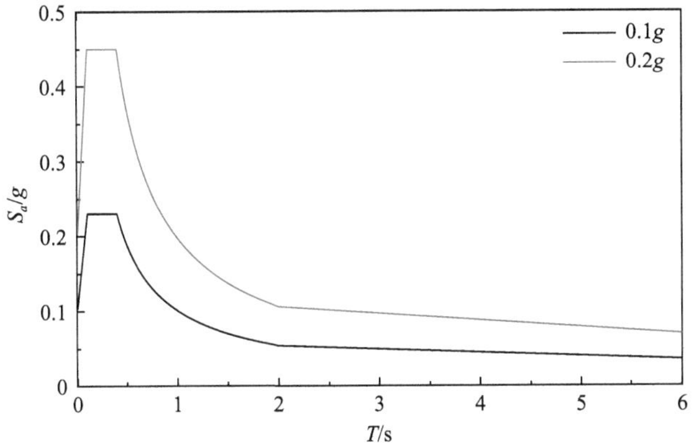

图 10-8　标准设计地震动加速度反应谱(5%阻尼比)

图 10-8 中采用 0.1g 和 0.2g 两种地震动等级的加速度反应谱，这是由于 DSSI 支座需要同时考察在常用荷载(如车辆荷载等)或小震(7 度设计地震)作用下的行车平稳性以及中震(8 度设计地震)作用下的支座隔震性能。因此，本章采用分别拟合小震和中震标准设计反应谱的两种加速度时程。

常用合成人工地震动的方法是将加速度时程视为非平稳随机过程，即用三角级数法构造的平稳加速度时程（$a_s(t)$）乘以考虑非平稳性的时间包络函数（$f(t)$），从而获得非平稳的加速度时程[10-12]。

$$a(t)=a_s(t)f(t) \tag{10-8}$$

1) 平稳的加速度时程

根据图 10-8 所示的加速度反应谱，由反应谱与功率谱的近似关系求解功率谱密度函数（$S(\omega)$）[10, 13]:

$$S(\omega)=\frac{\xi}{\pi\omega}\left[S_a(T)\right]^2\frac{1}{\ln\left[\dfrac{-\pi}{\omega T_{\mathrm{d}}}\ln(1-P)\right]} \tag{10-9}$$

式中，ξ 为阻尼比，取 0.05；P 为反应谱超越概率，不大于 15%；T_{d} 为地震波加速度时程的持续时间。根据有关文献[14-16]建议，地震波持续时间不宜小于结构基本周期 5～10 倍，也不宜小于 15s。此外，我国《公路桥梁抗震设计规范》(JTG/T 2231-01—2020)[17]和美国 AASHTO 规范(2010 年版)中分别规定隔震桥梁基本周期不应超过 2.5s 和 3.0s。综合以上因素，本章选取的地震波持续时间为 30s。

基于功率谱密度函数（$S(\omega)$），利用三角级数构造一个由若干项不同频率叠加组成的高斯平稳随机过程，即平稳的加速度时程（$a_s(t)$）：

$$a_s(t)=\sum_{k=0}^{n-1}A_k\cos\left(\omega_k t+\varphi_k\right) \tag{10-10}$$

式中，ω_k 为第 k 个角频率分量；φ_k 为[0, 2π]区间上均匀分布的随机相位角；A_k 为第 k 个频率分量的幅值，可基于功率谱密度函数求得：

$$A_k=\left[4S_a\left(\omega_k\right)\Delta\omega\right]^{\frac{1}{2}} \tag{10-11}$$

式中，第 k 个角频率分量 ω_k 和相邻频率间隔 $\Delta\omega$ 分别表示为

$$\omega_k=2\pi k/T_{\mathrm{d}} \tag{10-12}$$

$$\Delta\omega=2\pi/T_{\mathrm{d}} \tag{10-13}$$

2）考虑强度非平稳性的强度包络函数

用人工数值模拟方法合成地震动加速度时程时，为模拟地震地面运动的非平稳性，通常采用如下形式的强度包络函数[10-13]：

$$f(t)=\begin{cases}t_1/t_2, & 0\leqslant t<t_1\\ 1, & t_1\leqslant t<t_2\\ \mathrm{e}^{-c(t-t_2)}, & t\geqslant t_2\end{cases} \tag{10-14}$$

式中，t_1 和 t_2 分别为加速度平稳段的开始和结束时间；c 为强度衰减系数。

图 10-9 为强度包络函数曲线示意图，T_{s} 和 T_{c} 分别为加速度平稳段和下降段持续时间。Rahimi 和 Estekanchi[18]研究了使用不同能量持续时间的地震动的潜在破坏性，发现将地震波总能量的 70%的传播时间作为平稳段持续时间（T_{s}），可以获得相当可靠的结果。霍俊荣等[19]和俞言祥[20]基于大量强震记录给出了基于地震的震级和震中距计算强度包络函数相关参数的公式，然而不同地震的震级和震中距差别巨大，计算结果不唯一。陈永祁等[21]在不考虑震源分布情况下，给定了不同持续时间的人工波的强度包络函数的参数取值，并验证了以此合成的人工波基本符合实际记录。本章综合以上研究结果，对强度包络函数的参数取值见表 10-4。

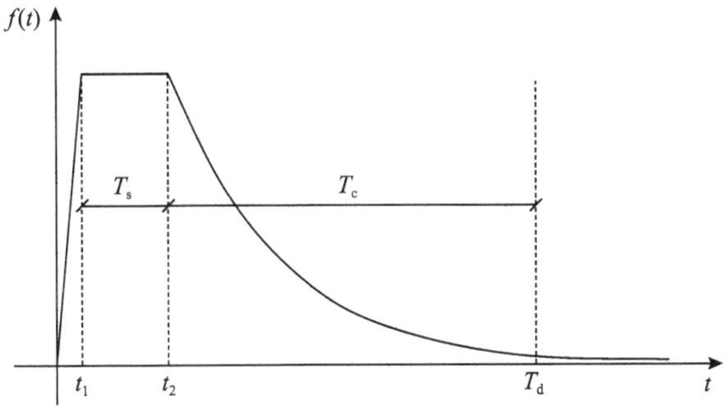

图 10-9　强度包络函数曲线示意图

表 10-4　强度包络函数的参数取值

参数	t_1 / s	T_s / s	t_2 / s	T_c / s	T_d / s	c
参数值	3	22	25	5	30	0.64

强度包络函数模拟了地震动的非平稳性，将 $f(t)$ 乘以平稳的加速度时程（$a_s(t)$）即可获得非平稳的加速度时程。本章基于小震和中震(7 度和 8 度设计地震)的规范反应谱各拟合生成 3 条加速度时程曲线，见图 10-10。

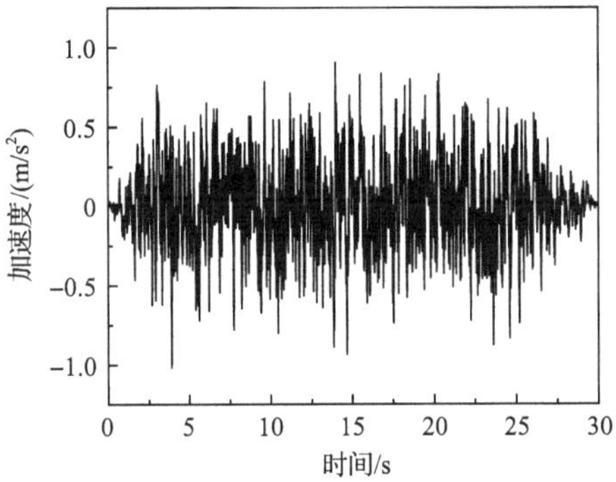

(a) 7度人工波1

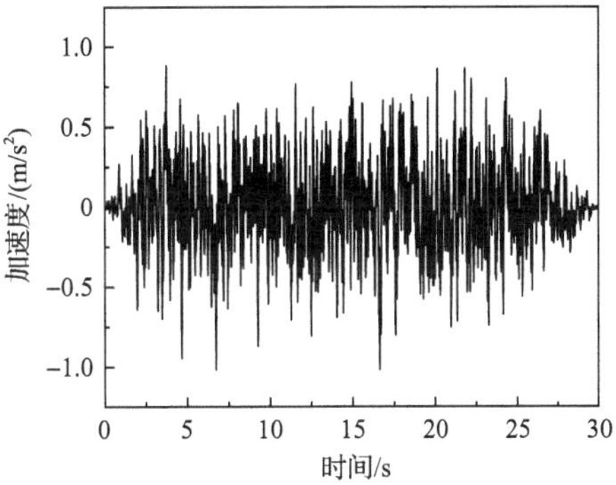

(b) 7度人工波2

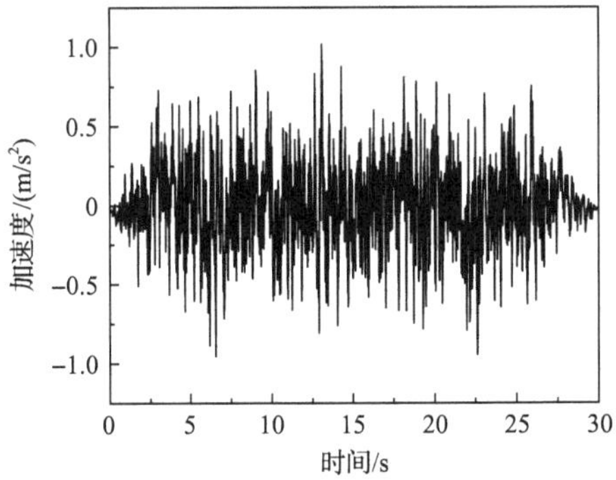

(c) 7度人工波3

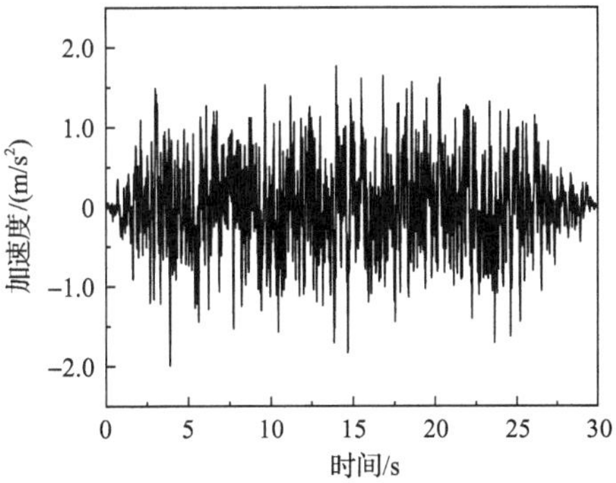

(d) 8度人工波1

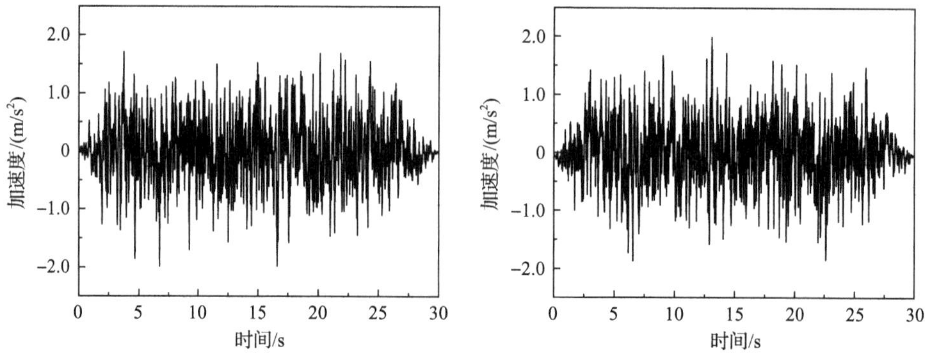

(e) 8度人工波2　　(f) 8度人工波3

图 10-10　7 度和 8 度设计地震的加速度时程曲线

图 10-11 给出了 7 度和 8 度设计地震合成时程的反应谱(计算谱)与目标谱对比。可以看出，目标谱和计算谱拟合较好，相对误差在 10%之内，验证了人工合成时程的准确度。

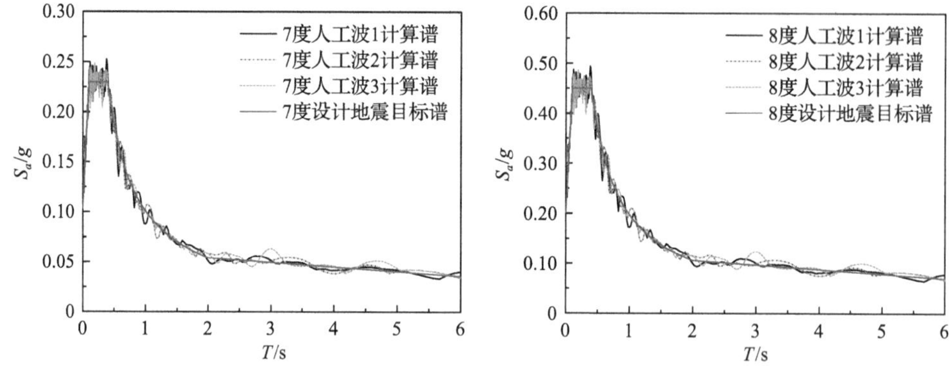

(a) 7度设计地震反应谱　　(b) 8度设计地震反应谱

图 10-11　计算谱与目标谱对比(5%阻尼比)

10.4.2　不同墩高条件下支座剪力键水平承载力设计值分析

本节针对不同墩高(4～60m)的铁路简支梁桥有限元模型，每种墩高桥梁模型均设置带剪力键的 DSSI 支座，进而基于不同墩高情况下剪力键地震响应的非线性时程分析结果来判断剪力键水平承载力设计值，判断标准为在小震($PGA = 0.1g$)作用下剪力键不被剪断和中震($PGA = 0.2g$)作用下剪力键全被剪断。其中，小震和中震分别采用基于 7 度和 8 度设计地震的规范反应谱各拟合生成的 3 条人工波(图 10-10)。由于每种墩高模型的桥梁支座剪力键均需要计算多个 P 值情况下的剪断力，从而确定剪力键水平承载力设计值，本节基于超算平台，使用分布式并行计算进行求解，实现大规模有限元计算。

图 10-12 为不同墩高情况下 DSSI 支座剪力键水平承载力设计值。由图可知，总体而言，对于等截面和变截面实心墩桥梁，支座剪力键水平承载力设计值随墩高的增加而减小；对于空心墩桥梁，支座剪力键水平承载力设计值随墩高的变化趋势不明显。这是由于一方面，当桥墩高度增加时，上部结构的地震响应会增加，但支座的剪切运动只相当于上部结构地震运动的一小部分[1]；另一方面，墩高增加，墩身变柔，自振周期变大，仅依靠桥墩本身就能消耗大部分水平地震力，减少了支座分担的水平地震力。当上部结构地震响应的增加程度小于支座分担水平地震力的减少程度时，支座水平剪力减小，反之亦然。

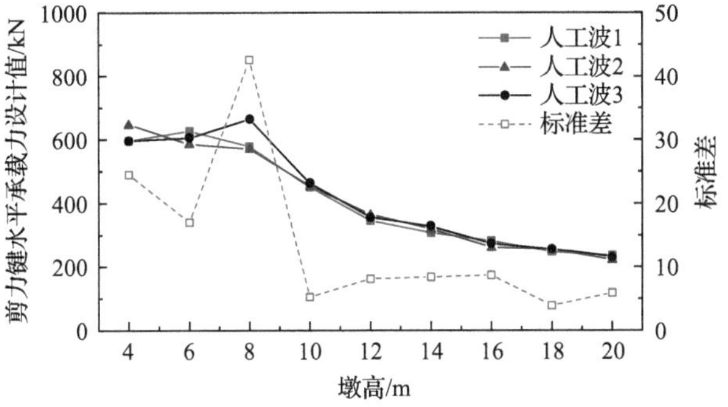

(a) 等截面实心墩顺桥向

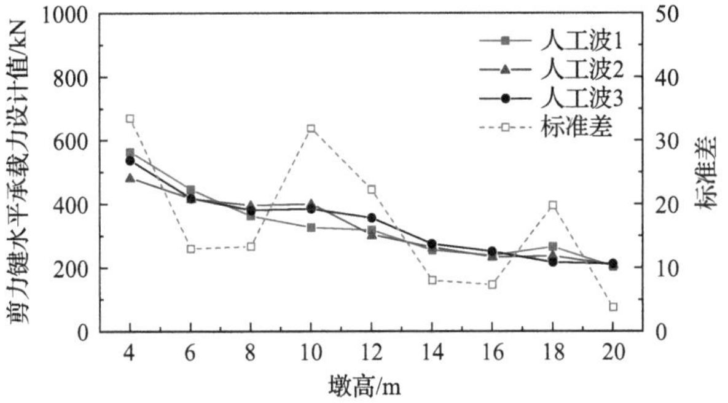

(b) 等截面实心墩横桥向

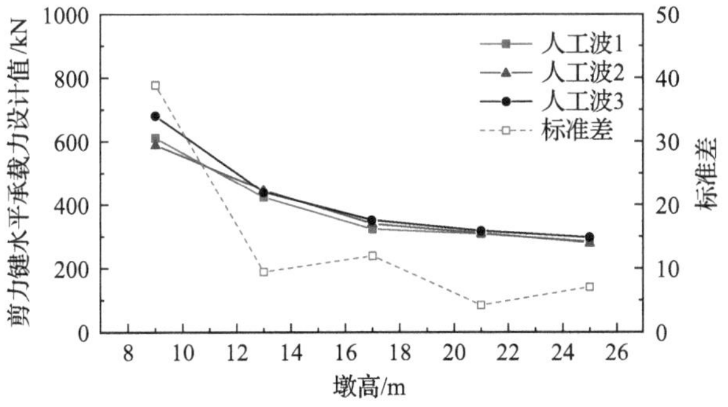

(c) 变截面实心墩顺桥向

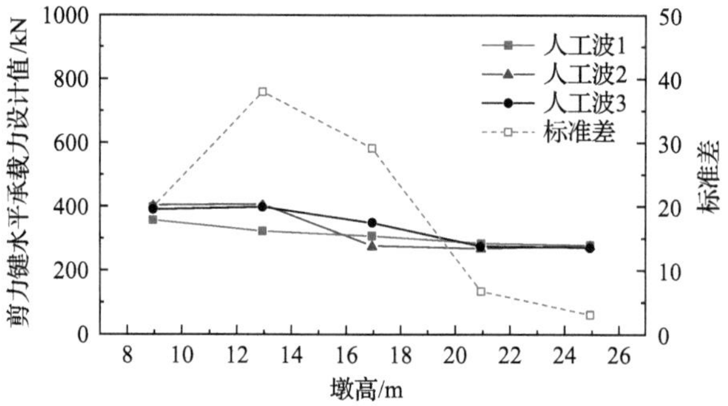

(d) 变截面实心墩横桥向

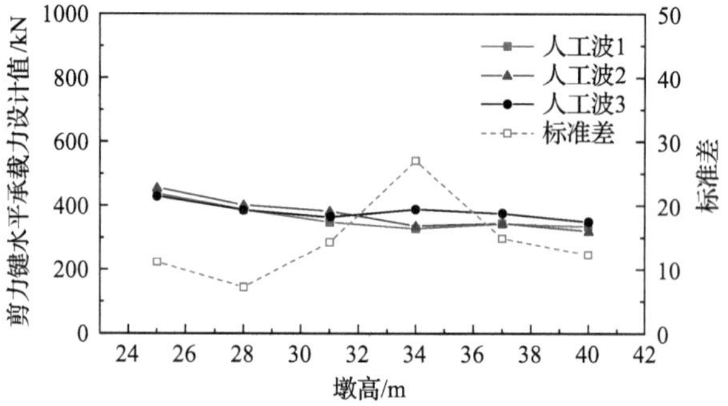

(e) 较小截面空心墩顺桥向

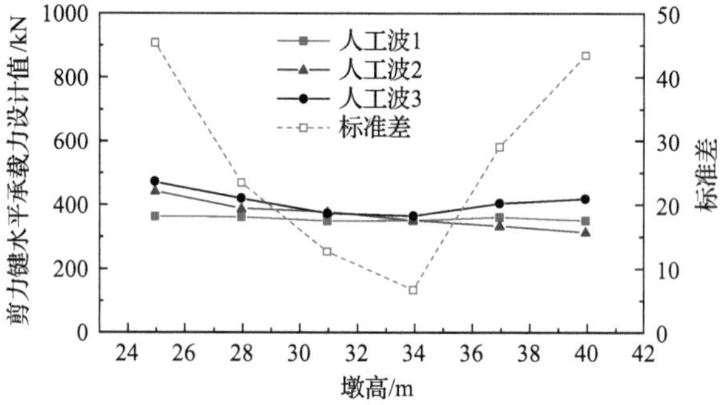

(f) 较小截面空心墩横桥向

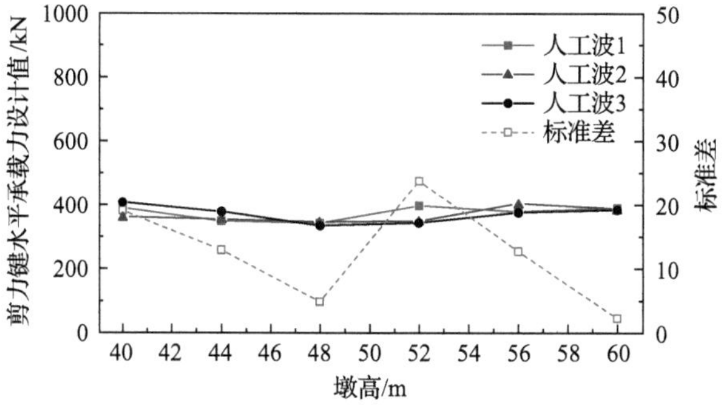

(g) 较大截面空心墩顺桥向

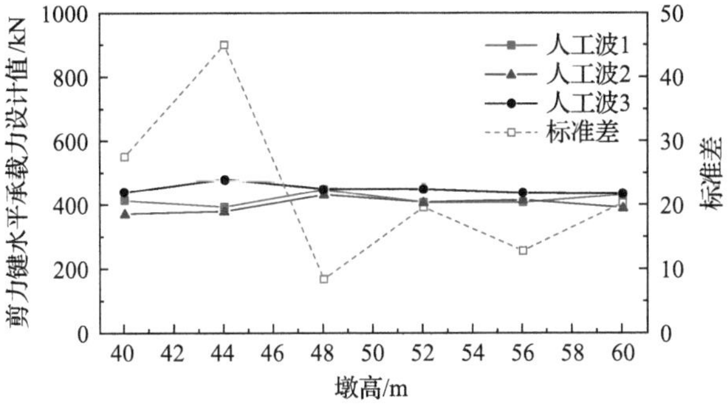

(h) 较大截面空心墩横桥向

图 10-12　不同墩高情况下 DSSI 支座剪力键水平承载力设计值

此外，在不同地震波输入情况下，剪力键水平承载力设计值浮动较大。例如，图 10-12(h)中，在三条横桥向地震波作用下，较大截面空心墩桥梁支座的剪力键水平承载力设计值的标准差在 8.4～45 波动，离散性较大。

10.5　本 章 小 结

本章首先提出了一种考虑上座板和剪力键(支座限位挡块)之间间隙的 DSSI 支座恢复力模型，并且通过振动台试验结果验证了 DSSI 支座恢复力模型的合理性；然后基于我国抗震设计规范中“两阶段”抗震设计目标，以 7 度设计地震(小震)作用下剪力键不被剪断和 8 度设计地震(中震)作用下剪力键全被剪断为判断标准，获得不同墩高情况下剪力键水平承载力设计值。主要结论如下：

(1) 8m 和 25m 墩高安装 DSSI 支座的单线铁路简支梁桥模型剪力键水平承载力设计值的数值分析结果与振动台试验数据基本吻合，最大误差小于 20%，验证了剪力键数值模拟方案的合理性。

(2) 当剪力键刚度较大时，有无支座剪力键对隔震桥梁地震响应的影响不大，在后面隔震桥梁抗震性能研究中，可忽略支座剪力键对隔震桥梁隔震效果的影响。

(3) 剪力键水平承载力设计值随墩高的增加表现出较大的波动性，尤其对于低墩桥梁。

参 考 文 献

[1] Chen X, Li C. Seismic assessment of earthquake-resilient tall pier bridges using rocking foundation retrofitted with various energy dissipation devices[J]. Structural Control and Health Monitoring, 2020, 27(11): e2625.

[2] 中华人民共和国建设部. 铁路工程抗震设计规范(GB 50111—2006)[S]. 北京: 中国计划出

版社, 2006.

[3] 彭天波, 李建中, 范立础. 双曲面球型减隔震支座的开发及应用[J]. 同济大学学报(自然科学版), 2007, 35(2): 176-180.

[4] Jiang L Z, He W K, Wei B, et al. The shear pin strength of friction pendulum bearings(FPB) in simply supported railway bridges[J]. Bulletin of Earthquake Engineering, 2019, 17(11): 6109-6139.

[5] Wei B, Fu Y J, Li S S, et al. Influence on the seismic isolation performance of friction pendulum system when XY shear keys are sheared asynchronously[J]. Structures, 2021,33: 1908-1922.

[6] Wei B, Wang P, He X, et al. Seismic isolation characteristics of a friction system[J]. Journal of Testing and Evaluation, 2018, 46(4): 20160598.

[7] Pant D R, Wijeyewickrema A C. Influence of near-fault ground motions on the response of base-isolated reinforced concrete buildings considering seismic pounding[J]. Advances in Structural Engineering, 2013, 16(12): 1973-1988.

[8] 范立础, 李建中, 王君杰. 高架桥梁抗震设计[M]. 北京: 人民交通出版社, 2001.

[9] 中华人民共和国国家质量监督检验检疫总局, 中国国家标准化管理委员会. 中国地震动参数区划图(GB 18306—2015)[S]. 北京: 中国标准出版社, 2015.

[10] 景月岭, 周召虎, 王洋洋, 等. 基于 Matlab 的人工地震动合成及校正[J]. 水电能源科学, 2019, 37(8): 65-68, 121.

[11] 谯雯, 刘国明, 肖振翔. 水工建筑物设计反应谱人工地震波合成[J]. 水力发电学报, 2013, 32(5): 232-238.

[12] 梁意, 肖承波, 吴体, 等. 基于建筑规范反应谱的人工地震波合成及其应用[J]. 四川理工学院学报(自然科学版), 2016, 29(5): 83-87.

[13] 李建华, 李杰. 考虑反应谱变异特性的人工合成地震波[J]. 同济大学学报(自然科学版), 2002, 30(9): 1038-1043.

[14] 朱炳寅. 高层建筑混凝土结构技术规程应用与分析[M]. 北京: 中国建筑工业出版社, 2013.

[15] 胡文源, 邹晋华. 时程分析法中有关地震波选取的几个注意问题[J]. 南方冶金学院学报, 2003, 24(4): 25-28.

[16] 陈康华, 郭远翔. 弹性动力时程分析中地震波的选取方法研究[J]. 河北工业科技, 2012, 29(1): 40-43.

[17] 中华人民共和国交通运输部. 公路桥梁抗震设计规范(JTG/T 2231-01—2020)[S]. 北京: 人民交通出版社, 2020.

[18] Rahimi E, Estekanchi H E. Collapse assessment of steel moment frames using endurance time method[J]. Earthquake Engineering and Engineering Vibration, 2015, 14(2): 347-360.

[19] 霍俊荣, 胡聿贤, 冯启民. 地面运动时程强度包络函数的研究[J]. 地震工程与工程振动, 1991, 11(1): 1-12.

[20] 俞言祥. 长周期地震动衰减关系研究[D]. 北京: 中国地震局地球物理研究所, 2002.
[21] 陈永祁, 刘锡荟, 龚思礼. 拟合标准反应谱的人工地震波[J]. 建筑结构学报, 1981, 2(4): 34-43.

第 11 章　采用钢阻尼支座的铁路简支梁桥振动台试验

11.1　概　　述

相比数值分析方法、模型拟静力试验和拟动力试验，模型结构振动台试验是研究结构抗震性能最直观有效的方法。通过对桥梁结构的原型按照一定的比例制成缩尺结构，在台面输入地震波激励，再现地震作用过程，可以确定结构的动力响应和抗震性能，验证分析模型与计算结果的正确性，把握桥梁结构在地震下的反应过程与破坏机理，找出桥梁结构的薄弱环节，准确研究桥梁的抗震性能。

本章以设计速度为 250km/h（客车）、120km/h（货车）的有砟轨道预制后张法预应力混凝土双线、单箱单室简支梁桥为原型，按 1/7 比例设计并制作一座两跨钢筋混凝土简支梁桥模型，并制定了采用钢阻尼支座和普通支座的铁路桥梁模型振动台试验工况，研究模型结构在不同峰值加速度、不同类型地震波作用下的加速度、位移和应变反应，并对试验结果进行整理，分析不同工况下采用钢阻尼支座和普通支座时的地震响应，计算钢阻尼支座在不同指标下的减隔震率，对钢阻尼支座在不同烈度下的减隔震率进行总结，为进一步深入研究钢阻尼支座的减隔震性能提供依据。

11.2　振动台模型设计及试验方案

11.2.1　钢阻尼支座设计

钢阻尼支座实物图见图 11-1，包括上座板、球冠衬板、中间座板、减震榫、内外榫连接板、超高分子量聚乙烯板、新型耐磨滑板、下座板。其中上座板和球冠衬板、球冠衬板和中间座板间设置有不锈钢与超高分子量聚乙烯板形成的摩擦副；中间座板和下座板间设置有不锈钢与新型耐磨滑板形成的高摩擦系数的摩擦副；减震榫通过螺栓连接方式与中间座板和下座板实现固定；通过悬空的内外榫连接板将内侧和外侧等强度的榫组串联连接为整体。

图 11-1　钢阻尼支座实物图

钢阻尼支座附加技术特征为：减震榫组合中间座板下的摩擦副共同提供支座的阻尼耗能；内外侧减震榫采用串联连接方式，在满足地震阻尼力的条件下实现了更大的变形能力；悬空的内外侧减震榫连接板释放减震榫几何非线性变形引起的轴向变形；内外侧减震榫组通过高强螺栓与中间座板和下座板连接，方便震后对阻尼耗能部件的更换。

减震榫采用屈强比、延性和韧性等性能优异的圆钢棒材按照等强度理论设计，采用数控机床精密加工而成。内外侧减震榫采用同规格尺寸，不仅保证了两组榫的受力与变形一致，同时降低了生产加工难度。钢阻尼支座设计图见图 11-2。

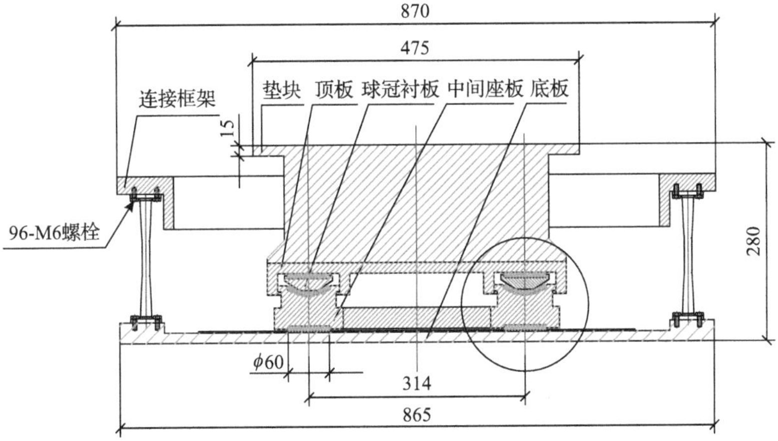

(a) 横桥向

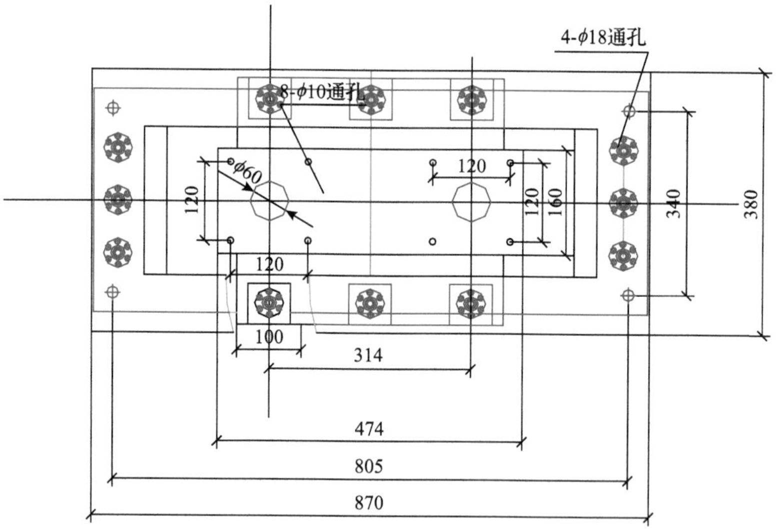

(b) 俯视图

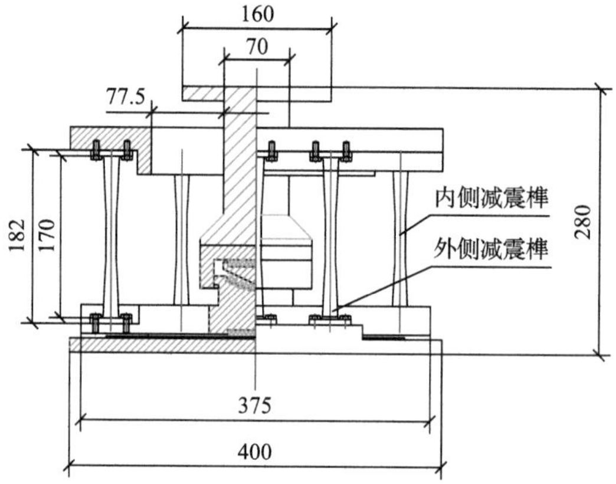

(c) 细部构造图

图 11-2　钢阻尼支座设计图(单位：mm)

11.2.2　桥梁模型设计

在进行桥梁振动台试验前，首先应对桥梁模型进行设计和施工。模型设计施工中，应考虑其与原型的相似情况，力求最大程度还原和重现原型桥梁结构在实际地震中的动力反应和破坏机制。表 11-1 为两跨桥梁原型选择。

1. 主梁原型概况

工程实际背景为有砟轨道预制后张法预应力混凝土双线、单箱单室简支梁桥，适用于新建客运专线铁路工程，设计图纸选用通桥(2016)2229-Ⅰ(31.5m)，设计运行速度为客车 250km/h、货车 120km/h。

表 11-1　两跨桥梁原型选择

支座类型	墩高类型	参数	参数值
钢阻尼支座	中等高度墩	跨数	2(32m/跨)
普通支座		墩高	10m

主梁截面类型为单箱单室等高度简支箱梁，梁端顶板、底板及腹板局部向内侧加厚。

挡砟墙内侧净宽 9.0m，桥上人行道栏杆内侧净宽 12.1m，桥梁建筑总宽 12.48m。

梁计算跨度 31.5m，全长 32.6m，截面中心梁高 2.686m，横桥向支座中心距 4.4m。双线铁路主梁横截面见图 11-3。

为了控制试验成本，缩短试验周期，根据相似设计原理，振动台试验拟通过改造已有的单线双 T 梁模型来模拟图 11-3 中的单箱单室等高度双线简支箱梁。因为试验的目的主要是测试新型减隔震支座的性能，在保证主梁惯性力等效的原则下，此方案可行。因此，后续对梁体的描述对象都是针对已有的单线双 T 梁模型。

2. 桥墩原型概况

试验所选取的桥墩原型高度为 10m，为求得模型结构的各项设计参数，首先要计算求得原型结构的各项参数。主梁、桥墩的质量可以通过计算得出。

1)主梁(32m，双线)质量

根据通桥(2016)2229-Ⅰ设计图纸，每端支座反力中，自重反力为 3717kN，可以反推得到双线主梁自重为 3717×2/9.8=758.57(t)。

二期恒载：有声屏障直线梁为 192kN/m、曲线梁按 209kN/m 计算；无声屏障直线梁按 173kN/m、曲线梁按 190kN/m 计算，此处取 192kN/m。按照主梁长度 32.6m 计算，则自重十二期恒载为 192×(32.6/9.8)=638.69(t)。

所以主梁双线质量为 758.57+638.69≈1400(t)。

2)桥墩(10m)质量

10m 桥墩用混凝土 143.3m^3，墩顶用混凝土 47.2m^3，场地周期小于等于 0.45s 时钢筋用量为 18.897t，场地周期等于 0.65s 时钢筋用量为 21.627t，本次试验取 18.897t 的钢筋用量，所以桥墩总质量为(143.3+47.2)×2.4+ 18.897=476.097(t)。

支承垫石用混凝土 2m^3，钢筋质量为 628.6+28.8=657.4(kg)，共 2×2.4+0.6574=5.4574(t)。

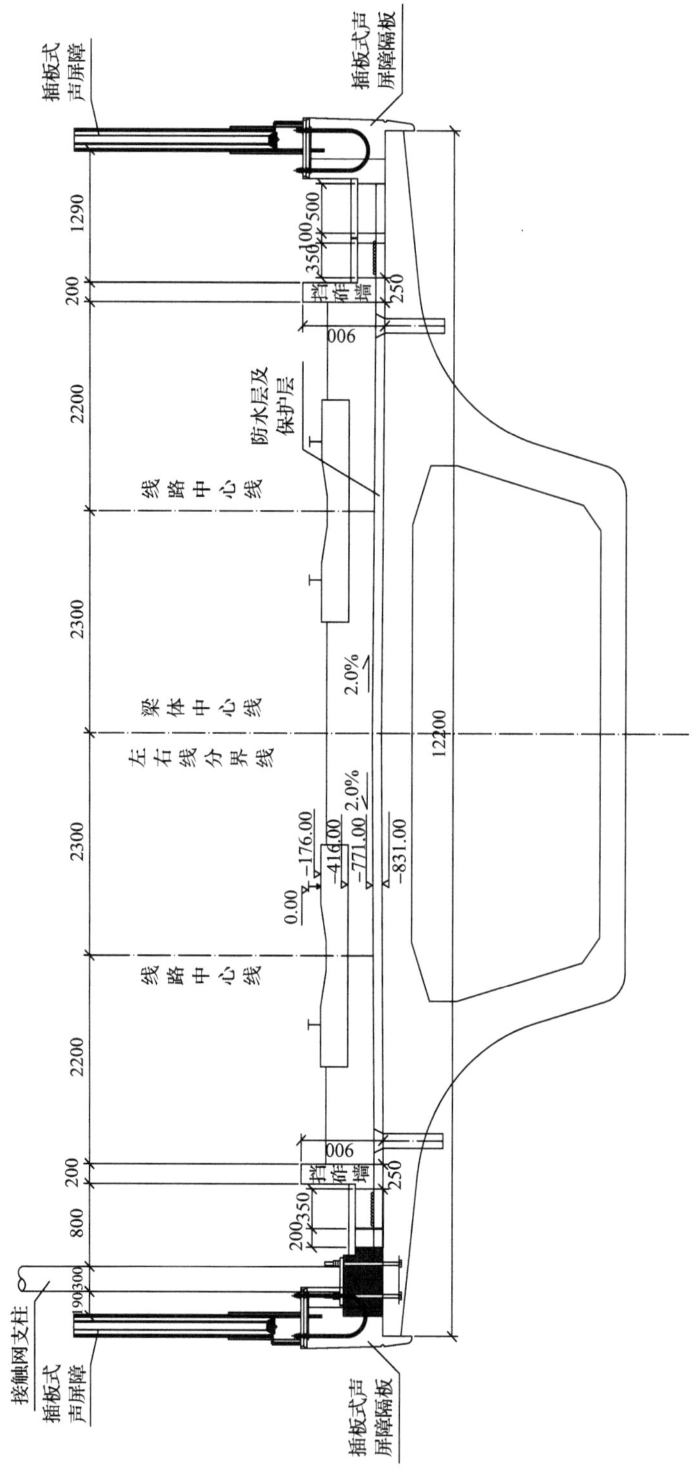

图 11-3　双线铁路主梁横截面(单位：mm)

将各质量归总可得振动台中台承受的原型质量(对应 10m 墩工况)：一个桥墩(10m)+一个主梁(32.6m)=1400+476.097+5.4574=1881.5544(t)。

在求得原型桥墩和主梁的质量后，可进一步计算模型桥墩和主梁的质量及人工配重。

3. 模型数量

1) 钢阻尼支座

原型桥梁支座采用 PZ-5000 型，适用于地震动峰值加速度为 $0.1g \sim 0.2g$ 的地区，支座原型总体布置图见图 11-4。在试验工点中选择 1 组两跨桥梁，采用钢阻尼支座，建立两跨大比例桥梁减隔震试验模型，进行相应的模型振动台试验。

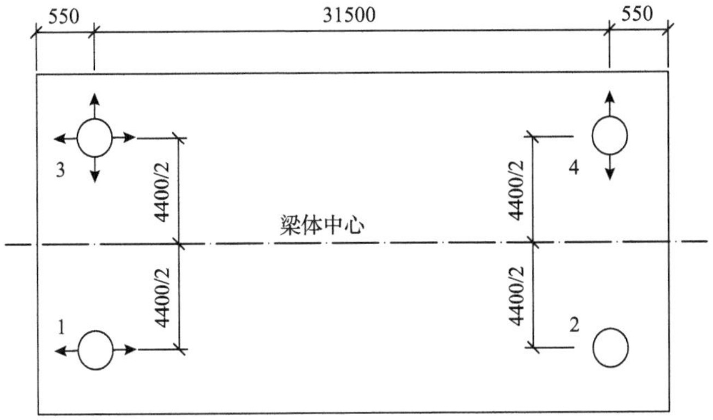

图 11-4　支座原型总体布置图(单位：mm)

在钢阻尼支座试验部分中，钢阻尼支座均替换原有的固定和单向/双向活动支座进行放置，见图 11-5。在桥墩柱帽上设置固定钢板和螺栓孔，钢阻尼支座固结在钢板上。在一个工况下，所需要的钢阻尼支座模型数量为：2 个边墩×1 个支座+1 个中墩×2 个支座=4 个支座，另外多准备一组支座(4 个支座)作为备用支座。因此，在整个钢阻尼支座试验阶段，总共准备 8 个钢阻尼支座模型。

2) 普通支座

在试验工点中选择 1 组两跨桥梁，均采用普通支座，建立两跨大比例桥梁试验模型，进行共计 1 组两跨大比例桥梁模型振动台试验。

在一个工况下，所需要的普通支座模型数量为：2 个边墩×2 个支座+1 个中墩×4 个支座=8 个支座，另外多准备一组支座(8 个支座)作为备用支座。因此，在整个普通支座试验阶段，总共准备 16 个普通支座模型，其中，固定支座、单向活动支座、双向活动支座分别为 2 个、4 个、2 个，见图 11-6。

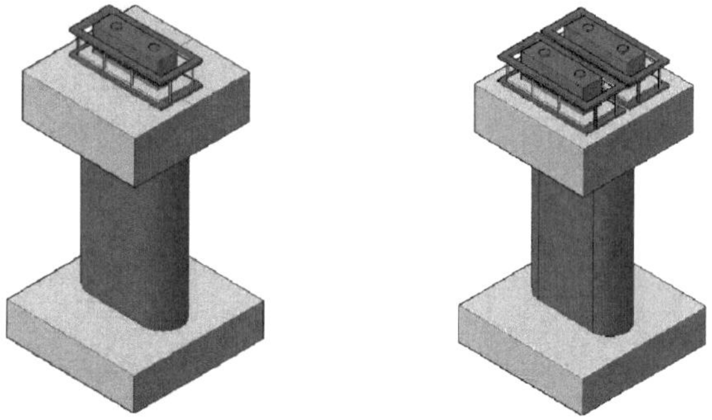

(a) 边墩钢阻尼支座　　(b) 中墩钢阻尼支座

图 11-5　钢阻尼支座模型布置图

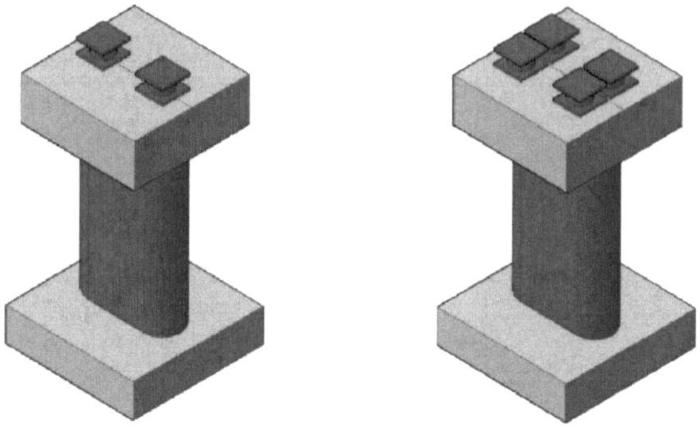

(a) 边墩普通支座　　(b) 中墩普通支座

图 11-6　普通支座模型布置图

3) 支座和桥墩更换

在试验过程中，支座均为可进行拆卸和更换的模块。若由于地震作用力太大，支座发生破坏，工人可即时对支座进行更换维护工作。

10m 桥墩(缩尺)准备 3 个，为了防止模型桥墩在振动台试验中破坏，本试验模型桥墩采用钢管混凝土，钢管厚度为 6mm。为了保证钢管与混凝土的可靠连接，在钢管内壁设置密集的剪力钉。

4. 模型相似关系

试验用模型为强度模型，主要用于工程验证性试验，模型材料与原型材料一致。综合考虑原型桥墩的墩高范围及振动台能力，取桥梁模型的相似比为 1/7(控制在 25t 以内)，主要是由于振动台抗倾覆力矩的限制。

桥梁动力模型相似比的取值以尺寸、材料、荷载和试验为主要控制参数，见表 11-2。

表 11-2　桥梁动力模型相似比

参数	物理量	相似比
几何参数	长度	1/7
	面积	1/49
	线位移	1/7
	支座曲率半径	2/35
材料参数	应变	1
	弹性模量	1
	应力	1
	质量密度	2.8
	质量	0.0081633
荷载参数	集中力	1/49
	线荷载	1/7
	面荷载	1
	力矩	1/343
动力参数	周期	0.23905
	频率	4.1833
	速度	0.59761
	加速度	2.5
	重力加速度	1
模型高度(10m 模型)/m	1.7286(含底板)	
模型质量(10m 模型，中台)/t	16.265(含配重、底板)	

模型质量计算方法为

$$模型质量=\frac{原型质量}{体积相似比}\times 质量密度相似比$$

32.6m 主梁(加配重)质量为

$$\frac{1400}{7^3}\times 2.8=11.4286\ (\mathrm{t})$$

10m 桥墩(加配重)质量为

$$\frac{481.5544}{7^3}\times 2.8=3.9311\ (\mathrm{t})$$

振动台的抗倾覆力矩最大值为 30t·m，应计算模型的抗倾覆力矩是否满足要求。原型结构的抗倾覆力矩和模型结构的倾覆力矩存在相似关系 S_O，计算如下：

$$M_O^{\mathrm{p}}=\left(m_{梁}^{\mathrm{p}}\times H_{梁}^{\mathrm{p}}+m_{墩}^{\mathrm{p}}\times H_{墩}^{\mathrm{p}}\right)\times a^{\mathrm{p}} \tag{11-1}$$

$$M_O^{\mathrm{m}}=\left(m_{梁}^{\mathrm{m}}\times H_{梁}^{\mathrm{m}}+m_{墩}^{\mathrm{m}}\times H_{墩}^{\mathrm{m}}\right)\times a^{\mathrm{m}} \tag{11-2}$$

其中，上标 p 代表原型结构，上标 m 为模型结构；M_O 为原型结构的抗倾覆力矩；$m_{梁}$ 为主梁的质量；$H_{梁}$ 为主梁质心到振动台面的高度，取 10m；$m_{墩}$ 为桥墩的质量；$H_{墩}$ 为桥墩质心到振动台面的高度，取(10×0.67) m；a 为振动台输入加速度，取最大值 0.4g。

相似关系可表示为

$$S_O=\frac{M_O^{\mathrm{m}}}{M_O^{\mathrm{p}}}=\frac{\left(m_{梁}^{\mathrm{m}}\times H_{梁}^{\mathrm{m}}+m_{墩}^{\mathrm{m}}\times H_{墩}^{\mathrm{m}}\right)\times a^{\mathrm{m}}}{\left(m_{梁}^{\mathrm{p}}\times H_{梁}^{\mathrm{p}}+m_{墩}^{\mathrm{p}}\times H_{墩}^{\mathrm{p}}\right)\times a^{\mathrm{p}}}=S_m\cdot S_l\cdot S_a=S_l^3 \tag{11-3}$$

由式(11-3)可得

$$M_O^{\mathrm{m}}=M_O^{\mathrm{p}}\cdot S_l^3 \tag{11-4}$$

模型结构最大抗倾覆力矩为

$$(1400\times10+481.5544\times10\times0.67)\times4/(10\times7^3)=20.0891\,(\mathrm{t\cdot m})$$

满足要求。根据振动台台面的抗倾覆力矩限值，取模型结构的长度相似比为 1/7。

5. 模型材料选择

模型梁体选用 C50 混凝土，桥墩选用 C35 混凝土；纵筋与箍筋根据配筋率相等的原则，采用钢管护筒代替原有的桥墩纵筋和箍筋，基础底座采用直径 12mm 的 HRB335 钢筋，并深入墩身加强桥墩和底座之间的连接，同时墩身钢管护筒深入基础底座。

桥墩模型尺寸见图 11-7，其中将 1/4 配重质量放置于墩顶(周期等效)。

主梁预应力筋合并，钢绞线按照集中力等效的相似关系来确定，锚具和张拉设备相应配套设置，预留纵横向预应力孔，如图 11-7 所示。主梁普通钢筋分别采用直径 6mm 和 8mm 的 HRB335 钢筋制作。

原型桥墩墩身体积配箍率为

$$18.891/7.8/143.3=1.69\%$$

原桥桥墩底面面积为

$$\pi/4\times2.3^2+2.3\times(6-2.3)=12.66476\,(\mathrm{m^2})$$

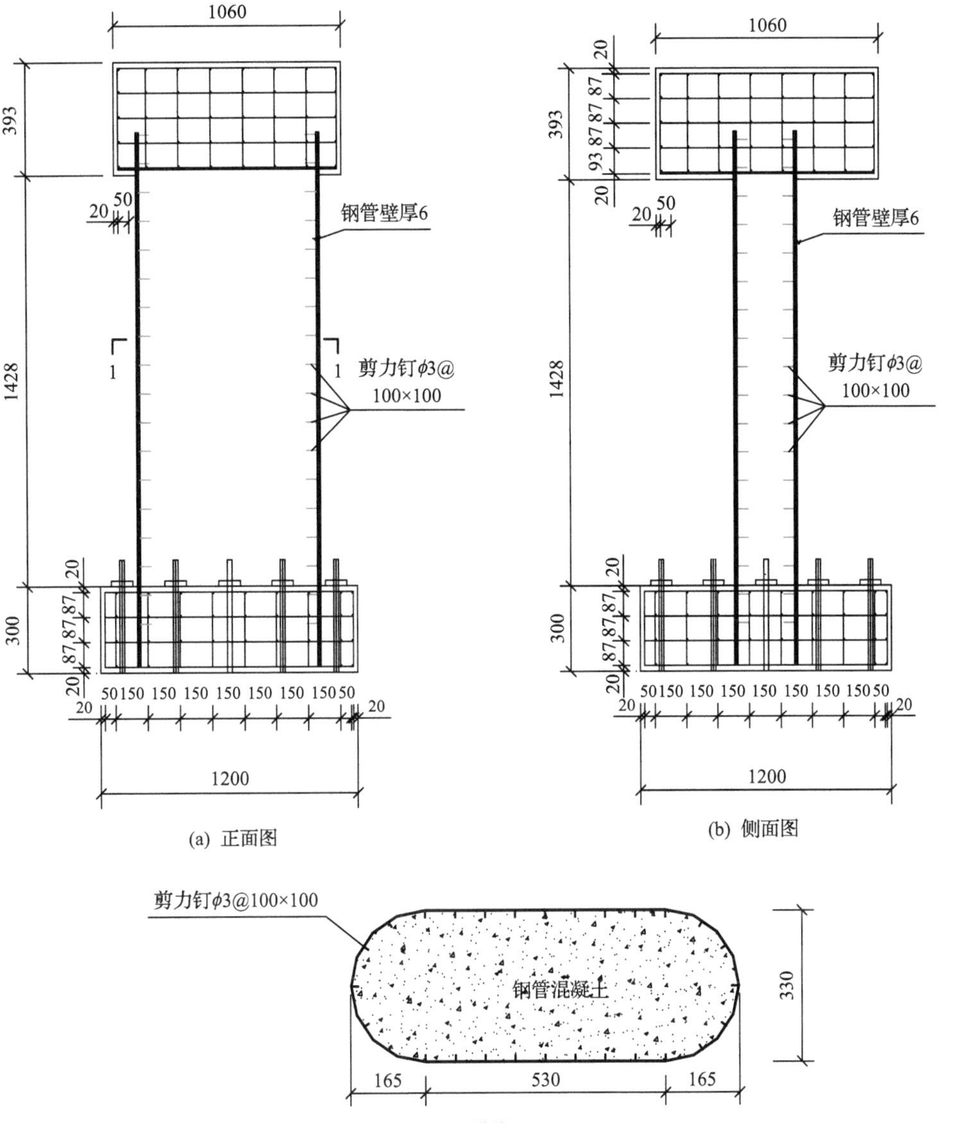

(a) 正面图　(b) 侧面图

(c) 横截面

图 11-7　桥墩模型尺寸(单位：mm)

原型桥墩底面边长为

$$6\times2+\pi\times2.3=19.22566\,(\mathrm{m})$$

模型桥墩底面面积为

$$12.66476/49=0.258464\,(\mathrm{m}^2)$$

模型桥墩底面边长为

$$19.22566/7=2.7465(\text{m})$$

根据体积配箍率相似，可得钢管厚度为

$$1.69\%\times0.258464/2.7465=1.59(\text{mm})$$

考虑到试验目的，采用钢管厚度为6mm，防止强震下桥墩严重损伤。

6. 模型边界设计

10m桥墩模型底座配筋图见图11-8，底座设计时考虑安装孔可以将模型结构刚性固定在振动台上，间距满足振动台孔距模数。在将桥墩模型吊装到振动台上后，用螺栓对其进行固定。

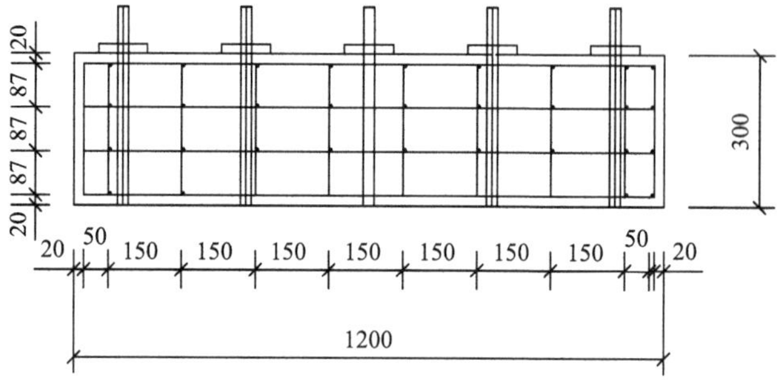

图 11-8　10m 桥墩模型底座配筋图(单位：mm)

11.2.3　模型结构施工及安装

模型制作外模采用钢模，对于桥墩、主梁，试验采用商品混凝土，经绑扎钢筋、支模、浇筑、脱模并用水养护7天后在自然条件下养护。上部结构和活荷载用人工质量模拟，并通过在不同位置放置不同质量混凝土块和铅块进行配重。为保证上部配重在加载时稳定，不同层铅块和模型之间涂抹砂浆或者结构胶固定，周边空隙处由木屑填充固定。

模型完成后，先将3个桥墩分别安放在3个振动台上，然后在墩顶放置支座，最后将两跨主梁吊装到支座上方，并固定支座。在吊装中考虑模型的安全性，并对吊脚和预埋件进行验算。

1. 模型配筋

本模型拟在实验室进行制作加工，在振动台附近进行主梁、桥墩和底座板整浇。梁体截面的纵筋、箍筋配筋率与原型相同。主梁配筋图见图11-9。

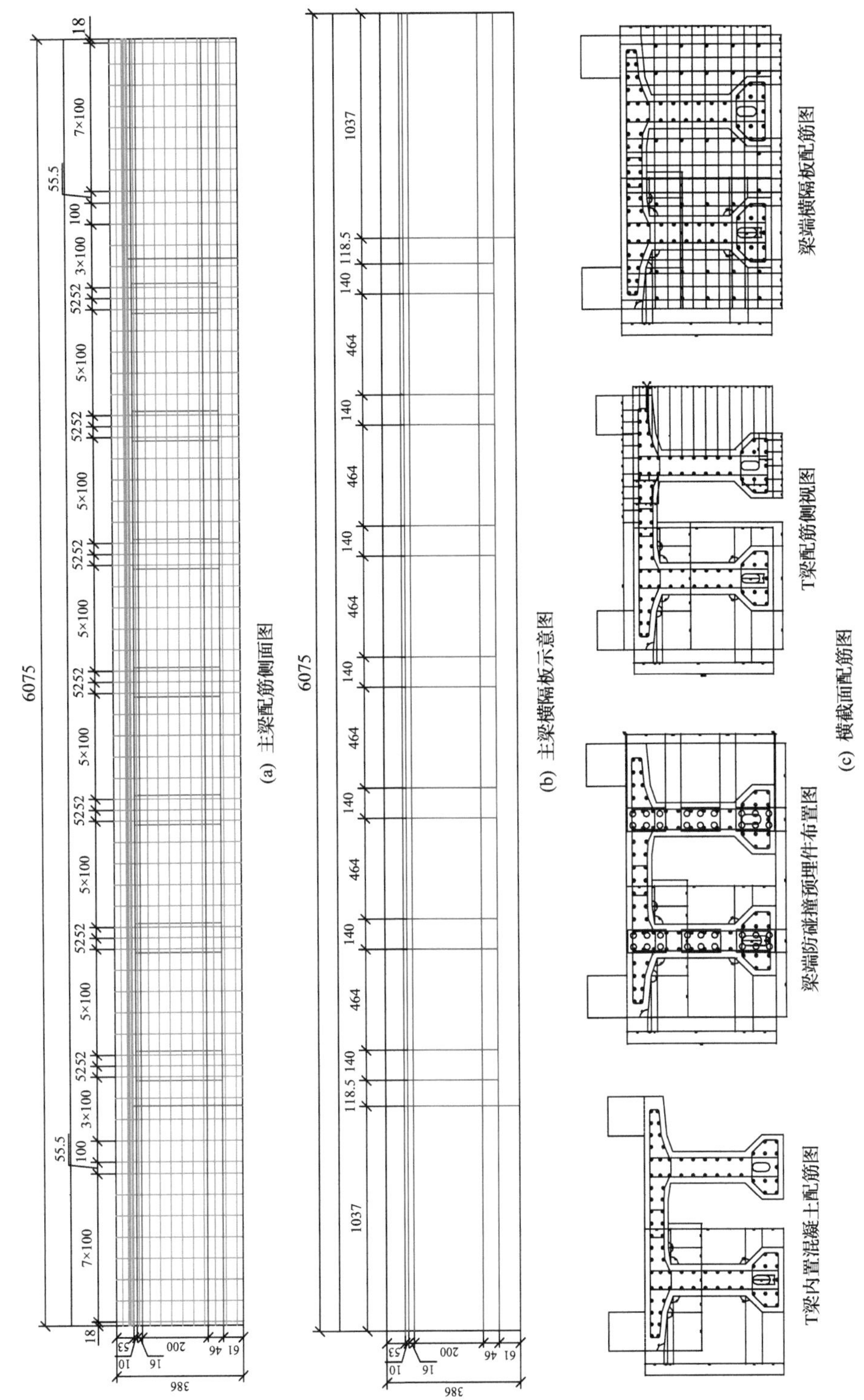

(a) 主梁配筋侧面图

(b) 主梁横隔板示意图

(c) 横截面配筋图

图 11-9　主梁配筋图(单位：mm)

2. 模型施工

主梁和桥墩模型的加工及养护严格按照试验设计进行，见图 11-10 与图 11-11。

图 11-10　主梁模型的加工及养护

图 11-11　桥墩模型的加工及养护

3. 试验配重方案

全桥为缩尺模型，故应考虑质量相似关系的影响。梁体和桥墩附加质量按缩尺后配重质量设计成混凝土质量块，均匀分布于桥面或墩顶，并尽可能与实际结构相近，欠配质量用铅块承担，见图 11-12。

本章动力相似模型为忽略重力影响的相似模型，因此模型墩的自重不足，导致自重应力变小，自重应力不足将对结构的屈服弯矩产生影响。由于试验对象为结构模型而非原型，只能尽可能还原原型结构的动力特性和破坏形式。

另外，在国内外模型振动台试验中，结构屈服弯矩相似关系均没有考虑，所以本次试验中也不考虑屈服弯矩相似比的影响。

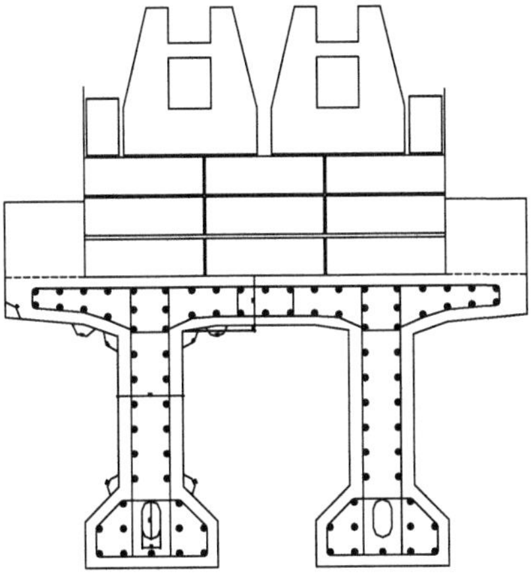

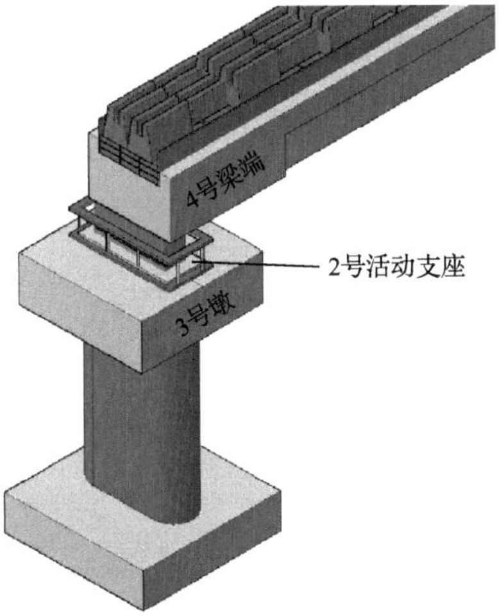

图 11-12　试验主梁模型配重示意图

根据初步意见，对于 10m 墩模型，将理论配重的 1/4 放置于墩顶，并取消其他的 3/4 理论配重，从而使得桥墩模型与原型之间保持合理的自振周期对应关系。

缩尺模型混凝土墩顶的面积为

$$(111.43-45.71)\times 45.71+\pi/4\times 45.71^2=0.464508\,(\mathrm{m}^2)$$

墩底的面积为

$$(52.85\times 32.86)+\pi/4\times 32.86^2=0.258471\,(\mathrm{m}^2)$$

墩顶扩展部分的平均面积为

$$(0.464608+0.258471)/2=0.3614895\,(\mathrm{m}^2)$$

扩展部分的高度为 39.29cm，需要的矩形面积为

$$(0.3614895\times 0.3929\times 2.4+481.5544/7^3\times 2.8\times 1/4)/0.3929/2.4=1.403712\,(\mathrm{m}^2)$$

与原墩顶面积之比为

$$1.403712/0.464508=3.02$$

所以原墩顶尺寸需扩大 $3.02^{1/2}$=1.73 倍。

11.2.4　试验方案制定

试验方案是整个振动台模型试验的指南，包括模型安装位置及方向、传感器类型及数量、试验工况、地震激励选择及输入顺序等内容。

1. 模型安装及传感器布设方案

1) 模型安装

模型安装位置及方向见图 11-13，顺桥向为东西向，横桥向为南北向。

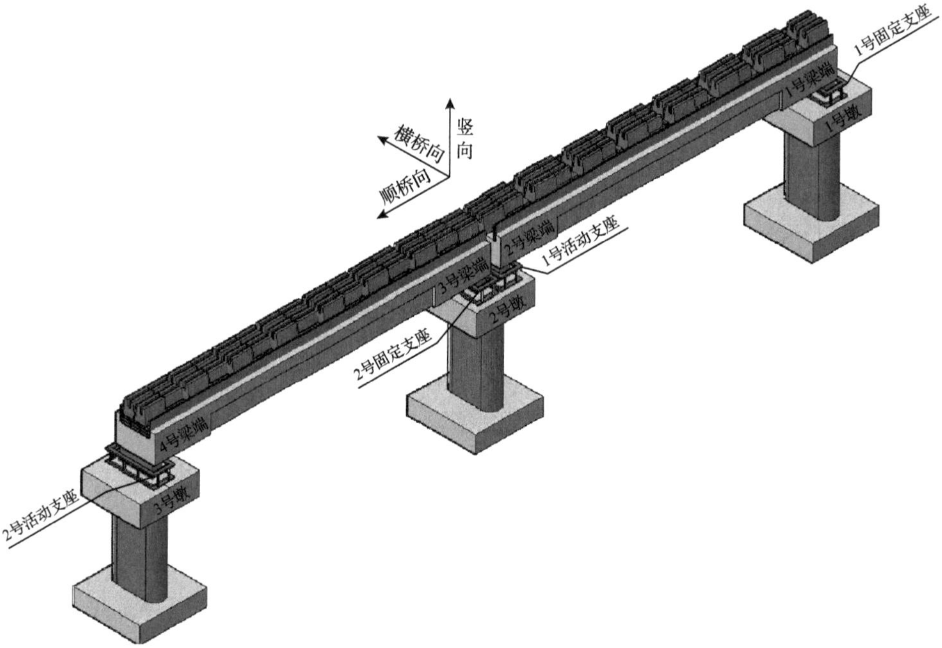

图 11-13　模型安装位置及方向

2) 传感器布设

在振动台试验中，应对以下数值进行测量：桥墩表面应变片的应力；桥墩的加速度和位移时程；主梁的加速度和位移时程。其中，着重考察墩顶-梁端的相对位移时程(对应钢阻尼支座位移)。

3) 应变片布置

桥墩模型浇筑养护完毕后，在钢管混凝土外表面靠近墩底的部位粘贴钢筋应变片，应变片布置见图 11-14。为了使测试数据更为准确，对钢管外表面进行打磨处理，尽量保证表面光滑。

(1) 灰色表示粘贴在钢管表面的竖向应变片，中墩每个面均布设 5 层应变测点，每一层布设 12 个应变测点，共计 60 个应变测点，具体布设尺寸见图 11-14(a)、(b)；边墩每个面布设 2 层应变测点，每一层布设 12 个应变测点，边墩(单个)共计 24 个应变测点，具体布设尺寸见图 11-14(c)、(d)。

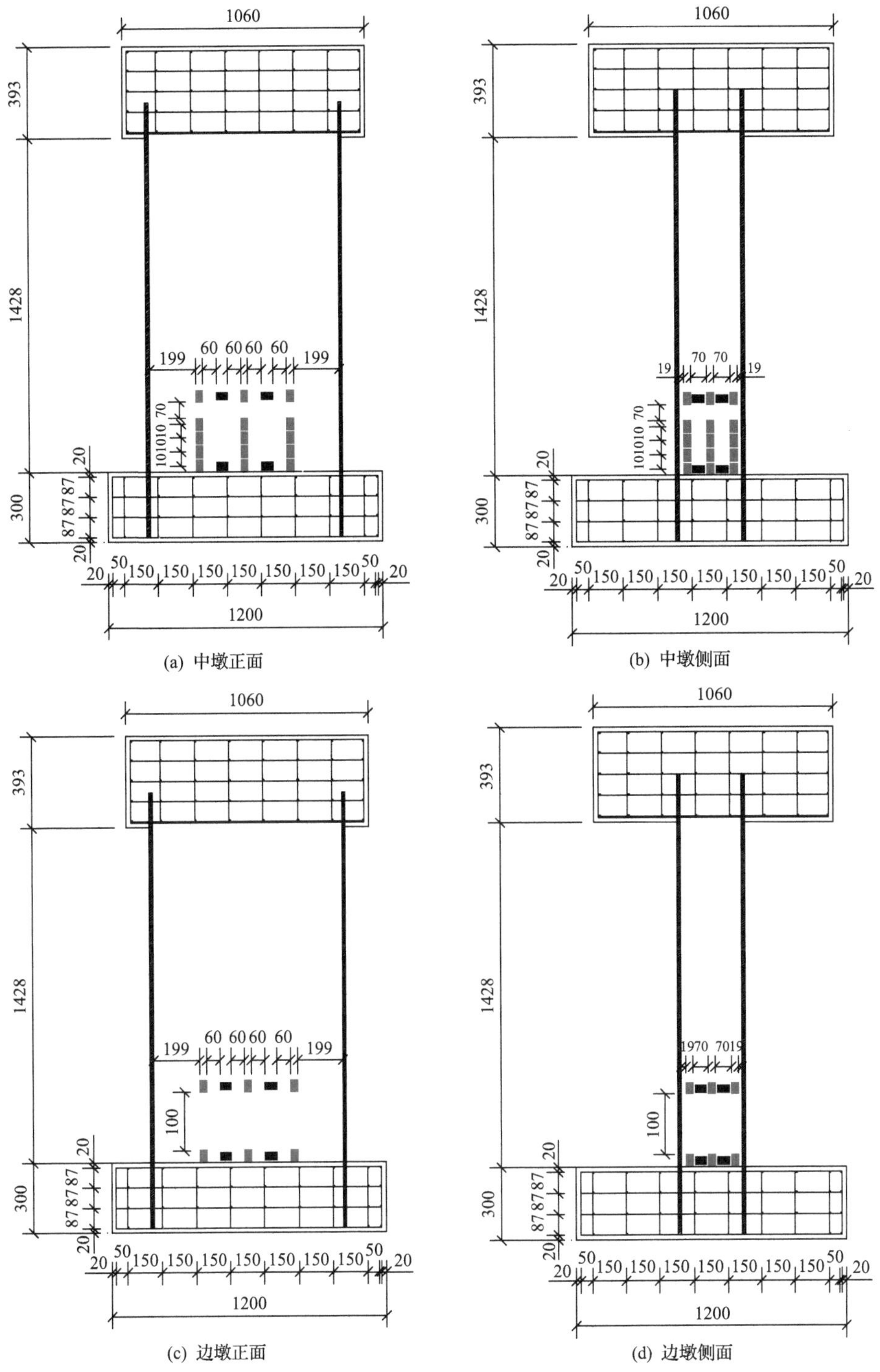

图 11-14　模型应变片布置(单位：mm)

(2)黑色表示粘贴在钢管表面的横向应变片，中墩每个面布设 2 层应变测点，每一层布设 8 个应变测点，共计 16 个应变测点，具体布设尺寸见图 11-14(a)、(b)；边墩每个面布设 2 层应变测点，每一层布设 8 个应变测点，边墩(单个)共计 16 个应变测点，具体布设尺寸见图 11-14(c)、(d)。

(3)中墩共计 76 个应变测点，边墩(单个)共计 40 个应变测点。

(4)整个模型共计 76+40×2=156 个应变测点。

4)加速度计和位移计布置

在墩底、墩顶和梁端的每一位置分别布置顺桥向、横桥向、竖向三个加速度计和三个位移计，分别见图 11-15、图 11-16。

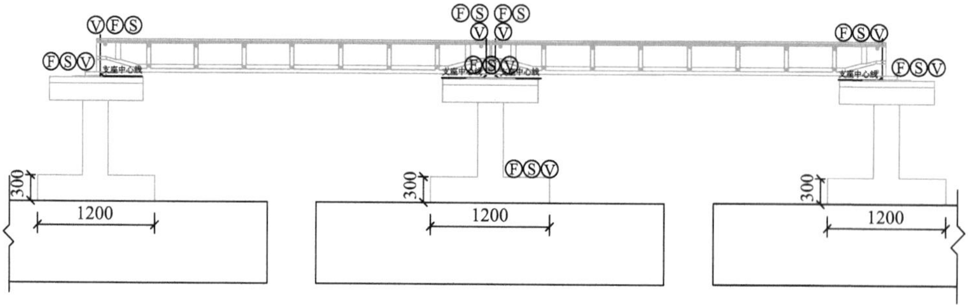

图 11-15　加速度计布置图(单位：mm)

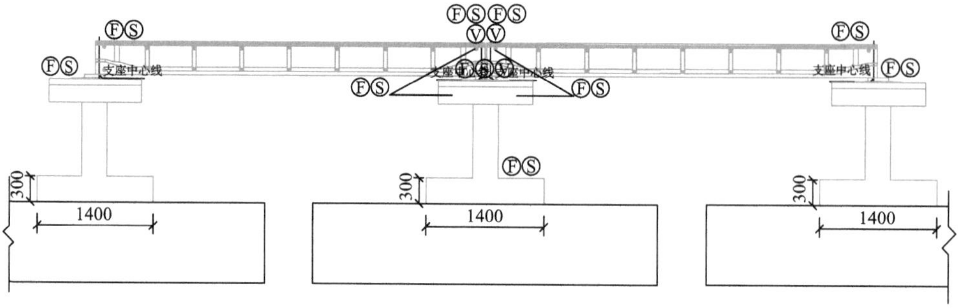

图 11-16　位移计布置图(单位：mm)

根据铁路梁桥结构及振动台试验的特点，在桥墩、主梁结构上均需要布设传感器，最终测得结构加速度、位移、应变等地震响应。

本次试验最核心的测量数据是支座的变形，此变形可通过测量支座底端和顶部的相对位移来获得。为了保证相对位移数据的可靠性，在中墩位置布置一组激光位移计。激光位移计的精度足够，并且能保证采集的数据同步，但是激光位移计的精度受周围光照环境的影响较大，所以需要注意振动台试验过程中不能出现环境光照突变的现象。经过统计，所需要的测点数见表 11-3。

为防止主梁发生碰撞，建议在原型桥梁主梁与主梁连接部位设置柔性垫层，

表 11-3　测点统计

测点类型	个数
位移计	23
加速度计	33
应变片	156

可有效消除地震作用下碰撞效应的影响。通常在地震中，主梁的碰撞形式为挤压和交错两种。在模型试验中，对该柔性垫层也同样进行模拟，主梁之间设置一定厚度的柔性垫层以消除碰撞效应。

2. 地震波选取

桥梁动力时程分析时需合理地选择地震波，地震波选取时需要考虑的因素一般包括特征周期、地震波的频谱特性、地震波的持续时间和结构地震反应等[1]。通常所选择地震动反应谱特征周期需要与场地的卓越周期接近，持续时间是桥梁基本周期的 5～10 倍，即结构顶点位移可按基本周期往复 5～10 次[2]。频谱在所选区间内需要具有代表性，一般参考工程场地的设计反应谱，地震波反应谱越接近设计反应谱越好，设防烈度和地震动峰值加速度应按《中国地震动参数区划图》(GB 18306—2015)或工程所在场地的地震安评报告进行取值。

本章研究内容不针对特定场地，故对地震波频谱特性、设防烈度没有特殊要求。综合本章研究的实际情况，地震波幅值按峰值加速度 0.3g、0.3675g、0.57g、0.735g 四个水准考虑，地震波选取 2 条安评波和 4 条实测波。

安评波选取 2 条靖远黄河特大桥地震波，实测波选取我国汶川波、美国洛杉矶北岭波、美国因皮里尔河谷波、日本新潟波。对安评波(安评波-1、安评波-2)、美国因皮里尔河谷地震波、日本新潟地震波按照缩尺理论进行处理，分别调整峰值加速度为 0.3675g、0.735g，对应 7 度、8 度地震烈度。为得到较大的位移地震响应，对部分地震波做如下处理：①将美国洛杉矶北岭波、日本新潟波、我国汶川波峰值加速度调整为 0.3g，持时不压缩；②将美国洛杉矶北岭波、日本新潟波峰值加速度调整为 0.57g，持时不压缩；③将安评波-1 峰值加速度调整为 0.735g，持时不压缩。所选地震波时程曲线见图 11-17。

3. 制定试验工况

1)采用钢阻尼支座试验部分

对于每一种支座的整跨铁路桥梁模型振动台试验，分别输入顺桥向、横桥向、顺桥向+横桥向 3 个方向的地震波，每个方向不少于 4 条地震波，分别记录墩底、墩顶、梁端的位移和加速度，同时记录墩底应变。

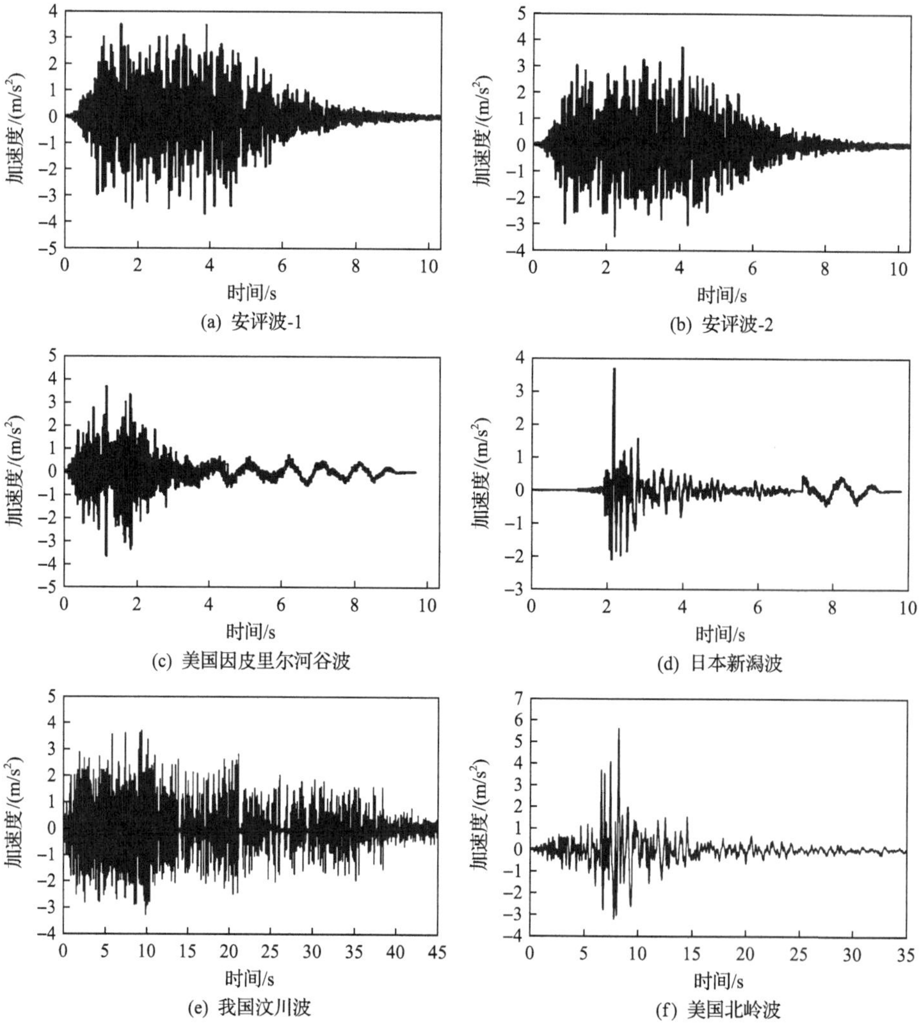

(a) 安评波-1　(b) 安评波-2　(c) 美国因皮里尔河谷波　(d) 日本新潟波　(e) 我国汶川波　(f) 美国北岭波

图 11-17　试验选用地震波时程曲线

7 度地震烈度区共计 15 种工况，详细工况列表见表 11-4。

表 11-4　钢阻尼支座-10m 墩模型-7 度工况

工况序号	工况编号	烈度	地震激励	方向	设定加速度/g	
					顺桥向	横桥向
	W1		三向白噪声		0.05	0.05
1	安评波-1	7	靖远黄河特大桥地震波	顺桥向	0.3675	—
2	安评波-2	7	靖远黄河特大桥地震波	顺桥向	0.3675	—
	W2		三向白噪声		0.05	0.05

续表

工况序号	工况编号	烈度	地震激励	方向	设定加速度/g	
					顺桥向	横桥向
3	10m-Imperial Valley	7	美国因皮里尔河谷地震波	顺桥向	0.3675	—
4	10m-Chuetsu-oki	7	日本新潟地震波	顺桥向	0.3675	—
5	10m-Wenchuan	7	我国汶川地震波	顺桥向	0.3675	—
	W3		三向白噪声		0.05	0.05
6	安评波-1	7	靖远黄河特大桥地震波	横桥向	—	0.3675
7	安评波-2	7	靖远黄河特大桥地震波	横桥向	—	0.3675
	W4		三向白噪声		0.05	0.05
8	10m-Imperial Valley	7	美国因皮里尔河谷地震波	横桥向	—	0.3675
9	10m-Chuetsu-oki	7	日本新潟地震波	横桥向	—	0.3675
10	10m-Wenchuan	7	我国汶川地震波	横桥向	—	0.3675
	W5		三向白噪声		0.05	0.05
11	安评波-1	7	靖远黄河特大桥地震波	顺桥向+横桥向	0.3675	0.3123
12	安评波-2	7	靖远黄河特大桥地震波	顺桥向+横桥向	0.3675	0.3123
	W6		三向白噪声		0.05	0.05
13	10m-Imperial Valley	7	美国因皮里尔河谷地震波	顺桥向+横桥向	0.3675	0.3123
14	10m-Chuetsu-oki	7	日本新潟地震波	顺桥向+横桥向	0.3675	0.3123
15	10m-Wenchuan	7	我国汶川地震波	顺桥向+横桥向	0.3675	0.3123
	W7		三向白噪声		0.05	0.05

8 度地震烈度区共计 15 种工况，详细工况列表见表 11-5。

表 11-5　钢阻尼支座-10m 墩模型-8 度工况

工况序号	工况编号	烈度	地震激励	方向	设定加速度/g	
					顺桥向	横桥向
	W8		三向白噪声		0.05	0.05
16	安评波-1	8	靖远黄河特大桥地震波	顺桥向	0.735	—
17	安评波-2	8	靖远黄河特大桥地震波	顺桥向	0.735	—
	W9		三向白噪声		0.05	0.05
18	10m-Imperial Valley	8	美国因皮里尔河谷地震波	顺桥向	0.735	—
19	10m-Chuetsu-oki	8	日本新潟地震波	顺桥向	0.735	—
20	10m-Wenchuan	8	我国汶川地震波	顺桥向	0.735	—

续表

工况序号	工况编号	烈度	地震激励	方向	设定加速度/*g*	
					顺桥向	横桥向
	W10		三向白噪声		0.05	0.05
21	安评波-1	8	靖远黄河特大桥地震波	横桥向	—	0.735
22	安评波-2	8	靖远黄河特大桥地震波	横桥向	—	0.735
	W11		三向白噪声		0.05	0.05
23	10m-Imperial Valley	8	美国因皮里尔河谷地震波	横桥向	—	0.735
24	10m-Chuetsu-oki	8	日本新潟地震波	横桥向	—	0.735
25	10m-Wenchuan	8	我国汶川地震波	横桥向	—	0.735
	W12		三向白噪声		0.05	0.05
26	安评波-1	8	靖远黄河特大桥地震波	顺桥向+横桥向	0.735	0.6475
27	安评波-2	8	靖远黄河特大桥地震波	顺桥向+横桥向	0.735	0.6475
	W13		三向白噪声		0.05	0.05
28	10m-Imperial Valley	8	美国因皮里尔河谷地震波	顺桥向+横桥向	0.735	0.6475
29	10m-Chuetsu-oki	8	日本新潟地震波	顺桥向+横桥向	0.735	0.6475
30	10m-Wenchuan	8	我国汶川地震波	顺桥向+横桥向	0.735	0.6475
	W14		三向白噪声		0.05	W14

设计加速度峰值 0.3*g*(持时不压缩)共计 6 种工况，详细工况列表见表 11-6。

表 11-6 钢阻尼支座-10m 墩模型-0.3*g* 工况

工况序号	工况编号	烈度	地震激励	方向	设定加速度/*g*	
					顺桥向	横桥向
	W15		三向白噪声		0.05	0.05
31	10m-Northridge	—	美国洛杉矶北岭地震波	顺桥向	0.3	—
	W16		三向白噪声		0.05	0.05
32	10m-Chuetsu-oki	—	日本新潟地震波	顺桥向	0.3	—
33	10m-Wenchuan	—	我国汶川地震波	顺桥向	0.3	—
	W17		三向白噪声		0.05	0.05
34	10m-Northridge	—	美国洛杉矶北岭地震波	横桥向	—	0.3
	W18		三向白噪声		0.05	0.05
35	10m-Chuetsu-oki	—	日本新潟地震波	横桥向	—	0.3
36	10m-Wenchuan	—	我国汶川地震波	横桥向	—	0.3
	W19		三向白噪声		0.05	0.05

设计加速度峰值 0.57g(持时不压缩)共计 2 种工况，详细工况列表见表 11-7。

表 11-7　钢阻尼支座-10m 墩模型-0.57g 工况

工况序号	工况编号	烈度	地震激励	方向	设定加速度/g	
					顺桥向	横桥向
	W20		三向白噪声		0.05	0.05
37	10m-Northridge	—	美国洛杉矶北岭地震波	顺桥向	0.57	—
38	10m-Chuetsu-oki	—	日本新潟地震波	顺桥向	0.57	—
	W21		三向白噪声		0.05	0.05

设计加速度峰值 0.735g(持时不压缩)共计 1 种工况,详细工况列表见表 11-8。

表 11-8　钢阻尼支座-10m 墩模型-0.735g 工况

工况序号	工况编号	烈度	地震激励	方向	设定加速度/g	
					顺桥向	横桥向
	W21		三向白噪声		0.05	0.05
39	安评波-1	—	靖远黄河特大桥地震波	顺桥向	0.735	—
	W22		三向白噪声		0.05	0.05

在每一类地震波激励结束后输入一次白噪声扫频，用来测试桥墩不同程度损伤造成的频率变化。在每一类地震波输入结束后，观察支座损伤发展情况，并视情况更换支座。

2)采用普通支座试验部分

针对普通支座桥梁试验模型，进行振动台加载试验。7 度地震烈度区共计 15 种工况，详细工况列表见表 11-9。

表 11-9　普通支座-10m 墩模型-7 度工况

工况序号	工况编号	烈度	地震激励	方向	设定加速度/g	
					顺桥向	横桥向
	W1		三向白噪声		0.05	0.05
1	安评波-1	7	靖远黄河特大桥	顺桥向	0.3675	—
2	安评波-2	7	靖远黄河特大桥	顺桥向	0.3675	—
	W2		三向白噪声		0.05	0.05
3	10m-Imperial Valley	7	美国因皮里尔河谷地震波	顺桥向	0.3675	—
4	10m-Chuetsu-oki	7	日本新潟地震波	顺桥向	0.3675	—
5	10m-Wenchuan	7	我国汶川地震波	顺桥向	0.3675	—

续表

工况序号	工况编号	烈度	地震激励	方向	设定加速度/g	
					顺桥向	横桥向
	W3		三向白噪声		0.05	0.05
6	安评波-1	7	靖远黄河特大桥地震波	横桥向	—	0.3675
7	安评波-2	7	靖远黄河特大桥地震波	横桥向	—	0.3675
	W4		三向白噪声		0.05	0.05
8	10m-Imperial Valley	7	美国因皮里尔河谷地震波	横桥向	—	0.3675
9	10m-Chuetsu-oki	7	日本新潟地震波	横桥向	—	0.3675
10	10m-Wenchuan	7	我国汶川地震波	横桥向	—	0.3675
	W5		三向白噪声		0.05	0.05
11	安评波-1	7	靖远黄河特大桥地震波	顺桥向+横桥向	0.3675	0.3123
12	安评波-2	7	靖远黄河特大桥地震波	顺桥向+横桥向	0.3675	0.3123
	W6		三向白噪声		0.05	0.05
13	10m-Imperial Valley	7	美国因皮里尔河谷地震波	顺桥向+横桥向	0.3675	0.3123
14	10m-Chuetsu-oki	7	日本新潟地震波	顺桥向+横桥向	0.3675	0.3123
15	10m-Wenchuan	7	我国汶川地震波	顺桥向+横桥向	0.3675	0.3123
	W7		三向白噪声		0.05	0.05

8 度地震烈度区共计 15 种工况，详细工况列表见表 11-10。

表 11-10　普通支座-10m 墩模型-8 度工况

工况序号	工况编号	烈度	地震激励	方向	设定加速度/g	
					顺桥向	横桥向
	W8		三向白噪声		0.05	0.05
16	安评波-1	8	靖远黄河特大桥地震波	顺桥向	0.735	—
17	安评波-2	8	靖远黄河特大桥地震波	顺桥向	0.735	—
	W9		三向白噪声		0.05	0.05
18	10m-Imperial Valley	8	美国因皮里尔河谷地震波	顺桥向	0.735	—
19	10m-Chuetsu-oki	8	日本新潟地震波	顺桥向	0.735	—
20	10m-Wenchuan	8	我国汶川地震波	顺桥向	0.735	—
	W10		三向白噪声		0.05	0.05
21	安评波-1	8	靖远黄河特大桥地震波	横桥向	—	0.735
22	安评波-2	8	靖远黄河特大桥地震波	横桥向	—	0.735

续表

工况序号	工况编号	烈度	地震激励	方向	设定加速度/g	
					顺桥向	横桥向
	W11		三向白噪声		0.05	0.05
23	10m-Imperial Valley	8	美国因皮里尔河谷地震波	横桥向	—	0.735
24	10m-Chuetsu-oki	8	日本新潟地震波	横桥向	—	0.735
25	10m-Wenchuan	8	我国汶川地震波	横桥向	—	0.735
	W12		三向白噪声		0.05	0.05
26	安评波-1	8	靖远黄河特大桥地震波	顺桥向+横桥向	0.735	0.6475
27	安评波-2	8	靖远黄河特大桥地震波	顺桥向+横桥向	0.735	0.6475
	W13		三向白噪声		0.05	0.05
28	10m-Imperial Valley	8	美国因皮里尔河谷地震波	顺桥向+横桥向	0.735	0.6475
29	10m-Chuetsu-oki	8	日本新潟地震波	顺桥向+横桥向	0.735	0.6475
30	10m-Wenchuan	8	我国汶川地震波	顺桥向+横桥向	0.735	0.6475
	W14		三向白噪声		0.05	0.05

设计加速度峰值 0.3g(持时不压缩)共计 6 种工况。详细工况列表见表 11-11。

表 11-11　普通支座-10m 墩模型-0.3g 工况

工况序号	工况编号	烈度	地震激励	方向	设定加速度/g	
					顺桥向	横桥向
	W15		三向白噪声		0.05	0.05
31	10m-Northridge	—	美国洛杉矶北岭地震波	顺桥向	0.3	—
	W16		三向白噪声		0.05	0.05
32	10m-Chuetsu-oki	—	日本新潟地震波	顺桥向	0.3	—
33	10m-Wenchuan	—	我国汶川地震波	顺桥向	0.3	—
	W17		三向白噪声		0.05	0.05
34	10m-Northridge	—	美国洛杉矶北岭地震波	横桥向	—	0.3
	W18		三向白噪声		0.05	0.05
35	10m-Chuetsu-oki	—	日本新潟地震波	横桥向	—	0.3
36	10m-Wenchuan	—	我国汶川地震波	横桥向	—	0.3
	W19		三向白噪声		0.05	0.05

设计加速度峰值 0.57g(持时不压缩)共计 2 种工况,详细工况列表见表 11-12。

表 11-12　普通支座-10m 墩模型-0.57*g* 工况

工况序号	工况编号	烈度	地震激励	方向	设定加速度/*g*	
					顺桥向	横桥向
	W20		三向白噪声		0.05	0.05
37	10m-Northridge	—	美国洛杉矶北岭地震波	顺桥向	0.57	—
38	10m-Chuetsu-oki	—	日本新潟地震波	顺桥向	0.57	—
	W21		三向白噪声		0.05	0.05

设计加速度峰值 0.735*g*(持时不压缩)共计 1 种工况，详细工况列表见表 11-13。

表 11-13　普通支座-10m 墩模型-0.735*g* 工况

工况序号	工况编号	烈度	地震激励	方向	设定加速度/*g*	
					顺桥向	横桥向
	W21		三向白噪声		0.05	0.05
39	安评波-1	—	靖远黄河特大桥地震波	顺桥向	0.735	—
	W22		三向白噪声		0.05	0.05

在每一类地震波激励结束后输入一次白噪声扫频，用来测试桥墩不同程度损伤造成的频率变化。在每一类地震波输入结束后，观察支座损伤发展情况，并视情况更换支座。

3) 模型安装及调试

模型主体竣工后，养护 4 个星期，养护后的桥墩模型见图 11-18。

图 11-18　养护后的桥墩模型

参照模型底座上的锚栓分布图，将振动台上相应位置的孔塞拔除。按照试验方案确定方向位置，将模型由制作场地吊装到振动台上，定位后对穿螺杆拧紧螺帽，见图 11-19。

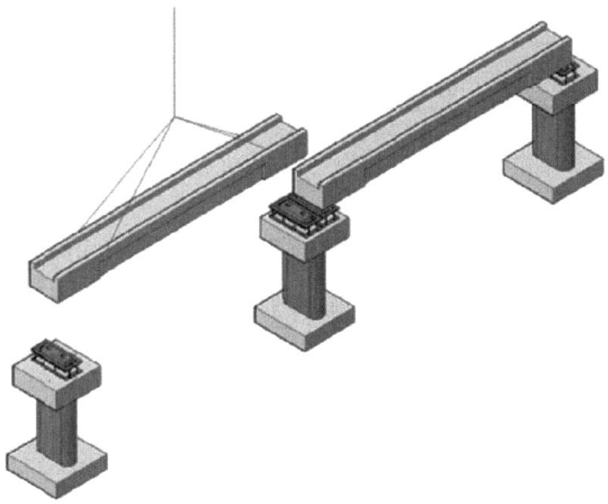

图 11-19　模型调转示意图

在真实地震中，由于铁路桥梁跨度较大，可能会出现各桥墩的位移输入不一致的情况，即地震非一致激励(行波效应)，在桥梁模型振动台试验中应充分考虑这一因素。

因为本次试验所考虑的桥梁模型总跨度很小(小于 70m)，各点激励一致，不存在地震行波效应，所以工况中不考虑振动台非一致激励的问题。

整体加载按照先采用钢阻尼支座振动台试验(桥墩一般不会破坏)后普通支座振动台试验(桥墩将产生不同程度的破坏)的顺序进行，从而最大限度地节省试验成本，在试验过程中视情况更换已经破坏的支座。

11.3　振动台试验过程及结果分析

11.3.1　试验过程

1. 模型安装

将桥墩模型按照孔距模数安装至振动台上，在墩顶钢板上安装支座模块。支座安装完毕后，调整振动台间距，将主梁吊装至桥墩上并固定。固定后，将人工质量安置到梁、墩模型上，并按试验方案安装测点。模型安装过程见图 11-20。

2. 设置数据线

模型安装完毕，测点(位移计、加速度计、应变片)等设置完成后，将其通过数据线与数据采集仪相连接，数据线首尾均进行标号。记录测点位置与数据线的对应关系，并设置数据采集仪的合理档位，见图 11-21 和图 11-22。

(a) 应变片粘贴

(b) 边墩模型安置

(c) 中墩及全桥模型安置

(d) 振动台试验全桥模型

图 11-20　模型安装过程

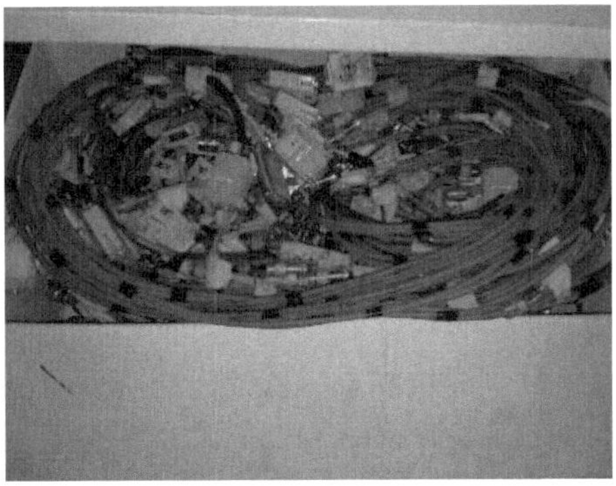

(a) b2接线盒

(b) 传感器延长线

图 11-21　数据线准备情况

(a) 梁端加速度传感器连接情况

(b) 动态数据采集仪连接情况

(c) 墩顶加速度传感器连接情况　　(d) 激光位移计连接情况

图 11-22　数据线连接情况

将数据采集仪连接至计算机，使用计算机进行采样。计算机内数据采集软件通道与数据采集通道严格对应，并对其进行标记。

3. 工况顺序及步骤示例

1) 工况顺序

先采用钢阻尼支座进行整跨铁路桥梁模型振动台试验，共 39 种工况，从 7 度、8 度、PGA=0.3g(持时不压缩)、PGA=0.57g(持时不压缩)、PGA=0.735g(持时不压缩)逐级加载，并且按照先顺桥向后横桥向的顺序加载。

后采用普通支座进行整跨铁路桥梁模型振动台试验，共 39 种工况，从 7 度、8 度、PGA=0.3g(持时不压缩)、PGA=0.57g(持时不压缩)、PGA=0.735g(持时不压缩)逐级加载，并且按照先顺桥向后横桥向的顺序加载。

考虑安全因素，在试验过程中如果出现梁体位移过大的情况，应调整工况加载情况。

2) 步骤示例

(1) 发出指令 1#，数据采集组打开系统，软件开始运行并收集数据。观测记录组开启摄像机，记录视频内容。

(2) 发出指令 2#，振动台操作组开始操作试验，输入白噪声。

(3) 白噪声输入完毕后，数据采集组即刻用数据处理软件进行频谱分析。

(4) 频谱分析完毕后，发出指令 3#，振动台操作组输入地震波，数据采集组密切注意数据采集情况。

(5) 地震波输入完成后，数据采集组检查数据的完整性(每个通道的数据反映)。

(6) 发出指令 4#，输入第二次白噪声，数据采集组观察基频、振型的变化情况。

(7) 输出结果，保存数据。

4. 钢阻尼支座变形情况

不同烈度下钢阻尼支座变形情况见图 11-23。可以看出，在 7 度地震作用下，钢阻尼支座下座板与中间座板之间无明显滑动，横桥向减震榫最大变形量为 2mm，纵桥向减震榫变形很小，近似为 0。在 PGA=0.3g(持时不压缩)地震作用下，钢阻尼支座下座板与中间座板之间有滑动，横桥向减震榫最大变形量为 8mm，纵桥向减震榫最大变形量约为 3mm。在 PGA=0.735g(持时不压缩)地震作用下，钢阻尼支座下座板与中间座板之间有较大滑动，横桥向减震榫最大变形量为 21mm，纵桥向减震榫最大变形量为 8mm。

(a) 7度

(b) PGA=0.3g(持时不压缩)

(c) PGA=0.735g(持时不压缩)

图 11-23　不同烈度下钢阻尼支座变形情况

11.3.2　墩底应变对比分析

1) 不同烈度下采用钢阻尼支座的墩底应变时程曲线对比

7 度、8 度、PGA=0.3g(持时不压缩)、PGA=0.57g(持时不压缩)顺桥向地震作用下 2 号墩墩底应变时程曲线对比见图 11-24 和图 11-25。

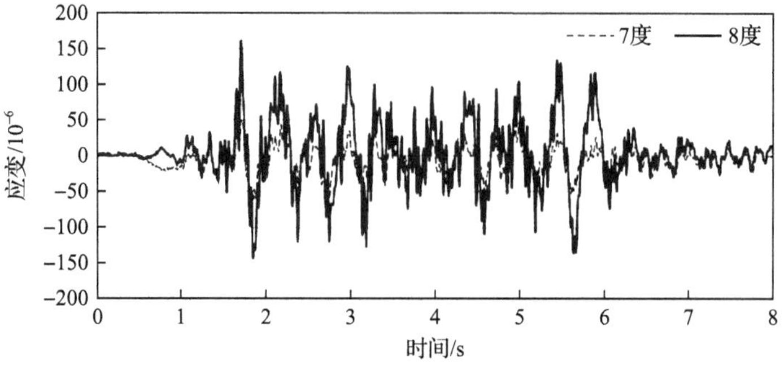

图 11-24　不同烈度下 2 号墩墩底应变时程曲线(安评波-1)

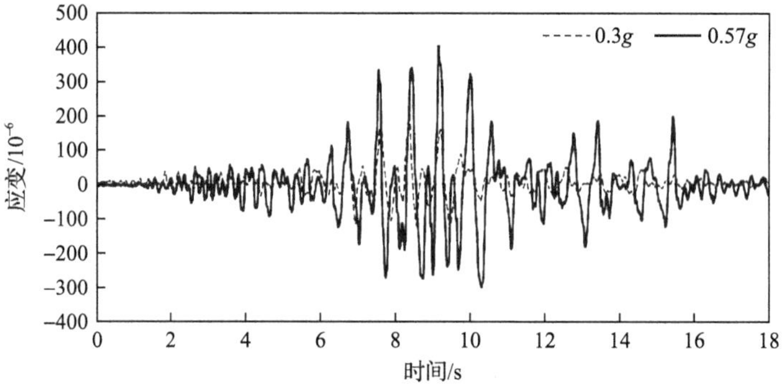

图 11-25　不同烈度下 2 号墩墩底应变时程曲线(北岭波)

2)采用普通支座与钢阻尼支座的墩底应变时程曲线对比

7 度、8 度、PGA=0.3g(持时不压缩)、PGA=0.57g(持时不压缩)、PGA=0.735g(持时不压缩)地震作用下典型工况 2 号墩墩底应变时程曲线对比见图 11-26～图 11-30。

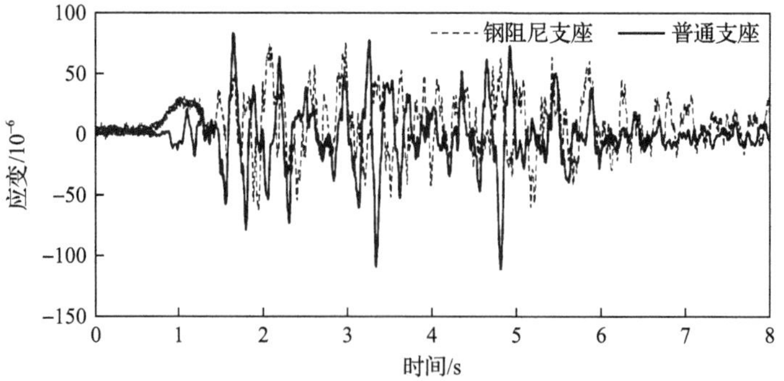

图 11-26　7 度地震作用下 2 号墩墩底应变时程曲线(安评波-1)

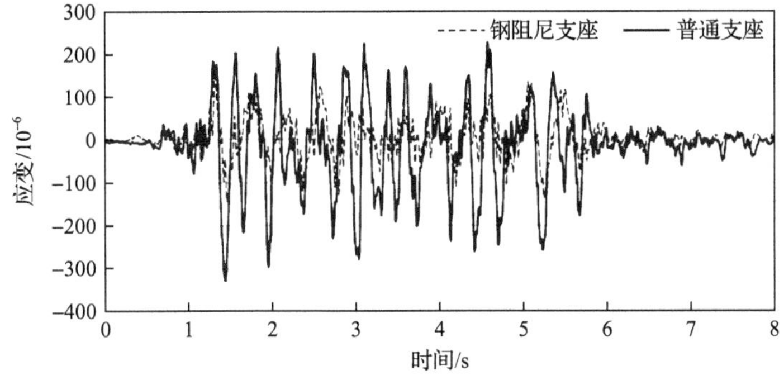

图 11-27　8 度地震作用下 2 号墩墩底应变时程曲线(安评波-1)

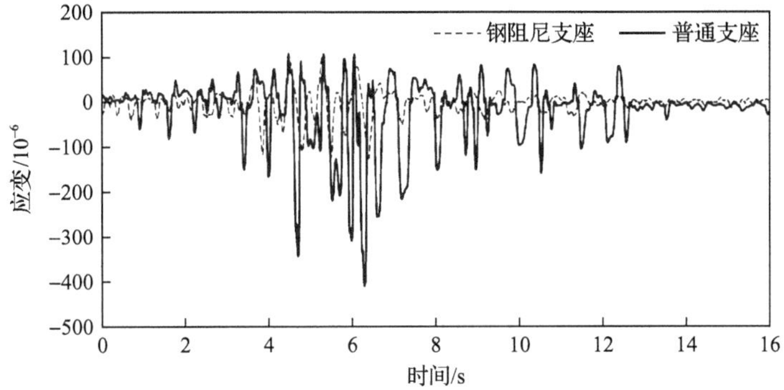

图 11-28　PGA=0.3g(持时不压缩)地震作用下 2 号墩墩底应变时程曲线(北岭波)

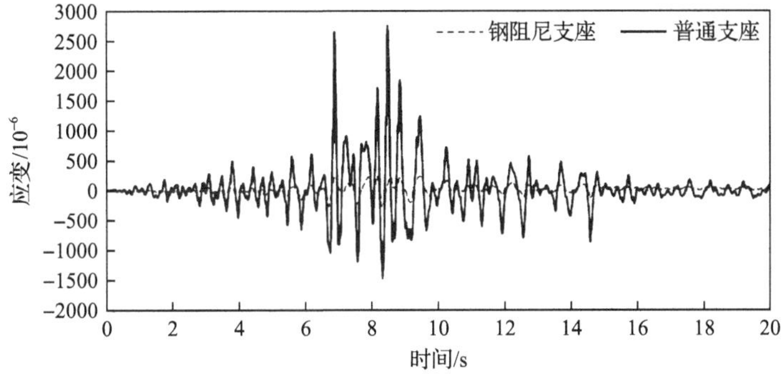

图 11-29　PGA=0.57g(持时不压缩)地震作用下 2 号墩墩底应变时程曲线(北岭波)

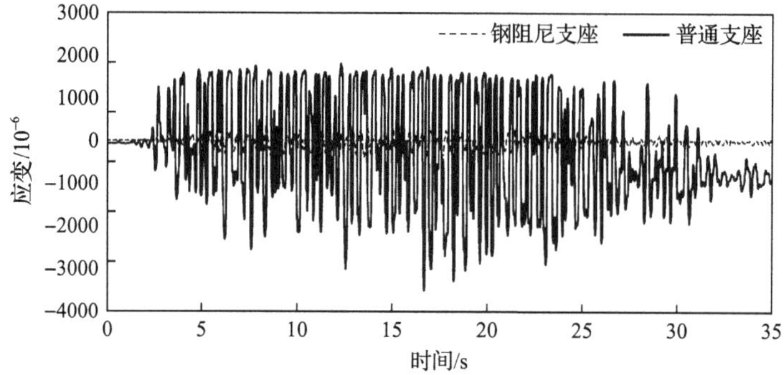

图 11-30　PGA=0.735g(持时不压缩)地震作用下 2 号墩墩底应变时程曲线(安评波-1)

3)不同烈度下墩底应变峰值对比分析

(1)7 度地震作用下墩底应变峰值对比分析。

7 度顺桥向地震作用下，采用普通支座和钢阻尼支座的 1、2、3 号墩墩底应变峰值对比见表 11-14～表 11-16。

表 11-14　7 度顺桥向地震作用下 1 号墩墩底应变峰值($\times10^{-6}$)

工况序号	工况编号	地震动方向	拉应变		压应变	
			普通支座	钢阻尼支座	普通支座	钢阻尼支座
1	安评波-1	顺桥向	176	74	−190	−59
2	安评波-2	顺桥向	167	69	−154	−81
3	10m-Imperial Valley	顺桥向	104	48	−80	−43
4	10m-Chuetsu-oki	顺桥向	168	61	−186	−65
5	10m-Wenchuan	顺桥向	78	67	−62	−40

表 11-15　7 度顺桥向地震作用下 2 号墩墩底应变峰值($\times10^{-6}$)

工况序号	工况编号	地震动方向	拉应变		压应变	
			普通支座	钢阻尼支座	普通支座	钢阻尼支座
1	安评波-1	顺桥向	168	53	−111	−62
2	安评波-2	顺桥向	155	59	−96	−59
3	10m-Imperial Valley	顺桥向	71	68	−114	−74
4	10m-Chuetsu-oki	顺桥向	219	65	−128	−77
5	10m-Wenchuan	顺桥向	78	45	−86	−62

表 11-16　7 度顺桥向地震作用下 3 号墩墩底应变峰值（$\times10^{-6}$）

工况序号	工况编号	地震动方向	拉应变		压应变	
			普通支座	钢阻尼支座	普通支座	钢阻尼支座
1	安评波-1	顺桥向	47	42	–49	–26
2	安评波-2	顺桥向	39	33	–47	–31
3	10m-Imperial Valley	顺桥向	32	21	–30	–18
4	10m-Chuetsu-oki	顺桥向	33	25	–35	–23
5	10m-Wenchuan	顺桥向	28	24	–29	–23

7 度顺桥向地震作用下，采用钢阻尼支座的墩底应变峰值均明显小于采用普通支座的墩底应变峰值，减隔震效果明显。以 2 号墩为例，在安评波-1 地震作用下，采用钢阻尼支座的墩底压应变峰值为-62×10^{-6}，采用普通支座的墩底压应变峰值为-111×10^{-6}，减隔震率为 44%；在汶川波地震作用下，采用钢阻尼支座和普通支座的墩底应变峰值接近，说明不同地震激励下的结构动力响应存在一定的差异。

7 度横桥向地震作用下，采用普通支座和钢阻尼支座的 1、2、3 号墩墩底应变峰值对比见表 11-17～表 11-19。

表 11-17　7 度横桥向地震作用下 1 号墩墩底应变峰值（$\times10^{-6}$）

工况序号	工况编号	地震动方向	拉应变		压应变	
			普通支座	钢阻尼支座	普通支座	钢阻尼支座
6	安评波-1	横桥向	78	41	–32	–26
7	安评波-2	横桥向	64	37	–29	–25
8	10m-Imperial Valley	横桥向	26	21	–23	–14
9	10m-Chuetsu-oki	横桥向	51	32	–30	–26
10	10m-Wenchuan	横桥向	48	27	–22	–14

表 11-18　7 度横桥向地震作用下 2 号墩墩底应变峰值（$\times10^{-6}$）

工况序号	工况编号	地震动方向	拉应变		压应变	
			普通支座	钢阻尼支座	普通支座	钢阻尼支座
6	安评波-1	横桥向	79	65	–88	–57
7	安评波-2	横桥向	68	59	–46	–34
8	10m-Imperial Valley	横桥向	88	35	–49	–34
9	10m-Chuetsu-oki	横桥向	87	55	–41	–31
10	10m-Wenchuan	横桥向	49	43	–42	–32

表 11-19　7 度横桥向地震作用下 3 号墩墩底应变峰值($\times10^{-6}$)

工况序号	工况编号	地震动方向	拉应变		压应变	
			普通支座	钢阻尼支座	普通支座	钢阻尼支座
6	安评波-1	横桥向	70	45	–46	–27
7	安评波-2	横桥向	39	43	–34	–10
8	10m-Imperial Valley	横桥向	48	34	–24	–24
9	10m-Chuetsu-oki	横桥向	56	26	–93	–12
10	10m-Wenchuan	横桥向	95	37	–68	–18

7 度横桥向地震作用下，采用钢阻尼支座的墩底应变峰值基本上小于采用普通支座的墩底应变峰值，而且同一工况下，3 号墩(活动支座墩)墩底应变小于 1 号墩(固定支座墩)墩底应变。以 2 号墩为例，在安评波-1 地震作用下，采用钢阻尼支座的墩底压应变峰值为-57×10^{-6}，采用普通支座的墩底应变峰值为-88×10^{-6}，减隔震率为 35%。

7 度顺桥向+横桥向地震作用下，采用普通支座和钢阻尼支座的 1、2、3 号墩墩底应变峰值对比见表 11-20～表 11-22。

表 11-20　7 度顺桥向+横桥向地震作用下 1 号墩墩底应变峰值($\times10^{-6}$)

工况序号	工况编号	地震动方向	方向	拉应变		压应变	
				普通支座	钢阻尼支座	普通支座	钢阻尼支座
11	安评波-1	顺桥向+横桥向	顺桥向	178	87	–195	–70
			横桥向	64	27	–31	–25
12	安评波-2	顺桥向+横桥向	顺桥向	165	72	–132	–72
			横桥向	40	26	–27	–26
13	10m-Imperial Valley	顺桥向+横桥向	顺桥向	106	50	–85	–51
			横桥向	31	17	–23	–18
14	10m-Chuetsu-oki	顺桥向+横桥向	顺桥向	193	59	–206	–68
			横桥向	37	16	–31	–20
15	10m-Wenchuan	顺桥向+横桥向	顺桥向	109	52	–106	–39
			横桥向	40	20	–20	–19

表 11-21　7 度顺桥向+横桥向地震作用下 2 号墩墩底应变峰值(×10^{-6})

工况序号	工况编号	地震动方向	方向	拉应变		压应变	
				普通支座	钢阻尼支座	普通支座	钢阻尼支座
11	安评波-1	顺桥向+横桥向	顺桥向	164	74	–107	–63
			横桥向	88	62	–78	–50
12	安评波-2	顺桥向+横桥向	顺桥向	164	62	–111	–62
			横桥向	63	59	–50	–31
13	10m-Imperial Valley	顺桥向+横桥向	顺桥向	84	59	–107	–54
			横桥向	70	35	–45	–27
14	10m-Chuetsu-oki	顺桥向+横桥向	顺桥向	175	63	–112	–66
			横桥向	67	63	–61	–26
15	10m-Wenchuan	顺桥向+横桥向	顺桥向	73	57	–84	–49
			横桥向	46	45	–40	–24

表 11-22　7 度顺桥向+横桥向地震作用下 3 号墩墩底应变峰值(×10^{-6})

工况序号	工况编号	地震动方向	方向	拉应变		压应变	
				普通支座	钢阻尼支座	普通支座	钢阻尼支座
11	安评波-1	顺桥向+横桥向	顺桥向	40	39	–48	–24
			横桥向	47	57	–38	–22
12	安评波-2	顺桥向+横桥向	顺桥向	33	39	–37	–26
			横桥向	44	55	–50	–24
13	10m-Imperial Valley	顺桥向+横桥向	顺桥向	27	26	–29	–16
			横桥向	43	38	–38	–24
14	10m-Chuetsu-oki	顺桥向+横桥向	顺桥向	29	29	–38	–23
			横桥向	38	34	–37	–23
15	10m-Wenchuan	顺桥向+横桥向	顺桥向	24	21	–29	–21
			横桥向	100	49	–31	–21

7 度顺桥向+横桥向地震作用下，采用钢阻尼支座的墩底应变峰值均小于采用普通支座的墩底应变峰值，以 2 号墩为例，顺桥向减隔震率在 40%～50%，横桥向减隔震率在 36%～57%，顺桥向平均减隔震率为 44%，横桥向平均减隔震率为 42%，减隔震效果均较为明显。

(2) 8 度地震作用下墩底应变峰值对比。

8 度顺桥向地震作用下，采用普通支座和钢阻尼支座的 1、2、3 号墩墩底应变峰值对比见表 11-23～表 11-25。

表 11-23　8 度顺桥向地震作用下 1 号墩墩底应变峰值($\times10^{-6}$)

工况序号	工况编号	地震动方向	拉应变		压应变	
			普通支座	钢阻尼支座	普通支座	钢阻尼支座
16	安评波-1	顺桥向	302	154	–255	–112
17	安评波-2	顺桥向	194	114	–195	–95
18	10m-Imperial Valley	顺桥向	177	100	–158	–69
19	10m-Chuetsu-oki	顺桥向	308	83	–290	–52
20	10m-Wenchuan	顺桥向	186	68	–179	–66

表 11-24　8 度顺桥向地震作用下 2 号墩墩底应变峰值($\times10^{-6}$)

工况序号	工况编号	地震动方向	拉应变		压应变	
			普通支座	钢阻尼支座	普通支座	钢阻尼支座
16	安评波-1	顺桥向	248	161	–329	–143
17	安评波-2	顺桥向	226	139	–282	–145
18	10m-Imperial Valley	顺桥向	192	83	–256	–112
19	10m-Chusu-oki	顺桥向	319	86	–293	–112
20	10m-Wenchuan	顺桥向	181	82	–266	–96

表 11-25　8 度顺桥向地震作用下 3 号墩墩底应变峰值($\times10^{-6}$)

工况序号	工况编号	地震动方向	拉应变		压应变	
			普通支座	钢阻尼支座	普通支座	钢阻尼支座
16	安评波-1	顺桥向	84	127	–101	–96
17	安评波-2	顺桥向	83	134	–96	–104
18	10m-Imperial Valley	顺桥向	46	56	–51	–56
19	10m-Chuetsu-oki	顺桥向	58	70	–80	–65
20	10m-Wenchuan	顺桥向	67	69	–74	–84

8 度顺桥向地震作用下，2 号墩墩底压应变减隔震率在 49%～64%，减隔震效果明显。3 号墩为边墩，上设活动支座，其弯矩主要由墩顶摩擦力和墩本身的惯性力产生，与是否采用了减隔震措施无关。

8 度横桥向地震作用下，采用普通支座和钢阻尼支座的 1、2、3 号墩墩底应变峰值对比见表 11-26～表 11-28。

表 11-26　8 度横桥向地震作用下 1 号墩墩底应变峰值（$\times10^{-6}$）

工况序号	工况编号	地震动方向	拉应变		压应变	
			普通支座	钢阻尼支座	普通支座	钢阻尼支座
21	安评波-1	横桥向	145	81	–47	–38
22	安评波-2	横桥向	118	81	–63	–27
23	10m-Imperial Valley	横桥向	79	40	–50	–26
24	10m-Chuetsu-oki	横桥向	95	50	–47	–22
25	1-Wenchuan	横桥向	84	78	–48	–29

表 11-27　8 度横桥向地震作用下 2 号墩墩底应变峰值（$\times10^{-6}$）

工况序号	工况编号	地震动方向	拉应变		压应变	
			普通支座	钢阻尼支座	普通支座	钢阻尼支座
21	安评波-1	横桥向	149	159	–191	–110
22	安评波-2	横桥向	233	137	–202	–119
23	10m-Imperial Valley	横桥向	94	86	–139	–88
24	10m-Chuetsu-oki	横桥向	135	129	–132	–73
25	10m-Wenchuan	横桥向	113	99	–109	–73

表 11-28　8 度横桥向地震作用下 3 号墩墩底应变峰值（$\times10^{-6}$）

工况序号	工况编号	地震动方向	拉应变		压应变	
			普通支座	钢阻尼支座	普通支座	钢阻尼支座
21	安评波-1	横桥向	103	71	–81	–50
22	安评波-2	横桥向	93	73	–70	–37
23	10m-Imperial Valley	横桥向	56	59	–43	–47
24	10m-Chuetsu-oki	横桥向	73	38	–69	–33
25	10m-Wenchuan	横桥向	65	66	–46	–46

8 度横桥向地震作用下，采用钢阻尼支座的墩底应变峰值均明显小于采用普通支座的墩底应变峰值。以 2 号墩为例，在安评波-1 地震作用下，采用钢阻尼支座的墩底压应变峰值为-110×10^{-6}，采用普通支座的墩底压应变峰值为-191×10^{-6}，减隔震率为 42%；在汶川波地震作用下，采用钢阻尼支座和普通支座的墩底压应变峰值接近，说明不同地震激励下的结构动力响应存在一定的差异。

8 度顺桥向+横桥向地震作用下，采用普通支座和钢阻尼支座的 1、2、3 号墩墩底应变峰值对比见表 11-29～表 11-31。

表 11-29　8 度顺桥向+横桥向地震作用下 1 号墩墩底应变峰值($\times10^{-6}$)

工况序号	工况编号	地震动方向	方向	拉应变		压应变	
				普通支座	钢阻尼支座	普通支座	钢阻尼支座
26	安评波-1	顺桥向+横桥向	顺桥向	330	123	–209	–133
			横桥向	129	63	–45	–46
27	安评波-2	顺桥向+横桥向	顺桥向	202	113	–193	–112
			横桥向	134	65	–31	–35
28	10m-Imperial Valley	顺桥向+横桥向	顺桥向	168	86	–119	–61
			横桥向	153	48	–30	–28
29	10m-Chuetsu-oki	顺桥向+横桥向	顺桥向	261	84	–280	–70
			横桥向	76	34	–36	–24
30	10m-Wenchuan	顺桥向+横桥向	顺桥向	188	84	–180	–104
			横桥向	183	89	–49	–43

表 11-30　8 度顺桥向+横桥向地震作用下 2 号墩墩底应变峰值($\times10^{-6}$)

工况序号	工况编号	地震动方向	方向	拉应变		压应变	
				普通支座	钢阻尼支座	普通支座	钢阻尼支座
26	安评波-1	顺桥向+横桥向	顺桥向	485	200	–248	–129
			横桥向	275	127	–223	–140
27	安评波-2	顺桥向+横桥向	顺桥向	315	161	–319	–139
			横桥向	261	118	–214	–147
28	10m-Imperial Valley	顺桥向+横桥向	顺桥向	292	82	–267	–110
			横桥向	133	126	–212	–113
29	10m-Chuetsu-oki	顺桥向+横桥向	顺桥向	365	129	–246	–118
			横桥向	185	119	–214	–117
30	10m-Wenchuan	顺桥向+横桥向	顺桥向	421	92	–204	–88
			横桥向	118	103	–223	–104

表 11-31　8 度顺桥向+横桥向地震作用下 3 号墩墩底应变峰值($\times10^{-6}$)

工况序号	工况编号	地震动方向	方向	拉应变		压应变	
				普通支座	钢阻尼支座	普通支座	钢阻尼支座
26	安评波-1	顺桥向+横桥向	顺桥向	140	100	–84	–80
			横桥向	107	86	–65	–59

续表

工况序号	工况编号	地震动方向	方向	拉应变		压应变	
				普通支座	钢阻尼支座	普通支座	钢阻尼支座
27	安评波-2	顺桥向+横桥向	顺桥向	105	74	–92	–74
			横桥向	95	89	–71	–43
28	10m-Imperial Valley	顺桥向+横桥向	顺桥向	57	49	–54	–51
			横桥向	76	62	–62	–44
29	10m-Chuetsu-oki	顺桥向+横桥向	顺桥向	70	56	–82	–81
			横桥向	73	67	–60	–51
30	10m-Wenchuan	顺桥向+横桥向	顺桥向	63	56	–77	–55
			横桥向	72	67	–50	–47

8 度顺桥向+横桥向地震作用下，采用钢阻尼支座的墩底应变峰值均小于采用普通支座的墩底应变峰值。以 2 号墩为例，顺桥向减隔震率在 48%～59%，横桥向减隔震率在 31%～53%，顺桥向平均减隔震率为 54%，横桥向平均减隔震率为 43%，减隔震效果明显。

(3) PGA=0.3g(持时不压缩)地震作用下墩底应变峰值对比分析。

PGA=0.3g(持时不压缩)顺桥向地震作用下，采用普通支座和钢阻尼支座的 1、2、3 号墩墩底应变峰值对比见表 11-32～表 11-34。

表 11-32　PGA=0.3g(持时不压缩)顺桥向地震作用下 1 号墩墩底应变峰值($\times10^{-6}$)

工况序号	工况编号	地震动方向	拉应变		压应变	
			普通支座	钢阻尼支座	普通支座	钢阻尼支座
31	10m-Northridge	顺桥向	375	90	–345	–93
32	10m-Chuetsu-oki	顺桥向	376	98	–360	–113
33	10m-Wenchuan	顺桥向	219	60	–206	–62

表 11-33　PGA=0.3g(持时不压缩)顺桥向地震作用下 2 号墩墩底应变峰值($\times10^{-6}$)

工况序号	工况编号	地震动方向	拉应变		压应变	
			普通支座	钢阻尼支座	普通支座	钢阻尼支座
31	10m-Northridge	顺桥向	108	103	–408	–125
32	10m-Chuetsu-oki	顺桥向	314	266	–288	–104
33	10m-Wenchuan	顺桥向	324	111	–422	–109

表 11-34 PGA=0.3g(持时不压缩)顺桥向地震作用下 3 号墩墩底应变峰值($\times10^{-6}$)

工况序号	工况编号	地震动方向	拉应变		压应变	
			普通支座	钢阻尼支座	普通支座	钢阻尼支座
31	10m-Northridge	顺桥向	24	63	–26	–56
32	10m-Chuetsu-oki	顺桥向	18	61	–37	–98
33	10m-Wenchuan	顺桥向	32	51	–42	–39

PGA=0.3g(持时不压缩)顺桥向地震作用下，同一测点的墩底应变峰值明显大于 8 度地震作用下，采用钢阻尼支座的墩底应变峰值均明显小于采用普通支座的墩底应变峰值。三种工况下，2 号墩墩底压应变减隔震率为 64%～74%，减隔震效果明显。

PGA=0.3g(持时不压缩)横桥向地震作用下，采用普通支座和钢阻尼支座的 1、2、3 号墩墩底应变峰值对比见表 11-35～表 11-37。

表 11-35 PGA=0.3g(持时不压缩)横桥向地震作用下 1 号墩墩底应变峰值($\times10^{-6}$)

工况序号	工况编号	地震动方向	拉应变		压应变	
			普通支座	钢阻尼支座	普通支座	钢阻尼支座
34	10m-Northridge	横桥向	176	43	–142	–34
35	10m-Chuetsu-oki	横桥向	335	48	–189	–31
36	10m-Wenchuan	横桥向	112	34	–111	–25

表 11-36 PGA=0.3g(持时不压缩)横桥向地震作用下 2 号墩墩底应变峰值($\times10^{-6}$)

工况序号	工况编号	动方向	拉应变		压应变	
			普通支座	钢阻尼支座	普通支座	钢阻尼支座
34	10m-Northridge	横桥向	832	197	–585	–172
35	10m-Chuetsu-oki	横桥向	746	176	–358	–155
36	10m-Wenchuan	横桥向	680	126	–345	–125

表 11-37 PGA=0.3g(持时不压缩)横桥向地震作用下 3 号墩墩底应变峰值($\times10^{-6}$)

工况序号	工况编号	地震动方向	拉应变		压应变	
			普通支座	钢阻尼支座	普通支座	钢阻尼支座
34	10m-Northridge	横桥向	59	43	–68	–41
35	10m-Chuetsu-oki	横桥向	58	40	–65	–45
36	10m-Wenchuan	横桥向	38	20	–46	–28

PGA=0.3g(持时不压缩)横桥向地震作用下，采用钢阻尼支座的墩底应变峰值

均小于采用普通支座的墩底应变峰值。三种工况下，2 号墩墩底压应变减隔震率为 57%～71%，减隔震效果明显。

(4) PGA=0.57g(持时不压缩)地震作用下墩底应变峰值对比分析。

PGA=0.57g(持时不压缩)顺桥向地震作用下，采用普通支座和钢阻尼支座的 1、2、3 号墩墩底应变峰值对比见表 11-38～表 11-40。

表 11-38　PGA=0.57g(持时不压缩)顺桥向地震作用下 1 号墩墩底应变峰值($\times10^{-6}$)

工况序号	工况编号	地震动方向	拉应变		压应变	
			普通支座	钢阻尼支座	普通支座	钢阻尼支座
37	10m-Northridge	顺桥向	682	114	–606	–120
38	10m-Chuetsu-oki	顺桥向	714	128	–612	–145

表 11-39　PGA=0.57g(持时不压缩)顺桥向地震作用下 2 号墩墩底应变峰值($\times10^{-6}$)

工况序号	工况编号	地震动方向	拉应变		压应变	
			普通支座	钢阻尼支座	普通支座	钢阻尼支座
37	10m-Northridge	顺桥向	2747	401	–1343	–300
38	10m-Chuetsu-oki	顺桥向	1604	254	–1501	–302

表 11-40　PGA=0.57g(持时不压缩)顺桥向地震作用下 3 号墩墩底应变峰值($\times10^{-6}$)

工况序号	工况编号	地震动方向	拉应变		压应变	
			普通支座	钢阻尼支座	普通支座	钢阻尼支座
37	10m-Northridge	顺桥向	30	76	–38	–107
38	10m-Chuetsu-oki	顺桥向	34	85	–39	–123

PGA=0.57g(持时不压缩)顺桥向地震作用下，2 号墩墩底压应变减隔震率依次为 78%、80%，减隔震效果明显。3 号墩墩底应变采用钢阻尼支座后反而增大，由于 3 号墩为边墩，上设活动支座，其弯矩主要由墩顶摩擦力和墩本身的惯性力产生，与是否采用了减隔震措施无关。

(5) PGA=0.735g(持时不压缩)地震作用下墩底应变峰值对比分析。

PGA=0.735g(持时不压缩)顺桥向地震作用下，采用普通支座和钢阻尼支座的 1、2、3 号墩墩底应变峰值对比见表 11-41～表 11-43。

表 11-41　PGA=0.735g(持时不压缩)顺桥向地震作用下 1 号墩墩底应变峰值($\times10^{-6}$)

工况序号	工况编号	地震动方向	拉应变		压应变	
			普通支座	钢阻尼支座	普通支座	钢阻尼支座
39	安评波-1	顺桥向	559	129	–442	–121

表 11-42 PGA=0.735*g*(持时不压缩)顺桥向地震作用下 2 号墩墩底应变峰值($\times10^{-6}$)

工况序号	工况编号	地震动方向	拉应变		压应变	
			普通支座	钢阻尼支座	普通支座	钢阻尼支座
39	安评波-1	顺桥向	1806	377	–3490	–384

表 11-43 PGA=0.735*g*(持时不压缩)顺桥向地震作用下 3 号墩墩底应变峰值($\times10^{-6}$)

工况序号	工况编号	地震动方向	拉应变		压应变	
			普通支座	钢阻尼支座	普通支座	钢阻尼支座
39	安评波-1	顺桥向	109	67	–175	–95

PGA=0.735*g*(持时不压缩)顺桥向地震作用下，采用钢阻尼支座的墩底应变峰值明显小于采用普通支座的墩底应变峰值，2 号墩墩底压应变减隔震率为 89%，减隔震效果十分明显。

11.3.3 墩顶及支座位移对比分析

1)不同烈度下采用钢阻尼支座的位移时程曲线对比

(1)墩顶位移时程曲线对比。

7 度、8 度、PGA=0.3*g*(持时不压缩)、PGA=0.57*g*(持时不压缩)顺桥向地震作用下 2 号墩墩顶位移时程曲线对比见图 11-31 和图 11-32。

(2)钢阻尼支座位移时程曲线对比。

7 度、8 度、PGA=0.3*g*(持时不压缩)、PGA=0.57*g*(持时不压缩)、PGA=0.735*g*(持时不压缩)顺桥向地震作用下 2 号墩墩顶钢阻尼支座位移时程曲线见图 11-33～图 11-42。

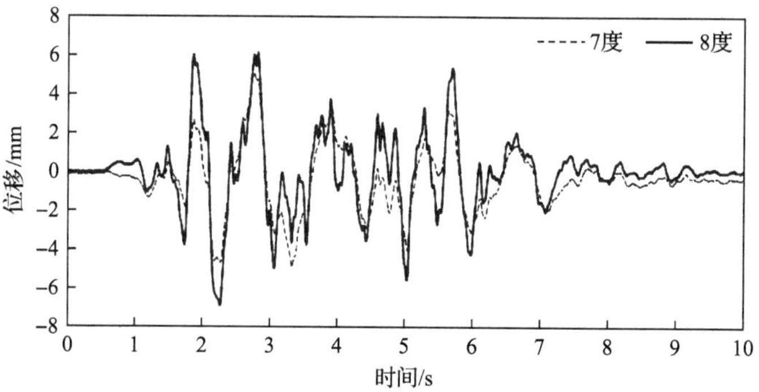

图 11-31 不同烈度下 2 号墩墩顶位移时程曲线(安评波-1)

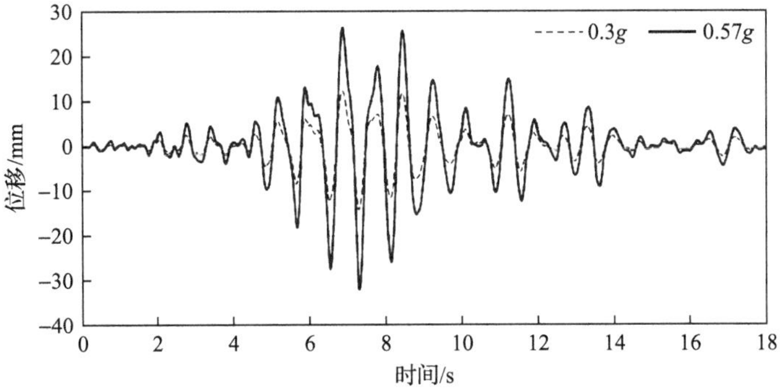

图 11-32　不同烈度下 2 号墩墩顶位移时程曲线(北岭波)

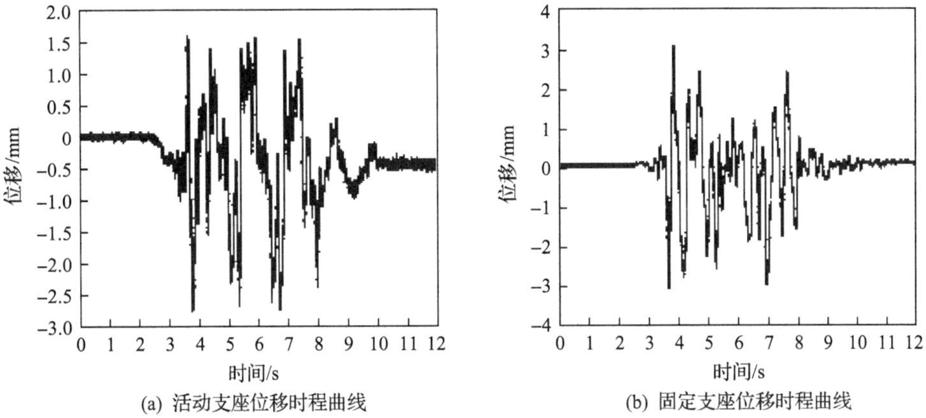

图 11-33　7 度顺桥向地震作用下 2 号墩墩顶钢阻尼支座位移时程曲线(安评波-1)

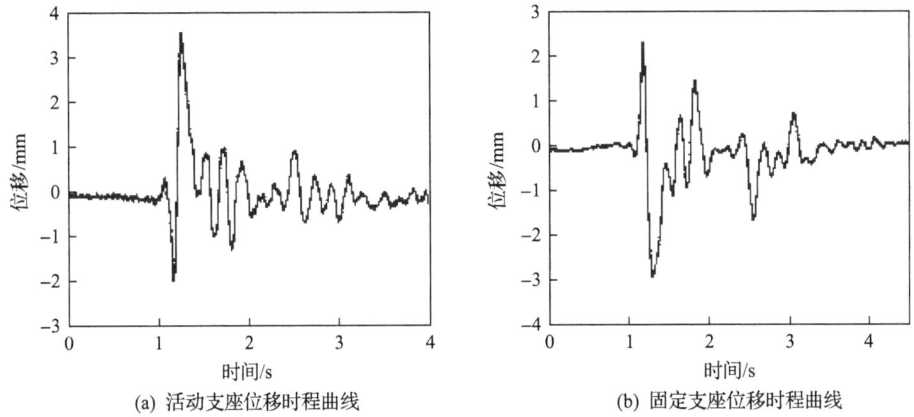

图 11-34　7 度顺桥向地震作用下 2 号墩墩顶钢阻尼支座位移时程曲线(新潟波)

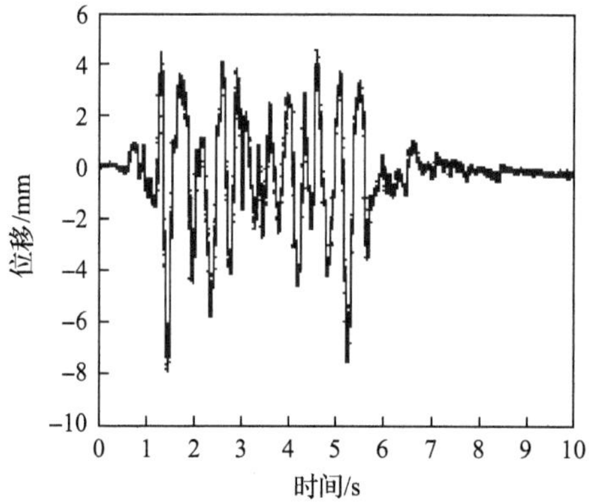

(a) 活动支座位移时程曲线

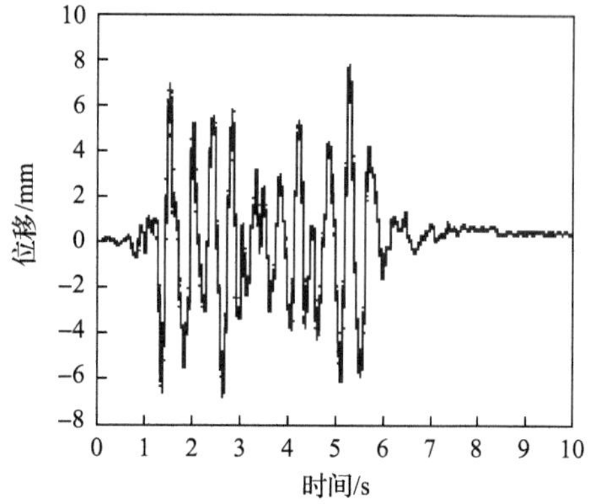

(b) 固定支座位移时程曲线

图 11-35　8 度顺桥向地震作用下 2 号墩墩顶钢阻尼支座位移时程曲线(安评波-1)

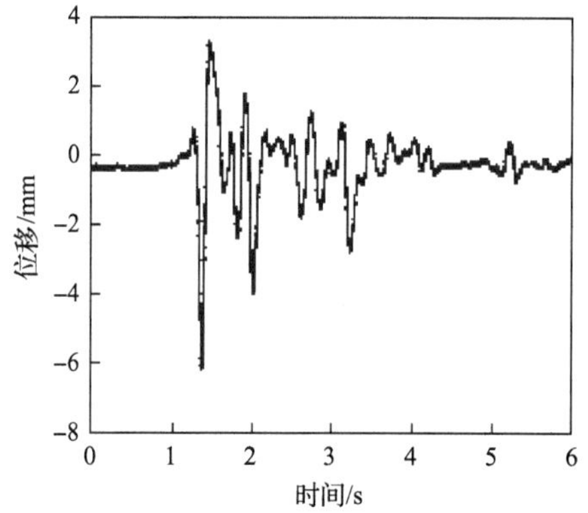

(a) 活动支座位移时程曲线

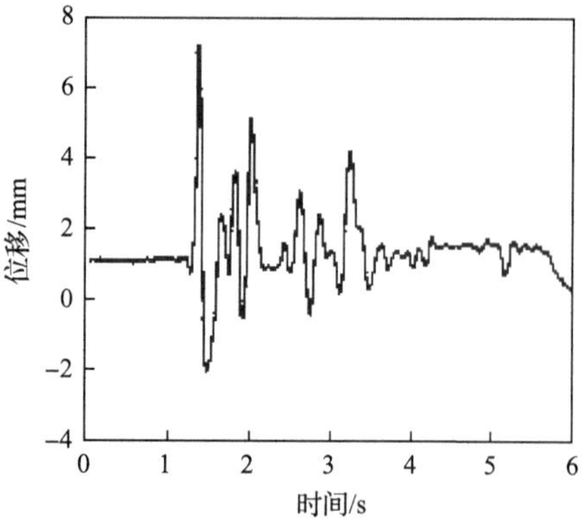

(b) 固定支座位移时程曲线

图 11-36　8 度顺桥向地震作用下 2 号墩墩顶钢阻尼支座位移时程曲线(新潟波)

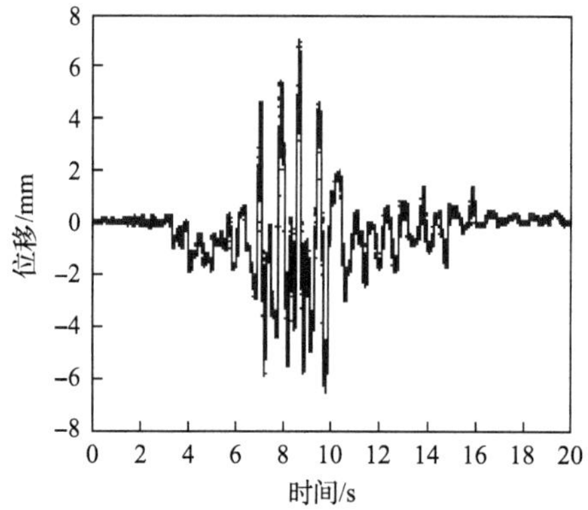

(a) 活动支座位移时程曲线

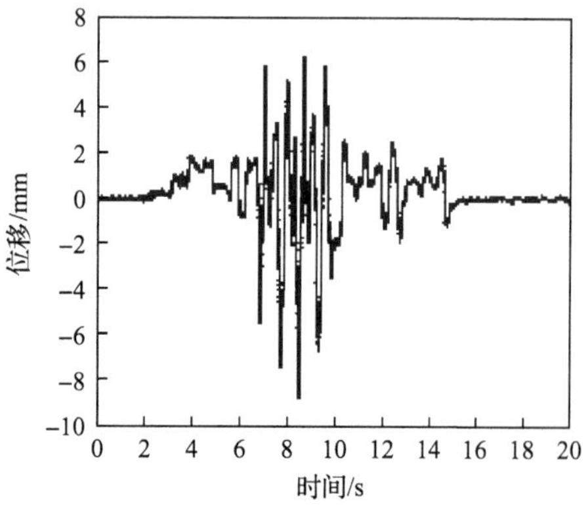

(b) 固定支座位移时程曲线

图 11-37　PGA=0.3g(持时不压缩)顺桥向地震作用下 2 号墩墩顶钢阻尼支座位移时程曲线(北岭波)

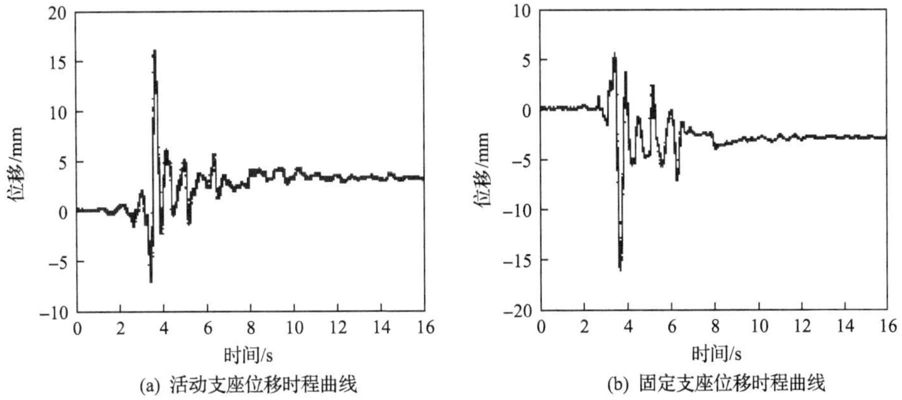

图 11-38　PGA=0.3g(持时不压缩)顺桥向地震作用下 2 号墩墩顶钢阻尼支座位移时程曲线(新潟波)

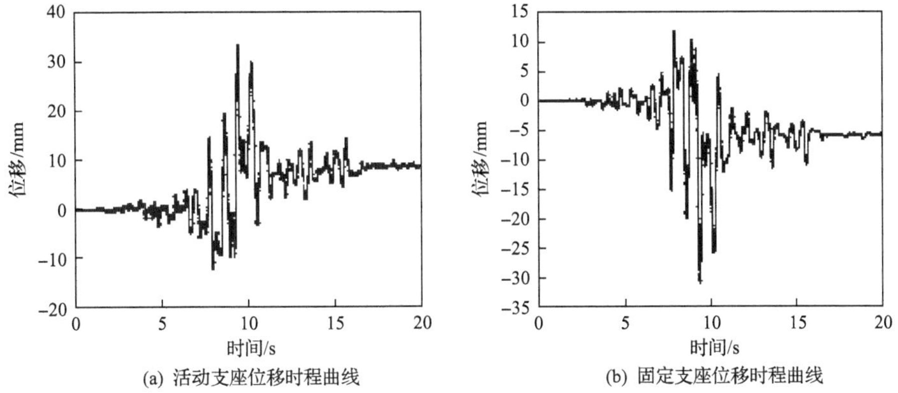

图 11-39　PGA=0.57g(持时不压缩)顺桥向地震作用下 2 号墩墩顶钢阻尼支座位移时程曲线(北岭波)

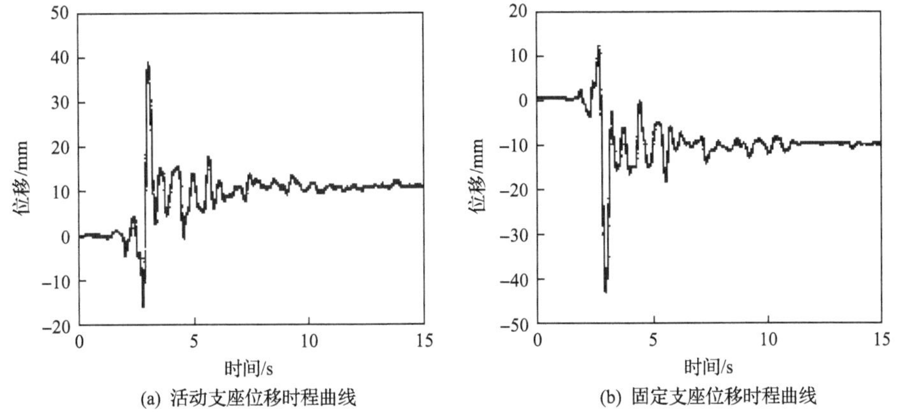

图 11-40　PGA=0.57g(持时不压缩)顺桥向地震作用下 2 号墩墩顶钢阻尼支座位移时程曲线(新潟波)

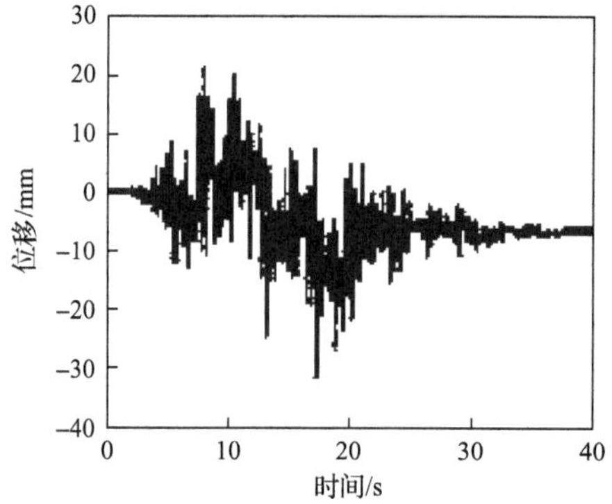

(a) 活动支座位移时程曲线

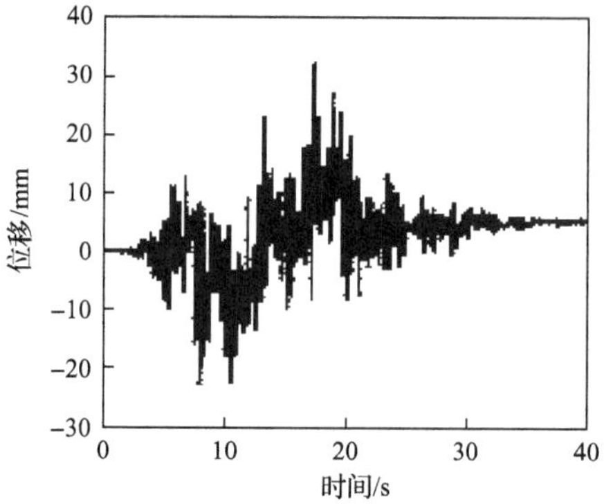

(b) 固定支座位移时程曲线

图 11-41　PGA=0.735g(持时不压缩)顺桥向地震作用下 2 号墩墩顶钢阻尼支座位移时程曲线(安评波)

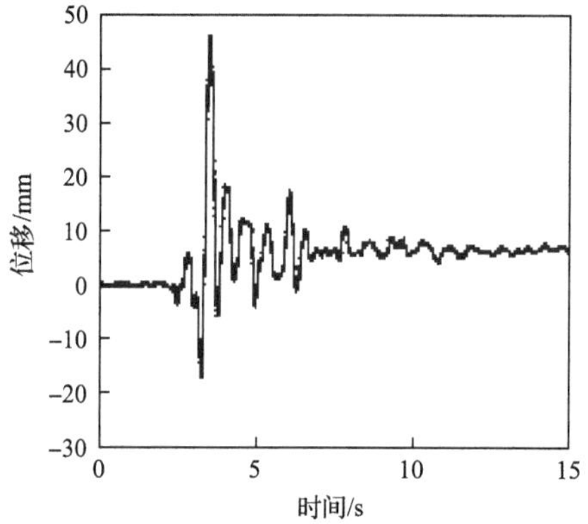

(a) 活动支座位移时程曲线

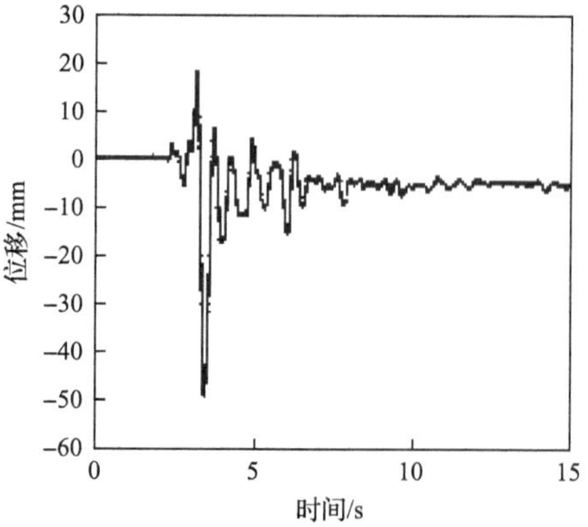

(b) 固定支座位移时程曲线

图 11-42　PGA=0.735g(持时不压缩)顺桥向地震作用下 2 号墩墩顶钢阻尼支座位移时程曲线(新潟波)

7 度、8 度、PGA=0.3g(持时不压缩)横桥向地震作用下 2 号墩墩顶钢阻尼支座位移时程曲线见图 11-43～图 11-48。

2)采用普通支座与钢阻尼支座的支座位移时程曲线对比

7 度、8 度、PGA=0.3g(持时不压缩)、PGA=0.57g(持时不压缩)、PGA=0.735g(持时不压缩)地震作用下典型工况 1 号活动支座位移时程曲线见图 11-49～图 11-53。

3)不同烈度下墩梁相对位移峰值对比分析

墩顶与梁端的相对位移由相应测点激光位移计测得的绝对位移值相减得到，试验模型中，1 号墩为固定支座墩，墩顶安置固定支座，2 号墩墩顶安置固定支座和活动支座，3 号墩为活动支座墩，墩顶安置活动支座；1 号墩与 1 号梁端、3 号墩与 4 号梁端相对位移均只由相应测点绝对位移相减得到，2 号墩与 2 号梁端、

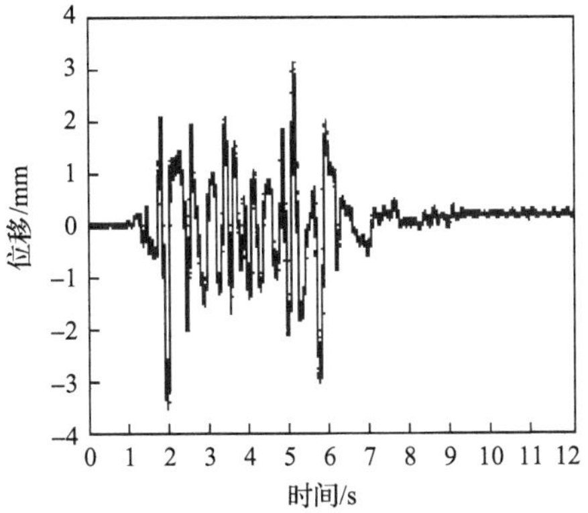

(a) 活动支座位移时程曲线

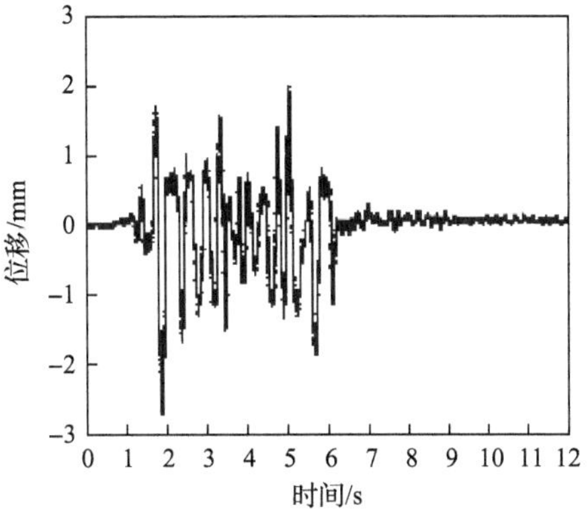

(b) 固定支座位移时程曲线

图 11-43　7 度横桥向地震作用下 2 号墩墩顶钢阻尼支座位移时程曲线(安评波-1)

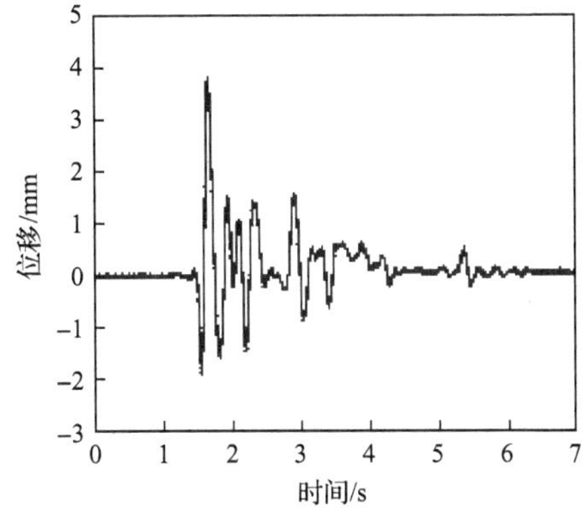

(a) 活动支座位移时程曲线

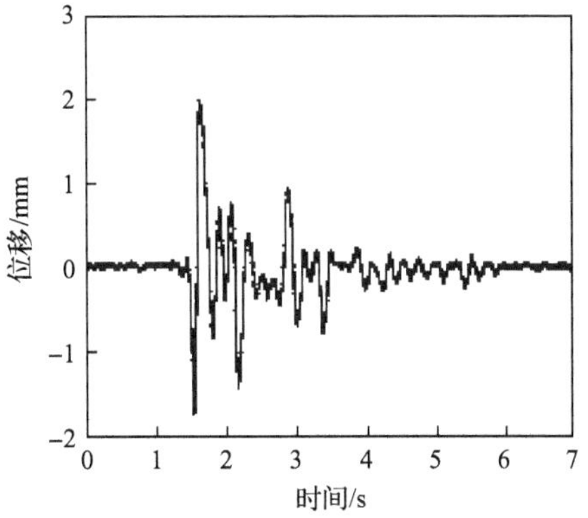

(b) 固定支座位移时程曲线

图 11-44　7 度横桥向地震作用下 2 号墩墩顶钢阻尼支座位移时程曲线(新潟波)

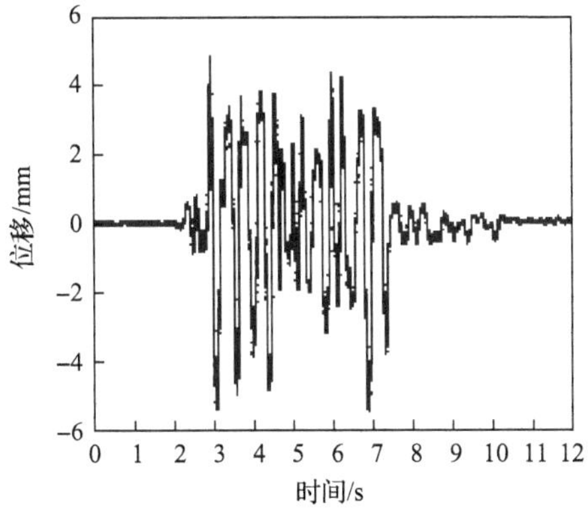

(a) 活动支座位移时程曲线

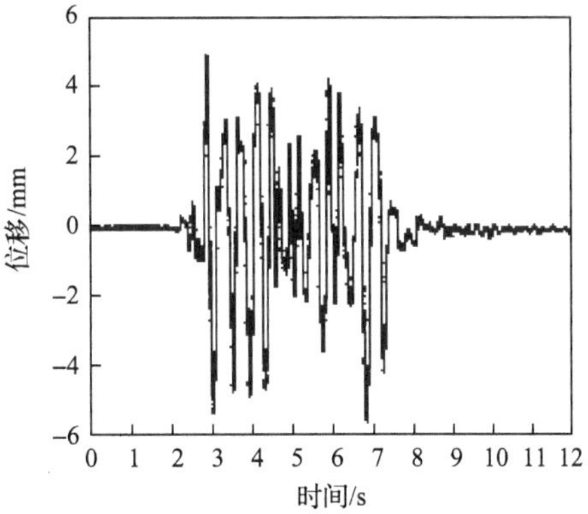

(b) 固定支座位移时程曲线

图 11-45　8 度横桥向地震作用下 2 号墩墩顶钢阻尼支座位移时程曲线(安评波-1)

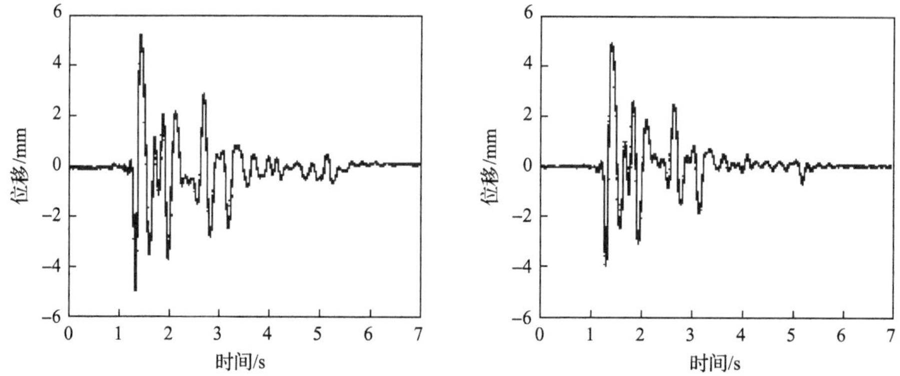

(a) 活动支座位移时程曲线　　(b) 固定支座位移时程曲线

图 11-46　8 度横桥向地震作用下 2 号墩墩顶钢阻尼支座位移时程曲线(新潟波)

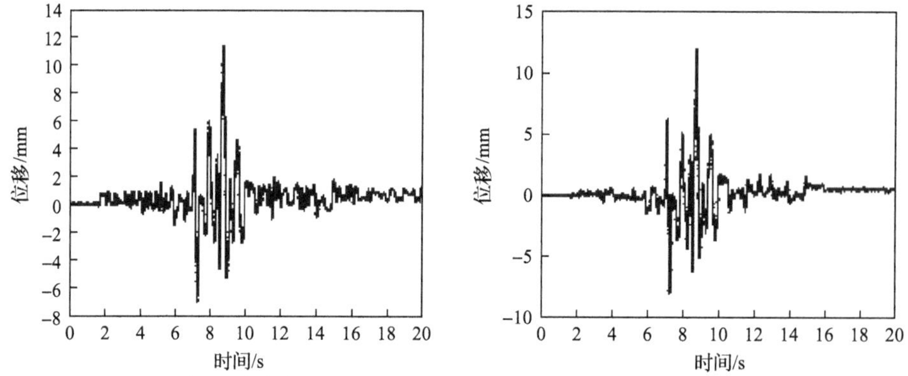

(a) 活动支座位移时程曲线　　(b) 固定支座位移时程曲线

图 11-47　PGA=0.3g(持时不压缩)横桥向地震作用下 2 号墩墩顶钢阻尼支座位移时程曲线(北岭波)

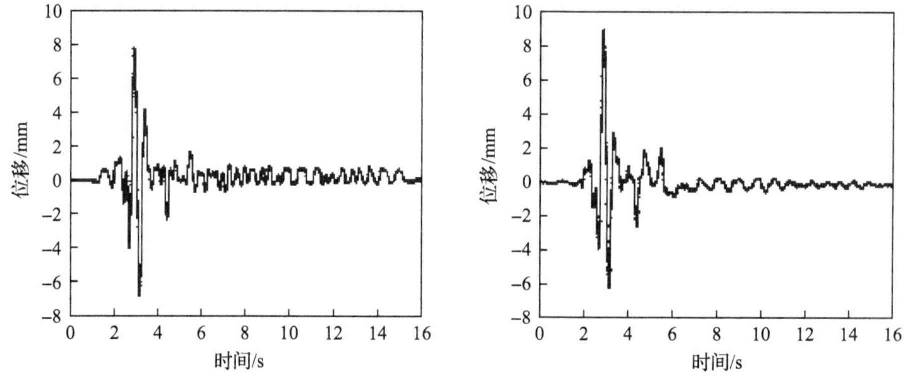

(a) 活动支座位移时程曲线　　(b) 固定支座位移时程曲线

图 11-48　PGA=0.3g(持时不压缩)横桥向地震作用下 2 号墩墩顶钢阻尼支座位移时程曲线(新潟波)

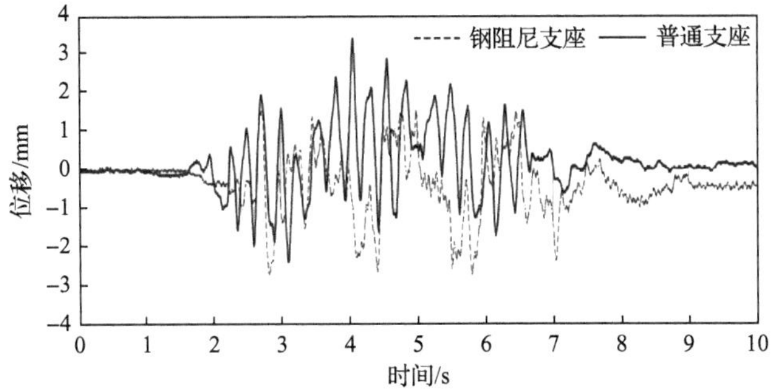

图 11-49　7 度地震作用下 1 号活动支座位移时程曲线(安评波-1)

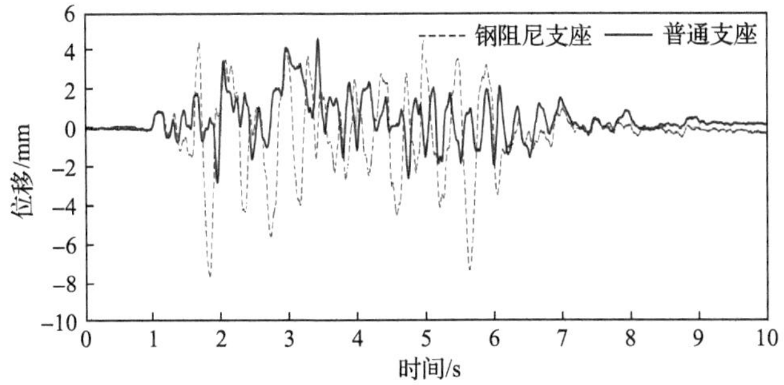

图 11-50　8 度地震作用下 1 号活动支座位移时程曲线(安评波-1)

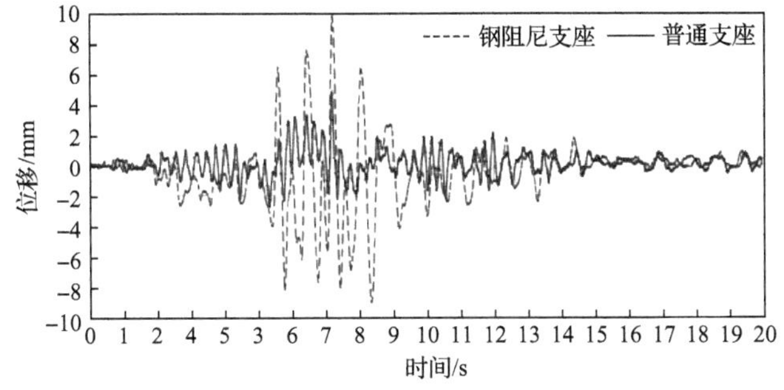

图 11-51　PGA=0.3g(持时不压缩)地震作用下 1 号活动支座位移时程曲线(北岭波)

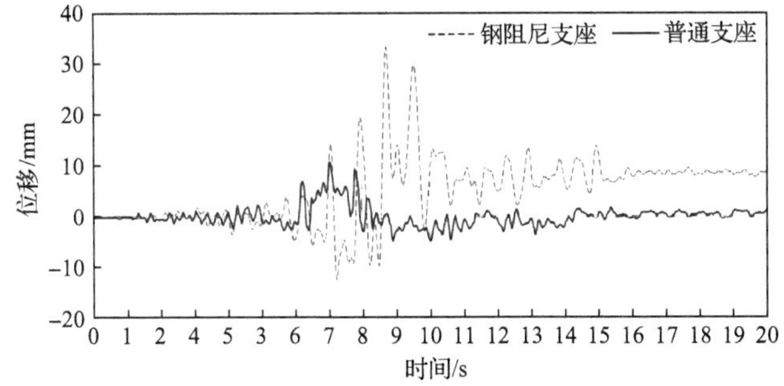

图 11-52　PGA=0.57g(持时不压缩)地震作用下 1 号活动支座位移时程曲线(北岭波)

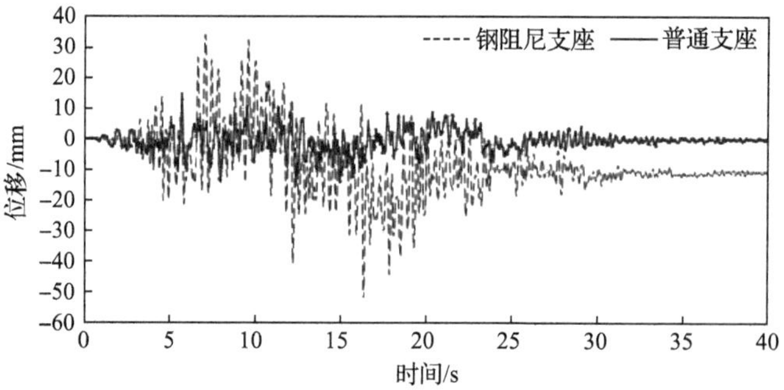

图 11-53　PGA=0.735g(持时不压缩)地震作用下 1 号活动支座位移时程曲线(安评波-1)

2 号墩与 3 号梁端除由相应测点绝对位移相减得到外，还有直接测得的相对位移值，因此有相减值与测量值之分。按照地震烈度、地震动输入方向、不同的墩梁位置来进行对比分析。

(1) 7 度地震作用下墩梁相对位移峰值对比分析。

7 度顺桥向地震作用下，1 号墩与 1 号梁端、3 号墩与 4 号梁端、2 号墩与 2 号梁端、2 号墩与 3 号梁端相对位移峰值对比见表 11-44～表 11-46。

表 11-44　7 度顺桥向地震作用下 1 号墩与 1 号梁端、3 号墩与 4 号梁端相对位移峰值　(单位：mm)

工况序号	工况编号	地震动方向	1 号墩与 1 号梁端		3 号墩与 4 号梁端	
			普通支座	钢阻尼支座	普通支座	钢阻尼支座
1	安评波-1	顺桥向	3.07	2.99	4.21	4.34
2	安评波-2	顺桥向	2.25	2.74	3.64	4.50
3	10m-Imperial Valley	顺桥向	1.29	1.49	2.95	2.30
4	10m-Chuetsu-oki	顺桥向	3.07	3.19	6.00	6.64
5	10m-Wenchuan	顺桥向	1.91	1.98	3.94	4.17

表 11-45　7 度顺桥向地震作用下 2 号墩与 2 号梁端相对位移峰值　(单位：mm)

工况序号	工况编号	地震动方向	普通支座		钢阻尼支座	
			相减值	测量值	相减值	测量值
1	安评波-1	顺桥向	3.79	3.41	3.96	3.74
2	安评波-2	顺桥向	4.50	5.44	5.43	5.52
3	10m-Imperial Valley	顺桥向	2.26	2.89	3.39	3.19
4	10m-Chuetsu-oki	顺桥向	4.01	3.98	5.21	5.53
5	10m-Wenchuan	顺桥向	1.69	2.06	4.92	5.18

表 11-46　7 度顺桥向地震作用下 2 号墩与 3 号梁端相对位移峰值　(单位：mm)

工况序号	工况编号	地震动方向	普通支座		钢阻尼支座	
			相减值	测量值	相减值	测量值
1	安评波-1	顺桥向	2.42	3.04	5.48	4.99
2	安评波-2	顺桥向	2.31	2.59	4.27	3.77
3	10m-Imperial Valley	顺桥向	2.26	2.06	4.02	4.13
4	10m-Chuetsu-oki	顺桥向	1.82	2.93	7.05	6.76
5	10m-Wenchuan	顺桥向	2.37	2.39	3.72	3.58

7 度顺桥向地震作用下，采用钢阻尼支座的 1 号墩与 1 号梁端相对位移峰值的最大值为 3.19mm，3 号墩与 4 号梁端相对位移峰值的最大值为 6.64mm，2 号墩与 2 号梁端相对位移峰值的最大值为 5.53mm，2 号墩与 3 号梁端相对位移峰值的最大值为 6.76mm(测量值)。

7 度横桥向地震作用下，1 号墩与 1 号梁端、3 号墩与 4 号梁端、2 号墩与 2 号梁端、2 号墩与 3 号梁端相对位移峰值对比见表 11-47～表 11-49。

表 11-47　7 度横桥向地震作用下 1 号墩与 1 号梁端、3 号墩与 4 号梁端相对位移峰值　(单位：mm)

工况序号	工况编号	地震动方向	1 号墩与 1 号梁端		3 号墩与 4 号梁端	
			普通支座	钢阻尼支座	普通支座	钢阻尼支座
6	安评波-1	横桥向	3.00	3.43	1.95	2.96
7	安评波-2	横桥向	2.82	3.77	2.14	2.37
8	10m-Imperial Valley	横桥向	2.48	3.06	1.95	1.98
9	10m-Chuetsu-oki	横桥向	3.41	4.09	1.88	2.40
10	10m-Wenchuan	横桥向	2.58	2.62	2.18	2.10

表 11-48　7 度横桥向地震作用下 2 号墩与 2 号梁端相对位移峰值　(单位：mm)

工况序号	工况编号	地震动方向	普通支座		钢阻尼支座	
			相减值	测量值	相减值	测量值
6	安评波-1	横桥向	2.48	2.54	3.65	3.52
7	安评波-2	横桥向	2.56	2.50	3.74	3.30
8	10m-Imperial Valley	横桥向	1.58	1.83	1.99	1.99
9	10m-Chuetsu-oki	横桥向	2.93	2.92	4.51	3.78
10	10m-Wenchuan	横桥向	1.77	1.28	2.75	2.28

表 11-49　7 度横桥向地震作用下 2 号墩与 3 号梁端相对位移峰值　(单位：mm)

工况序号	工况编号	地震动方向	普通支座		钢阻尼支座	
			相减值	测量值	相减值	测量值
6	安评波-1	横桥向	2.74	2.61	3.52	3.70
7	安评波-2	横桥向	2.44	1.35	2.45	1.83
8	10m-Imperial Valley	横桥向	1.39	0.94	1.80	1.28
9	10m-Chuetsu-oki	横桥向	3.00	2.87	2.37	2.99
10	10m-Wenchuan	横桥向	1.92	1.24	2.59	1.95

7 度横桥向地震作用下，采用钢阻尼支座的 1 号墩与 1 号梁端相对位移峰值的最大值为 4.09mm，3 号墩与 4 号梁端相对位移峰值的最大值为 2.96mm，2 号墩与 2 号梁端相对位移峰值的最大值为 3.78mm，2 号墩与 3 号梁端相对位移峰值的最大值为 3.7mm。同一烈度下不同地震波作用下的相对位移的减隔震率相差较大，说明不同地震激励下的结构响应存在一定的差异。

7 度顺桥向+横桥向地震作用下 1 号墩与 1 号梁端、3 号墩与 4 号梁端、2 号墩与 2 号梁端、2 号墩与 3 号梁端相对位移峰值对比见表 11-50～表 11-52。

表 11-50　7 度顺桥向+横桥向地震作用下 1 号墩与 1 号梁端、3 号墩与 4 号梁端相对位移峰值　(单位：mm)

工况序号	工况编号	地震动方向	方向	1 号墩与 1 号梁端		3 号墩与 4 号梁端	
				普通支座	钢阻尼支座	普通支座	钢阻尼支座
11	安评波-1	顺桥向+横桥向	顺桥向	2.18	2.50	3.90	5.10
			横桥向	2.21	3.11	2.18	2.40
12	安评波-2	顺桥向+横桥向	顺桥向	1.72	2.47	3.11	5.95
			横桥向	2.33	3.00	2.40	2.92
13	10m-Imperial Valley	顺桥向+横桥向	顺桥向	1.72	1.93	2.29	3.38
			横桥向	1.57	1.72	1.84	2.84
14	10m-Chuetsu-oki	顺桥向+横桥向	顺桥向	2.33	3.12	5.37	6.22
			横桥向	2.88	2.97	1.62	1.95
15	10m-Wenchuan	顺桥向+横桥向	顺桥向	1.69	1.99	2.29	2.82
			横桥向	1.84	2.48	1.61	2.88

表 11-51　7 度顺桥向+横桥向地震作用下 2 号墩与 2 号梁端相对位移峰值(单位：mm)

工况序号	工况编号	地震动方向	方向	普通支座		钢阻尼支座	
				相减值	测量值	相减值	测量值
11	安评波-1	顺桥向+横桥向	顺桥向	2.43	2.51	3.30	3.19
			横桥向	1.74	1.95	3.60	3.93
12	安评波-2	顺桥向+横桥向	顺桥向	2.59	2.64	3.04	3.51
			横桥向	2.85	2.53	3.18	3.97
13	10m-Imperial Valley	顺桥向+横桥向	顺桥向	3.79	3.48	4.31	4.39
			横桥向	1.81	1.52	2.18	2.58
14	10m-Chuetsu-oki	顺桥向+横桥向	顺桥向	1.29	1.65	2.64	2.70
			横桥向	2.93	2.54	2.77	2.63
15	10m-Wenchuan	顺桥向+横桥向	顺桥向	2.22	2.72	1.98	2.03
			横桥向	1.80	1.82	1.84	1.98

表 11-52　7 度顺桥向+横桥向地震作用下 2 号墩与 3 号梁端相对位移峰值(单位：mm)

工况序号	工况编号	地震动方向	方向	普通支座		钢阻尼支座	
				相减值	测量值	相减值	测量值
11	安评波-1	顺桥向+横桥向	顺桥向	1.15	1.17	3.82	2.96
			横桥向	2.51	2.46	3.52	3.00
12	安评波-2	顺桥向+横桥向	顺桥向	1.74	1.10	3.57	2.62
			横桥向	1.28	1.35	2.96	2.32
13	10m-Imperial Valley	顺桥向+横桥向	顺桥向	2.74	2.39	2.95	2.80
			横桥向	1.07	1.17	2.75	2.73
14	10m-Chuetsu-oki	顺桥向+横桥向	顺桥向	3.30	2.47	6.68	6.44
			横桥向	2.52	2.54	3.55	3.06
15	10m-Wenchuan	顺桥向+横桥向	顺桥向	3.00	2.35	2.85	2.39
			横桥向	2.74	2.62	2.91	2.80

7 度顺桥向+横桥向地震作用下，采用钢阻尼支座的 1 号墩与 1 号梁端顺桥向相对位移峰值的最大值为 3.12mm，横桥向相对位移峰值的最大值为 3.11mm；3 号墩与 4 号梁端顺桥向相对位移峰值的最大值为 6.22mm，横桥向相对位移峰值的最大值为 2.92mm；2 号墩与 2 号梁端顺桥向相对位移峰值的最大值为 4.39mm，横桥向相对位移峰值的最大值为 3.97mm；2 号墩与 3 号梁端顺桥向相对位移峰值的最大值为 6.44mm，横桥向相对位移最大值为 3.06mm。

(2) 8 度地震作用下墩梁相对位移峰值对比分析。

8 度顺桥向地震作用下 1 号墩与 1 号梁端、3 号墩与 4 号梁端、2 号墩与 2 号梁端、2 号墩与 3 号梁端相对位移峰值对比见表 11-53～表 11-55。

表 11-53　8 度顺桥向地震作用下 1 号墩与 1 号梁端、3 号墩与 4 号梁端相对位移峰值　(单位：mm)

工况序号	工况编号	地震动方向	1 号墩与 1 号梁端		3 号墩与 4 号梁端	
			普通支座	钢阻尼支座	普通支座	钢阻尼支座
16	安评波-1	顺桥向	5.73	7.76	5.52	8.74
17	安评波-2	顺桥向	5.41	6.45	5.22	7.28
18	10m-Imperial Valley	顺桥向	2.78	5.10	5.06	6.29
19	10m-Chuetsu-oki	顺桥向	5.43	5.89	4.36	6.52
20	10m-Wenchuan	顺桥向	3.34	4.50	4.65	5.56

表 11-54　8 度顺桥向地震作用下 2 号墩与 2 号梁端相对位移峰值　(单位：mm)

工况序号	工况编号	地震动方向	普通支座		钢阻尼支座	
			相减值	测量值	相减值	测量值
16	安评波-1	顺桥向	4.77	4.69	7.59	7.77
17	安评波-2	顺桥向	4.39	3.45	6.07	6.07
18	10m-Imperial Valley	顺桥向	3.49	2.14	4.24	4.90
19	10m-Chuetsu-oki	顺桥向	5.47	5.16	7.56	7.15
20	10m-Wenchuan	顺桥向	3.13	3.90	3.57	4.15

表 11-55　8 度顺桥向地震作用下 2 号墩与 3 号梁端相对位移峰值　(单位：mm)

工况序号	工况编号	地震动方向	普通支座		钢阻尼支座	
			相减值	测量值	相减值	测量值
16	安评波-1	顺桥向	4.41	4.54	8.81	7.69
17	安评波-2	顺桥向	4.53	4.50	7.32	6.26
18	10m-Imperial Valley	顺桥向	2.30	1.95	5.67	5.03
19	10m-Chuetsu-oki	顺桥向	3.94	4.68	7.12	7.23
20	10m-Wenchuan	顺桥向	1.99	1.62	5.55	4.43

8 度顺桥向地震作用下，采用钢阻尼支座的 1 号墩与 1 号梁端相对位移峰值

的最大值为 7.76mm，3 号墩与 4 号梁端相对位移峰值的最大值为 8.74mm，2 号墩与 2 号梁端相对位移峰值的最大值为 7.77mm，2 号墩与 3 号梁端相对位移峰值的最大值为 7.69mm。

8 度横桥向地震作用下 1 号墩与 1 号梁端、3 号墩与 4 号梁端、2 号墩与 2 号梁端、2 号墩与 3 号梁端相对位移峰值对比见表 11-56～表 11-58。

表 11-56　8 度横桥向地震作用下 1 号墩与 1 号梁端、3 号墩与 4 号梁端相对位移峰值　(单位：mm)

工况序号	工况编号	地震动方向	1 号墩与 1 号梁端		3 号墩与 4 号梁端	
			普通支座	钢阻尼支座	普通支座	钢阻尼支座
21	安评波-1	横桥向	4.78	5.66	4.58	5.84
22	安评波-2	横桥向	5.83	6.90	4.32	5.55
23	10m-Imperial Valley	横桥向	2.79	3.61	1.69	2.77
24	10m-Chuetsu-oki	横桥向	4.51	5.22	4.20	4.99
25	10m-Wenchuan	横桥向	4.32	4.97	2.37	3.60

表 11-57　8 度横桥向地震作用下 2 号墩与 2 号梁端相对位移峰值　(单位：mm)

工况序号	工况编号	地震动方向	普通支座		钢阻尼支座	
			相减值	测量值	相减值	测量值
21	安评波-1	横桥向	4.17	4.22	5.89	5.36
22	安评波-2	横桥向	4.88	4.74	5.67	5.14
23	10m-Imperial Valley	横桥向	3.54	3.27	3.97	3.52
24	10m-Chuetsu-oki	横桥向	3.44	3.87	5.93	5.14
25	10m-Wenchuan	横桥向	3.76	3.34	4.62	4.05

表 11-58　8 度横桥向地震作用下 2 号墩与 3 号梁端相对位移峰值　(单位：mm)

工况序号	工况编号	地震动方向	普通支座		钢阻尼支座	
			相减值	测量值	相减值	测量值
21	安评波-1	横桥向	3.86	3.97	6.97	5.59
22	安评波-2	横桥向	3.21	3.72	6.70	5.36
23	10m-Imperial Valley	横桥向	2.32	1.38	3.49	3.23
24	10m-Chuetsu-oki	横桥向	4.22	4.09	6.27	6.91
25	10m-Wenchuan	横桥向	2.45	1.99	4.92	3.75

8 度横桥向地震作用下，采用钢阻尼支座的 1 号墩与 1 号梁端相对位移峰值的最大值为 6.9mm，3 号墩与 4 号梁端相对位移峰值的最大值为 5.84mm，2 号墩与 2 号梁端相对位移峰值的最大值为 5.36mm，2 号墩与 3 号梁端相对位移峰值的最大值为 6.91mm。

8 度顺桥向+横桥向地震作用下 1 号墩与 1 号梁端、3 号墩与 4 号梁端、2 号墩与 2 号梁端、2 号墩与 3 号梁端相对位移峰值对比见表 11-59～表 11-61。

表 11-59 8 度顺桥向+横桥向地震作用下 1 号墩与 1 号梁端、3 号墩与 4 号梁端相对位移峰值 (单位：mm)

工况序号	工况编号	地震动方向	方向	1 号墩与 1 号梁端		3 号墩与 4 号梁端	
				普通支座	钢阻尼支座	普通支座	钢阻尼支座
26	安评波-1	顺桥向+横桥向	顺桥向	4.28	7.29	5.68	8.44
			横桥向	4.85	6.08	2.93	3.97
27	安评波-2	顺桥向+横桥向	顺桥向	4.55	5.66	5.63	8.21
			横桥向	2.76	5.88	1.98	4.65
28	10m-Imperial Valley	顺桥向+横桥向	顺桥向	2.23	3.26	2.54	4.09
			横桥向	3.49	4.20	2.13	2.63
29	10m-Chuetsu-oki	顺桥向+横桥向	顺桥向	4.17	6.01	5.98	7.55
			横桥向	1.82	3.20	2.89	3.68
30	10m-Wenchuan	顺桥向+横桥向	顺桥向	3.00	4.02	4.41	5.29
			横桥向	3.20	3.75	1.95	3.04

表 11-60 8 度顺桥向+横桥向地震作用下 2 号墩与 2 号梁端相对位移峰值 (单位：mm)

工况序号	工况编号	地震动方向	方向	普通支座		钢阻尼支座	
				相减值	测量值	相减值	测量值
26	安评波-1	顺桥向+横桥向	顺桥向	4.66	5.89	6.42	6.11
			横桥向	4.45	4.27	4.54	3.82
27	安评波-2	顺桥向+横桥向	顺桥向	4.33	4.33	5.07	5.21
			横桥向	2.57	2.66	5.93	4.95
28	10m-Imperial Valley	顺桥向+横桥向	顺桥向	2.36	2.40	4.04	4.95
			横桥向	3.53	2.03	3.53	3.89
29	10m-Chuetsu-oki	顺桥向+横桥向	顺桥向	4.77	4.65	5.26	5.18
			横桥向	3.69	3.49	4.88	4.50
30	10m-Wenchuan	顺桥向+横桥向	顺桥向	3.17	3.38	4.26	4.15
			横桥向	3.82	2.62	4.90	4.15

表 11-61　8 度顺桥向+横桥向地震作用下 2 号墩与 3 号梁端相对位移峰值(单位：mm)

工况序号	工况编号	地震动方向	方向	普通支座		钢阻尼支座	
				相减值	测量值	相减值	测量值
26	安评波-1	顺桥向+横桥向	顺桥向	4.04	5.29	8.66	7.01
			横桥向	4.26	4.87	6.48	5.18
27	安评波-2	顺桥向+横桥向	顺桥向	3.95	3.30	8.02	7.27
			横桥向	3.91	2.85	6.87	6.00
28	10m-Imperial Valley	顺桥向+横桥向	顺桥向	1.37	1.87	3.86	3.34
			横桥向	3.71	2.17	4.13	3.04
29	10m-Chuetsu-oki	顺桥向+横桥向	顺桥向	4.95	5.55	7.43	6.90
			横桥向	5.00	4.58	5.43	4.65
30	10m-Wenchuan	顺桥向+横桥向	顺桥向	3.50	3.90	5.36	4.16
			横桥向	3.49	3.00	4.50	3.83

8 度顺桥向+横桥向地震作用下，采用钢阻尼支座的 1 号墩与 1 号梁端顺桥向相对位移峰值的最大值为 7.29mm，横桥向相对位移峰值的最大值为 6.08mm；3 号墩与 4 号梁端顺桥向相对位移峰值的最大值为 8.44mm，横桥向相对位移峰值的最大值为 4.65mm；2 号墩与 2 号梁端顺桥向相对位移峰值的最大值为 6.11mm，横桥向相对位移峰值的最大值为 4.95mm；2 号墩与 3 号梁端顺桥向相对位移峰值的最大值为 7.27mm，横桥向相对位移峰值的最大值为 6mm。

(3) PGA=0.3*g*(持时不压缩)地震作用下墩梁相对位移峰值对比分析。

PGA=0.3*g*(持时不压缩)顺桥向地震作用下 1 号墩与 1 号梁端、3 号墩与 4 号梁端、2 号墩与 2 号梁端、2 号墩与 3 号梁端相对位移峰值对比见表 11-62～表 11-64。

表 11-62　PGA=0.3*g*(持时不压缩)顺桥向地震作用下 1 号墩与 1 号梁端、3 号墩与 4 号梁端相对位移峰值　(单位：mm)

工况序号	工况编号	地震动方向	1 号墩与 1 号梁端		3 号墩与 4 号梁端	
			普通支座	钢阻尼支座	普通支座	钢阻尼支座
31	10m-Northridge	顺桥向	4.80	10.02	5.68	10.68
32	10m-Chuetsu-oki	顺桥向	5.14	20.66	12.82	18.78
33	10m-Wenchuan	顺桥向	3.41	5.59	4.08	6.08

表 11-63　PGA=0.3*g*(持时不压缩)顺桥向地震作用下 2 号墩与 2 号梁端相对位移峰值　(单位：mm)

工况序号	工况编号	地震动方向	普通支座		钢阻尼支座	
			相减值	测量值	相减值	测量值
31	10m-Northridge	顺桥向	3.97	4.84	8.71	9.77
32	10m-Chuetsu-oki	顺桥向	5.18	4.73	16.05	15.75
33	10m-Wenchuan	顺桥向	4.12	4.08	4.87	4.61

表 11-64　PGA=0.3*g*(持时不压缩)顺桥向地震作用下 2 号墩与 3 号梁端相对位移峰值　(单位：mm)

工况序号	工况编号	地震动方向	普通支座		钢阻尼支座	
			相减值	测量值	相减值	测量值
31	10m-Northridge	顺桥向	6.12	7.35	10.65	11.66
32	10m-Chuetsu-oki	顺桥向	6.46	7.16	18.93	16.05
33	10m-Wenchuan	顺桥向	2.23	2.59	6.19	7.57

PGA=0.3*g*(持时不压缩)顺桥向地震作用下，采用钢阻尼支座的 1 号墩与 1 号梁端相对位移峰值的最大值为 20.66mm，3 号墩与 4 号梁端相对位移峰值的最大值为 18.78mm，2 号墩与 2 号梁端相对位移峰值的最大值为 15.75mm，2 号墩与 3 号梁端相对位移峰值的最大值为 16.05mm。

PGA=0.3*g*(持时不压缩)横桥向地震作用下 1 号墩与 1 号梁端、3 号墩与 4 号梁端、2 号墩与 2 号梁端、2 号墩与 3 号梁端相对位移峰值对比见表 11-65～表 11-67。

PGA=0.3*g*(持时不压缩)横桥向地震作用下，采用钢阻尼支座的 1 号墩与 1 号梁端相对位移峰值的最大值为 16.53mm，3 号墩与 4 号梁端相对位移峰值的最大值为 10.35mm，2 号墩与 2 号梁端相对位移峰值的最大值为 13.18mm，2 号墩与 3 号梁端相对位移峰值的最大值为 11.97mm。

表 11-65　PGA=0.3*g*(持时不压缩)横桥向地震作用下 1 号墩与 1 号梁端、3 号墩与 4 号梁端相对位移峰值　(单位：mm)

工况序号	工况编号	地震动方向	1 号墩与 1 号梁端		3 号墩与 4 号梁端	
			普通支座	钢阻尼支座	普通支座	钢阻尼支座
34	10m-Northridge	横桥向	11.40	15.04	7.17	10.35
35	10m-Chuetsu-oki	横桥向	12.91	16.53	6.19	9.29
36	10m-Wenchuan	横桥向	4.05	7.27	2.48	3.64

表 11-66　PGA=0.3g(持时不压缩)横桥向地震作用下 2 号墩与 2 号梁端相对位移峰值　(单位：mm)

工况序号	工况编号	地震动方向	普通支座		钢阻尼支座	
			相减值	测量值	相减值	测量值
34	10m-Northridge	横桥向	10.28	10.54	13.89	13.18
35	10m-Chuetsu-oki	横桥向	7.03	6.04	9.67	10.77
36	10m-Wenchuan	横桥向	4.17	3.90	6.12	5.80

表 11-67　PGA=0.3g(持时不压缩)横桥向地震作用下 2 号墩与 3 号梁端相对位移峰值　(单位：mm)

工况序号	工况编号	地震动方向	普通支座		钢阻尼支座	
			相减值	测量值	相减值	测量值
34	10m-Northridge	横桥向	8.84	8.02	15.61	11.97
35	10m-Chuetsu-oki	横桥向	8.31	8.07	9.97	9.00
36	10m-Wenchuan	横桥向	3.86	3.25	5.37	5.20

(4) PGA=0.57g(持时不压缩)地震作用下墩梁相对位移峰值对比分析。

PGA=0.57g(持时不压缩)顺桥向地震作用下 1 号墩与 1 号梁端、3 号墩与 4 号梁端、2 号墩与 2 号梁端、2 号墩与 3 号梁端相对位移峰值对比见表 11-68～表 11-70。

表 11-68　PGA=0.57g(持时不压缩)顺桥向地震作用下 1 号墩与 1 号梁端、3 号墩与 4 号梁端相对位移峰值　(单位：mm)

工况序号	工况编号	地震动方向	1 号墩与 1 号梁端		3 号墩与 4 号梁端	
			普通支座	钢阻尼支座	普通支座	钢阻尼支座
37	10m-Northridge	顺桥向	13.73	37.50	14.15	34.17
38	10m-Chuetsu-oki	顺桥向	15.04	33.46	14.37	37.78

表 11-69　PGA=0.57g(持时不压缩)顺桥向地震作用下 2 号墩与 2 号梁端相对位移峰值　(单位：mm)

工况序号	工况编号	地震动方向	普通支座		钢阻尼支座	
			相减值	测量值	相减值	测量值
37	10m-Northridge	顺桥向	10.02	10.84	33.57	33.30
38	10m-Chuetsu-oki	顺桥向	12.60	14.14	38.63	38.40

表 11-70　PGA=0.57g（持时不压缩）顺桥向地震作用下 2 号墩与 3 号梁端墩梁相对位移峰值　（单位：mm）

工况序号	工况编号	地震动方向	普通支座		钢阻尼支座	
			相减值	测量值	相减值	测量值
37	10m-Northridge	顺桥向	11.53	10.27	34.21	31.02
38	10m-Chuetsu-oki	顺桥向	10.67	7.99	47.81	42.93

PGA=0.57g（持时不压缩）顺桥向地震作用下，采用钢阻尼支座的 1 号墩与 1 号梁端相对位移峰值的最大值为 37.5mm，3 号墩与 4 号梁端相对位移峰值的最大值 37.78mm，2 号墩与 2 号梁端相对位移峰值的最大值为 38.4mm，2 号墩与 3 号梁端相对位移峰值的最大值为 42.93mm。

（5）PGA=0.735g（持时不压缩）地震作用下墩梁相对位移峰值对比分析。

PGA=0.735g（持时不压缩）顺桥向地震作用下 1 号墩与 1 号梁端、3 号墩与 4 号梁端、2 号墩与 2 号梁端、2 号墩与 3 号梁端相对位移峰值对比见表 11-71～表 11-73。

表 11-71　PGA=0.735g（持时不压缩）顺桥向地震作用下 1 号墩与 1 号梁端、3 号墩与 4 号梁端相对位移峰值　（单位：mm）

工况序号	工况编号	地震动方向	1 号墩与 1 号梁端		3 号墩与 4 号梁端	
			普通支座	钢阻尼支座	普通支座	钢阻尼支座
39	安评波-1	顺桥向	14.62	33.65	19.29	44.17

表 11-72　PGA=0.735g（持时不压缩）顺桥向地震作用下 2 号墩与 2 号梁端相对位移峰值　（单位：mm）

工况序号	工况编号	地震动方向	普通支座		钢阻尼支座	
			相减值	测量值	相减值	测量值
39	安评波-1	顺桥向	14.96	15.07	51.54	51.76

表 11-73　PGA=0.735g（持时不压缩）顺桥向地震作用下 2 号墩与 3 梁端相对位移峰值　（单位：mm）

工况序号	工况编号	地震动方向	普通支座		钢阻尼支座	
			相减值	测量值	相减值	测量值
39	安评波-1	顺桥向	15.14	13.95	44.54	42.44

PGA=0.735g(持时不压缩)顺桥向地震作用下，采用钢阻尼支座的 1 号墩与 1 号梁端相对位移峰值的最大值为 33.65mm，3 号墩与 4 号梁端相对位移峰值的最大值为 44.17mm，2 号墩与 2 号梁端相对位移峰值的最大值为 51.76mm，2 号墩与 3 号梁端相对位移峰值的最大值为 42.44mm。

11.3.4　墩顶及梁端加速度对比分析

1)不同烈度下采用钢阻尼支座的加速度时程曲线对比

7 度及 8 度地震作用下 3 号梁端加速度时程曲线见图 11-54。

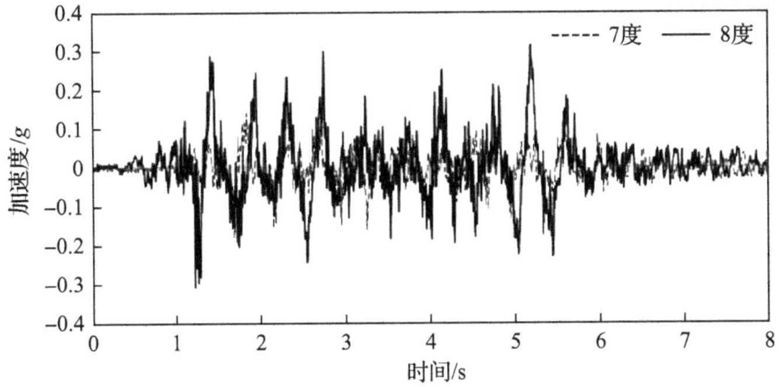

图 11-54　不同烈度下 3 号梁端加速度时程曲线(安评波-1)

PGA=0.3g(持时不压缩)与 PGA=0.57g(持时不压缩)地震作用下 3 号梁端加速度时程曲线见图 11-55。

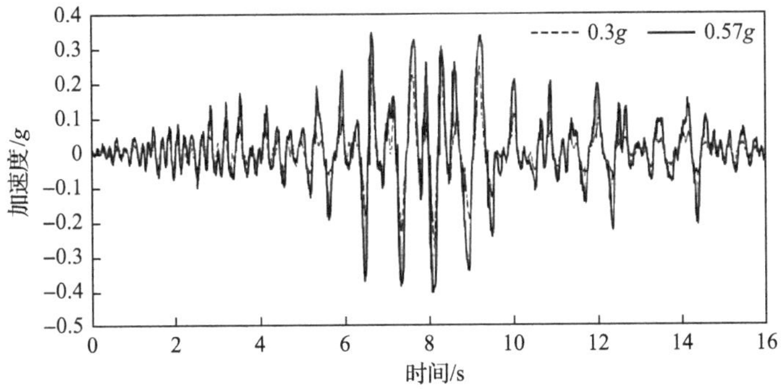

图 11-55　不同烈度下 3 号梁端加速度时程曲线(北岭波)

2)采用普通支座与钢阻尼支座的加速度时程曲线对比

7 度、8 度、PGA=0.3g(持时不压缩)、PGA=0.57g(持时不压缩)、PGA=0.735g(持时不压缩)顺桥向地震作用下典型工况 2 号梁端加速度时程曲线对比见图 11-56～图 11-60。

3）不同烈度下加速度峰值对比分析

（1）2 号墩墩顶加速度峰值对比分析。

7 度顺桥向地震作用下 2 号墩墩顶加速度峰值对比见表 11-74。

7 度顺桥向地震作用下，采用普通支座的 2 号墩墩顶加速度峰值绝对值的最大值为 1.067g，采用钢阻尼支座时为 0.522g，5 种工况下的减隔震率在 40%～54%，平均减隔震率为 47%，减隔震效果明显。

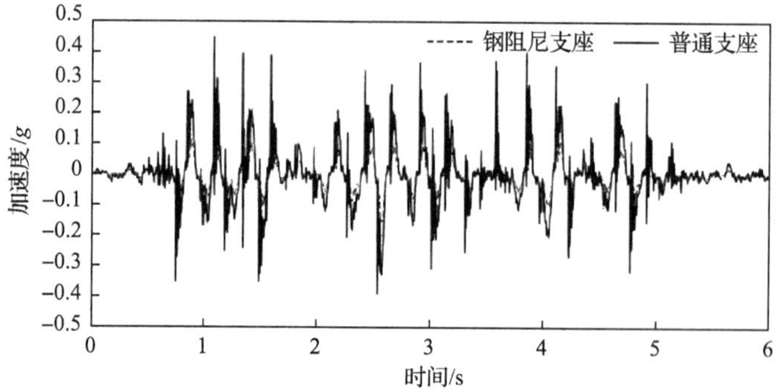

图 11-56　7 度顺桥向地震作用下 2 号梁端加速度时程曲线（安评波-1）

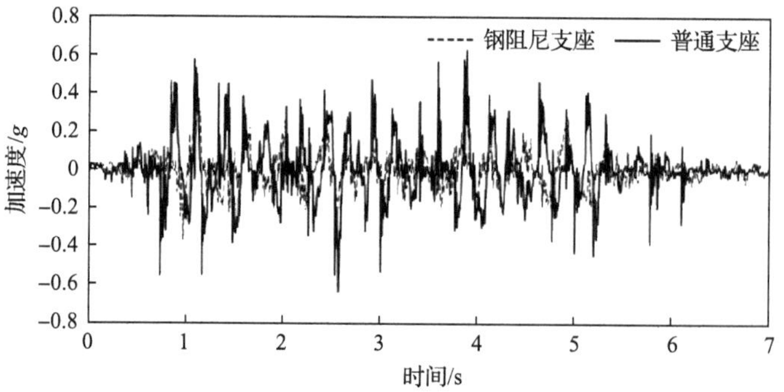

图 11-57　8 度顺桥向地震作用下 2 号梁端加速度时程曲线（安评波-1）

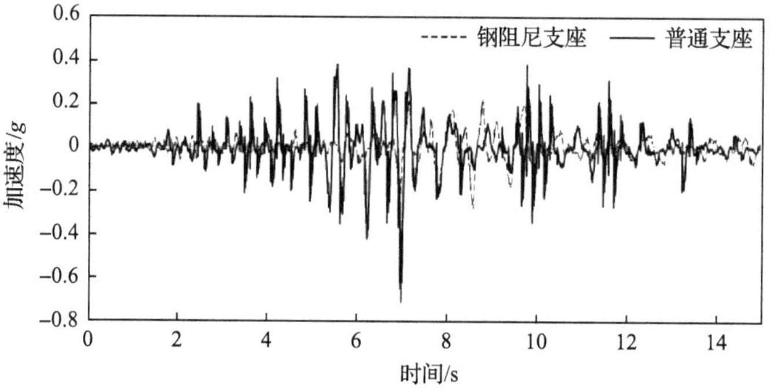

图 11-58　PGA=0.3g（持时不压缩）顺桥向地震作用下 2 号梁端加速度时程曲线（北岭波）

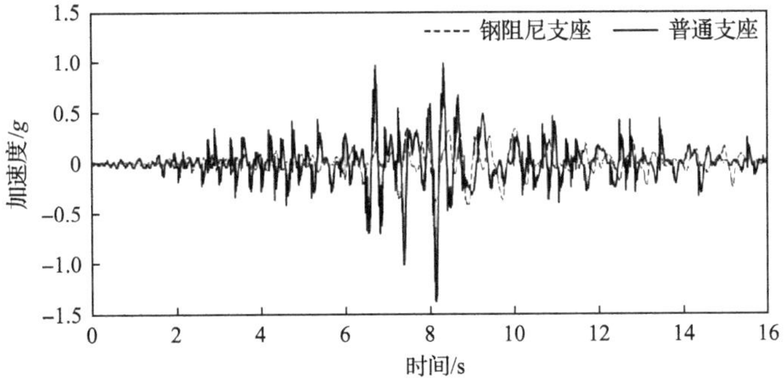

图 11-59　PGA=0.57g(持时不压缩)顺桥向地震作用下 2 号梁端加速度时程曲线(北岭波)

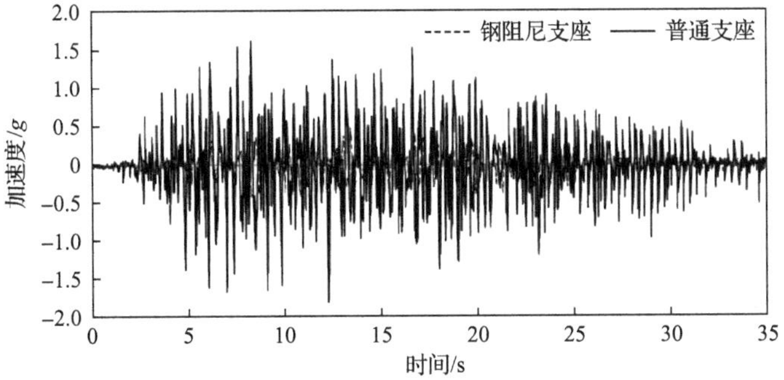

图 11-60　PGA=0.735g(持时不压缩)顺桥向地震作用下 2 号梁端加速度时程曲线(安评波-1)

表 11-74　7 度顺桥向地震作用下 2 号墩墩顶加速度峰值　(单位：g)

工况序号	工况编号	地震动方向	普通支座	钢阻尼支座
1	安评波-1	顺桥向	1.063	0.639
2	安评波-2	顺桥向	−1.067	−0.522
3	10m-Imperial Valley	顺桥向	−0.954	−0.531
4	10m-Chuetsu-oki	顺桥向	1.065	0.579
5	10m-Wenchuan	顺桥向	0.965	0.446

7 度横桥向地震作用下 2 号墩墩顶加速度峰值对比见表 11-75。

表 11-75　7 度横桥向地震作用下 2 号墩墩顶加速度峰值　(单位：g)

工况序号	工况编号	地震动方向	普通支座	钢阻尼支座
6	安评波-1	横桥向	−1.008	−0.896
7	安评波-2	横桥向	0.881	0.718
8	10m-Imperial Valley	横桥向	0.646	0.458
9	10m-Chuetsu-oki	横桥向	0.864	0.521
10	10m-Wenchuan	横桥向	0.881	0.674

7 度横桥向地震作用下，采用普通支座的 2 号墩墩顶加速度峰值绝对值的最大值为 1.008g，采用钢阻尼支座时为 0.896g，5 种工况下的减隔震率在 11%～40%，平均减隔震率为 24%，减隔震效果较为明显。

7 度顺桥向+横桥向地震作用下 2 号墩墩顶加速度峰值对比见表 11-76。

表 11-76 7 度顺桥向+横桥向地震作用下 2 号墩墩顶加速度峰值 （单位：g）

工况序号	工况编号	地震动方向	方向	普通支座	钢阻尼支座
11	安评波-1	顺桥向+横桥向	顺桥向	–1.857	–0.893
			横桥向	0.760	0.621
12	安评波-2	顺桥向+横桥向	顺桥向	–1.412	–0.691
			横桥向	1.080	0.499
13	10m-Imperial Valley	顺桥向+横桥向	顺桥向	–1.343	–0.481
			横桥向	0.873	0.420
14	10m-Chuetsu-oki	顺桥向+横桥向	顺桥向	1.358	0.703
			横桥向	1.271	0.442
15	10m-Wenchuan	顺桥向+横桥向	顺桥向	–1.628	–0.402
			横桥向	–0.834	–0.513

7 度顺桥向+横桥向地震作用下，采用普通支座的 2 号墩墩顶顺桥向加速度峰值绝对值的最大值为 1.857g，采用钢阻尼支座时为 0.893g；采用普通支座的 2 号墩墩顶横桥向加速度峰值绝对值的最大值为 1.271g，采用钢阻尼支座时为 0.442g。5 种工况下，顺桥向减隔震率在 48%～75%，横桥向减隔震率在 18%～65%，顺桥向平均减隔震率为 58%，横桥向平均减隔震率为 45%，减隔震效果明显。

8 度顺桥向地震作用下 2 号墩墩顶加速度峰值对比见表 11-77。

表 11-77 8 度顺桥向地震作用下 2 号墩墩顶加速度峰值 （单位：g）

工况序号	工况编号	地震动方向	普通支座	钢阻尼支座
16	安评波-1	顺桥向	–2.321	–1.055
17	安评波-2	顺桥向	–2.342	–1.015
18	10m-Imperial Valley	顺桥向	1.342	0.584
19	10m-Chuetsu-oki	顺桥向	–1.635	–0.832
20	10m-Wenchuan	顺桥向	–2.685	–0.849

8 度顺桥向地震作用下，采用普通支座的 2 号墩墩顶加速度峰值绝对值的最大值为 2.685g，采用钢阻尼支座时为 0.849g，5 种工况下的减隔震率在 49%～68%，

平均减隔震率为 57%，减隔震效果明显。

8 度横桥向地震作用下 2 号墩墩顶加速度峰值对比见表 11-78。

表 11-78　8 度横桥向地震作用下 2 号墩墩顶加速度峰值　（单位：g）

工况序号	工况编号	地震动方向	普通支座	钢阻尼支座
21	安评波-1	`横桥向	–1.293	–0.971
22	安评波-2	横桥向	1.663	1.316
23	10m-Imperial Valley	横桥向	1.243	0.951
24	10m-Chuetsu-oki	横桥向	2.163	0.914
25	10m-Wenchuan	横桥向	1.632	1.179

8 度横桥向地震作用下，采用普通支座的 2 号墩墩顶加速度峰值绝对值的最大值为 2.163g，采用钢阻尼支座时为 0.914g，5 种工况下的减隔震率在 21%～58%，平均减隔震率为 31%，减隔震效果明显。

8 度顺桥向+横桥向地震作用下 2 号墩墩顶加速度峰值对比见表 11-79。

表 11-79　8 度顺桥向+横桥向地震作用下 2 号墩墩顶加速度峰值　（单位：g）

工况序号	工况编号	地震动方向	方向	普通支座	钢阻尼支座
26	安评波-1	顺桥向+横桥向	顺桥向	–3.269	–1.457
			横桥向	1.683	1.003
27	安评波-2	顺桥向+横桥向	顺桥向	–2.329	–1.038
			横桥向	1.204	0.847
28	10m-Imperial Valley	顺桥向+横桥向	顺桥向	1.536	0.706
			横桥向	–1.378	–0.953
29	10m-Chuetsu-oki	顺桥向+横桥向	顺桥向	1.909	1.086
			横桥向	1.237	0.793
30	10m-Wenchuan	顺桥向+横桥向	顺桥向	–2.551	–0.899
			横桥向	–1.587	–1.150

8 度顺桥向+横桥向地震作用下，采用普通支座的 2 号墩墩顶顺桥向加速度峰值绝对值的最大值为 3.269g，采用钢阻尼支座时为 1.457g；采用普通支座的 2 号墩墩顶横桥向加速度峰值绝对值的最大值为 1.683g，采用钢阻尼支座时为 1.003g。5 种工况下，顺桥向减隔震率在 43%～65%，横桥向减隔震率在 28%～43%，顺桥向平均减隔震率为 55%，横桥向平均减隔震率为 33%，减隔震效果明显。

PGA=0.3g(持时不压缩)顺桥向地震作用下 2 号墩墩顶加速度峰值对比见表 11-80。

表 11-80　PGA=0.3g(持时不压缩)顺桥向地震作用下 2 号墩墩顶加速度峰值（单位：g）

工况序号	工况编号	地震动方向	普通支座	钢阻尼支座
31	10m-Northridge	顺桥向	1.958	0.380
32	10m-Chuetsu-oki	顺桥向	2.123	0.468
33	10m-Wenchuan	顺桥向	–2.008	–0.506

PGA=0.3g(持时不压缩)顺桥向地震作用下，采用普通支座的 2 号墩墩顶加速度峰值绝对值的最大值为 2.123g，采用钢阻尼支座时为 0.468g，3 种工况下的减隔震率在 75%～81%，平均减隔震率为 78%，减隔震效果明显。

PGA=0.3g(持时不压缩)横桥向地震作用下 2 号墩墩顶加速度峰值对比见表 11-81。

表 11-81　PGA=0.3g(持时不压缩)横桥向地震作用下 2 号墩墩顶加速度峰值（单位：g）

工况序号	工况编号	地震动方向	普通支座	钢阻尼支座
34	10m-Northridge	横桥向	1.512	0.782
35	10m-Chuetsu-oki	横桥向	–2.322	–0.999
36	10m-Wenchuan	横桥向	1.911	1.233

PGA=0.3g(持时不压缩)横桥向地震作用下，采用普通支座的 2 号墩墩顶加速度峰值绝对值的最大值为 2.322g，采用钢阻尼支座时为 0.999g，3 种工况下的减隔震率在 35%～57%，平均减隔震率为 47%。减隔震效果明显。

PGA=0.57g(持时不压缩)顺桥向地震作用下 2 号墩墩顶加速度峰值对比见表 11-82。

表 11-82　PGA=0.57g(持时不压缩)顺桥向地震作用下 2 号墩墩顶加速度峰值（单位：g）

工况序号	工况编号	地震动方向	普通支座	钢阻尼支座
37	10m-Northridge	顺桥向	5.959	0.808
38	10m-Chuetsu-oki	顺桥向	–5.387	–0.884

PGA=0.57g(持时不压缩)顺桥向地震作用下，采用普通支座的 2 号墩墩顶加速度峰值绝对值的最大值为 5.959g，采用钢阻尼支座时为 0.808g，2 种工况下的减隔震率在 84%～86%，平均减隔震率为 85%，减隔震效果明显。

PGA=0.735g(持时不压缩)顺桥向地震作用下 2 号墩墩顶加速度峰值对比见表 11-83。

表 11-83　PGA=0.735*g*(持时不压缩)顺桥向地震作用下 2 号墩墩顶加速度峰值 （单位：*g*）

工况序号	工况编号	地震动方向	普通支座	钢阻尼支座
39	安评波-1	顺桥向	7.913	1.081

PGA=0.735*g*(持时不压缩)顺桥向地震作用下，采用普通支座的 2 号墩墩顶加速度峰值绝对值的最大值为 7.913*g*，采用钢阻尼支座时为 1.081*g*，减隔震率为 86%，减隔震效果十分明显。

(2) 2 号梁端加速度值峰值对比分析。

7 度顺桥向地震作用下 2 号梁端加速度峰值对比见表 11-84。

表 11-84　7 度顺桥向地震作用下 2 号梁端加速度峰值 （单位：*g*）

工况序号	工况编号	地震动方向	普通支座	钢阻尼支座
1	安评波-1	顺桥向	–0.437	–0.246
2	安评波-2	顺桥向	–0.422	–0.217
3	10m-Imperial Valley	顺桥向	0.357	0.196
4	10m-Chuetsu-oki	顺桥向	–0.498	–0.259
5	10m-Wenchuan	顺桥向	–0.313	–0.197

7 度顺桥向地震作用下，采用普通支座的 2 号梁端加速度峰值绝对值的最大值为 0.498*g*，采用钢阻尼支座时为 0.259*g*，5 种工况下的减隔震率在 37%～49%，平均减隔震率为 44%，减隔震效果明显。

7 度横桥向地震作用下 2 号梁端加速度峰值对比见表 11-85。

表 11-85　7 度横桥向地震作用下 2 号梁端加速度峰值 （单位：*g*）

工况序号	工况编号	地震动方向	普通支座	钢阻尼支座
6	安评波-1	横桥向	–1.090	–0.705
7	安评波-2	横桥向	–1.078	–0.716
8	10m-Imperial Valley	横桥向	0.621	0.379
9	10m-Chuetsu-oki	横桥向	0.902	0.573
10	10m-Wenchuan	横桥向	0.950	0.627

7 度横桥向地震作用下，采用普通支座的 2 号梁端加速度峰值绝对值的最大值为 1.09*g*，采用钢阻尼支座时为 0.705*g*，5 种工况下的减隔震率在 34%～39%，平均减隔震率为 36%，减隔震效果明显。

7 度顺桥向+横桥向地震作用下 2 号梁端加速度峰值对比见表 11-86。

表 11-86　7 度顺桥向+横桥向地震作用下 2 号梁端加速度峰值　（单位：g）

工况序号	工况编号	地震动方向	方向	普通支座	钢阻尼支座
11	安评波-1	顺桥向+横桥向	顺桥向	0.528	0.274
			横桥向	–1.119	–0.739
12	安评波-2	顺桥向+横桥向	顺桥向	–0.487	–0.284
			横桥向	–1.014	–0.658
13	10m-Imperial Valley	顺桥向+横桥向	顺桥向	0.375	0.206
			横桥向	–0.693	–0.422
14	10m-Chuetsu-oki	顺桥向+横桥向	顺桥向	–0.480	–0.290
			横桥向	–0.820	–0.475
15	10m-Wenchuan	顺桥向+横桥向	顺桥向	–0.323	–0.189
			横桥向	0.770	0.518

7 度顺桥向+横桥向地震作用下，采用普通支座的 2 号梁端顺桥向加速度峰值绝对值的最大值为 0.528g，采用钢阻尼支座时为 0.274g；采用普通支座的 2 号梁端横桥向加速度峰值绝对值的最大值为 1.119g，采用钢阻尼支座时为 0.739g。5 种工况下，顺桥向减隔震率在 40%～48%，横桥向减隔震率在 33%～42%，顺桥向平均减隔震率为 43%，横桥向平均减隔震率为 37%，减隔震效果明显。

8 度顺桥向地震作用下 2 号梁端加速度峰值对比见表 11-87。

表 11-87　8 度顺桥向地震作用下 2 号梁端加速度峰值　（单位：g）

工况序号	工况编号	地震动方向	普通支座	钢阻尼支座
16	安评波-1	顺桥向	–0.639	–0.368
17	安评波-2	顺桥向	0.522	0.227
18	10m-Imperial Valley	顺桥向	0.461	0.188
19	10m-Chuetsu-oki	顺桥向	–0.682	–0.262
20	10m-Wenchuan	顺桥向	0.474	0.233

8 度顺桥向地震作用下，采用普通支座的 2 号梁端加速度峰值绝对值的最大值为 0.682g，采用钢阻尼支座时为 0.262g，5 种工况下的减隔震率在 42%～62%，平均减隔震率为 54%，减隔震效果明显。

8 度横桥向地震作用下 2 号梁端加速度峰值对比见表 11-88。

8 度横桥向地震作用下，采用普通支座的 2 号梁端加速度峰值绝对值的最大值为 1.74g，采用钢阻尼支座时为 1.038g，5 种工况下的减隔震率在 32%～49%，平均减隔震率为 39%，减隔震效果明显。

8 度顺桥向+横桥向地震作用下 2 号梁端加速度峰值对比见表 11-89。

表 11-88 8 度横桥向地震作用下 2 号梁端加速度峰值 (单位：g)

工况序号	工况编号	地震动方向	普通支座	钢阻尼支座
21	安评波-1	横桥向	–1.509	–1.025
22	安评波-2	横桥向	–1.461	–0.982
23	10m-Imperial Valley	横桥向	1.521	0.885
24	10m-Chuetsu-oki	横桥向	1.663	0.849
25	10m-Wenchuan	横桥向	–1.740	–1.038

表 11-89 8 度顺桥向+横桥向地震作用下 2 号梁端加速度峰值 (单位：g)

工况序号	工况编号	地震动方向	方向	普通支座	钢阻尼支座
26	安评波-1	顺桥向+横桥向	顺桥向	–0.602	–0.266
			横桥向	–1.395	–0.856
27	安评波-2	顺桥向+横桥向	顺桥向	0.524	0.210
			横桥向	–1.543	–0.859
28	10m-Imperial Valley	顺桥向+横桥向	顺桥向	0.358	0.152
			横桥向	–1.650	–0.878
29	10m-Chuetsu-oki	顺桥向+横桥向	顺桥向	0.558	0.238
			横桥向	–1.604	–0.816
30	10m-Wenchuan	顺桥向+横桥向	顺桥向	0.622	0.223
			横桥向	–1.783	–0.926

8 度顺桥向+横桥向地震作用下，采用普通支座的 2 号梁端顺桥向加速度峰值绝对值的最大值为 0.622g，采用钢阻尼支座时为 0.223g；采用普通支座的 2 号梁端横桥向加速度峰值绝对值的最大值为 1.783g，采用钢阻尼支座时为 0.926g。5 种工况下，顺桥向减隔震率在 56%～64%，横桥向减隔震率在 39%～49%，顺桥向平均减隔震率为 59%，横桥向平均减隔震率为 45%，减隔震效果明显。

PGA=0.3g(持时不压缩)顺桥向地震作用下 2 号梁端加速度峰值对比见表 11-90。

表 11-90 PGA=0.3g(持时不压缩)顺桥向地震作用下 2 号梁端加速度峰值 (单位：g)

工况序号	工况编号	地震动方向	普通支座	钢阻尼支座
31	10m-Northridge	顺桥向	–0.713	–0.280
32	10m-Chuetsu-oki	顺桥向	–0.974	–0.373
33	10m-Wenchuan	顺桥向	–0.731	–0.213

PGA=0.3g(持时不压缩)顺桥向地震作用下，采用普通支座的 2 号梁端加速度峰值绝对值的最大值为 0.974g，采用钢阻尼支座时为 0.373g，3 种工况下的减隔震率在 61%～71%，平均减隔震率为 64%，减隔震效果明显。

PGA=0.3g(持时不压缩)横桥向地震作用下 2 号梁端加速度峰值对比见表 11-91。

表 11-91　PGA=0.3g(持时不压缩)横桥向地震作用下 2 号梁端加速度峰值　(单位：g)

工况序号	工况编号	地震动方向	普通支座	钢阻尼支座
34	10m-Northridge	横桥向	−1.963	−0.854
35	10m-Chuetsu-oki	横桥向	−1.885	−0.703
36	10m-Wenchuan	横桥向	−1.720	−1.002

PGA=0.3g(持时不压缩)横桥向地震作用下，采用普通支座的 2 号梁端加速度峰值绝对值的最大值为 1.963g，采用钢阻尼支座时为 0.854g，3 种工况下的减隔震率在 42%～63%，平均减隔震率为 54%，减隔震效果明显。

PGA=0.57g(持时不压缩)顺桥向地震作用下 2 号梁端加速度峰值对比见表 11-92。

表 11-92　PGA=0.57g(持时不压缩)顺桥向地震作用下 2 号梁端加速度峰值　(单位：g)

工况序号	工况编号	地震动方向	普通支座	钢阻尼支座
37	10m-Northridge	顺桥向	−1.378	−0.409
38	10m-Chuetsu-oki	顺桥向	−1.483	−0.406

PGA=0.57g(持时不压缩)顺桥向地震作用下，采用普通支座的 2 号梁端加速度峰值绝对值的最大值为 1.483g，采用钢阻尼支座时为 0.406g，2 种工况下的减隔震率在 70%～73%，平均减隔震率为 72%，减隔震效果明显。

PGA=0.735g(持时不压缩)顺桥向地震作用下 2 号梁端加速度峰值对比见表 11-93。

表 11-93　PGA=0.735g(持时不压缩)顺桥向地震作用下 2 号梁端加速度峰值　(单位：g)

工况序号	工况编号	地震动方向	普通支座	钢阻尼支座
39	安评波-1	顺桥向	−1.793	−0.419

PGA=0.735g(持时不压缩)顺桥向地震作用下，采用普通支座的 2 号梁端加速度峰值绝对值的最大值为 1.793g，采用钢阻尼支座时为 0.419g，减隔震率为 77%，减隔震效果明显。

(3) 3 号梁端加速度峰值对比分析。

7 度顺桥向地震作用下 3 号梁端加速度峰值对比见表 11-94。

7 度顺桥向地震作用下，采用普通支座的 3 号梁端加速度峰值绝对值的最大值为 0.414g，采用钢阻尼支座时为 0.242g，5 种工况下的减隔震率在 30%～49%，平均减隔震率为 40%，减隔震效果明显。

表 11-94　7 度顺桥向地震作用下 3 号梁端加速度峰值　（单位：g）

工况序号	工况编号	地震动方向	普通支座	钢阻尼支座
1	安评波-1	顺桥向	–0.361	–0.184
2	安评波-2	顺桥向	0.376	0.262
3	10m-Imperial Valley	顺桥向	0.303	0.184
4	10m-Chuetsu-oki	顺桥向	–0.414	–0.242
5	10m-Wenchuan	顺桥向	0.316	0.187

7 度横桥向地震作用下 3 号梁端加速度峰值对比见表 11-95。

表 11-95　7 度横桥向地震作用下 3 号梁端加速度峰值　（单位：g）

工况序号	工况编号	地震动方向	普通支座	钢阻尼支座
6	安评波-1	横桥向	1.085	0.711
7	安评波-2	横桥向	–1.075	–0.755
8	10m-Imperial Valley	横桥向	0.643	0.397
9	10m-Chuetsu-oki	横桥向	–0.805	–0.435
10	10m-Wenchuan	横桥向	–1.010	–0.658

7 度横桥向地震作用下，采用普通支座的 3 号梁端加速度峰值绝对值的最大值为 1.085g，采用钢阻尼支座时为 0.711g，5 种工况下的减隔震率在 34%～46%，平均减隔震率为 37%，减隔震效果明显。

7 度顺桥向+横桥向地震作用下 3 号梁端加速度峰值对比见表 11-96。

表 11-96　7 度顺桥向+横桥向地震作用下 3 号梁端加速度峰值　（单位：g）

工况序号	工况编号	地震动方向	方向	普通支座	钢阻尼支座
11	安评波-1	顺桥向+横桥向	顺桥向	0.451	0.263
			横桥向	2.037	0.817
12	安评波-2	顺桥向+横桥向	顺桥向	–0.459	–0.327
			横桥向	–1.022	–0.635
13	10m-Imperial Valley	顺桥向+横桥向	顺桥向	0.286	0.209
			横桥向	–0.784	–0.414
14	10m-Chuetsu-oki	顺桥向+横桥向	顺桥向	0.359	0.128
			横桥向	–0.538	–0.386
15	10m-Wenchuan	顺桥向+横桥向	顺桥向	0.342	0.172
			横桥向	–0.748	–0.499

7 度顺桥向+横桥向地震作用下，采用普通支座的 3 号梁端顺桥向加速度峰值绝对值的最大值为 0.459g，采用钢阻尼支座时为 0.327g；采用普通支座的横桥向 3 号梁端横桥向加速度峰值绝对值的最大值为 2.037g，采用钢阻尼支座时为 0.817g。5 种工况下，顺桥向减隔震率在 27%～64%，横桥向减隔震率在 28%～60%，顺桥向平均减隔震率为 42%，横桥向平均减隔震率为 41%，减隔震效果明显。

8 度顺桥向地震作用下 3 号梁端加速度峰值对比见表 11-97。

表 11-97　8 度顺桥向地震作用下 3 号梁端加速度峰值　(单位：g)

工况序号	工况编号	地震动方向	普通支座	钢阻尼支座
16	安评波-1	顺桥向	–0.592	–0.312
17	安评波-2	顺桥向	0.695	0.351
18	10m-Imperial Valley	顺桥向	0.567	0.205
19	10m-Chuetsu-oki	顺桥向	–0.540	–0.242
20	10m-Wenchuan	顺桥向	0.462	0.193

8 度顺桥向地震作用下，采用普通支座的 3 号梁端加速度峰值绝对值的最大值为 0.695g，采用钢阻尼支座时为 0.351g，5 种工况下的减隔震率在 47%～64%，平均减隔震率为 55%，减隔震效果明显。

8 度横桥向地震作用下 3 号梁端加速度峰值对比见表 11-98。

表 11-98　8 度横桥向地震作用下 3 号梁端加速度峰值　(单位：g)

工况序号	工况编号	地震动方向	普通支座	钢阻尼支座
21	安评波-1	横桥向	–1.726	–0.964
22	安评波-2	横桥向	–1.781	–1.141
23	10m-Imperial Valley	横桥向	1.611	0.946
24	10m-Chuetsu-oki	横桥向	–1.907	–0.952
25	10m-Wenchuan	横桥向	1.745	0.830

8 度横桥向地震作用下，采用普通支座的 3 号梁端加速度峰值绝对值的最大值为 1.907g，采用钢阻尼支座时为 0.952g，5 种工况下的减隔震率在 36%～52%，平均减隔震率为 45%，减隔震效果明显。

8 度顺桥向+横桥向地震作用下 3 号梁端加速度峰值对比见表 11-99。

8 度顺桥向+横桥向地震作用下，采用普通支座的 3 号梁端顺桥向加速度峰值绝对值的最大值为 0.742g，采用钢阻尼支座时为 0.289g；采用普通支座的 3 号梁端横桥向加速度峰值绝对值的最大值为 1.768g，采用钢阻尼支座时为 0.996g。5 种工况下，顺桥向减隔震率在 47%～64%，横桥向减隔震率在 40%～64%，顺桥向平均减隔震率为 57%，横桥向平均减隔震率为 46%，减隔震效果明显。

表 11-99　8 度顺桥向+横桥向地震作用下 3 号梁端加速度峰值　（单位：g）

工况序号	工况编号	地震动方向	方向	普通支座	钢阻尼支座
26	安评波-1	顺桥向+横桥向	顺桥向	–0.742	–0.289
			横桥向	1.542	0.922
27	安评波-2	顺桥向+横桥向	顺桥向	–0.560	–0.274
			横桥向	1.633	0.911
28	10m-Imperial Valley	顺桥向+横桥向	顺桥向	0.358	0.189
			横桥向	–1.628	–0.714
29	10m-Chuetsu-oki	顺桥向+横桥向	顺桥向	0.678	0.260
			横桥向	1.768	0.996
30	10m-Wenchuan	顺桥向+横桥向	顺桥向	0.490	0.175
			横桥向	–1.601	–0.868

PGA=0.3g（持时不压缩）顺桥向地震作用下 3 号梁端加速度峰值对比见表 11-100。

表 11-100　PGA=0.3g（持时不压缩）顺桥向地震作用下 3 号梁端加速度峰值（单位：g）

工况序号	工况编号	地震动方向	普通支座	钢阻尼支座
31	10m-Northridge	顺桥向	–0.698	–0.280
32	10m-Chuetsu-oki	顺桥向	–0.690	–0.307
33	10m-Wenchuan	顺桥向	0.813	0.247

PGA=0.3g（持时不压缩）顺桥向地震作用下，采用普通支座的 3 号梁端加速度峰值绝对值的最大值为 0.813g，采用钢阻尼支座时为 0.247g，3 种工况下的减隔震率在 56%～70%，平均减隔震率为 62%，减隔震效果明显。

PGA=0.3g（持时不压缩）横桥向地震作用下 3 号梁端加速度峰值对比见表 11-101。

表 11-101　PGA=0.3*g*(持时不压缩)横桥向地震作用下 3 号梁端加速度峰值（单位：*g*）

工况序号	工况编号	地震动方向	普通支座	钢阻尼支座
34	10m-Northridge	横桥向	2.191	0.897
35	10m-Chuetsu-oki	横桥向	–1.747	–0.834
36	10m-Wenchuan	横桥向	–1.577	–0.945

PGA=0.3*g*(持时不压缩)横桥向地震作用下，采用普通支座的 3 号梁端加速度峰值绝对值的最大值为 2.191*g*，采用钢阻尼支座时为 0.897*g*，3 种工况下的减隔震率在 40%～59%，平均减隔震率为 50%，减隔震效果明显。

PGA=0.57*g*(持时不压缩)顺桥向地震作用下 3 号梁端加速度峰值对比见表 11-102。

表 11-102　PGA=0.57*g*(持时不压缩)顺桥向地震作用下 3 号梁端加速度峰值（单位：*g*）

工况序号	工况编号	地震动方向	普通支座	钢阻尼支座
37	10m-Northridge	顺桥向	–1.641	–0.407
38	10m-Chuetsu-oki	顺桥向	–1.524	–0.460

PGA=0.57*g*(持时不压缩)顺桥向地震作用下，采用普通支座的 3 号梁端加速度峰值绝对值的最大值为 1.641*g*，采用钢阻尼支座时为 0.407*g*，2 种工况下的减隔震率在 70%～75%，平均减隔震率为 73%，减隔震效果明显。

PGA=0.735*g*(持时不压缩)顺桥向地震作用下 3 号梁端加速度峰值对比见表 11-103。

表 11-103　PGA=0.735*g*(持时不压缩)顺桥向地震作用下 3 号梁端加速度峰值(单位：*g*)

工况序号	工况编号	地震动方向	普通支座	钢阻尼支座
39	安评波-1	顺桥向	1.876	0.420

PGA=0.735*g*(持时不压缩)顺桥向地震作用下，采用普通支座的 3 号梁端加速度峰值绝对值的最大值为 1.876*g*，采用钢阻尼支座时为 0.42*g*，减隔震率为 78%，减隔震效果明显。

11.3.5　减隔震性能评价

1. 不同响应指标的减隔震率汇总

顺桥向和横桥向地震作用下，2 号墩墩底应变减隔震率见图 11-61 和图 11-62，

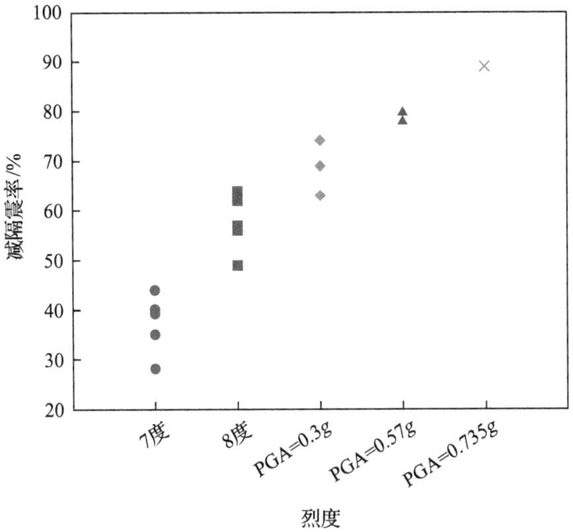

图 11-61　顺桥向地震作用下 2 号墩墩底应变减隔震率

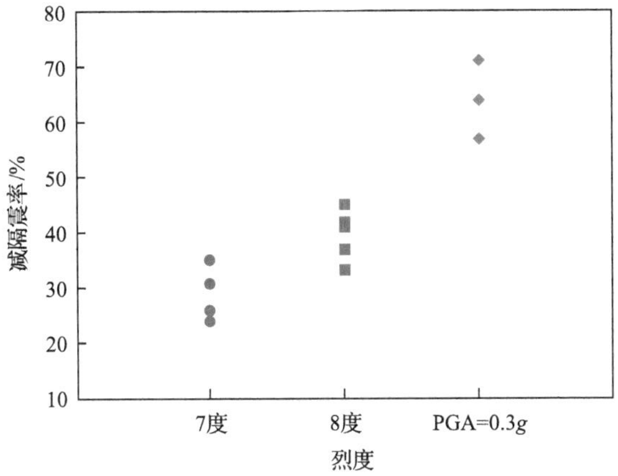

图 11-62　横桥向地震作用下 2 号墩墩底应变减隔震率

2 号墩墩顶加速度减隔震率见图 11-63 和图 11-64，2 号梁端加速度减隔震率见图 11-65 和图 11-66，3 号梁端加速度减隔震率见图 11-67 和图 11-68。可以看出，不同响应指标的减隔震率均随地震强度的增加而增大。

2. 不同地震动方向下平均减隔震率汇总

顺桥向、横桥向和顺桥向+横桥向地震作用下平均减隔震率见表 11-104～表 11-106。可以看出，钢阻尼支座对顺桥向的减震效果总体上优于对横桥向的减震效果，而且双向输入地震波时，顺桥向和横桥向的地震响应相互影响较小。

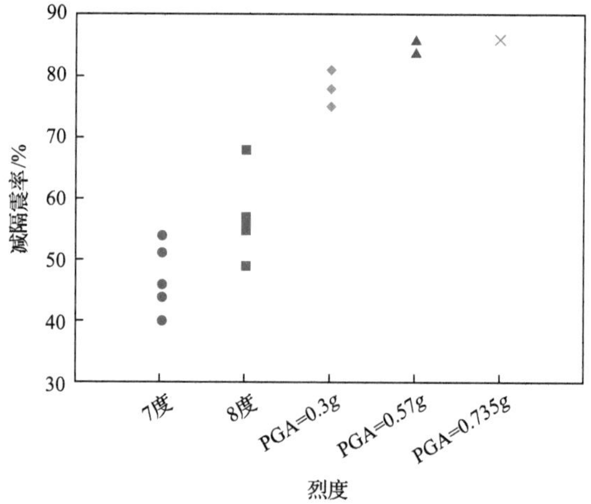

图 11-63　顺桥向地震作用下 2 号墩墩顶加速度减隔震率

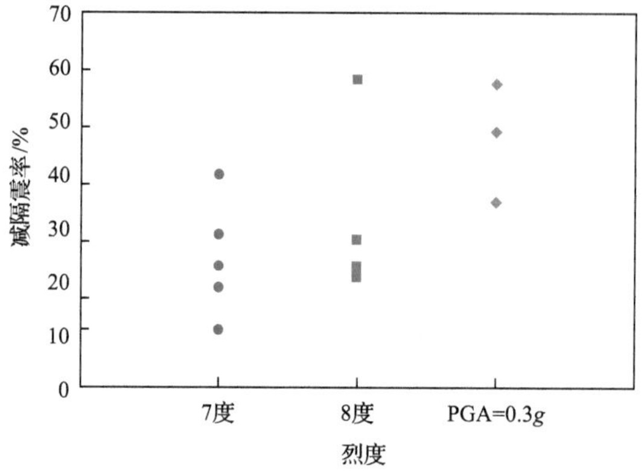

图 11-64　横桥向地震作用下 2 号墩墩顶加速度减隔震率

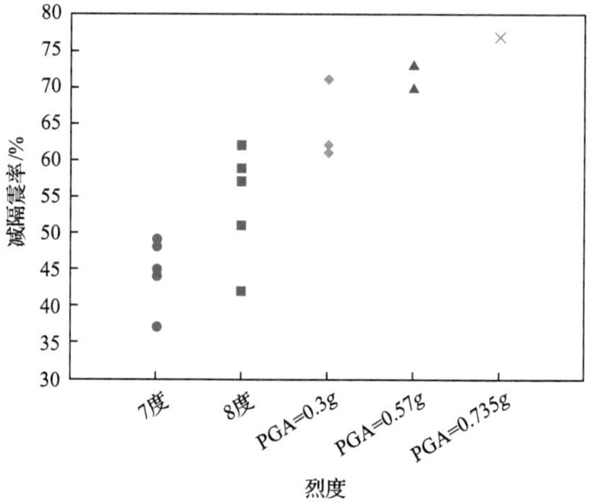

图 11-65　顺桥向地震作用下 2 号梁端加速度减隔震率

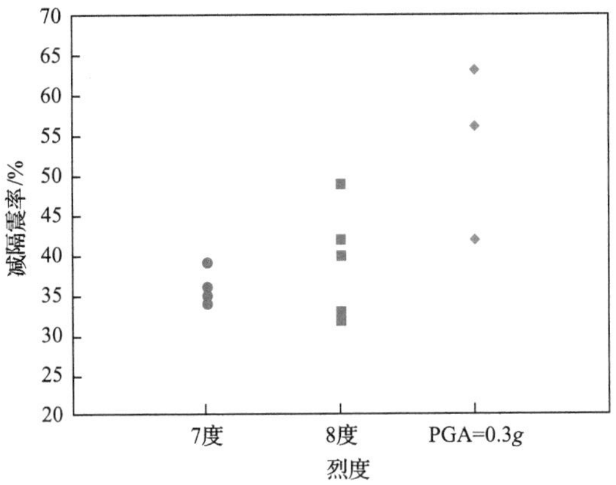

图 11-66　横桥向地震作用下 2 号梁端加速度减隔震率

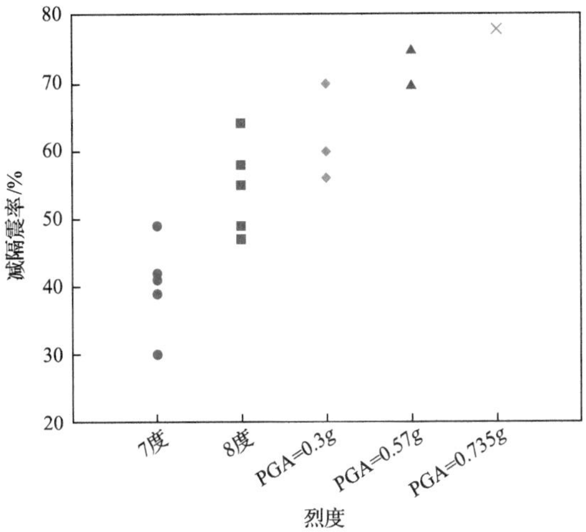

图 11-67　顺桥向地震作用下 3 号梁端加速度减隔震率

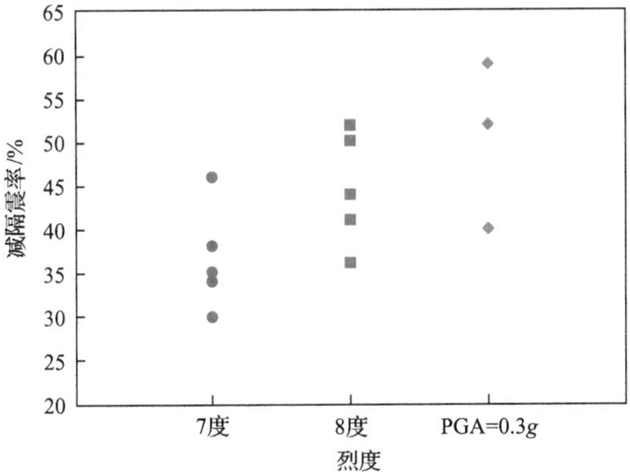

图 11-68　横桥向地震作用下 3 号梁端加速度减隔震率

表 11-104　顺桥向地震作用下平均减隔震率　　(单位：%)

地震动方向	响应	7 度	8 度	PGA=0.3g	PGA=0.57g	PGA=0.735g
顺桥向	墩底应变	37	58	69	79	89
	墩顶加速度	47	57	78	85	86
	2 号梁端加速度	44	54	64	72	77
	3 号梁端加速度	40	55	62	73	78

表 11-105　横桥向地震作用下平均减隔震率　　(单位：%)

地震动方向	响应	7 度	8 度	PGA=0.3g
横桥向	墩底应变	28	40	64
	墩顶加速度	24	31	47
	2 号梁端加速度	36	39	54
	3 号梁端加速度	37	45	50

表 11-106　顺桥向+横桥向地震作用下平均减隔震率　　(单位：%)

地震动方向	方向	响应	7 度	8 度
顺桥向+横桥向	顺桥向	2 号墩墩底应变	44	54
		2 号墩墩顶加速度	58	55
		2 号梁端加速度	43	59
		3 号梁端加速度	42	57
	横桥向	墩底应变	42	43
		墩顶加速度	45	33
		2 号梁端加速度	37	45
		3 号梁端加速度	41	46

11.4　本 章 小 结

本章主要对振动台试验模型进行设计，包括钢阻尼支座的设计、桥梁模型的设计，以及模型结构的施工安装和试验方案的制定等，并对比分析了采用钢阻尼支座和普通支座的地震响应。主要结论如下：

(1) 钢阻尼支座下座板与中间座板之间滑动、减震榫变形量随着地震强度的增加而变大，横桥向减震榫先于顺桥向减震榫发生变形。7 度地震作用下下座板与中间座板之间无明显滑动，横桥向减震榫变形量为最大变形量 2mm，顺桥向减震榫变形量为 0；在 PGA=0.735g(持时不压缩）地震作用下横桥向减震榫变形量为最大变形量 21mm，顺桥向减震榫变形量为 8mm。

(2) 钢阻尼支座相比普通支座具有明显的隔震、耗能减震作用，采用钢阻尼支座的墩底应变、墩顶加速度、梁端加速度均明显减小，支座位移变大，说明钢阻尼支座能有效降低结构的地震反应。

(3) 钢阻尼支座的减隔震率随着地震强度的增加而增加，钢阻尼支座对顺桥向的减隔震效果总体优于对横桥向的减隔震效果。双向同时输入地震波时，顺桥向和横桥向的地震响应相互影响较小。

(4) 减隔震支座对最大振幅相等的不同地震波的减震效果表现出明显的差别，这是由各地震波的卓越周期离结构固有周期远近不同导致的。

参 考 文 献

[1] 李信富，李小凡，张美根. 地震波数值模拟方法研究综述[J]. 防灾减灾工程学报，2007，27(2)：241-248.

[2] 聂健行. 摩擦摆支座的抗震参数分析及优化措施[D]. 青岛：青岛理工大学，2016.

第12章　采用钢阻尼支座的铁路桥梁地震响应影响参数分析

12.1　概　　述

由于地震运动的随机性与结构抗震性能的复杂性，桥梁抗震研究除进行桥梁抗震试验外，还需进行数值模拟分析，以准确研究桥梁结构在地震作用下的反应过程及支座的减隔震效果。

采用 ABAQUS 软件对钢阻尼支座及全桥建立有限元模型，并进行非线性时程分析，对比有限元计算结果和试验结果，分析误差产生的原因，并研究不同支座参数下钢阻尼支座的减隔震性能。本章主要研究内容包含以下几个方面：

(1)使用 ABAQUS/Standard 模块建立钢阻尼支座的有限元模型，荷载采用水平简谐位移施加于有限元模型顶部，计算得到支座的滞回曲线，对比厂家提供的试验数据，验证钢阻尼支座有限元模型的准确性。

(2)建立全桥有限元模型，进行地震荷载作用下的非线性动力时程分析，并与振动台模型试验结果进行对比，验证全桥模型的正确性。

(3)改变减震榫的半径、减震榫材料的屈服强度、中间座板和下座板间摩擦系数及钢阻尼支座内部连接方式，对改变参数后的钢阻尼支座进行滞回性能分析，并对采用改变参数后的钢阻尼支座的全桥模型进行地震荷载作用下的非线性动力时程分析，主要对比分析主梁加速度、墩底应变，计算改变参数后钢阻尼支座的减隔震率，分析钢阻尼支座的最优设计参数。

12.2　减震榫及钢阻尼支座有限元模型

12.2.1　减震榫有限元模型

减震榫是钢阻尼支座中的主要减震耗能构件，采用 Q345B 钢加工，锐角倒钝。减震榫等强度变形段直径公式为 $D = 4X$（X 为轮廓曲线上的点到 x 轴的垂直距离）。减震榫两端根部圆弧倒角，$R = 53\text{mm}$。减震榫中间 50mm 过渡段采用数控机床加工，直径为 320mm。减震榫两端法兰盘上 $\phi 7$ 的通孔要求位置统一，见图 12-1。

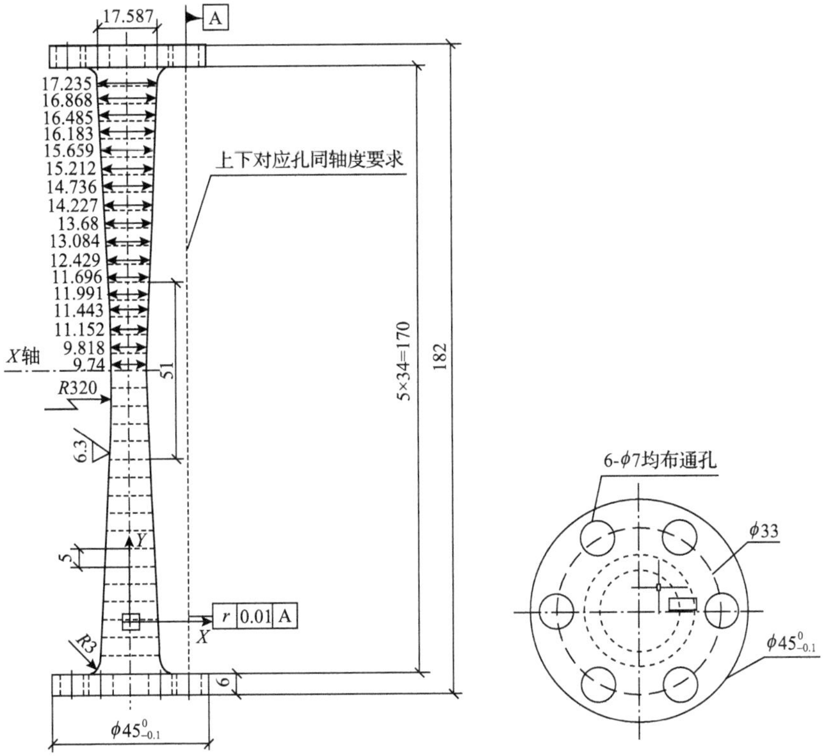

图 12-1　双固端减震榫(单位：mm)

采用实体单元建立减震榫有限元模型，见图 12-2，钢材型号为特制软钢，屈服强度实测值为 325MPa。

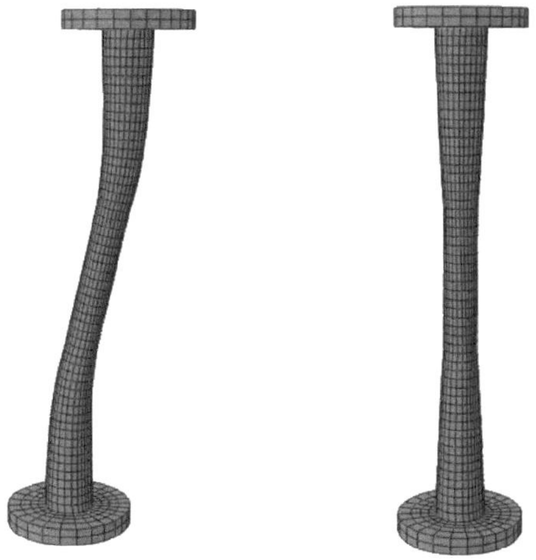

(a) 单根榫网格划分示意图　　(b) 单根榫计算模型

图 12-2　减震榫有限元模型

12.2.2　钢阻尼支座有限元模型

建立有限元模型时，对钢阻尼支座进行简化，将上座板和球冠衬板、球冠衬板和中间座板定义为固结，中间座板和下座板间无硅脂润滑，接触性质定义为：法向硬接触，切向罚函数，摩擦系数取 0.05，采用面-面离散方法。钢阻尼支座由双固端减震榫及球形钢支座组成，以支座功能分离作为基本原则，试验得到的滞回曲线是在支座的水平方向进行加载，而水平方向的力由串联式减震榫承担，球形支座不承受水平力，所以本章有限元仿真不考虑支座内聚四氟乙烯材料的非线性。各部件单元网格均采用"结构化"划分方法，单元性质均定义为 C3D8R 一次缩减积分单元。钢阻尼支座有限元模型见图 12-3。

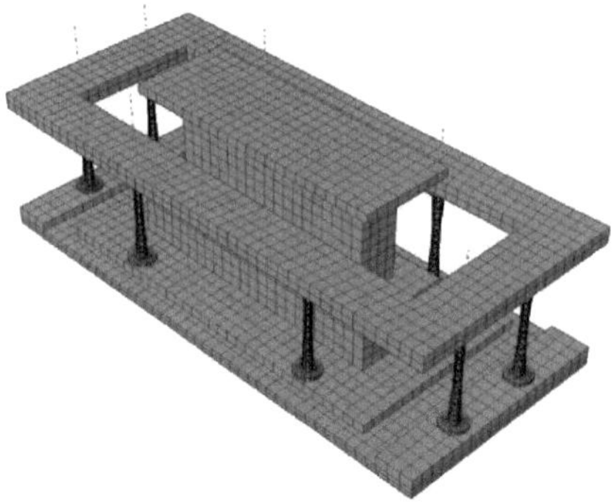
(a) 支座网格划分

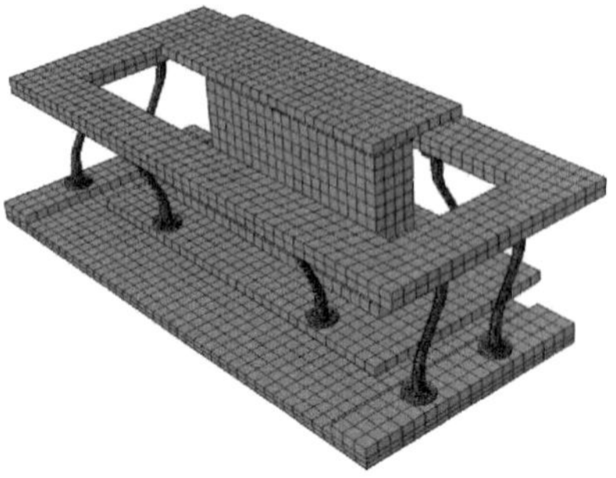
(b) 支座计算模型

图 12-3　钢阻尼支座有限元模型

利用图 12-3(b)所示支座计算模型对有钢阻尼支座有限元模型进行滞回性能分析，分析使用 ABAQUS/Standard 模块，荷载采用水平简谐位移施加于有限元模型顶部，计算得到支座的滞回曲线，见图 12-4。钢阻尼支座滞回曲线饱满，表现

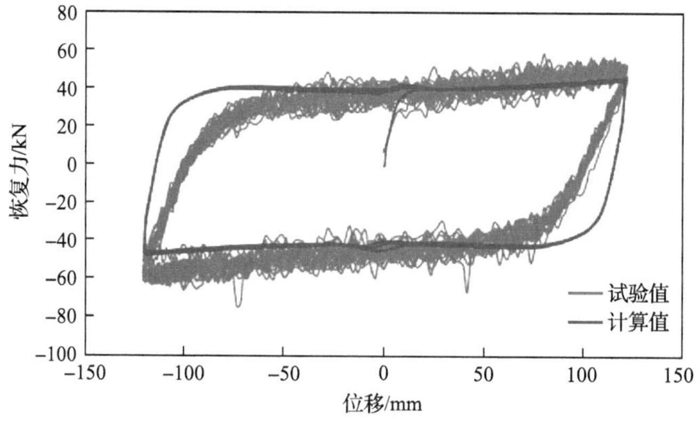

图 12-4　钢阻尼支座滞回曲线

出稳定的塑性变形能力和较强的耗能能力，与支座厂家提供的试验数据比较吻合。

将有限元计算结果与试验结果进行对比，见表 12-1。

表 12-1　钢阻尼支座滞回特性

特性值	屈服力	最大恢复力
试验值/kN	37.5	55.9
计算值/kN	36.2	49.5
相对误差/%	3.59	12.93

从滞回特性对比结果可知，有限元计算结果与试验结果相对误差在 12.93%以内，说明建立的有限元模型能够正确地对钢阻尼支座进行模拟。

12.3　采用钢阻尼支座的铁路桥梁模型非线性时程分析

采用钢阻尼支座的铁路桥梁振动台试验模型在第 2 章中已有详细介绍，本节不再赘述。建立模型时，对振动台试验模型的物理模型进行一定的简化。

12.3.1　全桥有限元模型

采用 ABAQUS 软件建立桥梁空间分析模型，梁体和桥墩采用三维实体单元，对桥梁做如下假定：

(1) 在地震作用下，桥梁的上部结构以及桥墩保持线弹性。

(2) 桥墩底部按照固结来处理，不考虑基础的影响。

(3) 不考虑桥面系对桥墩的纵向约束作用。

有限元模型材料参数见表 12-2。

表 12-2　有限元模型材料参数

材料特性	钢材	混凝土
弹性模量/GPa	207	33
密度/(kg/m^3)	7850	2400
泊松比	0.3	0.2
其他	各向同性	各向同性

1. 简支梁

简支梁有限元模型见图 12-5，采用实体单元建模，由于简支梁结构不是本章的研究重点，对原型结构做了一定程度的简化。为简化计算，忽略简支梁受力形态，将模型整体约束为一个规则刚体，对其赋予计算所得的材料密度值，使模型的总质量等于设计值 11.428t。

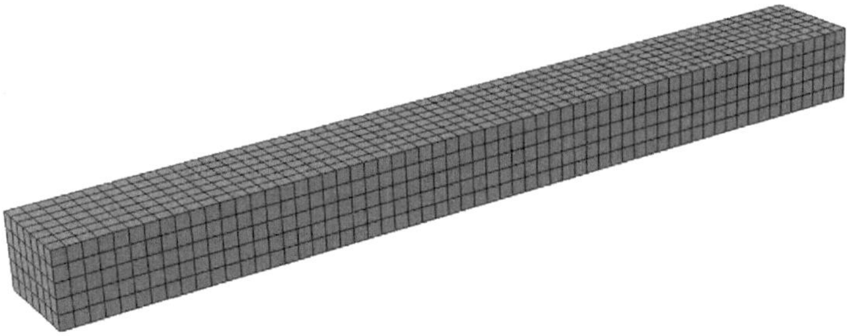

图 12-5　简支梁有限元模型

2. 桥墩

桥墩有限元模型见图 12-6，振动台模型简化了墩顶形态并忽略了一些次要结构，由上至下为墩帽、墩身和承台 3 个部分。另外，混凝土墩身外包一层 6mm 厚钢管壁，其中墩身采用实体单元，钢管壁采用壳单元，赋予相应的材料属性，使二者固结，墩帽及承台采用实体单元，与墩身固结。模型忽略桩土效应影响[1]，将地震荷载视为直接作用于承台底部。桥墩材料为 C35 混凝土，采用线弹性属性，弹性模量为 33000MPa，密度为 2400kg/m^3，泊松比为 0.2。

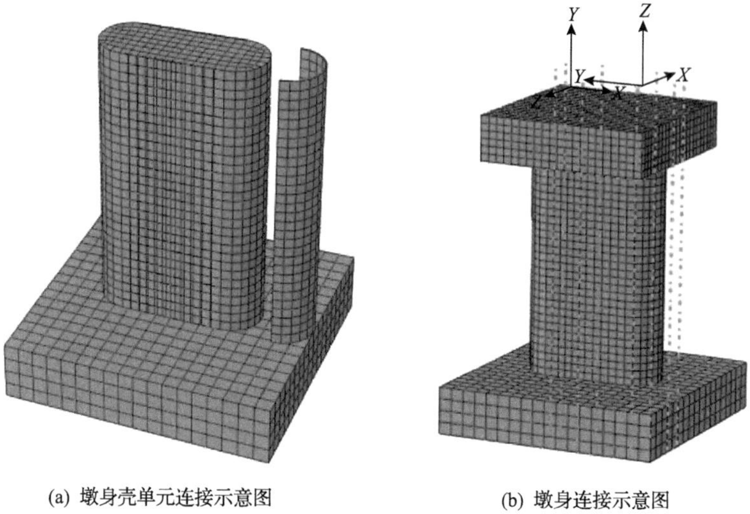

(a) 墩身壳单元连接示意图　　(b) 墩身连接示意图

图 12-6　桥墩有限元模型

3. 支座

普通支座采用 ABAQUS 软件中的 Connector 单元模拟，单元类型为

Cartesian+Cardan，仅模拟其在各自由度方向的力学特性。以顺桥向为 X 方向、横桥向为 Y 方向、竖直向上为 Z 方向，固定支座约束 X、Y、Z 方向平动自由度，释放 X、Y、Z 方向转动自由度；活动支座约束 Y、Z 方向平动自由度，释放 X 方向平动自由度和 X、Y、Z 方向转动自由度，同时对 X 方向定义滑动摩擦属性，摩擦系数取 0.03。桥墩与支座下底板固结，边墩支座置于桥墩横桥向中心线，中墩支座对称布置在墩顶，见图 12-7。

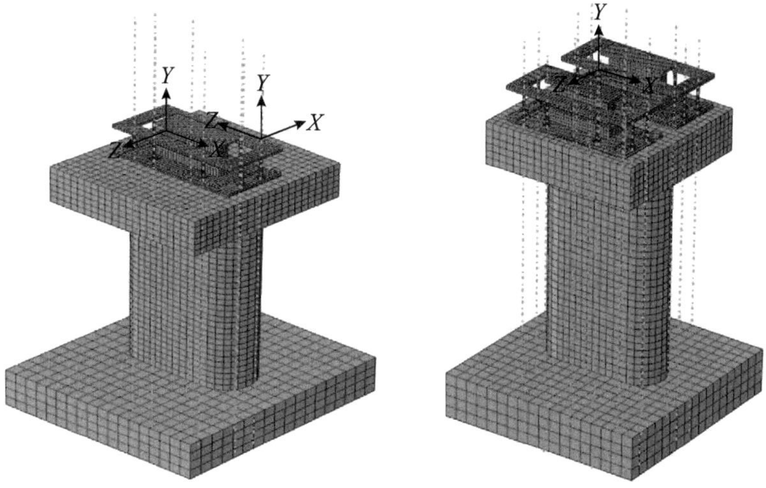

(a) 边墩支座-桥墩连接示意图　　(b) 中墩支座-桥墩连接示意图

图 12-7　支座-桥墩有限元模型连接示意图

4. 全桥模型

铁路简支梁桥整体有限元模型为两跨三墩模型，见图 12-8。模型分为采用钢阻尼支座和普通支座两种情况，支座顺桥向布置顺序均为固定—滑动、固定—滑动。为不让边墩偏心受压，调整边墩支座布置于桥墩横向中心线上。

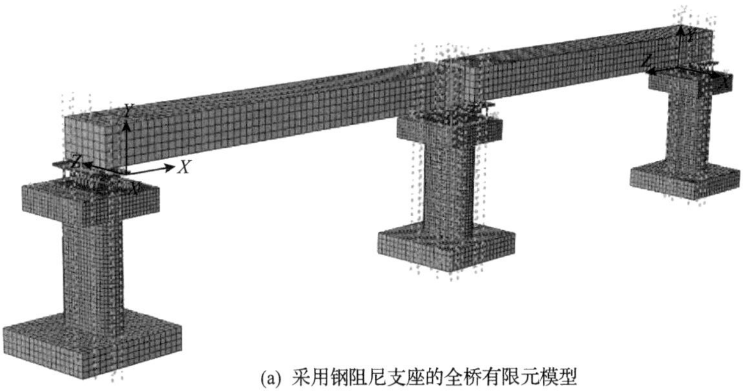

(a) 采用钢阻尼支座的全桥有限元模型

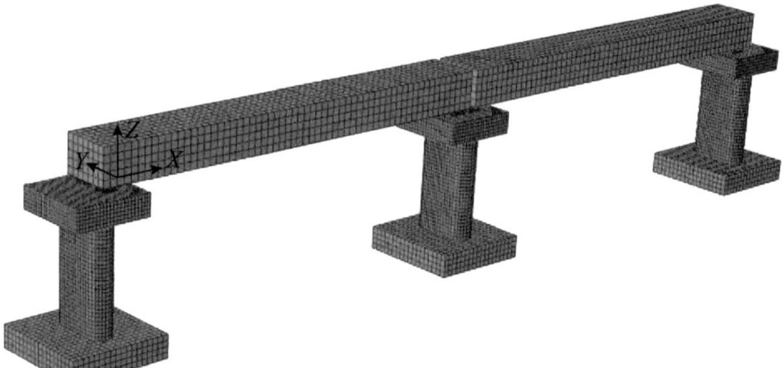

(b) 采用普通支座的全桥有限元模型

图 12-8　全桥有限元模型

12.3.2　地震动输入

振动台试验中选取 6 条地震波，采用钢阻尼支座和采用普通支座时各 39 种工况，考虑到计算量，只选取其中典型工况进行计算，见表 12-3。

表 12-3　有限元模型加载工况

工况编号	地震动方向	采用钢阻尼支座	采用普通支座
1	顺桥向	√	√
6	横桥向	√	√
11	顺桥向+横桥向	√	—
16	顺桥向	√	√
21	横桥向	√	√
26	顺桥向+横桥向	√	—
31	顺桥向	√	√
32	顺桥向	√	√
33	顺桥向	√	—
34	横桥向	√	√
35	横桥向	√	√
36	横桥向	√	—
37	顺桥向	√	√
38	顺桥向	√	√
39	顺桥向	√	√

注：√表示加载此工况，—表示未加载此工况。

有限元模拟所用地震波时程曲线见图 12-9。

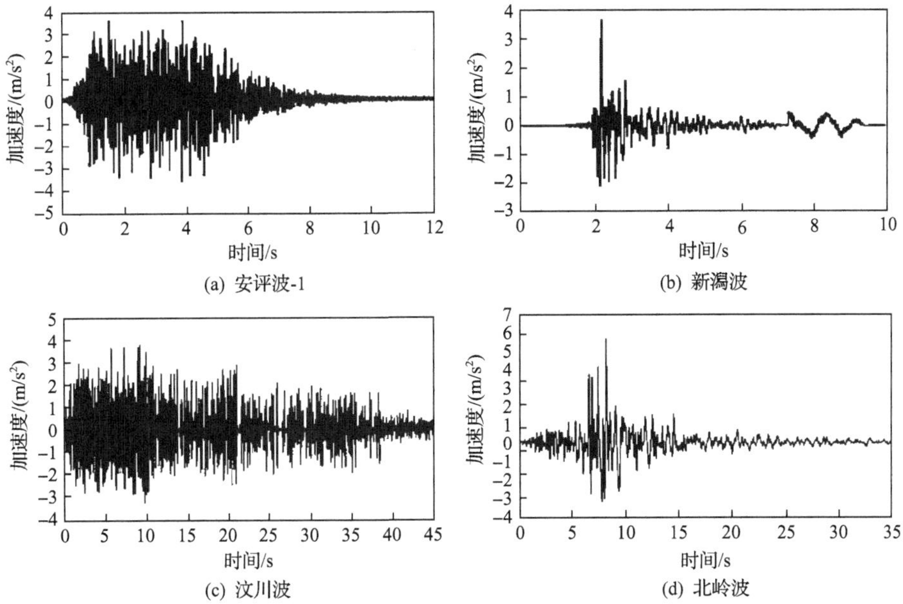

(a) 安评波-1　(b) 新潟波

(c) 汶川波　(d) 北岭波

图 12-9　有限元模拟所用地震波时程曲线

12.4　试验结果与有限元模拟结果对比分析

选取时程曲线和峰值两项有限元模拟结果与试验结果进行对比，因普通支座不是本章研究的重点，时程曲线只选取典型工况下采用钢阻尼支座的结果。

12.4.1　墩底应变对比分析

1) 墩底应变时程曲线对比

以 2 号墩墩底应变为例，选取 7 度地震作用下工况 1、8 度地震作用下工况 16、PGA = 0.3g(持时不压缩) 地震作用下工况 31、PGA = 0.57g(持时不压缩) 地震作用下工况 37、PGA = 0.735g(持时不压缩) 地震作用下工况 39 进行对比分析，见图 12-10～图 12-14。

2) 墩底应变峰值对比

采用钢阻尼支座的 2 号墩墩底应变峰值对比见表 12-4，采用普通支座的 2 号墩墩底应变峰值对比见表 12-5。

采用钢阻尼支座时，有限元模拟的 2 号墩墩底应变时程曲线与振动台试验结果基本吻合，7 度地震作用下墩底应变峰值的相对误差在 8%～22%，8 度地震作用下墩底应变峰值的相对误差在 8%～14%，PGA = 0.3g(持时不压缩) 地震作用下墩底应变峰值的相对误差在 2%～15%，PGA = 0.57g(持时不压缩) 地震作用下墩

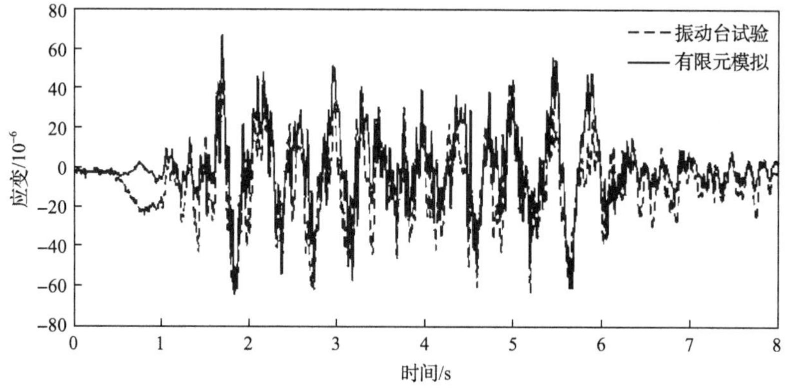

图 12-10　7 度地震作用下 2 号墩墩底应变时程曲线振动台试验结果与有限元模拟结果对比(工况 1)

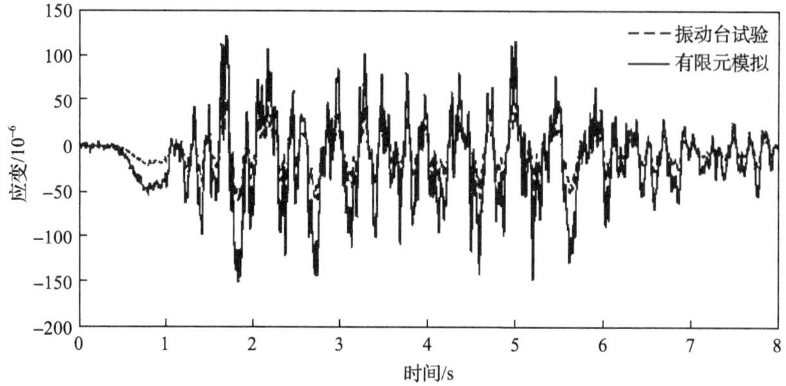

图 12-11　8 度地震作用下 2 号墩墩底应变时程曲线振动台试验结果与有限元模拟结果对比(工况 16)

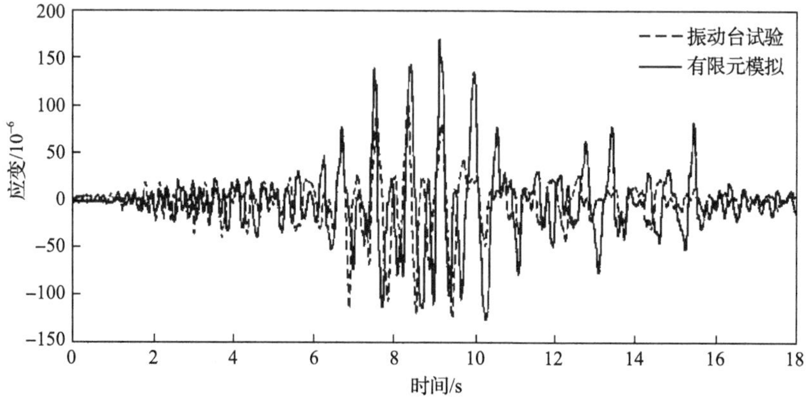

图 12-12　PGA = 3g(持时不压缩)地震作用下 2 号墩墩底应变时程曲线振动台试验结果与有限元模拟结果对比(工况 31)

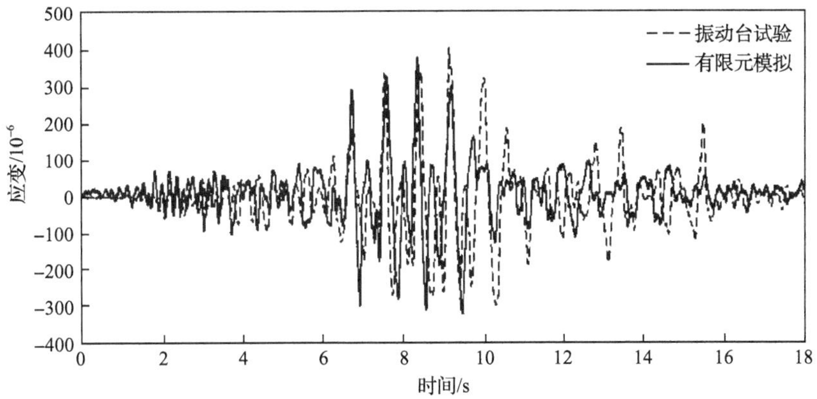

图 12-13　PGA = 0.57g(持时不压缩)地震作用下 2 号墩墩底应变时程曲线振动台试验结果与有限元模拟结果对比(工况 37)

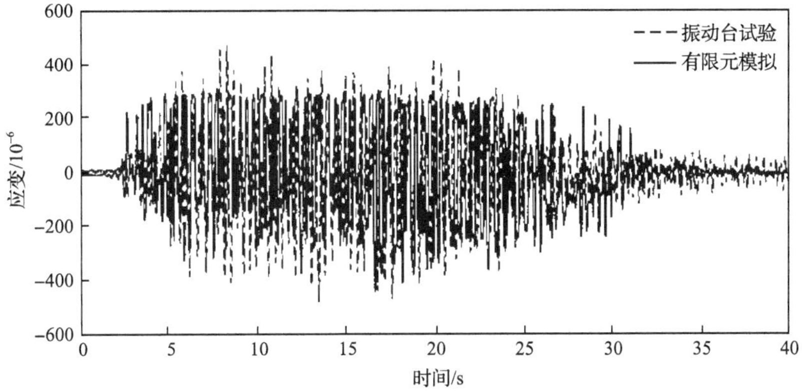

图 12-14　PGA = 0.735g(持时不压缩)地震作用下 2 号墩墩底应变时程曲线振动台试验结果与有限元模拟结果对比(工况 39)

表 12-4　采用钢阻尼支座的 2 号墩墩底应变峰值对比

工况序号	方向	试验值/10^{-6}	计算值/10^{-6}	相对误差/%
1	顺桥向	62	51	21.57
6	横桥向	57	48	18.75
11	顺桥向	63	58	8.62
	横桥向	50	45	11.11
16	顺桥向	143	132	8.33
21	横桥向	110	98	12.24
26	顺桥向	129	114	13.16
	横桥向	140	129	8.53
31	顺桥向	125	117	6.84
32	顺桥向	204	183	11.48

续表

工况序号	方向	试验值/10^{-6}	计算值/10^{-6}	相对误差/%
33	顺桥向	109	99	10.10
34	横桥向	172	168	2.38
35	横桥向	155	147	5.44
36	横桥向	125	109	14.68
37	顺桥向	400	375	6.67
38	顺桥向	254	237	7.17
39	顺桥向	484	442	9.50

表 12-5 采用普通支座的 2 号墩墩底应变峰值对比

工况序号	方向	试验值/10^{-6}	计算值/10^{-6}	相对误差/%
1	顺桥向	168	135	24.44
6	横桥向	88	69	27.54
16	顺桥向	329	293	12.29
21	横桥向	191	166	15.06
31	顺桥向	408	355	14.93
32	顺桥向	288	259	11.20
34	横桥向	832	686	21.28
35	横桥向	746	682	9.38
37	顺桥向	2747	2316	18.61
38	顺桥向	1604	1317	21.79
39	顺桥向	3490	2913	19.81

底应变峰值的相对误差在 6%～8%，PGA = 0.735g(持时不压缩)地震作用下墩底应变峰值的相对误差为 9.5%。采用普通支座时，7 度地震作用下墩底应变峰值的相对误差在 24%～28%，8 度地震作用下墩底应变峰值的相对误差在 12%～15%，PGA = 0.3g(持时不压缩)地震作用下墩底应变峰值的相对误差在 9%～22%，PGA = 0.57g(持时不压缩)地震作用下墩底应变峰值的相对误差在 18%～22%，PGA = 0.735g(持时不压缩)地震作用下墩底应变峰值的相对误差为 19.81%。

12.4.2 支座位移对比分析

1) 支座位移时程曲线对比

以 2 号钢阻尼支座位移为例，选取 7 度地震作用下工况 1、8 度地震作用下工况 16、PGA = 0.3g(持时不压缩)地震作用下工况 31、PGA = 0.57g(持时不压缩)地震作用下工况 37、PGA = 0.735g(持时不压缩)地震作用下工况 39 进行对比分析，见图 12-15～图 12-19。

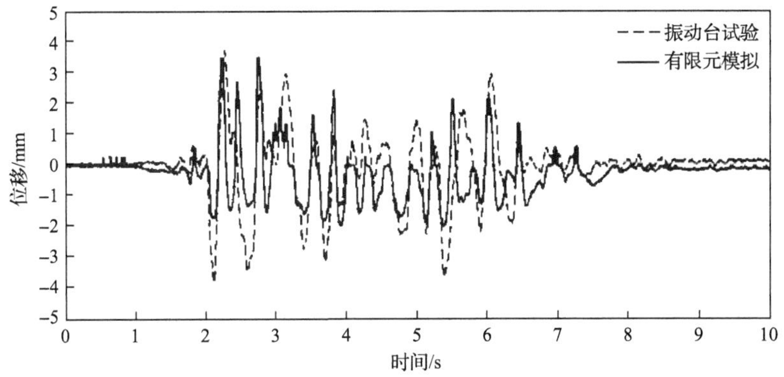

图 12-15　7 度地震作用下 2 号钢阻尼支座位移时程曲线振动台试验结果与有限元模拟结果对比(工况 1)

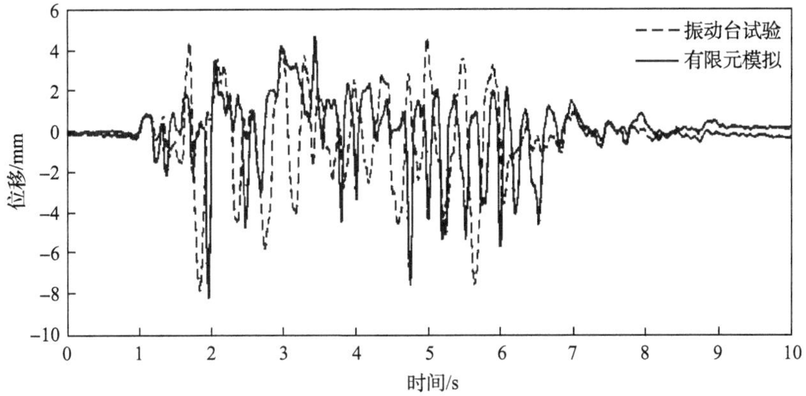

图 12-16　8 度地震作用下 2 号钢阻尼支座位移时程曲线振动台试验结果与有限元模拟结果对比(工况 16)

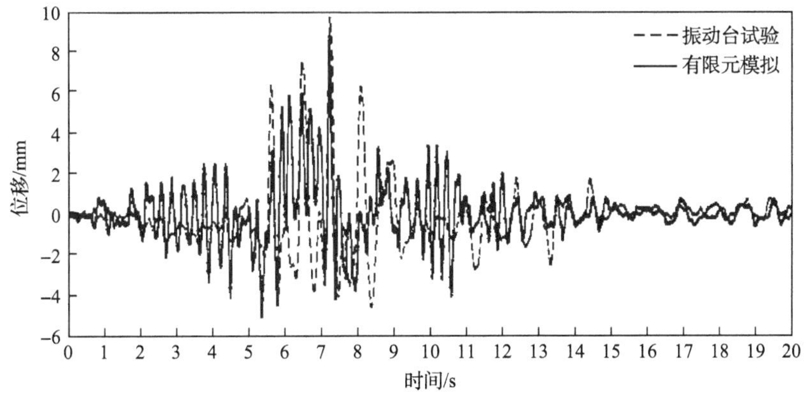

图 12-17　PGA = 0.3*g*(持时不压缩)地震作用下 2 号钢阻尼支座位移时程曲线振动台试验结果与有限元模拟结果对比(工况 31)

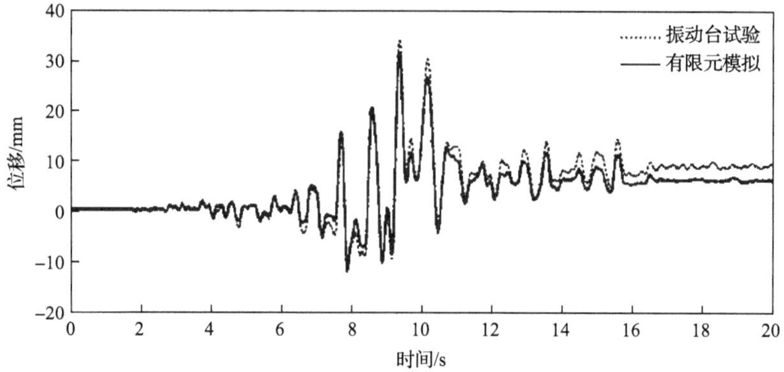

图 12-18 PGA = 0.57g(持时不压缩)地震作用下 2 号钢阻尼支座位移时程曲线振动台试验结果与有限元模拟结果对比(工况 37)

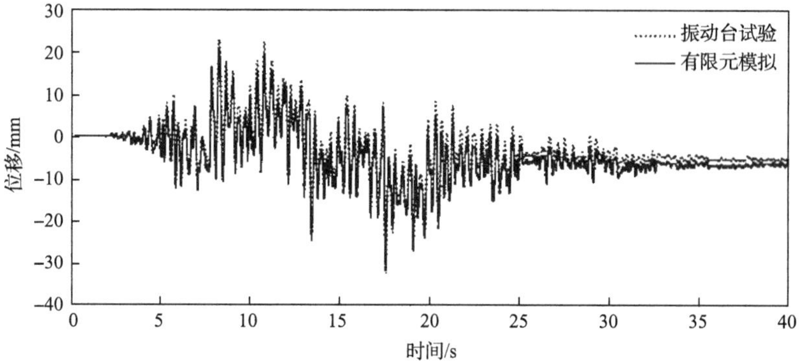

图 12-19 PGA = 0.735g(持时不压缩)地震作用下 2 号钢阻尼支座位移时程曲线有限元模拟结果与振动台试验结果对比(工况 39)

2)位移峰值对比

2 号钢阻尼支座位移峰值对比见表 12-6。

表 12-6 2 号钢阻尼支座位移峰值对比

工况序号	地震动方向	试验值/mm	计算值/mm	相对误差/%
1	顺桥向	3.48	3.74	6.95
6	横桥向	3.36	3.52	–4.55
11	顺桥向	3.45	3.19	8.15
	横桥向	3.59	3.93	–8.65
16	顺桥向	8.12	7.77	4.50
21	横桥向	6.15	5.36	14.74
26	顺桥向	7.54	6.11	23.40
	横桥向	5.46	3.82	42.93

续表

工况序号	地震动方向	试验值/mm	计算值/mm	相对误差/%
31	顺桥向	8.90	9.77	8.90
32	顺桥向	16.43	15.75	4.32
33	顺桥向	15.76	14.61	7.87
34	横桥向	14.68	13.18	11.38
35	横桥向	13.58	10.77	26.09
36	横桥向	16.34	15.81	3.35
37	顺桥向	34.60	33.30	3.90
38	顺桥向	39.80	38.40	3.65
39	顺桥向	47.64	51.76	7.96

采用钢阻尼支座时，有限元模拟的 2 号钢阻尼支座位移时程曲线与振动台试验结果基本吻合，7 度地震作用下支座位移峰值相对误差在 4%～9%，8 度地震作用下支座位移峰值相对误差在 4%～43%以内，PGA = 0.3g(持时不压缩)地震作用下支座位移峰值相对误差在 3%～27%以内，PGA = 0.57g(持时不压缩)地震作用下支座位移峰值相对误差在 4%以内，PGA = 0.735g(持时不压缩)地震作用下支座位移峰值相对误差为 7.96%。

12.4.3　梁端加速度对比分析

1)梁端加速度时程曲线对比

以 2 号梁端加速度为例，选取 7 度地震作用下工况 1、8 度地震作用下工况 16、PGA = 0.3g(持时不压缩)地震作用下工况 31、PGA = 0.57g(持时不压缩)地震作用下工况 37、PGA = 0.735g(持时不压缩)地震作用下工况 39 进行对比分析，见图 12-20～图 12-24。

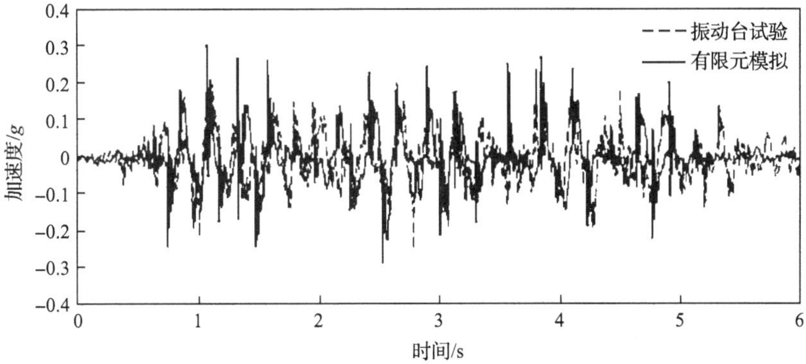

图 12-20　7 度地震作用下 2 号梁端加速度时程曲线振动台试验结果与有限元模拟结果对比(工况 1)

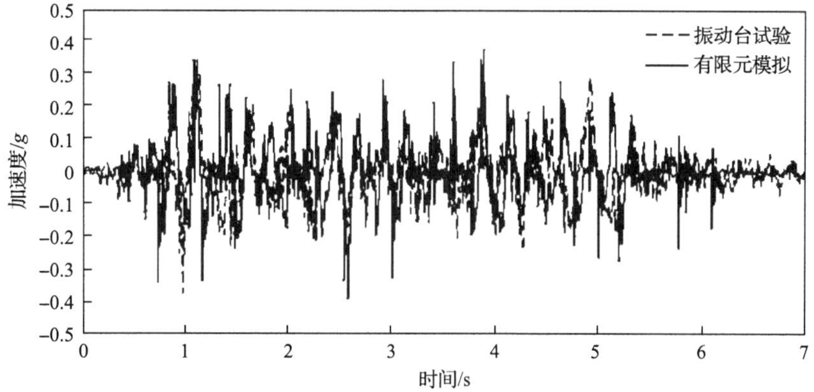

图 12-21　8 度地震作用下 2 号梁端加速度时程曲线振动台试验结果与有限元模拟结果对比(工况 16)

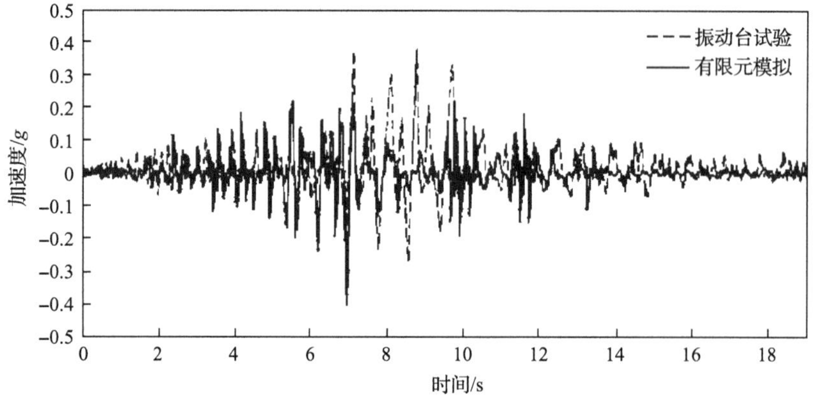

图 12-22　PGA = 0.3g(持时不压缩)地震作用下 2 号梁端加速度时程曲线振动台试验结果与有限元模拟结果对比(工况 31)

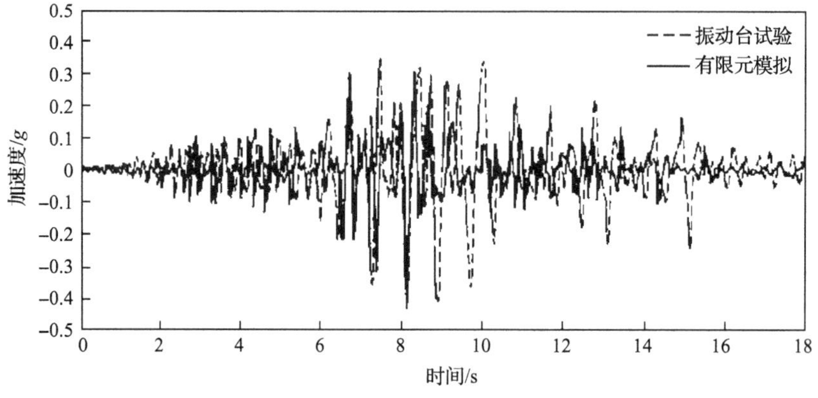

图 12-23　PGA = 0.57g(持时不压缩)地震作用下 2 号梁端加速度时程曲线振动台试验结果与有限元模拟结果对比(工况 37)

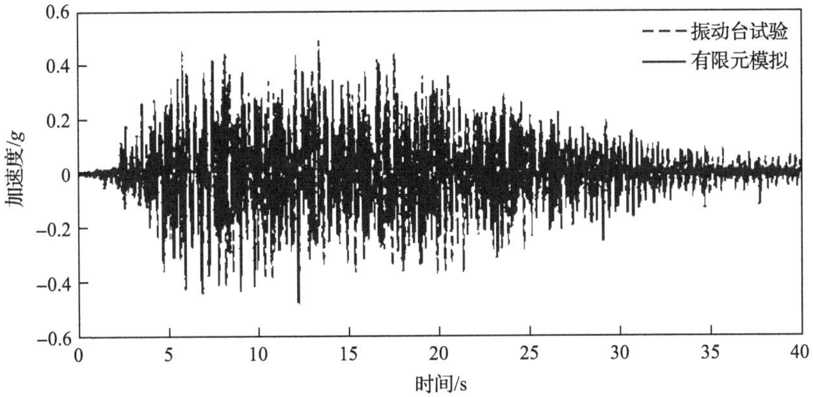

图 12-24　PGA = 0.735g(持时不压缩)地震作用下 2 号梁端加速度时程曲线振动台试验结果与有限元模拟结果对比(工况 39)

2)加速度峰值对比

采用钢阻尼支座的 2 号梁端加速度峰值对比见表 12-7。

表 12-7　采用钢阻尼支座的 2 号梁端加速度峰值对比

工况序号	地震动方向	试验值/g	计算值/g	相对误差/%
1	顺桥向	0.246	0.301	−18.27
6	横桥向	0.705	0.614	14.82
11	顺桥向	0.274	0.206	33.01
	横桥向	0.739	0.658	12.31
16	顺桥向	0.368	0.385	4.42
21	横桥向	1.025	0.968	5.89
26	顺桥向	0.266	0.314	−15.29
	横桥向	0.856	0.758	12.93
31	顺桥向	0.380	0.410	−7.32
32	顺桥向	0.373	0.287	29.97
33	顺桥向	0.213	0.348	−38.79
34	横桥向	0.854	0.724	17.96
35	横桥向	0.703	0.623	12.84
36	横桥向	1.002	0.878	14.12
37	顺桥向	0.409	0.430	4.88
38	顺桥向	0.406	0.359	13.09
39	顺桥向	0.419	0.480	−12.71

采用普通支座的 2 号梁端加速度峰值对比见表 12-8。

表 12-8　采用普通支座的 2 号梁端加速度峰值对比

工况序号	地震动方向	试验值/g	计算值/g	相对误差/%
1	顺桥向	0.437	0.510	−14.31
6	横桥向	1.090	0.903	20.71
16	顺桥向	0.639	0.895	−28.60
21	横桥向	1.509	1.729	−12.72
31	顺桥向	0.713	1.171	−39.11
32	顺桥向	0.974	0.755	29.01
33	顺桥向	0.731	0.815	−10.31
34	横桥向	1.963	1.478	32.81
35	横桥向	1.885	1.326	42.16
36	横桥向	1.72	1.867	−7.87
37	顺桥向	1.378	1.387	−0.65
38	顺桥向	1.483	1.381	7.39
39	顺桥向	1.793	1.920	−6.61

采用钢阻尼支座时，有限元模拟的 2 号梁端加速度时程曲线与振动台试验结果基本吻合，7 度地震作用下梁端加速度峰值相对误差在 12%～33%，8 度地震作用下梁端加速度峰值相对误差在 4%～16%，PGA = 0.3g(持时不压缩) 地震作用下梁端加速度峰值相对误差在 7%～39%，PGA = 0.57g(持时不压缩) 地震作用下梁端加速度峰值相对误差在 4%～13%，PGA = 0.735g(持时不压缩) 地震作用下梁端加速度峰值相对误差为 12.71%。采用普通支座时，7 度地震作用下梁端加速度峰值相对误差在 14%～21%，8 度地震作用下梁端加速度峰值相对误差在 12%～29%，PGA=0.3g(持时不压缩) 地震作用下梁端加速度峰值相对误差在 7%～43%，PGA = 0.57g(持时不压缩) 地震作用下梁端加速度峰值相对误差在 0%～8%，PGA = 0.735g(持时不压缩) 地震作用下梁端加速度峰值相对误差为 6.61%。

12.4.4　有限元模拟结果与试验结果差异分析

由结果对比可知，有限元模拟结果与振动台试验结果比较吻合，造成二者差异的可能原因如下：

(1) 用 ABAQUS 软件对钢阻尼支座进行模拟分析时采用的是理想化模型，对钢阻尼支座和全桥模型进行了一定程度的简化，与振动台试验模型存在差异。

(2) 有限元模型的混凝土采用的是线弹性属性，与实际情况存在一定差异。

(3) 试验所用模型在多次加载后，桥墩可能出现一定程度的损伤，支座可能出现一定程度的磨损，造成整体动力性能有所改变。

(4)试验过程中加载地震波时场地对测量仪器有一定程度的干扰，并且随着烈度的增加，干扰程度会加强。

12.5　钢阻尼支座减隔震性能的影响因素分析

改变钢阻尼支座中减震榫半径、减震榫材料的屈服强度、中间座板和下座板间摩擦系数、钢阻尼支座的组合方式，将改变参数后的钢阻尼支座装配到本章建立的全桥模型中，选取典型工况并施加到模型中，对全桥有限元模型进行非线性时程分析，并与原有限元模型的地震响应进行对比，分析不同参数下钢阻尼支座的减隔震效果，寻求钢阻尼支座的最优设计参数。

12.5.1　减震榫半径的影响

厂家提供的减震榫外形数据在 12.2 节中已有说明，现对减震榫做如下处理：减震榫半径整体缩小 1mm、2mm，整体扩大 1mm、2mm，4 种情况均不改变减震榫材料参数、钢阻尼支座连接方式及全桥模型其他参数。选取典型工况，对全桥模型进行非线性时程分析，对比改变参数前后桥梁结构地震响应和钢阻尼支座减隔震率，分析减震榫半径的最优设计参数。本支座模型的顺桥向最大位移为±120mm，横桥向最大位移为±70mm，在分析过程中如果支座位移超过最大位移，表示支座功能失效。

1)减震榫半径整体缩小 1mm

减震榫半径整体缩小 1mm 工况见表 12-9。

表 12-9　减震榫半径整体缩小 1mm 工况

测试工况	减震榫模型对比		改变参数后支座计算模型
	原模型	改变后	
1、6、16、21、31、32、34、35、37、38、39	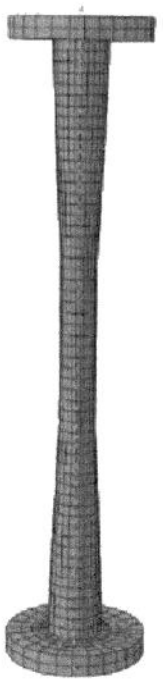	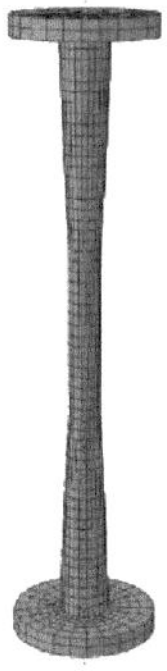	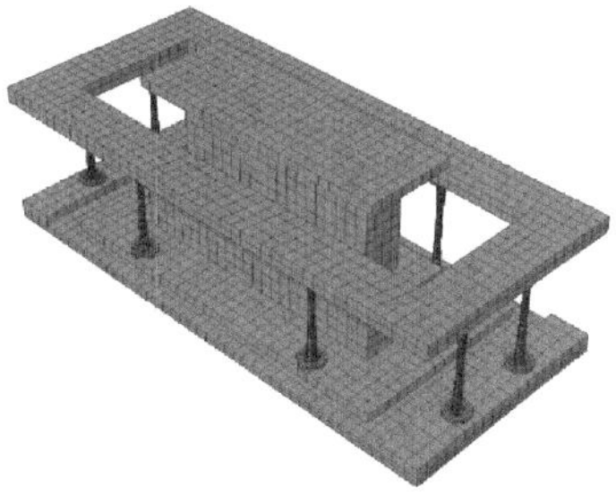

使用 ABAQUS/Standard 模块对改变参数后的钢阻尼支座有限元模型进行滞回性能分析，计算得到改变参数后支座的滞回曲线，并与试验所用钢阻尼支座滞回曲线进行对比，见图 12-25。

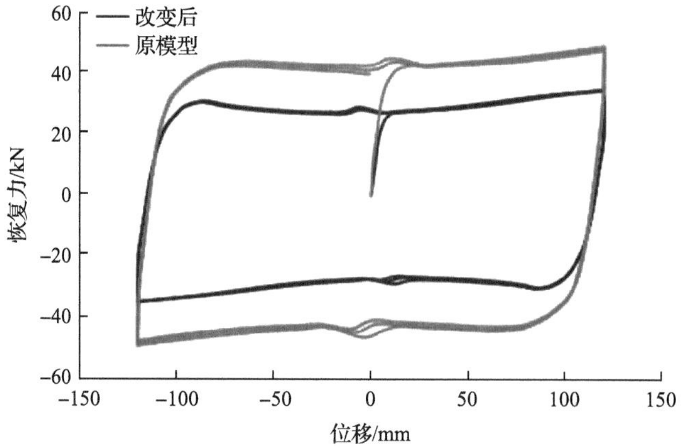

图 12-25　减震榫半径整体缩小 1mm 前后钢阻尼支座滞回曲线对比

从图 12-25 可以看出，将减震榫半径整体缩小 1mm 后，钢阻尼支座的屈服力和最大恢复力减小，滞回曲线所包围的面积减小，钢阻尼支座的耗能能力下降。

减震榫半径整体缩小 1mm 后全桥模型的地震响应对比见表 12-10，钢阻尼支座减隔震率对比见图 12-26。

表 12-10　减震榫半径整体缩小 1mm 后全桥模型的地震响应对比

工况序号	地震动方向	墩底应变/10^{-6}		梁端加速度/g	
		原模型	改变后	原模型	改变后
1	顺桥向	51	47	0.301	0.283
6	横桥向	48	44	0.614	0.560
16	顺桥向	132	124	0.385	0.349
21	横桥向	98	82	0.968	0.916
31	顺桥向	117	110	0.410	0.398
32	顺桥向	183	164	0.287	0.272
34	横桥向	168	144	0.724	0.653
35	横桥向	147	143	0.623	0.570
37	顺桥向	375	342	0.430	0.402
38	顺桥向	237	211	0.359	0.428
39	顺桥向	442	398	0.480	0.518

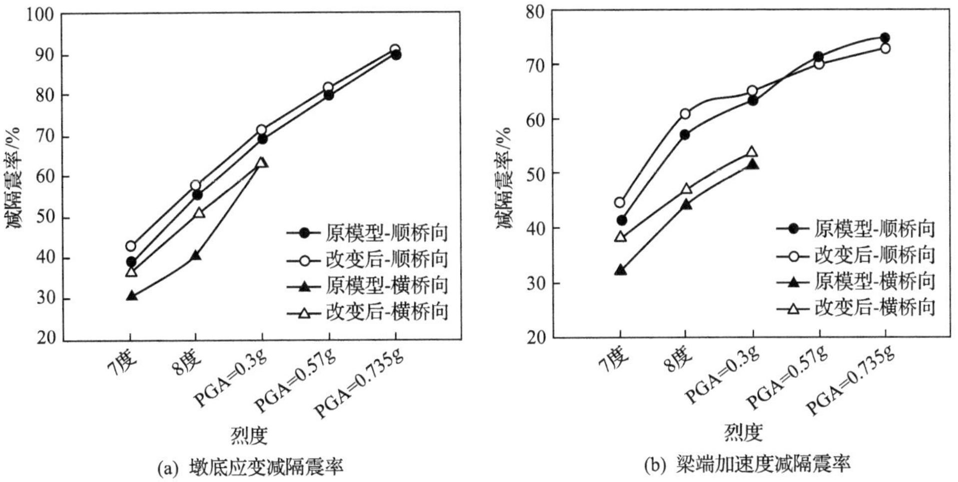

图 12-26　减震榫半径整体缩小 1mm 前后钢阻尼支座减隔震率对比

由图 12-26 可知，当减震榫半径整体缩小 1mm 后：

(1) 7 度顺桥向地震作用下，墩底应变减隔震率为 43%，梁端加速度减隔震率为 45%；7 度横桥向地震作用下，墩底应变减隔震率为 36%，梁端加速度减隔震率为 38%。

(2) 8 度顺桥向地震作用下，墩底应变减隔震率为 58%，梁端加速度减隔震率为 61%；8 度横桥向地震作用下，墩底应变减隔震率为 51%，梁端加速度减隔震率为 47%。

(3) PGA = 0.3g(持时不压缩) 顺桥向地震作用下，墩底应变减隔震率为 72%，梁端加速度减隔震率为 65%；PGA = 0.3g(持时不压缩) 横桥向地震作用下，墩底应变减隔震率为 63%，梁端加速度减隔震率为 53%。

(4) PGA = 0.57g(持时不压缩) 顺桥向地震作用下，墩底应变减隔震率为 82%，梁端加速度减隔震率为 70%。

(5) PGA=0.735g(持时不压缩) 顺桥向地震作用下，墩底应变减隔震率为 91%，梁端加速度减隔震率为 73%。

2) 减震榫半径整体缩小 2mm

减震榫半径整体缩小 2mm 工况见表 12-11。

使用 ABAQUS/Standard 模块对改变参数后的钢阻尼支座有限元模型进行滞回性能分析，计算得到改变参数后支座的滞回曲线，并与试验所用钢阻尼支座滞回曲线进行对比，见图 12-27。

从图 12-27 可以看出，将减震榫半径整体缩小 2mm 后，钢阻尼支座的屈服力和最大恢复力减小，滞回曲线所包围的面积减小，钢阻尼支座的耗能能力下降。

表 12-11　减震榫半径整体缩小 2mm 工况

测试工况	减震榫模型对比	改变参数后支座计算模型
1、6、16、21、31、32	原模型　改变后 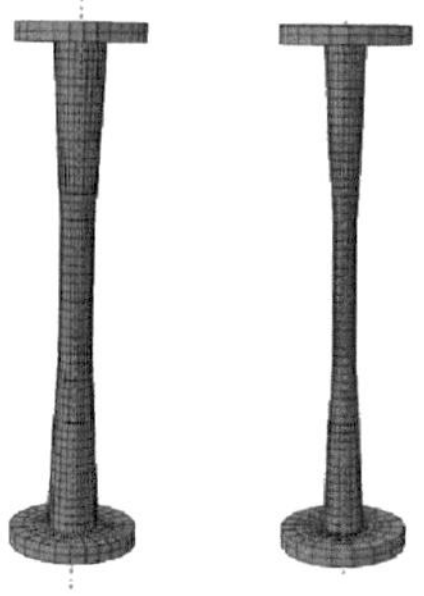	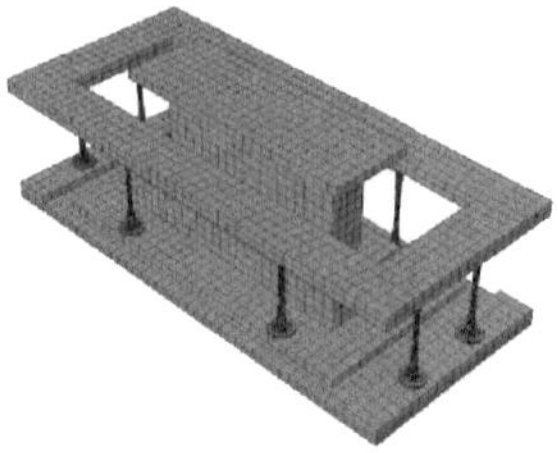

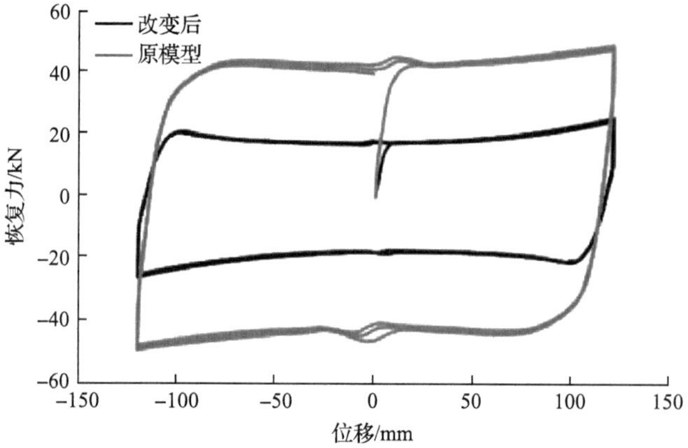

图 12-27　减震榫半径整体缩小 2mm 前后钢阻尼支座滞回曲线对比

减震榫半径整体缩小 2mm 后全桥模型的地震响应对比见表 12-12，钢阻尼支座减隔震率对比见图 12-28。

表 12-12　减震榫半径整体缩小 2mm 后全桥模型的地震响应对比

工况序号	地震动方向	墩底应变/10^{-6}		梁端加速度/g	
		原模型	改变后	原模型	改变后
1	顺桥向	51	42	0.301	0.249
6	横桥向	48	40	0.614	0.766
16	顺桥向	132	111	0.385	0.351
21	横桥向	98	75	0.968	0.716
31	顺桥向	117	96	0.410	0.322
32	顺桥向	183	151	0.287	0.456

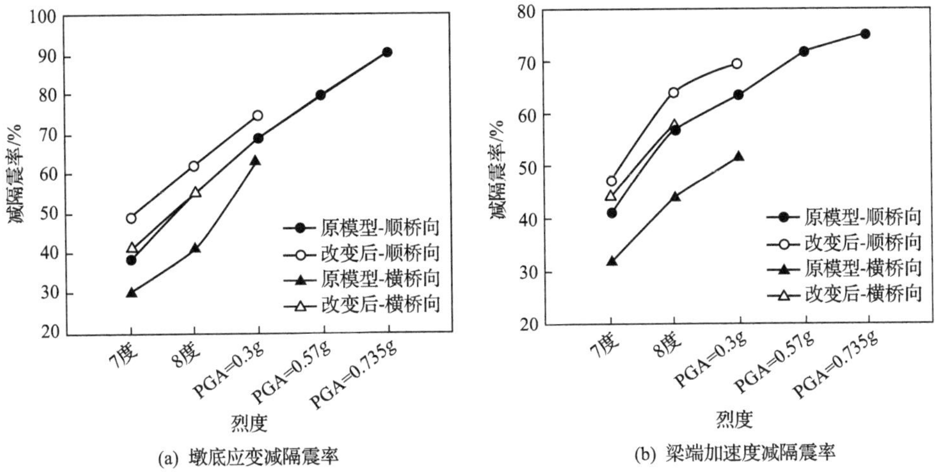

图 12-28　减震榫半径整体缩小 2mm 前后钢阻尼支座减隔震率对比

由图 12-28 可知，当减震榫半径整体缩小 2mm 后：

(1) 7 度顺桥向地震作用下，墩底应变减隔震率为 49%，梁端加速度减隔震率为 47%；7 度横桥向地震作用下，墩底应变减隔震率为 41%，梁端加速度减隔震率为 44%。

(2) 8 度顺桥向地震作用下，墩底应变减隔震率为 62%，梁端加速度减隔震率为 64%；8 度横桥向地震作用下，墩底应变减隔震率为 55%，梁端加速度减隔震率为 58%。

(3) PGA = 0.3g(持时不压缩) 顺桥向地震作用下，墩底应变减隔震率为 75%，梁端加速度减隔震率为 70%；PGA=0.3g(持时不压缩) 横桥向地震作用下，由于支座位移超过了限制位移，支座功能失效，故 PGA ⩾ 0.3g(持时不压缩) 以上情况不做研究。

3) 减震榫半径整体扩大 1mm

减震榫半径整体扩大 1mm 工况见表 12-13。

使用 ABAQUS/Standard 模块对改变参数后的钢阻尼支座有限元模型进行滞回性能分析，计算得到改变参数后支座的滞回曲线，并与试验所用钢阻尼支座滞回曲线进行对比，见图 12-29。

从图 12-29 可以看出，将减震榫半径整体扩大 1mm 后，钢阻尼支座的屈服力和最大恢复力增大，滞回曲线所包围的面积增大，钢阻尼支座的耗能能力增强。

减震榫半径整体扩大 1mm 后全桥模型的地震响应对比见表 12-14，钢阻尼支座减隔震率对比见图 12-30。

由图 12-30 可知，当减震榫半径整体扩大 1mm 后：

(1) 7 度顺桥向地震作用下，墩底应变减隔震率为 35%，梁端加速度减隔震率

表 12-13　减震榫半径整体扩大 1mm 工况

测试工况	减震榫模型对比	改变参数后支座计算模型
1、6、16、21、31、32、34、35、37、38、39	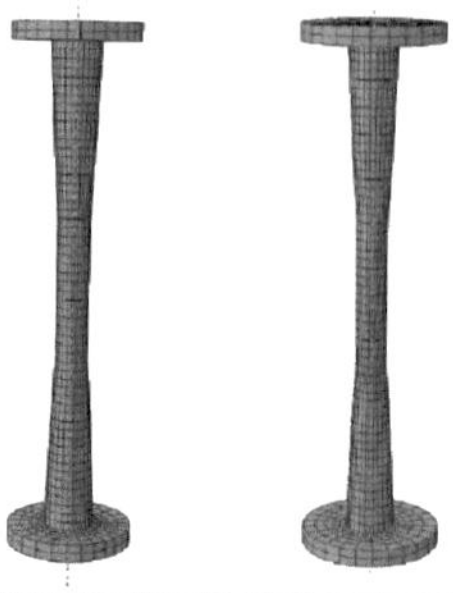	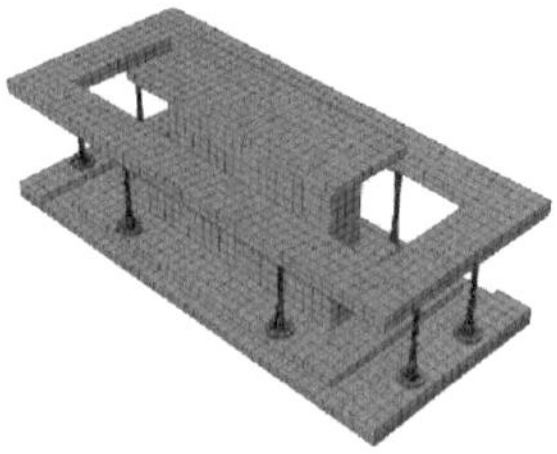

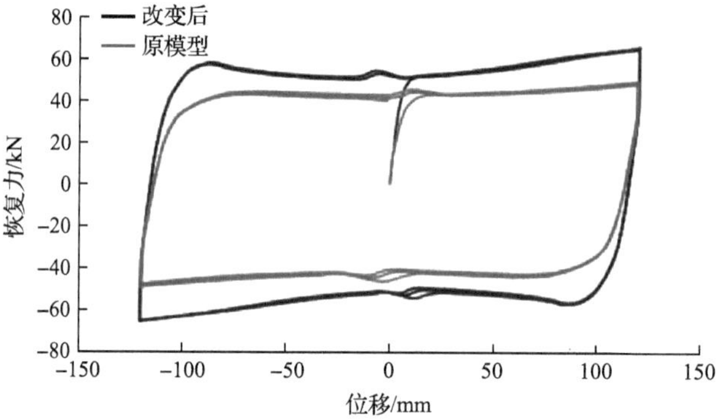

图 12-29　减震榫半径整体扩大 1mm 前后钢阻尼支座滞回曲线对比

表 12-14　减震榫半径整体扩大 1mm 后全桥模型的地震响应对比

工况序号	地震动方向	墩底应变/10^{-6}		梁端加速度/g	
		原模型	改变后	原模型	改变后
1	顺桥向	51	53	0.301	0.327
6	横桥向	48	49	0.614	0.641
16	顺桥向	132	144	0.385	0.457
21	横桥向	98	103	0.968	1.054
31	顺桥向	117	145	0.410	0.445
32	顺桥向	183	227	0.287	0.317
34	横桥向	168	192	0.724	0.680
35	横桥向	147	154	0.623	0.596
37	顺桥向	375	342	0.430	0.527
38	顺桥向	237	250	0.359	0.539
39	顺桥向	442	486	0.480	0.595

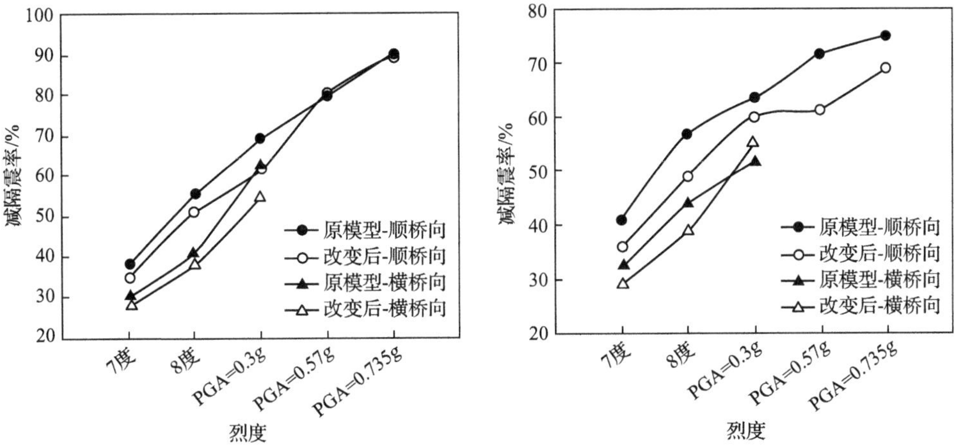

(a) 墩底应变减隔震率　(b) 梁端加速度减隔震率

图 12-30　减震榫半径整体扩大 1mm 前后钢阻尼支座减隔震率对比

为 36%；7 度横桥向地震作用下，墩底应变减隔震率为 28%，梁端加速度减隔震率为 29%。

(2) 8 度顺桥向地震作用下，墩底应变减隔震率为 51%，梁端加速度减隔震率为 49%；8 度横桥向地震作用下，墩底应变减隔震率为 38%，梁端加速度减隔震率为 39%。

(3) PGA = 0.3g(持时不压缩) 顺桥向地震作用下，墩底应变减隔震率为 62%，梁端加速度减隔震率为 60%；PGA = 0.3g(持时不压缩) 横桥向地震作用下，墩底应变减隔震率为 55%，梁端加速度减隔震率为 55%。

(4) PGA = 0.57g(持时不压缩) 顺桥向地震作用下，墩底应变减隔震率为 80%，梁端加速度减隔震率为 62%。

(5) PGA=0.735g(持时不压缩) 顺桥向地震作用下，墩底应变减隔震率为 89%，梁端加速度减隔震率为 69%。

4) 减震榫半径整体扩大 2mm

减震榫半径整体扩大 2mm 工况见表 12-15。

使用 ABAQUS/Standard 模块对改变参数后的钢阻尼支座有限元模型进行滞回性能分析，计算得到改变参数后支座的滞回曲线，并与试验所用钢阻尼支座滞回曲线进行对比，见图 12-31。

从图 12-31 可以看出，将减震榫半径整体扩大 2mm 后，钢阻尼支座的屈服力和最大恢复力增大，滞回曲线所包围的面积增大，钢阻尼支座的耗能能力增强。

减震榫半径整体扩大 2mm 后全桥模型的地震响应对比见表 12-16，钢阻尼支座减隔震率对比见图 12-32。

表 12-15　减震榫半径整体扩大 2mm 工况

测试工况	减震榫模型对比	改变参数后支座计算模型
1、6、16、21、31、32、34、35、37、38、39	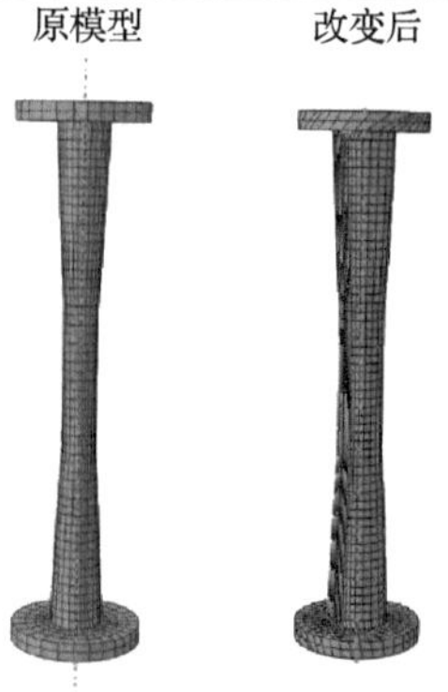	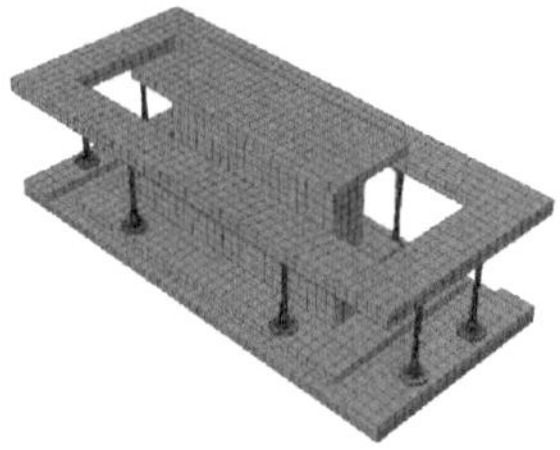

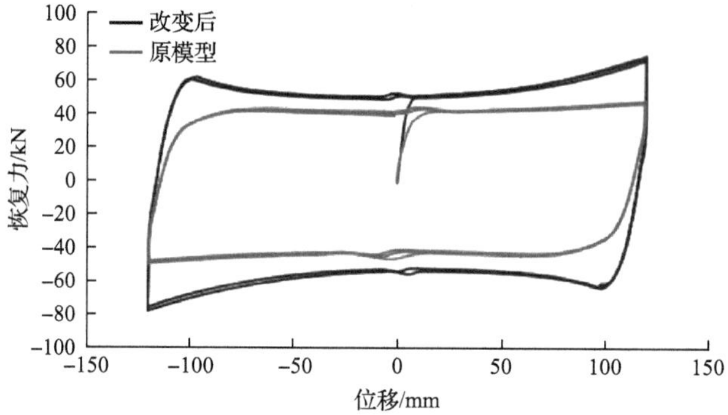

图 12-31　减震榫半径整体扩大 2mm 前后钢阻尼支座滞回曲线对比

表 12-16　减震榫半径整体扩大 2mm 后全桥模型的地震响应对比

工况序号	地震动方向	墩底应变/10^{-6}		梁端加速度/g	
		原模型	改变后	原模型	改变后
1	顺桥向	51	57	0.301	0.347
6	横桥向	48	53	0.614	0.677
16	顺桥向	132	176	0.385	0.564
21	横桥向	98	118	0.968	1.279
31	顺桥向	117	188	0.410	0.715
32	顺桥向	183	316	0.287	0.415
34	横桥向	168	244	0.724	0.990
35	横桥向	147	232	0.623	0.848
37	顺桥向	375	685	0.430	0.680
38	顺桥向	237	593	0.359	0.718
39	顺桥向	442	1680	0.480	0.787

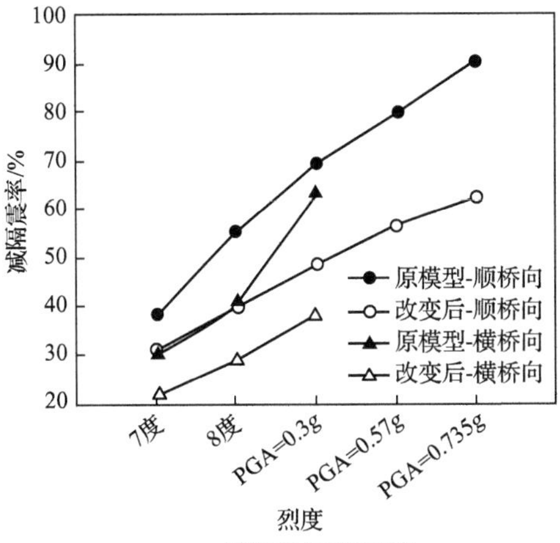

(a) 墩底应变减隔震率

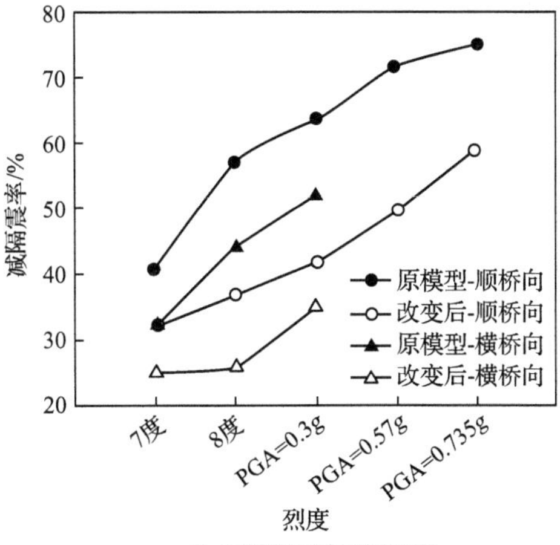

(b) 梁端加速度减隔震率

图 12-32　减震榫半径整体扩大 2mm 前后钢阻尼支座减隔震率对比

由图 12-32 可知，当减震榫半径整体扩大 2mm 后：

(1) 7 度顺桥向地震作用下，墩底应变减隔震率为 31%，梁端加速度减隔震率为 32%；7 度横桥向地震作用下，墩底应变减隔震率为 22%，梁端加速度减隔震率为 25%。

(2) 8 度顺桥向地震作用下，墩底应变减隔震率为 40%，梁端加速度减隔震率为 37%；8 度横桥向地震作用下，墩底应变减隔震率为 29%，梁端加速度减隔震率为 26%。

(3) PGA = 0.3*g*(持时不压缩) 顺桥向地震作用下，墩底应变减隔震率为 49%，梁端加速度减隔震率为 42%；PGA = 0.3*g*(持时不压缩) 横桥向地震作用下，墩底应变减隔震率为 38%，梁端加速度减隔震率为 35%。

(4) PGA = 0.57*g*(持时不压缩) 顺桥向地震作用下，墩底应变减隔震率为 57%，梁端加速度减隔震率为 50%。

(5) PGA=0.735*g*(持时不压缩) 顺桥向地震作用下，墩底应变减隔震率为 62%，梁端加速度减隔震率为 59%。

12.5.2　减震榫材料屈服强度的影响

在地震作用下，要求减震耗能构件有较好的冲击韧性，其冲击韧性越好，则抵抗冲击作用的能力越强，脆性破坏的危险性越小。厂家提供的减震榫采用 Q345B 钢加工，弹性模量为 207GPa，屈服强度实测值为 325MPa，现改变减震榫材料的屈服强度，见表 12-17，不改变减震榫外形尺寸、钢阻尼支座连接方式及全桥模型其他参数。选取典型工况，对全桥有限元模型进行地震作用下的非线性时程分析，对比改变参数前后桥梁结构地震响应及钢阻尼支座减隔震率。

表 12-17 减震榫材料属性

材料编号	弹性模量/GPa	屈服强度/MPa	泊松比
M-1	207	235	0.3
M-2	207	400	0.3

1)减震榫材料屈服强度取 235MPa

使用 ABAQUS/Standard 模块对改变参数后的钢阻尼支座有限元模型进行滞回性能分析，计算得到改变参数后支座的滞回曲线，并与试验所用钢阻尼支座滞回曲线进行对比见图 12-33。

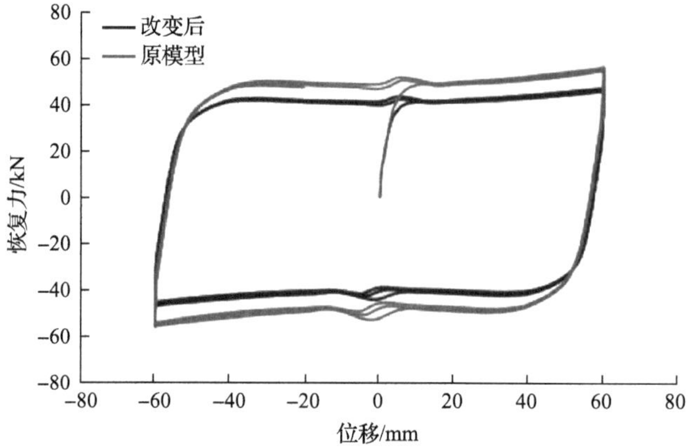

图 12-33 减震榫材料屈服强度取 235MPa 时钢阻尼支座滞回曲线对比

从图 12-33 可以看出，当减震榫材料的屈服强度取 235MPa 时，钢阻尼支座的屈服力和最大恢复力减小，滞回曲线所包围的面积减小，钢阻尼支座的耗能能力下降。

减震榫材料屈服强度取 235MPa 时全桥模型的地震响应对比见表 12-18，钢阻尼支座减隔震率对比见图 12-34。

表 12-18 减震榫材料屈服强度取 235MPa 时全桥模型的地震响应对比

工况序号	地震动方向	墩底应变/10^{-6}		梁端加速度/g	
		原模型	改变后	原模型	改变后
1	顺桥向	51	73	0.301	0.261
6	横桥向	48	48	0.614	0.930
16	顺桥向	132	112	0.385	0.297
21	横桥向	98	100	0.968	0.822
31	顺桥向	117	106	0.41	0.219
32	顺桥向	183	83	0.287	0.425

续表

工况序号	地震动方向	墩底应变/10^{-6}		梁端加速度/g	
		原模型	改变后	原模型	改变后
34	横桥向	168	280	0.724	0.918
35	横桥向	147	240	0.623	0.791
37	顺桥向	375	525	0.43	0.402
38	顺桥向	237	237	0.359	0.443
39	顺桥向	442	261	0.48	0.413

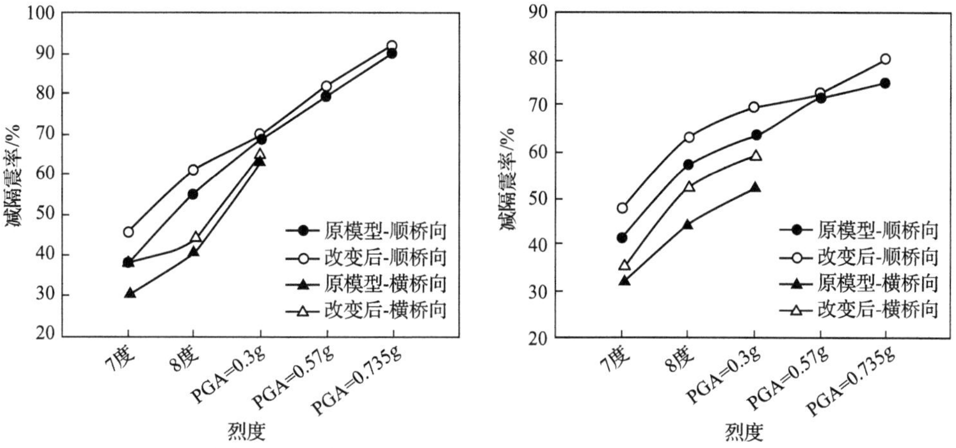

(a) 墩底应变减隔震率　　(b) 梁端加速度减隔震率

图 12-34　减震榫材料屈服强度取 235MPa 时钢阻尼支座减隔震率对比

由图 12-34 可知，当减震榫材料的屈服强度取 235MPa 时：

(1) 7 度顺桥向地震作用下，墩底应变减隔震率为 46%，梁端加速度减隔震率为 48%；7 度横桥向地震作用下，墩底应变减隔震率为 39%，梁端加速度减隔震率为 35%。

(2) 8 度顺桥向地震作用下，墩底应变减隔震率为 61%，梁端加速度减隔震率为 63%；8 度横桥向地震作用下，墩底应变减隔震率为 44%，梁端加速度减隔震率为 52%。

(3) PGA = 0.3g(持时不压缩) 顺桥向地震作用下，墩底应变减隔震率为 70%，梁端加速度减隔震率为 70%；PGA = 0.3g(持时不压缩) 横桥向地震作用下，墩底应变减隔震率为 65%，梁端加速度减隔震率为 59%。

(4) PGA = 0.57g(持时不压缩) 顺桥向地震作用下，墩底应变减隔震率为 82%，梁端加速度减隔震率为 73%。

(5) PGA=0.735g(持时不压缩)顺桥向地震作用下，墩底应变减隔震率为 92%，梁端加速度减隔震率为 80%。

2) 减震榫材料屈服强度取 400MPa

使用 ABAQUS/Standard 模块对改变参数后的钢阻尼支座有限元模型进行滞回性能分析，计算得到改变参数后支座的滞回曲线，并与试验所用钢阻尼支座滞回曲线进行对比，见图 12-35。

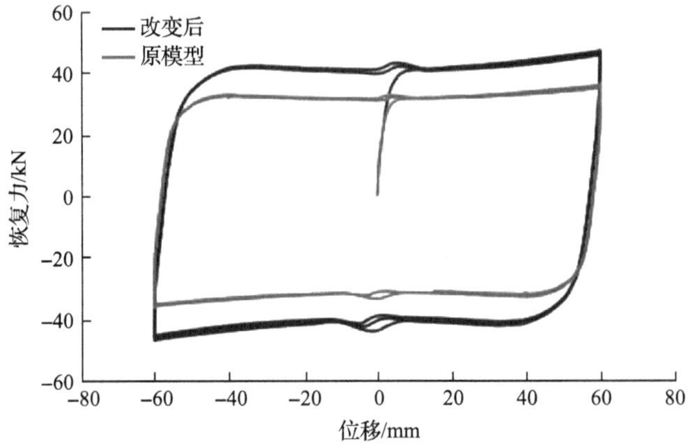

图 12-35　减震榫材料屈服强度取 400MPa 时钢阻尼支座滞回曲线对比

从图 12-35 可以看出，当减震榫材料屈服强度取 400MPa 时，钢阻尼支座的屈服力和最大恢复力增大，滞回曲线所包围的面积增大，钢阻尼支座的耗能能力提高。

减震榫材料屈服强度取 400MPa 时全桥模型的地震响应对比见表 12-19，钢阻尼支座减隔震率对比见图 12-36。

表 12-19　减震榫材料屈服强度取 400MPa 时全桥模型的地震响应对比

工况序号	地震动方向	墩底应变/10^{-6}		梁端加速度/g	
		原模型	改变后	原模型	改变后
1	顺桥向	51	55	0.301	0.332
6	横桥向	48	49	0.614	0.659
16	顺桥向	132	138	0.385	0.439
21	横桥向	98	95	0.968	1.003
31	顺桥向	117	128	0.41	0.433
32	顺桥向	183	170	0.287	0.332
34	横桥向	168	180	0.724	0.842
35	横桥向	147	151	0.623	0.650

续表

工况序号	地震动方向	墩底应变/10^{-6}		梁端加速度/g	
		原模型	改变后	原模型	改变后
37	顺桥向	375	522	0.43	0.499
38	顺桥向	237	290	0.359	0.414
39	顺桥向	442	619	0.48	0.518

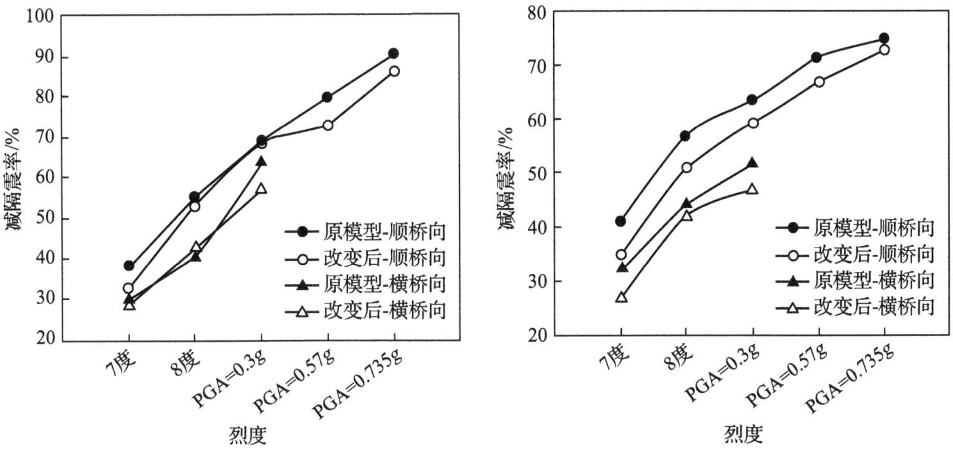

(a) 墩底应变减隔震率　　(b) 梁端加速度减隔震率

图 12-36　减震榫材料屈服强度取 400MPa 时钢阻尼支座减隔震率对比

由图 12-36 可知，当减震榫材料屈服强度取 400MPa 时：

(1) 7 度顺桥向地震作用下，墩底应变减隔震率为 33%，梁端加速度减隔震率为 35%；7 度横桥向地震作用下，墩底应变减隔震率为 29%，梁端加速度减隔震率为 27%。

(2) 8 度顺桥向地震作用下，墩底应变减隔震率为 53%，梁端加速度减隔震率为 51%；8 度横桥向地震作用下，墩底应变减隔震率为 43%，梁端加速度减隔震率为 42%。

(3) PGA = 0.3g(持时不压缩) 顺桥向地震作用下，墩底应变减隔震率为 69%，梁端加速度减隔震率为 60%；PGA = 0.3g(持时不压缩) 横桥向地震作用下，墩底应变减隔震率为 57%，梁端加速度减隔震率为 47%。

(4) PGA = 0.57g(持时不压缩) 顺桥向地震作用下，墩底应变减隔震率为 73%，梁端加速度减隔震率为 67%。

(5) PGA = 0.735g(持时不压缩) 顺桥向地震作用下，墩底应变减隔震率为 86%，梁端加速度减隔震率为 73%。

12.5.3 中间座板和下座板间摩擦系数的影响

钢阻尼支座接触面之间是钢体和聚四氟乙烯板之间的滑动摩擦，影响滑动摩擦系数的因素包括滑移速度、接触压力、温度和界面条件(润滑或不润滑)等。国内相关学者关于支座的设计规范对聚四氟乙烯板的摩擦系数进行了不同条件下的测定，得到以下结论：

(1)一般情况下，动摩擦系数小于静摩擦系数，但静、动摩擦系数相差不大，分析时取静摩擦系数可满足精度要求。

(2)不同压力作用下接触面的静摩擦系数相差不大，分析时可取定值。

(3)有硅脂润滑时聚四氟乙烯板与不锈钢板表面之间的摩擦系数一般为0.005～0.01，分析时可取0.01；无硅脂润滑时聚四氟乙烯板与不锈钢板表面之间的摩擦系数一般取0.05[2]。

试验用钢阻尼支座中间座板和下座板间无硅脂润滑，摩擦系数为0.05，现改变此摩擦系数，取0.01，不改变减震榫材料参数、钢阻尼支座连接方式及全桥模型其他参数，选取典型工况，对全桥有限元模型进行地震作用下的非线性时程分析，对比改变参数前后桥梁结构地震响应及钢阻尼支座减隔震率。

使用 ABAQUS/Standard 模块对改变参数后的钢阻尼支座有限元模型进行滞回性能分析，计算得到改变参数后支座的滞回曲线，并与试验所用钢阻尼支座滞回曲线进行对比，见图12-37。

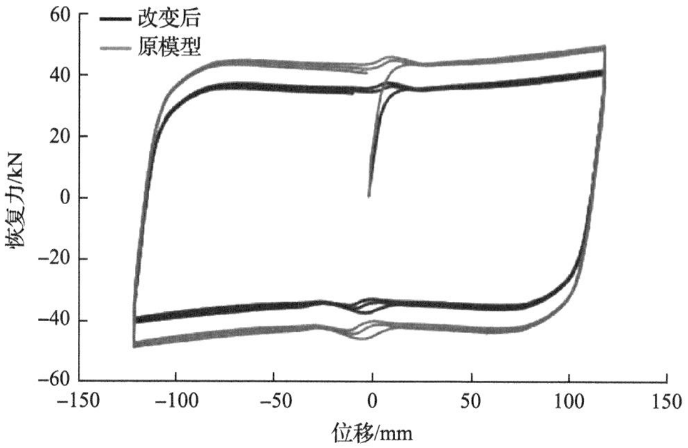

图12-37 摩擦系数取0.01时钢阻尼支座滞回曲线对比

从图12-37可以看出，当中间座板和下座板间摩擦系数取0.01时，钢阻尼支座的屈服力和最大恢复力减小，滞回曲线所包围的面积减小，钢阻尼支座的耗能能力降低。

中间座板和下座板间摩擦系数取0.01时全桥模型的地震响应对比见表12-20，钢阻尼支座减隔震率对比见图 12-38。

表 12-20　摩擦系数取 0.01 时全桥模型的地震响应对比

工况序号	地震动方向	墩底应变/10^{-6}		梁端加速度/g	
		原模型	改变后	原模型	改变后
1	顺桥向	51	76	0.301	0.266
6	横桥向	48	51	0.614	0.887
16	顺桥向	132	121	0.385	0.330
21	横桥向	98	96	0.968	0.890
31	顺桥向	117	117	0.410	0.244
32	顺桥向	183	65	0.287	0.400
34	横桥向	168	312	0.724	0.961
35	横桥向	147	233	0.623	0.771
37	顺桥向	375	525	0.430	0.417
38	顺桥向	237	237	0.359	0.321
39	顺桥向	442	261	0.480	0.393

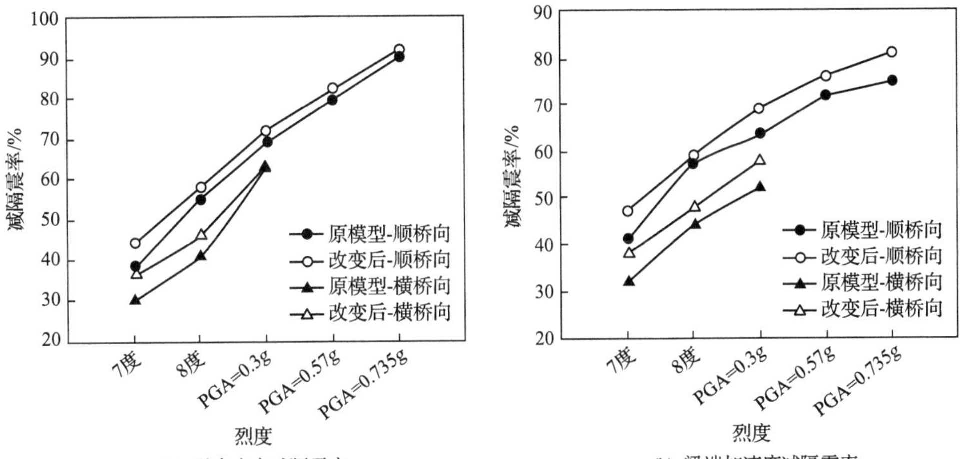

(a) 墩底应变减隔震率　　(b) 梁端加速度减隔震率

图 12-38　摩擦系数取 0.01 时钢阻尼支座减隔震率对比

由图 12-38 可知，当中间座板和下座板间摩擦系数取 0.01 时：

(1) 7 度顺桥向地震作用下，墩底应变减隔震率为 44%，梁端加速度减隔震率为 47%；7 度横桥向地震作用下，墩底应变减隔震率为 36%，梁端加速度减隔震率为 38%。

(2) 8 度顺桥向地震作用下，墩底应变减隔震率为 58%，梁端加速度减隔震率为 59%；8 度横桥向地震作用下，墩底应变减隔震率为 46%，梁端加速度减隔震率为 48%。

(3) PGA = 0.3g(持时不压缩)顺桥向地震作用下，墩底应变减隔震率为 72%，梁端加速度减隔震率为 69%；PGA = 0.3g(持时不压缩)横桥向地震作用下，墩底应变减隔震率为 63%，梁端加速度减隔震率为 58%。

(4) PGA = 0.57g(持时不压缩)顺桥向地震作用下，墩底应变减隔震率为 82%，梁端加速度减隔震率为 76%。

(5) PGA = 0.735g(持时不压缩)顺桥向地震作用下，墩底应变减隔震率为 92%，梁端加速度减隔震率为 81%。

12.5.4　钢阻尼支座内部连接方式的影响

钢阻尼支座将若干减震榫与支座整合为一个整体，群榫结构在地震时同步实现屈服，并具有各向同性的阻尼耗能特点；内外侧减震榫组采用同种规格尺寸并以串联方式连接，实现支座隔震的大位移要求。减震榫上下端固接，通过悬空的内外侧减震榫连接板释放非线性变形引起的轴向变形；内外侧减震榫连接板均采用 U 型截面提高结构刚度，通过端部的螺栓连接为一体；内外侧减震榫连接板框架的四角采用连接角板实现整体刚度的加强。

试验采用的钢阻尼支座分内侧、外侧减震榫，内外侧减震榫组采用串联式连接方式，见图 12-39(a)，改变减震榫连接位置，将内侧减震榫连接在外侧，见图12-39(b)。将改变减震榫连接位置的钢阻尼支座装配到全桥模型中，选取典型工况并施加到模型中，对全桥有限元模型进行地震作用下的非线性时程分析，并与原模型的地震响应进行对比，分析改变钢阻尼支座内部连接方式后的减隔震效果。

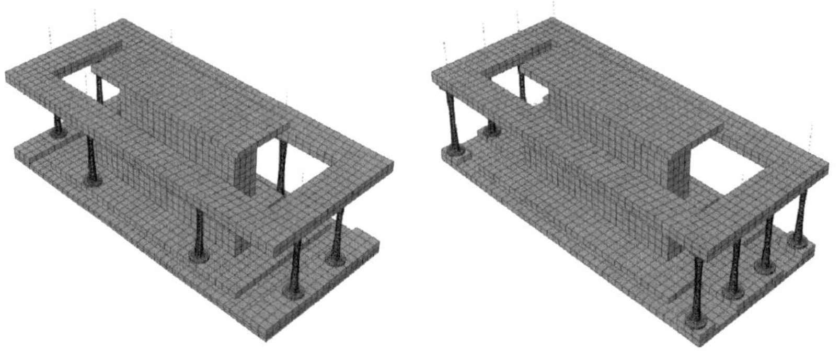

(a) 原模型　　　　(b) 改变后

图 12-39　钢阻尼支座模型对比

使用 ABAQUS/Standard 模块对改变连接方式后的钢阻尼支座有限元模型进

行滞回性能分析，计算得到改变连接方式后支座的滞回曲线，并与试验所用钢阻尼支座滞回曲线进行对比，见图 12-40。

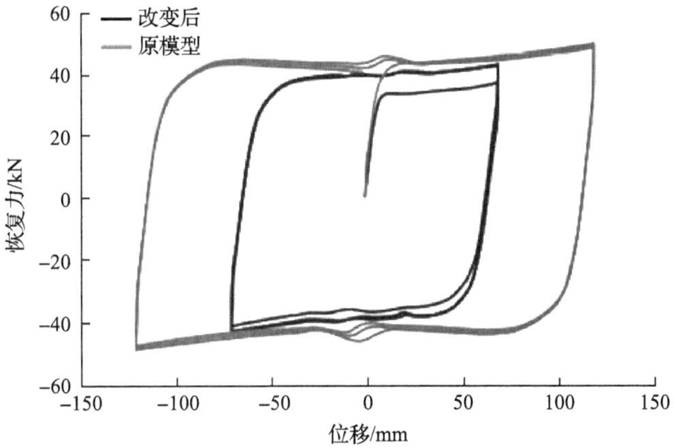

图 12-40　改变连接方式前后钢阻尼支座滞回曲线对比

从图 12-40 可以看出，改变钢阻尼支座内部连接方式后，支座的屈服力和最大恢复力减小，滞回曲线所包围的面积减小，钢阻尼支座的耗能能力降低。

改变钢阻尼支座内部连接方式后全桥模型的地震响应对比见表 12-21，钢阻尼支座减隔震率对比见图 12-41。

表 12-21　改变钢阻尼支座内部连接方式后全桥模型的地震响应对比

工况序号	地震动方向	墩底应变/10^{-6}		梁端加速度/g	
		原模型	改变后	原模型	改变后
1	顺桥向	51	69	0.301	0.271
6	横桥向	48	47	0.614	0.887
16	顺桥向	132	112	0.385	0.370
21	横桥向	98	93	0.968	1.010
31	顺桥向	117	106	0.410	0.295
32	顺桥向	183	101	0.287	0.449
34	横桥向	168	187	0.724	1.111
35	横桥向	147	268	0.623	0.791
37	顺桥向	375	525	0.430	0.495
38	顺桥向	237	331	0.359	0.382
39	顺桥向	442	392	0.480	0.455

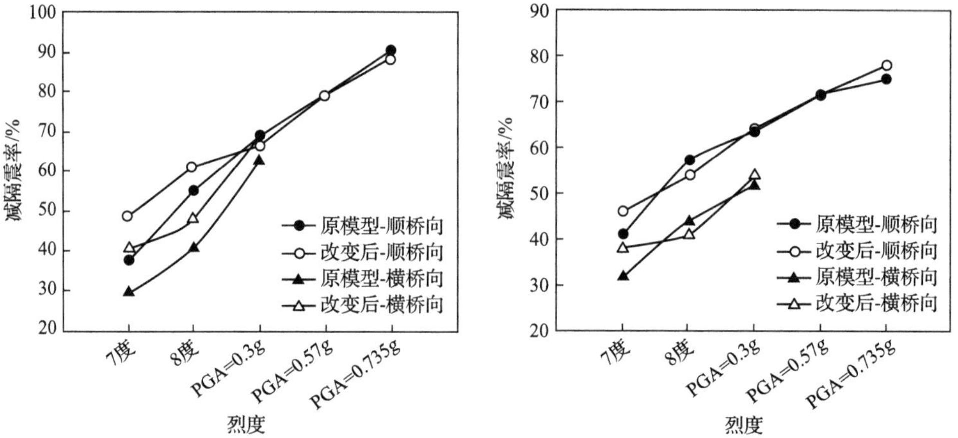

(a) 墩底应变减隔震率　　(b) 梁端加速度减隔震率

图 12-41　改变内部连接方式前后钢阻尼支座减隔震率对比

由图 12-41 可知，改变钢阻尼支座内部连接方式后：

(1) 7 度顺桥向地震作用下，墩底应变减隔震率为 49%，梁端加速度减隔震率为 46%；7 度横桥向地震作用下，墩底应变减隔震率为 41%，梁端加速度减隔震率为 38%。

(2) 8 度顺桥向地震作用下，墩底应变减隔震率为 61%，梁端加速度减隔震率为 54%；8 度横桥向地震作用下，墩底应变减隔震率为 48%，梁端加速度减隔震率为 41%。

(3) PGA = 0.3g(持时不压缩) 顺桥向地震作用下，墩底应变减隔震率为 67%，梁端加速度减隔震率为 64%；PGA = 0.3g(持时不压缩) 横桥向地震作用下，墩底应变减隔震率为 69%，梁端加速度减隔震率为 54%。

(4) PGA = 0.57g(持时不压缩) 顺桥向地震作用下，墩底应变减隔震率为 79%，梁端加速度减隔震率为 72%。

(5) PGA = 0.735g(持时不压缩) 顺桥向地震作用下，墩底应变减隔震率为 88%，梁端加速度减隔震率为 78%。

12.6 本 章 小 结

本章建立了钢阻尼支座及全桥的有限元模型，并进行了非线性时程分析，主要结论如下：

(1) 通过有限元静力分析得到了钢阻尼支座的滞回曲线，与厂家提供的试验数据进行对比，滞回曲线较为吻合，滞回特性结果差异在 12.93%以内，说明已建立的钢阻尼支座有限元模型是正确的。

(2) 针对采用钢阻尼支座和普通支座的两种有限元模型进行了地震作用下的非线性动力时程分析，并与振动台试验结果进行了对比，其中墩底应变、支座位移、梁端加速度时程曲线与响应峰值基本吻合，验证了全桥有限元模型的正确性。

(3) 减震榫半径整体缩小，支座本身的耗能能力降低，钢阻尼支座的减隔震率均略高于原支座，但梁体位移会增大。因此，在确定钢阻尼支座减震榫的最优半径时应综合考虑其对桥墩内力及梁体位移等响应的影响，同时整体上改变参数后，顺桥向地震的减隔震率略大于横桥向。

(4) 减震榫半径整体扩大，支座刚度略有增大，支座本身的耗能能力增强。钢阻尼支座的减隔震率低于原支座。以墩底应变为指标的减隔震率与以梁端加速度为指标的减隔震率差异性较大，墩底应变增大程度小于梁端加速度增大程度，同时整体上顺桥向地震的减隔震率略大于横桥向。

(5) 减震榫材料的屈服强度减小，支座本身的耗能能力降低，钢阻尼支座的减隔震率均小幅度高于原支座。在计算过程中发现，当屈服强度取 235MPa 时，梁体的位移响应较大，因为当减震榫的屈服强度较小时，支座的有效阻尼很小，梁体的位移得不到控制，故减震榫屈服强度不应过小，保证钢阻尼支座有足够的阻尼来控制梁体位移。

(6) 减震榫材料的屈服强度增大，支座本身的耗能能力增强；钢阻尼支座的减隔震率低于原支座。当减震榫的屈服强度增大时，钢阻尼支座与桥墩的组合刚度增加，导致墩底应变增大，故减震榫的最优屈服刚度不应过大，防止墩底破坏。

(7) 中间座板和下座板间摩擦系数取 0.01，钢阻尼支座本身的耗能能力降低，地震作用下降低摩擦系数后，钢阻尼支座的减隔震率均高于原支座。减小中间座板和下座板间摩擦系数，可以提高钢阻尼支座的减隔震效果。

(8) 改变钢阻尼支座内部减震榫连接方式，将内侧减震榫连接在外侧，钢阻尼支座的减隔震率在同等烈度下基本与原模型相差不大，减隔震效果相当。但改变钢阻尼支座内部减震榫连接方式后，钢阻尼支座的顺桥向限制位移（±70mm）小于原支座的顺桥向限制位移（±120mm），钢阻尼支座的适用范围存在局限性。

参考文献

[1] 全伟，李宏男，调整已有地震动拟和规范反应谱人造地震动方法比较[J]. 防灾减灾工程学报, 2008,(1): 91-97.

[2] Fenz D M, Constantinou M C. Mechanical behavior of multi-spherical sliding bearings[R]. Buffalo: The State University of New York at Buffalo, 2006.

第 13 章　采用组合减隔震的铁路简支梁桥振动台试验

13.1　概　　述

本试验以典型铁路简支梁桥为研究对象，拟对高烈度近断层地震作用下铁路简支梁桥减隔震方法开展研究，为铁路桥梁抗震设计提供坚实的理论基础和技术支撑，具有重要的科学意义和应用价值。桥梁结构减隔震的主要方法是在墩梁连接处设置减隔震支座，由于减隔震支座水平刚度很小，在地震来临时能够延长结构的振动周期，从而能减少结构体系中地震能量的输入。另外，附加减隔震装置能够增加结构整体阻尼，吸收输入的部分能量，从而降低结构的地震反应，降低地震损伤[1,2]。Tsopelas等[3]通过振动台试验，证明装有摩擦摆系统的桥梁隔震性能大大提高；宋波等[4]为研究强震下桥梁的碰撞损伤开展振动台试验，并测试了不同防落梁装置的限位效果，均能不同程度地防止落梁发生。

本次试验的目的是测试桥梁采用设计支座体系方案后结构频率、梁体位移、墩顶位移、支座位移、混凝土及钢筋应变等动力响应的变化幅度，以此评价这种支座体系方案的减隔震效果及工作性能。根据实际情况及相关设计计算，原型桥梁的支座体系方案确定采用双曲面球型支座+减震耗能装置+防落梁装置体系，模型桥梁的各项参数则严格按照原型桥梁进行缩尺，开展大比例尺全桥模型振动台试验研究，对应用组合减隔震体系的铁路简支梁桥的抗震性能进行验证评估。

本章依托新建重庆至昆明高速铁路(渝昆高铁)，立足西南山区高速铁路抗震技术研究，为攻克西南山区高速铁路桥梁抗震技术难题，开展高烈度近断层地震区的典型简支桥梁合理减隔震体系抗震性能研究。廖平等[5,6]采用 ANSYS 软件对摩擦摆支座典型桥梁进行全桥地震响应分析，达到了预期效果；李冰等[7]、何旭辉等[8]采用 SAP2000 软件对不同桥梁抗震响应进行研究，建议采用时程分析结果作为抗震设计依据；李爱丽[9]采用 OpenSees 软件对目标桥梁系统地震响应进行精细化分析，为后续研究提供依据；魏标等[10]采用 ABAQUS 软件对铁路简支梁进行全桥地震响应分析，证明在地震作用下桥梁采用双曲面球型支座比采用普通球型支座更有利。

为了在有限元模拟理论和振动台试验两方面验证缩尺试验方案的合理性及有效性，确保振动台缩尺模型的结构动力响应可以很好地反映原型桥梁的动力响应，本章拟对目标桥梁建立 OpenSees 有限元模型，并对有限元模型和振动台试验模型进行动力特性和试验结果等方面的验证。

13.2 工程背景

新建渝昆高铁经过我国重庆市、四川省、贵州省和云南省等西南地区，线路全线长 700.931km，途经区域位于地震带分布众多的西南山区，此处地震烈度分布较广，地形切割破碎，地质构造复杂，活动断层分布密集，导致地壳变形强烈、地震活动频繁，而建设在西南山区的铁路干线不可避免地靠近甚至穿越地震断层，潜在的和频发的地震灾害将严重威胁桥梁结构安全及铁路运营安全。正在建设的渝昆线是一条穿越 9 度地震区的高速铁路线路，其设计运营时速达到 350km，途经区域的地震动峰值加速度范围为 0.05g～0.40g，该线路跨越了至今仍然非常活跃的小江断裂带，历史记载的小江断裂带发生 7 级以上地震就多达 5 次，而 6 级以上地震更是多达 18 次；除此之外，线路穿越次级断层多达 14 条，所以小江断裂带及其他次级断层带来的地震威胁将是影响渝昆高铁桥梁结构安全及安全运营的潜在隐患因素。

本章以渝昆高铁客运专线铁路简支梁桥为工程背景，桥跨为 3×32m。其中主梁形式采用预制单箱单室箱梁，宽度为 12.6m，高度为 3.05m，材料采用 C50 混凝土，桥墩为圆端形截面墩，材料采用 C35 混凝土。桥址区域地震烈度为 9 度，属于高烈度地震区，设计基本峰值加速度达到 0.4g，II 类场地，特征周期为 0.45s。桥跨及支座布置见图 13-1。采用的组合减隔震体系主要包括双曲面球型支座、减震卡榫和防落梁装置。

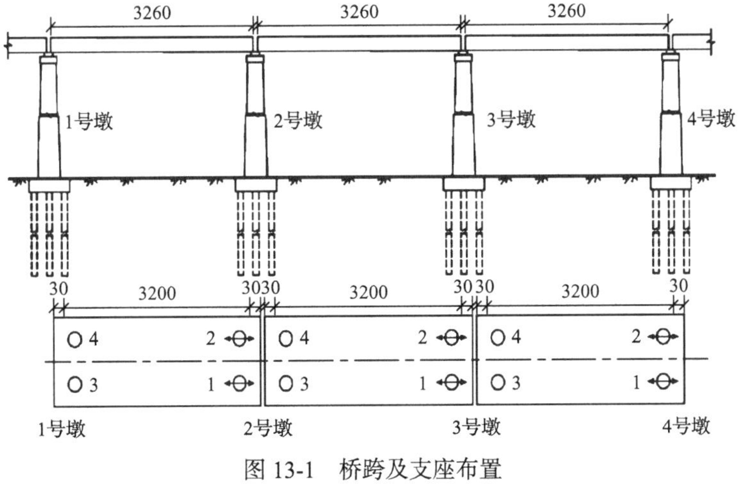

图 13-1　桥跨及支座布置

13.3 试验简介与设计

13.3.1 铁路简支梁桥原型选择

根据工程背景概况，初步确定了原型桥梁的梁长、跨度及其场地特征条件，本节按照实际情况和振动台试验要求对不同墩高方案进行比选，选择出合理的墩高方案。

基于振动台试验加载的桥梁墩高方案和相似关系设计需同时满足振动台承载能力要求及抗倾覆力矩极限要求，因此考虑在振动台能力范围内确定试验的原型桥梁墩高 h^{p}、原型桥梁的地震波峰值加速度 $A_{\mathrm{g}}^{\mathrm{p}}$ 以及主要相似关系方案[11]，上标 p 代表原型结构，上标 m 代表试验模型。

力矩相似比用 S_M 表示，它与长度相似比 S_l、应力相似比 S_σ 满足以下关系：

$$S_M = S_\sigma S_l^3 \tag{13-1}$$

设原型桥梁墩底弯矩为 M^{p}，因此振动台试验模型的抗倾覆力矩为

$$M^{\mathrm{m}} = M^{\mathrm{p}} S_\sigma S_l^3 \tag{13-2}$$

考虑到试验加载产生的最大弯矩不应超过振动台抗倾覆力矩极限 30t·m，则有

$$M^{\mathrm{p}} S_\sigma S_l^3 \leqslant 30 \tag{13-3}$$

可以得到，长度相似比 S_l 与应力相似比 S_σ 应满足以下关系：

$$S_l \leqslant \sqrt[3]{\frac{30}{S_\sigma M^{\mathrm{p}}}} \tag{13-4}$$

质量相似比用 S_m 表示，它与长度相似比 S_l 满足以下关系：

$$S_m = S_\sigma S_l^2 / S_a \tag{13-5}$$

振动台水平向峰值加速度为 0.8g，加速度相似比用 S_a 表示为

$$S_a = 0.8 / A_{\mathrm{g}}^{\mathrm{p}} \tag{13-6}$$

将式(13-6)代入式(13-5)，可以得到如下关系式：

$$S_m = S_\sigma S_l^2 A_{\mathrm{g}}^{\mathrm{p}} / 0.8 \tag{13-7}$$

因此，试验模型的单台总质量(中台)为

$$m^{\mathrm{m}} = m^{\mathrm{p}} S_m + m_{\text{底}} = \left(m_{\text{墩}}^{\mathrm{p}} + m_{\text{梁}}^{\mathrm{p}}\right) S_\sigma S_l^2 A_{\mathrm{g}}^{\mathrm{p}} / 0.8 + m_{\text{底}} \tag{13-8}$$

式中，$m_{底}$ 表示振动台台面底座质量，为 1.829t，考虑到模型总质量不应超过振动台承载能力极限 20t，则有

$$\left(m_{墩}^{\mathrm{p}}+m_{梁}^{\mathrm{p}}\right)S_{\sigma}S_{l}^{2}A_{\mathrm{g}}^{\mathrm{p}}/0.8+m_{底}\leqslant 20 \tag{13-9}$$

可以得到，长度相似比 S_l 、地震波峰值加速度 $A_{\mathrm{g}}^{\mathrm{p}}$ 以及应力相似比 S_σ 应该满足以下关系：

$$S_l\leqslant\sqrt{\frac{\left(20-m_{底}\right)\times 0.8}{S_{\sigma}A_{\mathrm{g}}^{\mathrm{p}}\left(m_{墩}^{\mathrm{p}}+m_{梁}^{\mathrm{p}}\right)}} \tag{13-10}$$

根据实际情况，可以确定不同墩高及墩形的原型桥梁各项参数，根据上述公式，可以确定相对应的满足要求的长度相似比和振动台模型桥梁的相关常数，见表 13-1，表中原型桥墩最大弯矩由 MIDAS 计算得来。

表 13-1　原型桥梁参数表

方案	墩高/m	墩底最大弯矩/(kN·m)	主梁和桥墩质量之和/t	地震波峰值加速度/g	应力相似比 S_σ	加速度相似比 S_a	长度相似比 S_l		
							倾覆弯矩控制	质量控制	采用值
30m 有车-罕遇(空心)	30	275409	2499	0.64	1	1.25	1/9.8	1/10.5	1/11
30m 无车-罕遇(空心)	30	277515	2279	0.64	1	1.25	1/9.8	1/10.1	1/11
20m 有车-罕遇(空心)	20	240486	2211	0.64	1	1.25	1/9.4	1/9.9	1/10
20m 无车-罕遇(空心)	20	185634	1991	0.64	1	1.25	1/8.6	1/9.4	1/10
15m 有车-罕遇(实心)	15	217297	2160	0.64	1	1.25	1/9.0	1/9.7	1/10
15m 无车-罕遇(实心)	15	153433	1936	0.64	1	1.25	1/8.0	1/9.2	1/10
10m 有车-罕遇(实心)	10	164036	1922	0.64	1	1.25	1/8.2	1/9.2	1/10
10m 无车-罕遇(实心)	10	137307	1701	0.64	1	1.25	1/7.8	1/8.7	1/9
30m 有车-设计(空心)	30	192095	2499	0.4	1	2.00	1/8.7	1/8.3	1/9
30m 无车-设计(空心)	30	179348	2279	0.4	1	2.00	1/8.5	1/8.0	1/9
20m 有车-设计(空心)	20	112436	2211	0.4	1	2.00	1/7.3	1/7.8	1/8
20m 无车-设计(空心)	20	103898	1991	0.4	1	2.00	1/7.1	1/7.4	1/8
15m 有车-设计(实心)	15	82639	2160	0.4	1	2.00	1/6.5	1/7.7	1/8
15m 无车-设计(实心)	15	74725	1936	0.4	1	2.00	1/6.3	1/7.3	1/8
10m 有车-设计(实心)	10	60393	1922	0.4	1	2.00	1/5.9	1/7.3	1/8
10m 无车-设计(实心)	10	54830	1701	0.4	1	2.00	1/5.7	1/6.9	1/7

结合工程背景和上述各方案比选，最终实际施工方案选择的原型桥墩高度为 15m，桥墩截面形式为圆端形实心截面，原型桥梁地震波最大峰值加速度为 0.64g，

抗震设防烈度为 9 度，应用于振动台试验的长度相似比采用 1/10。

13.3.2 铁路简支梁桥振动台试验模型相似关系

根据确定的原型桥梁的墩高和峰值加速度，可以确定原型桥梁的物理模型及其所有物理参数，结合前面得到的对应原型桥梁墩高的振动台桥梁模型长度相似比 S_l、应力相似比 S_σ 和加速度相似比 S_a，计算得到试验桥梁模型相似比，结果见表 13-2。

表 13-2　振动台试验桥梁动力模型相似比

参数	物理量	相似关系	相似比
几何参数	长度	S_l	1/10
	面积	$S_A = S_l^2$	1/100
	线位移	S_l	1/10
	角位移	$S_\theta = S_\sigma / S_E$	1
材料参数	应变	$S_\varepsilon = S_\sigma / S_E$	1
	弹性模量	$S_E = S_\sigma$	1
	应力	S_σ	1
	质量密度	$S_\rho = S_\sigma / (S_a S_l)$	8
	质量	$S_m = S_\sigma S_l^2 / S_a$	0.008
荷载参数	集中力	$S_P = S_\sigma S_l^2$	1/100
	线荷载	$S_p = S_\sigma S_l$	1/10
	面荷载	$S_q = S_\sigma$	1
	力矩	$S_M = S_\sigma S_l^3$	1/1000
动力参数	周期	$S_T = S_l^{0.5} S_a^{-0.5}$	0.283
	频率	$S_f = S_l^{-0.5} S_a^{0.5}$	3.536
	速度	$S_v = S_l^{0.5} S_a^{0.5}$	0.354
	加速度	S_a	1.250
	重力加速度	S_g	1
模型桥墩高度/m		1.500	
中台模型质量/t		19.109（含底座）	
模型最大弯矩/(t·m)		22.17（含底座）	

按照式(13-9)计算得到中墩振动台所承受的试验桥梁模型的最大质量为

19.109t，按照式(13-3)计算得到试验桥梁模型的最大墩底弯矩为 22.17t·m，满足不超过振动台承载力极限(20t)及抗倾覆力矩极限(30t·m)的要求，确保试验安全顺利进行。

13.3.3　铁路简支梁桥振动台试验地震动输入选择

根据《铁路工程抗震设计规范》(GB 50111—2006)[12]，在不同地震设防烈度下，各水准地震峰值加速度的要求不同。根据工程背景，本试验原型桥梁的抗震设防烈度为 9 度，且靠近甚至穿越断层，所以定位为 9 度近断层抗震设计。为满足 9 度抗震设计要求，需要对符合 9 度不同水准的地震动进行选择，而设防烈度为 9 度的多遇地震、设计地震与罕遇地震的地震动峰值加速度分别为 0.14g、0.40g 和 0.64g。

结构的动力反应除与结构的自振周期相关外，还和输入的地震波密切相关，根据规范相关规定和要求，在铁路桥梁抗震设计中，不同水准的地震工况方案选用的地震波一般包括：

(1) 由规范反应谱拟合的人工地震波；

(2) 地震安评报告提供的安评地震波；

(3) 历史上记录的具有代表性的典型实际自然地震波。

根据上述相关原则以及基本抗震设防和场地要求，初步确定选择以下地震波作为振动台台面激励：

(1) 由符合相对应场地条件的规范反应谱拟合得到的多遇、设计、罕遇三个水准的人工地震波共 3 条。

(2) 由地震安评报告提供的试验工程地点处 50 年超越概率分别为 63%、10%、2%的地震波各 1 条，即 PGA 分别为 0.14g、0.40g、0.64g 的 9 度地震区多遇、设计、罕遇三个水准的安评地震波共 3 条。

(3) 与试验工程地点地震场地条件相符的三条实际记录的典型自然地震波，分别记为自然波 1、自然波 2 和自然波 3，自然波 1 和自然波 2 是在太平洋地震工程研究中心中选取的历史上实际发生的典型自然地震波，而自然波 3 是由中国地震局提供的汶川地震波。分别以地震安评报告提供的 9 度地震区多遇、设计、罕遇三个水准的反应谱为依据来选取得到 9 条自然地震波。

地震波选择依据中铁二院工程集团有限责任公司提供的场地条件和地震局安评报告提供的反应谱，多遇、设计及罕遇地震绝对加速度反应谱见图 13-2。

在试验开始前应根据实际需要对上述选用的地震波分级调整幅值并按照设定的时间相似比对时间步进行压缩，按照加速度相似比对加速度值进行放大，得到在试验中使用的振动台台面地震激励。考虑到地震激励是 9 度近断层地震动，为避免响应过大给振动台台阵系统带来不安全因素，所有的地震波应该满足振动台

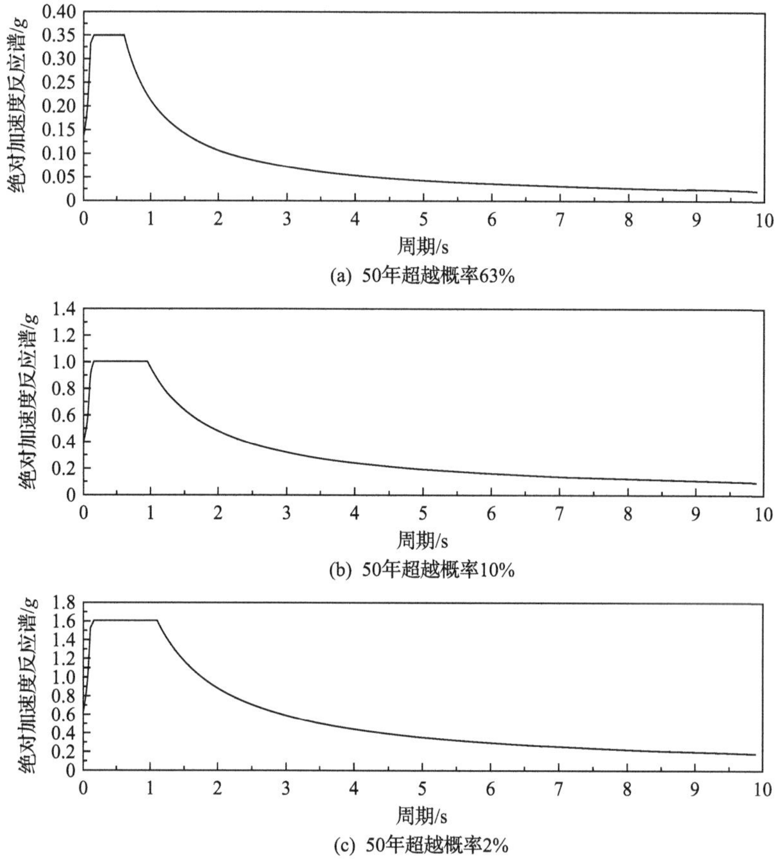

图 13-2　多遇、设计及罕遇地震绝对加速度反应谱(阻尼比为 0.05)

的极限速度和极限位移需求。

根据上述原则，适合本次试验的地震动输入选择结果见表 13-3，地震波时程曲线见图 13-3。

表 13-3　地震动输入选择结果

地震波类别	多遇地震	设计地震	罕遇地震
安评波	多遇安评波	设计安评波	罕遇安评波
人工波	多遇人工波	设计人工波	罕遇人工波
自然波 1	美国北岭波	日本阪神波	中国台湾集集波
自然波 2	美国 El-Centro 波	日本新潟波	意大利 Irpinia 波
自然波 3	中国汶川波	中国汶川波	中国汶川波

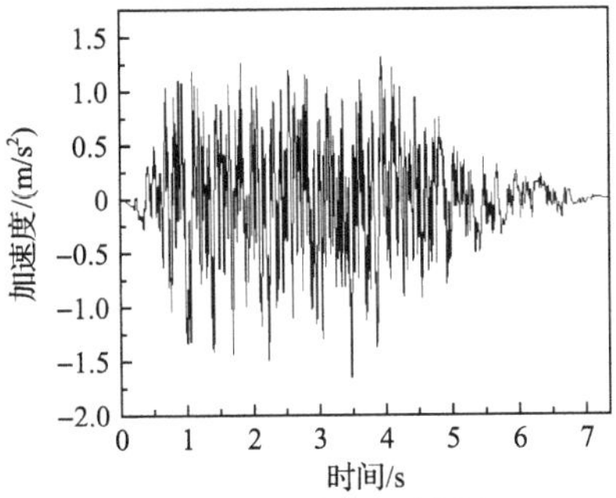

(a) 9度多遇-安评波

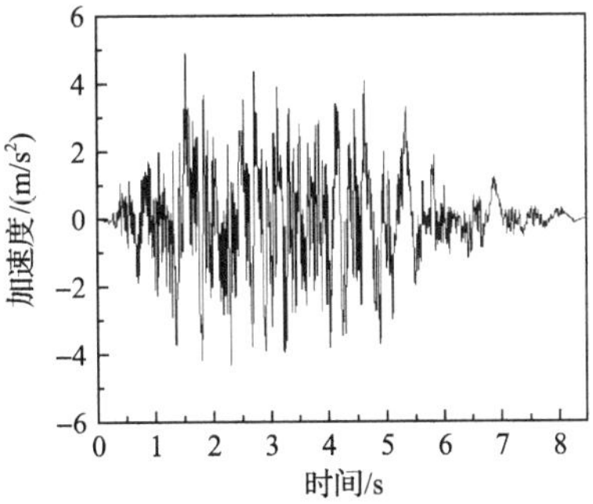

(b) 9度设计-安评波

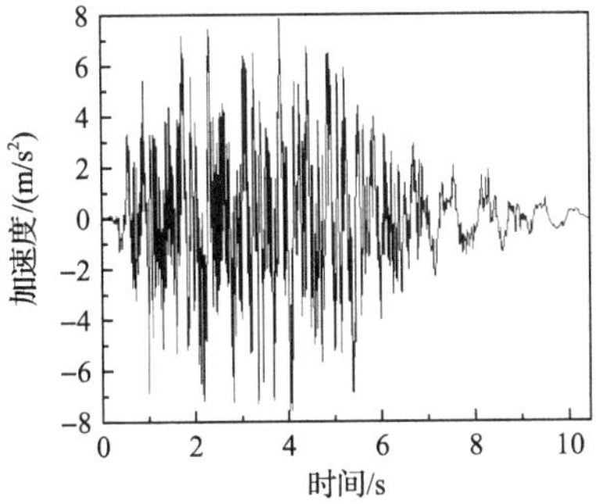

(c) 9度罕遇-安评波

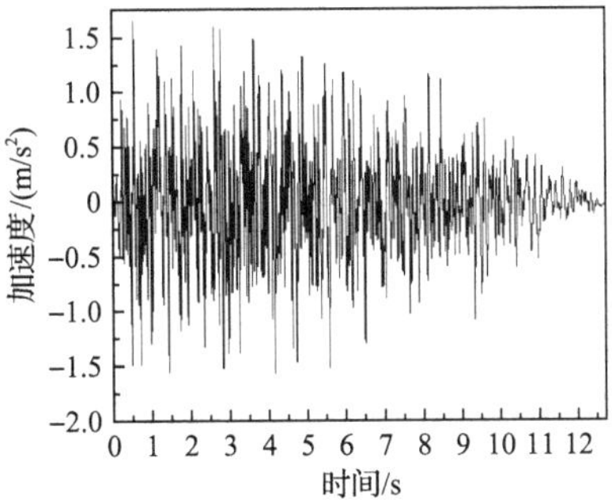

(d) 9度多遇-人工波

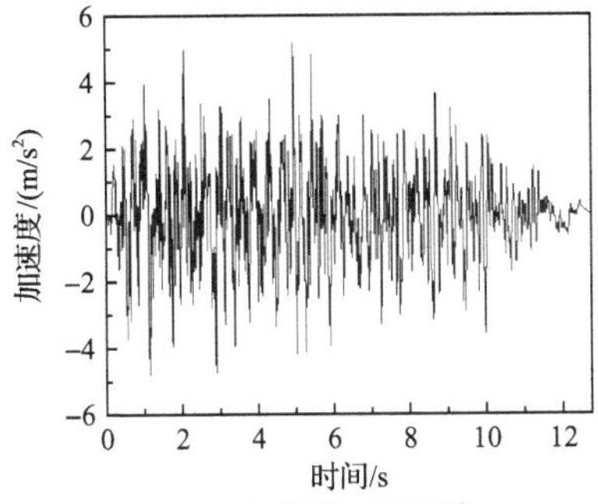

(e) 9度设计-人工波

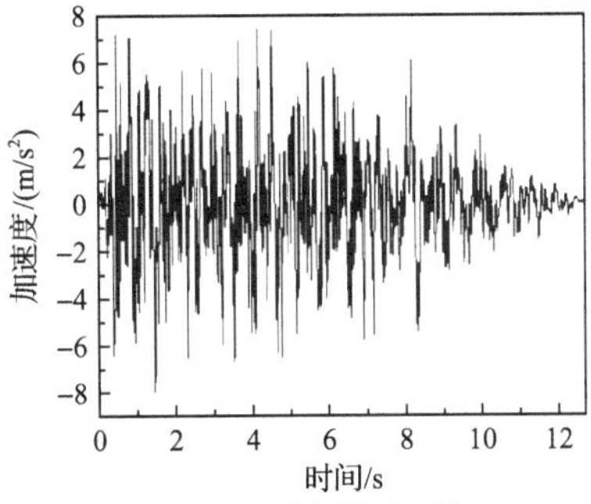

(f) 9度罕遇-人工波

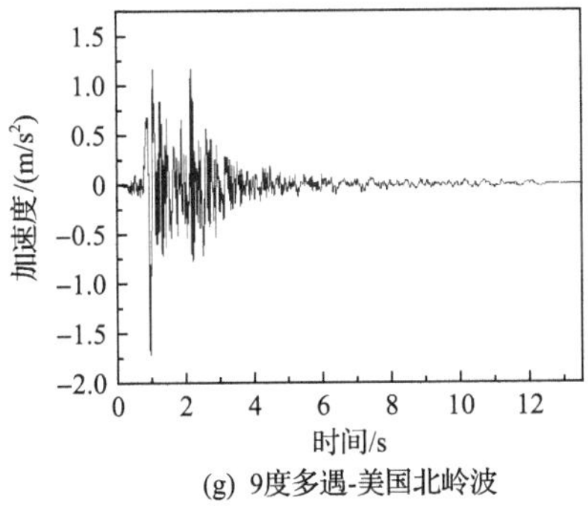

(g) 9度多遇-美国北岭波

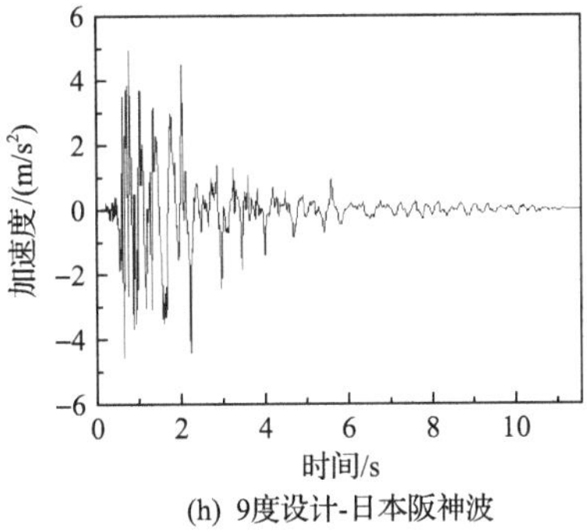

(h) 9度设计-日本阪神波

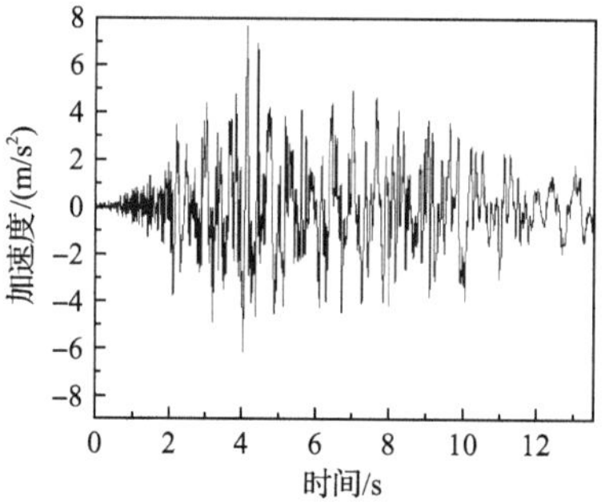

(i) 9度罕遇-中国台湾集集波

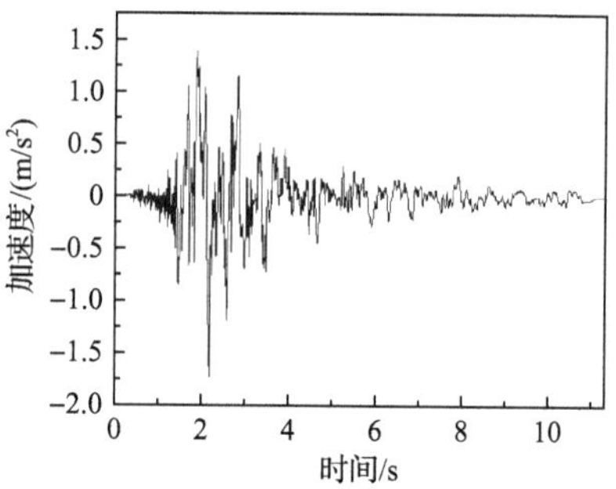

(j) 9度多遇-美国El-Centro波

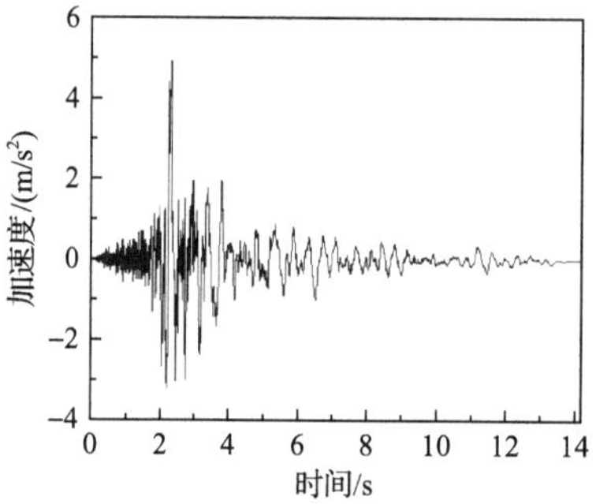

(k) 9度设计-日本新潟波

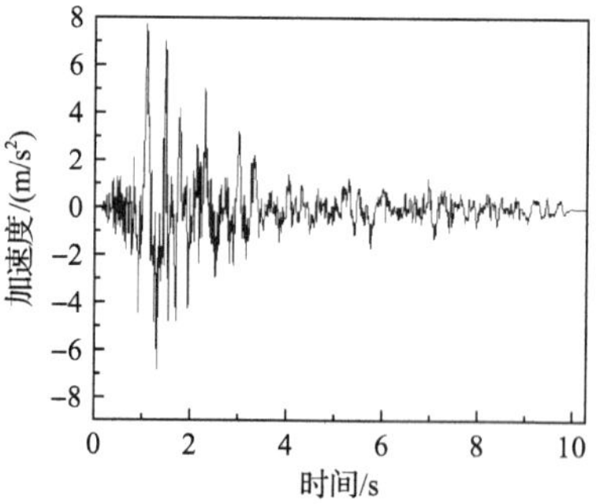

(l) 9度罕遇-意大利Irpinia波

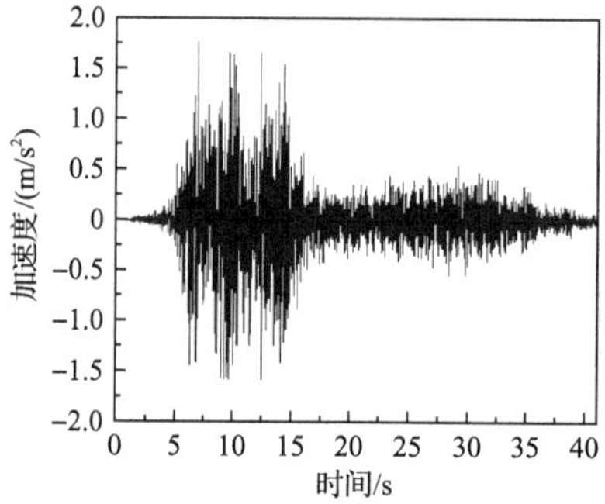

(m) 9度多遇-中国汶川波

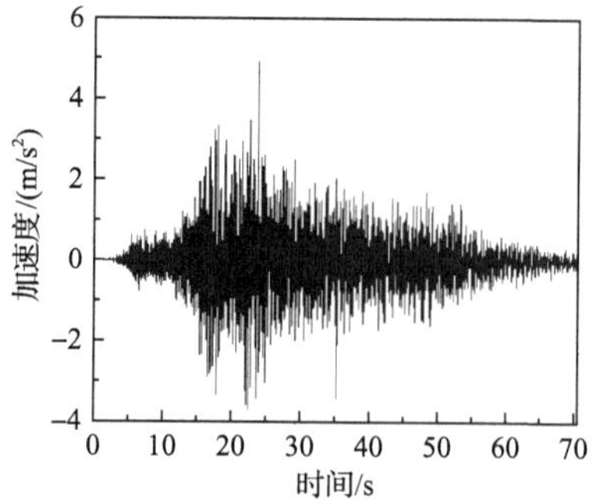

(n) 9度设计-中国汶川波

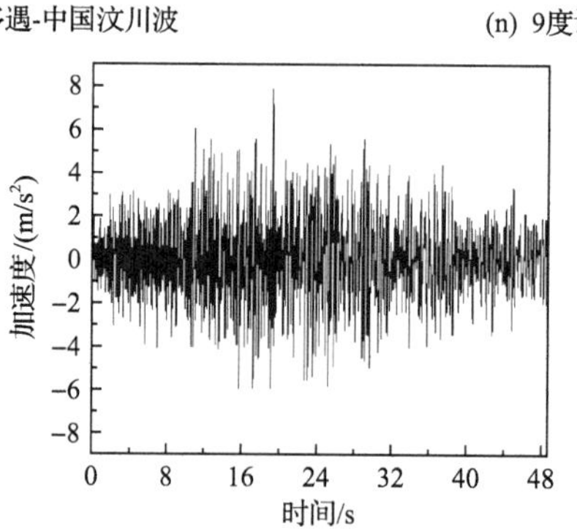

(o) 9度罕遇-中国汶川波

图 13-3　9 度各水准地震波时程曲线

地震动的选择应该考虑近断层因素，近断层地震动的特性与远场地震动有显著不同，主要是具有向前方向性的速度脉冲和滑冲效应，桥梁结构处于发震断层20km 距离内甚至穿越断层时不可忽视近断层地震动的影响[13-18]。为了在振动台试验中考虑近断层地震动对桥梁结构的影响，以此模拟近断层地震动作用下铁路桥梁的响应，在地震动选择时有目的地选择具有近断层地震动特性的地震波。

目前尚缺乏对近断层地震动的研究，且对近断层地震动特性的准确定义有待进一步研究。近断层地震动的向前方向性主要表现为短持时和长周期的冲击型速度脉冲，因此速度脉冲可以作为判别是否为近断层地震动的一个粗略指标[19]。目前有两种方法来大致判断近断层地震动：①PGV（即地面峰值速度）和 PGA（即地面峰值加速度）的比值常作为判别速度脉冲型近断层地震动的重要指标，因为根据大多数近断层地震动数据的统计规律，近断层地震动的 PGV/PGA 较大，一般而言，当 PGV/PGA 不小于 0.2s 时，可以认定为具有近断层地震动特性；②李明[20]在对国内外近断层地震动数据统计规律及关于近断层地震动选择标准的整理归纳中总结出一般性规律，即在速度时程中最大速度峰值是第二大速度峰值的 2 倍及以上，可作为判定典型近断层地震动的一般规律。

根据上述判定准则，结合地震波的加速度时程及速度时程曲线，初步确定此次地震动输入选择结果中具有近断层地震动特性的地震波，见表 13-4。

表 13-4　15m 墩高简支梁桥地震波近断层地震动特性判断

地震波名称	PGV/PGA	V_{max1}/V_{max2}	是否符合近断层地震动特性
多遇-人工波	2.000	1.750	是
设计-人工波	0.189	1.424	否
罕遇-人工波	0.159	1.155	否
多遇-安评波	0.219	1.533	是
设计-安评波	0.161	1.284	否
罕遇-安评波	0.159	1.234	否
多遇-美国北岭波	0.102	2.438	是
设计-日本阪神波	0.184	1.459	否
罕遇-中国台湾集集波	0.159	1.262	否
多遇-美国 El-Centro 波	0.328	2.001	是
设计-日本新潟波	0.204	1.896	是
罕遇-意大利 Irpinia 波	0.171	2.027	是
多遇-中国汶川波	0.219	1.204	是
设计-中国汶川波	0.128	1.200	否
罕遇-中国汶川波	0.287	1.193	是

根据表 13-4 的统计结果，在符合本次试验的地震动输入选择结果中，具有近

断层地震动特性的地震波占地震波总数的一半，因此本次地震动输入的选择结果可以达到模拟铁路简支梁桥 9 度近断层地震动振动台试验的要求。其中，具有典型速度脉冲特性的部分地震波速度时程曲线见图 13-4。

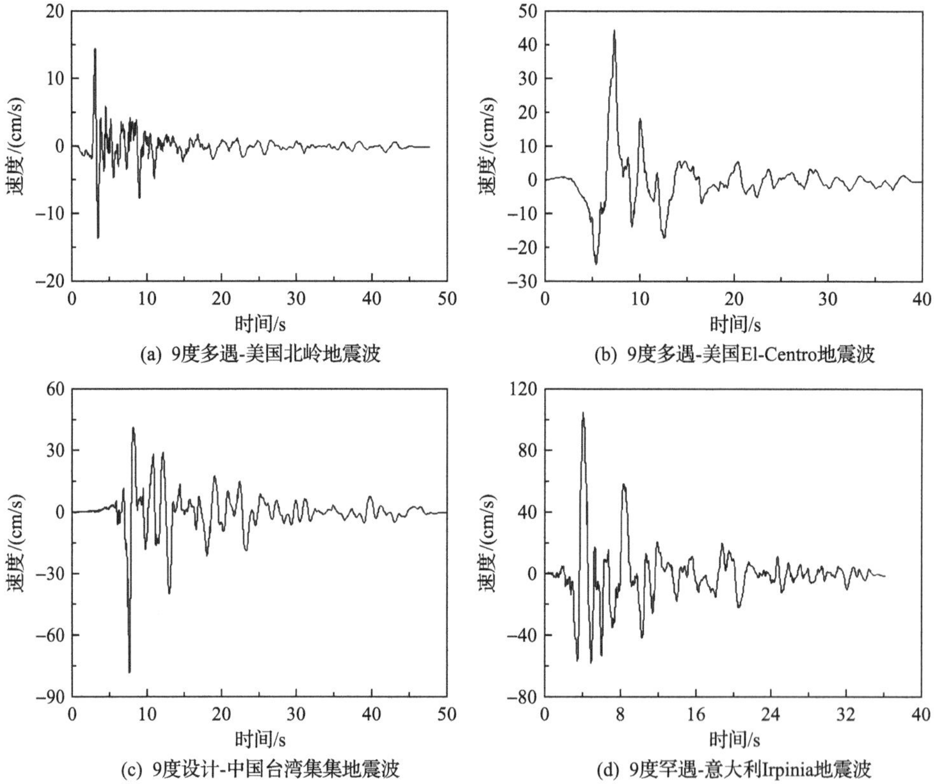

图 13-4　具有速度脉冲特性的地震波速度时程曲线

13.3.4　铁路简支梁桥振动台试验地震激励加载方案

在抗震设计中，一般只考虑水平向地震的影响，但是近场地震下竖向振动较为剧烈，设防烈度为 9 度的悬臂结构或者预应力混凝土刚构桥等应计入竖向地震的影响[12,21]。考虑到根据地震安评报告确定的近断层地震波竖向振动尤为剧烈，取竖向地震动加速度分量与水平向地震动加速度分量的比值为 1∶1。

因此，此次振动台试验的地震波激励加载方向包括顺桥向、顺桥向+竖向。试验工况的顺序遵循地震维度从单维到多维、输入幅值从小到大、低水准到高水准的原则。

在每一类地震波激励结束后输入一次白噪声扫频，用来测试桥墩不同程度损伤造成的频率变化。当地震波的幅值不断增大时，白噪声扫频频率也应适当提高，以更好地检测模型的工作状态。在每一类地震波输入结束后，还应观察桥墩裂缝发展情况，并视扫频结果和实际情况及时更换桥墩和支座。

综上所述，地震动输入加载方案见表 13-5。

表 13-5　地震动输入加载方案

原型墩高	15m			
类别	双曲面球型支座+减震榫耗能装置+防落梁装置			
工况序号	工况名称	地震水准	PGA	加载方向
1	白噪声	—	—	顺+横
2	9 度多遇安评波-顺	9 度多遇	1.25×0.14g	顺
3	9 度多遇人工波-顺	9 度多遇	1.25×0.14g	顺
4	9 度多遇美国北岭波-顺	9 度多遇	1.25×0.14g	顺
5	9 度多遇美国 El-Centro 波-顺	9 度多遇	1.25×0.14g	顺
6	9 度多遇中国汶川波-顺	9 度多遇	1.25×0.14g	顺
7	白噪声	—	—	顺+横
8	白噪声	—	—	竖
9	9 度设计安评波-顺	9 度设计	1.25×0.4g	顺
10	9 度设计人工波-顺	9 度设计	1.25×0.4g	顺
11	9 度设计日本阪神波-顺	9 度设计	1.25×0.4g	顺
12	9 度设计日本新潟波-顺	9 度设计	1.25×0.4g	顺
13	9 度设计中国汶川波-顺	9 度设计	1.25×0.4g	顺
14	白噪声	—	—	顺+横
15	9 度设计安评波-顺+竖	9 度设计	1.25×0.4g	顺+竖
16	9 度设计人工波-顺+竖	9 度设计	1.25×0.4g	顺+竖
17	9 度设计日本阪神波-顺+竖	9 度设计	1.25×0.4g	顺+竖
18	9 度设计日本新潟波-顺+竖	9 度设计	1.25×0.4g	顺+竖
19	9 度设计中国汶川波-顺+竖	9 度设计	1.25×0.4g	顺+竖
20	白噪声	—	—	顺+横
21	白噪声	—	—	竖
22	9 度罕遇安评波-顺	9 度罕遇	1.25×0.64g	顺
23	白噪声	—	—	顺+横
24	9 度罕遇人工波-顺	9 度罕遇	1.25×0.64g	顺

续表

工况序号	工况名称	地震水准	PGA	加载方向
25	9度罕遇中国台湾集集波-顺	9度罕遇	1.25×0.64g	顺
26	9度罕遇意大利Irpinia波-顺	9度罕遇	1.25×0.64g	顺
27	9度罕遇中国汶川波-顺	9度罕遇	1.25×0.64g	顺
28	白噪声	—	—	顺+横
29	9度罕遇安评波-顺+竖	9度罕遇	1.25×0.64g	顺+竖
30	白噪声	—	—	顺+横
31	白噪声	—	—	竖
32	9度罕遇人工波-顺+竖	9度罕遇	1.25×0.64g	顺+竖
33	9度罕遇中国台湾集集波-顺+竖	9度罕遇	1.25×0.64g	顺+竖
34	9度罕遇意大利Irpinia波-顺+竖	9度罕遇	1.25×0.64g	顺+竖
35	9度罕遇中国汶川波-顺+竖	9度罕遇	1.25×0.64g	顺+竖
36	白噪声	—	—	顺+横
37	白噪声	—	—	竖

注：PGA一栏中，0.14g、0.40g及0.64g分别代表原型桥梁的三种地震动输入峰值加速度，而系数1.25是模型桥梁相对于原型桥梁的加速度相似比。

13.3.5 铁路简支梁桥振动台试验模型

为了实现振动台试验模拟应用组合减隔震体系的铁路简支梁桥在9度近断层地震作用下的地震响应，按照缩尺理论和相似关系得到振动台地震模拟试验的缩尺桥梁模型，再将原型地震波按照已有的相似关系进行缩放，得到作用于振动台台面的地震动输入数据，对铁路简支梁桥进行真实有效的地震模拟。

原型桥梁的主梁截面设计图纸选用通桥(2012)2201-Ⅰ(32m)，主梁为无砟轨道预制后张法两片式预应力混凝土T型简支箱梁，主梁全长32.6m，计算跨度32m，适用于新建客运专线双线铁路工程，列车的设计运行速度为350km/h。主梁采用单箱双室的截面形式，梁面顶板宽度为12.6m，主梁高度为3.052m，混凝土材料采用C50混凝土，主梁截面面积为8.722m^2，梁两端加强段的截面面积为9.854m^2，主梁横向布置示意图如图13-5所示。

根据相关主梁施工图纸，双线桥主梁自重(包括防水层)为855.05t，二期恒载为14.59t/m，因此主梁与二期恒载的总质量为

$$855.05 + 14.59 \times 32 = 1321.93(\text{t})$$

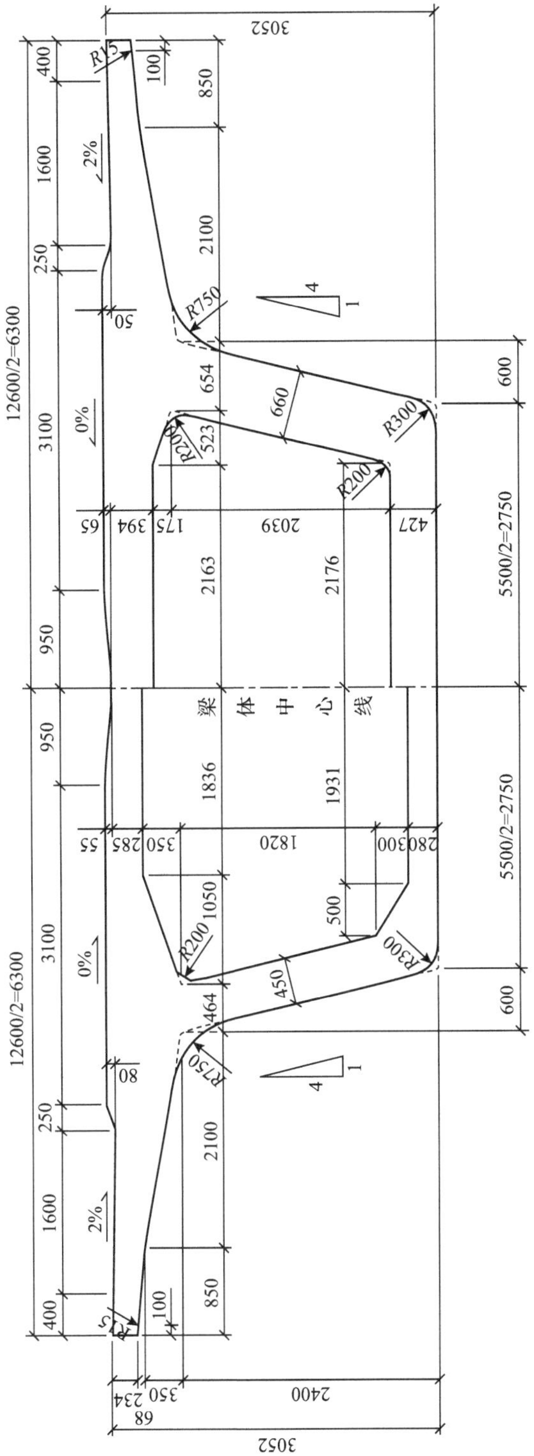

图 13-5　双线铁路桥主梁横向布置示意图(单位：mm)

在进行桥梁抗震设计与计算时，当桥梁梁面上有车时，顺桥向不计算列车荷载引起的地震力，而横桥向计算 50%的列车荷载引起的地震力，且作用在桥梁顶部上方 2m 处，竖向力按照列车竖向静荷载的 100%计算，在建立有限元模型时应该予以考虑[12]。本章不考虑移动荷载的影响，列车竖向静荷载计入主梁总质量，车重按 6.60t/m 计算，故可以得到在有车情况下主梁总质量为

$$1321.93 + 6.60 \times 32 = 1533.13(\mathrm{t})$$

综上所述，原型桥梁单片主梁的总质量为 1533.13t，包含主梁质量、二期恒载质量和列车质量,其中主梁与二期恒载的总质量为 1321.93t,列车质量为 211.2t,建模时按照规范要求，列车质量作用于梁顶以上 2m 处。

为了方便试验模型的浇筑以及配筋计算和有限元模拟，在满足质量相似比的前提下，保证模型主梁截面的尺寸不过小，以确保模型的承载能力；同时尺寸不宜过大，过大的尺寸会导致配重时质量不可调整，且会影响主梁刚度从而使模型桥梁和原型桥梁的结构自振特性相差过大[22]。综上考虑，将模型主梁尺寸简化成图 13-6，配筋见图 13-7。

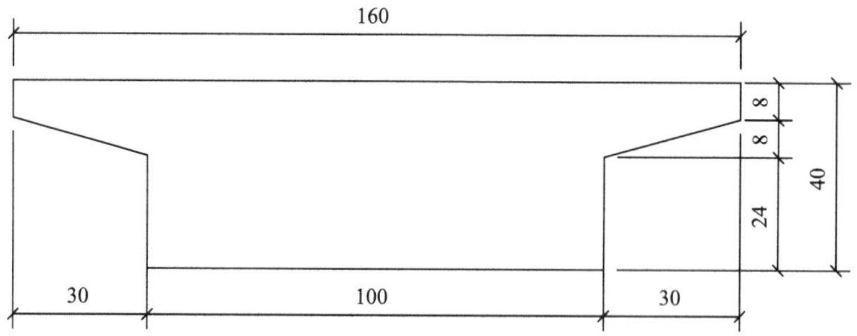

图 13-6　模型主梁尺寸示意图(单位：dm)

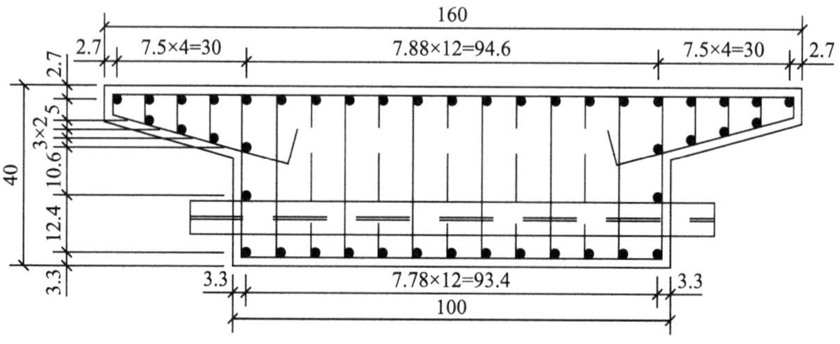

图 13-7　模型主梁配筋图(单位：dm)

原型桥梁的桥墩采用 15m 墩高的圆端形实心截面，参考《新建铁路重庆至昆明高速铁路初步设计图》，桥墩材料采用 C35 混凝土，纵筋采用 HRB400 钢筋。

桥墩截面沿高度方向是变化的，原型桥梁墩底处截面宽 6.533m，高 2.833m；墩身截面最小处位于距墩底 12m 高处，此处截面宽 6.000m，高 2.300m；从此处到墩顶截面逐渐变大，墩顶处截面宽 7.800m，高 3.000m。15m 墩高的圆端形实心截面桥墩构造及钢筋配置示意图见图 13-8。

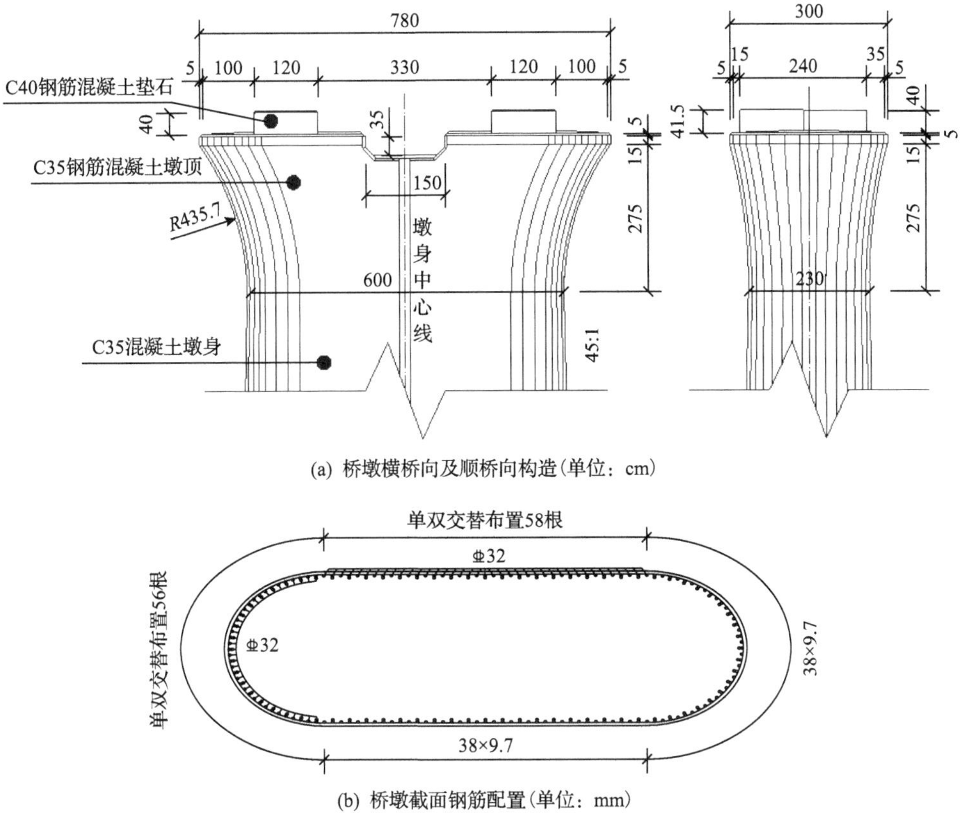

图 13-8　15m 墩高的圆端形实心截面桥墩构造及钢筋配置示意图

依据图纸和 MIDAS 辅助建立的单墩模型计算得到原型桥墩的总质量为 613.53t，桥墩材料采用 C35 混凝土，纵筋配筋采用 HRB400 钢筋，钢筋直径为 32mm。根据振动台模型相似关系可以得到模型桥墩的基本物理参数，模型桥梁和原型桥梁配筋面积应该满足面积相似关系且配筋率相同的条件，由此得到模型桥梁的理论配筋面积，见表 13-6，取一半截面积计算配筋，另一半与其中心对称分布。

为满足以上条件，模型桥墩纵筋直径采用 10mm，可使模型桥墩纵筋配筋面积满足面积相似关系，由此得到模型桥墩截面钢筋参数，见表 13-7。

表 13-6　桥墩截面钢筋面积计算表

钢筋分布	原型桥墩钢筋数量/根	原型桥墩钢筋直径/mm	原型桥墩配筋面积/mm²	模型桥墩理论配筋面积/mm²
直线边	58	32	46646.368	466.464
圆弧边	56	32	45037.872	450.379

表 13-7　模型桥墩截面钢筋参数表

钢筋分布	钢筋直径/mm	钢筋数量/根	模型桥墩实际配筋面积/mm²
直线边	10	6	471.239
圆弧边	10	6	471.239

原型桥墩和模型桥墩墩底截面纵筋配筋率见表 13-8。

表 13-8　原型及模型桥墩墩底截面纵筋配筋率

模型	钢筋总面积/mm²	墩底截面面积/mm²	配筋率/%
原型桥墩	183368.48	16757986.5	1.09
模型桥墩	1833.686	167579.865	1.09

除此之外，原型桥墩和模型桥墩的抗弯截面应满足既定的相似关系，为了对两者的抗弯能力进行对比验证，采用 Xtract 软件建立原型桥墩和模型桥墩的墩底截面，并分别进行截面抗弯能力分析。原型桥墩墩底截面宽 6.53m，高 2.83m，截面恒压力为 30000kN；根据振动台模型相似关系，可得模型桥墩墩底截面宽 0.653m，高 0.283m，截面恒压力为 300kN。模型桥墩和原型桥墩材料保持一致，桥墩混凝土材料采用 C50 混凝土，纵筋为 HRB400 钢筋。Xtract 软件中原型桥墩和模型桥墩墩底截面见图 13-9，分别计算两个截面的抗弯能力曲线，见图 13-10 和图 13-11。

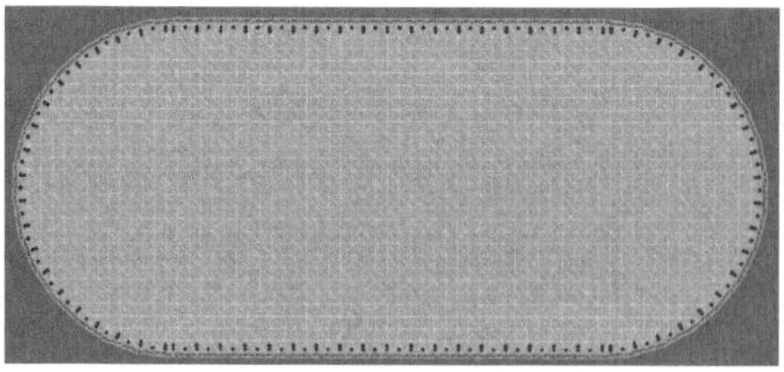

(a) 原型桥墩墩底截面

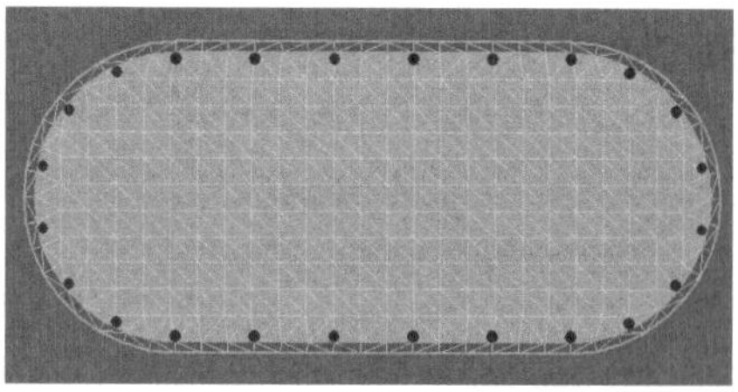

(b) 模型桥墩墩底截面

图 13-9　Xtract 软件中原型桥墩和模型桥墩墩底截面

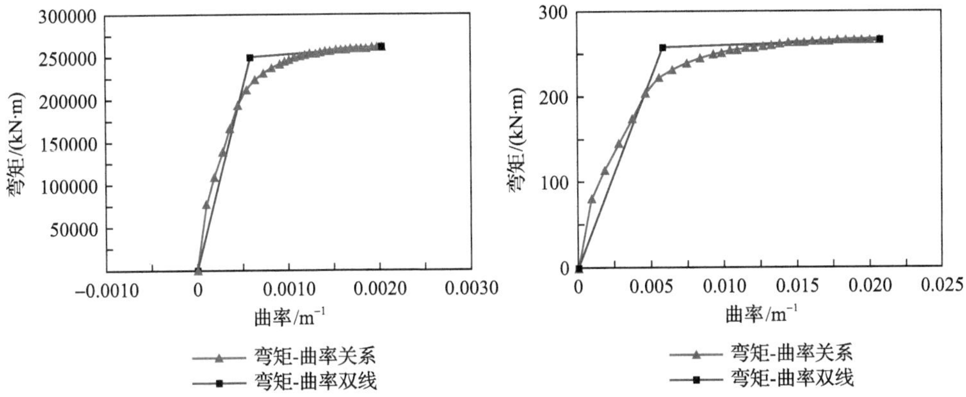

(a) 原型桥墩　　(b) 模型桥墩

图 13-10　原型桥墩及模型桥墩墩底截面横桥向抗弯能力曲线

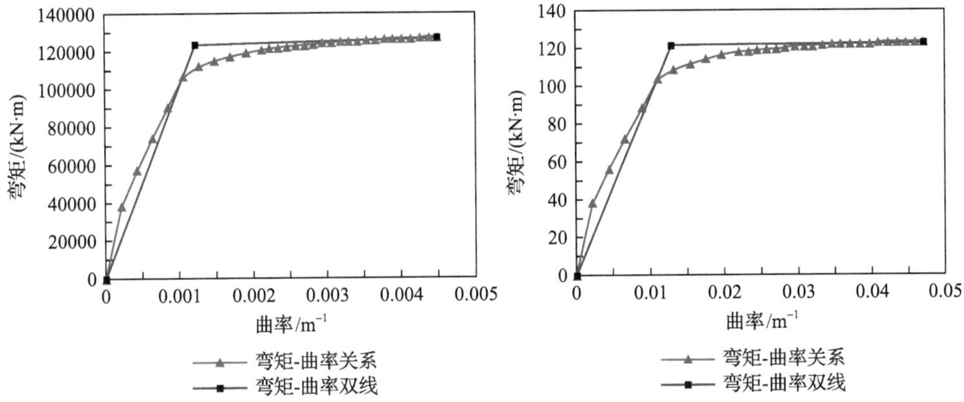

(a) 原型桥墩　　(b) 模型桥墩

图 13-11　原型桥墩及模型桥墩墩底截面顺桥向抗弯能力曲线

根据上述计算结果，原型桥墩及模型桥墩墩底截面抗弯能力对比见表 13-9。由表可知，模型桥墩的抗弯能力与原型桥墩基本相近，误差均在 5%以内，因此模型桥墩能很好地满足已有的振动台试验相似关系。

表 13-9　原型桥墩及模型桥墩墩底截面抗弯能力对比

方向	初始屈服弯矩			破坏弯矩			等效弯矩		
	原型 /(kN·m)	模型 /(kN·m)	误差 /%	原型 /(kN·m)	模型 /(kN·m)	误差 /%	原型 /(kN·m)	模型 /(kN·m)	误差 /%
横桥向	195	204.5	4.87	262.0	267.5	2.10	250.2	257.1	2.76
顺桥向	107.1	104.1	2.80	127.3	123.1	3.30	123.7	121.4	1.86

需要注意的是，原型桥墩按相似比缩尺得到模型桥墩后，模型桥墩墩顶的面积略小，为保证有足够的空间来安装双曲面球型支座、减震榫及防落梁装置，在保证结构动力特性不变的前提下，将附加质量的 1/4 添加到墩顶，考虑到施工复杂性及振动台相邻台距的限制，为不影响缩尺模型的动力特性相似关系，其余附加质量没有添加，将模型桥墩的墩顶简化为长方体承台，其示意图见图 13-12。

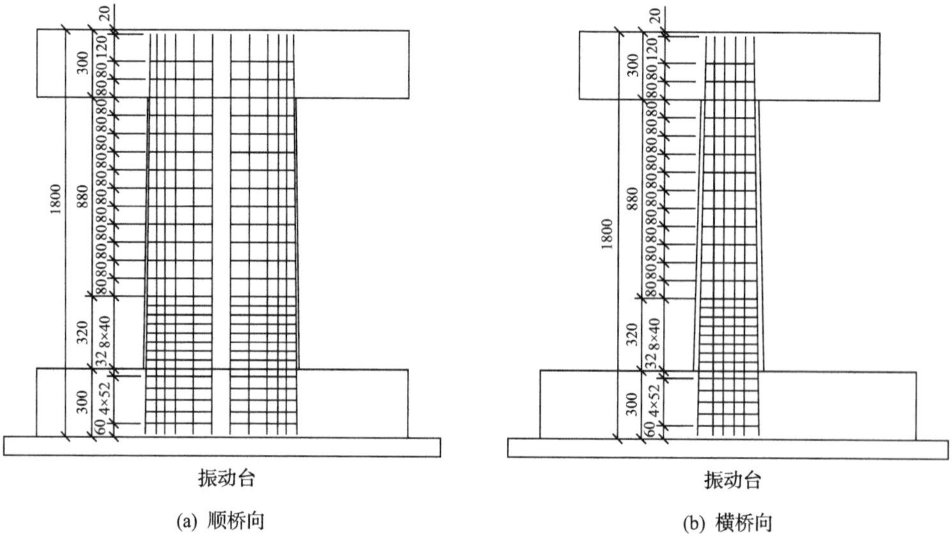

图 13-12　模型桥墩尺寸示意图

原型桥梁采用双曲面球型支座+减震榫+防落梁装置的组合减隔震体系，各装置的实际参数详见第 2 章，将缩尺的组合减隔震体系各装置安装到振动台试验桥梁模型上，最终振动台试验模型见图 13-13。

图 13-13　铁路简支梁桥振动台试验模型

13.4　9 度近断层地震动下铁路简支梁桥振动台试验结果

13.4.1　顺桥向地震动输入

1. 支座位移

振动台试验水平地震输入方向为顺桥向，具体工况参照表 13-5，得到缩尺试验模型在各工况各水准地震作用下的典型支座水平位移时程曲线，见图 13-14～图 13-16。统计所有工况下支座水平位移的平均值和最大值，见表 13-10。

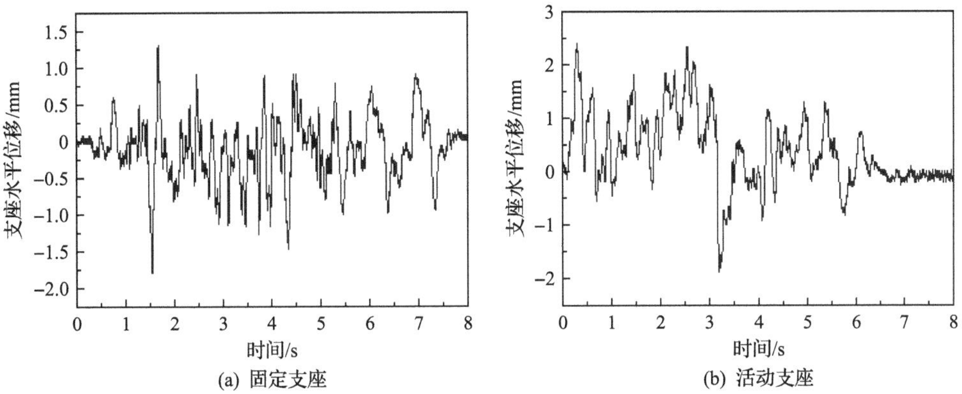

图 13-14　9 度多遇-安评波顺桥向作用下的支座水平位移时程曲线

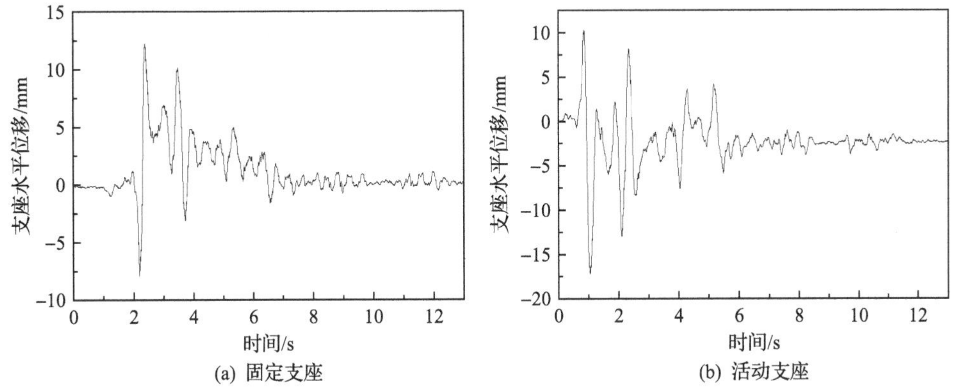

图 13-15　9 度设计-日本新潟波顺桥向作用下的支座水平位移时程曲线

根据上述试验结果，在 9 度多遇顺桥向地震作用下，地震水平力小于减震榫的屈服力，因而减震榫仍处于不工作或者弹性工作状态，此时由于受到剪切销钉的约束，无论是固定支座还是活动支座，水平位移均不超过 5mm。

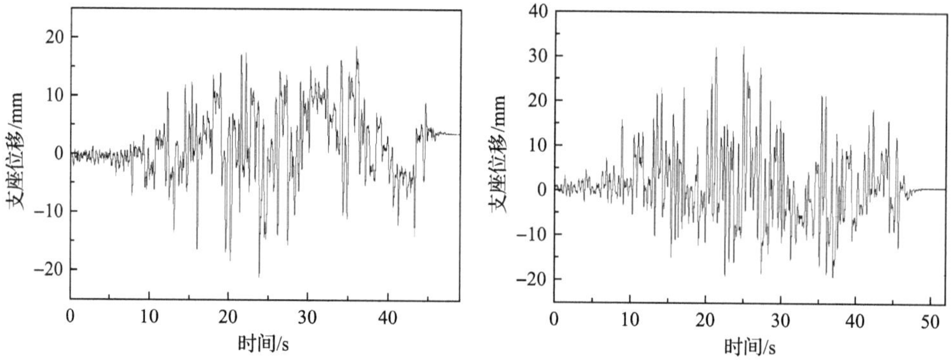

(a) 固定支座　　(b) 活动支座

图 13-16　9 度罕遇-中国汶川波顺桥向作用下的支座位移时程曲线

表 13-10　9 度顺桥向地震作用下支座水平位移试验值

地震水准	固定支座水平位移/mm		活动支座水平位移/mm	
	平均值	最大值	平均值	最大值
多遇地震	1.8	2.0	2.7	4.1
设计地震	9.4	12.6	17	24.8
罕遇地震	25	30.1	30	32.6

在 9 度设计顺桥向地震作用下，地震水平力达到减震榫的屈服力，减震榫发挥限位作用的同时也会发生塑性变形，消耗部分地震能量，此时支座水平位移相对于减震榫未屈服前显著增大。固定支座水平位移明显小于活动支座，后者约为前者的 2 倍。

在 9 度罕遇顺桥向地震作用下，地震水准明显大于设计地震，此时减震榫所受水平力接近其屈服极限值，虽然有防落梁装置的限位作用，支座水平位移还是达到了设计位移值 30mm。

综上所述，在多遇、设计和罕遇三种水准顺桥向地震作用下，固定支座水平位移均小于活动支座。随着地震水准的提高，固定支座和活动支座的位移均明显且有规律地逐级增大。实际振动台试验时，多遇地震作用下剪切销钉基本不剪断，而设计地震作用下剪切销钉基本完全剪断，罕遇地震作用下防落梁装置发挥了重要的限位作用。

2. 墩顶位移

墩顶位移也是判断结构动力响应的重要指标，地震作用下缩尺试验模型的墩顶位移时程曲线见图 13-17～图 13-19。统计所有工况下墩顶位移的平均值及最大值，见表 13-11。

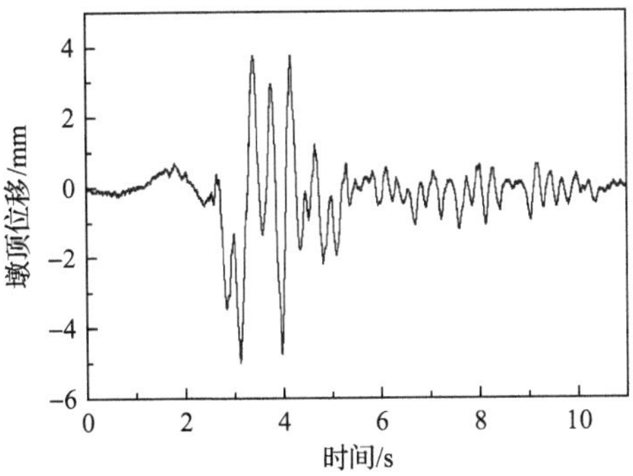

图 13-17　9 度多遇-人工波顺桥向作用下墩顶位移时程曲线

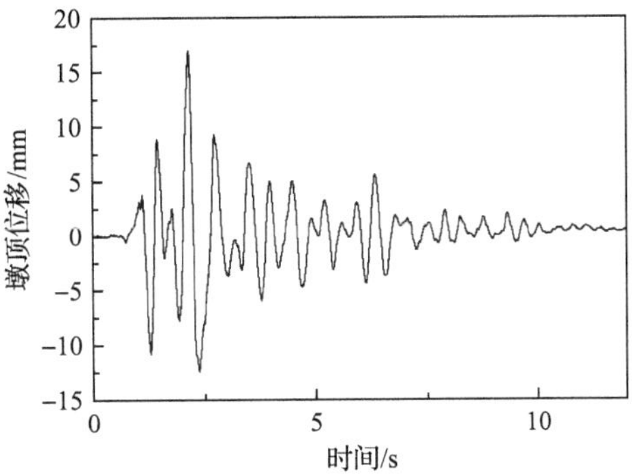

图 13-18　9 度设计-日本阪神波顺桥向作用下墩顶位移时程曲线

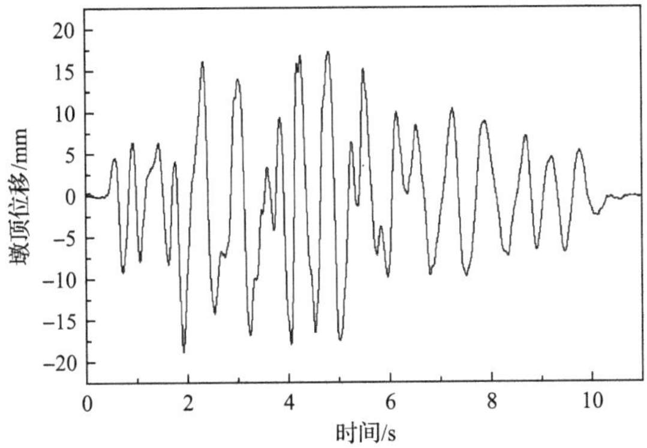

图 13-19　9 度罕遇-安评波顺桥向作用下墩顶位移时程曲线

表 13-11　9 度顺桥向地震作用下墩顶位移试验值

地震水准	墩顶位移/mm	
	平均值	最大值
多遇地震	4.3	5
设计地震	14.1	17
罕遇地震	20.5	22

从试验结果可以看出，随着地震水准的增加，墩顶位移也逐级增加，减震榫和防落梁装置的限位功能最终都要依托桥墩来实现，因此墩顶位移增加反映的是桥墩变形在逐级增加。在 9 度多遇顺桥向地震作用下，墩顶位移最大值不超过 5mm，此时桥墩处于弹性状态；在 9 度设计顺桥向地震作用下，墩顶位移最大值为 17mm，墩底弯矩和剪力显著增大，墩身混凝土表面开始出现肉眼可见的微小裂缝；在 9 度罕遇顺桥向地震作用下，墩顶位移最大值达到 22mm，桥墩处于弹塑性状态，墩身出现明显裂缝。

3. 纵筋应变

桥墩墩底纵筋应变反映的是桥墩的工作状态，是衡量桥墩和结构是否处于弹性工作状态的重要指标。地震作用下模型桥梁的墩底纵筋应变时程曲线见图 13-20～图 13-22。统计所有工况下墩底纵筋应变的平均值及最大值，见表 13-12。

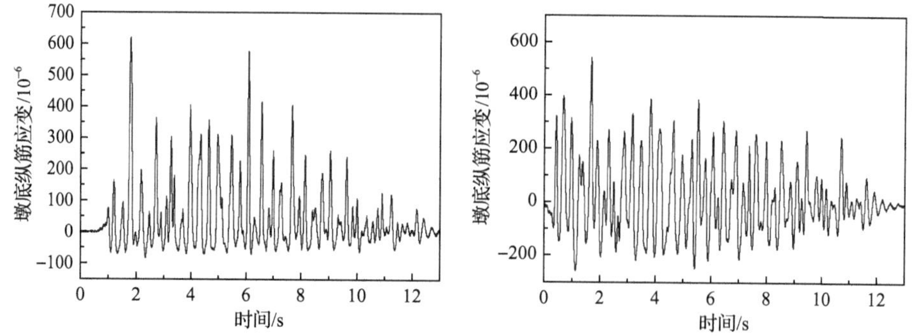

(a) 墩底纵筋应变(弹性状态)　(b) 墩底纵筋应变(塑性状态)

图 13-20　9 度多遇-人工波顺桥向作用下纵筋应变时程曲线

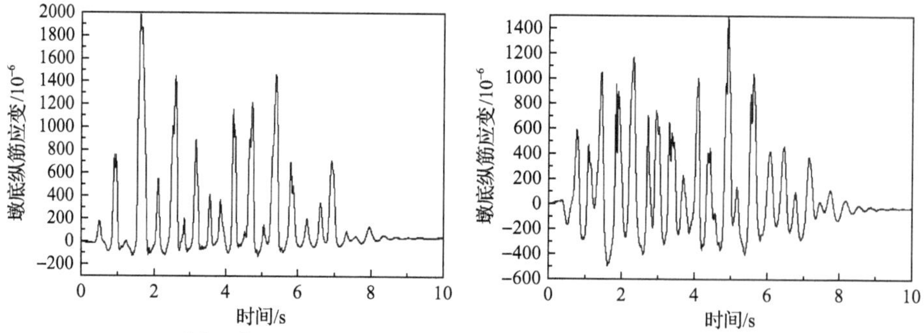

(a) 墩底纵筋应变(弹性状态)　(b) 墩底纵筋应变(塑性状态)

图 13-21　9 度设计-安评波顺桥向作用下纵筋应变时程曲线

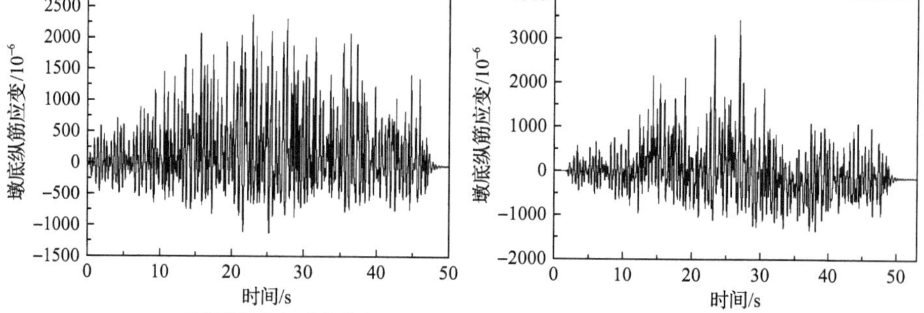

(a) 墩底纵筋应变(弹性状态)　(b) 墩底纵筋应变(塑性状态)

图 13-22　9 度罕遇-中国汶川波顺桥向作用下纵筋应变时程曲线

表 13-12　9 度顺桥向地震作用下纵筋应变试验值

地震水准	拉应变/10^{-6}		压应变/10^{-6}	
	平均值	最大值	平均值	最大值
多遇地震	756	1140	−307	−577
设计地震	2300	4916	−699	−1167
罕遇地震	4058	7936	−1166	−2658

根据上述试验结果，随着地震水准的增加，墩底纵筋应变逐渐增加。在 9 度多遇顺桥向地震作用下，墩底纵筋应变小于 HRB400 钢筋屈服应变(2000×10^{-6})，钢筋在受拉过程中处于弹性阶段，桥梁主体结构安全；压应变整体小于拉应变，说明纵筋在桥墩中主要受拉。

在 9 度设计顺桥向地震作用下，墩底纵筋应变显著增加，开始大于 HRB400 钢筋屈服应变(2000×10^{-6})，此时在桥墩内部有不少纵筋已屈服，桥墩处于弹塑性工作状态。纵筋应变相比多遇地震下增加较多，主要是因为减震榫和防落梁装置的反作用力，桥墩墩底产生了较大的剪力与弯矩。

在 9 度罕遇顺桥向地震作用下，与 9 度设计纵向地震作用相比，墩底纵筋应变显著增大，此时在桥墩内部已有部分纵筋破坏，所有工况的纵筋应变最大值均大于 HRB400 钢筋屈服应变(2000×10^{-6})，说明桥墩处于塑性工作状态，桥梁结构危险性较高。在防落梁装置的限位作用下，很好地避免了主梁落梁和支座破坏的发生。

13.4.2　顺桥向+竖向地震动输入

1. 支座水平位移

振动台试验水平地震输入为顺桥向+竖向，加载水准只有设计地震和罕遇地震，具体工况参照表 13-5，得到缩尺试验模型在地震作用下的典型支座水平位移时程曲线，见图 13-23 和图 13-24。统计所有工况下支座水平位移的平均值和最大值，见表 13-13。

根据上述试验结果，在 9 度设计顺桥向+竖向地震作用下，地震水平力达到减震榫的屈服力，减震榫发挥限位作用的同时也会发生塑性变形，消耗部分地震能量。固定支座水平位移均小于活动支座，后者最大值达到前者最大值的 2 倍，与不加竖向地震工况相比，加竖向地震之后支座水平位移略有增加。总体来说，设计地震作用下固定支座水平位移均小于 20mm，活动支座水平最大位移达到了 25mm。

在 9 度罕遇顺桥向+竖向地震作用下，地震水准明显大于设计地震，此时减震榫所受水平力接近其屈服极限值。桥梁位移响应大，防落梁装置发挥了重要的限位作用，但支座水平位移仍达到设计位移值 30mm，最大达到 37.6mm。由支座水

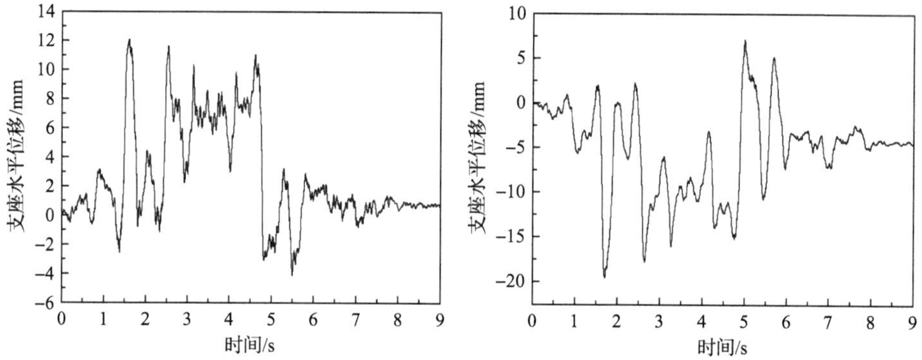

(a) 固定支座　　(b) 活动支座

图 13-23　9 度设计-安评波顺桥向+竖向作用下支座水平位移时程曲线

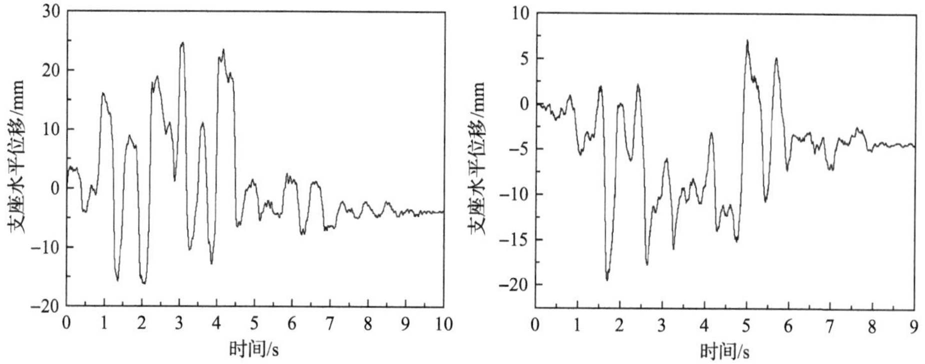

(a) 固定支座　　(b) 活动支座

图 13-24　9 度罕遇-安评波顺桥向+竖向作用下支座水平位移时程曲线

表 13-13　9 度顺桥向+竖向地震作用下支座水平位移试验值

地震水准	固定支座水平位移/mm		活动支座水平位移/mm	
	平均值	最大值	平均值	最大值
设计地震	10.7	12.8	18.4	25
罕遇地震	25.4	31	32	37.6

平位移时程曲线可知，地震结束后支座有些许残余位移，此时减震榫的塑性变形对支座残余位移有很大的影响。

与单向水平地震动加载工况相比，在 9 度顺桥向+竖向地震作用下，无论是设计地震还是罕遇地震，支座水平位移平均值和最大值均略有增加。设计地震下支座水平位移的平均值增幅在 1.4mm 以内，最大值增幅极小，仅为 0.2mm；罕遇地震下支座水平位移的平均值增幅在 2mm 以内，活动支座水平位移最大值增幅达到 5mm。试验结果说明，竖向地震动的输入并未明显增加支座水平方向位移，但支座位移的波动范围增大，造成支座位移上下限差值增大，原因是竖向地震动的输入会引起支座竖向承载力变化，进而导致支座摩擦力发生变化，当支座摩擦力增大时，支座水平位移减小；当支座摩擦力减小时，支座水平位移增大。

2. 墩顶位移

地震作用下缩尺试验模型的墩顶位移时程曲线见图 13-25 和图 13-26。统计所有工况下墩顶位移的平均值及最大值，见表 13-14。

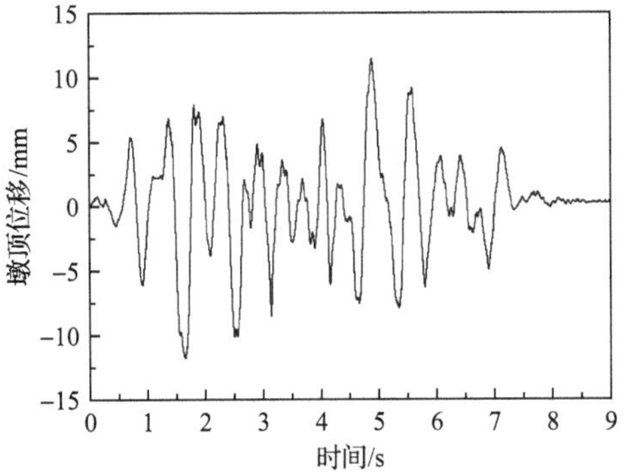

图 13-25　9 度设计-安评波顺桥向+竖向作用下墩顶位移时程曲线

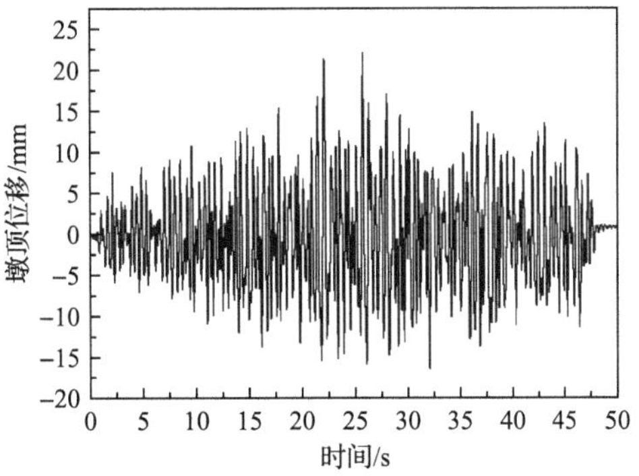

图 13-26　9 度罕遇-中国汶川波顺桥向+竖向作用下墩顶位移时程曲线

表 13-14　9 度顺桥向+竖向地震作用下墩顶位移试验值

地震水准	墩顶位移/mm	
	平均值	最大值
设计地震	13.5	17.6
罕遇地震	19.9	22

从试验结果可以看出，随着地震水准的增加，墩顶位移也逐级增加。减震榫和防落梁装置的限位功能最终都要依托桥墩来实现，因此墩顶位移增加反映的是桥墩变形在逐级增加。与单向水平地震动加载工况相比，无论是设计地震还是罕遇地震，在顺桥向+竖向地震作用下，墩顶位移平均值均有所减小。竖向地震动加载后，墩顶位移的变化趋势与支座位移的变化趋势相反，但原理是一致的。

3. 支座竖向位移

随着竖向地震动的加载，桥梁结构有了竖向地震响应，支座竖向位移是衡量结构竖向地震响应、主梁是否跳梁的重要指标。在顺桥向+竖向地震作用下，支座竖向位移试验值见表 13-15。

表 13-15　9 度顺桥向+竖向地震作用下支座竖向位移试验值

地震水准	固定支座位移/mm		活动支座位移/mm	
	平均值	最大值	平均值	最大值
设计地震	5.8	8.8	2.7	3.6
罕遇地震	8.4	9.8	3.6	4.0

结构所承受的竖向地震峰值加速度达到水平方向地震动峰值加速度，由表13-15 可知，支座竖向位移随着地震峰值加速度的增加而增大，且固定支座竖向位移略大于活动支座。设计及罕遇地震作用下，支座竖向位移均不超过10mm，表明桥梁结构在竖向地震作用下无跳梁危险。

4. 纵筋应变

地震作用下缩尺试验模型的墩底纵筋应变时程曲线见图13-27 和图 13-28。统计所有地震作用下墩底纵筋应变的平均值及最大值，见表 13-16。

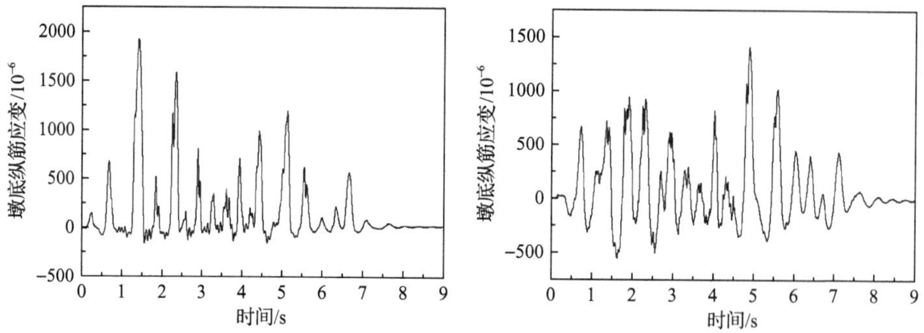

(a) 墩底纵筋应变(弹性状态)　　(b) 墩底纵筋应变(塑性状态)

图 13-27　9 度设计-安评波顺桥向+竖向作用下纵筋应变时程曲线

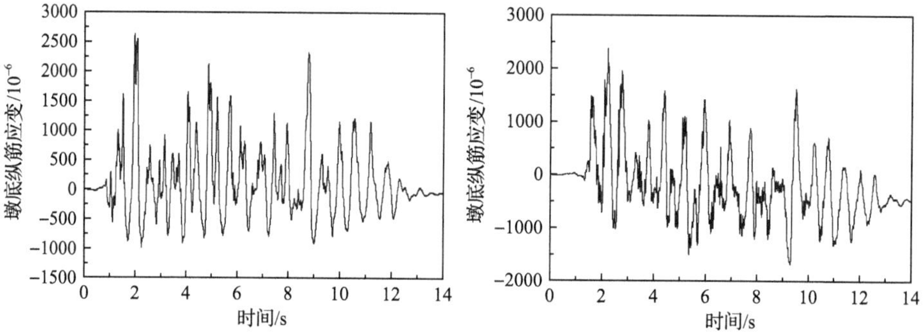

(a) 墩底纵筋应变(弹性状态)　　(b) 墩底纵筋应变(塑性状态)

图 13-28　9 度罕遇-人工波顺桥向+竖向作用下纵筋应变时程曲线

表 13-16　9 度顺桥向+竖向地震作用下纵筋应变试验值

地震水准	拉应变/10^{-6}		压应变/10^{-6}	
	平均值	最大值	平均值	最大值
设计地震	1988	3397	−1175	−3968
罕遇地震	3225	4706	−2144	−5066

根据上述试验值结果，随着加载地震水准的增加，墩底纵筋应变逐渐增加。在 9 度设计顺桥向+竖向地震作用下，不少墩底纵筋应变已经大于 HRB400 钢筋的屈服应变(2000×10^{-6})，此时在桥墩内部有不少纵筋已屈服。桥墩在设计地震时处于弹塑性工作状态，主要是因为减震榫和防落梁装置的反作用力，桥墩墩底产生了较大剪力与弯矩。

在 9 度罕遇顺桥向+竖向地震作用下，与 9 度设计地震作用下相比，墩底纵筋应变显著增大，此时在桥墩内部已有部分纵筋破坏，所有工况的纵筋应变最大值均大于 HRB400 钢筋的屈服应变(2000×10^{-6})，说明桥墩处于塑性工作状态，桥梁结构危险性较高。在减震榫的限位耗能作用和防落梁装置的限位作用下，很好地避免了主梁落梁、支座破坏的发生。

与单向水平地震动加载工况对比，桥墩墩底纵筋拉应变明显减小，压应变明显增大。竖向地震动的输入会引起支座竖向承载力变化，进而导致支座摩擦力发生变化，当支座摩擦力增大时，支座水平位移减小，墩顶位移减小，从而纵筋应变增大；当支座摩擦力减小时，支座水平位移增大，墩顶位移减小，从而纵筋应变减小。

综合上述试验结果，在 9 度近断层顺桥向+竖向地震作用下，桥梁主体结构在设计地震下处于弹塑性工作状态，在罕遇地震下地震响应较大。

13.5　铁路简支梁桥足尺与缩尺有限元模型

为了对应用组合减隔震体系的铁路桥梁进一步精细分析，需要采用有限元软件对原型桥梁和模型桥梁分别进行有限元建模，对原型桥梁和模型桥梁进行有限元计算与验证，确保此次振动台试验在理论上切实可行。

选用渝昆高铁梁长 32m、墩高 15m 的双线铁路简支梁桥为研究对象，利用 OpenSees 软件建立相应桥梁有限元模型，对原型桥梁建立足尺有限元模型，对振动台试验模型建立缩尺有限元模型，分别对实际工程中的原型桥梁和应用于振动台试验的模型桥梁进行地震响应分析，对比原型桥梁和模型桥梁之间的结构动力特性对应情况，分析原型桥梁和模型桥梁各关键物理量参数的地震响应大小。为了保证振动台试验的准确性，确保振动台试验结果能很好地反映原型桥梁的地震响应情况，需要对原型桥梁和模型桥梁有限元模型之间、模型桥梁有限元模型与振动台桥梁模型之间的结构动力特性及地震响应结果进行对比分析，确保此次振动台试验相似比的正确性。

本章所有有限元模型及振动台试验采用的地震波及加载工况完全依据第 3 章，有限元模型的建立及振动台试验模型的施工也完全以实际工程背景为依据。

13.5.1　桥梁上部结构的模拟

为了实现上述目标及对模型进行系统化分析，足尺及缩尺有限元模型的准确建立就显得至关重要，本节重点讨论根据原型桥梁实际设计情况进行有限元模型的建立以及对振动台试验模型的准确施工把握，主要采用 OpenSees 软件建立足尺及缩尺有限元模型，并进行相应的数值分析。为确保 OpenSees 建模及计算的准确性，同时采用 MIDAS 有限元软件作为辅助建模软件，以校验 OpenSees 建模的准确性。

利用 OpenSees 软件建立原桥主梁部分模型时，主梁采用弹性梁柱单元模拟，质量集中在梁单元节点处，列车节点质量作用于主梁梁顶上方 2m 处，列车质量节点和主梁质量节点采用刚性连接，需要额外把节点质量转化为荷载作用于节点处。根据振动台模型相似关系可以很容易得到模型桥梁主梁的各项物理参数，并用 OpenSees 软件建立模型桥梁主梁部分模型，模型桥梁与原型桥梁采用的材料保持一致。

13.5.2　桥墩结构的模拟

掌握了原型桥梁桥墩的各项物理参数之后，利用 OpenSees 软件建立桥墩的精细化模型，为了能够准确模拟桥墩的工作状态，考虑到桥墩的塑性变形，采用纤维单元来分别模拟桥墩的混凝土和钢筋，用单轴材料 Concrete02 来模拟桥墩混凝土，用单轴材料 Steel01 来模拟钢筋，在 OpenSees 中上述两种材料的本构曲线见图 13-29。

OpenSees 模型中桥墩质量依然集中在节点处，每节点处采用纤维截面模拟相对应桥墩截面，每个纤维截面由对应的混凝土区域和钢筋束纤维单元组成。为了准确模拟桥墩在地震荷载下的工作状态，对每节点处的纤维截面特性的精准模拟就十分有必要，原型桥墩各纤维截面特性见表 13-17。

结合上述计算结果，利用 OpenSees 软件建立原型桥墩有限元模型，根据相似关系可获得模型桥墩各相关参数，从而建立模型桥墩的有限元模型。

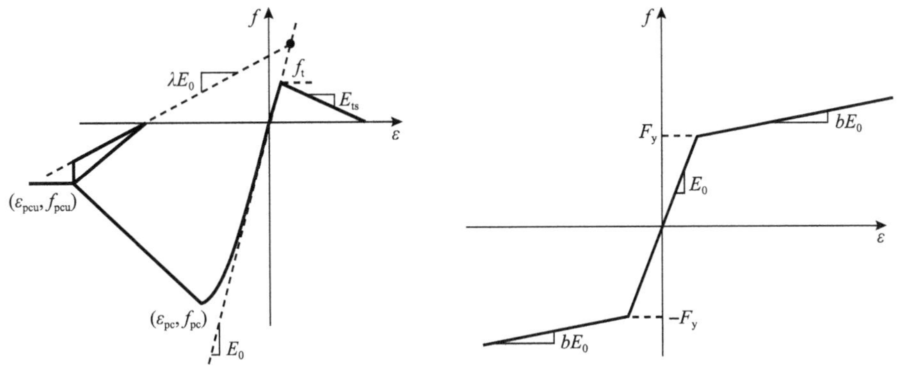

(a) 混凝土本构　　(b) 钢筋本构

图 13-29　OpenSees 模型中的材料本构

表 13-17　原型桥墩各纤维截面特性

墩截面高度 /m	截面宽度 B/m	截面高度 H/m	宽度方向剪切刚度 /(kN/m)	高度方向剪切刚度 /(kN/m)	截面抗扭转刚度 /(kN·m^2)
0	6.533	2.833	222134962.5	198113437.5	432276487.5
0.25	6.522	2.822	220970750.0	197042450.0	427073762.5
0.50	6.511	2.811	219808875.0	195973937.5	421914487.5
1.00	6.489	2.789	217492137.5	193843787.5	411725187.5
1.50	6.466	2.766	215080250.0	191626875.0	401255800.0
2.00	6.444	2.744	212782900.0	189515975.0	391414787.5
2.50	6.422	2.722	210494762.5	187414562.5	381741525.0
3.00	6.400	2.700	208216250.0	185322500.0	372234362.5
3.50	6.378	2.678	205946950.0	183239787.5	362891787.5
4.00	6.355	2.655	203584700.0	181072512.5	353298687.5
4.50	6.333	2.633	201334787.5	179009187.5	344287625.0
5.00	6.311	2.611	199094225.0	176955075.0	335436062.5
5.50	6.289	2.589	196863150.0	174910587.5	326742487.5
6.00	6.267	2.567	194641425.0	172875312.5	318205387.5
8.00	6.178	2.478	185749437.5	164738062.5	285232062.5
10.00	6.089	2.389	177011587.5	156754812.5	254687537.5
12.00	6.000	2.300	168427600.0	148925562.5	226468412.5
13.50	6.900	2.650	223113137.5	197303287.5	397988800.0
15.00	7.800	3.000	285473787.5	252473787.5	652293537.50

13.5.3　边界条件及全桥有限元模型

在 OpenSees 模型中边界条件的准确模拟对结构动力特性至关重要。本章振动台试验模型桥梁为三跨四墩铁路简支梁桥，因此相对应的有限元模型也是三跨四墩铁路简支梁桥。在振动台模型中四个桥墩的墩底完全固定在振动台上，因此在 OpenSees 模型中也不考虑桩土效应的影响，将四个桥墩的墩底完全固定住，摩擦摆支座利用 singleFPBearing 单元模拟，采用 Veldependent 摩擦模型；销钉利用 zeroLength 单元模拟，采用 MinMax 单轴材料；减震榫及防落梁装置均利用 zeroLength 单元模拟，采用 Parallel 单轴材料，其中水平方向采用 ElasticPPGap 单轴材料模拟减震榫间隙及防落梁间隙。OpenSees 软件中的摩擦摆支座单元模拟见图 13-30。

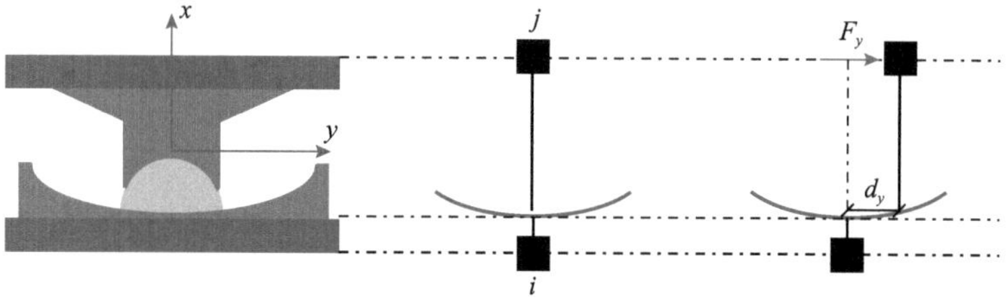

图 13-30 摩擦摆支座单元模拟示意图

根据上述对原型及模型桥梁的设计和计算，建立足尺及缩尺铁路简支梁桥有限元模型，见图 13-31 和图 13-32。

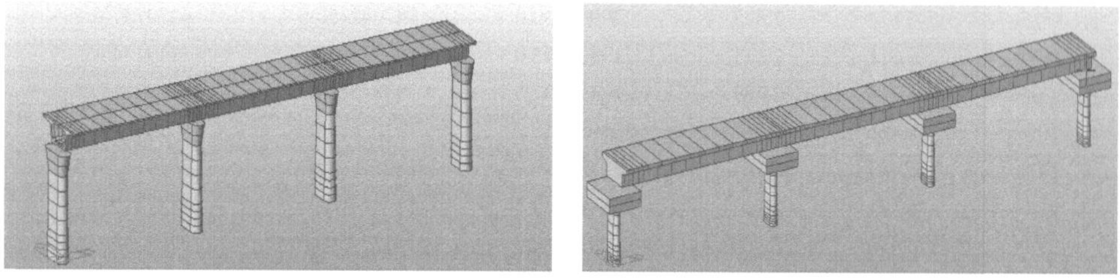

(a) 原型桥梁 (b) 模型桥梁

图 13-31 铁路简支梁桥 MIDAS 有限元模型

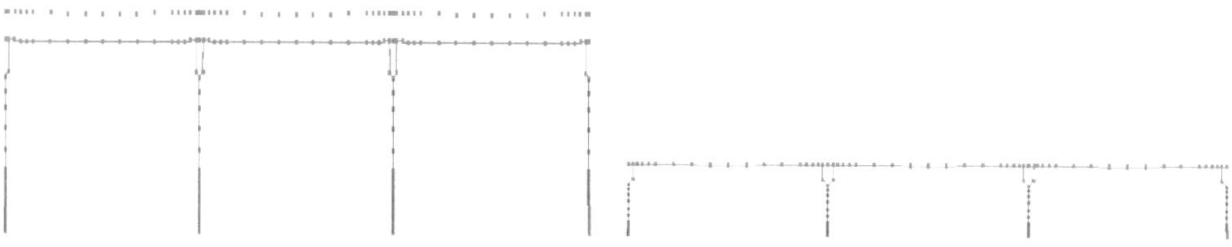

(a) 原型桥梁 (b) 模型桥梁

图 13-32 铁路简支梁桥 OpenSees 有限元模型

对支座的模拟是铁路简支梁桥有限元边界条件模拟中最重要的一部分，直接关系到结构动力特性的准确性，振动台模型桥梁支座的加工完全参照第 2 章原型桥梁支座的各项参数，利用已有的相似比得到缩尺后的各项关键参数。缩尺的双曲面球型支座竖向承载力为 55kN，设计的地震位移范围为±30mm，等效半径为 0.208m，其中纵向活动支座的纵向容许位移为±5mm。

13.6　铁路简支梁桥结构动力特性

13.6.1　原型与缩尺有限元模型动力特性对比

为了保证缩尺模型桥梁和原型桥梁各方面性能满足相似关系，验证振动台缩尺模型试验的合理性及可行性，确保缩尺模型桥梁动力响应能很好地反映原型桥梁的情况，对原型及缩尺有限元模型的结构动力特性进行对比，包括自振周期及模态的对比。为了保证 OpenSees 建模的准确性，采用同时建立的 MIDAS 模型对 OpenSees 模型进行校核。

进行动力特性对比时，选取不带销钉的双曲面球型支座原桥模型为计算对象，首先将原型桥梁的 OpenSees 模型和 MIDAS 模型的自振频率和模态进行比较，以验证模型相互之间的准确性，对比结果见表 13-18。

表 13-18　OpenSees 与 MIDAS 原型桥梁自振周期对比

模态阶数	OpenSees 计算结果/s	MIDAS 计算结果/s	误差/%
1	1.277	1.273	0.31
2	1.266	1.264	0.16
3	1.263	1.261	0.16
4	1.255	1.249	0.48
5	1.233	1.230	0.24
6	1.204	1.197	0.58

由表 13-18 可知，OpenSees 模型和 MIDAS 模型前六阶模态的自振频率相差不大，误差均不超过 1%，可以认为两个模型的结构动力特性基本一致，从而验证了 OpenSees 建立的模型的准确性，也相互校核了彼此的准确性。

根据 13.3.2 节得出的振动台模型相似关系，缩尺模型桥梁和原型桥梁之间的周期相似比为 0.283，故缩尺和足尺有限元模型之间也应该满足周期相似关系，将建立好的 OpenSees 和 MIDAS 缩尺有限元模型与对应的足尺有限元模型的动力特性进行对比，结果见表 13-19。

表 13-19　足尺及缩尺有限元模型自振周期对比

模态阶数	原桥周期/s	缩尺模型理论周期/s	缩尺模型 OpenSees 计算周期/s	OpenSees 计算误差/%	缩尺模型 MIDAS 计算周期/s	MIDAS 计算误差/%	OpenSees 与 MIDAS 周期计算误差/%
1	1.277	0.361	0.385	6.65	0.385	6.65	0
2	1.266	0.358	0.378	5.59	0.376	5.03	0.53
3	1.263	0.357	0.376	5.32	0.376	5.32	0
4	1.255	0.355	0.374	5.35	0.372	4.79	0.53

续表

模态阶数	原桥周期/s	缩尺模型理论周期/s	缩尺模型OpenSees计算周期/s	OpenSees计算误差/%	缩尺模型MIDAS计算周期/s	MIDAS计算误差/%	OpenSees与MIDAS周期计算误差/%
5	1.233	0.349	0.370	6.02	0.369	5.73	0.27
6	1.204	0.341	0.367	7.62	0.367	7.62	0

由表 13-19 可知，缩尺有限元模型的计算周期和理论周期的误差不大，均控制在 10%以内，因此可以认为模型桥梁和原型桥梁的结构动力特性满足相似关系，模型桥梁可以很好地反映原桥的动力特性，本章所采用的缩尺方案具有合理性。

从表 13-19 还可以看出，无论对于原型桥梁还是模型桥梁，OpenSees 有限元模型和 MIDAS 有限元模型之间的结构动力误差均在 1%以内，二者模型的前六阶自振周期和模态几乎完全一样，且原型和缩尺模型的前六阶模态十分相似，周期也满足相似关系。以 MIDAS 有限元模型为例，原型及缩尺有限元模型前六阶自振周期及模态见图 13-33。

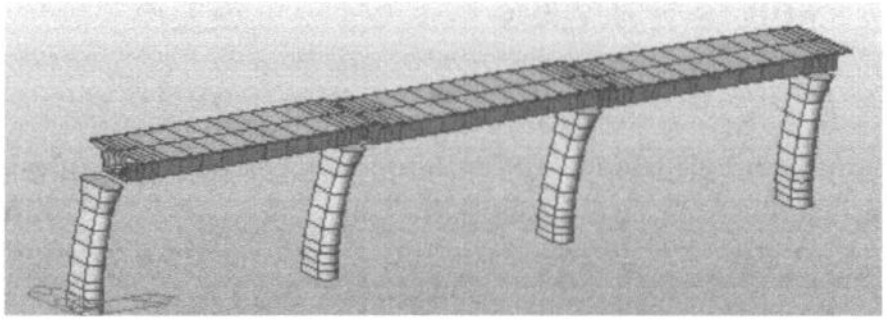

(a) 原桥模型-第1阶模态(T=1.273s)

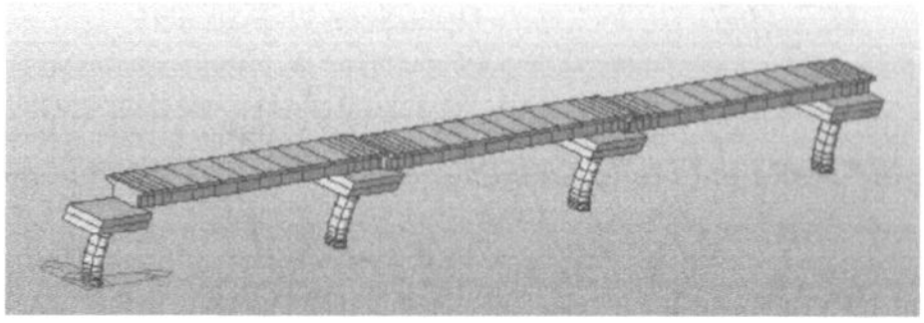

(b) 缩尺模型-第1阶模态(T=0.385s)

(c) 原桥模型-第2阶模态(T=1.264s)

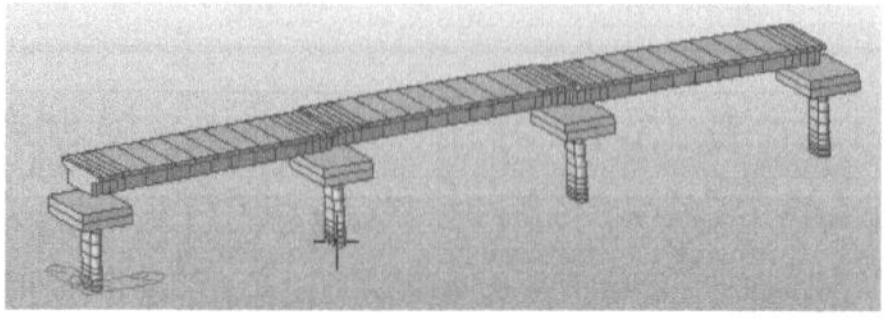

(d) 缩尺模型-第2阶模态(T=0.376s)

(e) 原桥模型-第3阶模态(T=1.261s)

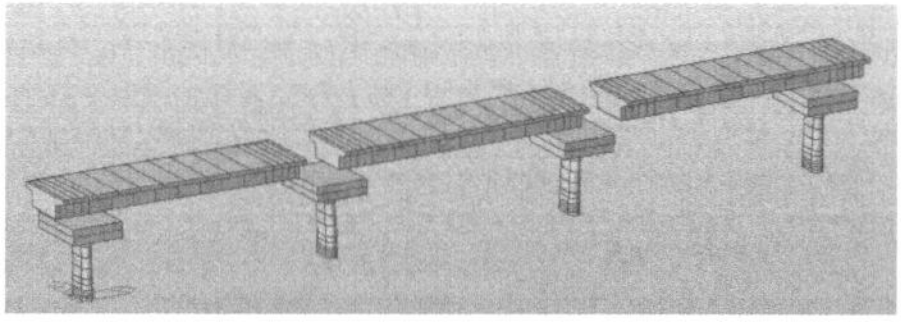

(f) 缩尺模型-第3阶模态(T=0.376s)

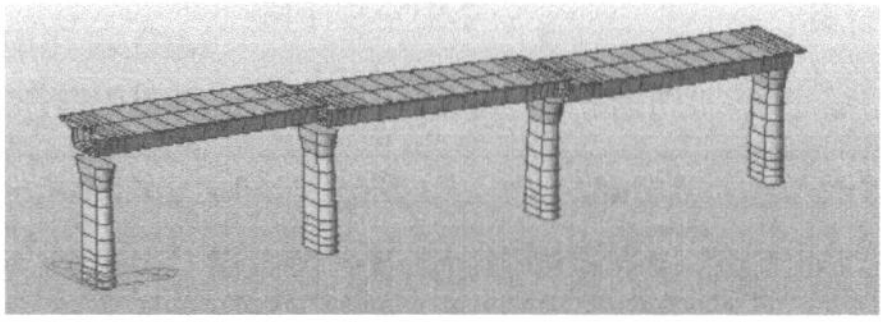

(g) 原桥模型-第4阶模态(T=1.249s)

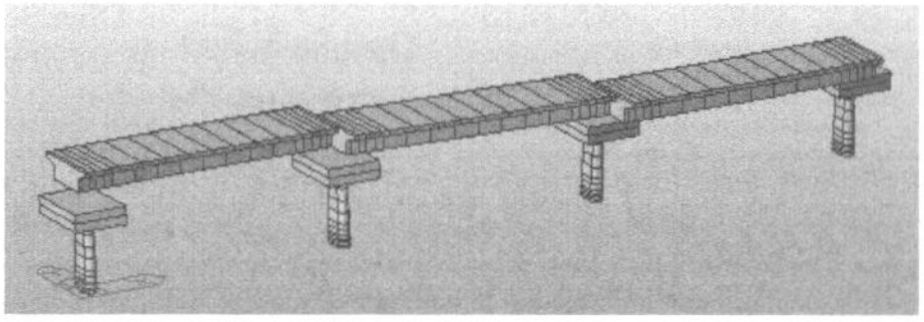

(h) 缩尺模型-第4阶模态(T=0.372s)

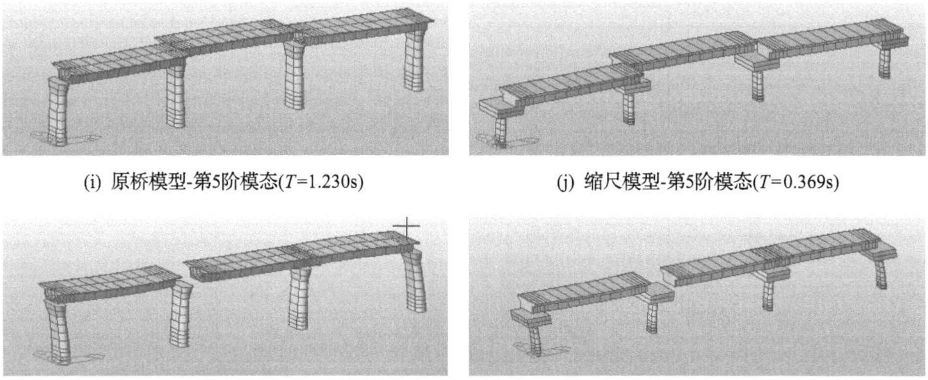

(i) 原桥模型-第5阶模态(T=1.230s)　(j) 缩尺模型-第5阶模态(T=0.369s)

(k) 原桥模型-第6阶模态(T=1.197s)　(l) 缩尺模型-第6阶模态(T=0.367s)

图 13-33　15m 墩高双线铁路简支梁桥结构动力特性

综上所述，缩尺模型与原桥模型的动力特性吻合较好，误差均不超过 10%，因此本次振动台缩尺模型试验在理论上切实可行。

13.6.2　缩尺有限元模型与振动台试验模型动力特性对比

在振动台试验过程中，每加载不同水准地震前后均需对振动台试验缩尺桥梁模型加载白噪声扫频，以测试振动台模型结构的动力特性。通过白噪声扫频获得主梁两端加速度响应，对其进行傅里叶变换可以得到频谱图，由于有限元模型中计算动力特性时未考虑剪切销钉作用，取未加剪切销钉时的白噪声扫频结果，得到振动台试验模型前三阶顺桥向自振频率分别为 2.380Hz、2.655Hz 和 2.823Hz，顺桥向频谱图见图 13-34；而振动台试验模型前三阶横桥向自振频率分别为 2.487Hz、2.579Hz 和 2.823Hz，横桥向频谱图见图 13-35。缩尺有限元模型与振动台试验模型自振频率对比见表 13-20，可以看出各误差均控制在 10%以内。

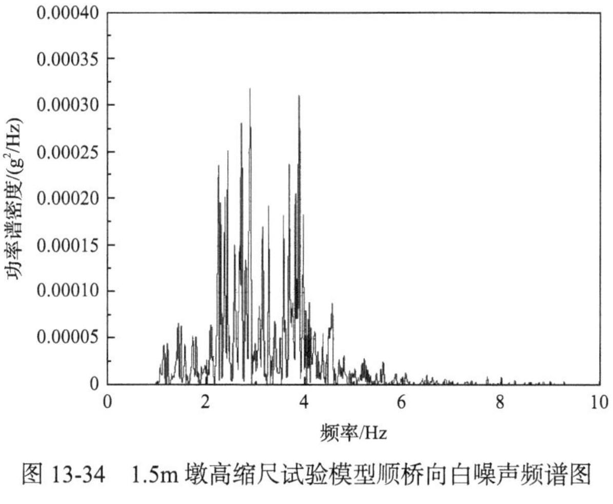

图 13-34　1.5m 墩高缩尺试验模型顺桥向白噪声频谱图

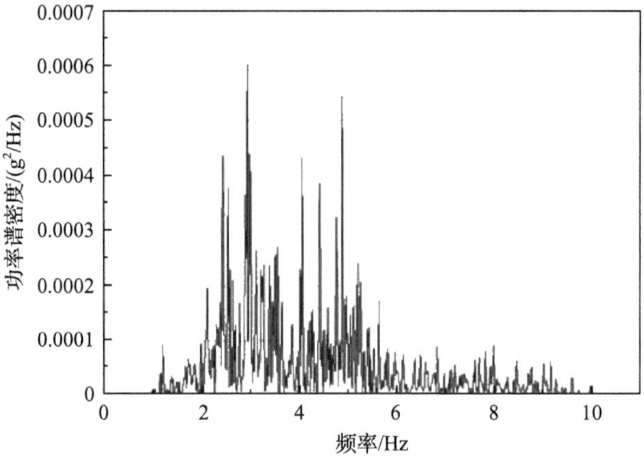

图 13-35 1.5m 墩高缩尺试验模型横桥向白噪声频谱图

表 13-20 缩尺有限元模型与振动台试验模型自振频率对比

振型阶数	顺桥向试验值/Hz	顺桥向理论值/Hz	误差/%	横桥向试验值/Hz	横桥向理论值/Hz	误差/%
1	2.380	2.597	–8.36	2.487	2.646	–6.01
2	2.655	2.660	–0.19	2.579	2.674	–3.55
3	2.823	2.725	3.60	2.823	2.703	4.44

随着地震水准的不断增加，地震动加速度幅值不断变大，装有双曲面球型支座和减震榫及防落梁装置的铁路简支梁桥的结构固有频率会不断降低，因为结构在地震荷载下的累积损伤使结构自振周期不断变大。

图 13-36 和图 13-37 给出了不同水准地震后顺桥向及横桥向白噪声扫频结果。对缩尺试验模型输入多遇地震后，结构顺桥向固有频率为 3.7Hz，横桥向固有频率为 3.6Hz；输入设计地震后，结构顺桥向固有频率为 2.0Hz，横桥向固有频率为 3.0Hz；输入罕遇地震后，结构顺桥向固有频率为 2.0Hz，横桥向固有频率为 2.7Hz。比较可知，随着地震动加速度幅值的不断加大，结构固有频率呈下降趋势。

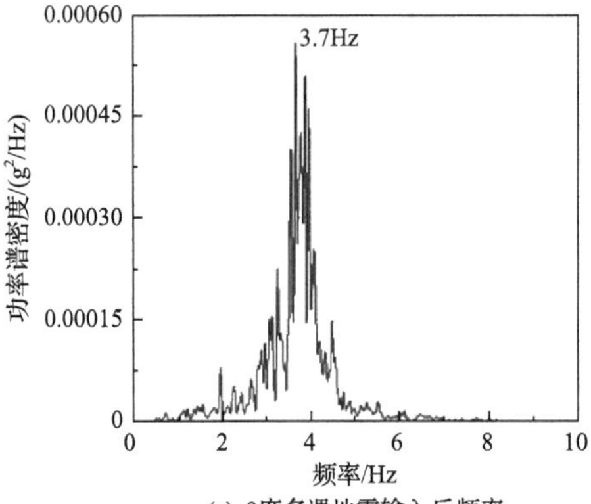

(a) 9度多遇地震输入后频率

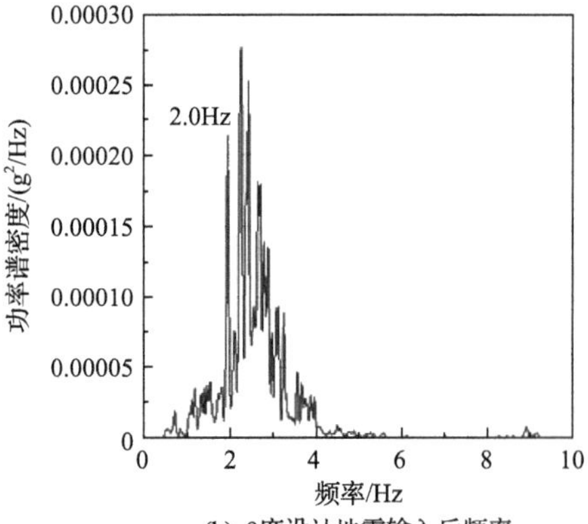

(b) 9度设计地震输入后频率

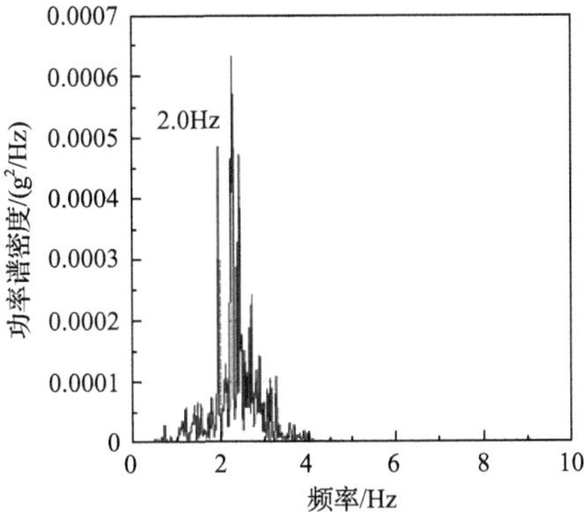

(c) 9度罕遇地震输入后频率

图 13-36　1.5m 墩高缩尺试验模型结构顺桥向频率变化

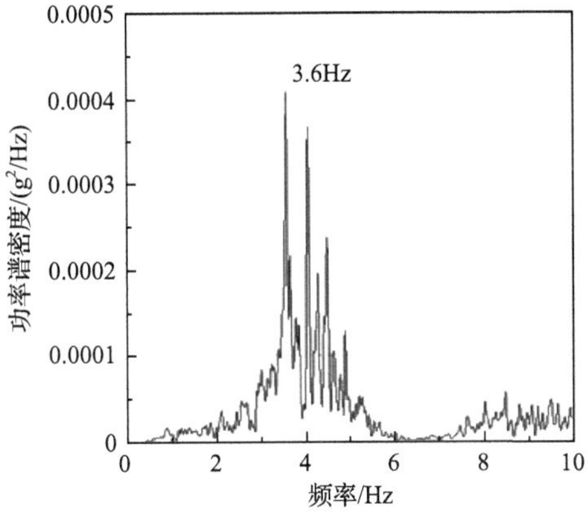

(a) 9度多遇地震输入后频率

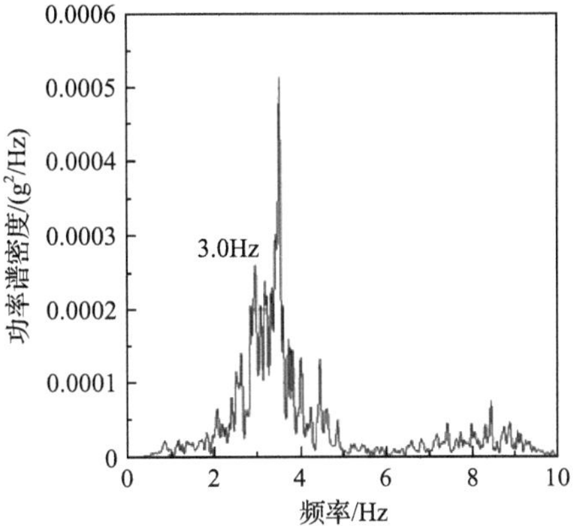

(b) 9度设计地震输入后频率

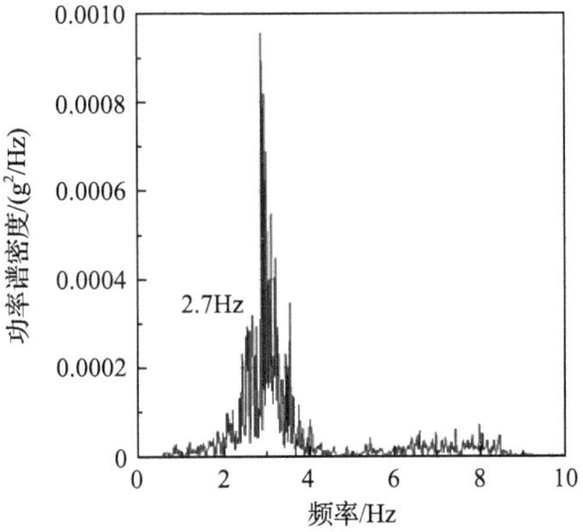

(c) 9度罕遇地震输入后频率

图 13-37　1.5m 墩高缩尺试验模型结构横桥向频率变化

13.7　铁路简支梁桥有限元分析模型验证

通过比对缩尺模型和原桥的自振特性，可以认为缩尺模型能够较好地反映原型桥梁的动力特性，本节进一步对缩尺有限元模型与振动台试验模型动力响应进行对比验证。

严格控制振动台试验和 OpenSees 软件中的地震动输入保持一致，分别得到 OpenSees 软件计算的桥梁地震响应理论结果和振动台试验桥梁地震响应结果，将其绘制在同一图表中进行对比，结果见图 13-38～图 13-45。

从以上结果可以得出，在顺桥向和顺桥向+竖向地震动输入工况下，OpenSees 软件计算的桥梁地震响应理论结果和振动台试验桥梁地震响应结果吻合较好，从而验证了振动台试验和有限元数值模拟铁路简支梁桥地震响应的有效性。

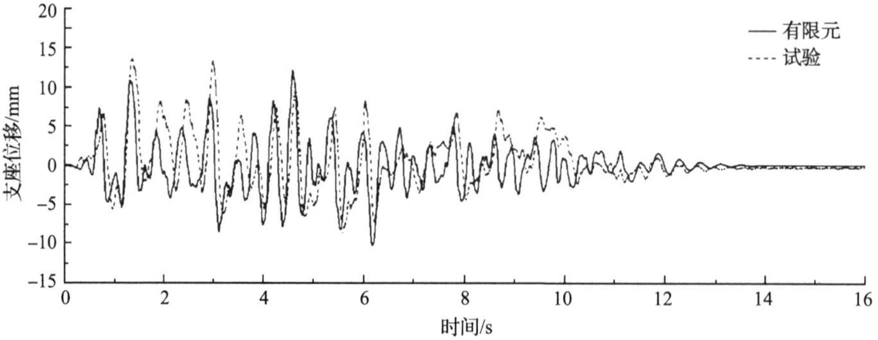

图 13-38　设计人工波作用下有限元模型与振动台试验的支座位移结果对比（顺桥向地震动输入）

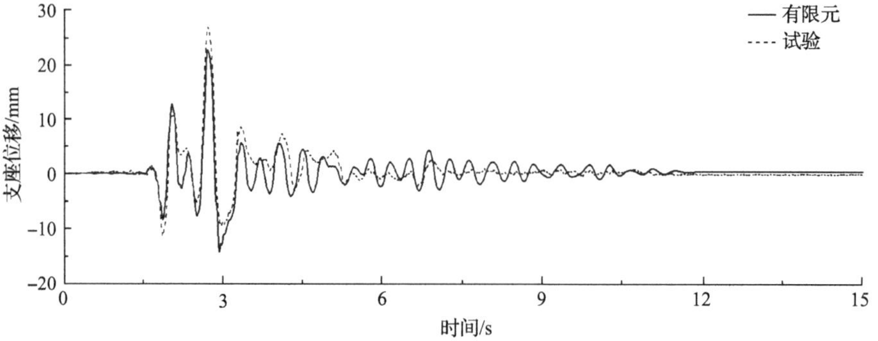

图 13-39　设计日本阪神波作用下有限元模型与振动台试验的支座位移结果对比（顺桥向地震动输入）

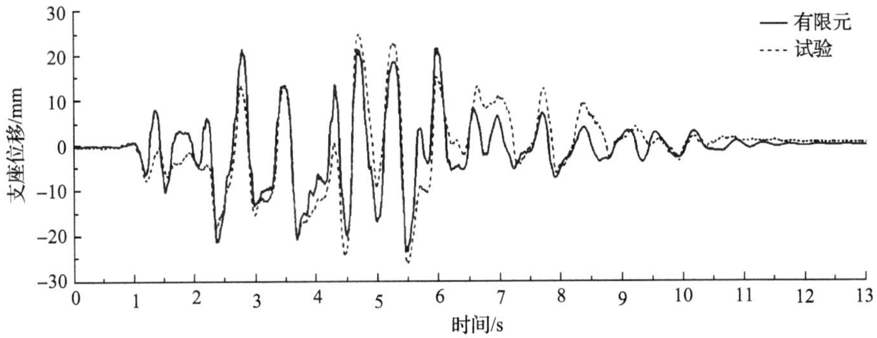

图 13-40　罕遇安评波作用下有限元模型与振动台试验的支座位移结果对比
（顺桥向地震动输入）

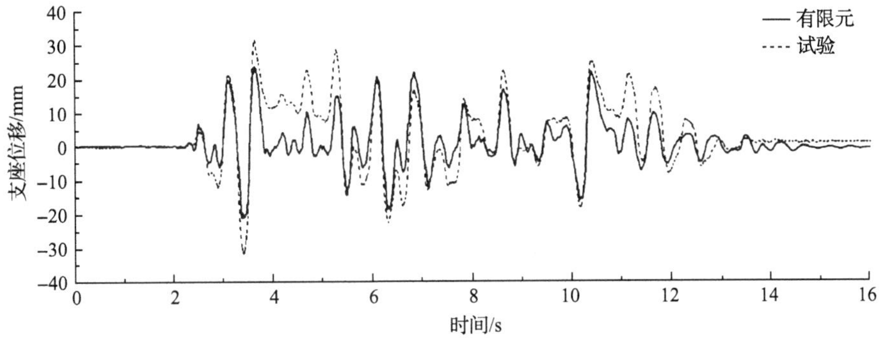

图 13-41　罕遇人工波作用下有限元模型与振动台试验的支座位移结果对比
（顺桥向地震动输入）

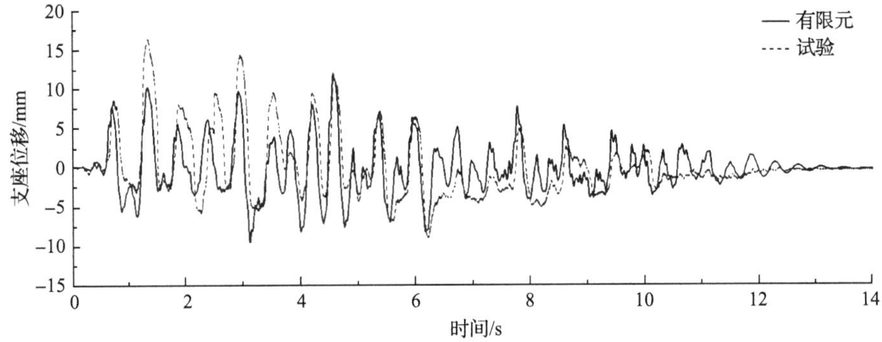

图 13-42　设计人工波作用下有限元模型与振动台试验的支座位移结果对比
（顺桥向+竖向地震动输入）

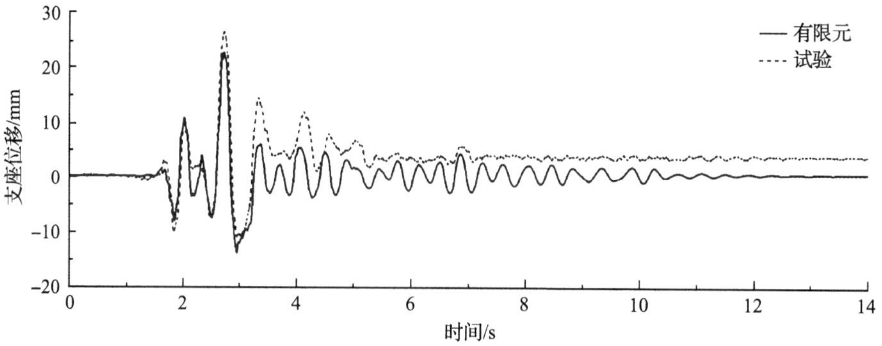

图 13-43　设计日本阪神波作用下有限元模型与振动台试验的支座位移结果对比
（顺桥向+竖向地震动输入）

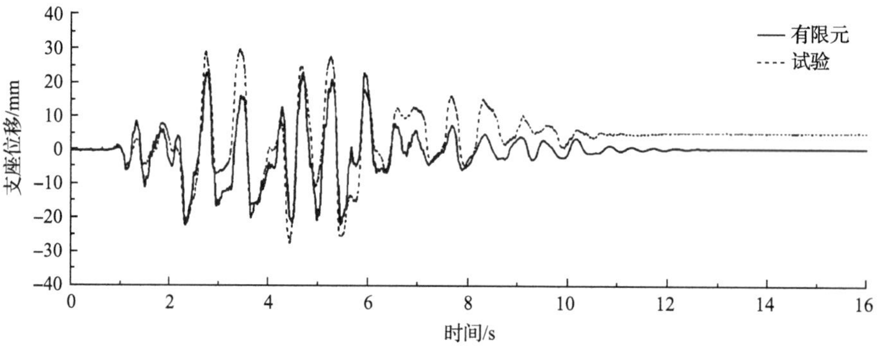

图 13-44　罕遇安评波作用下有限元模型与振动台试验的支座位移结果对比
（顺桥向+竖向地震动输入）

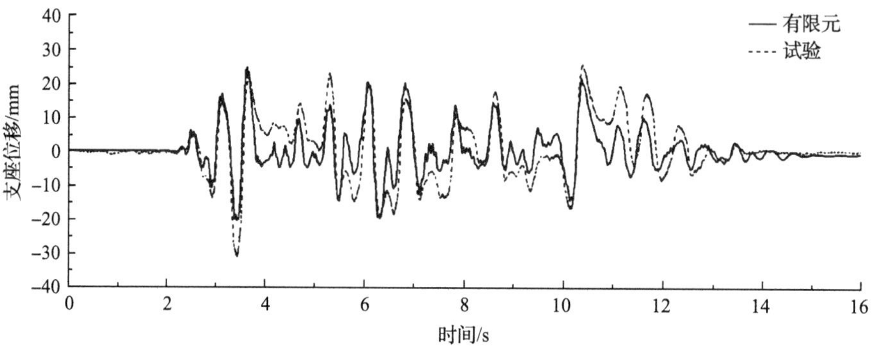

图 13-45　罕遇人工波作用下有限元模型与振动台试验的支座位移结果对比
（顺桥向+竖向地震动输入）

13.8 本章小结

本章利用振动台缩尺相似原理对铁路简支梁桥振动台试验进行设计和验证，以渝昆高铁为工程设计背景，采用 9 度近断层的抗震设防烈度，对振动台缩尺模型试验的设计及试验结果进行研究。通过对足尺与缩尺有限元模型的动力特性对比分析，研究了相似理论的合理性与适用性，从而验证了有限元模型与振动台试验反映原型桥梁动力特性的准确性，主要内容与结论如下：

(1) 根据相似原理，对不同墩高的原型桥梁进行比选。对缩尺模型引起的振动台受力进行验算，为满足振动台承载极限和抗倾覆极限要求，计算出最大合理长度相似比为 1/10。以长度相似比、加速度相似比和应力相似比为基础，演算出所有相似比。

(2) 为了在试验中模拟近断层地震情况，除水平地震外，近断层地震动输入还考虑加入竖向地震动及速度脉冲特性，取竖向地震动幅值与水平地震动幅值比值为 1∶1。

(3) 在顺桥向地震作用下，缩尺桥梁模型在多遇地震下的支座位移试验值均不超过 5mm；在设计地震下的支座位移平均值不超过 20mm，活动支座端主梁有少量撞到防落梁装置的工况，且活动支座位移一般大于固定支座位移；罕遇地震下支座位移达到了 30mm 的设计值。多遇地震下墩顶位移不超过 5mm，设计地震下墩顶位移不超过 20mm，罕遇地震下墩顶位移最大值达到 22mm。

(4) 桥墩在多遇地震下保持弹性工作状态，墩底纵筋应变试验值均不超过钢筋屈服应变(2000×10^{-6})；设计地震下墩底纵筋应变达到了屈服值，桥墩处于弹塑性工作状态；罕遇地震下墩底纵筋应变进一步增大，均大于屈服值，桥墩处于塑性工作状态。

(5) 在顺桥向+竖向地震作用下，与单向水平地震动加载工况相比，各水准地震下支座位移、墩顶位移等响应无明显区别，而竖向地震引起的结构竖向响应采用支座竖向位移衡量，其最大值不超过 1cm，从而判断出主梁无跳梁危险。

(6) 采用 OpenSees 软件建立相应的有限元模型，以 MIDAS 对其进行校核。结果表明，两种有限元模型的模态和自振周期十分接近，无论原型还是缩尺模型，前六阶模态误差均在 1%以内，验证了有限元模拟的合理性。

(7) 将原型自振周期乘以周期相似比 0.283，并与缩尺有限元模型自振周期对比，前六阶模态的误差均控制在 10%以内，可以认为满足相似关系，缩尺模型动力响应可以很好地反映原桥情况。其中，原型桥梁前六阶模态自振周期范围为 1.204～1.277s，缩尺模型前六阶模态自振周期范围为 0.385～0.367s。

(8) 振动台试验结果表明，振动台试验模型和缩尺有限元模型的前三阶纵横桥向自振频率误差均在 10%以内，可认为振动台试验与有限元模拟的动力特性基本吻合，结构地震响应的误差也不大，验证了振动台缩尺模型试验的合理性。

参 考 文 献

[1] 李宏男. 地震工程学[M]. 北京: 机械工业出版社, 2013.

[2] 叶爱君, 管仲国. 桥梁抗震[M]. 北京: 人民交通出版社, 2011.

[3] Tsopelas P, Constantinou M C, Kim Y S, et al. Experimental study of FPS system in bridge seismic isolation[J]. Earthquake Engineering & Structural Dynamics, 1996, 25(1): 65-78.

[4] 宋波, 马勇, 张尊科, 等. 强震下梁与桥台碰撞特性及防撞防落梁措施研究[J]. 土木工程学报, 2018, 51(S2): 68-75.

[5] 廖平, 赵人达, 贾毅, 等. 双曲面摩擦摆支座典型桥梁的地震响应研究[J]. 计算力学学报, 2017, 34(4): 529-534.

[6] 张磊. 高速铁路摩擦摆支座隔震桥梁地震响应研究[D]. 成都: 西南交通大学, 2018.

[7] 李冰, 王少华, 邓斌. 摩擦摆支座在高速铁路桥梁中的隔震性能研究[J]. 机械科学与技术, 2015, 34(3): 339-343.

[8] 何旭辉, 盖永斌, 魏标, 等. 平塘特大桥主桥抗震性能研究[J]. 桥梁建设, 2017, 47(1): 76-81.

[9] 李爱丽. 分离式减震榫-活动支座简支梁桥的抗震性能研究[D]. 北京: 北京交通大学, 2018.

[10] 魏标, 刘义伟, 蒋丽忠, 等. 地震作用下双曲面球型减隔震支座在铁路简支梁桥中的动力行为[J]. 土木工程学报, 2019, 52(6): 110-118.

[11] 周颖, 吕西林. 建筑结构振动台模型试验方法与技术[M]. 2 版. 北京: 科学出版社, 2016.

[12] 中华人民共和国建设部. 铁路工程抗震设计规范(GB 50111—2006)[S]. 北京: 中国计划出版社, 2006.

[13] 李晓莉, 石岩, 王东升, 等. 高烈度区临近断层桥梁的减隔震设计[J]. 华中科技大学学报(自然科学版), 2019, 47(1): 73-78.

[14] 胡进军. 近断层地震动方向性效应及超剪切破裂研究[D]. 北京: 中国地震局工程力学研究所, 2009.

[15] 李帅. 近断层地震动工程特性及其作用下大跨斜拉桥地震响应分析[D]. 南京: 东南大学, 2018.

[16] 石岩, 王东升, 孙治国. 近断层地震动下的高速铁路桥梁减震设计[J]. 中国铁道科学, 2014, 35(6): 34-40.

[17] 曾永平, 董俊, 陈克坚, 等. 九度地震区高铁简支梁减隔震体系适应性分析[J]. 铁道工程学报, 2020, 37(2): 46-52.

[18] 陈长征, 户东阳, 李聪林, 等. 九度地震区近断层高速铁路简支梁桥减隔震支座系统研究[J]. 铁道建筑, 2020, 60(9): 48-52.

[19] 曾永平, 陈克坚, 庞林, 等. 近断层地震反应谱特性分析研究[J]. 铁道科学与工程学报, 2018, 15(5): 1141-1146.

[20] 李明. 近断层地震动对结构抗震设计的影响研究[D]. 北京: 中国地震局工程力学研究所, 2010.

[21] 徐海宁. 近场竖向地震动对曲面式摩擦摆支座隔震性能影响的研究[D]. 杭州: 浙江理工大学, 2018.

[22] 江宏. 振动台模型试验相似关系若干问题研究[D]. 武汉: 武汉理工大学, 2008.

第 14 章 采用组合减隔震的铁路简支梁桥地震响应影响参数分析

14.1 概　　述

安装组合减隔震体系的铁路简支梁桥抗震性能受诸多因素影响，双曲面球型支座的摩擦系数及等效半径对其减隔震性能有关键影响，剪切销钉决定了双曲面球型支座何时发挥作用，而组合体系中的减震榫初始间隙和力学性能对结构的减震耗能有重要影响；防落梁装置是防止主梁落梁的最后一道防线，因此防落梁装置的刚度一般很大，而它的间隙也是大震下桥梁地震响应的重要影响系数。Castaldo 和 Ripani[1]、Jangid[2]、Moeindarbari 和 Taghikhany[3]研究了摩擦摆支座摩擦系数对减隔震性能的影响，表明在不同条件下摩擦系数存在最优值；王凯[4]、吴宜峰等[5]、贾毅等[6]对连续梁桥摩擦摆支座进行参数分析与优化，提出了参数最优范围；王超等[7,8]和占玉林等[9,10]考虑了带剪力键的摩擦摆支座的参数优化，结果表明剪力键对桥梁内力影响较大而对位移影响较小；庞林等[11]和董俊等[12]对用于铁路桥梁的减震榫进行了参数分析，表明参数设计需综合抗震效果和实际应用。杨杰[13]对简支梁桥防落梁装置进行了分析，对工程应用具有参考意义。

本章对组合减隔震体系中的各项关键影响参数进行分析，建立三跨四墩铁路简支梁桥 OpenSees 有限元模型，探讨各项参数对 15m 墩高铁路简支梁桥在 9 度近断层地震下抗震性能的影响，总结出一般性规律，为指导后续高烈度近断层桥梁抗震设计提供理论依据，为发展铁路简支梁桥组合减隔震体系设计方法奠定基础。

14.2 铁路简支梁桥地震响应量化指标

安装组合减隔震体系的铁路简支梁桥地震响应有几个重要的衡量指标和量化方法，本章选取结构内力响应指标、结构位移响应指标、结构加速度响应指标和耗能指标来衡量铁路简支梁桥的抗震性能。其中结构内力响应指标重点关注墩底剪力及弯矩、纵筋应变、位移延性系数和减隔震装置的剪力；结构位移响应指标主要包括支座位移、墩顶位移；结构加速度响应指标主要关注主梁横向加速度；耗能指标指耗能装置耗散的能量。

上述衡量指标的具体数值能最直观反映结构地震响应的大小，除具体数值外，为了量化对比结果，直观对比不同参数对铁路简支梁桥的减隔震效果，本章引入减隔震率这一指标：

$$\varphi = \frac{R_{\mathrm{GB}} - R_{\mathrm{FPB}}}{R_{\mathrm{GB}}} \times 100\% \tag{14-1}$$

式中，φ 表示减隔震率，%；R_{FPB} 表示组合减隔震体系桥梁的支座位移、墩底剪力及弯矩、墩顶位移、桥墩位移延性系数及主梁加速度等地震响应；R_{GB} 代表普通支座体系桥梁的相应地震响应。减隔震率越高，代表相应的双曲面球型支座减隔震效果越好；反之，减隔震效果越差。

钢筋混凝土铁路简支梁桥的桥墩在地震作用下的弹塑性变形可以用位移延性系数来衡量，宜采用非线性时程分析法，一般选择罕遇地震来进行延性验算[14]，应满足如下要求：

$$\mu = \frac{\Delta_{\max}}{\Delta_{\mathrm{y}}} < [\mu] \tag{14-2}$$

式中，μ 为位移延性系数；$[\mu]$ 为允许位移延性系数，其值为 4.8；$\Delta_{\max}$ 为桥墩的最大位移；Δ_{y} 为桥墩的屈服位移。

由式(14-2)可知，对于混凝土简支梁桥墩，其位移延性系数小于 1 时处于弹性状态，其位移延性系数等于 1 时达到屈服状态，其位移延性系数大于 1 时处于塑性变形状态。

14.3　双曲面球型支座摩擦系数对铁路简支梁桥地震响应的影响

以 15m 墩高双线铁路简支梁桥为研究对象，利用第 13 章建立的 OpenSees 有限元模型，采用不同双曲面球型支座摩擦系数进行计算。为了模拟 9 度近断层的地震效果，采用第 13 章的地震波选择结果，所有工况均为水平向地震动+竖向地震动输入，且竖向地震动与水平向地震动幅值相同。输入地震动的特征参数见表 14-1。

表 14-1　地震动特征参数(阻尼比为 0.05)

场地类型	地震水准	概率水平	$A_{\max}$/Gal	T_{g}/s
II类	多遇地震	50 年 63%	140	0.45
	设计地震	50 年 10%	400	0.75
	罕遇地震	50 年 2%	640	0.90

为研究不同双曲面球型支座摩擦系数对铁路简支梁桥地震响应的影响，分别取摩擦系数为 0.02、0.04、0.06、0.07、0.08、0.09 和 0.10。本节研究对象只安装了支座，暂时去掉减震榫和防落梁装置以排除干扰因素，以只装有普通支座的简支梁桥作为对照组，对比分析工况见表 14-2。

表 14-2　摩擦系数对比分析工况

方案	具体措施	设组类别
1	普通支座(球型钢支座)	对照组
2	双曲面球型支座($\mu_f=0.02$)	研究组
3	双曲面球型支座($\mu_f=0.04$)	研究组
4	双曲面球型支座($\mu_f=0.06$)	研究组
5	双曲面球型支座($\mu_f=0.07$)	研究组
6	双曲面球型支座($\mu_f=0.08$)	研究组
7	双曲面球型支座($\mu_f=0.09$)	研究组
8	双曲面球型支座($\mu_f=0.10$)	研究组

14.3.1　摩擦系数对桥墩内力的影响

通过有限元时程分析，可以得到不同支座摩擦系数下铁路简支梁桥的地震响应，统计桥墩墩底剪力及弯矩、位移延性系数、钢筋应变的变化趋势，取每类响应的平均值，结果见图 14-1。

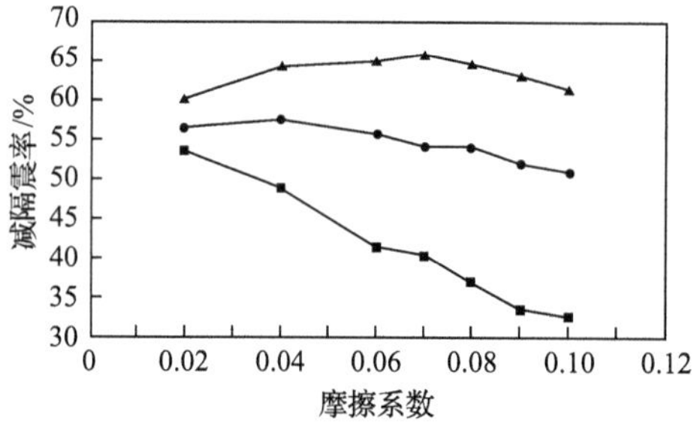

(a) 顺桥向墩底剪力减隔震率

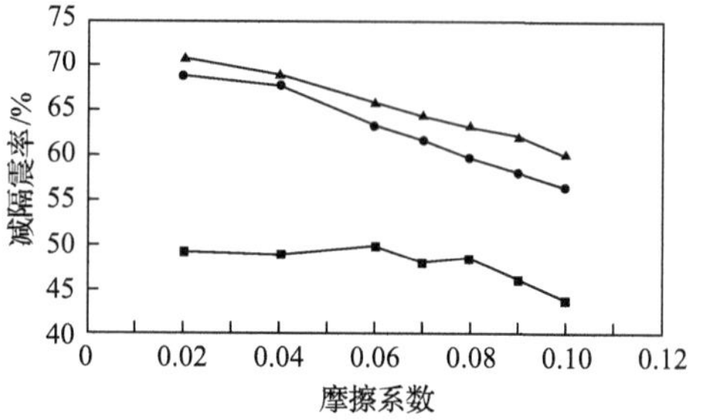

(b) 横桥向墩底剪力减隔震率

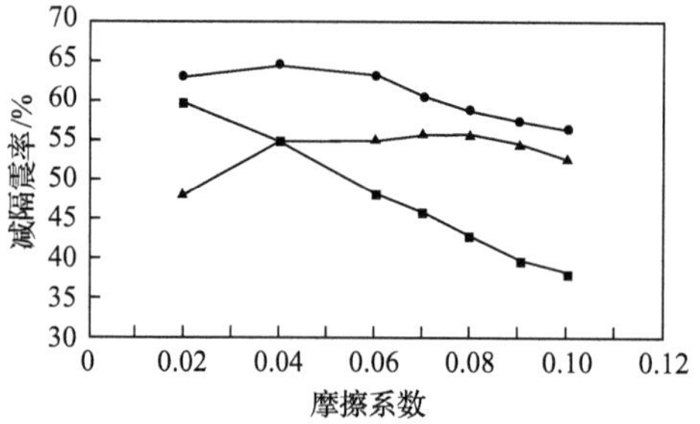

(c) 顺桥向墩底弯矩减隔震率

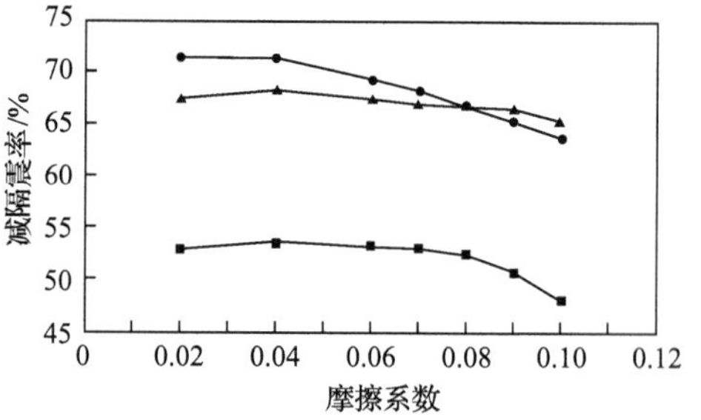

(d) 横桥向墩底弯矩减隔震率

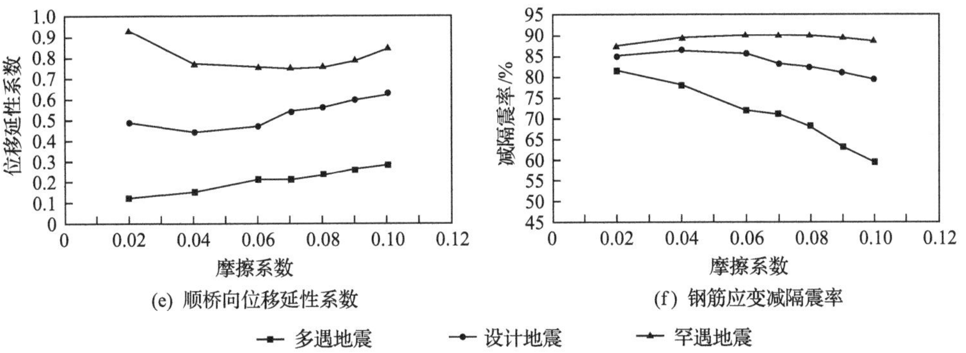

图 14-1　桥墩内力响应指标随摩擦系数的变化趋势

由图 14-1 可知，随着地震水准的增加，减隔震效果越来越明显。在顺桥向多遇和设计地震作用下，随着摩擦系数的增加，减隔震率下降，弯矩和剪力均增大，减隔震效果降低；在罕遇地震作用下，减隔震率先上升后下降，当 $\mu_f = 0.07$ 时，墩底弯矩和剪力最低，减隔震率达到 65%。

在横桥向地震作用下，随着摩擦系数的增加，各水准地震下的墩底弯矩和剪力均增大，减隔震效果降低；多遇地震作用下的减隔震率先保持不变后下降，原因是支座摩擦系数不大时，剪切销钉对墩底内力的影响不可忽略，可以注意到这个临界值为 0.07。之所以纵向未出现此现象，是因为每个桥墩上纵向销钉总刚度要小于横向销钉总刚度，且纵向存在活动支座，剪切销钉在纵向的影响较小。

桥墩的纵向刚度远小于横向刚度，因此优先考虑纵向，随着摩擦系数的增加，桥墩位移延性系数增加，钢筋应变增大，减隔震率下降；罕遇地震作用下，钢筋应变减隔震率变化幅度很小，不超过5%，位移延性系数变化趋势与墩底内力变化趋势对应。当 μ_f 取 0.06～0.08 时，桥墩位移延性系数最低，钢筋应变减震率最高，达到 90%。

14.3.2　摩擦系数对桥梁结构位移的影响

墩顶位移和支座位移随摩擦系数的变化趋势见图 14-2。可以看出，随着摩擦系数的增加，支座位移呈下降趋势，因此当摩擦系数过小时，不利于控制支座的位移响应；但当摩擦系数过大时，墩顶位移也显著增大，致使桥墩的内力显著增加，减隔震效果大大降低。因此，从控制支座位移、主梁位移、设置限位装置的角度考虑，摩擦系数取值不宜过小；从控制桥墩地震响应和达到预期减隔震效果的角度考虑，摩擦系数不宜过大。当摩擦系数取 0.06～0.08 时，可使罕遇地震下桥墩墩顶位移达到最小。

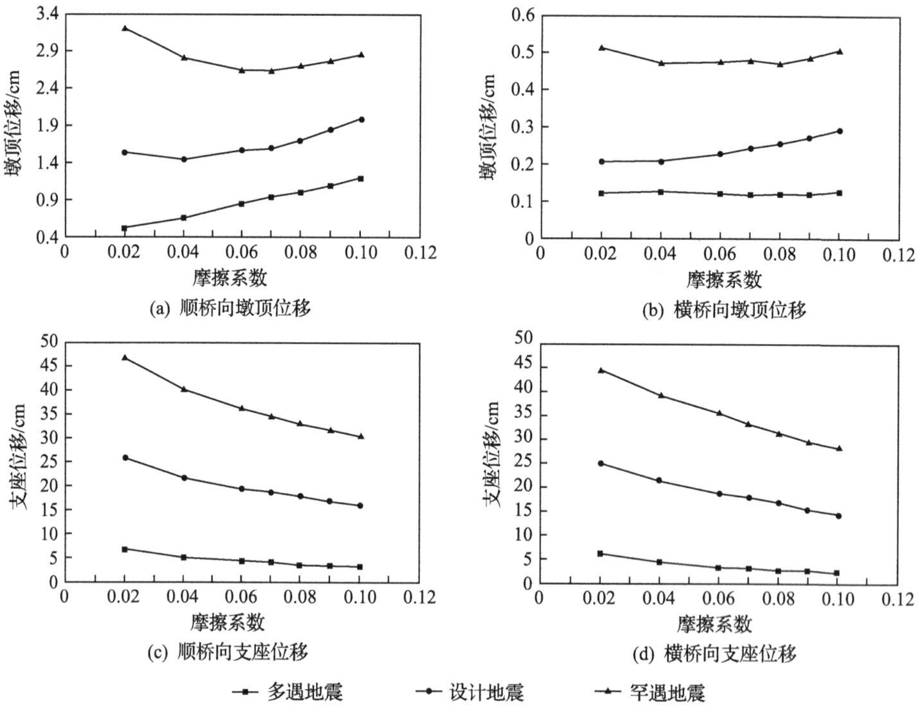

图 14-2　墩顶位移和支座位移随摩擦系数的变化趋势

14.3.3　摩擦系数对主梁横向加速度的影响

有限元模拟结果表明，支座摩擦系数对主梁横向加速度有明显影响，其变化趋势见图 14-3。

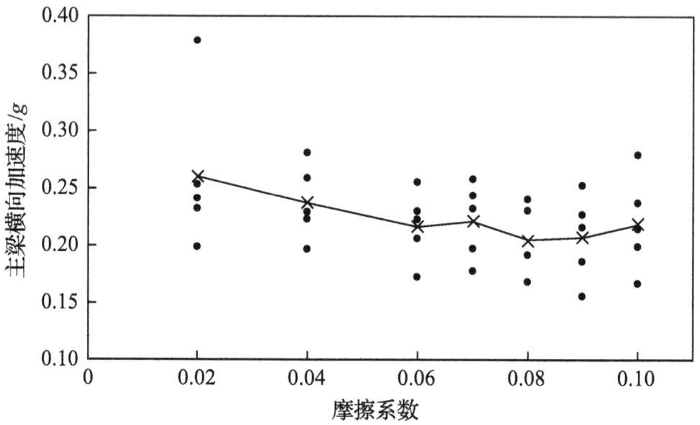

图 14-3　主梁横向加速度随摩擦系数的变化趋势

强震作用下桥上是不允许行车的，但是地震是不可预料的，多遇地震发生时列车很有可能在桥上行驶或者停留，此时要保证主梁横向加速度不超过 0.3g，才能保证列车在桥上不会有倾覆危险。由图 14-3 可知，当 $\mu_f = 0.02$ 时，某条波的主梁横向加速度计算结果超过 0.3g，当摩擦系数取其他值时，主梁横向加速度均小于 0.3g。随着支座摩擦系数的增加，主梁横向加速度先减小后增大，当 $\mu_f = 0.08$ 时，主梁横向加速度最小，其平均值为 0.2g，减小幅度达到 42.8%，意味着此时支座摩擦系数对减小主梁横向加速度的效果最优。

14.3.4　摩擦系数对支座滞回耗能特性的影响

滞回曲线是指在控制荷载或者位移的前提下对装置进行循环往复加载得到的荷载-位移曲线，它能直观地反映装置的耗能特性。不同摩擦系数的双曲面球型支座的滞回曲线有明显区别，反映的是摩擦系数对支座减隔震耗能性能的影响。不同摩擦系数的双曲面球型支座剪力-位移滞回曲线见图 14-4。

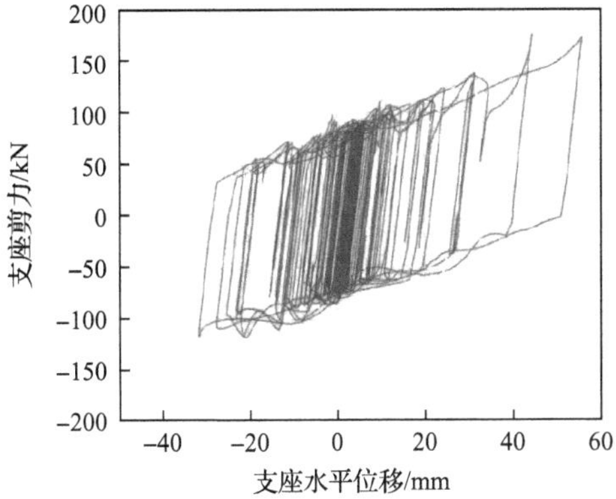

(a) μ_f=0.02

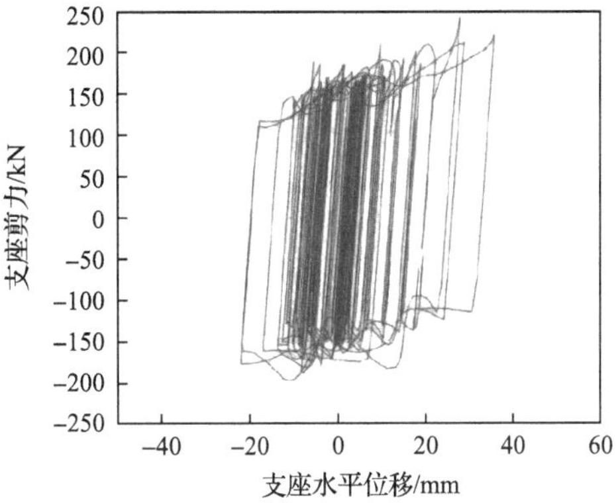

(b) μ_f=0.04

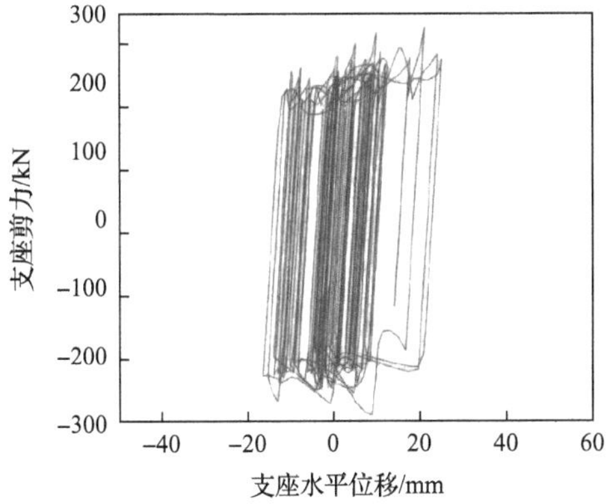

(c) μ_f=0.06

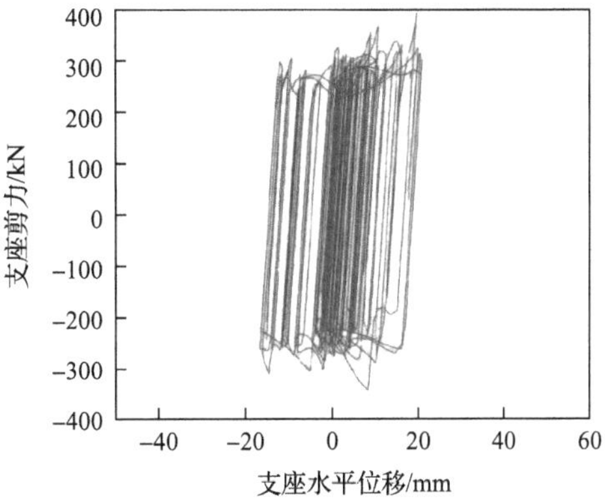

(d) μ_f=0.07

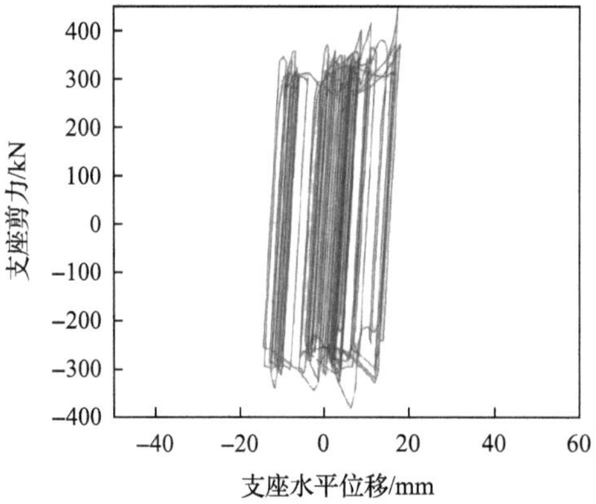

(e) $\mu_f=0.08$

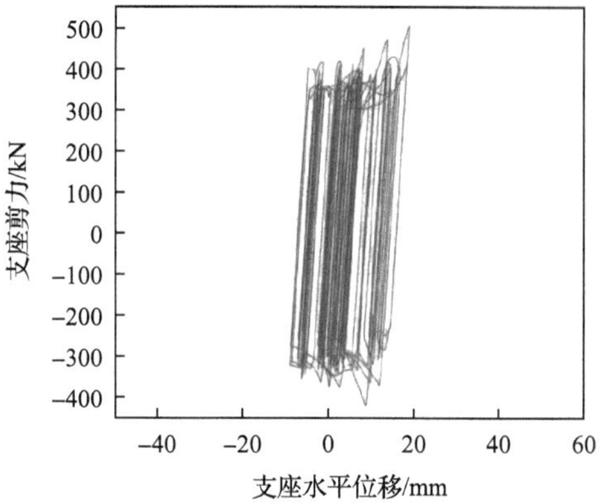

(f) $\mu_f=0.09$

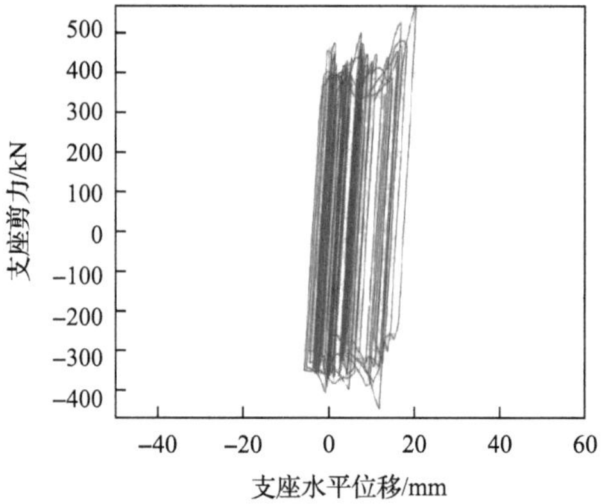

(g) $\mu_f=0.10$

图 14-4　不同摩擦系数的双曲面球型支座剪力-位移滞回曲线

有限元模拟结果表明，不同摩擦系数的支座在地震作用下表现出的滞回耗能特性是不一样的。随着支座摩擦系数的增加，支座往复位移显著减小，滞回曲线变窄；而支座剪力逐渐增大，滞回曲线变高。支座位移与摩擦系数呈负相关，支座剪力与摩擦系数呈正相关。上述结果表明，双曲面球型支座的滞回曲线基本呈平行四边形，与理论基本相符。滞回曲线比较光滑平稳，反映了支座稳定的滞回耗能特性。

滞回曲线闭合环的面积反映的是双曲面球型支座在地震作用下耗散的地震能量，滞回曲线面积越大，表明支座消耗的地震能量越多。摩擦系数对双曲面球型支座耗能的影响见图 14-5。

结果表明，当 $\mu_f = 0.06$ 时，双曲面球型支座耗散的地震能量最多，是最优耗能摩擦系数，$\mu_f = 0.07$ 和 0.08 时次优。支座耗能随着摩擦系数先增大后减小，当 $\mu_f > 0.08$ 之后，支座耗能水平越来越差。

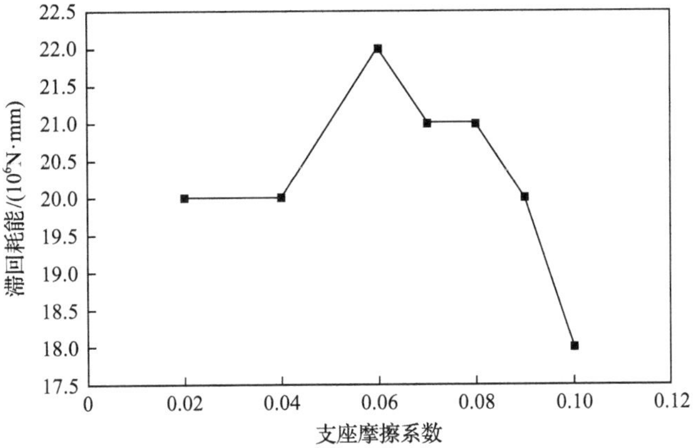

图 14-5　摩擦系数对双曲面球型支座耗能的影响

14.4　双曲面球型支座等效半径对铁路简支梁桥地震响应的影响

根据第 2 章内容，原型桥梁采用的双曲面球型支座的两个曲面的曲率半径是相等的，均等于支座等效半径 R_{eff}，而不同的支座等效半径将会对其刚度和周期等参数产生影响，从而会影响其减隔震性能。本节探讨支座等效半径对铁路简支梁桥整体减隔震性能的影响，分别取等效半径为 1.6m、2.6m、3.6m、4.6m、5.6m、8.6m，利用 OpenSees 软件对其进行分析，得到不同等效半径下铁路简支梁桥的地震响应。

14.4.1　支座等效半径对桥墩内力的影响

支座等效半径对桥墩内力有最直接的影响，桥墩内力随支座等效半径的变化趋势见图 14-6。

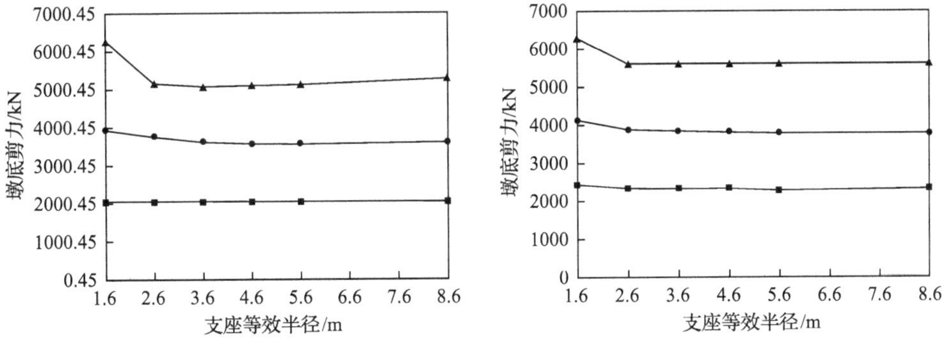

(a) 顺桥向墩底剪力　　(b) 横桥向墩底剪力

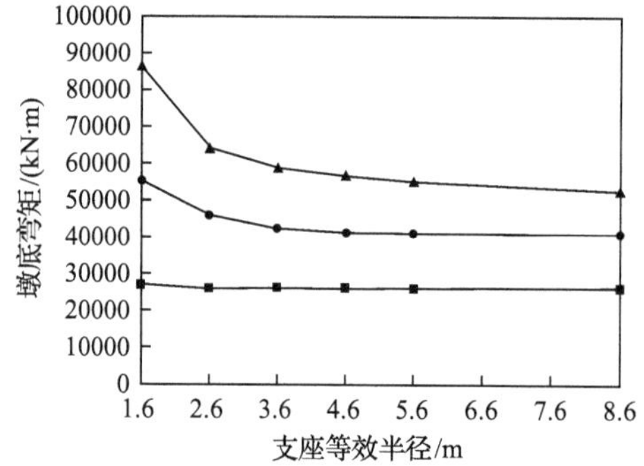

(c) 顺桥向墩底弯矩

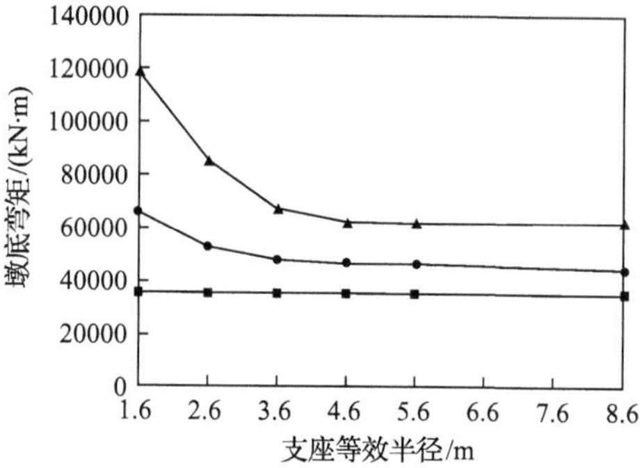

(d) 横桥向墩底弯矩

—■— 多遇地震　—●— 设计地震　—▲— 罕见地震

图 14-6　墩底剪力及弯矩随支座等效半径的变化趋势

从有限元模拟结果可知，随着地震水准的增加，支座等效半径对桥墩墩底内力的影响增大。多遇地震下，剪切销钉对支座性能有很大影响，且随着支座等效半径的增大，支座水平恢复力变大，在同等位移下支座所遭受的地震力也变大，也就是说，销钉受力会随着支座等效半径的增大而减小，销钉更加不容易剪断。多遇地震下的墩底内力结果表明，在地震动幅值不是很大的情况下，支座等效半径对桥墩内力地震响应几乎没有影响。

设计地震和罕遇地震下，随着支座等效半径的增大，桥墩墩底内力先下降后趋于平稳。销钉未剪断时，双曲面球型支座相当于固定支座，在地震作用下墩底弯矩和剪力都会较大；支座等效半径增加，销钉越容易也会越早剪断，支座越早发挥减隔震作用，使得桥墩墩底内力显著降低，也就是说，支座等效半径直接影响的是剪切销钉是否容易剪断，从而影响了支座的功能转化，进而对整个组合减隔震体系的抗震性能产生影响，这是最本质的原因。

桥墩位移延性系数和纵筋应变减隔震率也能直观反映桥墩在地震作用下的响应，从某种意义上来说，它们和桥墩内力呈正相关。顺桥向桥墩位移延性系数、纵筋应变及其减隔震率见表 14-3。

表 14-3　顺桥向桥墩位移延性系数、纵筋应变及其减隔震率

地震水准	支座等效半径/m	位移延性系数	延性系数减隔震率/%	纵筋应变/10^{-6}	纵筋应变减隔震率/%
多遇	1.6	0.221	63.33	199.371	69.82
	2.6	0.218	63.83	195.714	70.37
	3.6	0.216	64.22	192.921	70.80
	4.6	0.216	64.20	194.073	70.62
	5.6	0.214	64.53	191.644	70.99
	8.6	0.213	64.67	192.276	70.89

续表

地震水准	支座等效半径/m	位移延性系数	延性系数减隔震率/%	纵筋应变/10^{-6}	纵筋应变减隔震率/%
设计	1.6	0.714	71.92	765.421	75.94
	2.6	0.532	79.08	532.817	83.25
	3.6	0.438	82.75	415.901	86.92
	4.6	0.407	83.98	380.990	88.02
	5.6	0.405	84.07	378.053	88.11
	8.6	0.401	84.20	372.847	88.28
罕遇	1.6	1.160	80.10	1508.746	83.30
	2.6	0.741	87.29	919.439	89.82
	3.6	0.615	89.45	746.319	91.74
	4.6	0.565	90.31	658.802	92.71
	5.6	0.543	90.68	627.831	93.05
	8.6	0.539	90.75	636.196	92.96

从表 14-3 可知，多遇地震下，桥墩位移延性系数和纵筋应变几乎不随支座等效半径变化而变化。设计及罕遇地震下，支座等效半径较小时，位移延性系数和纵筋应变比较大，特别地，当 R_{eff}=1.6m 时，罕遇地震下桥墩位移延性系数超过 1，处于塑性工作状态；随着支座等效半径增大，二者响应值变小，当 R_{eff}>4.6m 时，位移延性系数和纵筋应变不再随半径变化而变化。除此之外，双曲面球型支座在强震下的效果更加明显，发挥着更加重要的作用，多遇地震下减隔震率在 60%～70%，设计地震下减隔震率在 70%～90%，而罕遇地震下减隔震率达到 80%～100%。

上述结果表明，支座等效半径的合理范围是 2.6～4.6m，且当 R_{eff}= 4.6m 时，桥墩内力达到最小。

14.4.2　支座等效半径对桥梁结构位移的影响

利用有限元软件分析不同支座等效半径对支座位移和墩顶位移的影响，结果见图 14-7，实线代表固定支座位移，虚线代表活动支座位移。

从图 14-7(a)和(b)可知，固定支座位移和活动支座位移相差很小。随着支座等效半径增大，支座位移在三种地震水准下几乎保持不变，也就是说，支座等效半径对支座位移影响不大，至少是在设定的范围内变化不大。但过大的支座等效半径会影响双曲面球型支座的水平恢复力和周期，从而影响其自复位功能，导致震后有较大残余位移，因此出于功能考虑，支座等效半径不宜过大。

从 14-7(c)和(d)可以看出。在多遇地震下，墩顶位移几乎不随支座等效半径

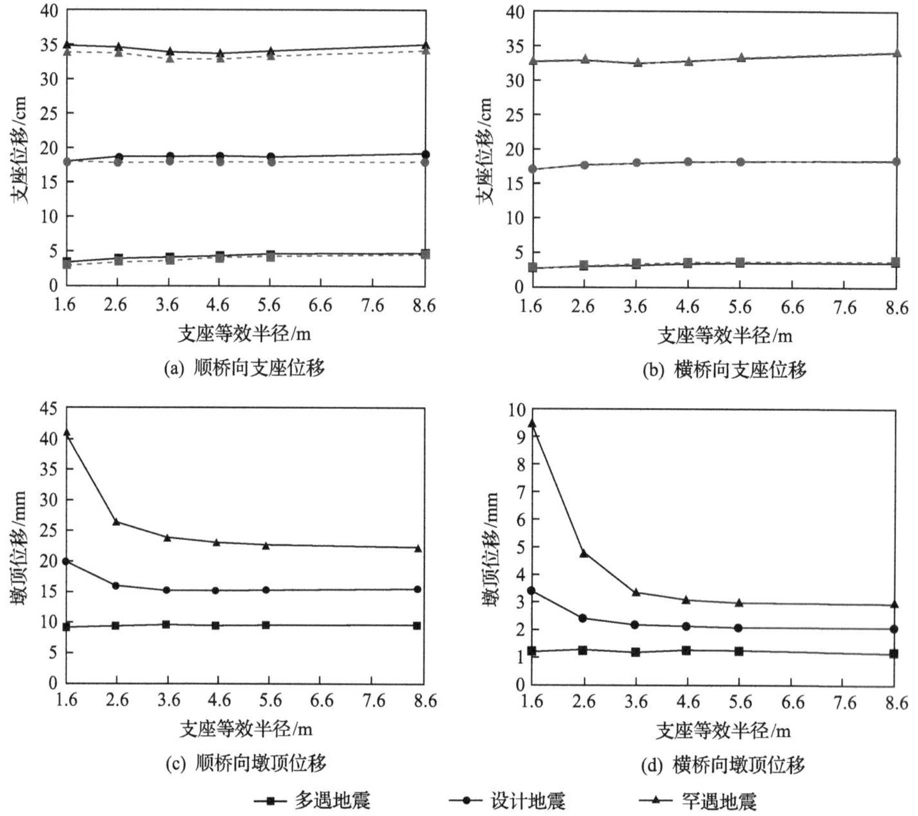

图 14-7　支座及墩顶位移随支座等效半径的变化趋势

增大而变化；在设计及罕遇地震下，当 $R_{\mathrm{eff}} < 4.6\mathrm{m}$ 时，墩顶位移随支座等效半径增大而减小，当 $R_{\mathrm{eff}} > 4.6\mathrm{m}$ 时，墩顶位移不再随支座等效半径增大而变化。

对比墩顶位移和墩底弯矩的变化趋势，可以发现二者随支座等效半径的变化趋势相似，原因是墩底弯矩和墩顶位移都与支座边界条件密切相关，所以二者并不是相互独立的，而是相互关联的。但在设计组合减隔震体系时，墩顶位移和墩底弯矩均需兼顾，把二者控制在合理范围内。

综上所述，既考虑到支座自复位功能，不致使其震后残余位移过大；又考虑到随支座等效半径增大，桥墩内力及位移响应逐渐降低，减隔震率显著提高，当支座等效半径达到 4.6m 后，对其不再有影响。因此，适用于本研究的合理支座等效半径范围为 3.6～4.6m，最优值为 4.6m，且此参数在强震下的影响效果更明显。

14.5　剪力键剪断力对铁路简支梁桥地震响应的影响

由前面分析可知，双曲面球型支座等效半径实质上是影响和控制了剪力键的剪断，从而影响了双曲面球型支座的功能转化，进而对整个桥梁结构体系的抗震性能产生影响。本节专门研究剪力键剪断力对铁路简支梁桥地震响应的影响，从工程实际应用角度考虑，需要同时考虑正常使用和支座减隔震性能两方面，来设计合理的剪力键剪断力。

14.5.1 剪力键剪断力设计

根据实际工程中铁路简支梁桥的支座布置方式，每跨主梁在顺桥向布置两个固定支座，因此沿单一列车行驶方向有两个支座剪力键发挥着限制支座功能转化的作用。

双曲面球型支座的剪力键一般是按照相应支座竖向承载力来设计的，而本章支座竖向承载力设计值为 5500kN，当按照竖向承载力的 5%确定固定支座水平极限承载力(剪力键剪断力)时，剪力键剪断力为 5%的竖向承载力减去支座最大静摩擦力，每个支座所承受的竖向荷载由主梁和列车重量组成，支座摩擦系数为 0.07，因此这两个剪力键提供的剪断力为

$$F_S = [5500\times0.05-(3200+550)\times0.07]\times2=25(\text{kN}) \tag{14-3}$$

当按照竖向承载力的 7.5%确定固定支座水平极限承载力(剪力键剪断力)时，这两个剪力键提供的剪力为

$$F_S = [5500\times0.075-(3200+550)\times0.07]\times2=300(\text{kN}) \tag{14-4}$$

高速铁路列车制动力一般采用制动力率来表示，即

$$\theta=\frac{T}{W}=\frac{a}{g} \tag{14-5}$$

式中，T 为制动力；W 为计算范围内列车重力；a 为制动加速度；g 为重力加速度。

我国《时速 200 公里新建铁路线桥隧站设计暂行规定》中规定列车最大制动力率为 0.167[15]，计算得到每跨列车制动时产生的最大制动力为

$$T=\theta\times W=0.167\times550=91.85(\text{kN}) \tag{14-6}$$

由计算结果可知，当剪力键剪断力按支座竖向承载力的 5%设计时，数值太小，不符合工程实际应用要求。因此，剪力键剪断力至少按支座竖向承载力的 7.5%设计较为合理。

按照抗震设计原则，设计地震下剪力键必须剪断，剪力键剪断力应小于设计地震下最小支座水平力。有限元计算的设计地震下最小墩底剪力为 3753.672kN，

剪力键剪断力应该小于此值，得到剪力键剪断力的设计比例不应超过 38%。

对于双曲面球型支座+减震榫+防落梁装置的组合减隔震体系铁路简支梁桥，分别取 7.5%、10%、15%、20%、30%设计比例的剪力键剪断力为研究对象，以只装有普通支座的简支梁桥为对照组，各计算方案见表 14-4。

表 14-4　剪力键剪断力对比分析方案汇总

方案	具体措施	设组类别
1	普通支座(球型钢支座)	对照组
2	双曲面球型支座(7.5%)+减震榫+防落梁装置	研究组
3	双曲面球型支座(10%)+减震榫+防落梁装置	研究组
4	双曲面球型支座(15%)+减震榫+防落梁装置	研究组
5	双曲面球型支座(20%)+减震榫+防落梁装置	研究组
6	双曲面球型支座(30%)+减震榫+防落梁装置	研究组

表 14-4 中列出了 5 种不同的剪力键剪断力设计值，按从小到大的顺序依次排列，在有限元模型中表现为支座剪力键越难剪断。剪力键剪断力影响的是双曲面球型支座的功能转化，在剪力键未剪断前，支座不能滑动，可以看成固定支座；剪力键剪断后，支座开始滑动，成为隔震支座，结构周期被延长，从而实现减隔震效果。

14.5.2　剪力键剪断力对桥墩内力的影响

剪力键剪断力作为支座边界条件的重要参数，直接影响桥墩和主梁之间的边界条件，进而影响两者之间的地震荷载传导。桥梁上下部结构之间的连接方式不同将会直接对桥墩内力和性能表现产生影响。

在 9 度近断层地震动设计和罕遇两个水准的地震作用下，剪力键要求全部剪断，而有限元分析结果也表明，所有剪力键在 9 度设计及罕遇地震下均会完全剪断，不再发挥作用。以多遇地震为分析工况，取墩底剪力与弯矩减隔震率、桥墩纵筋应变和位移延性系数作为内力指标，来衡量在不同剪力键剪断力下桥墩的性能，结果见图 14-8。

由图 14-8 可知，随着剪力键剪断力的增大，无论是顺桥向还是横桥向，墩底弯矩和剪力均增加。当剪力键剪断力从竖向承载力的 7.5%增至 30%时，顺桥向墩底剪力减隔震率下降了 35%，而墩底弯矩减隔震率下降了 40%，均减至 5%左右；横桥向墩底剪力减隔震率从 53%下降到 0%，横桥向墩底弯矩减隔震率从 56%减小到 0%。当减隔震率为 0%时，支座便相当于普通支座，不发挥减隔震作用。

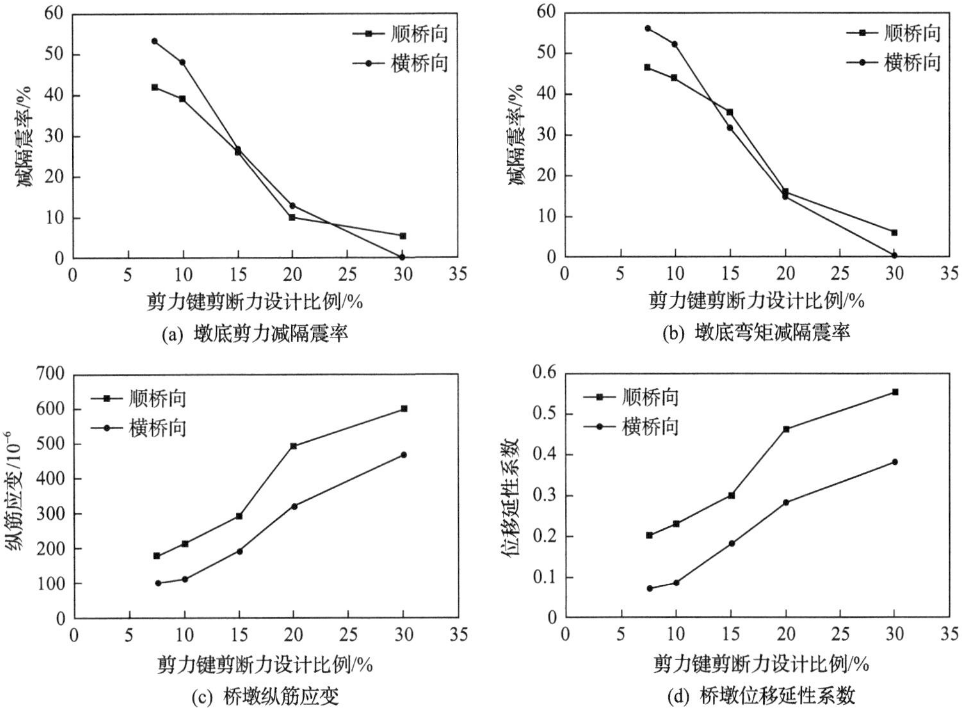

图 14-8　桥墩内力指标随剪力键剪断力的变化趋势

有限元分析结果还表明，当剪力键剪断力从竖向承载力的 20%增加到 30%时，设计地震下墩底剪力及弯矩减隔震率均开始出现下降趋势，且下降幅度超过 10%，此时剪力键剪断力开始影响桥梁在 9 度设计地震下的抗震性能。

多遇地震下，桥墩纵筋应变和位移延性系数均随着剪力键剪断力的增大而增大，桥墩顺桥向纵筋应变和位移延性系数始终大于横桥向。分析结果表明，当剪力键剪断力从竖向承载力的 7.5%增至 30%时，虽然墩底剪力和弯矩的减隔震率大幅下降，但是桥墩纵筋应变最大值仅为 600×10^{-6}，位移延性系数最大值不超过 0.6，在这个过程中，桥墩始终处于弹性状态，桥梁结构安全。

设计及罕遇地震下剪力键全剪断，故上述参数在设计及罕遇地震下基本不受剪力键剪断力大小的影响。设计地震下，安装组合减隔震体系的铁路简支梁桥桥墩顺桥向纵筋应变为 1183×10^{-6}，位移延性系数为 1.05，横桥向纵筋应变为 560×10^{-6}，位移延性系数为 0.52，桥梁仍处于弹性状态。罕遇地震下，顺桥向纵筋应变为 3032×10^{-6}，位移延性系数为 2.17；横桥向纵筋应变为 2825×10^{-6}，位移延性系数为 1.53，延性验算满足规范要求。

当剪力键剪断力从竖向承载力的 20%增至 30%时，设计地震下桥墩纵筋应变和位移延性系数会有所增加，结果见表 14-5。

表 14-5　设计及罕遇地震下组合减隔震体系铁路简支梁桥桥墩内力指标

地震水准	剪力键剪断力设计比例/%	方向	墩底剪力/kN	墩底弯矩/(kN·m)	纵筋应变/10^{-6}	位移延性系数
设计	≤20	顺桥向	5291	72547	1183	1.05
		横桥向	5216	84754	560	0.52
	30	顺桥向	5384	71907	1200	1.06
		横桥向	7034	104764	928	0.73
罕遇	≤20	顺桥向	8733	118549	3032	2.17
		横桥向	11806	212553	2825	1.53
	30	顺桥向	8753	118690	3018	2.17
		横桥向	11619	205869	2800	1.53

本节实质上是研究双曲面球型支座何时发挥作用最好。随着剪力键剪断力的增加，组合减隔震体系越晚发挥作用，这时只能依靠桥梁结构自身来抵抗地震荷载，消耗地震能量，桥墩的内力也随之增大。

分析结果表明，从结构减隔震的角度考虑，剪力键越早剪断越有利；但从经济节约的角度考虑，在地震水准不大时，为避免频繁维修和更换剪力键，可适当提高剪力键剪断力设计值。

14.5.3　剪力键剪断力对桥梁结构位移的影响

在多遇地震作用下，剪力键剪断力对支座位移有显著影响，其影响规律见图 14-9。

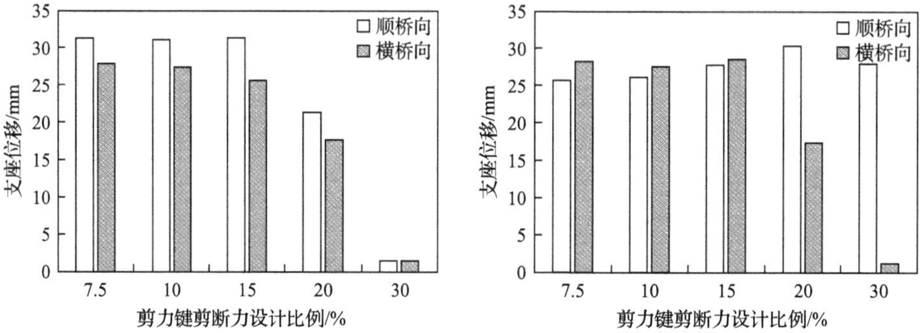

(a) 固定支座位移　　(b) 活动支座位移

图 14-9　支座位移随剪力键剪断力的变化趋势

由图 14-9 可知，当剪力键剪断力从竖向承载力的 7.5%增至 15%时，支座位移基本保持不变，这是因为此时剪力键基本全剪断，对支座无明显限位作用；当剪力键剪断力大于竖向承载力的 15%时，支座位移开始减小，支座位移被剪力键限制；当剪力键剪断力达到竖向承载力的 30%时，支座位移几乎为 0，说明剪力键并没有剪断。图中纵向活动支座的位移基本保持不变，这是因为此处没有剪力键的约束。

设计地震下，支座位移未受到不同剪力键剪断力设计值的明显影响，此时支座位移为 150mm 左右；罕遇地震下，因为有防落梁装置的硬抗限位作用，支座位移为 200mm 左右，有效避免了主梁落梁的发生。

由上述柱状图结果可知，保持剪力键全部剪断的最大剪断力设计值为竖向承载力的 15%，保持剪力键全不剪断的剪断力设计值为竖向承载力的 30%。因此，在设计组合减隔震体系时，若要求在多遇地震下剪力键全剪断，其剪断力设计值可取为竖向承载力的 7.5%～15%；若要求在多遇地震下剪力键不剪断，其剪断力设计值可取为竖向承载力的 30%，剪力键剪断力越大，对组合减隔震体系发挥作用和有效减小桥梁结构地震响应越不利。

墩顶位移变化趋势见图 14-10 和图 14-11。由图 14-10 可知，当剪力键剪断力增加时，顺桥向墩顶位移基本保持不变，横桥向墩顶位移略有增加。由图 14-11 可知，在剪力键未剪断的多遇地震下，顺桥向墩顶位移约为 9mm，横桥向墩顶位移约为 3mm；设计地震下，顺桥向墩顶位移为 30mm，横桥向墩顶位移为 7mm；罕遇地震下，顺桥向墩顶位移达到 87mm，横桥向墩顶位移为 27mm。随着每一次地震水准的提高，无论是顺桥向还是横桥向，高水准地震下的墩顶位移大概是前一水准地震下墩顶位移的 3 倍。整体上，顺桥向墩顶位移大于横桥向墩顶位移。

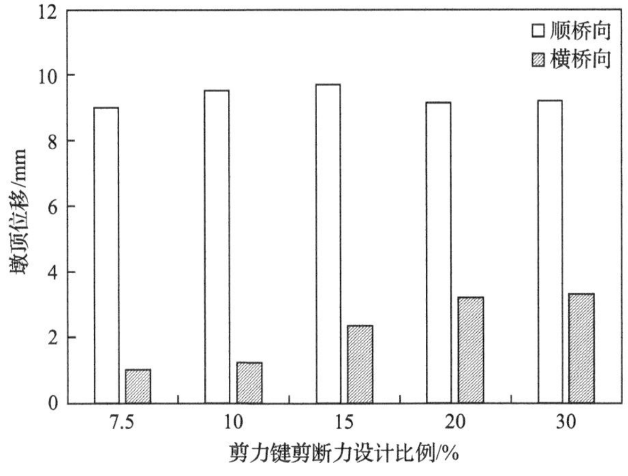

图 14-10　墩顶位移随剪力键剪断力的变化趋势

14.5.4　剪力键剪断力对主梁横向加速度的影响

在多遇地震下，为确保桥上列车的安全，主梁横向加速度应该满足一定的要

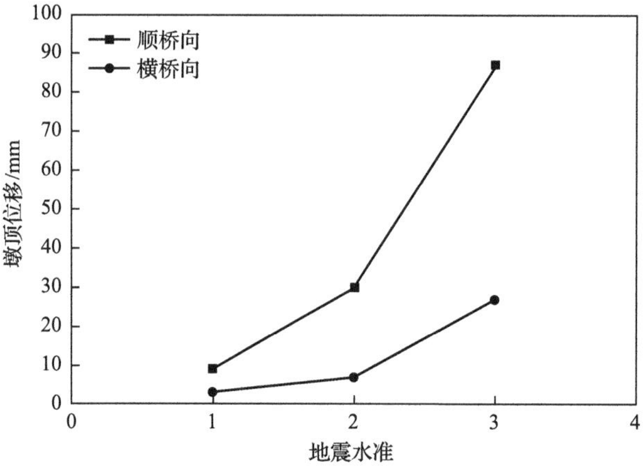

图 14-11　墩顶位移随地震水准的变化趋势

求，针对本章研究内容，9 度近断层多遇地震下主梁横向加速度限值：正常情况下在 0.14g 以下，极限情况下为 0.3g，才能保证桥上列车在地震下的安全。分析多遇地震下的有限元计算结果，得到主梁横向加速度和剪力键剪断力的关系，见图 14-12。

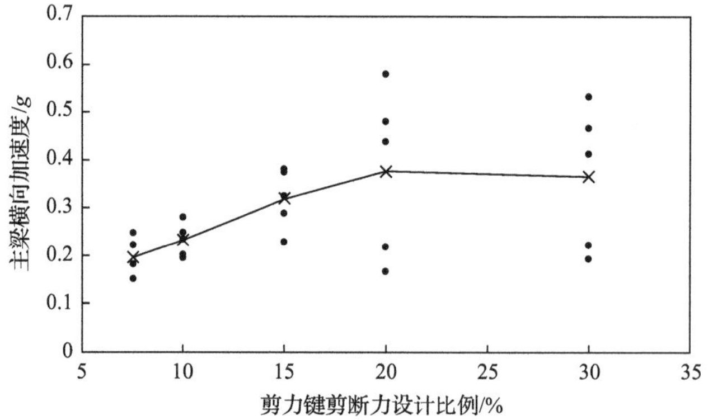

图 14-12　主梁横向加速度随剪力键剪断力的变化趋势

从图 14-12 可以看出，随着剪力键剪断力的增加，主梁横向加速度先增加后保持不变，特别地，当剪力键剪断力达到支座竖向承载力的 15%时，主梁横向加速度达到 0.3g 极限值。

因此，针对主梁横向加速度这一指标，要想在多遇地震下将它控制在 0.3g 以内，需要把剪力键剪断力设计值控制在支座竖向承载力的 15%以内，理想设计值应该小于或等于支座竖向承载力的 10%。

综上所述，剪力键越早剪断，对减小主梁横向加速度有重要作用，组合减隔震体系能更早地发挥作用，当剪力键剪断力取支座竖向承载力的 7.5%时，多遇地震下的主梁横向加速度最低，为 0.2g 左右。

图 14-13 给出了多遇地震下剪力键剪断与不剪断的剪力时程曲线。当剪力键剪断力按支座竖向承载力的 7.5%设计时，多遇地震下剪力键全部剪断；当剪力键剪断力按支座竖向承载力的 30%设计时，多遇地震下剪力键未剪断。

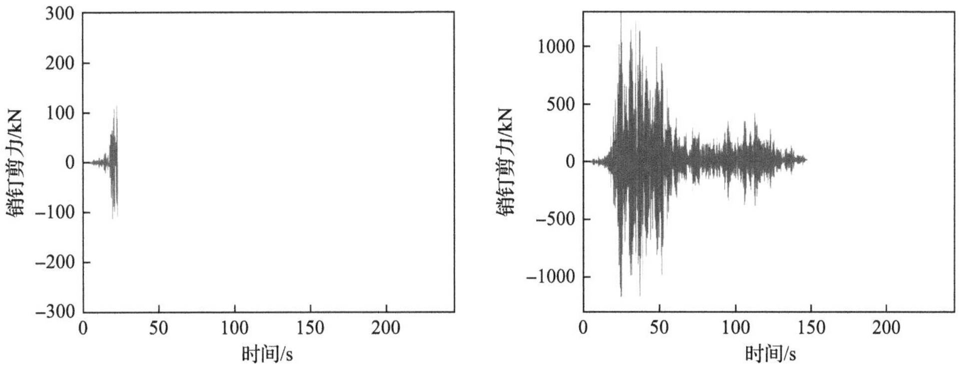

(a) 按支座竖向承载力7.5%设计结果　(b) 按支座竖向承载力30%设计结果

图 14-13　剪力时程曲线

14.6　减震榫间隙对铁路简支梁桥地震响应的影响

剪力键剪断后，双曲面球型支座开始自由滑动以隔离地震能量，当支座位移达到一定值时，减震榫便开始发挥耗能作用，从支座开始滑动到减震榫发挥作用的这段距离便是减震榫间隙。本节探讨减震榫间隙对铁路简支梁桥地震响应的影响，利用 OpenSees 软件分析不同减震榫间隙下桥梁的抗震性能，为高烈度近断层地震区铁路简支梁桥组合减隔震体系设计提供参考依据。

为单独研究减震榫间隙对铁路简支梁桥抗震性能的影响以及其与组合减隔震体系设计之间的关系，考虑暂时去掉防落梁装置，设计 1cm、2cm、3cm、4cm、5cm 五种不同的减震榫间隙，利用有限元软件对其进行数值模拟分析。

14.6.1　减震榫间隙对桥墩内力的影响

桥墩墩底剪力及弯矩的减隔震率随减震榫间隙的变化规律见图 14-14。

由图 14-14 可知，多遇及设计地震下，随减震榫间隙的增大，墩底剪力及弯矩减隔震率整体呈上升趋势，减震榫间隙对罕遇地震下墩底内力基本无影响，减隔震率保持不变。具体来说，在顺桥向多遇地震下，当减震榫间隙达到 3cm 时，剪力及弯矩减隔震率达到最大值，之后保持不变；而顺桥向设计地震下，剪力及弯矩减隔震率则随着减震榫间隙增加缓慢增大，横桥向与顺桥向有着相似的规律。

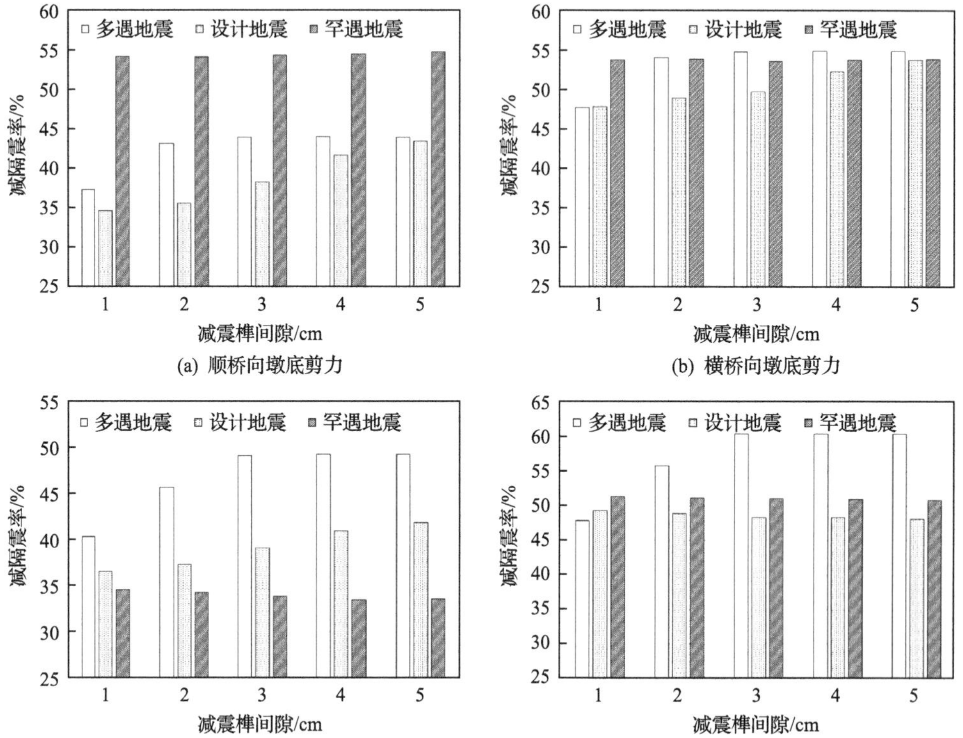

(a) 顺桥向墩底剪力　　(b) 横桥向墩底剪力

(c) 顺桥向墩底弯矩　　(d) 横桥向墩底弯矩

图 14-14　桥墩墩底剪力及弯矩减隔震率随减震榫间隙的变化规律

衡量桥墩在地震下状态的指标还有位移延性系数和纵筋应变，一般而言，它们除可以反映桥墩受力外，还可直观体现桥墩是否屈服。桥墩的位移延性系数越小表示桥墩越安全。桥墩位移延性系数及纵筋应变减隔震率随减震榫间隙的变化趋势见图 14-15。

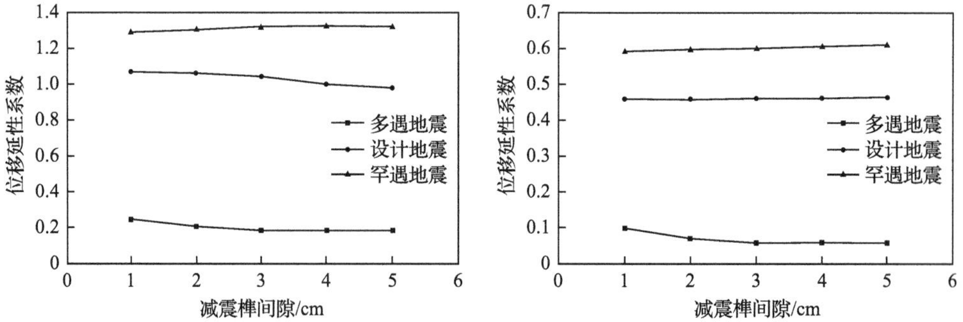

(a) 顺桥向位移延性系数　　(b) 横桥向位移延性系数

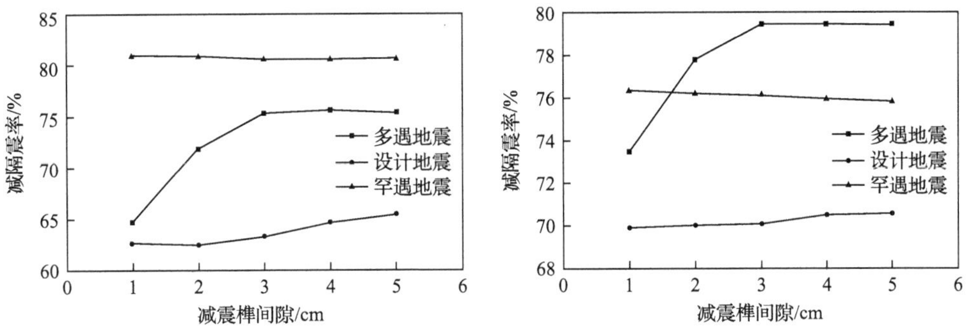

(c) 顺桥向纵筋应变减隔震率　(d) 横桥向纵筋应变减隔震率

图 14-15　桥墩位移延性系数及纵筋应变减隔震率随减震榫间隙的变化规律

由图 14-15 可知，减震榫间隙变化基本上对桥墩延性无明显影响。在顺桥向设计地震下，桥墩位移延性系数在 1 左右，说明桥墩达到屈服点，而在罕遇地震下，桥墩位移延性系数保持在 1.3 左右；在横桥向各水准地震下，桥墩位移延性系数均小于 1。有限元模拟结果表明，顺桥向位移延性系数约是横桥向的 2 倍，这与桥墩本身顺桥向和横桥向刚度比对应，桥墩位移延性系数在三水准地震下均在安全值范围内，减震榫间隙对桥墩位移延性系数的影响十分有限。

随着减震榫间隙的增加，多遇地震下，桥墩顺桥向纵筋应变减隔震率增加了约 10%，最大减隔震率达到约 75%，横桥向纵筋应变减隔震率增加了约 6%，最大减隔震率达到约 80%；设计地震下，纵筋应变减隔震率虽有小幅增加，但基本影响不大；而罕遇地震下，减震榫间隙对纵筋应变基本无影响。

顺桥向罕遇地震下纵筋应变减隔震率大于多遇地震下纵筋应变减隔震率，最大值分别达到约 81%和 75%，而设计地震下纵筋应变减隔震率最低，最大值约为 65%。随着减震榫间隙增大，横桥向多遇地震下纵筋应变减隔震率超过罕遇地震下纵筋应变减隔震率，最大值分别达到约 80%和 76%，而设计地震下纵筋应变减隔震率最低，最大值约为 70%。这是因为多遇地震下主要靠双曲面球型支座的隔震作用，大大降低了桥墩内力，使纵筋应变减隔震率增大；而设计地震主要靠减震榫变形耗能，相比多遇地震在一定程度上增大了桥墩内力。

为使减震榫发挥限位耗能作用，其间隙不宜设置过大。根据分析结果，当减震榫间隙为 3cm 时，可使桥墩内力减隔震率达到最高。

14.6.2　减震榫间隙对桥梁结构位移的影响

实际工程设计时防落梁间隙设置为 20cm，探讨减震榫间隙对支座位移的影响对组合减隔震体系设计有重要参考作用，对是否撞上防落梁的判断有利于限位装置的设计。支座位移随减震榫间隙的变化规律见图 14-16。图中实线代表固定支座位移，虚线代表活动支座位移。

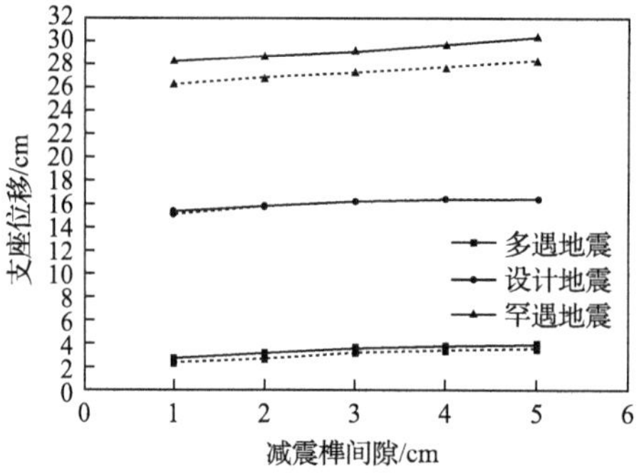

(a) 顺桥向支座位移

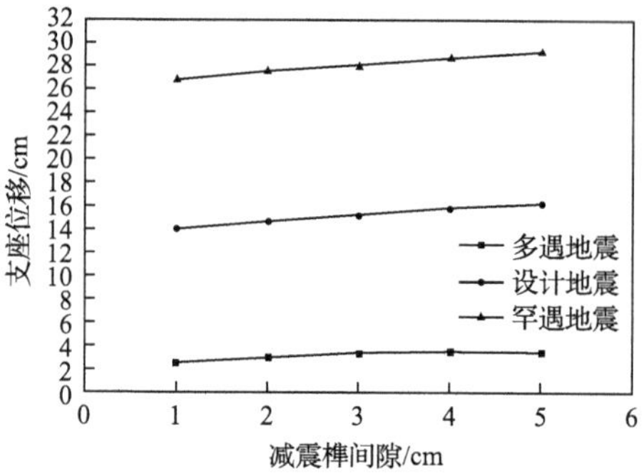

(b) 横桥向支座位移

图 14-16　支座位移随减震榫间隙的变化规律

从图 14-16 可以看出，顺桥向固定支座位移略大于活动支座位移，横桥向二者基本一致。多遇地震下支座位移保持在 5cm 以内；设计地震下支座位移均不超过 20cm，说明设计地震下不会撞到防落梁；罕遇地震下顺桥向支座最大位移达到 30cm，横桥向支座最大位移达到 29cm，为使支座不超过 30cm 设计位移，减震榫间隙不宜超过 4cm。为控制桥梁结构位移，针对罕遇地震下的支座位移控制应设置防落梁装置。

由图 14-16 还可以看出，随着减震榫间隙增大，每个水准地震下支座位移均有 2cm 左右的增幅，但未使多遇地震下位移超过 5cm，也未导致设计地震下主梁撞到防落梁。对于本节研究，减震榫间隙对支座位移的影响有限，但如果采用低摩擦系数的支座，减震榫间隙小是有利的。

14.6.3　减震榫间隙对主梁横向加速度的影响

多遇地震下主梁横向加速度对地震来临时桥上列车是否安全有重要影响，主梁横向加速度越小，列车横向倾覆危险性越低，一般控制多遇地震下主梁横向加速度不超过 0.3g。主梁横向加速度随减震榫间隙的变化规律见图 14-17。

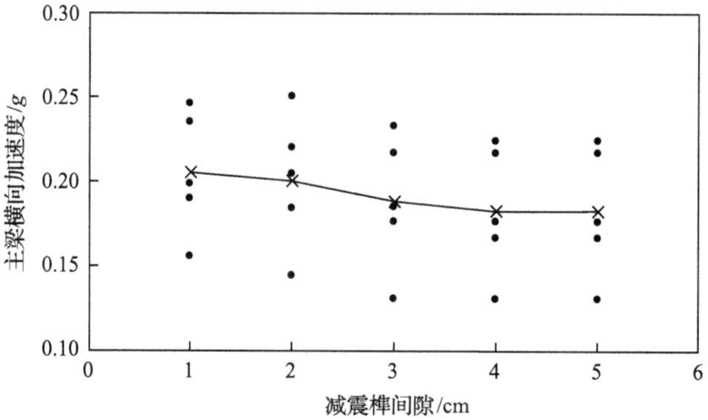

图 14-17　主梁横向加速度随减震榫间隙的变化规律

从图 14-17 可以看出，在不同减震榫间隙下，主梁横向加速度均小于 0.3g 极限值。随着减震榫间隙的增大，主梁横向加速度呈下降趋势。减震榫间隙从 1cm 增至 5cm 时，主梁横向加速度从 0.21g 减至 0.18g。减震卡榫间隙设置为 4cm 或 5cm 对多遇地震下主梁横向加速度没有影响。

综上所述，针对本节研究，减震榫间隙取 4cm 时，能使多遇地震下主梁横向加速度获得最大减隔震率。不考虑取更大的减震榫间隙，是为了不使减震榫发挥作用的时间太迟，并且有利于把多遇地震下支座位移控制在 5cm 以内。

14.7　减震榫屈服力对铁路简支梁桥地震响应的影响

减震榫在组合减隔震体系中发挥着限位耗能作用，而屈服力是减震榫的重要参数指标，对组合减隔震体系在强震下的抗震性能有重要影响。本节分别设置减震榫屈服力为 150kN、350kN、550kN、750kN、950kN、1150kN，探讨不同减震榫屈服力对组合减隔震体系铁路简支梁桥抗震性能的影响。

14.7.1　减震榫屈服力对桥墩内力的影响

桥墩墩底剪力及弯矩随减震榫屈服力的变化规律见图 14-18。

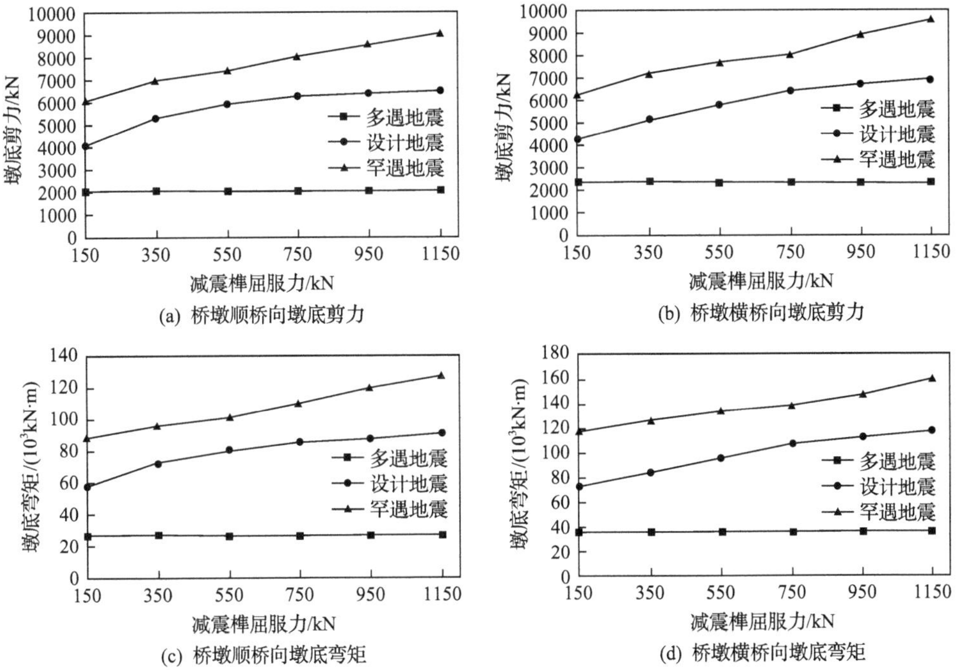

(a) 桥墩顺桥向墩底剪力　(b) 桥墩横桥向墩底剪力

(c) 桥墩顺桥向墩底弯矩　(d) 桥墩横桥向墩底弯矩

图 14-18　桥墩墩底剪力及弯矩随减震榫屈服力的变化规律

从图 14-18 可以看出，不同屈服力的减震榫在多遇地震下的性能表现基本保持一致，罕遇地震下桥墩墩底内力高于设计地震下，且随着减震榫屈服力增大，设计及罕遇地震下桥墩内力增大。由第 3 章可知，桥墩顺桥向弯矩能力限值为 120×10^3kN·m，横桥向弯矩能力限值为 240×10^3kN·m，因此当减震榫屈服力为 950kN 时，桥墩顺桥向墩底弯矩达到限值。单就减小地震下桥墩内力而言，减震榫屈服力越小越有利。

桥墩位移延性系数能直观地体现桥墩整体是否处于安全状态。《铁路工程抗震设计规范》(GB 50111—2006)[14]规定桥墩位移延性系数不宜超过 4.8，且位移延性系数越小，桥墩越安全。此外，桥墩纵筋应变能直观地反映钢筋处于弹性还是塑性状态，也能间接判断桥墩所处状态。图 14-19 给出了不同减震榫屈服力下桥墩位移延性系数和纵筋应变。

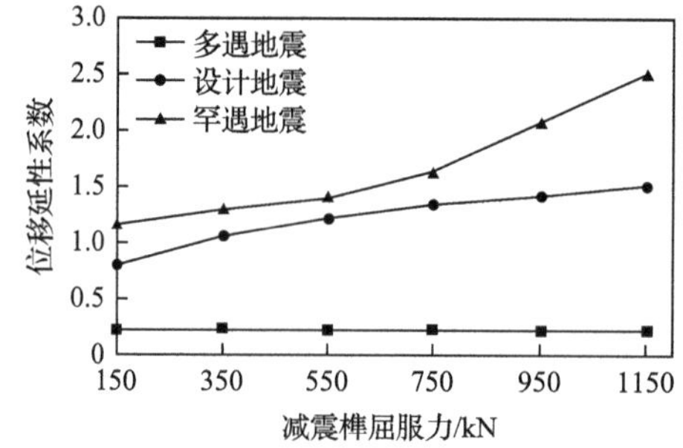

(a) 顺桥向位移延性系数

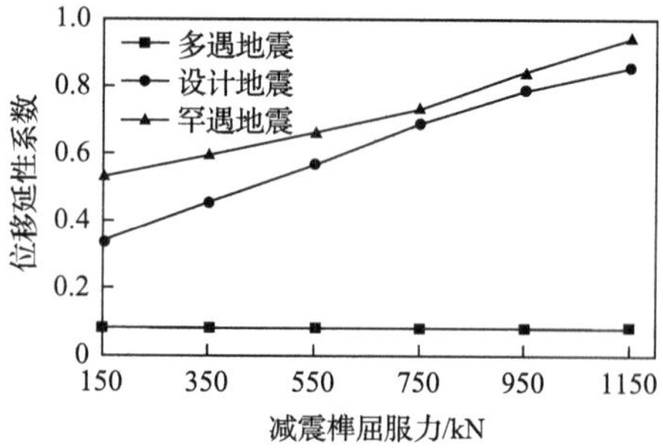

(b) 横桥向位移延性系数

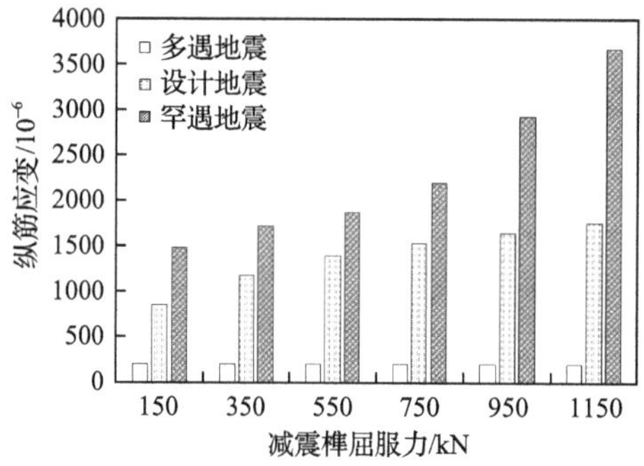

(c) 顺桥向纵筋应变

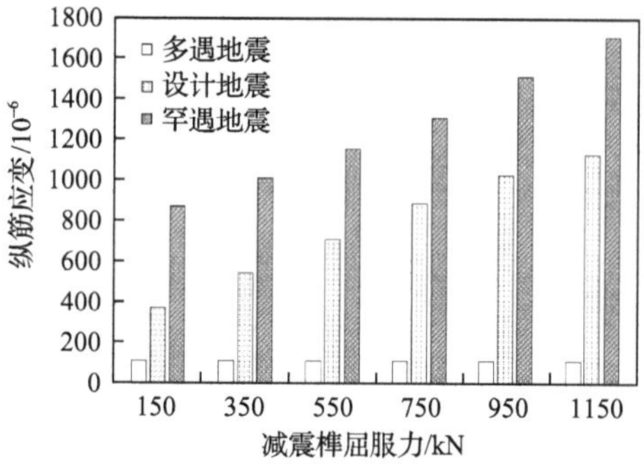

(d) 横桥向纵筋应变

图 14-19　桥墩位移延性系数及纵筋应变随减震榫屈服力的变化规律

多遇地震下桥墩位移延性系数和纵筋应变不受减震榫屈服力影响；设计及罕遇地震下，随着减震榫屈服力增大，桥墩位移延性系数和纵筋应变均增加，符合随地震水准的增加而逐级增加的规律。根据上述结果，顺桥向桥墩位移延性系数最大值达到 2.5，当减震榫屈服力超过 750kN 时，顺桥向桥墩最大位移延性系数超过了 1.5，横桥向桥墩最大位移延性系数接近 1.0。桥墩纵筋应变随减震榫屈服力和地震水准的增加而显著增大。当减震榫屈服力大于 750kN 后，顺桥向桥墩纵筋应变最大值开始超过钢筋屈服应变(2000×10^{-6})，横桥向桥墩纵筋应变均未屈服，最大值为 1700×10^{-6}。

综合桥墩内力验算结果来看，当减震榫屈服力达到 550kN 时，桥墩刚好达到屈服点；当减震榫屈服力达到 950kN 时，桥墩达到破坏状态。因此，为控制桥墩内力，减震榫屈服力不宜大于 550kN。

14.7.2　减震榫屈服力对桥梁结构位移的影响

减震榫屈服力越大，桥墩内力相应越大，这对桥墩是不利的；减震榫屈服力越小，越不利于桥梁结构位移控制。图 14-20 给出了不同减震榫屈服力下桥墩墩顶位移减隔震率。

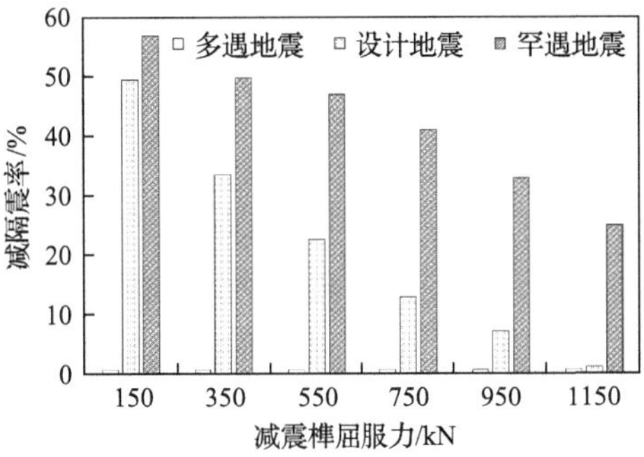

(a) 顺桥向墩顶位移减隔震率

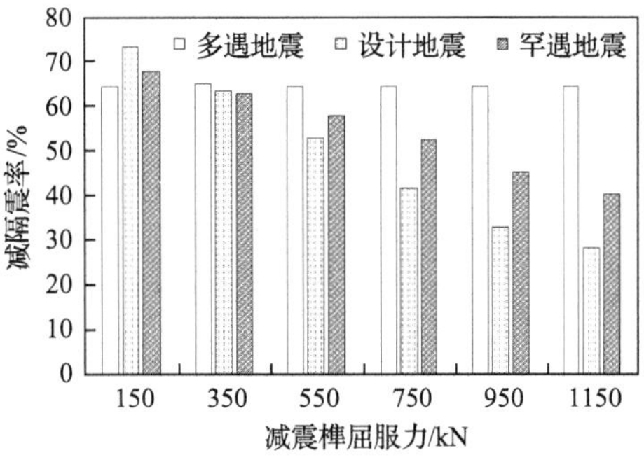

(b) 横桥向墩顶位移减隔震率

图 14-20　桥墩墩顶位移减隔震率随减震榫屈服力的变化规律

从图 14-20 可以看出，多遇地震下墩顶位移不随减震榫屈服力的变化而变化；设计及罕遇地震下，随着减震榫屈服力增大，墩顶位移减隔震率下降，说明墩顶位移增加。设计地震下，顺桥向墩顶位移减隔震率从49%减至 1%，横桥向墩顶位移减隔震率从 73%减至 28%；罕遇地震下，顺桥向墩顶位移减隔震率从 57%减至 24%，横桥向墩顶位移减隔震率从 68%减至 40%。因此，减震榫屈服力越大，对桥梁减隔震越不利。

减震榫在能一定程度上限制主梁位移，不同减震榫屈服力下支座位移变化规律见图 14-21。图中实线代表固定支座位移，虚线代表活动支座位移。

由 14.5.3 节数值模拟结果可知，未加减震榫时(减震榫屈服力为 0)，罕遇地震下支座位移为 34cm，设计地震下支座位移为 18cm。从上述结果可知，多遇地震下，支座位移基本没有变化。设计及罕遇地震下，随着减震榫屈服力增大，支座位移有明显下降，说明减震榫发挥了一定的限位作用。减震榫屈服力从 0 增至 1150kN 的过程中，设计地震下支座位移从 18cm 减至 12cm，罕遇地震下支座位移从 34cm 减至 25cm。

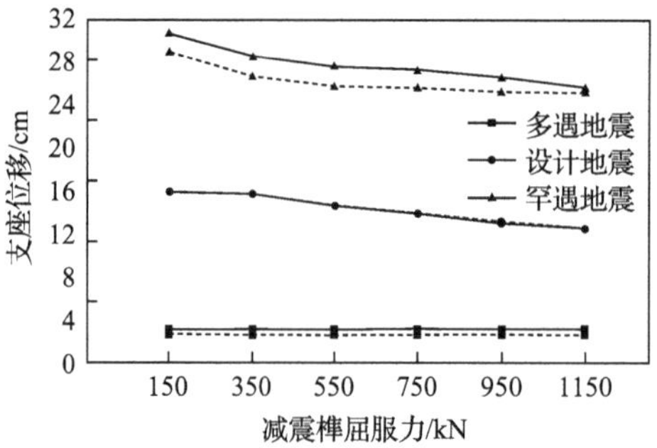

(a) 顺桥向支座位移

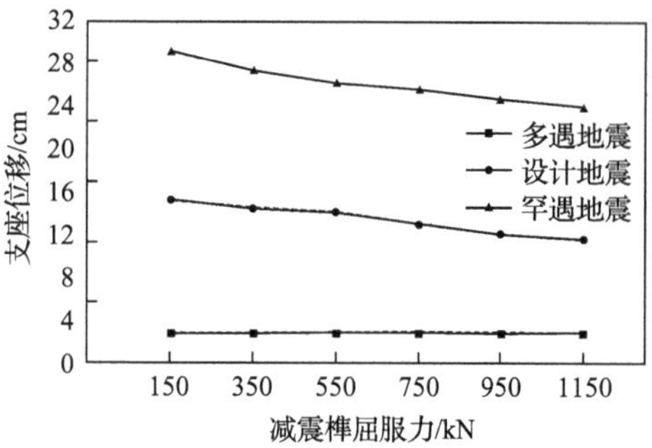

(b) 横桥向支座位移

图 14-21　支座位移随减震榫屈服力的变化规律

由结果可知，当减震榫屈服力取 150kN 时，支座位移达到其限定值 30cm，可见较小的减震榫屈服力是不利的。随着减震榫屈服力增大，支座位移有所下降，但下降幅度有限，减震榫屈服力增大 1000kN 而支座位移只下降了 4cm 左右。罕遇地震下支座位移有更高限制要求，必须采取更强有力的限位措施。

综上所述，随着减震榫屈服力增大，墩顶位移增加，支座位移减小。减震榫对支座及主梁位移有一定的限制作用，但作用有限，若有更高限位设计要求，建议配合减震榫设置更强有力的限位装置。为控制墩顶位移，减震榫屈服力不宜过大，为控制支座位移，减震榫屈服力不宜过小，合理取值范围为 350～550kN。

14.8　防落梁装置间隙对铁路简支梁桥地震响应的影响

设置防落梁装置的目的是限制支座与主梁最大位移，防止支座破坏和主梁落梁发生。为达到限制结构最大位移的作用，防落梁装置的刚度一般都设置得比较大，在已有基础上，本节研究不同防落梁装置间隙对铁路简支梁桥地震响应的影响，分别取防落梁装置间隙为 0.16m、0.18m、0.20m、0.23m、0.26m、0.29m，利用 OpenSees 软件对其进行数值模拟分析，得到不同防落梁装置间隙下铁路简支梁桥的地震响应结果。

14.8.1　防落梁装置间隙对桥墩内力的影响

防落梁装置是为了限制结构在大震下的最大位移，因此防落梁装置在大震作用下对铁路简支梁桥的影响更为明显。防落梁装置间隙的设置决定了防落梁装置在何时发挥作用以及发挥怎样的作用，桥墩是铁路简支梁桥最重要的承重及荷载传递构件，不同的防落梁装置间隙会对桥墩地震响应产生不同的影响。本节选取可以衡量桥墩在地震作用下响应大小的内力指标，研究不同防落梁装置间隙对桥墩内力的影响。

不同防落梁装置间隙下桥墩墩底剪力与弯矩的变化规律见图 14-22。

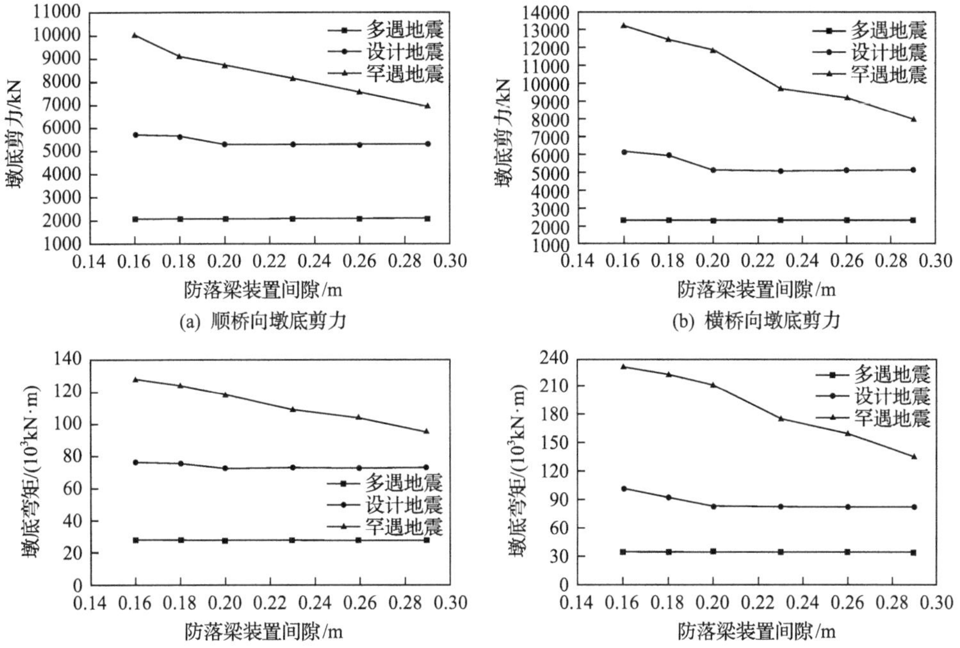

(a) 顺桥向墩底剪力　(b) 横桥向墩底剪力

(c) 顺桥向墩底弯矩　(d) 横桥向墩底弯矩

图 14-22　桥墩墩底剪力及弯矩随防落梁装置间隙的变化规律

由图 14-22 可知，多遇地震下，防落梁装置间隙对墩底内力无影响，顺桥向墩底剪力保持在 2072kN，横桥向墩底剪力保持在 2332kN，顺桥向墩底弯矩保持在 27×10^3kN·m，横桥向墩底弯矩保持在 36×10^3kN·m，桥梁结构的整体响应不大，相比安装普通支座的桥梁，安装组合减隔震体系的铁路简支梁桥在多遇地震下顺桥向和横桥向墩底剪力减隔震率分别达到 39%和 48%，顺桥向和横桥向墩底弯矩减隔震率分别达到 44%和 52%。

设计地震下，墩底剪力和弯矩先有小幅下降后保持不变。桥梁撞击防落梁装置产生的荷载会被传递到墩底，图中小幅下降段意味着主梁撞击了防落梁装置，随着防落梁装置间隙增大，撞击力度逐渐减小，墩底内力减小。当防落梁装置间隙大于等于 0.2m 后，墩底内力不再变化，意味着防落梁装置不再发挥作用，桥梁结构没有撞击到防落梁装置，因此 0.2m 是设计地震下主梁是否撞击防落梁装置的间隙临界值。设计地震下，顺桥向与横桥向最小墩底剪力分别为 5299kN 和 5132kN，减隔震率分别达到 36%和 49%；顺桥向与横桥向最小墩底弯矩分别为 73×10^3kN·m 和 84×10^3kN·m，减隔震率分别达到 37%和 49%。

罕遇地震下，随着防落梁装置间隙增大，墩底内力越来越小，意味着防落梁装置的撞击力度越来越小。由第 3 章可知，桥墩顺桥向弯矩能力限值为 120×10^3kN·m，横桥向弯矩能力限值为 240×10^3kN·m，由图中结果可知，当防落梁装置间隙过小时，顺桥向墩底弯矩超过了其能力限值，横桥向墩底弯矩也十分接近其能力限值。为了确保桥墩在罕遇地震下的安全，减小桥墩内力，防落梁装置间隙不宜小于0.2m，且取值越大对桥墩越有利，应在设计允许范围内尽可能取最大值。

安装防落梁装置后，桥墩在地震作用下所处的状态可以选取位移延性系数和纵筋应变来衡量，图 14-23 给出了这两个指标的变化规律。

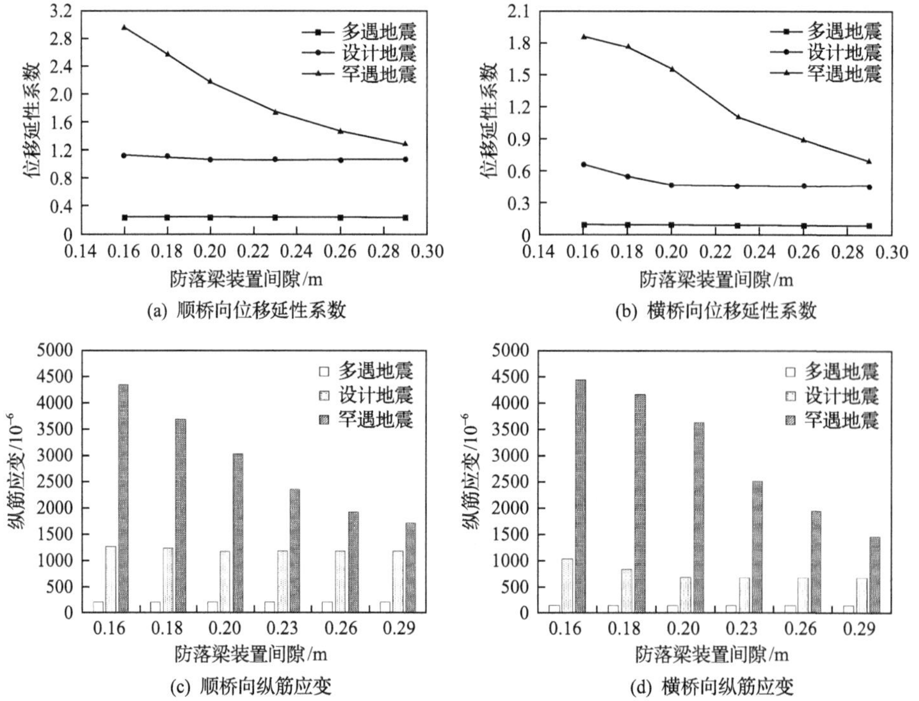

图 14-23　桥墩位移延性系数及纵筋应变随防落梁装置间隙的变化规律

由图 14-23 可知，多遇地震下，防落梁装置间隙对桥墩位移延性系数无影响，顺桥向和横桥向位移延性系数分别为 0.23 和 0.08，减隔震率达到 61%和 78%。设计地震下，随着防落梁装置间隙的增加，桥墩位移延性系数先减小后保持不变，最小顺桥向和横桥向位移延性系数分别为 1.06 和 0.46，减隔震率达到 58%和 66%，桥墩在顺桥向达到屈服点，在横桥向处于弹性状态。罕遇地震下，随着防落梁装置间隙的增加，桥墩位移延性系数大幅度减小，整个过程中顺桥向位移延性系数大于 1，桥墩均达到塑性状态；当防落梁装置间隙大于 0.24m，横桥向位移延性系数小于 1，桥墩处于弹性状态。因此，在允许设计范围内取最大防落梁装置间隙，罕遇地震下桥墩危险性就越低。

纵筋应变大小可直观反映桥墩内部纵筋状态，本章桥墩纵筋采用 HRB400 钢筋，其屈服应变为 2000×10^{-6}。多遇地震下，防落梁装置均未发挥作用，其间隙变化对桥墩纵筋应变没有影响，其中，顺桥向纵筋应变为 214×10^{-6}，横桥向纵筋应变为 111×10^{-6}，减隔震率分别为 68%和 76%，桥墩纵筋处于完全弹性状态。设计地震下，随着防落梁装置间隙的增加，纵筋应变先减小后保持不变。最小顺桥向纵筋应变为 1191×10^{-6}，最小横桥向纵筋应变为 542×10^{-6}，减隔震率分别达到 63%和 70%，此时桥墩纵筋处于弹性状态。罕遇地震下，随着防落梁装置间隙的增加，桥墩纵筋应变显著减小，当防落梁装置间隙达到 0.23m 时，横桥向纵筋应变降至屈服点以下；当防落梁装置间隙达到 0.26m 时，顺桥向纵筋应变降至屈服点以下。

因此，防落梁装置间隙越大，对罕遇地震的桥墩纵筋越安全，为使设计地震下主梁不撞击防落梁装置，从桥墩整体能力水平来看，最小防落梁装置间隙不应低于 0.2m。

14.8.2　防落梁装置间隙对桥梁结构位移的影响

桥墩墩顶位移随防落梁装置间隙的变化规律见图 14-24。

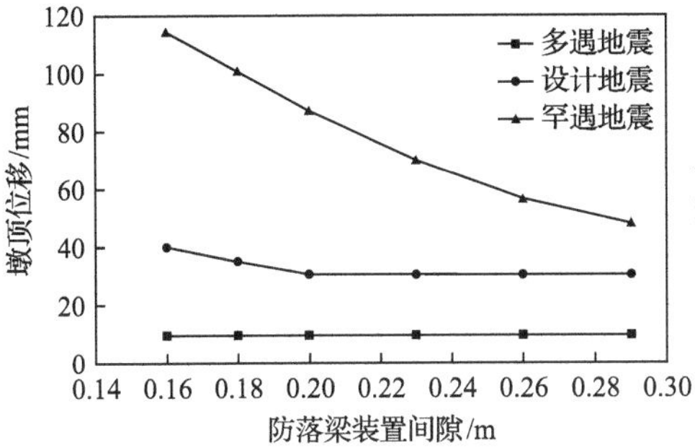

(a) 顺桥向墩顶位移

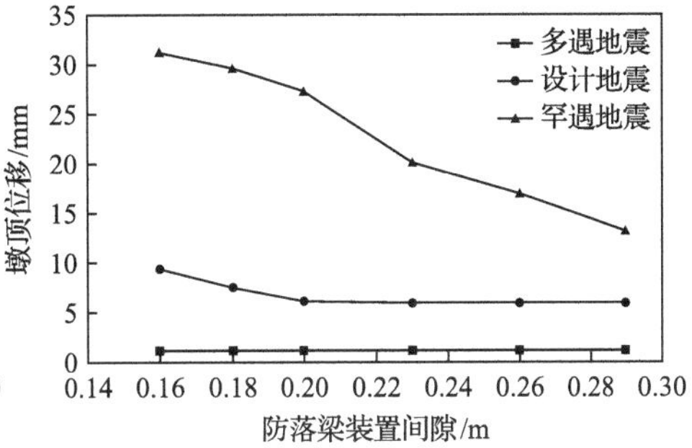

(b) 横桥向墩顶位移

图 14-24　桥墩墩顶位移随防落梁装置间隙的变化规律

由图 14-24 可知，多遇地震下，防落梁装置不发挥作用，其间隙对墩顶位移没有影响，顺桥向墩顶位移仅为 9.5mm，横桥向墩顶位移仅为 1.2mm。设计地震下，随着防落梁装置间隙的增加，墩顶位移先减小后保持不变，最小顺桥向墩顶位移为 30mm，最小横桥向墩顶位移为 6mm，减隔震率分别达到 33%和 63%。罕遇地震下，随着防落梁装置间隙的增加，其作用越来越小，墩顶位移也越来越小。因此，在允许范围内防落梁装置尽可能采用大间隙，有利于减小墩顶位移，保护桥墩安全。

防落梁装置最重要的作用是限制支座最大位移，保证桥梁不发生支座破坏和主梁落梁。不同防落梁装置间隙下的支座位移见图 14-25。图中实线代表固定支座位移，虚线代表活动支座位移。

由图 14-25 可知，固定支座位移和活动支座位移的最大差值在 1cm 以内，可认为几乎无差别。多遇地震下，支座位移不受防落梁装置控制，基本保持不变，

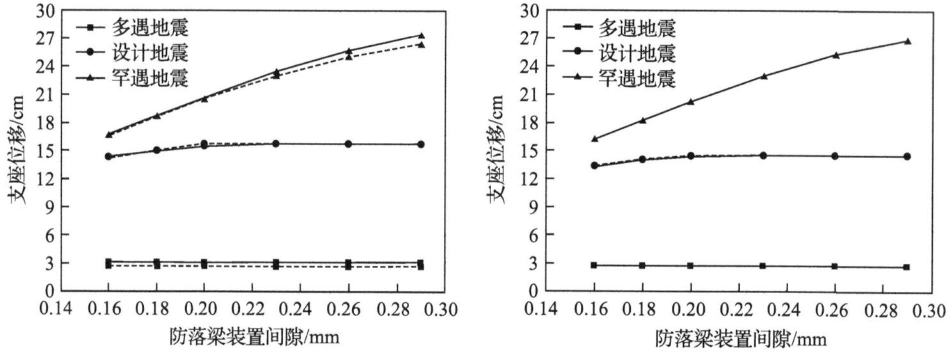

(a) 顺桥向支座位移　　(b) 横桥向支座位移

图 14-25　支座位移随防落梁装置间隙的变化规律

顺桥向和横桥向支座位移均保持在 3cm 左右。设计地震下，支座位移先小幅增加后保持不变，其顺桥向最大位移为 16cm，横桥向最大位移为 15cm。从结果来看，当防落梁装置间隙小于 0.2m 时，支座位移有变化趋势，说明主梁有撞击防落梁装置。罕遇地震下，随着防落梁装置间隙的增加，支座位移也越来越大，且曲线呈线性变化，说明防落梁装置能很好地限制支座最大位移。由前述内容可知，没有防落梁装置(防落梁装置间隙无限大)的情况下，顺桥向和横桥向支座位移均在 28cm 左右，也就是说，防落梁装置间隙为 0.29m 时，其对桥梁结构的作用和影响已经很小了。因此，当防落梁装置间隙小于 0.29m 时，支座位移会被防落梁装置很好地限制在其间隙值内。

14.8.3　防落梁装置间隙对其自身剪力的影响

防落梁装置间隙影响了撞击作用的大小，进而影响桥墩内力，在这个过程中，撞击作用大小可用防落梁装置自身剪力来表示，其变化规律见图 14-26。

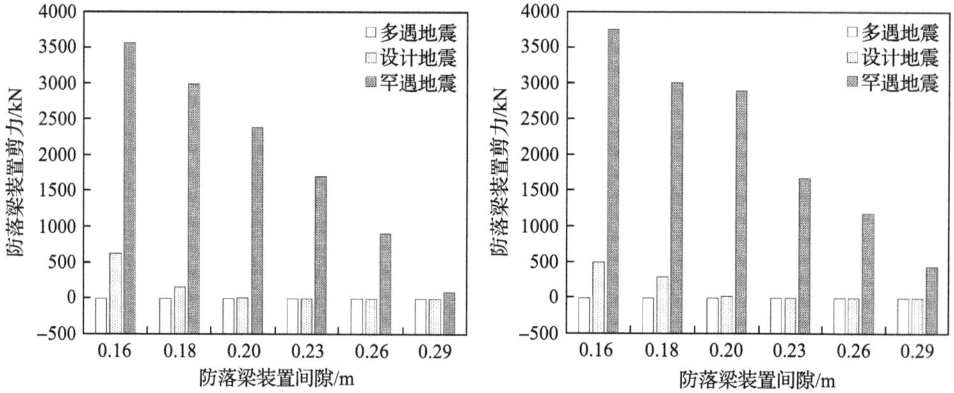

(a) 顺桥向防落梁装置剪力　　(b) 横桥向防落梁装置剪力

图 14-26　防落梁装置剪力随防落梁装置间隙的变化规律

由图 14-26 可知，在防落梁装置间隙增加的过程中，防落梁装置剪力变化趋势与桥墩内力指标变化趋势基本相同，充分说明了罕遇地震下主梁撞击防落梁装置而使其受力增大，引起桥墩内力增大。

结果表明，多遇地震下，防落梁装置剪力全为 0，不发挥作用。设计地震下，当防落梁装置间隙达到 0.2m 后，其剪力基本保持为 0，不发挥作用，因此为保证设计地震下主梁不撞到防落梁装置，其间隙不应小于 0.2m。罕遇地震下，随着防落梁装置间隙的增加，其剪力减小，当间隙为 0.29m 时，其剪力小于 500kN，顺桥向剪力更是趋于 0。相反，防落梁装置间隙很小时，由于限位作用而产生的撞击作用很强烈，当其间隙为 0.16m 时，其自身剪力超过 3500kN，个别工况下防落梁装置最大剪力达到 7000kN，荷载传递到桥墩上，桥墩负荷增加。因此，能否设计出符合大抗力要求的防落梁装置还需进一步研究。

综上所述，防落梁装置间隙不应小于 0.2m 且不应超过 0.29m，在此范围内，防落梁装置间隙越大，其撞击力越小，越有利于减小桥墩内力，但不利于控制结构位移。

14.9　组合减隔震体系的合理参数取值

本节对组合减隔震体系的关键参数进行分析，包括双曲面球型支座摩擦系数及等效半径、剪力键剪断力、减震榫间隙及屈服力、防落梁装置间隙，探讨各参数对铁路简支梁桥抗震性能的影响，得出合理的参数取值范围，见表 14-6。

表 14-6　铁路简支梁桥组合减隔震体系关键参数

关键参数	内力响应指标	位移响应指标	加速度响应指标	耗能指标
支座摩擦系数 μ_f	0.06～0.08	0.06～0.08	0.08	0.06
支座等效半径 R_{eff}/m	2.6～4.6	3.6～4.6	—	—
剪力键剪断力	7.5%	多遇剪断：<15% 多遇不剪断：20%～30%	<15%	—
减震榫间隙/cm	3～4	≤4	3～4	—
减震榫屈服力/kN	≤550	350～550	—	—
防落梁装置间隙/m	≥0.20	0.20～0.28	—	—

根据结果分析，双曲面球型支座摩擦系数取 0.06，支座等效半径取 3.6m，剪力键剪断力按支座竖向承载力的 7.5%设计，减震榫间隙取 3cm，减震榫屈服力取 350kN，防落梁装置间隙取 0.20m，是组合减隔震体系的一种合理参数组合。

14.10 本章小结

本节通过建立 15m 墩高铁路简支梁桥 OpenSees 有限元模型，与安装普通支座的铁路简支梁桥对比，对组合减隔震体系各装置的关键参数进行分析，得出 9 度近断层地震作用下铁路简支梁桥组合减隔震体系最合理的参数，主要结论如下：

(1) 双曲面球型支座的摩擦系数作为关键功能参数，对桥梁地震响应有显著影响。随着摩擦系数增加，桥墩内力增大，支座位移减小，因此摩擦系数不宜过大也不宜过小，桥墩纵向刚度远小于横向刚度，设计时优先以桥梁顺桥向响应为控制指标。当摩擦系数为 0.06～0.08 时，桥墩顺桥向内力最低，获得最佳减隔震率；当摩擦系数为 0.06 时，支座在地震作用下的滞回耗能最多。

(2) 随着支座等效半径增大，桥墩内力逐渐减小最后趋于平稳，在这个过程中，支座位移和滞回耗能无明显变化。支座等效半径的合理取值范围为 2.6～4.6m，当 R_{eff}=4.6m 时，桥梁地震响应最小，桥墩内力最低。考虑到支座等效半径过大会对其自复位功能造成影响，导致其有较大残余位移，建议支座等效半径取较小值。

(3) 剪力键控制着双曲面球型支座的功能转化，剪力键剪断力越大，双曲面球型支座越难发挥减隔震作用，进而致使桥墩内力和主梁横向加速度增加，不利于桥梁抗震。在满足正常使用的情况下，剪力键剪断力越小，桥梁减隔震率越高。当剪力键剪断力按支座竖向承载力的 7.5%设计时，桥梁在多遇地震下减隔震率最大，主梁横向加速度最小。

(4) 不同减震榫间隙对多遇及设计地震下桥梁地震响应有影响。随着减震榫间隙增加，桥墩内力减小，相应减隔震率增加，多遇地震下主梁横向加速度减小。支座位移虽有增加，但增幅在 2cm 以内。当减震榫间隙为 5cm 时，桥墩内力和主梁横向加速度最低，获得最佳减隔震率。

(5) 不同减震榫屈服力对铁路简支梁桥抗震性能有明显影响。随着减震榫屈服力增加，桥墩内力逐渐增大，减隔震率降低，对桥墩和桥梁结构越不利。因此，减震榫屈服力取值不应过大，建议不超过 550kN。

(6) 防落梁装置是组合减隔震体系的最后一道屏障，它的作用是限制结构最大位移，防止发生支座破坏和主梁落梁。数值模拟结果表明，防落梁装置间隙和支座最大位移呈线性变化，说明防落梁装置很好地限制了支座及主梁最大位移。随着防落梁装置间隙增加，桥梁结构地震响应减小，桥墩内力降低，减隔震率显著提高，建议防落梁装置间隙在允许范围内取最大值。

参 考 文 献

[1] Castaldo P, Ripani M. Optimal design of friction pendulum system properties for isolated structures considering different soil conditions[J]. Soil Dynamics and Earthquake Engineering, 2016, 90: 74-87.

[2] Jangid R S. Optimum friction pendulum system for near-fault motions[J]. Engineering Structures, 2005, 27(3): 349-359.

[3] Moeindarbari H, Taghikhany T. Seismic optimum design of triple friction pendulum bearing subjected to near-fault pulse-like ground motions[J]. Structural and Multidisciplinary Optimization, 2014, 50(4): 701-716.

[4] 王凯. 连续梁桥减隔震支座参数设计与优化[D]. 成都: 西南交通大学, 2014.

[5] 吴宜峰, 李爱群, 王浩. 连续梁桥摩擦摆支座参数分析与优化[J]. 桥梁建设, 2015, 45(1): 20-25.

[6] 贾毅, 赵人达, 廖平, 等. 罕遇地震作用下连续梁桥双曲面摩擦摆支座参数优化及减震效果研究[J]. 中国铁道科学, 2018, 39(3): 31-40.

[7] 王超. 带剪力键的摩擦摆支座参数分析与优化[D]. 成都: 西南交通大学, 2017.

[8] 王超, 赵人达. 剪力键对摩擦摆式支座减隔震效果的影响[J]. 铁道科学与工程学报, 2018, 15(2): 407-413.

[9] 占玉林, 张磊, 张强, 等. 考虑栓钉作用的摩擦摆支座隔震桥梁地震响应研究[J]. 铁道科学与工程学报, 2018, 15(8): 1996-2005.

[10] 占玉林, 张磊, 张强, 等. 摩擦摆支座参数对隔震桥梁地震响应的影响[J]. 桥梁建设, 2018, 48(3): 45-49.

[11] 庞林, 曾永平, 董俊. 高烈度地震区铁路桥梁减震卡榫优化设计研究[C]//第三届土木工程国际会议, 西安, 2018: 66-71.

[12] 董俊, 曾永平, 陈克坚, 等. 减震榫对近场高烈度区大跨铁路连续梁桥抗震性能影响分析[J]. 铁道标准设计, 2020, 64(8): 49-54.

[13] 杨杰. 地震作用下简支梁桥防落梁装置分析[D]. 重庆: 重庆交通大学, 2014.

[14] 中华人民共和国建设部. 铁路工程抗震设计规范(GB 50111—2006)[S]. 北京: 中国计划出版社, 2006.

[15] 杨孟刚, 潘增光, 乔建东, 等. 高速铁路列车制动力对简支梁桥地震碰撞效应影响研究[J]. 振动与冲击, 2014, 33(15): 167-173.

第 15 章　高速铁路连续梁桥振动台试验及地震损伤特征

15.1　概　　述

针对高速铁路桥梁中常用的大跨度混凝土连续梁桥[1]（表 15-1）的地震动力响应及损伤特征，急需对其展开专门研究，目前的研究（试验和理论）大多集中于普通公路桥和高速铁路简支梁桥，研究重点普遍局限于对单个构件（如桥墩、支座等）的地震损伤分析。而针对高速铁路连续梁桥的相关研究，目前大多局限于有限元地震响应分析。截至目前，尚无针对中国高速铁路连续梁桥的抗震性能试验研究。

表 15-1　常用跨度预应力混凝土梁——连续梁（刚构）桥

序号	跨度/m	跨中梁高/m	中支点梁高/m	截面形式	设计活载	轨道形式	施工方法
1	32+48+32	3.05	4.05	单箱单室	ZK 活载	无砟	现浇
2	40+56+40	3.05	4.35	单箱单室	ZK 活载	无砟	现浇
3	40+56+40	3.05	4.35	单箱单室	ZK 活载	无砟	现浇
4	40+64+40	3.05	6.05	单箱单室	ZK 活载	无砟	现浇
5	40+64+40	3.05	6.05	单箱单室	ZK 活载	无砟	现浇
6	48+80+48	3.85	6.65	单箱单室	ZK 活载	无砟	现浇
7	48+80+48	3.85	6.65	单箱单室	ZK 活载	无砟	现浇
8	60+100+60	4.85	7.85	单箱单室	ZK 活载	无砟	现浇
9	60+100+60	4.85	7.85	单箱单室	ZK 活载	无砟	现浇

本章对我国典型跨径的高速铁路连续梁桥（48m+80m+48m）进行地震模拟振动台试验，研究其在 8 度罕遇（峰值加速度为 0.38g）地震作用下的动力响应（加速度、位移、应变）及不同地震输入维度和 CRTS Ⅱ型纵连板式无砟轨道结构对桥梁地震动力响应的影响；建立有限元模型，研究典型高速铁路连续梁桥各主要构件的地震损伤程度及特征。

15.2　高速铁路连续梁桥振动台试验概况

15.2.1　全桥原型

本次高速铁路连续梁桥振动台试验对象为新建高速铁路典型跨径预应力混凝土双线连续梁桥，为考虑试验桥梁边界效应，将主桥两侧的简支梁引桥纳入本次试验，连续梁桥具体参数见表 15-2。

表 15-2　无砟轨道连续梁桥主要参数

项目		参数
原型桥梁所属线路名称		京沪高速铁路
标准图号		通桥(2005)2365-Ⅳ
设计车速		350km/h
设防抗震烈度		8 度
设计基本地震动峰值加速度(水平)		0.20g
桥上轨道板类型		CRTS Ⅱ型纵连板式无砟轨道
主梁纵向预应力筋		预应力钢绞线/1×7-15.2-1860
主梁横向预应力筋		预应力钢绞线/1×7-15.2-1860
上部主梁	结构类型	单箱单室变截面箱梁
	箱梁顶板宽度/m	12
	箱梁底板宽度/m	6.7
下部桥墩	混凝土	C30
	主筋	HRB335
	其余钢筋	Q235

主引桥桥型布置、主梁构造等原型尺寸分别见图 15-1 和图 15-2。

下部结构桥墩构造、桥梁支座布置分别见图 15-3 和图 15-4。

原型桥梁桥上无砟轨道类型为 CRTS Ⅱ型纵连板式无砟轨道(图15-5 和图 15-6)，其具体参数详见通桥(2005)2365-Ⅳ。

根据设计图纸计算可得引桥主梁重 632.2t，墩重 531.5t；高速铁路预应力混凝土双线连续梁桥上下部结构重量计算见表 15-3 和表 15-4。

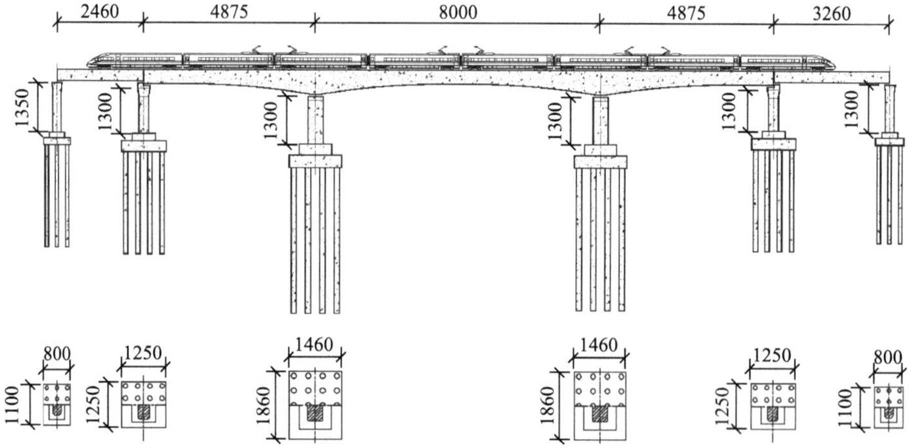

图 15-1　原型桥梁桥型布置图(单位：cm)

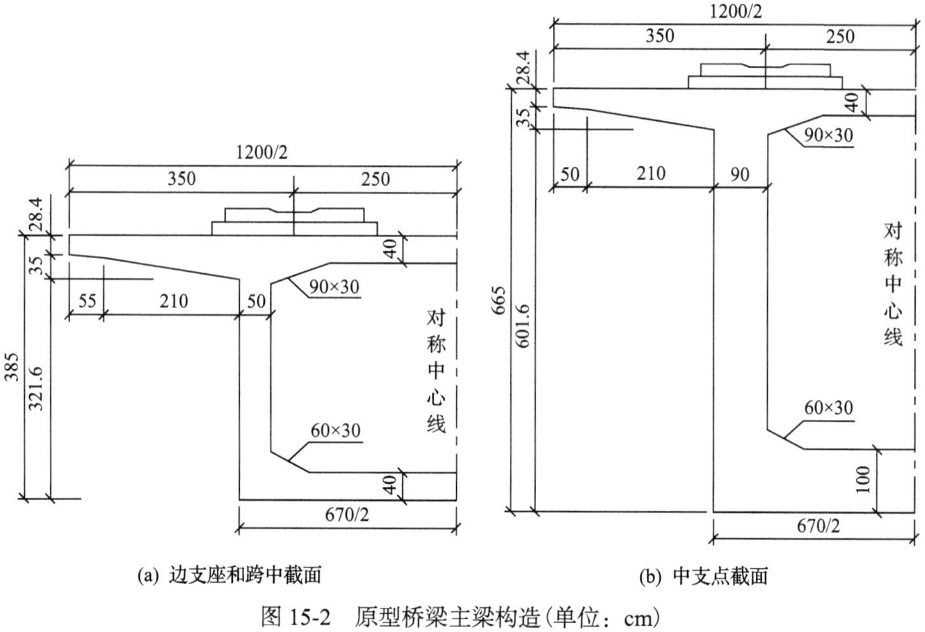

图 15-2　原型桥梁主梁构造(单位：cm)

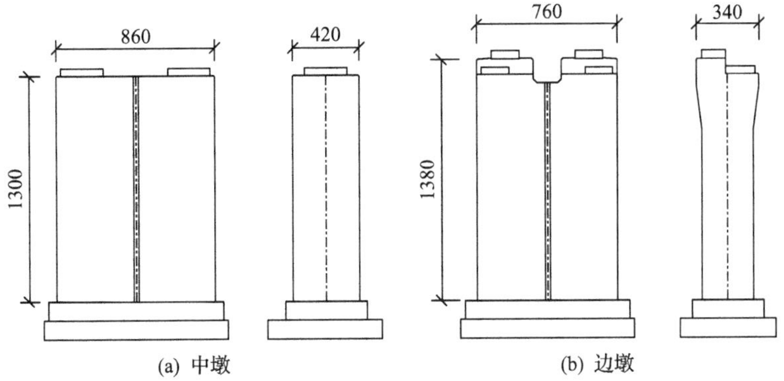

图 15-3　原型桥梁下部桥墩构造(单位：cm)

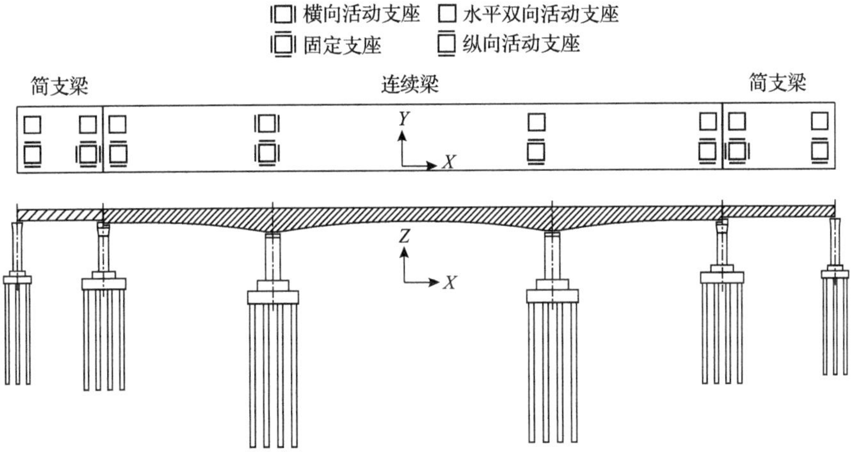

图 15-4　原型桥梁支座平面布置图

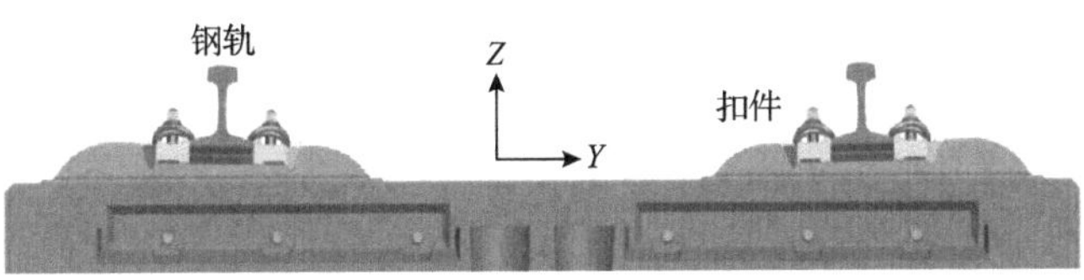

图 15-5　CRTS Ⅱ型纵连板式无砟轨道结构横断面

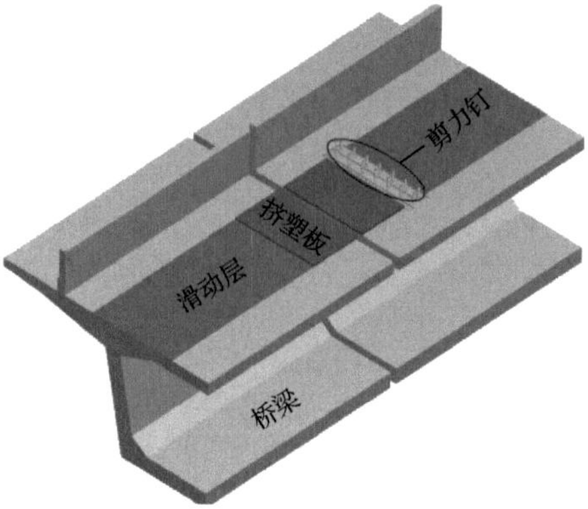

图 15-6　CRTS Ⅱ型纵连板式无砟轨道结构组成部件

表 15-3　高速铁路预应力混凝土双线连续梁桥上部结构重量计算

桥梁部件	钢筋混凝土/m^3	钢绞线/t	精轧螺纹钢筋/t	普通钢筋/t	总质量/t
主梁	3277.82	127.71	0.02	0.49	8093.34

表 15-4　高速铁路预应力混凝土双线连续梁桥下部结构重量计算

桥梁部件	钢筋混凝土/m^3	钢筋（HRB335）/t	钢筋（Q235）/t	总质量/t
边墩	189.62	18.94	3.37	483.04
中墩	828873.03	36.83	8.65	874.41

15.2.2　全桥模型

在全面分析缩尺桥梁模型制作、吊装、试验振动台等因素的基础上，全桥试验模型的几何相似比为 $S_l = 1/12$，结构弹性模量相似比 $S_E = 1$，综合考虑试验振动台性能以及试验要求，确定水平加速度相似比 $S_a = 3$，具体的模型相似关系见表 15-5。

表 15-5　高速铁路预应力混凝土双线连续梁桥试验模型相似关系

参数	物理量	相似关系	相似比
材料参数	弹性模量	S_E	1
	应力	$S_\sigma = S_E$	1
	密度	$S_\rho = S_\sigma / S_\alpha S_l$	4
荷载参数	集中荷载	$S_P = S_E S_l^2$	1/144
	线荷载	$S_p = S_E S_l$	1/12
	面荷载	$S_q = S_E$	1

续表

参数	物理量	相似关系	相似比
几何参数	长度	S_l	1/12
	位移	$S_d = S_l$	1/12
	面积	$S_A = S_l^2$	1/144
动力参数	加速度	S_a	3
	质量	$S_m = S_\rho S_l^3$	1/432
	周期	$S_T = S_l\left(S_\rho S^{-1}E\right)^{0.5}$	1/6

缩尺后的模型结构形式为简支-连续-简支梁桥（1m+3.75m+6.67m+3.75m+1m）。全桥试验模型梁体结构选用 C50 混凝土，桥墩选用 C30 混凝土，与实际原型结构一致，而模型选用的主筋与箍筋分别为直径 10mm、6mm 的 HRB335 热轧带肋钢筋，桥墩试验模型见图 15-7。

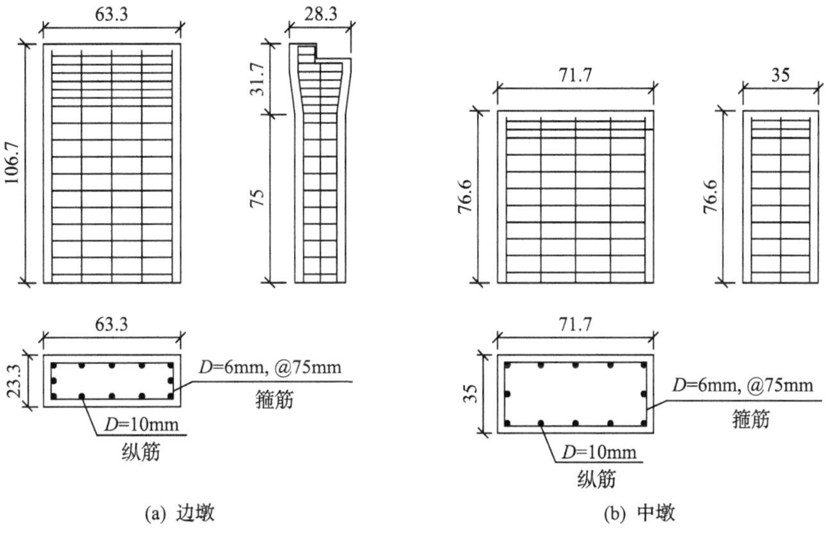

图 15-7　高速铁路预应力混凝土双线连续梁桥下部桥墩试验模型（单位：cm）

另外，为了近似考虑桥上无砟轨道结构纵联对连续梁桥抗震性能以及连续梁桥两侧简支梁桥的影响，引桥试验模型支座设置为固定盆式橡胶支座。桥梁试验模型预应力值基于预应力等效原则确定，而且由于试验模型尺寸等原因，忽略横向和竖向预应力作用。预应力等效原则的基本原理如下：

模型预应力简化为 $F^{\mathrm{m}} = \sigma_{\mathrm{s}}^{\mathrm{m}} A^{\mathrm{m}}$，原型预应力简化为 $F^{\mathrm{p}} = \sigma_{\mathrm{s}}^{\mathrm{p}} A^{\mathrm{p}}$，其中 A、σ_{s}、F 分别代表预应力筋截面积、控制应力、施加预应力。基于预应力相似比的定义，

可得

$$S_F = \frac{F^{\mathrm{m}}}{F^{\mathrm{p}}} = \frac{\sigma_{\mathrm{s}}^{\mathrm{m}} A^{\mathrm{m}}}{\sigma_{\mathrm{s}}^{\mathrm{p}} A^{\mathrm{p}}} = S_{\sigma_{\mathrm{s}}} \frac{A^{\mathrm{m}}}{A^{\mathrm{p}}} \tag{15-1}$$

因而有

$$A^{\mathrm{m}} = \frac{S_E}{S_{\sigma_{\mathrm{s}}}} S_l^2 A^{\mathrm{p}} \tag{15-2}$$

桥上 CRTS Ⅱ型纵连板式无砟轨道部件试验模型参数见表 15-6，上部主梁试验模型见图 15-8，最终振动台试验模型见图 15-9。

表 15-6　桥上 CRTS Ⅱ型纵连板式无砟轨道部件试验模型参数

性能	物理量	缩尺值
钢轨	弹性模量/GPa	210
	泊松比	0.3
	断面面积/cm^2	9.68125
	密度/(kg/m^3)	7800
轨道板	弹性模量/GPa	35.5
	泊松比	0.2
	长度×宽度×厚度/(m×m×m)	0.80625×0.31875×0.025
	密度/(kg/m^3)	2500
CA 砂浆	弹性模量/GPa	7000
	泊松比	0.2
	厚度/m	0.00375
	密度/(kg/m^3)	1800
混凝土底座	弹性模量/GPa	30
	泊松比	0.2
	宽度×厚度/(m×m)	0.36875×0.025
	密度/(kg/m^3)	2500
支承层	弹性模量/GPa	22
	泊松比	0.2
	宽度×厚度/(m×m)	0.36875×0.0375
	密度/(kg/m^3)	2500

续表

性能	物理量	缩尺值
钢筋	弹性模量/GPa	200
	泊松比	0.3
	密度/(kg/m^3)	7800
	预应力/kN	1.067529
	线膨胀系数/℃$^{-1}$	5～10

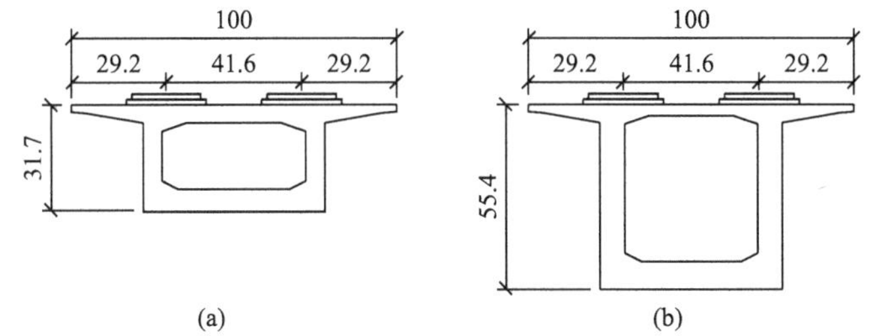

图 15-8　高速铁路预应力混凝土双线连续梁桥上部主梁试验模型(单位：cm)

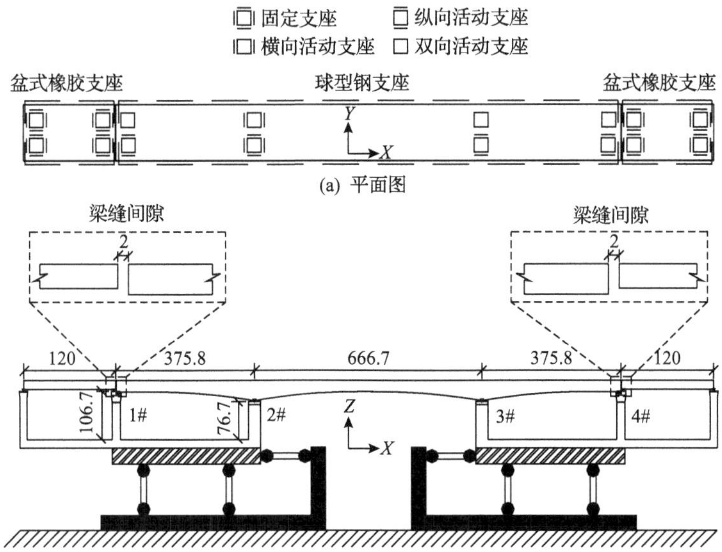

图 15-9　高速铁路预应力混凝土双线连续梁桥振动台试验模型(单位：cm)

15.2.3　试验模型配重

根据相似关系缩尺后，配重分别沿桥面和桥墩尽量均匀分散布置，此次大跨度铁路连续梁桥振动台试验模型配重方案设计见图 15-10，振动台试验模型现场概貌见图 15-11。

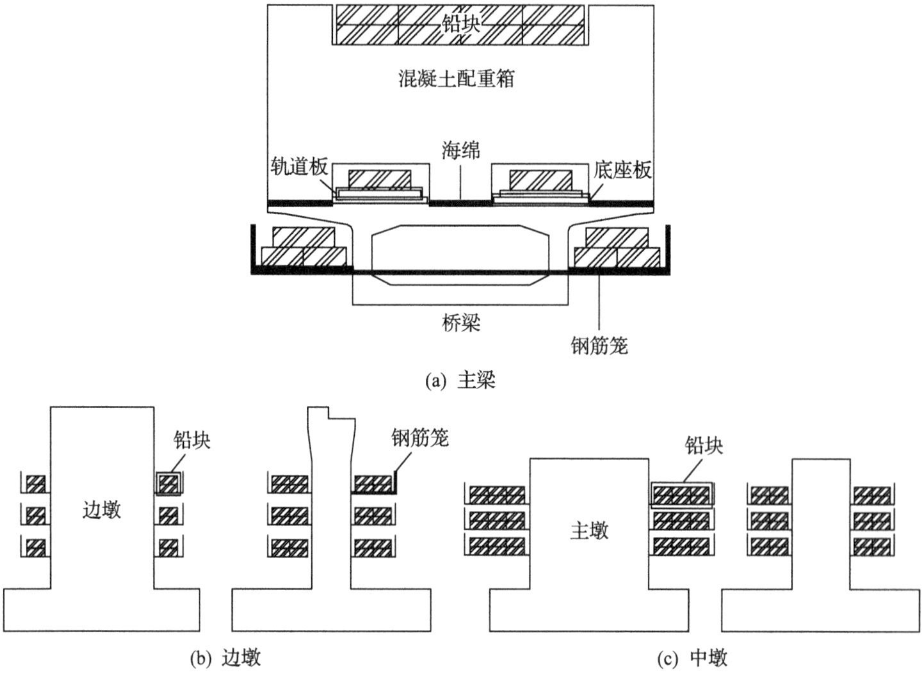

图 15-10 大跨度铁路连续梁桥振动台试验模型配重方案设计

图 15-11 大跨度铁路连续梁桥振动台试验模型现场概貌

15.2.4 振动台试验工况

本次振动台试验的台阵(图 15-12(a))由 1 个 4m×4m 的 6 自由度固定台和 3 个 4m×4m 的 6 自由度移动台组成，均建在同一直线上，可独立使用，也可组成多种间距台阵，是目前国内唯一一套 4 台阵 6 自由度系统，配备独立的控制系统(图 15-12(b))。

(a) 振动台4台阵6自由度系统　　(b) 振动台台阵控制系统

图 15-12　振动台试验系统

本次高速铁路大跨度连续梁桥振动台试验模拟地震输入采用 El-Centro 波(图15-13，Ⅱ～Ⅲ类场地)，因此所选地震波特性能代表中国高速铁路桥梁建设的主要区域。

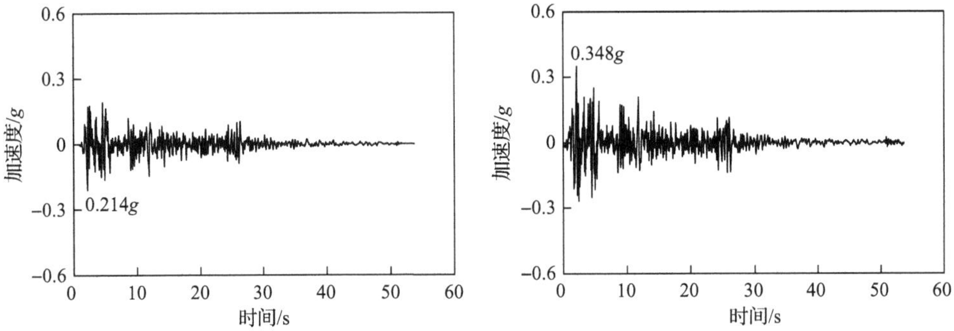

(a) 顺桥向　　(b) 横桥向

图 15-13　El-Centro 波时程曲线

具体开展试验时，需要根据动力相似关系对原型地震记录进行压缩调幅修正后，才能输入振动台，同时，为了考虑不同水准地震对桥梁的作用，由小到大依次增加输入加速度幅值，当模拟多维地震输入时，其加速度峰值可按 1(水平 1)∶0.85(水平 2)的比例调整，具体试验工况见表 15-7。

表 15-7　大跨度铁路连续梁桥振动台模型试验工况($S_a = 3$)

试验工况	实际地震强度/g	地震输入方向	试验地震强度/g	
			顺桥向	横桥向
1	白噪声扫频		0.05	0.05
2	0.15(7 度设计)	顺桥向	0.45	—
3		横桥向	—	0.45

续表

试验工况	实际地震强度/g	地震输入方向	试验地震强度/g	
			顺桥向	横桥向
4	0.15(7 度设计)	顺桥向+横桥向	0.45	0.38
5			0.38	0.45
6	白噪声扫频		0.05	0.05
7	0.20(7 度罕遇)	顺桥向	0.60	—
8		横桥向	—	0.60
9		顺桥向+横桥向	0.60	0.51
10			0.51	0.60
11	白噪声扫频		0.05	0.05
12	0.32(7 度罕遇)	顺桥向	0.96	—
13		横桥向	—	0.96
14		顺桥向+横桥向	0.96	0.82
15			0.82	0.96
16	白噪声扫频		0.05	0.05
17	0.38(8 度罕遇)	顺桥向	1.14	—
18		横桥向	—	1.14
19		顺桥向+横桥向	1.14	0.97
20			0.97	1.14
21	白噪声扫频		0.05	0.05

15.2.5 测试方法及数据采集点位布置

本次高速铁路大跨度连续梁桥振动台模型试验数据采集类型见表 15-8，采用仪器设备见图 15-14，数据采集点位见图 15-15。

基于上述试验方法和设备,本次振动台模型试验流程及计算分析步骤见图 15-16。

表 15-8 高速铁路大跨度连续梁桥振动台模型试验数据采集类型

数据采集类型	位置	传感器
加速度	端部与支撑处水平两向	SDI 加速度传感器
位移	端部与支撑处水平两向	LVDT 位移传感器

续表

数据采集类型	位置	传感器
钢筋应变	中墩、边墩在水平两向上的纵筋底部	应变片
混凝土应变	墩身面底部与钢筋应变片对应位置	应变片
裂缝	桥墩墩身	裂缝放大镜

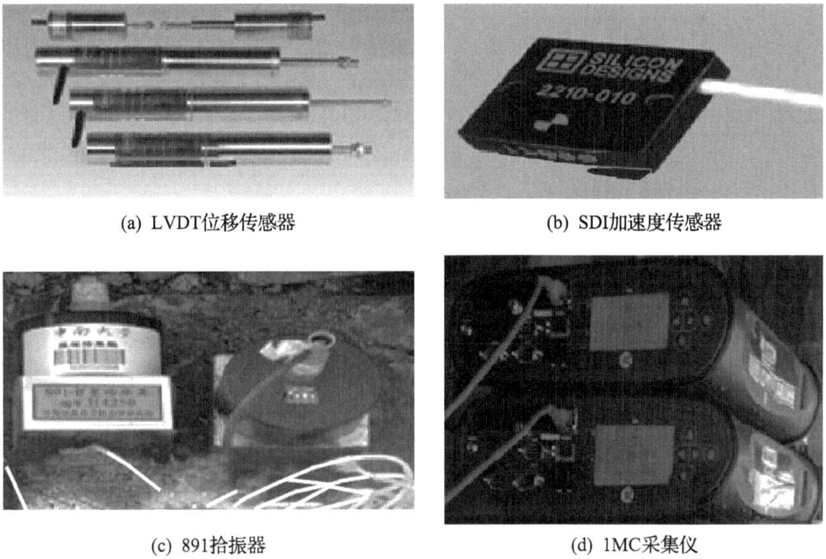

(a) LVDT位移传感器　(b) SDI加速度传感器

(c) 891拾振器　(d) 1MC采集仪

图 15-14　高速铁路大跨度连续梁桥振动台模型试验传感器

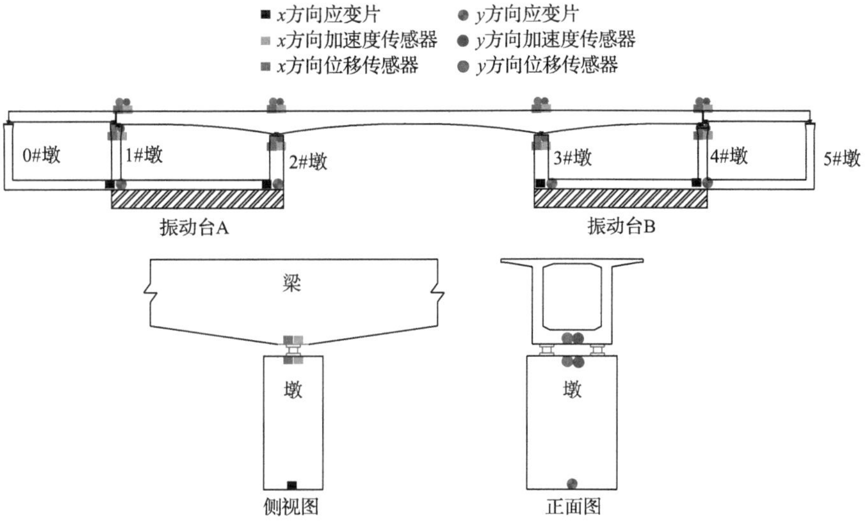

图 15-15　大跨度铁路连续梁桥振动台模型试验数据采集点位

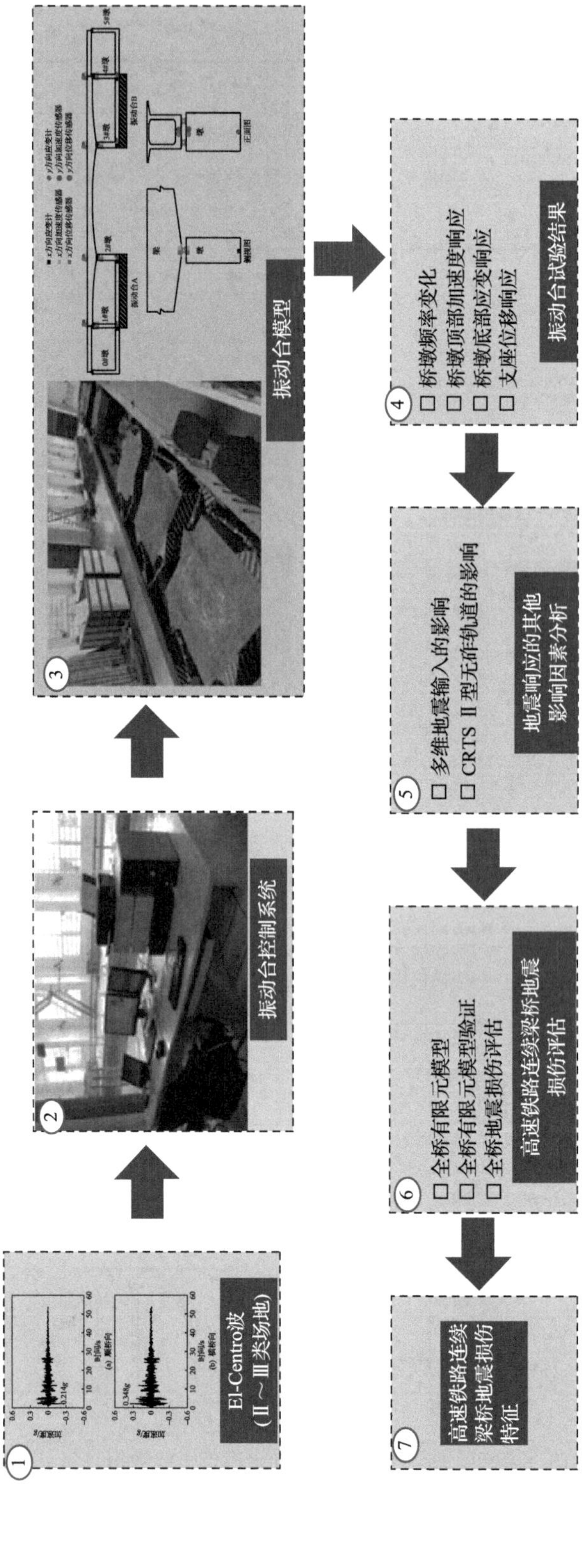

图15-16　大跨度铁路连续梁桥振动台模型试验流程及计算分析步骤

15.3　高速铁路连续梁桥振动台试验结果及分析

本节根据全桥试验模型在地震强度为 0.45g～1.14g 地震工况下的试验结果，研究我国典型跨径的高速铁路连续梁桥在峰值加速度为 0.15g(7 度设计)～0.38g(8 度罕遇)地震作用下的动力响应。

15.3.1　桥墩频率变化

桥墩的地震损伤可表现为整体刚度的退化，而试验过程中难以直接采集，因此本小节通过对比地震前后桥墩顶部第一阶自振频率在顺桥向和横桥向的衰减程度研究桥墩在地震作用下的损伤程度。桥墩在峰值加速度为 1.14g 地震作用后频率衰减程度可表示为

$$\Delta f = \frac{f_{\mathrm{W.O.}} - f_{1.14g}}{f_{\mathrm{W.O.}}} \times 100\%$$

式中，$f_{\mathrm{W.O.}}$ 为桥墩未受地震作用时的自振频率；$f_{1.14g}$ 为桥墩受峰值加速度为 1.14g 地震作用后的频率。

大跨度铁路连续梁桥桥墩模型墩顶采集频率见表 15-9，其衰减程度见图 15-17。

表 15-9　大跨度铁路连续梁桥桥墩模型墩顶采集频率　　(单位：Hz)

工况($S_a=3$)	白噪声扫频(顺桥向)				白噪声扫频(横桥向)			
	1#	2#	3#	4#	1#	2#	3#	4#
W.O.	3.3	5.1	4.9	3.0	5.6	6.6	6.7	5.4
0.45g	3.1	4.9	4.7	2.8	5.4	6.4	6.5	5.2
0.60g	2.9	4.7	4.5	2.6	5.2	6.2	6.2	4.9
0.96g	2.6	4.3	4.2	2.3	4.9	5.9	6.0	4.5
1.14g	2.2	4.0	3.9	2.0	4.4	5.5	5.5	4.1

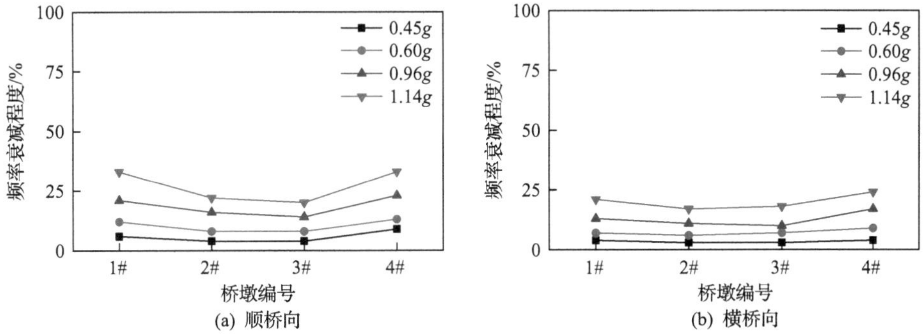

图 15-17　地震作用后频率衰减程度

试验结果表明：

(1)在顺桥向，高速铁路连续梁桥边墩(1#和 4#)的频率衰减程度大于主墩(2#和 3#)。在 1.14g 地震(原型 0.38g)作用后，边墩第一阶采集频率下降了约 33%，而主墩第一阶采集频率下降了约 21%。

(2)在横桥向，主墩与边墩的频率衰减程度比顺桥向小，且差异不明显。在 1.14g 地震(原型 0.38g)作用后，边墩第一阶采集频率下降了约 23%，主墩第一阶采集频率下降了约 17%。

综上所述，我国高速铁路连续梁桥桥墩在顺桥向的第一阶频率易受地震作用的影响，且边墩的频率衰减程度比主墩明显。

15.3.2　桥墩顶部加速度响应

本小节研究高速铁路连续梁桥试验模型在不同试验工况下的桥墩顶部加速度响应。在峰值加速度为 0.45g 地震作用下，各桥墩模型顶部加速度响应见图 15-18～图 15-21，不同工况下桥墩模型顶部加速度最大绝对值见表 15-10。桥墩顶部加速度相对底部输入地震动加速度的比例系数(A_x/A_g 或 A_y/A_g)以及墩顶横桥向加速度相对顺桥向加速度的比例系数(A_y/A_x)见图 15-22。

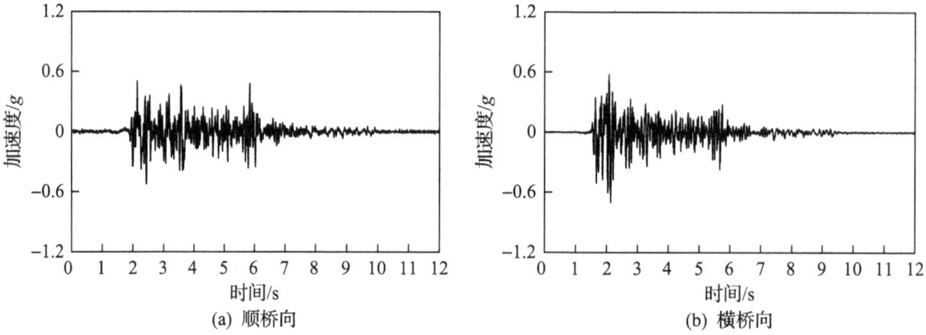

图 15-18　0.45g 地震作用下 1#桥墩顶部加速度

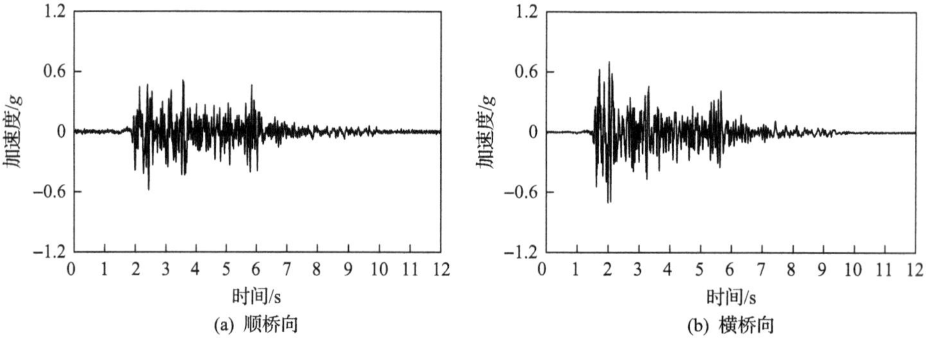

图 15-19　0.45g 地震作用下 2#桥墩顶部加速度

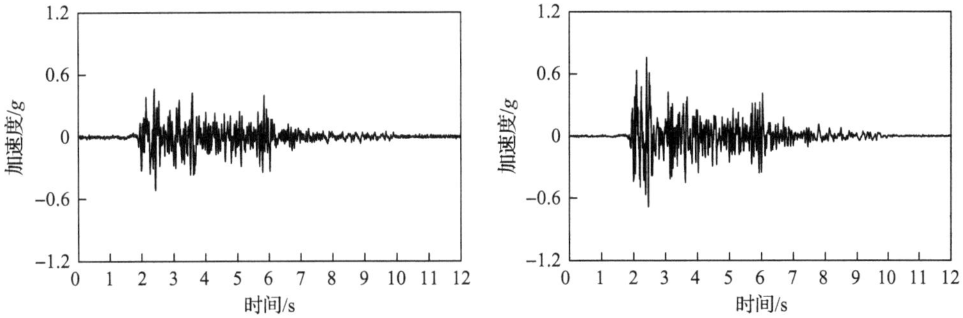

(a) 顺桥向　　(b) 横桥向

图 15-20　0.45g 地震作用下 3#桥墩顶部加速度

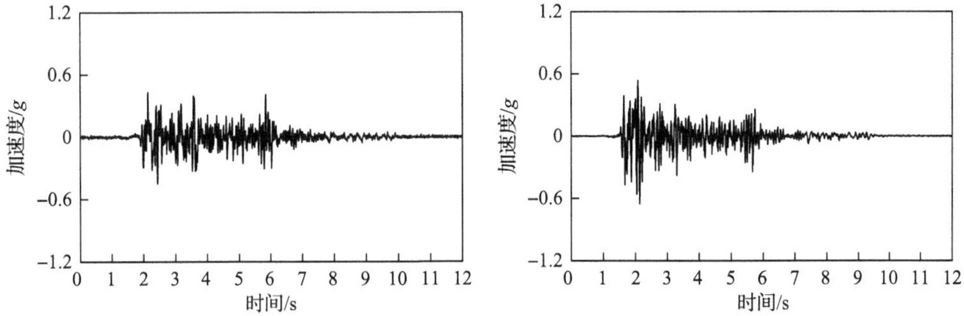

(a) 顺桥向　　(b) 横桥向

图 15-21　0.45g 地震作用下 4#桥墩顶部加速度

表 15-10　不同工况下各桥墩模型顶部加速度最大绝对值　（单位：g）

输入地震强度	顺桥向加速度				横桥向加速度			
	1#	2#	3#	4#	1#	2#	3#	4#
0.45	0.51	0.57	0.51	0.46	0.64	0.70	0.75	0.65
0.60	0.59	0.64	0.64	0.60	0.66	0.79	0.78	0.69
0.96	0.79	0.91	0.94	0.82	0.88	1.01	0.99	0.91
1.14	0.96	1.01	1.06	0.91	0.96	1.08	1.10	0.99

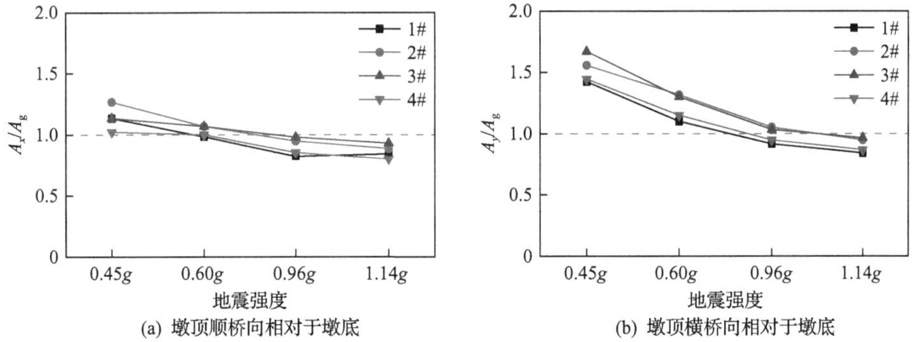

(a) 墩顶顺桥向相对于墩底　　(b) 墩顶横桥向相对于墩底

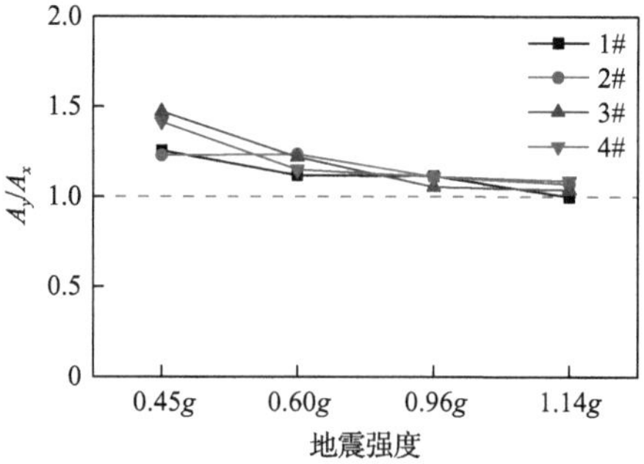

(c) 墩顶横桥向相对于顺桥向

图 15-22　不同地震工况下各桥墩加速度比例系数

试验结果表明：

(1) 地震作用下，主墩(2#和 3#)的加速度比例系数(A_x/A_g或 A_y/A_g)比边墩(1#和 4#)略大，这是由于主墩上安装的支座与梁体的相互作用(如碰撞)较大，因此主墩在地震作用下的振动比边墩明显。

(2) 随着地震强度的增大(从 0.45g 到 1.14g)，桥墩顶部峰值加速度相对底部输入地震加速度的比例系数(A_x/A_g或A_y/A_g)逐渐减小。在顺桥向，A_x/A_g从 1.13(0.45g)降至 0.85(1.14g)；在横桥向，A_y/A_g从 1.55(0.45g)降至 1.29(1.14g)。

(3) 桥墩顶部横桥向加速度大于其顺桥向加速度，且加速度比例系数(A_y/A_x)随地震强度的增大而减小，从 1.38(0.45g)降至 1.03(1.14g)，下降程度约 25.4%。

15.3.3　桥墩底部应变响应

为了分析桥墩在地震作用下的开裂状态，本节主要通过研究混凝土拉应变值来进行评定。另外，本次试验应变采集的重点为桥墩底部在水平双向(x 和 y 向)的拉应变最大值，这是因为桥墩底部的拉应变在地震水平作用力下会达到最大值。峰值加速度为 0.45g 单向地震作用下，各桥墩模型底部混凝土应变响应见图 15-23～图 15-26，不同单向地震输入下各桥墩底部混凝土应变最大值见表 15-11 和表 15-12。

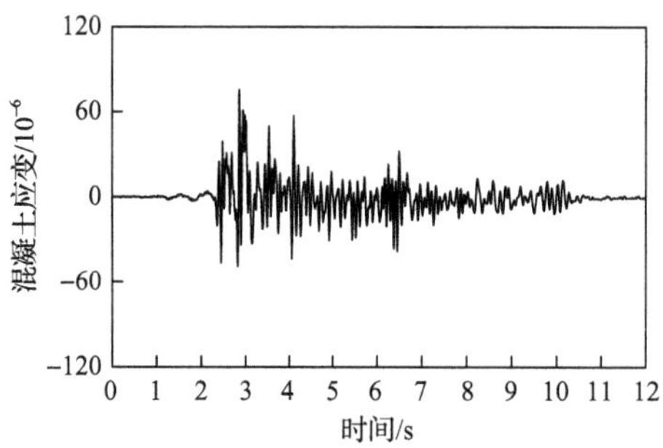

(a) 顺桥向

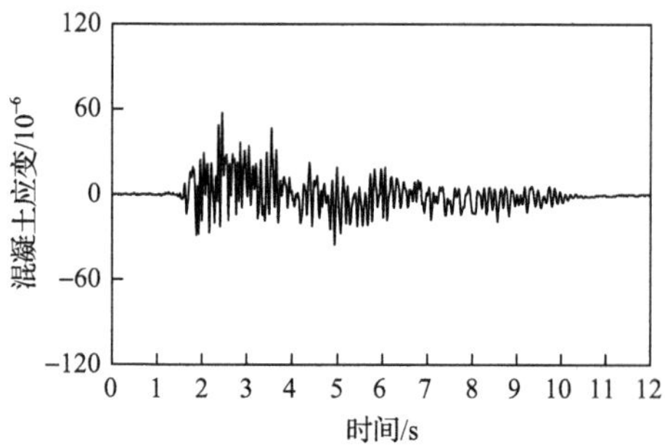

(b) 横桥向

图 15-23　0.45g 地震作用下 1#桥墩底部混凝土应变

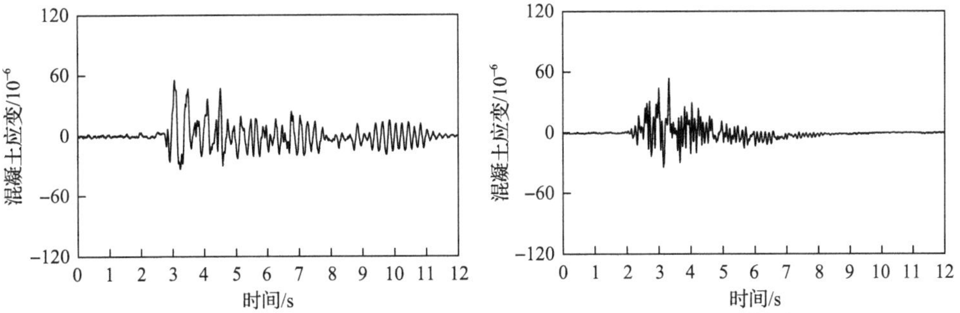

(a) 顺桥向　(b) 横桥向

图 15-24　0.45g 地震作用下 2#桥墩底部混凝土应变

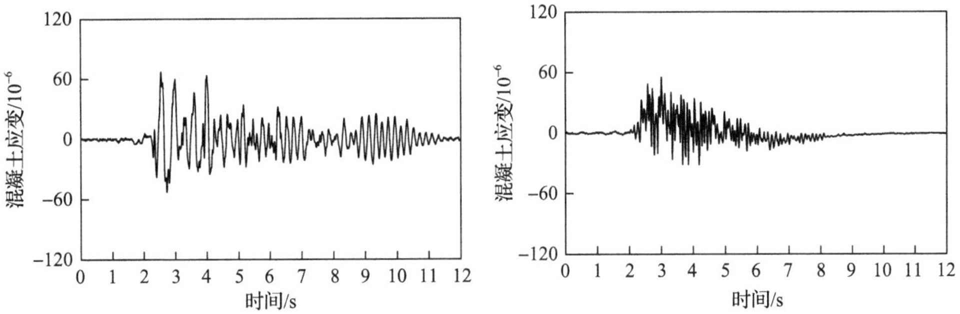

(a) 顺桥向　(b) 横桥向

图 15-25　0.45g 地震作用下 3#桥墩底部混凝土应变

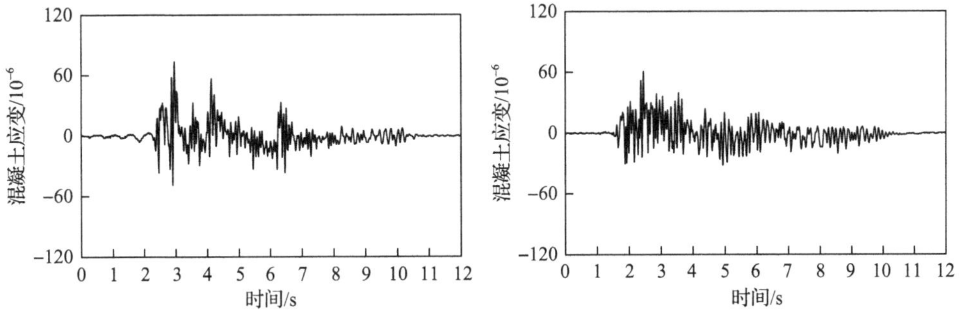

(a) 顺桥向　(b) 横桥向

图 15-26　0.45g 地震作用下 4#桥墩底部混凝土应变

表 15-11　单向地震输入下各桥墩底部混凝土应变最大值(顺桥向，$\times 10^{-6}$)

桥墩编号	0.45g		0.60g		0.96g		1.14g	
	拉应变	压应变	拉应变	压应变	拉应变	压应变	拉应变	压应变
1#	75.1	48.7	116.2	70.6	174.3	105.9	261.4	158.8
2#	55.2	33.3	100.3	69.9	150.4	104.8	225.6	157.2

续表

桥墩编号	0.45g		0.60g		0.96g		1.14g	
	拉应变	压应变	拉应变	压应变	拉应变	压应变	拉应变	压应变
3#	66.9	52.9	96.6	77.6	144.9	116.4	217.3	174.6
4#	73.4	49.2	120.3	80.3	180.4	120.4	270.6	180.6

表 15-12 单向地震输入下各桥墩底部混凝土应变最大值(横桥向，$\times10^{-6}$)

桥墩编号	0.45g		0.60g		0.96g		1.14g	
	拉应变	压应变	拉应变	压应变	拉应变	压应变	拉应变	压应变
1#	57.1	35.0	94.2	57.6	127.1	77.7	188.8	115.4
2#	53.4	34.1	88.1	56.2	118.9	75.8	176.6	112.6
3#	54.9	30.9	90.1	50.9	121.6	68.7	180.6	102.0
4#	60.6	31.6	99.9	52.1	134.8	70.3	200.2	104.4

试验结果表明：

(1)在顺桥向，各桥墩底部混凝土在 0.60*g* 地震作用下的最大拉应变基本超过 100×10^{-6}(开裂应变)，且边墩(1#和 4#)拉应变值大于主墩(2#和 3#)。表明原型桥墩在实际强度为 0.20*g*(8 度设计)地震作用下底部在顺桥向发生开裂，且边墩裂缝比主墩明显。

(2)在横桥向，各桥墩底部混凝土应变比顺桥向小，如在 0.96*g* 地震作用下各桥墩底部混凝土最大拉应变才超过开裂应变。表明原型桥墩在实际强度为 0.32*g*(7 度罕遇)地震作用下底部在横桥向处于开裂状态。

(3)各桥墩在所有地震工况下的混凝土最大压应变均小于极限压应变(约 3300×10^{-6})，因此原型桥墩在实际强度为 0.38*g* 地震作用下底部混凝土不会出现压碎现象。

15.3.4 支座位移响应

本次振动台试验支座位移通过采集墩顶和桥梁在不同地震工况下的相对位移得到，如在峰值加速度为 0.45*g* 单向地震作用下，各桥墩与梁体的相对位移见图 15-27～图 15-30，不同工况下相对位移的最大绝对值见表 15-13。此外，支座顺桥向位移相对横桥向提高程度见图 15-31，固定支座损伤状态见图 15-32。

试验结果表明：

(1)支座位移随地震强度的增加而增加，在 1.14*g* 时各支座在顺桥向和横桥向的位移最大值比 0.45*g* 时平均增加了约 61.2%，但支座顺桥向位移相对横桥向的提高程度变化不明显，如 1#墩的支座位移提高程度约 8.2%，2#墩的支座位移提高

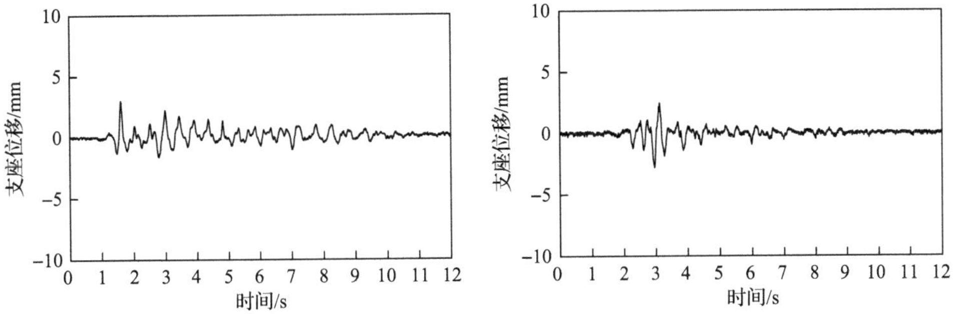

(a) 顺桥向　(b) 横桥向

图 15-27　0.45g 地震作用下 1#桥墩与梁体相对位移

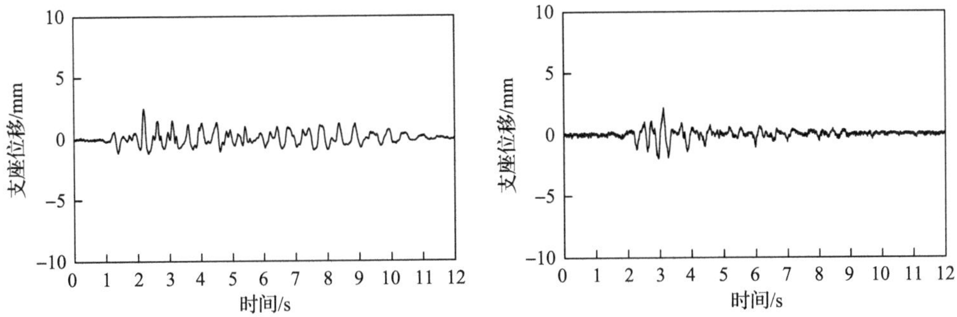

(a) 顺桥向　(b) 横桥向

图 15-28　0.45g 地震作用下 2#桥墩与梁体相对位移

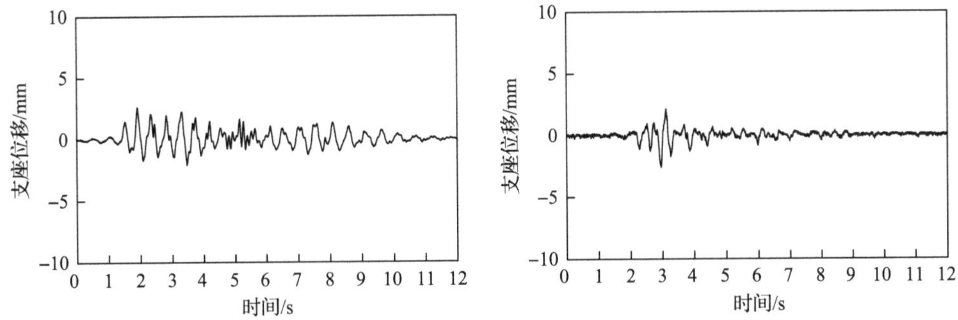

(a) 顺桥向　(b) 横桥向

图 15-29　0.45g 地震作用下 3#桥墩与梁体相对位移

程度约 12.8%，3#墩的支座位移提高程度约 2.3%和 4#墩的支座位移提高程度约 9.9%。

(2) 在峰值加速度 0.96g(原型 0.32g，7 度罕遇) 地震作用下，固定支座底座边缘出现轻微损坏。当峰值加速度增加到 1.14g(原型 0.38g，8 度罕遇) 时，固定支座损伤较明显。

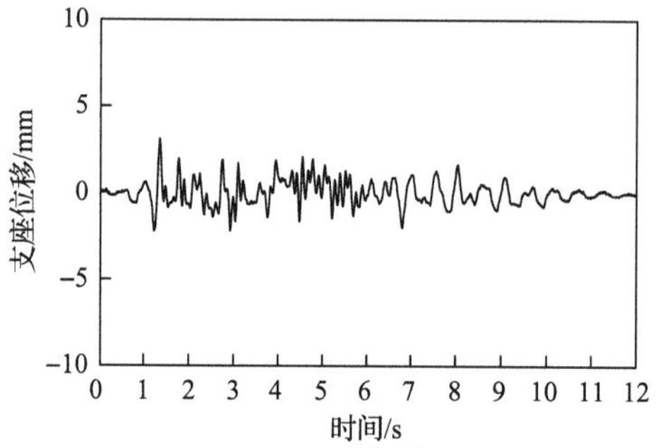

(a) 顺桥向

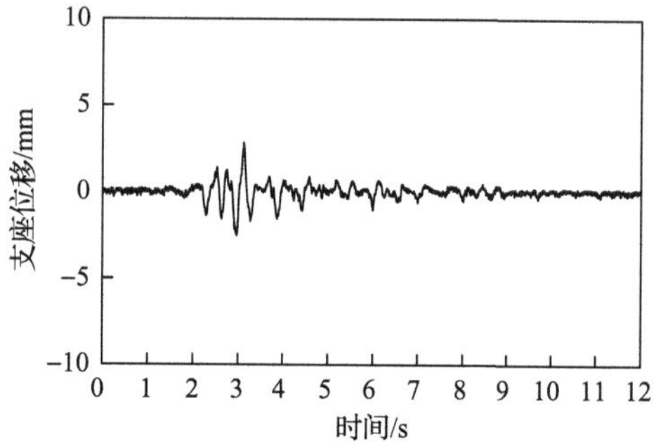

(b) 横桥向

图 15-30 0.45*g* 地震作用下 4#桥墩与梁体相对位移

表 15-13 单向地震输入下各桥墩与梁体相对位移最大值 （单位：mm）

桥墩编号	0.45*g*		0.60*g*		0.96*g*		1.14*g*	
	顺桥向	横桥向	顺桥向	横桥向	顺桥向	横桥向	顺桥向	横桥向
1 #	2.99	2.76	3.44	3.17	3.95	3.65	4.82	4.45
2 #	2.45	2.17	2.82	2.50	3.24	2.87	3.95	3.50
3 #	2.62	2.56	3.01	2.94	3.46	3.39	4.23	4.13
4 #	3.10	2.82	3.57	3.24	4.10	3.73	5.00	4.55

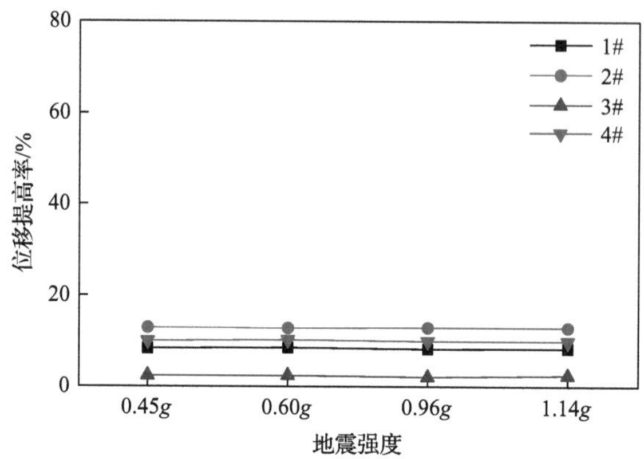

图 15-31 支座顺桥向位移相对横桥向的提高程度

(a) 0.96g

(b) 1.14g

图 15-32　地震工况下固定支座损伤状态

15.4　地震响应的其他影响因素分析

15.4.1　多维地震输入的影响

现有大多数试验研究结果很难探明水平双向输入地震和单向输入地震对桥梁结构地震响应的区别，因为大多数试验研究都使用单向地震输入(x 或 y 方向)，研究结果不能反映真实地震条件下整个桥梁结构的动力特性[2,3]。本小节通过对比全桥模型在单向和双向地震作用下各桥墩自振频率、加速度、应变及支座位移的差异，研究不同地震输入维度对高速铁路连续梁桥地震响应的影响，结果见表 15-14～表 15-21。

表 15-14　地震输入维度对桥墩顺桥向第一阶自振频率的影响　(单位：Hz)

地震强度	1#		2#		3#		4#	
	单向	双向	单向	双向	单向	双向	单向	双向
0.45g	3.1	2.8	4.9	4.5	5.7	5.3	2.8	2.4
0.60g	2.9	2.6	4.7	4.2	4.5	4.1	2.6	2.1
0.96g	2.6	2.3	4.3	3.8	4.2	3.7	2.3	1.7
1.14g	2.2	1.9	4.0	3.5	3.9	3.4	2.0	1.5
平均差异	11%		11%		10%		17%	

表 15-15　地震输入维度对桥墩横桥向第一阶自振频率的影响　(单位：Hz)

地震强度	1#		2#		3#		4#	
	单向	双向	单向	双向	单向	双向	单向	双向
0.45g	5.4	5.1	6.4	6.0	6.5	6.1	5.2	4.8
0.60g	5.2	4.9	6.2	5.7	6.2	5.8	4.9	4.5

续表

地震强度	1#		2#		3#		4#	
	单向	双向	单向	双向	单向	双向	单向	双向
0.96g	4.9	4.5	5.9	5.3	6.0	5.5	4.5	4.0
1.14g	4.4	4.0	5.5	4.9	5.5	5.0	4.1	3.6
平均差异	7%		9%		8%		10%	

表 15-16 地震输入维度对桥墩顶部顺桥向加速度最大绝对值的影响 (单位：g)

地震强度	1#		2#		3#		4#	
	单向	双向	单向	双向	单向	双向	单向	双向
0.45g	0.51	0.59	0.57	0.65	0.51	0.60	0.46	0.55
0.60g	0.59	0.66	0.64	0.71	0.64	0.74	0.60	0.66
0.96g	0.79	0.86	0.91	1.05	0.94	1.06	0.82	0.88
1.14g	0.96	1.05	1.01	1.08	1.06	1.12	0.91	1.00
平均差异	11%		12%		13%		12%	

表 15-17 地震输入维度对桥墩顶部横桥向加速度最大绝对值的影响 (单位：g)

地震强度	1#		2#		3#		4#	
	单向	双向	单向	双向	单向	双向	单向	双向
0.45g	0.64	0.70	0.70	0.74	0.75	0.82	0.65	0.72
0.60g	0.66	0.72	0.79	0.85	0.78	0.88	0.69	0.77
0.96g	0.88	0.94	1.01	1.09	0.99	1.08	0.91	1.06
1.14g	0.96	1.05	1.08	1.15	1.10	1.20	0.99	1.08
平均差异	9%		7%		10%		12%	

表 15-18 地震输入维度对桥墩底部顺桥向最大拉应变的影响($\times 10^{-6}$)

地震强度	1#		2#		3#		4#	
	单向	双向	单向	双向	单向	双向	单向	双向
0.45g	75.1	89.6	55.2	70.1	66.9	80.9	73.4	90.1
0.60g	116.2	126.6	100.3	120.5	96.6	112.0	120.3	139.9
0.96g	174.3	190.5	150.4	177.9	144.9	169.5	180.4	200.8
1.14g	261.4	287.7	225.6	249.6	217.3	233.8	270.6	295.8
平均差异	12%		19%		15%		15%	

表 15-19　地震输入维度对桥墩底部横桥向最大拉应变的影响($\times10^{-6}$)

地震强度	1#		2#		3#		4#	
	单向	双向	单向	双向	单向	双向	单向	双向
0.45*g*	57.1	60.2	53.4	70.1	54.9	74.6	60.6	75.9
0.60*g*	94.2	108.9	88.1	99.9	90.1	108.9	99.9	112.3
0.96*g*	127.1	139.8	118.9	130.2	121.6	132.3	134.8	156.5
1.14*g*	188.8	210.2	176.6	192.6	180.6	200.5	200.2	230.6
平均差异	11%		16%		19%		17%	

表 15-20　地震输入维度对支座顺桥向位移的影响　　(单位：mm)

地震强度	1#		2#		3#		4#	
	单向	双向	单向	双向	单向	双向	单向	双向
0.45*g*	2.99	4.23	2.45	3.12	2.62	3.23	3.10	3.76
0.60*g*	3.44	4.36	2.82	3.56	3.01	3.69	3.57	4.39
0.96*g*	3.95	4.99	3.24	3.98	3.46	4.09	4.10	4.78
1.14*g*	4.82	5.56	3.95	4.56	4.23	4.96	5.00	6.12
平均差异	27%		23%		20%		21%	

表 15-21　地震输入维度对支座横桥向位移的影响　　(单位：mm)

地震强度	1#		2#		3#		4#	
	单向	双向	单向	双向	单向	双向	单向	双向
0.45*g*	2.76	3.58	2.17	2.77	2.56	3.23	2.82	3.39
0.60*g*	3.17	3.99	2.50	3.13	2.94	3.45	3.24	3.70
0.96*g*	3.65	4.01	2.87	3.16	3.39	4.00	3.73	4.33
1.14*g*	4.45	4.89	3.50	4.00	4.13	4.99	4.55	5.15
平均差异	19%		19%		21%		16%	

研究结果表明：

(1) 桥墩在双向地震作用下的第一阶自振频率下降程度比单向地震大，且对顺桥向的影响程度比横桥向大(如顺桥向平均差异为 10%～17%，横桥向平均差异为 7%～10%)。

(2) 桥墩在双向地震作用下的加速度响应比单向地震作用下大，如顺桥向提高了 11%～13%，横桥向提高了 7%～12%。

(3) 桥墩在双向地震作用下的混凝土应变响应比单向地震作用下大，顺桥向提高了 12%～19%，横桥向提高了 11%～19%，即桥墩易在双向地震作用下开裂。

(4)地震输入维度对支座位移的影响较明显，如在双向地震作用下的支座位移比单向地震大，顺桥向提高了 20%～27%，横桥向提高了 16%～21%。

综上所述，全桥结构在双向地震作用下的动力响应比单向地震作用下明显，因此桥梁更易出现损伤。

15.4.2　CRTS Ⅱ型无砟轨道的影响

本小节通过对比全桥模型在有无安装 CRTS Ⅱ型无砟轨道时桥墩动力特性、加速度、应变及支座位移的差异，研究纵向连续连接的无砟轨道板对桥梁地震响应的影响，结果见表 15-22～表 15-29。

表 15-22　CRTS Ⅱ型无砟轨道对桥墩顺桥向第一阶自振频率的影响　(单位：Hz)

地震强度	1#		2#		3#		4#	
	有轨道	无轨道	有轨道	无轨道	有轨道	无轨道	有轨道	无轨道
0.45*g*	3.1	2.8	4.9	4.6	5.7	5.5	2.8	2.5
0.60*g*	2.9	2.6	4.7	4.4	4.5	4.2	2.6	2.4
0.96*g*	2.6	2.2	4.3	4	4.2	3.9	2.3	2.0
1.14*g*	2.2	1.9	4.0	3.7	3.9	3.5	2.0	1.7
平均差异	14.1%		7.2%		7.5%		13.3%	

表 15-23　CRTS Ⅱ型无砟轨道对桥墩横桥向第一阶自振频率的影响　(单位：Hz)

地震强度	1#		2#		3#		4#	
	有轨道	无轨道	有轨道	无轨道	有轨道	无轨道	有轨道	无轨道
0.45*g*	5.4	5.1	6.4	6.1	6.5	6.2	5.2	5.0
0.60*g*	5.2	4.9	6.2	5.9	6.2	5.9	4.9	4.6
0.96*g*	4.9	4.6	5.9	5.6	6.0	5.7	4.5	4.2
1.14*g*	4.4	4.0	5.5	5.2	5.5	5.2	4.1	3.8
平均差异	7.1%		5.3%		5.2%		6.4%	

表 15-24　CRTS Ⅱ型无砟轨道对桥墩顶部顺桥向加速度最大绝对值的影响　(单位：*g*)

地震强度	1#		2#		3#		4#	
	有轨道	无轨道	有轨道	无轨道	有轨道	无轨道	有轨道	无轨道
0.45*g*	0.51	0.45	0.57	0.52	0.51	0.47	0.46	0.42
0.60*g*	0.59	0.55	0.64	0.60	0.64	0.61	0.60	0.56
0.96*g*	0.79	0.75	0.91	0.87	0.94	0.90	0.82	0.78
1.14*g*	0.96	0.90	1.01	0.96	1.06	1.02	0.91	0.86
平均差异	8.2%		6.5%		5.5%		6.9%	

表 15-25　CRTS Ⅱ型无砟轨道对桥墩顶部横桥向加速度最大绝对值的影响　(单位：g)

地震强度	1#		2#		3#		4#	
	有轨道	无轨道	有轨道	无轨道	有轨道	无轨道	有轨道	无轨道
0.45g	0.64	0.60	0.70	0.64	0.75	0.71	0.65	0.60
0.60g	0.66	0.61	0.79	0.73	0.78	0.72	0.69	0.61
0.96g	0.88	0.81	1.01	0.95	0.99	0.93	0.91	0.85
1.14g	0.96	0.91	1.08	1.01	1.10	1.03	0.99	0.91
平均差异	7.3%		7.7%		6.8%		9.3%	

表 15-26　CRTS Ⅱ型无砟轨道对桥墩底部顺桥向最大拉应变的影响($\times 10^{-6}$)

地震强度	1#		2#		3#		4#	
	有轨道	无轨道	有轨道	无轨道	有轨道	无轨道	有轨道	无轨道
0.45g	75.10	58.20	55.20	48.60	66.90	50.60	73.40	50.10
0.60g	116.20	98.60	100.30	86.60	96.60	82.60	120.30	103.20
0.96g	174.30	153.90	150.40	138.20	144.90	134.20	180.40	167.10
1.14g	261.40	238.80	225.60	199.60	217.30	208.10	270.60	249.80
平均差异	17.4%		12.8%		15.4%		19.8%	

表 15-27　CRTS Ⅱ型无砟轨道对桥墩底部横桥向最大拉应变的影响($\times 10^{-6}$)

地震强度	1#		2#		3#		4#	
	有轨道	无轨道	有轨道	无轨道	有轨道	无轨道	有轨道	无轨道
0.45g	57.10	49.80	53.40	46.60	54.90	48.80	60.60	52.60
0.60g	94.20	85.90	88.10	72.90	90.10	82.60	99.90	90.10
0.96g	127.10	110.90	118.90	110.30	121.60	111.60	134.80	120.30
1.14g	188.80	170.10	176.60	164.30	180.60	163.60	200.20	180.30
平均差异	12.5%		12.7%		10.2%		12.3%	

表 15-28　CRTS Ⅱ型无砟轨道对支座顺桥向位移的影响　(单位：mm)

地震强度	1#		2#		3#		4#	
	有轨道	无轨道	有轨道	无轨道	有轨道	无轨道	有轨道	无轨道
0.45g	2.99	3.96	2.45	3.31	2.62	3.10	3.10	4.01
0.60g	3.44	4.34	2.82	3.51	3.01	3.69	3.57	4.38
0.96g	3.95	4.69	3.24	3.90	3.46	4.15	4.10	5.01
1.14g	4.82	5.65	3.95	4.40	4.23	4.87	5.00	5.89
平均差异	−18.9%		−18.2%		−15.9%		−18.6%	

表 15-29　CRTS Ⅱ型无砟轨道对支座横桥向位移的影响　（单位：mm）

地震强度	1#		2#		3#		4#	
	有轨道	无轨道	有轨道	无轨道	有轨道	无轨道	有轨道	无轨道
0.45g	2.76	3.35	2.17	2.49	2.56	2.98	2.82	3.21
0.60g	3.17	3.65	2.50	2.89	2.94	3.36	3.24	3.65
0.96g	3.65	4.12	2.87	3.15	3.39	3.79	3.73	4.33
1.14g	4.45	5.00	3.50	3.98	4.13	4.66	4.55	5.06
平均差异	−13.3%		−11.8%		−12.1%		−11.8%	

研究结果表明：

(1)纵连 CRTS Ⅱ型无砟轨道结构提高了桥墩在地震作用后的第一阶自振频率和加速度响应，但影响效果不明显。对于桥墩第一阶自振频率，顺桥向提高了7.2%～14.1%，横桥向提高了 5.2%～7.1%；对于加速度响应，顺桥向提高了 5.5%～8.2%，横桥向提高了 6.8%～9.3%。

(2)纵连 CRTS Ⅱ型无砟轨道结构对地震作用下桥墩混凝土应变和支座位移响应的影响较明显。对于墩底混凝土应变，顺桥向提高了 12.8%～19.8%，横桥向提高了 10.2%～12.7%。而对于支座位移，顺桥向减小了 15.9%～18.9%，横桥向减小了 11.8%～13.3%。

综上所述，纵连的 CRTS Ⅱ型无砟轨道结构对全桥在地震作用下的动力响应影响较明显，因此对于高速铁路连续梁桥的地震响应及抗震性能的试验和理论研究，需考虑桥上部纵连的轨道结构的影响。

15.5　高速铁路连续梁桥地震损伤评估

15.5.1　全桥有限元模型

全桥有限元模型中的材料和单元模拟见表 15-30，各材料参数取值见表 15-31 和表 15-32。

表 15-30　单元模型和材料模型

项目	结构部位	选取参数
单元模型	桥墩	非线性梁单元
	钢轨、轨道板、主梁	弹性梁单元
	钢轨扣件、CA 砂浆层、剪切钢筋、滑动层、剪力齿槽、桥梁支座、侧向挡块	零长度单元

续表

项目	结构部位	选取参数
材料模型	混凝土保护层和核心层	单轴本构模型 Concrete02（Kent-Scott-Part）
	纵向钢筋	单轴本构模型 Steel02（GiuffréMenegotto-Pinto）

表 15-31　混凝土材料试验值

材料	抗压强度/(kN/m^2)	压应变/10^{-6}	破碎强度/(kN/m^2)	破碎应变/10^{-6}
所有桥墩保护层混凝土	–20100	–0.0020	–2010.00	–0.004
简支梁桥墩核心层混凝土	–29325	–0.0035	–12115.4	–0.014
连续梁边墩核心层混凝土	–29325	–0.0035	–10957.1	–0.016
连续梁主墩核心层混凝土	–29325	–0.0035	–9772.10	–0.018

表 15-32　钢筋材料试验值

材料	屈服强度/(kN/m^2)	弹性模量/(kN/m^2)
纵向钢筋	335000	20000000

基于上述单元和材料模型，建立全桥有限元模型，见图 15-33。

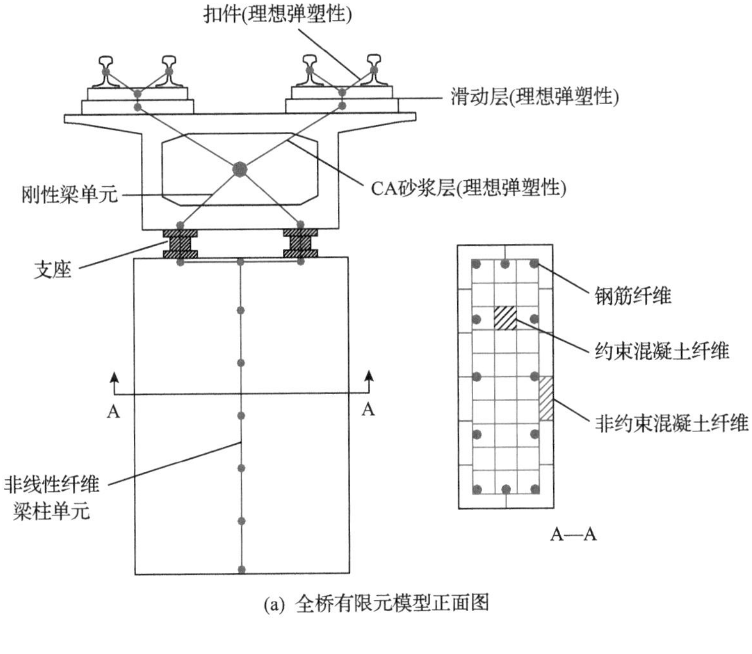

(a) 全桥有限元模型正面图

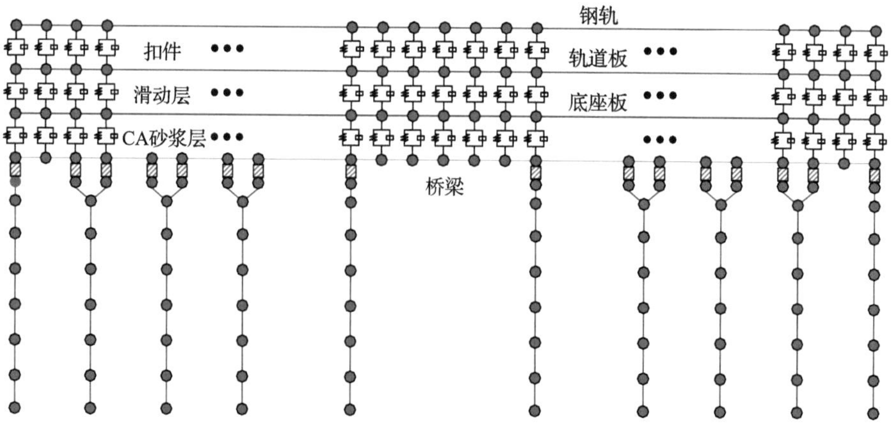

(b) 全桥有限元模型立面图

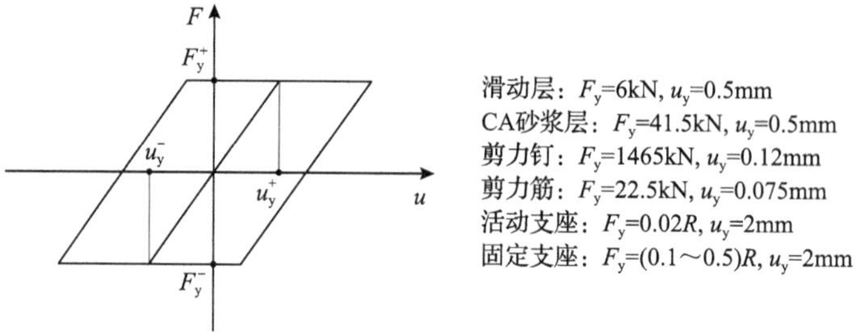

(c) 连接构件力-位移关系

图 15-33　全桥有限元模型

15.5.2　全桥有限元模型验证

1. 动力时程响应对比分析

振动台试验结果与全桥有限元模型计算结果对比见图 15-34。可以看出，二者吻合较好，验证了本节所建立的连续梁桥有限元模型的有效性和可靠性，可以较好

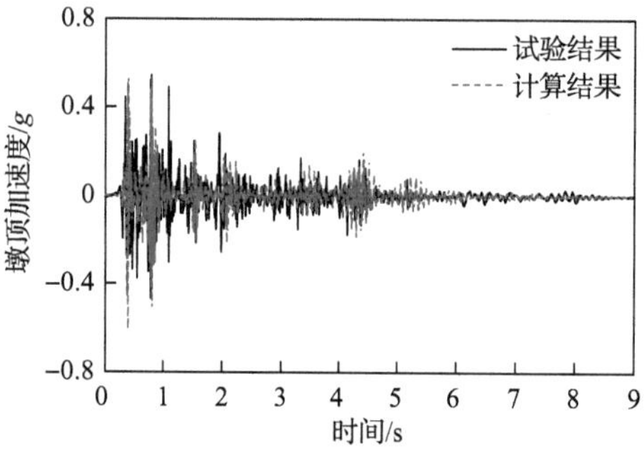

(a) 墩顶加速度

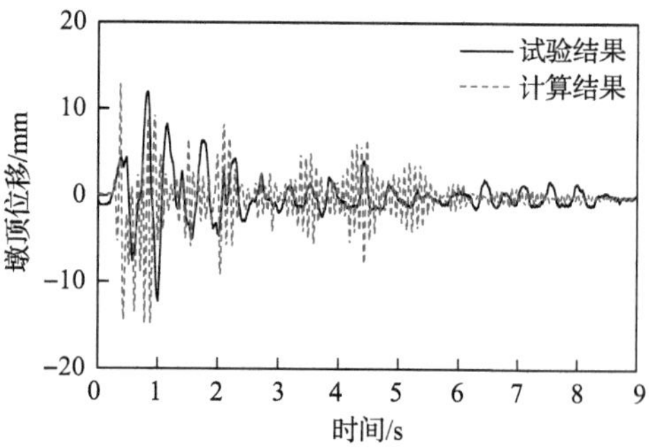

(b) 墩顶位移

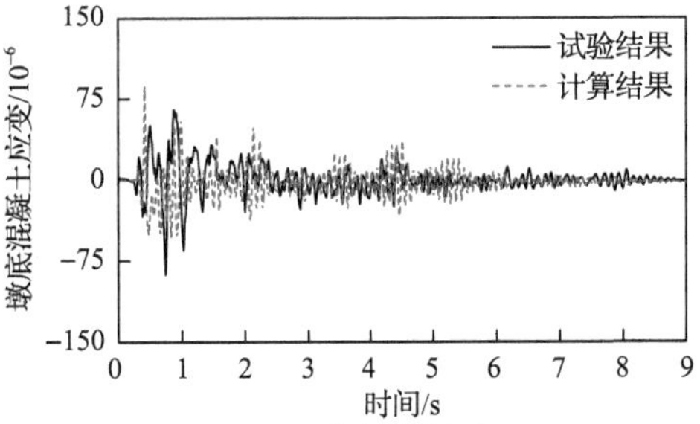

(c) 墩底混凝土应变

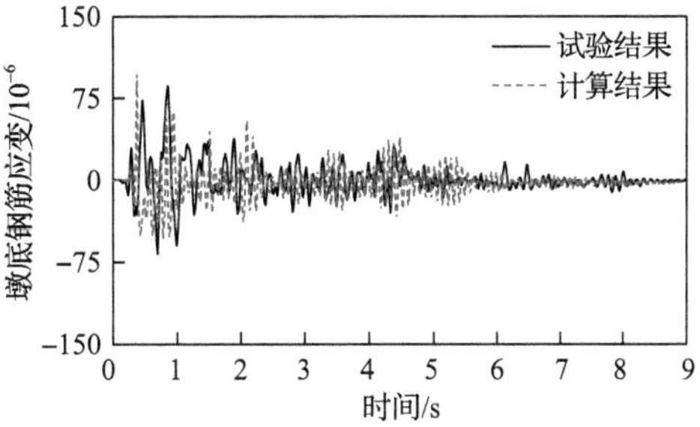

(d) 墩底钢筋应变

图 15-34　振动台试验结果和全桥有限元模型计算结果对比(0.45g，1#边墩)

地反映全桥结构在地震作用下的动力时程响应。

2. 响应最大绝对值对比分析

为了进一步验证连续梁桥有限元模型的有效性和可靠性，对响应最大绝对值的试验结果与计算结果进行比较，见表 15-33 和表 15-34。从表中可以发现，除个别应变结果因受试验环境干扰误差较大外，其他结果误差较小，有限元模型的正确性得到进一步验证。

表 15-33　全桥各墩墩顶加速度、位移响应比较

桥墩编号	墩顶加速度			墩顶位移		
	试验值/g	计算值/g	误差/%	试验值/mm	计算值/mm	误差/%
1#	0.59	0.62	5.08	16.23	17.12	5.48
2#	0.59	0.55	–6.78	5.12	5.61	9.57
3#	0.44	0.48	9.09	25.21	26.79	6.27
4#	0.60	0.69	15.00	11.87	13.03	9.77

表 15-34　全桥各墩墩底混凝土和钢筋应变比较

桥墩编号	墩底混凝土最大拉应变			墩底钢筋最大拉应变		
	试验值/10^{-6}	计算值/10^{-6}	误差/%	试验值/10^{-6}	计算值/10^{-6}	误差/%
1#	59.7	88.84	48.81	86.2	96.84	12.34
2#	53.3	44.67	–16.19	69.3	76.65	10.61
3#	40.8	50.12	22.84	56.2	42.63	–24.15
4#	59.1	79.20	34.01	85.1	97.32	14.36

15.5.3　全桥地震损伤评估

基于上述连续梁桥有限元模型，本节拟开展桥梁各部件在不同地震强度

(0.2g～0.5g)作用下的损伤研究，其损伤状态界限值根据实际经验取值[4]，详见表 15-35。

表 15-35　大跨度连续梁桥各部件损伤状态界限值

结构部件	损伤状态界限值(变形)/mm			
	完好-轻度破坏	轻度-中度破坏	中度-严重破坏	严重-完全破坏
扣件	2.000	3.000	4.000	5.000
滑动层	0.500	1.000	1.500	2.000
剪力齿槽	0.120	0.180	0.500	1.000
侧向挡块	2.000	3.000	4.000	5.000
CA 砂浆层	0.500	1.000	1.500	2.000
剪切钢筋	0.075	0.113	0.338	0.675
活动支座	100.000	130.000	160.000	200.000
固定支座	2.000	4.000	6.000	8.000

1. 桥墩损伤评估

考虑到下部结构的桥墩对连续梁桥的使用功能具有重要影响，严重损伤后甚至会引起桥梁倒塌，并且通常在水平地震力作用下墩底最易发生损伤，本节拟开展不同地震强度下的桥墩损伤评估,其基本思路为:首先输入经调幅后的 El-Centro 波(9 度罕遇，0.64g)至桥墩底部，然后获取墩底截面在顺桥向和横桥向的弯矩-曲率骨架曲线，见图 15-35，各骨架曲线的屈服和极限特征值(定义见 3.4.3 节)见表 15-36。

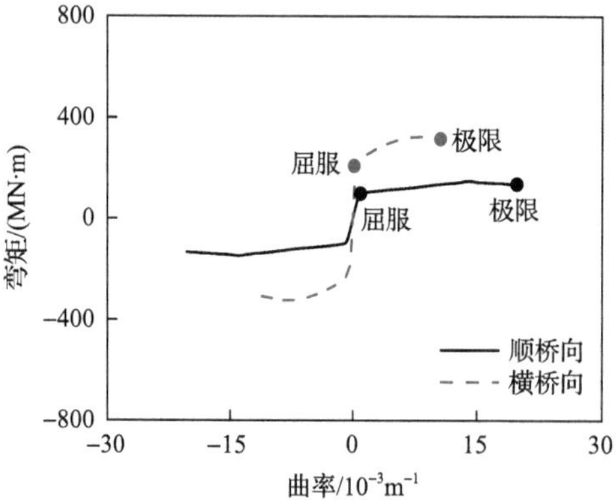

(a) 边墩(1#和4#)

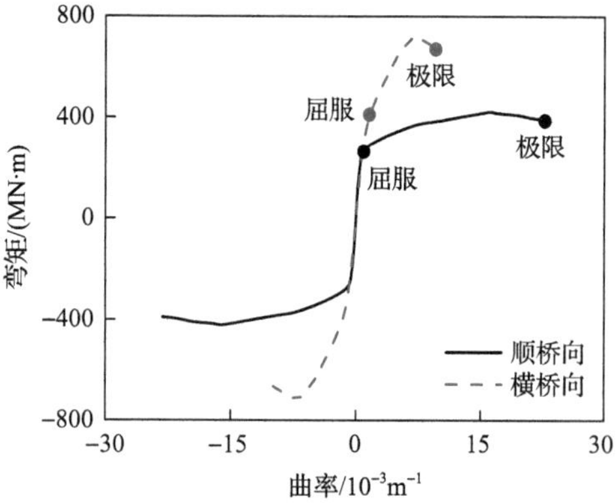

(b) 主墩(2#和3#)

图 15-35　弯矩-曲率骨架曲线

表 15-36　桥墩底部截面屈服和极限特征值

桥墩	方向	屈服曲率 $/10^{-3}m^{-1}$	屈服弯矩 /(MN·m)	极限曲率 $/10^{-3}m^{-1}$	极限弯矩 /(MN·m)
边墩(1#和 4#)	顺桥向	1.06	102.36	19.25	135.86
	横桥向	0.34	197.61	10.66	310.95
主墩(2#和 3#)	顺桥向	0.71	282.56	23.15	390.49
	横桥向	1.725	448.20	9.88	666.30

在不同地震强度(0.20g～0.50g)作用下，固定墩(3#)墩底截面的弯矩-曲率滞回曲线见图 15-36，从图中可以发现：

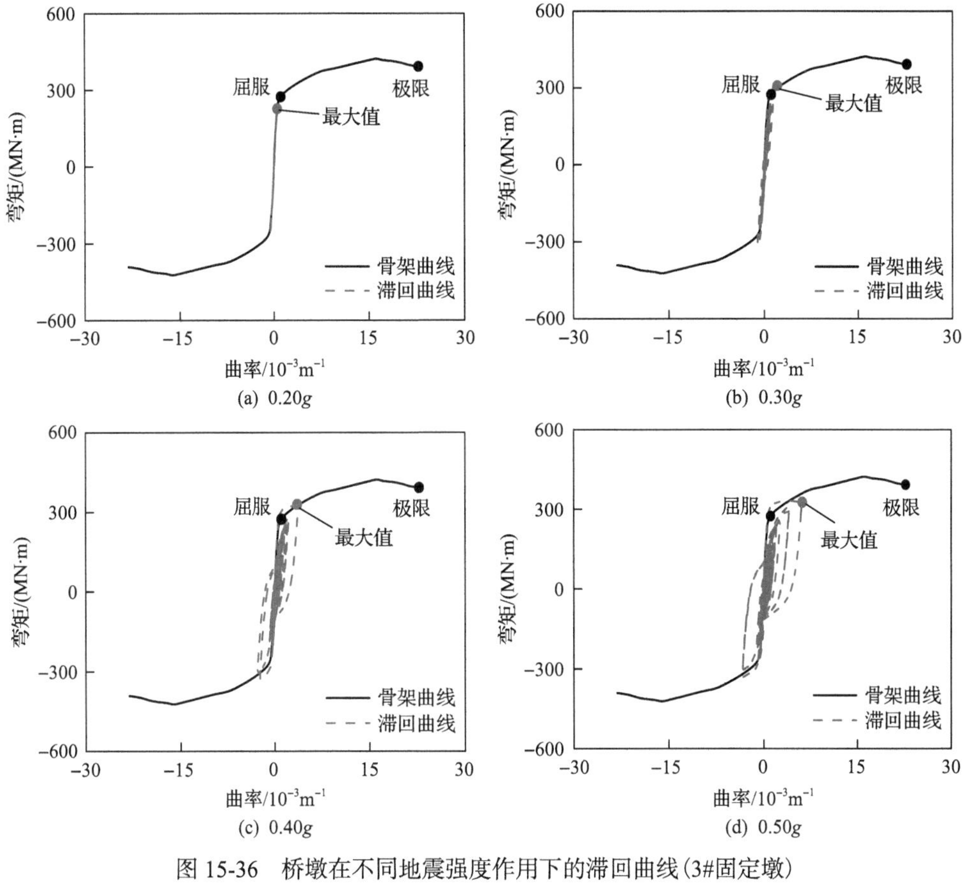

图 15-36　桥墩在不同地震强度作用下的滞回曲线(3#固定墩)

(1) 地震强度对弯矩-曲率最大值存在较大影响，地震强度为 0.20g 时，最大值未达到其屈服点；地震强度达到 0.30g 时，最大值超过其屈服点；地震强度达到 0.50g 时，最大值并未超过极限点，桥墩在此强度地震作用下不会出现压碎破坏。

(2) 在 0.20*g* 地震强度作用下，墩底截面未进入塑性阶段，随着地震强度增加到 0.30*g*，开始出现塑性变形。

(3) 作用于墩底的地震作用力随着地震强度的增加显著增大，导致出现弯矩-曲率滞回环，并且伴随地震强度的增加逐渐饱满光滑。

另外，采用 Park-Ang 损伤指标评估下部结构桥墩在不同地震强度(0.20*g*～0.50*g*)下的损伤情况，见图 15-37，从图中可以发现：

(1) 各桥墩的损伤指标 DI 随着地震强度的增大呈现出逐渐增大的趋势，尤其 3#(固定墩)表现明显，1#(边墩)和 4#(边墩)的增长趋势居中，2#(中墩，活动支座)的增长趋势较为平缓。

(2) 地震强度为 0.20*g*～0.30*g*，$DI<0.1$，各桥墩无损伤或损伤不明显；地震强度为 0.40*g* 时，3#(固定墩)出现可修复损伤($0.1 \leqslant DI < 0.4$)；地震强度为 0.50*g* 时，3#(固定墩)出现不可修复损伤($0.4 \leqslant DI < 0.77$)。

综上分析可知，地震强度对各桥墩的损伤大约在 0.30*g* 附近出现界限值，随着地震强度的继续增加，部分桥墩出现损伤，其中固定墩的损伤程度最大，未安装固定支座的中墩次之，边墩的损伤程度最小。

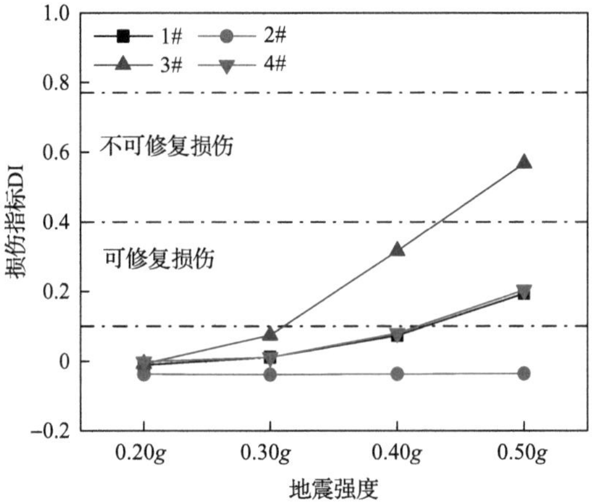

图 15-37　不同地震强度下桥墩 Park-Ang 损伤指标

2. 支座损伤评估

支座作为桥梁的重要构件，其在地震作用下的损伤程度至关重要。根据原型桥梁图纸及模型设计方案，支座设置及编号见图 15-38。强度为 0.50*g* 地震作用下代表性支座剪力-位移曲线见图 15-39，可以发现：

(1) 是否设置固定支座对中墩的支座剪力-位移曲线影响显著。当地震强度达到 0.50*g* 时，中墩#6 固定支座的位移不到中墩#4 活动支座位移的 1/10，表明中墩

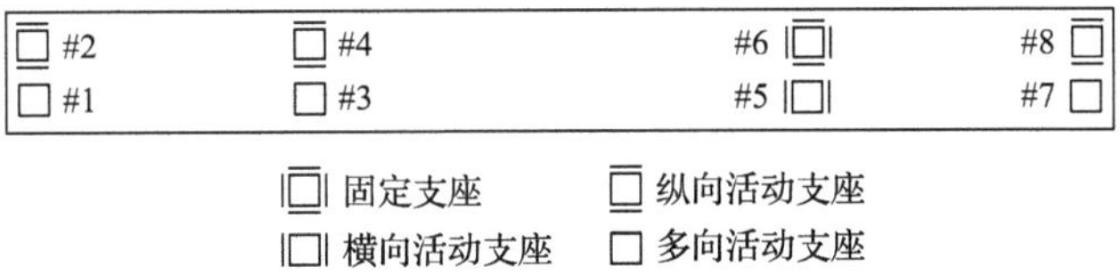

图 15-38　高速铁路连续梁桥球型钢支座布置

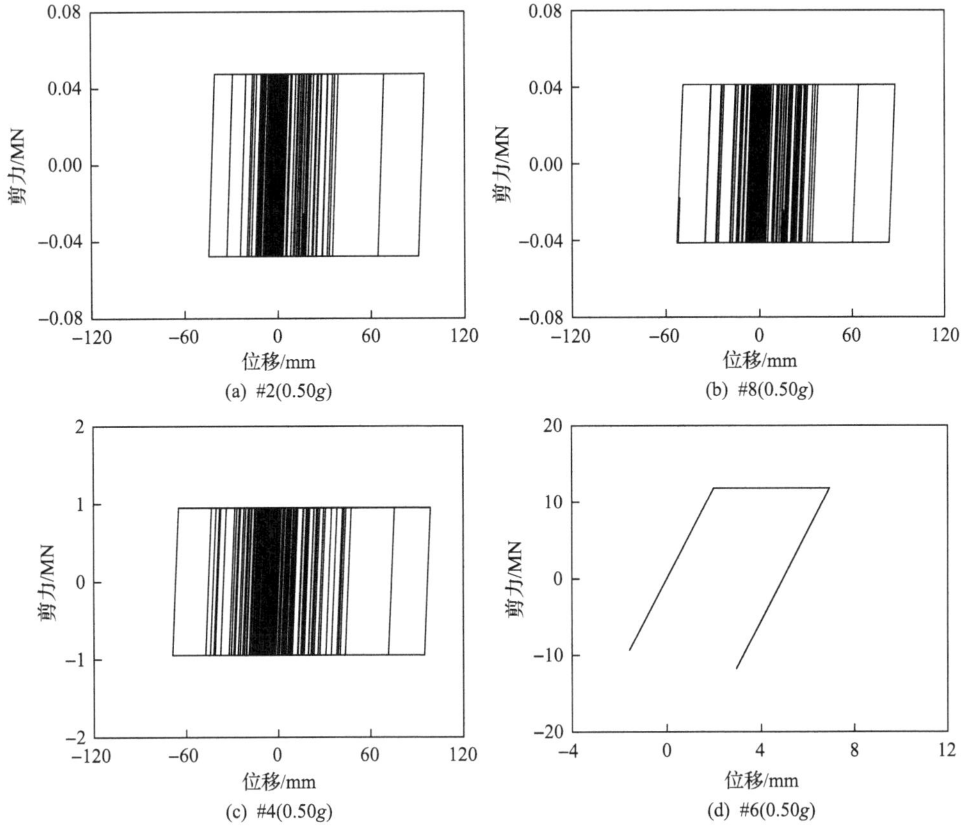

图 15-39　强度为 0.50g 地震作用下支座剪力-位移曲线

支座由于支座刚度的差异，二者在同一强度地震作用下的位移存在明显不同。

(2) 相对于中墩支座，边墩支座受到的地震作用力较小，主要原因是边墩支座承受的上部梁体质量较小。

(3) 纵向活动支座(#2 和#8) 在较小的地震力作用下依然存在较大的位移。

(4) 固定支座在不同强度地震作用下发生损伤的可能性最大，因为其在地震作用下承担的地震力最大。

根据高速铁路桥梁构件损伤限值规定，固定支座在不同地震强度作用下的损伤见图 15-40，可以发现：

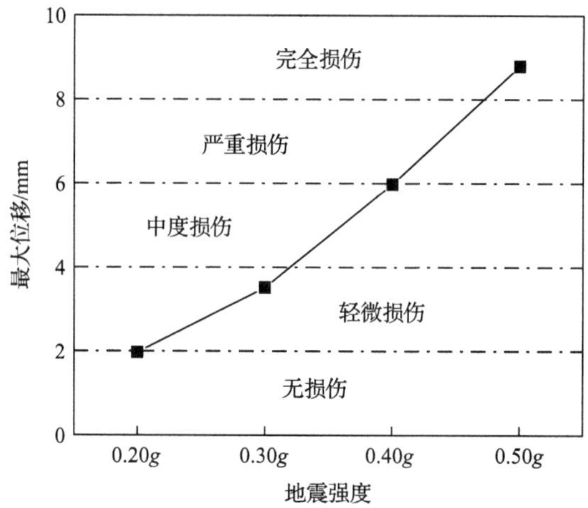

图 15-40　#6 固定支座在不同地震强度下的损伤

(1) 地震强度为 0.20*g* 时，轻微损伤(2mm)；地震强度为 0.30*g* 时，轻微损伤；地震强度为 0.40*g* 时，严重损伤(6mm)；地震强度为 0.50*g* 时，完全损伤，这与实际桥梁检测的支座损伤情况相符。

(2) 固定支座的最大位移与地震强度基本呈线性增长关系，表明其损伤程度逐渐增大。

3. 剪力钉损伤评估

本章建立的高速铁路双线无砟轨道连续梁桥及其引桥剪力筋和剪力钉布置见图 15-41，图 15-42 列出了各组剪力钉在不同地震强度(0.20*g*～0.50*g*)下的最大位移，其中剪力钉编号对应于图 15-43 中的布置示意图，分析可知：

(1) 地震强度从 0.20*g* 依次增大到 0.50*g*，各组剪力钉的顺桥向最大位移呈现逐渐增大的趋势，但是数值较小，低于高速铁路桥梁构件损伤限值规定。

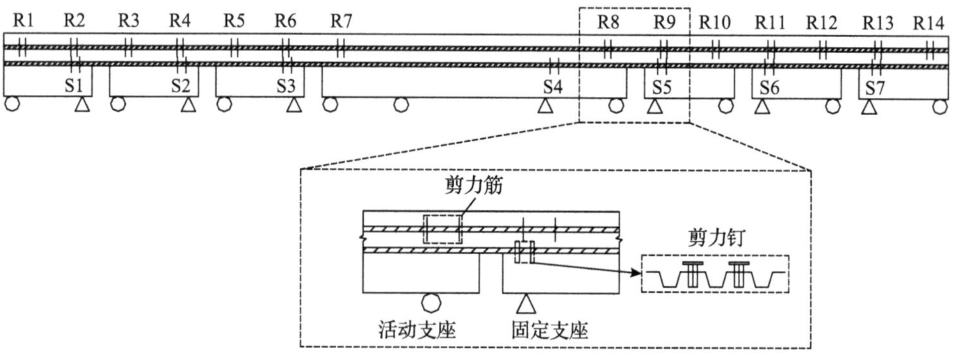

图 15-41　高速铁路双线无砟轨道连续梁桥及其引桥剪力筋和剪力钉布置示意图

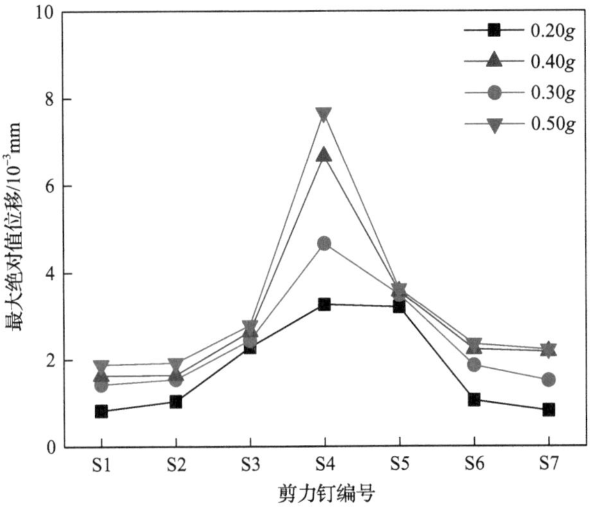

图 15-42　不同地震强度下各组剪力钉最大绝对值位移分布

(2) 基于本章建立的主引桥有限元模型，剪力钉顺桥向最大位移在第四组出现峰值，两侧近似对称分布，这是因为第四组剪力钉对应的位置为中墩固定支座，其受到的地震力较大，两侧逐渐减弱。

4. 剪力筋损伤评估

模型除布置有 7 组剪力钉外，还有 14 组剪力筋，不同地震强度（0.20g～0.50g）下各组剪力筋的最大位移见图 15-43，可以发现：

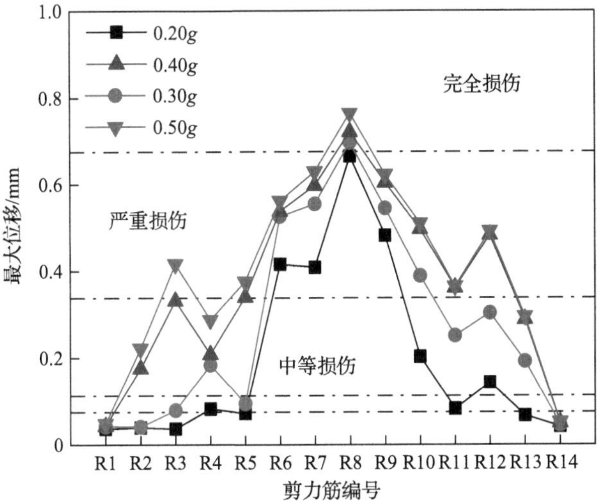

图 15-43　不同地震强度下各组剪力筋的最大位移分布

(1)各组剪力筋的最大位移随着地震强度的增大基本上呈现逐渐增加的趋势，尤其在前期表现较为明显。

(2)沿全桥纵向，剪力筋最大位移在连续梁上出现峰值，损伤程度较大。

(3)沿全桥纵向，在连续梁两侧剪力筋损伤较小，这是因为引桥简支梁的质量小于连续梁，导致安装在简支梁上的剪力筋组在地震作用下承担的地震力较小，地震位移响应也较小。

5. CA 砂浆层损伤评估

高速铁路桥梁 CA 砂浆层和滑动层见图 15-44，对于我国高速铁路大面积使用的 CRTS Ⅱ型板式无砟轨道结构，轨道板与底座板中间存在具有一定弹性的缓冲材料结构层即 CA 砂浆层，而底座板与桥梁之间存在两布一膜的滑动层，无砟轨道 CA 砂浆层若在地震下受到损伤，将会直接映射到轨面，进而影响列车运行安全。

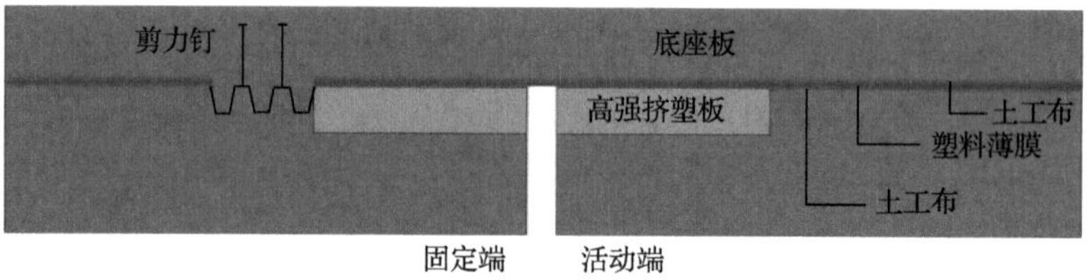

图 15-44 高速铁路桥梁 CA 砂浆层和滑动层

不同地震强度下 CA 砂浆层的最大位移见图 15-45。由图可知，CA 砂浆层在强度为 0.20g 地震作用下已发生轻微损伤(最大位移约 0.9mm)。随着地震强度的增加，损伤程度也增大。在地震强度增加到 0.50g 时，CA 砂浆层接近完全损伤(最大位移约 1.9mm)。

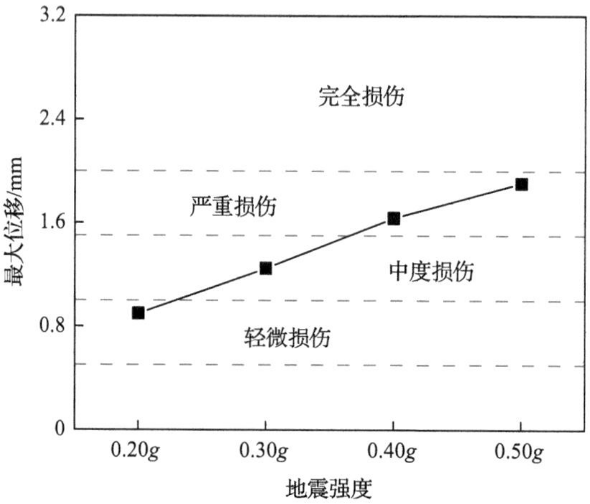

图 15-45 不同地震强度下 CA 砂浆层的最大位移

15.6　高速铁路连续梁桥地震损伤特征

基于前面对各构件地震损伤评估的研究成果，本节揭示我国典型跨径(48m+80m+48m)的高速铁路连续梁桥地震损伤演化规律及破坏顺序，见图 15-46 和表 15-37。

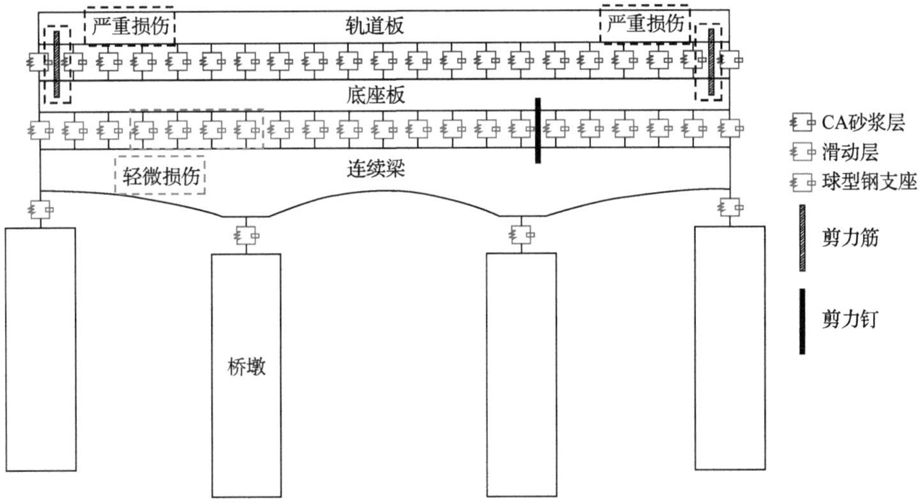

(a) 0.20g

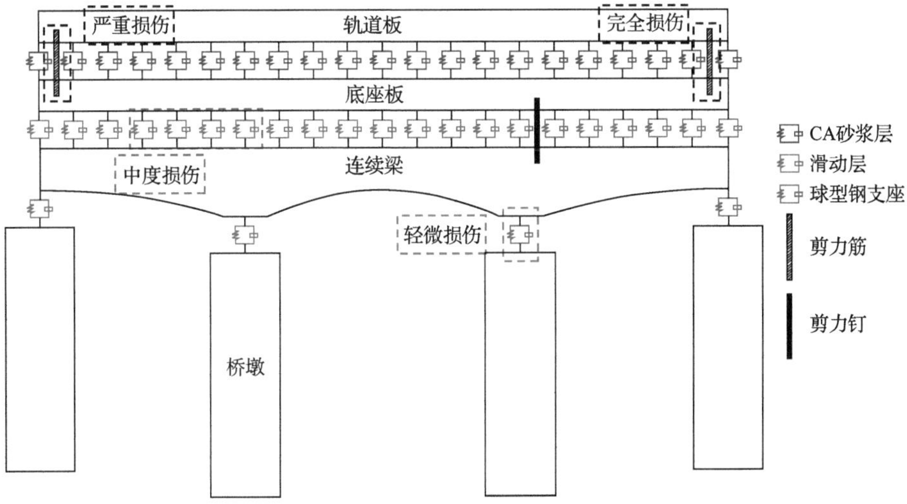

(b) 0.30g

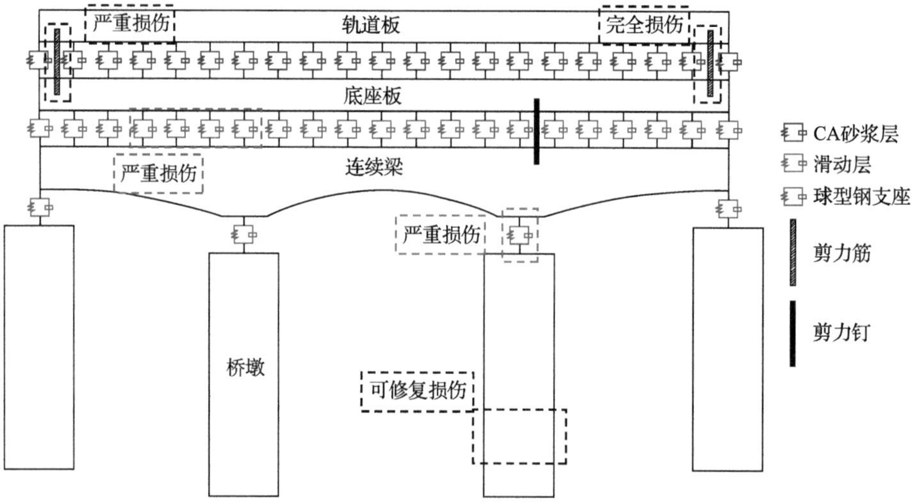

(c) 0.40g

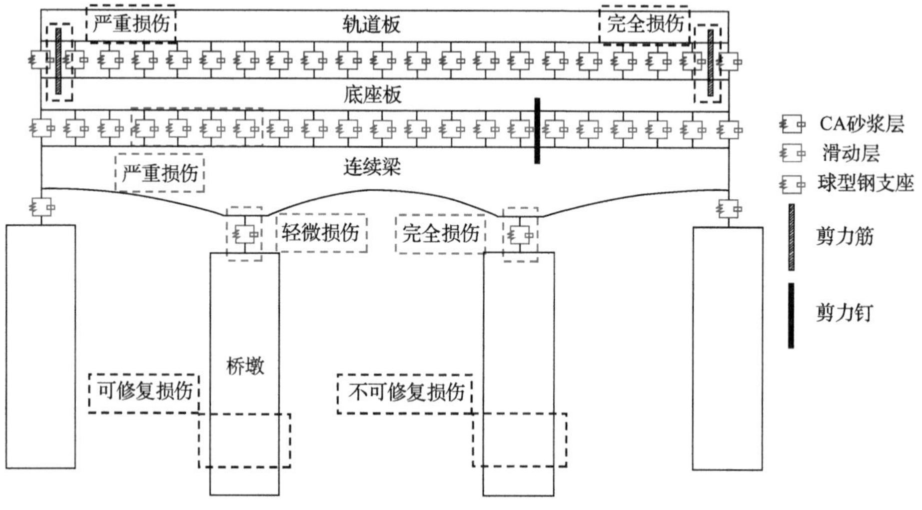

(d) 0.50g

图 15-46　高速铁路连续梁桥地震损伤演化特征

研究结果表明，高速铁路连续梁桥的地震损伤主要由剪力筋、CA 砂浆层、支座和桥墩(主墩)构成，在不同强度地震作用下，这四种结构构件的损伤组合(或叠加)对整个桥梁结构的地震安全性造成影响。

(1)在同样的地震强度下，安装有活动支座的中墩的损伤程度轻于安装有固定支座的中墩，并且后者损伤受到地震强度的影响显著，基本随着地震强度的增大分别出现可修复损伤和不可修复损伤。

(2)地震强度和相对固定支座的距离对剪力筋损伤程度影响巨大，并且剪力筋

表 15-37　高速铁路连续梁桥地震损伤顺序

地震强度	0.20*g*	0.30*g*	0.40*g*	0.50*g*
剪力筋(靠固定支座近)	B	A	A	A
剪力筋(靠固定支座远)	B	B	B	B
CA 砂浆层	D	C	B	B
固定支座(安装在主墩)	E	D	B	A
主墩(安装固定支座)	E	E	Y	N
主墩(安装活动支座)	E	E	E	Y
活动支座(安装在主墩)	E	E	E	D
活动支座(安装在边墩)	E	E	E	E
边墩	E	E	E	E
剪力钉	E	E	E	E

注：E 表示无损伤、D 表示轻微损伤、C 表示中度损伤、B 表示严重损伤、A 表示完全损伤、Y 表示可修复损伤、N 表示不可修复损伤。

在顺桥向地震作用下容易发生损伤。越靠近固定支座，剪力筋损伤越严重，当地震强度达到 0.50*g* 时，布置在靠固定支座远端的剪力筋依然未被完全破坏。

(3) 地震强度对 CA 砂浆层损伤存在显著的影响，地震强度为 0.20*g* 时出现轻微损伤，地震强度增加到 0.50*g* 时已接近完全损伤。

综上所述，高速铁路连续梁桥主要构件在遭受强度为 0.40*g* 地震作用时，固定支座、剪力筋和 CA 砂浆层已经出现严重损伤，因此根据现有抗震设计的高速铁路连续梁桥在 8 度罕遇(峰值加速度为 0.38*g*)地震作用下存在安全行车问题，需对其进行专门研究。

15.7　本 章 小 结

本章详细介绍了高速铁路连续梁桥缩尺模型(缩尺比为 1/12)振动台试验的设计、步骤和结果，研究了我国典型高速铁路连续梁桥在不同地震强度下的动力响应及纵连式 CRTS Ⅱ型无砟轨道和地震输入维度的影响。此外，本章还建立了高速铁路双线无砟轨道连续梁桥及其引桥有限元模型，并在动力时程响应和响应最大绝对值两方面比较分析了计算结果和振动台试验结果，验证了有限元模型的有效性和可靠性。最后，根据有限元计算结果研究了该高速铁路连续梁桥各部件的地震损伤程度。主要结论如下：

(1) 在顺桥向，高速铁路连续梁桥边墩的地震损伤程度大于主墩；而在横桥向，主墩与边墩的地震损伤程度比顺桥向小，且差异不明显。

(2)随着地震强度的增大，桥墩顶部峰值加速度相对输入地震强度逐渐减小，且桥墩横向加速度易受地震强度变化的影响。此外，由于桥墩截面在横桥向的抗弯刚度大于顺桥向，在地震作用下桥墩顶部横桥向加速度大于顺桥向，且加速度比例系数随地震强度的增大而减小。

(3)桥墩在强度为 0.20g(8 度设计)的顺桥向地震作用下底部发生开裂，且边墩开裂比主墩明显，而在强度为 0.32g(7 度罕遇)的横桥向地震作用下底部才处于开裂状态，墩底混凝土在此次试验工况下并没有出现压碎。

(4)在同一地震强度下，支座在顺桥向的位移大于横桥向，但随地震强度的增加，支座顺桥向位移相对横桥向的提高程度变化不明显。此外，在 0.32g(7 度罕遇)地震作用下，固定支座底座边缘出现轻微损坏，当地震强度增加到 0.38g(8 度罕遇)时，固定支座损伤较明显。

(5)全桥结构在双向地震作用和安装纵连无砟轨道结构时的动力响应较明显，因此对于高速铁路桥梁的地震响应及抗震性能的试验和理论研究，需考虑二者的影响。

(6)当地震强度达到 0.50g 时，固定支座主墩出现不可修复损伤，此时边墩出现可修复损伤，而未安装固定支座的主墩只有轻微损伤。固定支座比活动支座易损伤，其在强度为 0.40g 地震作用下已发生严重损伤，桥梁有落梁的风险。剪力钉在地震作用下不易损伤，因为其在地震作用下的最大位移响应小于破坏限值，而剪力筋容易出现不同程度的损伤。滑动层不会发生破坏，而 CA 砂浆层在强度为 0.40g 地震作用下已发生严重损伤。

参 考 文 献

[1] 郑健. 中国高速铁路桥梁建设关键技术[J]. 中国工程科学, 2008, 10(7): 18-27.

[2] 李恒, 李井冈, 王墩, 等. 竖向与水平向地震动加速度峰值比统计特征分析[J]. 地震研究, 2010, 33(2): 195-199, 238.

[3] 赵成刚, 尹之潜. 地震作用与其他荷载的组合方法[J]. 地震工程与工程振动, 1987, 7(3): 64-72.

[4] Wei B, Yang T H, Jiang L Z, et al. Effects of friction-based fixed bearings on the seismic vulnerability of a high-speed railway continuous bridge[J]. Advances in Structural Engineering, 2018, 21(5): 643-657.